Corporate Reputation
Measurement and Management

「企業の評判管理」の理論とケース・スタディ

コーポレート・レピュテーションの測定と管理

櫻井通晴 [著]
Sakurai Michiharu

同文舘出版

はじめに

　企業の経営者であれば，自社の評判（レピュテーション）を少しでも良くしたいと思い，努力しているはずである。なぜか。それは，企業の評判が良ければ，顧客はリピーターとして同社の製品やサービスをより多く購入してくれるし，商品を一般価格より高いプレミアム価格をつけて販売できることの他，良い人材を確保することができるからである。さらに，株価下落のリスクが少なく，問題が生じてもレピュテーションの毀損を比較的容易に回避できるからである。逆に，反社会的な行為を行なった企業は容赦なく社会から糾弾される。

　このような理由から，コーポレート・レピュテーションを高めることで企業価値をいかに創造するかの研究が，研究者にとって重要な研究対象になってきた。相次ぐ不祥事や事故の続発とともに，レピュテーションが低下したことによって企業価値を毀損した企業が，毀損したレピュテーションをいかにして回復させることができるかの解明も喫緊の研究課題となってきた。企業の経営者は，日常の出来事から，レピュテーションの重要性を十分に認識し始めてきている。そのため諸外国では，企業の評判（以下，コーポレート・レピュテーション）の研究が盛んになされてきた。日本でもブランドなどの研究，リスクマネジメントの研究，CSRの研究と実践も年々盛んになってきている。加えて，コーポレート・レピュテーションの研究が年々増加しつつある。

　本書は，日本の会社が世界から賞賛されるようになるには何をしなければならないかを明らかにするために執筆したものである。

　著者はこれまで，その時々の社会の要請に従った管理会計の領域において新しいテーマに挑戦してきた。主要なテーマは，工場自動化とマネジメントコントロール，ソフトウエア原価計算，CASB（米国原価計算基準審議会）の原価計算基準，原価企画の海外への移植，ABC（活動基準原価計算），バランスト・スコアカードなどであった。著者がコーポレート・レピュテーションの研究を

始めたのはなぜか。それは，最も信頼する弟子の1人である渡邊俊輔君が明治学院大学専任講師のときに，30歳代の若さで早世したことに関係する。同君は知的資産やブランドなどインタンジブルズの領域で卓越した業績を上げていた。そこで，同君の研究を引き継ぎ発展させることが自分の使命ではないかと考えた。しかし，知的資産とブランドの先行研究を調査してみると，管理会計の立場から両領域で著者が社会に貢献できると思われる研究領域は限定的でしかないことを発見した。

外国文献を渉猟する過程で衝撃を受けたのが，クレバンス他の論文「レピュテーション指標：コーポレート・レピュテーションの測定と管理」[1]（2003年）であった。さらに研究を進める過程で，この領域での海外での研究が既に相当充実していることを発見した。同時に，コーポレート・レピュテーションの研究が日本の将来にとって必須であると確信するに至った。このような理由から開始したのが，コーポレート・レピュテーションの研究である。

この研究では，それまで著者が採ってきた，日本の経営者のニーズから始めるのではなく，逆に，日本にはないが近い将来において必ず必要になるであろうと思われるテーマについて，外国文献をもとに研究を進めてきた。そのため，「論語読みの論語知らず」にならないように，外国の文献研究と並行して，日本および欧米の経営者・研究者との共同研究を行なうことが是非とも必要であった。多少長くなるが，共同研究の経緯を述べたい。

2003年当時までに日本でコーポレート・レピュテーションの研究を始めていたグループは，電通のみであった。そこでまず初めに，2000年前後から研究を始めていた電通との共同研究を進めるため，花塚仁氏（元副社長）を通じて，統合マーケティング局の総括責任者（当時）の越智慎二郎氏をご紹介していただき，電通，早稲田大学（花堂靖仁教授他），大貫英範氏（東洋経済新報社取締役；当時）とともに，ほぼ3年間にわたってレピュテーションの研究会を行なった。この研究会には，著者の関係者としては，大柳康司准教授（専修大学），新井範子教授（上智大学），園田智昭教授（慶應義塾大学），岩渕昭子教授（東

---

[1] Cravens, Karen, Elizabeth G. Oliver and Sridhar Ramamoorti, "The Reputation Index: Measuring and Managing Corporate Reputation," *European Management Journal*, April 2003, pp.201-212。

京経営短期大学)にも参加していただいた。立場の違いはあったが，この研究会によってコーポレート・レピュテーションの基礎を確立することができたように思う。花塚氏および参加者の諸氏に心から感謝の意を表したい。

2004年度には，芝浦工業大学大学院の技術経営(MOT)専門職大学院高度化推進プログラムに参加する機会を得て，「コーポレート・レピュテーション」の教材を作成することができた。その機会を与えてくれた同大学理事長(当時)の藤田幸男教授には感謝してもしきれないほどである。

2005年度から5年間，総務省所管の行政管理研究センターにおいて，わが国を代表する行政学の教授と行政の信頼の研究会に参加した。コーポレート・レピュテーションの核は，信頼にある。行政の信頼性は行政のレピュテーションを高める上で重要な役割を果たしており，この研究会に参加できたことは企業のレピュテーションの研究を深める上で貴重な機会となった。委員長の中邨章教授(明治大学)をはじめとする委員の諸氏には感謝あるのみである。

2006年の後期には，早稲田大学大学院商学研究科でコーポレート・レピュテーションの授業を行なう機会を得た。この授業では，若い院生から率直で鋭い意見を聞く機会を得た。自分自身が過去数十年前に学んだ教室で最後の機会に後輩に教えることができたのも，何物にも代えがたい経験と至上の楽しみであった。早稲田大学商学部の辻正雄教授と伊藤嘉博教授に感謝申し上げたい。

2007年から現在に至るまで，城西国際大学の大学院を通じて院生とともにコーポレート・レピュテーションの研究を深めることができた。なかでも，現在大学院博士課程に在学中の榎本恒，竹迫秀俊，関谷浩行の各氏，および修士課程に在学中の石塚大，羽鳥巧の両氏からは，貴重な意見を頂いている。

2008年から2010年9月までの2年間にわたって，日本会計研究学会スタディ・グループ「インタンジブルズの管理会計研究―コーポレート・レピュテーションを中心に―」を通じて，14名の委員と6名の討論参加者とともに主査として広くインタンジブルズを含めた研究を行なうことができた。主な目的は，若い研究者にこれまで得た知見のすべてを伝えることにあったが，現実には逆に委員の諸氏から多くのことを学習した。楽しく，実り多い研究会であった。参加していただいた1人ひとりの先生に心よりお礼を申し上げたい。

2009年には，産業経理協会のご厚意で，4回にわたってレピュテーション・

マネジメントの体系的なセミナーを実施し，経営者の痛烈な批判と助言を得ることができた。それまでも，日本会計研究学会関東部会（慶應義塾大学）と日本管理会計学会では研究者を対象に，評判づくり研究会，企業研究会，価値創造フォーラム，同志社大学大学院，専修大学，九州生産性本部，情報処理推進機構などでは経営者を対象にした1時間から2時間程度の学会報告やセミナーを行なっていたが，産業経理協会では毎回4時間ずつ，経営者と議論する機会をもてた。このセミナーはその後の研究に大いに参考になった。専務理事事務局長の鈴木康雄氏とセミナーの参加者に心より感謝したい。

　2010年の春には，日本テトラパック㈱のレピュテーション監査の機会を得た。加えて2010年の秋からは，淺田孝幸教授（大阪大学），伊藤和憲教授（専修大学），木村麻子准教授（関西大学），園田智昭教授（慶應義塾大学），兼坂京子氏（電通），田中英富氏（インターブランドジャパン）と著者の7名の委員で，「ブランド・レピュテーションの効果測定研究会」を立ち上げた。この研究会を通じて，日本企業に適したコーポレート・レピュテーションの効果的な測定方法を開発できたらと願っている。

　2010年からは，コーポレート・レピュテーションの実証研究を2011年から行なうべく，成蹊大学の新村秀一教授，伊藤克容教授，専修大学の伊藤和憲教授との予備的研究を始めた。本格的には，2011年度以降に行なう予定である。

　2010年からは，専修大学で伊藤和憲教授が主宰する管理会計研究会に参加して，毎回にわたってコーポレート・レピュテーションなどのインタンジブルズを議論している。参加者は，過去に著者が指導して現在は大学の教授をしている研究者を中心にして，他大学の研究者，主要企業の経営者，および伊藤教授と著者の大学院生（関谷浩行氏）から構成されている。参加者からは率直な数多くの意見・助言を頂いている。感謝あるのみである。

　世界で最もコーポレート・レピュテーションの研究を行なってきたのが，レピュテーション・インスティチュートである。2006年の世界大会はニューヨークで実施された。この折は親友のPaul Scarbrough（Brock University）准教授と西武鉄道について報告した。2009年にはアムステルダムで日本におけるレピュテーションの現状を発表した。そして2010年には，Fombrun教授から招待を受け，リオ・デ・ジャネイロでトヨタのリコール問題を報告した。

以上の研究会への参加は，主に外国文献からの研究に頼らざるを得なかった研究を世界の潮流のなかで議論したり反省する絶好の機会を与えてくれた。

　コーポレート・レピュテーションの研究を遂行するに当たっては，日本学術振興会（2003年～2006年），専修大学研究助成金（2004年～2007年），メルコ学術振興財団（2009年～2010年；研究代表），科学研究費（C）（2007年～2011年）を受けた。これらの資金があったからこそレピュテーションの研究を遂行できたともいえる。科学研究費の事務手続きに関しては，専修大学名誉教授の立場で，専修大学学務課のお世話になった。専修大学事務局のきめ細かで好意あふれる対応に心から感謝している。

　2007年度からは城西国際大学に客員教授として勤務している。水田宗子理事長，野澤建次教授（副学長／学部長）をはじめとして，同僚教授および職員の皆さまにこの場を借りて感謝の意を表したい。

　本書でのケース・スタディでは，各社の責任者にたいへんお世話になった。自社での過去の失敗例を開示することでもあるが，他社の参考のためにと進んで情報を開示してくれた企業の経営者には心より感謝したい。

　完成した原稿には，専修大学経営学部准教授　岩田弘尚氏，東京経営短期大学教授　岩渕昭子氏から貴重なご意見をいただいた。また，城西国際大学大学院博士課程の関谷浩行および竹迫秀俊の両氏には校正をお願いした。さらに，淡路会計事務所代表取締役専務　淡路俊彦氏には，実務の立場から貴重なご意見をいただいた。記して，感謝の意を表したい。

　出版に関しては，同文舘出版の社長　中島治久氏が快諾してくれたことに感謝申し上げたい。また，執筆の方針に関しても適切な助言をしてくれた編集局長の市川良之氏と角田貴信氏にはいつもながらたいへんお世話になった。

　本書から，日本の研究者，経営者だけでなく，大学院生や学部生が何らかのヒントを得て，日本企業のレピュテーションの向上に貢献することができるとすれば，これに過ぎたる慶びはない。いつの日か，日本の企業から不祥事や事故が根絶され，大多数の日本企業が世界から賞賛される日がくることを願う。

2011年1月吉日

櫻井通晴

コーポレート・レピュテーションの測定と管理
―「企業の評判管理」の理論とケース・スタディ―

● 目 次 ●

はじめに i

序 章 ——————————————————————— 3
1 コーポレート・レピュテーション研究の目的　3
2 本書の課題　4
3 本書の構成　5

第1部　コーポレート・レピュテーションの意義と課題

第1章　インタンジブルズの意義とマネジメント —————— 11
はじめに　11
1 管理会計でなぜインタンジブルズの管理が重要になったのか………11
1 企業価値創造の機会が有形資産からインタンジブルズに移行　12
2 商品自体が無形物と有形物の複合体　13
3 戦略マップなどのツール　14
2 インタンジブルズとは何か ………………………………………14
1 インタンジブルズの定義　15
2 インタンジブルズの3つの構成要素
―知的財産, オフバランスの無形資産, 無形の資産―　16
3 超過収益力のバリュー・ドライバーは何か …………………………18
1 超過収益力のバリュー・ドライバーは"知的資産"なのか　19
2 バリュー・ドライバーは知的・レピュテーション関連インタンジブルズ　19
4 知的なインタンジブルズのバリュー・ドライバー………………20
1 イノベーションと研究開発　20

2　ソフトウェア（ITの有効活用を含む）　21
　　3　知的資産　22
　　4　人的資産，情報資産，組織資産　23

　5　知的なインタンジブルズのマネジメント …………………………24
　　1　知的なインタンジブルズのマネジメントの特徴　25
　　2　インタンジブルズの分類とその内容　26
　　3　戦略への方向づけ　27
　　4　インタンジブルズから最大の価値を創造する　28

　6　レピュテーション資産に関連するインタンジブルズ ……………30
　　　―ブランドとコーポレート・レピュテーション―
　　1　ブランドは管理会計の管理対象になりうるか　30
　　2　コーポレート・レピュテーション　32

　　まとめ　33

第2章　コーポレート・レピュテーションの現代的意義 ——— 37

　はじめに　37

　1　コーポレート・レピュテーションの歴史的考察 …………………38
　　1　欧米におけるコーポレート・レピュテーションの発展　38
　　2　日本におけるコーポレート・レピュテーションの発展　40

　2　現代のコーポレート・レピュテーションの意義と課題 …………42
　　1　コーポレート・レピュテーションの学際的性格　43
　　2　コーポレート・レピュテーション研究領域と定義　44
　　3　コーポレート・レピュテーションの3つの要素　45
　　4　コーポレート・レピュテーションについての著者の見解　46

　3　コーポレート・レピュテーションの本質的特徴 …………………46
　　　―口コミ，イメージ，ブランドとの相違点―
　　1　レピュテーションと風評，イメージ，ブランドとの関係　47
　　2　個人と企業のレピュテーション　49

　4　コーポレート・レピュテーションと企業価値の関係 ……………50
　　1　コーポレート・レピュテーションと企業価値との概念モデル　50

2　レピュテーションの向上（毀損）は財務業績を向上（低下）させるか　51

5　ケースで見るコーポレート・レピュテーションの向上と企業価値 …52
　　1　楽天の球団参入による経済価値の増大　53
　　2　トヨタの業績向上とコーポレート・レピュテーション　53
　　3　島津製作所の田中耕一氏によるノーベル賞受賞と企業価値の増大　54

　　　まとめ　55

第3章　企業価値とコーポレート・レピュテーション ── 59
　　　―コーポレート・レピュテーションは企業価値を創造するか―

　　はじめに　59

1　現代企業における企業価値創造の意義 ……………………………60
　　1　企業価値創造経営の必要性　60
　　2　企業価値の創造と業績評価の方法　61
　　3　バランスト・スコアカードによる企業価値の測定　63
　　4　企業価値の半分以上がインタンジブルズで得られる社会の出現　63

2　企業価値の意義と測定方法 …………………………………………64
　　1　企業価値は何によって測定されるか　64
　　2　DCF法による企業価値測定への批判　67
　　3　日本の経営者が含意する企業価値　69

3　コーポレート・レピュテーションと企業価値 ……………………70
　　1　企業価値は経済価値，社会価値，組織価値からなる　70
　　2　組織価値がいかに企業の評判を高めていくか　71
　　3　コーポレート・レピュテーションの構造　72
　　4　レピュテーション・マネジメントの要は日々の誠実な経営活動　73

4　コーポレート・レピュテーションの企業価値への影響 …………73
　　1　YKK　74
　　2　雪印乳業　75
　　3　パナソニック　75

5　コーポレート・レピュテーションは企業価値を向上させるか ………76
　　　—コーポレート・レピュテーションについての日本企業の経営者の認識—
　　1　コーポレート・レピュテーションと企業価値　77
　　2　日本の経営者の株主に対する態度—英米の経営者との相違—　79
　　3　非財務データを重視する日本企業　80
　　4　コーポレート・レピュテーションは企業価値を創造するか　81
　　　まとめ　82

第2部　コーポレート・レピュテーションの測定

第4章　コーポレート・レピュテーションの資産性と負債の可能性 — 87

　　　はじめに　87

1　コーポレート・レピュテーションの資産性 …………………………88
　　1　コーポレート・レピュテーションはオンバランスされるか　88
　　2　財務会計上で資産として認めることが可能であるか　89
　　3　なぜインタンジブルズなのか　89

2　コーポレート・レピュテーションをなぜ資産として管理するのか…91
　　1　コーポレート・レピュテーションを資産として測定することの意義　91
　　2　レピュテーション資産が企業を救う　92

3　コーポレート・レピュテーションの資産性についてのアプローチ…93
　　1　財務会計からのアプローチ　93
　　2　経営学からのアプローチと著者の見解　98
　　3　管理会計からのアプローチ　100

4　レピュテーション資産・負債の可能性 ……………………………101
　　1　レピュテーション資本かレピュテーション資産か　101
　　2　レピュテーション負債の可能性　102
　　3　コーポレート・レピュテーション毀損のケース・スタディ　103
　　　まとめ　106

第5章　コーポレート・レピュテーションの測定 ───── 109
　　　　―レピュテーションの企業価値への影響の測定―

　　はじめに　109

　1　コーポレート・レピュテーションの"測定"とは何か ……… 110
　　1　会計学における測定の意義　110
　　2　インタンジブルズにおける測定　110

　2　欧米におけるコーポレート・レピュテーションの測定 ……… 111
　　1　残差アプローチによる超過収益力の測定　111
　　2　レピュテーション指標を用いたレピュテーションの測定　112
　　3　コーポレート・レピュテーションと財務業績の実証研究　113

　3　コーポレート・レピュテーションの経済価値の測定 ………… 115
　　1　株価への影響　116
　　2　残差アプローチによる超過収益力の測定　116
　　3　決算上の利益　118
　　4　個別的な積み上げ　118

　4　ノーベル賞受賞の社会価値と組織価値への測定 ……………… 119
　　1　ノーベル化学賞の受賞のインパクト　120
　　2　レピュテーション指標による受賞効果　121

　　まとめ　122

第6章　レピュテーション指標による企業の測定・評価 ───── 125

　　はじめに　125

　1　企業の評判の評価についての発展プロセスと現状 …………… 125
　　1　"大きい会社"から"賞賛される会社"への企業評価の趨勢　126
　　2　なぜ好感度の高い会社が好まれるようになったか　127

　2　*Fortune*誌の「最も賞賛される企業」 ………………………… 128
　　1　「最も賞賛される企業」の評価項目と評価方法　128
　　2　「最も賞賛される企業」と企業価値との関係　129
　　3　2010年度の主要ランキング　130
　　4　「世界で最も賞賛される企業」の総括　130

3 *The Wall Street Journal* 紙の「RQ」とは何か………………… 131
　1 「RQ」評価の目的，方法　131
　2 「RQ」（レピュテーション指数）の体系　132
　3 「RQ」と経済価値，社会価値，組織価値と評価結果　133
　4 「RQ」の6つの評価項目と属性の特徴　134
　5 「RQ」に対する批判と「RepTrak®」の台頭　139

4 「RepTrak®」システムの評価指標……………………………… 140
　1 情緒的アピールの扱い，7つの評価項目，23の属性　140
　2 企業価値の観点からする「RepTrak®」の特徴　142
　3 評価結果に見る「RepTrak®」の妥当性　143
　4 グローバル・レピュテーション・パルス 2010　145
　　　—「世界で最も評判の高い会社」評価—
　5 グローバル・レピュテーション・パルス2010による測定　146
　　まとめ　147

第3部　コーポレート・レピュテーションの関連概念

第7章　コーポレート・レピュテーションとステークホルダー── 153
　　はじめに　153

1 問題の提起—ステークホルダーの現状への疑問— ……………… 154
　1 レピュテーションを前提にしたステークホルダー　154
　2 問題の所在　155

2 ステークホルダー資本主義におけるステークホルダー理論 ……… 156
　1 ステークホルダーの語源と意義　156
　2 株主資本主義かステークホルダー資本主義か　158
　3 株主資本主義とステークホルダー資本主義の特徴　161
　4 ステークホルダー理論の前提と目的　162
　5 ステークホルダー資本主義における分類基準　164

3 会計責任におけるステークホルダー …………………………………… 165
　1 ステークホルダーの定義の特定には狭義の定義　165

2　会計責任との関係　165
4　コーポレート・レピュテーションにおけるステークホルダーの特定 …… 168
　　1　株主─所有者としての株主か投機家としての株主か─　168
　　2　経営者─株主のエージェントか企業のための貢献者か─　169
　　3　従業員─経営者の命令系統下にあるのか独立性をもつのか─　170
　　まとめ　171

第8章　コーポレート・ブランドの意義，歴史的発展，ケース ── 175

　　はじめに　175
1　コーポレート・ブランディングの効用と限界 …………………………… 175
　　1　プロダクト・ブランドとコーポレート・ブランドとの違い　176
　　2　コーポレート・ブランドとコーポレート・ブランディング　178
　　3　コーポレート・ブランディングの効用　179
　　4　コーポレート・ブランディングとコーポレート・レピュテーション　180
　　5　コーポレート・ブランディングの限界　180
2　コーポレート・ブランディング発展の歴史的考察 ……………………… 180
　　1　イメージ，CIとの関係でのコーポレート・ブランドの歴史的考察　181
　　2　コーポレート・ブランディングの発展プロセス　182
3　ブランドの評価・測定 ……………………………………………………… 184
　　1　ブランド資産評価モデル　184
　　2　インターブランド社のブランド評価・測定　186
4　伊藤邦雄教授のコーポレート・ブランドの特徴 ………………………… 190
　　1　コーポレート・ブランドとレピュテーションの一般的な特徴　190
　　2　コーポレート・ブランドの評価・測定　191
　　3　コーポレート・ブランドの管理　192
　　4　企業価値　192
　　5　コーポレート・ブランドとコーポレート・レピュテーションの相違　193
5　ケース・スタディ─ノボノルディスクのコーポレート・ブランド戦略─ … 195
　　1　ノボノルディスクの戦略　195
　　2　ブランドハウス　196

3　コーポレート・ブランディングの効果　196

　　まとめに代えて——コーポレート・レピュテーションとの関係——　196

第9章　コーポレート・コミュニケーションのレピュテーションへの貢献 ── 201
　はじめに　201
1　マネジメント・マーケティング・組織コミュニケーション ………… 202
　　1　コミュニケーションの意義と分類　202
　　2　専門領域の違いとコミュニケーション　203
　　3　コミュニケーションとコーポレート・レピュテーションの関係　206
2　コーポレート・コミュニケーションの意義・目的 ……………………… 207
　　1　コーポレート・コミュニケーションとは何か　208
　　2　コーポレート・コミュニケーションにおける情報共有と教育訓練　209
　　3　コーポレート・コミュニケーションの方法　210
　　4　レピュテーションを高めるコーポレート・コミュニケーション　212
3　コミュニケーションの双方向性とアカウンタビリティ ……………… 213
　　1　コミュニケーションの双方向性と真実性　213
　　2　コミュニケーションのアカウンタビリティと測定可能な基準　216
　　3　コミュニケーションの効果測定　217
4　コーポレート・コミュニケーションを成功に導くために ………… 219
　　1　共感性と信頼性が高く一貫性のある迅速な情報発信の重要性　219
　　2　コミュニケーションと知識，態度，行為（KAB）の変化　221
　　3　ジョンソン・エンド・ジョンソンのコーポレート・コミュニケーション　221
　　4　ネット戦略—口コミサイト—　222
　　5　経営者の仕事とコミュニケーションに費やす時間　223
　　6　組織内と組織外のコーポレート・コミュニケーションの実際　224
　　7　コーポレート・コミュニケーションを活性化させるために　226

　　まとめ　227

第4部 レピュテーション・マネジメントの意義と手法

第10章 レピュテーション・マネジメントの意義，課題，担当組織 ―― 235

はじめに 235

1 レピュテーション・マネジメントの意義と課題 …………………… 236
1 レピュテーション・マネジメントとは何か 236
2 レピュテーション・マネジメントの方法 237

2 レピュテーション・マネジメントのアプローチ …………………… 237
1 常識と具体例をもとにしたアプローチ 237
2 リスクマネジメント（とCSR）を基礎にしたアプローチ 238
3 レピュテーション・マネジメントの概念モデル 240
4 包括的レピュテーション・マネジメント 240

3 レピュテーション・マネジメントの原則 …………………………… 241
1 バッドの10原則 241
2 オールソップの18原則 244
3 日本企業の経営者が心すべき原則 247

4 レピュテーション・マネジメントを担当するのは誰だ ……………… 249
1 コーポレート・レピュテーションは企業内部の問題でもある 250
2 レピュテーション・マネジメントは誰が行なうか 250
3 レピュテーション担当役員設置の提案 252

5 ロイヤル・ダッチ／シェル社のレピュテーション・マネジメント …… 253
1 シェルはなぜレピュテーション・マネジメントを実施したのか 253
2 社会の変化への期待の評価 254
3 "世界で最も賞賛される企業"になること 255
4 何が変わったか 257
5 シェルに見るレピュテーション・マネジメント 258

まとめ 259

第11章 レピュテーション・マネジメントの企業内部管理の方法 ── 261
―管理会計など企業の内部管理手法による評判管理―

はじめに 261

1 レピュテーション・マネジメントが必要な理由と効果 ……………… 262
1 レピュテーション・マネジメントでは比較的短期に目に見える成果 262
2 不祥事や反社会的な行為に対処できる 263
3 レピュテーション・マネジメントの10の効果 264
4 レピュテーション・マネジメントに関する経営者の見解 265

2 レピュテーション・マネジメントのための内部管理手法 ………… 266
1 バランスト・スコアカードと戦略マップ 266
2 内部統制は企業のレピュテーションの維持に貢献するか 268
3 レピュテーションリスク・マネジメント 270
4 CSRによるコーポレート・レピュテーションの向上 270
5 レピュテーション監査 271

3 品質原価計算によるレピュテーションの維持・向上は可能か ……… 272
1 品質管理には日本的方法と欧米的方法がある 272
2 品質原価計算とは何か 272
3 品質原価計算とTQC（現在のTQM）の特徴 273
4 品質原価計算は過剰品質の解決に役立つか 274
5 品質原価計算か，レピュテーション・マネジメントか 275
6 管理会計の役割とコーポレート・レピュテーション 277

まとめ 278

第12章 BSCと戦略マップによるレピュテーションの測定と管理 ── 281

はじめに 281

1 BSCのレピュテーション・マネジメントへの活用 ……………… 282
1 バランスト・スコアカードとは何か 282
2 戦略の妥当性の検証 282
3 経営者と従業員の行為の管理 283
4 ステークホルダーによる評価 284
5 因果関係 284

6　無形資産の管理のための戦略マップの有効性　285
2　レピュテーション・マネジメントのための4つの視点と指標 ……… 285
　　1　レピュテーション・マネジメントのための4つの視点　285
　　2　4つの視点における業績評価指標　286
3　コーポレート・レピュテーションと企業価値の増大 ……………… 294
　　1　コーポレート・レピュテーションと経済価値，社会価値，組織価値　294
　　2　経済価値，社会価値，組織価値と企業価値との関係　295
　　3　概念モデルとしての戦略マップの作成　295
4　レピュテーション・マネジメントのための実践的な管理モデル …… 297
　　1　バランスト・スコアカードへのレピュテーション評価指標の統合　297
　　2　取締役会の戦略マップとバランスト・スコアカード　298

　　まとめ　301

第13章　内部統制・内部監査とBSCによる管理 ── 303
─内部統制はレピュテーションの毀損の回避に貢献するか─

　　はじめに　303

1　伝統的な内部統制と"近代内部監査"の概念 …………………… 304
　　1　内部統制の代表的見解　304
　　2　内部監査の対象は会計監査，業務監査，経営監査　306
　　3　経営監査とは何か　307
2　新しい時代の内部統制は何が変わったか ……………………… 309
　　1　COSOの内部統制概念　309
　　2　SOX法のインパクト　311
　　3　日本での対応―財務報告に係る内部統制の評価及び監査の基準―　312
　　4　日本内部監査協会の「内部監査基準」に見る内部統制の概念　313
3　内部監査部門へのバランス・スコアカード適用の可能性 ……… 314
　　1　内部監査とは何か，また内部統制との関係は　314
　　2　内部統制，内部監査，COSOの比較　315
　　3　内部監査へのバランス・スコアカード適用の論点　316
　　4　内部監査部門における4つの視点　317

4 内部監査のためのバランスト・スコアカードのフレームワーク …… 320
1 内部監査部門の4つの視点　320
2 戦略マップ　320
3 因果関係の連鎖と内部監査バランスト・スコアカードの特徴　321

5 内部監査部門による業績評価指標の活用 …………………… 322
1 業績評価指標と視点との関係　322
2 視点，戦略テーマ，戦略目標，目標値，実施項目　323
3 内部監査部門の戦略テーマと戦略目標　324

6 内部監査・内部統制はレピュテーションの向上に貢献するか ………… 324
1 内部監査とコーポレート・レピュテーション　324
2 内部統制とERMの管理会計への貢献　325

まとめ　326

第14章 レピュテーションリスク・マネジメント ─── 329
はじめに　329

1 コーポレート・レピュテーションのリスクマネジメント …………… 329
1 レピュテーションリスク・マネジメントの意義　330
2 全社的リスクマネジメント（ERM）とレピュテーション・マネジメント　330
3 風評被害，風評リスク，危機管理との違い　332
4 レピュテーションリスク・マネジメントの領域　333

2 コーポレート・ガバナンスの日米の典型的な事例研究 ………… 334
1 エンロン社の破綻問題とは　334
2 総会屋への利益供与と有価証券報告書への"誤記載"　337
3 不正な資金調達とIRの迷走　340

3 コンプライアンスと企業倫理の3つのケースと潜在的リスク …… 341
1 顧客情報の漏洩　341
2 大和銀行のニューヨーク支店の巨額損失事件　343
3 従業員による銅の不正取引と巨額損失　344
4 セクハラとパワハラによる潜在的リスク　347

4　環境問題 …………………………………………………………………… 349
1　戦後環境問題の原点—2つの水俣病— 349
2　産廃物不法投棄 351

5　雇用と人権問題がレピュテーションと財務業績に及ぼす影響 …… 351
1　ナイキによる未成年者の"搾取工場" 352
2　日亜化学工業の青色発光ダイオードと研究者の報酬 353
3　企業の再構築と会社へのロイヤリティの変化 355

6　製品の安全性確保とコーポレート・レピュテーションへの影響 …… 356
1　製造物責任と消費者契約法のレピュテーションへの影響 356
2　消費者庁の設置とレピュテーションへの影響 357

　　まとめ 358

第15章　CSRはコーポレート・レピュテーションを向上させるか ── 363
　　はじめに 363

1　CSRとは何か ……………………………………………………………… 364
1　過去の社会的責任論とCSRの違い 364
2　CSRの意義 364
3　CSRがなぜ企業にとって必要になったのか 366

2　CSRのための管理会計と経済価値への影響 ………………………… 368
1　マテリアルフローコスト会計 368
2　グリーンプロセス活動 369
3　CSR会計計算書 370

3　CSRのためのSRIと融資，ファンド ………………………………… 371
1　SRIの3つの領域 371
2　環境配慮型融資，ファンド 373

4　コーポレート・ガバナンスとCSR …………………………………… 374
1　日本の株式会社のコーポレート・ガバナンス体制 374
2　CSRから見たコーポレート・ガバナンスの論点 375

5 サステナビリティとCSR ……………………………………………… 379
1 サステナビリティとは何か　379
2 生物多様性の現代的意義　380
3 サステナビリティの戦略的活用　381

6 CSRはコーポレート・レピュテーションと財務業績に貢献するか …… 382
1 CSRとコーポレート・レピュテーションはどこが違うか　382
2 CSRに対するコーポレート・レピュテーションの3つのアプローチ　383
3 CSRはレピュテーションと財務業績の向上に貢献するか　384
4 日本での調査結果に見るCSRとレピュテーション，財務業績との関係　386
5 競争優位のCSR戦略　388

まとめ　390

第16章　レピュテーション監査 ──────────── 395

はじめに　395

1 レピュテーション・マネジメントのためのレピュテーション監査 …… 396
1 包括的レピュテーション・マネジメントとは　396
2 内部と外部のステークホルダーを対象にしたレピュテーション監査　397

2 レピュテーション監査とは …………………………………………… 398
1 レピュテーション監査の意義　398
2 レピュテーション監査ではレピュテーション指数を活用する　399

3 レピュテーション監査の方法 ………………………………………… 401
1 レピュテーション監査の3つのステージ　401
2 現況の診断，将来の状況の設計，トランジション・マネジメント　402

4 レピュテーション監査は評価か監査か ……………………………… 405
1 なぜレピュテーション監査なのか　406
2 レピュテーション監査のあり方　407
3 定性的監査だけでなく，定量的監査の必要性　408
4 レピュテーション監査，レピュテーション指数との結合　409

まとめに代えて　409

第5部　ケース・スタディ

第17章　雪印ブランド再生のための持続的発展の可能性 ——— 413
―雪印ブランド再生のためのCSR活動―

　はじめに　413

1　雪印乳業による反社会的事件とは何か ……………………………… 414
　1　雪印乳業による食中毒事件　414
　2　雪印食品による牛肉偽装事件　415
　3　両事件から得られる教訓　416

2　雪印が取り組んだ雪印ブランド再生の活動 ………………………… 418
　1　消費者重視の経営　419
　2　CSR実施のための創業の精神と行動基準の組織への浸透　420
　3　雪印におけるリスクマネジメント，ホットライン　421

3　雪印メグミルクへの経営統合と企業発展の戦略 …………………… 422
　1　企業再編と中核事業の経営統合　423
　2　財務業績の改善と将来の展望　423
　3　横浜工場の社会価値向上活動　425

　まとめ　426

第18章　三菱自動車のリコール回避の問題と再生への道程 ——— 429

　はじめに　429

1　三菱自動車のリコール回避の問題と死傷事件とは何か …………… 430
　1　セクハラ事件と総会屋への利益供与事件　430
　2　第1回目のリコール回避の問題　430
　3　第2回目のリコール回避の問題と死傷事故の発生　431

2　信頼回復のための施策―再生計画― ………………………………… 432
　1　原因究明のための徹底調査の実施　432
　2　信頼回復のための組織改革　433
　3　2000年から2004年以降の改善施策では何が変わったか　434

3　社会との共生——ステップアップ計画——……………………………… 435
　　　1　コンプライアンスとCSR活動の継続　436
　　　2　顧客対応　436
　　4　再生活動で三菱自動車は何が変わったか…………………………………… 437
　　　1　再生活動の経済価値への影響　437
　　　2　再生活動の社会価値への影響　438
　　　3　再生活動の組織価値への影響　440
　　　まとめ　441

第19章　トヨタのリコール問題のレピュテーションへの影響── 445
　　はじめに　445
　1　ブラジル訪問と原価企画，リコール問題 ………………………………… 445
　2　トヨタのリコール問題とは何であったか ………………………………… 447
　3　トヨタ問題の本質はどこにあったのか…………………………………… 448
　　　1　リコールは，トヨタだけではない　449
　　　2　車の不具合の原因——電子制御スロットルシステムに問題か——　449
　　　3　経営品質の問題はあるのか　451
　4　コーポレート・レピュテーション低下の企業価値への影響 ……… 455
　　　1　経済価値への影響　456
　　　2　社会価値向上のための戦略　458
　　　3　組織価値向上のための戦略　459
　　　まとめ　460

第20章　パナソニックはFF式石油温風機事故をいかに克服したか ── 465
　　はじめに　465
　1　FF式石油温風機事故とは何か ……………………………………………… 467
　　　1　事故の概要　467
　　　2　パナソニックの対応　468
　　　3　BtoC企業でのレピュテーションの財務業績への影響　468

2　株価と財務業績など経済価値への影響 ………………………………… 469
　　1　経済価値の測定　469
　　2　株価総額　469
　　3　利　　益　470

　3　メディア戦略の効果がダメージ軽減の真の理由か ………………… 471
　　1　具体的な対策　471
　　2　対策の効果　472

　4　パナソニックの大改革が業績へのダメージの少ない真の理由であるか ……… 473
　　1　組織改革　473
　　2　生産システムの改革　473
　　3　業績評価システム　474
　　4　IT革新　475
　　5　経営革新が事故に及ぼしたプラスのインパクト　475

　5　CSRの取り組みとコーポレート・レピュテーションの向上 ………… 476
　　1　パナソニックのCSRとは何か　477
　　2　再発防止の最善の方策　478
　　3　社会価値や組織価値の向上効果　479

　　　まとめ─成功の真の原因は何であったか─　480

結　章 ─────────────────────── 485
　1　BtoB企業かBtoC企業かによるレピュテーションの影響の違い　485
　2　評判が高い企業に共通して見られる特徴　486
　3　事故や不祥事に見舞われても見事に業績を回復できた企業の特質　488
　4　残された課題　489

コーポレート・レピュテーションの測定と管理
―「企業の評判管理」の理論とケース・スタディ―

序　章

　現代企業において、**コーポレート・レピュテーション**（企業の評判）は企業の持続的発展に役立ち、企業価値の創造に貢献する非常に重要な無形の資産となってきた。コーポレート・レピュテーションとは、「経営者および従業員による過去の行為の結果、および現在と将来の予測情報をもとに、企業を取り巻くさまざまなステークホルダーから導かれる持続可能な（sustainable）競争優位」であり、企業価値を高める非常に重要な無形資産である。

▶1　コーポレート・レピュテーション研究の目的

　現代の企業では、何らかの原因で企業の評判が急速に上向くことがある。その典型として、ノーベル賞受賞者の田中耕一氏を輩出した島津製作所に見ることができる。「棚から牡丹餅（ボタモチ）」という言葉があるが、平素から落ちそうな所にボタモチをおいておかない限り、ボタモチは落ちてはこない。企業が島津製作所にあやかって第2の田中耕一氏を輩出するためには、個々の優秀な研究者が自己の研究に専念できる職場を用意しておく必要がある。

　逆に、企業が社会を欺く行為を繰り返していると、現代社会では早晩発覚する。最近は不祥事を起こしたために数多くの企業が世間からの厳しい糾弾を受け、倒産、業績悪化の憂き目にあってきた。倒産に至る企業もあるが、不祥事に遭っても見事に業績を向上させた企業もある。なぜ企業は倒産に至るのか。なぜ一部の企業は世間の厳しい糾弾にもかかわらず、すぐれた業績があげられるのか。そこには法則性を見出すことはできないのか。

　コーポレート・レピュテーションの研究は、とくにケース・スタディにおいて、次の3つの目的を念頭において行なってきた。第1は、事故や不祥事が発生したにもかかわらずそれによってほとんど影響を受けない企業と、厳しい影響を受ける企業とがあるが、それはなぜか。第2は、企業が高いレピュテーシ

ョンを保つには何が必要で、評判が高い企業に共通して見られる特徴は何か。第3に、事故や不祥事に遭遇した時にはどんな対策が必要とされるのか、可能であれば、見事な再生を果たした企業の行動には法則性はあるのか、あればそれを明らかにする。

▶2 本書の課題

本書の課題は、「コーポレート・レピュテーションの測定と管理」にある。この課題を達成するため、本書では企業の評判を測定し管理するための理論体系を構築し、ケース・スタディを用いてその理論体系の妥当性を検証する。

コーポレート・レピュテーションに関して、著者は先に2つの著書を上梓している。本書では前著2冊とは違って、何を訴えたかったのか。

最初の著書『コーポレート・レピュテーション』(中央経済社、2005年) では、従来の口コミや風評の研究に埋没していた日本での研究から、欧米でも通用するコーポレート・レピュテーションの理論を導入しようと試みた。

次の著書『レピュテーション・マネジメント』(中央経済社、2008年) では、これまで欧米の研究で行なわれてきたような、主に外部への情報発信を中心とする研究ではなく、内部管理のための管理会計を中心とする概念と手法を使ってレピュテーションを維持・向上させ、毀損したレピュテーションを修復・回復する方法を探求した。

本書は3冊目の著書である。本書で新たに提唱した点のなかで本書の特徴と考えられるのは、以下の3点にある。

第1に、現代社会では、インタンジブルズ(無形の資産)が企業価値創造に果たす役割が増大している。無形資産でも研究開発の成果である特許権などの法律上の権利としての知的財産やブランド、ソフトウェアなどについては、これまでにそれなりに研究が進んでいる。しかし、コーポレート・レピュテーションが財務業績に及ぼす影響についてはほとんど顧みられることがなかった。そこで本書では、他のインタンジブルズとの関係で、コーポレート・レピュテーションの特徴や管理方法を明らかにした。

第2に、企業は持続的発展を図るために、アングロサクソンの世界で常識となっている株主価値を企業の第一義的な目的とするのではなく、株主と並んで

従業員，顧客，債権者，取引先，地域社会などのステークホルダーの利益を優先しなければならないとする見解を「明確に」打ち出した。そのため，企業が企業価値の創造を終局的な目的とするのであれば，企業価値は株価，利益，将来キャッシュ・フローの現在価値といった経済価値だけでなく，社会貢献，地域貢献などにより社会価値を高め，同時に，リーダーシップ，従業員のスキル，組織文化などの組織価値をも高めていくことの必要性をこれまでの著書以上に強調した。

第3に，欧米の理論で一般的に主張されてきたような，企業の評判をコミュニケーションやマーケティングなど外的な管理努力によって向上させるだけでなく，管理会計などによる内的な努力によっていかに管理すべきかをも明らかにしたことにある。

企業の評判を高めるには，PRやIR，広告などを活発に行なうことが手っ取り早く，努力の成果が見えやすい。そこで，コーポレート・コミュニケーションの研究を通じて，外部・内部への情報発信の意義を述べた。同時に，企業が持続的成長を図っていくためには，企業内部の経営者・従業員による不断の努力によって不祥事が起きない組織，多くのステークホルダーから評価される会社にならなければならない。以上から，本書では，外部・内部への情報発信と内部努力によって企業のレピュテーションをいかにして向上させることができるかを考察した。このような立場から執筆したのが本書である。

▶3 本書の構成

本書は，序章，結章の他，全5部からなる。第1部ではコーポレート・レピュテーションが企業価値を創造するインタンジブルズであることを明らかにする。第2部では，コーポレート・レピュテーションの測定を考察する。第3部では，コーポレート・レピュテーションの関連概念を検討する。第4部では，レピュテーション・マネジメントの意義と手法を明らかにする。そして，第5部では，一度はレピュテーションが毀損した会社がいかにして毀損したレピュテーションを修復して業績を回復してきたかを解明する。

第1部では，コーポレート・レピュテーションが企業価値を創造するインタンジブルズであることを明らかにする。まず第1章では，コーポレート・レピ

ュテーションがソフトウェア，ブランドなどと並んでインタンジブルズの1つであること，および日本企業にとってのインタンジブルズの戦略的活用の重要性を検討する。第2章では，コーポレート・レピュテーションの果たしている現代的意義を検討する。そして第3章では，企業価値が欧米の理論で通説になっている株価，利益，将来キャッシュ・フローの現在価値などの経済価値だけでなく，社会価値と組織価値を含む包括的な意味で用いられるべきだとする。

　第2部では，コーポレート・レピュテーションの測定にチャレンジする。欧米の著書・論文ではコーポレート・レピュテーションが例外なく資産であるとされ，文献によっては，レピュテーション負債の存在を認めている。しかし，この領域では会計学研究者が本格的には参入していないためか，その理論的根拠は必ずしも明らかではない。そこで第4章ではその理論的根拠を会計学研究者の立場から探究する。続く第5章では，コーポレート・レピュテーションの測定に正面から取り組む。さらに第6章では，レピュテーション指標によるコーポレート・レピュテーションの測定問題について考察する。

　第3部では，コーポレート・レピュテーションの関連概念を考察する。著者はコーポレート・レピュテーションのことを，「……企業を取り巻くさまざまなステークホルダーから導かれる持続可能な競争優位」であるとしてきた。では，ステークホルダーとは何か。第7章では，ステークホルダーについて，株主資本主義との関係で検討する。レピュテーションに最も近い概念はブランドである。そこで第8章では，商品ブランドやコーポレート・ブランドがコーポレート・レピュテーションと何が類似して何が異なるかを検討する。著者は過去に上梓した著書でコーポレート・レピュテーションを企業の内部努力で向上させる方法を考察してきた。では，内部・外部への情報発信はレピュテーションにどんな影響を及ぼしうるか。第9章では，企業による内外への情報発信がコーポレート・レピュテーションにいかなる影響を及ぼすかを，コーポレート・コミュニケーションの研究を通じて明らかにする。

　第4部では，第3部までの概念整理を踏まえて，レピュテーション・マネジメントの意義と方法を考察する。その目的のため，第10章では，欧米での主要なレピュテーション・マネジメントのアプローチを整理した上で日本の取るべきアプローチを示唆する。加えて，レピュテーション原則を紹介するとともに，

経営における担当組織のあり方を検討する。次いで第11章では，本書が主として内部管理に焦点が当てられていることを明示するとともに，レピュテーション・マネジメントの手法の要点を明らかにする。具体的には，第12章から第16章まででレピュテーション・マネジメントの概念と手法を考察する。本書でそのための概念と手法として取り上げるのは，バランスト・スコアカード（BSC）と戦略マップ（第12章），内部統制・内部監査とBSCによる管理（第13章），レピュテーションリスク・マネジメント（第14章），CSR（第15章），およびレピュテーション監査（第16章）である。

　第5部では，4社のケース・スタディによって，事故や不祥事によってレピュテーションを一度は低下させた企業がいかにして現在のように企業価値を向上させてきたかを検討する。まず第17章では，雪印乳業（現・雪印メグミルク）が2度にわたる不祥事にいかに対応して，現在見るように事業を再生し発展の基礎を築いてきたかを検討する。第18章では，三菱自動車が2度にわたるリコール隠しの問題をいかに解決し，当時の苦境を乗り切る努力をしているかを考察する。第19章では，アメリカで起こったトヨタのリコール問題の本質が何であったかを検討し，激しいトヨタ（日本）バッシングのなかで，レピュテーションと業績の回復を図ってきたかを考察する。最終章の第20章では，パナソニックがＦＦ式温風機事故をいかに克服して現在の好業績を享受できるようになったかを考察する。

　結章では，過去の2冊の書物を含めて，著者がケース・スタディを通じて何を明らかにしたかったか，何が得られたかを明らかにする。最後に，本書で残された課題を明らかにする。

　最後に，本書の執筆スタイルについて読者の了解を求めておこう。日本ではコーポレート・レピュテーションは新しい概念であるので，多くの研究者，経営者，学生にとって馴染みが薄い。そのため，本書によって初めてコーポレート・レピュテーションを学習しようとする一般の読者にとって，理解が難しいと感じるところがあるかもしれない。かといって，内容を落とすわけにはいかない。そこで本書では，読者の便宜のために，必要に応じて脚注をつけるとともに，重要な問題については意図的に観点を変えて説明を繰り返し，また，重要な概念には初出だけでなく数回にわたって英語を添えたところもある。

第1部

コーポレート・レピュテーションの意義と課題

　第1部では，インタンジブルズの1つとしてのコーポレート・レピュテーションの意義，役割，課題を考察する。第1章では，インタンジブルズの現代的意義，構成，マネジメントのあり方を検討する。次の第2章ではコーポレート・レピュテーションの現代的意義と課題について述べる。併せて，口コミ，風評，イメージ，ブランドとの関係を明らかにする。第3章では，コーポレート・レピュテーションがどのようにして企業価値を創造するかについて，概念モデルを用いて考察する。

第1章
インタンジブルズの意義とマネジメント

● はじめに ●

　前連邦準備委員会議長のグリーンスパンは，ハーバード大学の卒業式において，「現代の世界では，経済価値の増大に向けた有形資産の生産に代わって，レピュテーション向上のための競争が重要な推進力として，アメリカ経済を推進していこうという見解」[Greenspan, 1999] が支配的になると述べている。現代の日本企業もまた，企業価値創造の機会は，有形資産のマネジメントから，ブランド，ソフトウェア，卓越した業務プロセス，ITとデータベース，従業員のスキルやモチベーション，コーポレート・レピュテーションなどの**インタンジブルズ**による知識主導型の戦略的マネジメントに移行しつつある。それに伴って，管理会計においても，インタンジブルズのマネジメントが大きな課題となってきた。

　それにもかかわらず，欧米と比較して，日本における管理会計研究者の反応は極めて低調でしかなかった。管理会計研究者には，インタンジブルズとは何か，どんな管理方法が望ましいかを研究し，必要に応じて新たな概念，管理方法を提案することが求められている。

　本章では，インタンジブルズの意味やその背景を考察する。併せてインタンジブルズにおいて果たすべき管理会計の役割を述べ，インタンジブルズの1つであるコーポレート・レピュテーションの研究上の意義を述べる。

1　管理会計でなぜインタンジブルズの管理が重要になったのか

　工業経済社会では，企業は原材料を購入して，機械・設備などの有形資産を使って原材料を製品に変換して企業価値を創造してきた。しかし，現代の企業

にあっては，多くの企業価値創造の機会は，有形資産のマネジメントから，ブランド，ソフトウェア，卓越した業務プロセス，ITとデータベース，従業員のスキルやモチベーションといった，無形の資産を使った知識主導型の戦略のマネジメントに移行してきた。その理由は，21世紀においては，企業が競争優位を確保するために，無形の資産の有効活用が必須になってきたからである。具体的にいえば，以下で述べる3つの要因がインタンジブルズの管理の重要性を高めているからである。

▶1　企業価値創造の機会が有形資産からインタンジブルズに移行

　ブルッキングス研究所によれば，アメリカの製造業と鉱業における有形資産（機械，設備，不動産など）の"知的"資産に対する比率は，1982年の62％から，1992年の38％に低下した［Olve, et al., 1997, pp.26-32］という。

　サリバン［Sullivan, 2000, p.111］は，アメリカ企業における企業価値に占める有形資産と無形の資産の比率が，1978年には80％対20％であったが，1998年には30％対70％と，完全に逆転していると述べている。

　キャプランとノートン[1]もまた，サリバンと同じ趣旨のことを述べている。財務会計の基準に従って測定したわけではないが，アメリカの企業では無形の資産は企業価値の75％をも創造［Kaplan and Norton, 2004］しているという。

　わが国での状況はどうか。伊藤・加賀谷［2001, p.50］は，1991年度と1999年度について，価値創造企業[2]と非創造企業のEnterprise Value（＝株式時価総額＋有利子負債）に占める各資産の構成を比較した。その結果，1991年度では価値創造企業と非創造企業の間には大きな格差は存在しなかったが，1999年度には価値創造企業の源泉となるEnterprise Valueの半分以上が無形の資産で占められていたという。さらに，株価と連結財務諸表が入手できる871社を対象に調査［伊藤, 2006, pp.15-16］したところ，1991年にはインタンジブルズが

---

[1] キャプランとノートン［Kaplan and Norton, 2004, p.4］は，有形資産（tangible assets）を定義づけて，"財務会計のルールに従って測定したわけではないが，資産から負債を差し引いた正味簿価"とし，市場価値の75％が無形の資産により，25％が有形資産によって生み出されているという。

[2] 価値創造企業とは何か。伊藤・加賀谷［2001, p.49］は，価値創造企業の条件として，1983-91年度と1992-99年度の間に，①営業利益が増加，②期末従業員数が増加，③株式時価総額が増加した企業だとしている。

平均で25％前後であったのに対し，2004年度の時点では，株式時価総額を2倍以上に増大させている企業グループで，37％まで増大させていることが判明されたという。なお，伊藤が含意するインタンジブルズは，株式時価総額から純資産を差し引いたものと定義づけられているから，その内容は市場付加価値（market value added；MVA）を含意していると解しうる。

アメリカだけでなく日本でも，調査結果や主張に無形資産と有形資産の比率に大きな違いがあるのはなぜか。その1つの理由は，インタンジブルズとか無形資産といわれるものの概念が研究者や調査機関によって異なるからである。インタンジブルズとされるのが超過利益を意味するのか，それとも特許権や営業権などの知的財産であるのか，ブランドやコーポレート・レピュテーションなどオフバランスの無形資産をも含むのか，あるいは人的資産（スキル，ノウハウなど），情報資産（ネットワーク，インフラなど），組織資産（チームワーク，ナレッジマネジメントなど）などの無形の"資産"が含まれるかによってその内容も大きさも異なってくるからである。

▶2　商品自体が無形物と有形物の複合体

個人の価値観と嗜好が多様化・複雑化した結果，現代の典型的な企業では，企業価値を創造する商品自体が無形物の複合体になってきた。携帯電話を考えてみよう。端末の製造原価は5万円前後するが，それはハードの代金が高いからではなく端末に含まれるソフトのコストが決定的な重要性をもつからである[3]。同様の事象は，iPadなどの情報機器や工場自動化が進んだ企業で見られるCIM（computer-integrated manufacturing；コンピュータ統合製造）などで，企業人によってよく認識されている事実である。

このことが背景となって，多くの主要な研究者［Stewart, 1997, pp.53-165; Blair and Wallman, 2001］が，有形物と無形物の複合体から生み出される企業価値が大幅に増加してきたことを明らかにしているのである。以上から，経営

3）よく知られているように，かつては，5万円前後する携帯電話の端末が2万円前後で売られていたのは，売価とコストの差額は社内用語でインセンティブ（販売奨励金）として処理してきたからである。このようなビジネス・モデルが日本の携帯会社で成立しえたのは，携帯電話会社を含むネットワークビジネスの通信費の変動費は，回収費用を別にすれば，ゼロだからである。

においてだけでなく，管理会計研究の焦点もまた，今後，有形資産のマネジメントからインタンジブルズを使った知識主導型の戦略的マネジメントに移行していくことが予見されるのである。

▶3 戦略マップなどのツール

インタンジブルズは一般に，経営方針や戦略的な活用方法のいかんによって企業価値の創造に多大な影響を及ぼす。たとえば，従業員の価値を最大限に引き出すには，優秀な従業員を採用するとともに従業員が能力を発揮できるような教育訓練，従業員の能力を引き出す経営トップのリーダーシップ，従業員のサポートや企業と顧客をつなぐIT，問題解決を促す組織風土がすぐれていなければならない。その結果，管理会計担当者には，測定可能な経済価値だけでなく，伝統的な測定方法では測定困難な社会価値や組織価値を高めて持続可能な企業価値の増大が求められるようになってきた。

このようなことから，管理会計においては企業価値測定のためのマネジメント・ツールが必要になってきた。一方，そのマネジメント・ツールとの関係では，バランスト・スコアカードや戦略マップを使って無形のインタンジブルズを可視化することで優れた戦略を策定しコーポレート・レピュテーションを高めることが可能になっただけでなく，コーポレート・ガバナンスやコンプライアンスの欠陥を明らかにして企業の不祥事の発生を未然に防ぐことも可能になってきた。このように，企業のおかれた状況が変化しただけでなく，管理会計それ自体のインタンジブルズのマネジメントに果たす役割期待とその対応能力が飛躍的に増大してきたことが，管理会計研究者がインタンジブルズのマネジメントに積極的に取り組むべき主要な要因になってきたといえる。

ところで，これまではインタンジブルズの意義や無形資産との異同などについては，意識的に述べてこなかった。そこで次に，インタンジブルズの意義や内容を考察する。

2 インタンジブルズとは何か

伝統的な会計学では，法律上の権利や経済上の優位性を表す特許権，実用新

案権，商標権，営業権（のれん）など，物理的な形態をもたない資産は**無形資産**（intangible assets）の範疇のなかで議論されてきた。しかし，ナレッジ・エコノミーの時代に突入した世界経済の下では，伝統的な会計学で認識されてきた無形資産の他に，ブランド，知的資産，ソフトウェア，コーポレート・レピュテーション，人的資産，情報資産，組織資産といった企業価値の創造に大きな貢献を果たす無形の資産[4]の存在を無視し得なくなってきた。これらの無形の資産のことは，総称してブランドとか知的資産と称されることもあるが，本書では総称して，インタンジブルズ（intangibles；無形の資産）と呼ぶことにする。

▶1　インタンジブルズの定義

ブルッキングス研究所がUnseen Wealth（見えざる富）の研究プロジェクトを開始し，2001年に最終報告書をまとめた。それによると，**インタンジブルズ**とは，「財貨の生産またはサービスの提供に貢献するかそれらに用いられ，その利用をコントロールする個人または企業に対して将来の生産的便益を生み出すと期待される非物的な要因」[Blair and Wallman, 2001, pp.51-56]である。インタンジブルズのバリュー・ドライバーの中核は，発見，組織デザイン，人的資源［Lev, 2001, pp.7-8］の3つからなる。インタンジブルズは一般に，すぐれた研究開発成果，技術革新や経営上の革新，独自の組織デザイン，人的資源，高い評判などによって生み出される。

インタンジブルズの内容をいま少し掘り下げてみよう。過去，会計学において無形資産といえば，主に特許権，営業権，著作権，商標権などの知的財産を含意していた。1980年代に入って，投資家への情報提供やプロパテント政策[5]の推進を目的として，知的資産の研究やブランドの測定と評価がなされるよう

4）本書では，会計学上で伝統的に認められてきた"無形資産"と，伝統的な意味での無形資産とはいえないが資産性をもつインタンジブルズを意味する"無形の資産"の語を明確に区分して用いている。

5）プロパテント政策（pro-patent policy）とは，新たな創造，権利設定，権利活用からなる知的財産権に関する知的創造サイクルを強化・加速化することで，技術開発に要した投資の迅速かつ十分な回収を可能とし，知的財産権取引の活性化，創造型技術開発の促進，新規産業の創出，ひいては科学技術創造立国を実現［工業所有権審議会, 1998, p.1］する政策である。

になるに及んで，ブランドや知的資産の研究が進んだ。コーポレート・レピュテーションが企業価値に多大な影響を及ぼしていることが明らかになってきた1990年代の半ばからは，欧米ではコーポレート・レピュテーションもまた学際的な領域で議論されるようになった。

　管理会計の立場からも，社会業績［Belkaoui and Pavlik, 1992］との関係からコーポレート・レピュテーションの問題にアプローチする研究者が現れた。21世紀の初頭になると，管理会計の領域で，キャプランとノートン［Kaplan and Norton, 2004］を中心に，人的資産，情報資産，組織資産をいかに戦略的に管理すべきかが本格的に議論されるようになってきた。また，日本でも電通［越智，2004, pp.18-19］や櫻井［2004, 2005, 2008他］によるコーポレート・レピュテーションの本格的な研究も行なわれるようになってきた。現在では，ようやく数人の研究者がこれらの研究に取り組み始めたところである。

▶2　インタンジブルズの3つの構成要素
―知的財産，オフバランスの無形資産，無形の資産―

　管理会計でインタンジブルズを検討するにしても，会計学としての研究である限り，少なくとも会計学で資産性の主要な要件とされている**将来の経済的便益**（future economic benefit）が備わっていることが必要である。将来の経済的便益があるということは，突き詰めていえば，将来何らかの形で企業にとってキャッシュ・フローが見込まれるものでなければならないということになる。

　管理会計において資産として認められるためにも，オンバランスのために財務会計で要求されている資産性[6]に関する経済的便益以外のすべての要件―①将来の経済的便益があることの他，②識別可能性があり，③支配可能で，④測定可能でなければならない―に合致しなければならないというわけではない。なぜなら，管理会計で資産として測定しようとするのは貸借対照表に計上しようとするからではなく，資産として認識・測定すればマネジメントの有効性が増すからである。その結果，企業のレピュテーションを向上させ，将来の経済

6）財務諸表等規則，第28条では，無形固定資産として下記が例示されている。のれん，特許権，借地権（地上権を含む），商標権，実用新案権，意匠権，鉱業権，漁業権（入漁権を含む），ソフトウェア，その他。

的便益ないしキャッシュ・フローの増大が期待できるからといえる。

ブレアとウォールマン［Blair and Wallman, 2001, pp.51-56］によるインタンジブルズの分類を表せば，下記のように3種類のものからなる。図1-1とあわせて参照されたい。

① 所有と支配が可能な資産　例；知的財産
② 支配可能であるが企業から分離して売却できない資産
　　　　　　　　　　　例；オフバランスの無形資産
③ 企業が全く支配できないインタンジブルズ
　　　　　　　　　　　例；無形の資産

図1-1　インタンジブルズとその主要な構成要素

| 知的財産 |
| 例；特許権，商標権，営業権 |

↓

| オフバランスの無形資産 |
| 例；ブランド |
| コーポレート・レピュテーション |

→

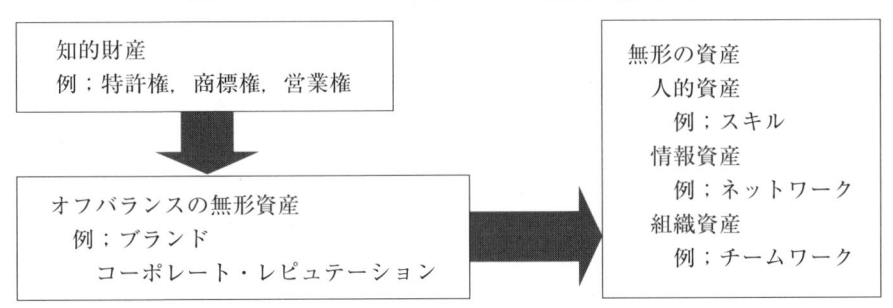

| 無形の資産 |
| 人的資産 |
| 　例；スキル |
| 情報資産 |
| 　例；ネットワーク |
| 組織資産 |
| 　例；チームワーク |

図1-1の矢印は，会計学における主要な研究対象の変遷を表している。管理会計に関係する研究との関係でいえば，**知的財産**に関する研究は主として財務会計の領域で行なわれてきた。1990年代以降，ベルカウイ［Belkaoui and Pavlik, 1992；Belkaoui, 2001］，越智によって代表される電通のグループ[7]，および著者などによって行なわれたコーポレート・レピュテーションの研究は，**オフバランスの無形資産**との関係で行なわれたものである。一方，キャプランとノートンの研究は，**無形の資産**との関係［Kaplan and Norton, 2001, pp.66-67］で，人的資産，情報資産，組織資産［Kaplan and Norton, 2004, p.13］のマネジメントを管理会計の立場から研究してきている。

以上，管理会計におけるインタンジブルズの研究対象は，①知的財産，②オ

7）越智慎二郎，吉橋英晴，兼坂京子などの論文の多くは，『ADVERTISING』で発表されている。

フバランスの無形資産,および③無形の資産を想定している。①の知的財産は法的にも何が含まれるかが明らかである。しかし,管理会計の主要な研究対象となりうる②と③については,専門領域によっても論者によっても研究対象を何にするかについては見解の相違がある。他の領域との最も大きな違いの1つは,経営学者は会計学者とは違って,エクイティ側の"資本"の問題として捉えるのが一般的だということである[8]。しかし著者は,管理会計では経営者によるマネジメントが主要な研究目的であるから,資本の運用形態を表す貸借対照表の借方側の問題として認識・測定することによって初めて,効果的な管理方式が明らかになってくるのではないかと考える。

以上,本章では資産としてのインタンジブルズを管理会計の立場からどうマネジメントするかの問題として検討する。

3　超過収益力のバリュー・ドライバーは何か

株式の時価総額が企業の帳簿上の資産価値を上回る超過収益力の**バリュー・ドライバー**[9]は何か。1980年代までの会計の世界では,企業がもつ超過収益力は,**のれん**と称されていた。1990年代になると,知財戦略の経営に果たす役割が高まり,サリバン［Sullivan, 2000, p.17］がいみじくも指摘したように,超過収益力が**知的資産**からなるとする見解がビジネス界に彗星のごとく現れ,ビジネス界を席巻した。さらに2000年以降になると,超過収益力が**インタンジブルズ**であるとする見解が現れた。これを図示すれば,**図1-2**のようになる。

図1-2　超過収益力の会計学における扱い

1980年代まで	1990年代	21世紀
のれん	→ 知的資産	→ インタンジブルズ

8）レフ［Lev, 2001, p.5］によれば,インタンジブルズは会計学者,知的資産（knowledge assets）はエコノミスト,知的資本（intellectual capital）は経営学者と法学者によって広く用いられているがそれらは基本的に同じこと—将来の便益に対する無形の請求権—を述べているのだという。
9）論者によって異なるが,バリュー・ドライバーとは一般的に,収益性,効率,成長性など事業の価値創造に大きな影響を及ぼしうる要因のことをいう。

▶1 超過収益力のバリュー・ドライバーは"知的資産"なのか

　超過収益力を生み出すバリュー・ドライバーとして，サリバンは**ブランド**が知的資産であるとしている[10]。しかし，トヨタ，ホンダ，味の素[11]，エルメス，グッチ，シャネルなどのブランドが厳密な意味で"知的"な資産であるかについては疑問がある。もちろん，味の素のように，会社設立の歴史を遡れば，ブランドは研究開発や技術力の賜物である場合も少なくない。しかし，現代において，味の素のブランドは，多分にレピュテーション（reputation；評判）によって高められた結果であることも認めざるを得ないであろう。

　いま１つの例として，楽天がプロ野球に参入した効果を財務業績との関係で検討する。2003年12月期の楽天の売上高は約180億円であった。野球の球団への参入がメディアによってとりあげられ大きくその名が知られた2004年12月期には，売上高が455億円と約2.5倍に増大した。さらに，経常利益は44億円から155億円へと3.5倍に増大した。このケースにおける財務業績の向上は，知的資産が増大したからであろうか。知的資産ではなくコーポレート・レピュテーションの向上にあると考える方が自然であろう。

　以上から，超過収益力のバリュー・ドライバーは，知的なインタンジブルズだけではなく，レピュテーションに関連するインタンジブルズによることも多くみられるようになったことが理解できるであろう。

▶2 バリュー・ドライバーは知的・レピュテーション関連インタンジブルズ

　管理会計の立場から，インタンジブルズのバリュー・ドライバーには何が考えられるのか。この問題にアプローチするには，２つの範疇に区分して考察するのが有効だと思われる。それは，知的なインタンジブルズとレピュテーショ

---

10) サリバン［Sullivan, 2000, pp.3-22］は，ブランドを知的資本（用語上の混乱を避けるために，脚注15)で述べている理由から，ここでは知的資本に代えて知的資産の語を用いた）から抽出される価値であると位置づけている。この見解はわが国でも多くの論者によって支持されている。

11) 味の素は1908年の池田菊苗博士によるグルタミン酸（日本人による10大発明の１つ）発明から始まったが，その後は技術の改良と顧客による評価・口コミなどによってブランド・エクイティが広まっていった。1878年に真珠母貝の養殖を始めた御木本翁によって創設されたMIKIMOTOは当初の研究開発とその後の技術と製造プロセスの改善を重視すべきか，あるいはその後の"評判"によってブランドが広がったと見るべきか。

ンに関連するインタンジブルズである。**図1-3**を参照されたい。

図1-3　インタンジブルズの2つの範疇

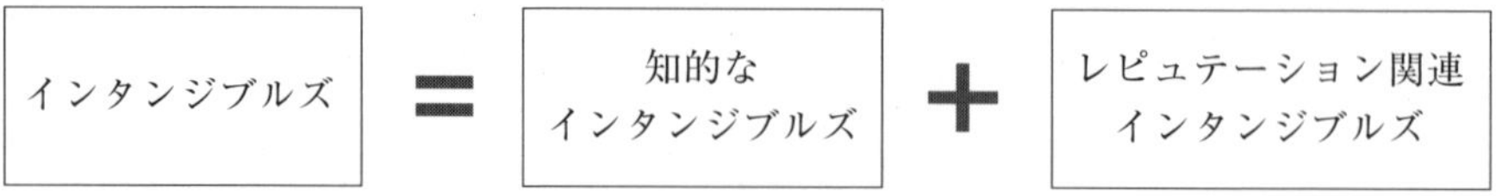

インタンジブルズ ＝ 知的なインタンジブルズ ＋ レピュテーション関連インタンジブルズ

　そこで次に，この2つに分けてそれぞれの将来の研究の方向性について，管理会計の立場から著者の見解を敷衍したいと思う。ただし，財務会計からの研究が進んでいて法律上の権利として資産計上が許容されている特許権や著作権などの知的財産については，本書では考察対象とはしない。

4　知的なインタンジブルズのバリュー・ドライバー

　知的なインタンジブルズの典型的なバリュー・ドライバーとしては，①イノベーションと研究開発，②ソフトウェア[12]，③知的資産，④人的資産，情報資産，組織資産という4つの切り口がある。

▶1　イノベーションと研究開発

　インタンジブルズは，イノベーション，独自のデザイン，人的資源の組み合わせなどによって生み出される無形の価値源泉である。イノベーションは，基本的に，インタンジブルズへの投資［Lev, 2001, p.16］によって生み出される。イノベーションへの投資の数ある形態の1つが研究開発である。進行中の研究開発は，ブルッキングス研究所の研究では，先に述べた「支配可能であるが企業から分離して販売することができない資産」であるインタンジブルズとして位置づけられる。イノベーションと研究開発の関係は，研究開発活動をイノベーション・プロセスの1つとして位置づけることができよう。

　企業における管理の焦点は，製造活動における原価低減活動から企画・設計や研究開発へと次第に源流に遡っており，近年ではいかにイノベーションを効

---

[12]　ソフトウェアは無形ではなく有形であるとする議論もある。また，資産性が認められるソフトウェアは無形固定資産に計上する。この種の議論については，櫻井［1992, 1993］を参照されたい。

果的に実施し，研究開発を効率的・効果的に行なうかに移行してきた。1980年代に大幅に研究が進展した**原価企画**は，企画・設計段階における戦略的コストマネジメントの先駆けの1つとして評価できよう。

研究開発費の**管理会計**に関しては，研究者および実務家のすぐれた研究の蓄積がある[13]。研究開発費の管理は，ハードとソフトの有機的な一体管理が必要となろう。関連領域ではナレッジマネジメントやプロセス・マネジメント，研究開発組織の研究の必要性も高まろう。管理会計との直接的な関係では，予算管理，中長期経営計画，研究開発の投資効果の測定と評価，業績評価システムの構築，研究開発組織，研究開発戦略などの研究が期待される。

▶2 ソフトウェア（ITの有効活用を含む）

ソフトウェアは有形であるという主張もあるから，インタンジブルズの研究は主に，ソフトウェアの無形の部分に焦点が当てられることになる。管理会計では，過去，インタンジブルズのなかでは1980年代の半ばから**ソフトウェア原価計算**という形で日本独自の研究[14]が進められてきた。その結果，わが国における中心的なソフトウェア・ディベロッパーであるソフトハウスでは，調査対象の約3分の2の企業がソフトウェア原価計算を導入［櫻井，1992］するまでに至っている。ユーザー企業のなかには，アメリカで開発されたチャージバックシステムを導入している企業も少なくない。

当面の管理会計の課題として議論と研究が進んでいるのは，IT投資の評価とマネジメント，ソフトウェア価格決定，ネットビジネスの経営戦略，ITスキル標準，SLA（service level agreement；サービス水準を事前に決めた契約）などを含めた**ソフトウェア管理会計**［櫻井，2006］である。もちろん，ソフトウェアのマネジメントについては，キャプランとノートンが提唱する情報資産

---

13) 管理会計に関連した研究者からの研究には，安達和夫，西澤脩，西村優子による研究が，実務家によるものとしては，原崎勇次，福井忠興，浦川卓也等による研究がとくに注目される。
14) 日本では，委託・受託にもとづくカスタムソフトの開発が，過去だけでなく現在でも一般的である。これは欧米ではほとんど見られない企業実践である。このことが，日本独自のソフトウェア原価計算を生み出した最大の要因である。ただ，カスタムソフトを制作することは日本の競争力を強めることにはならないし，ソフトウェア原価計算は伝統的なレガシー・システムのマネジメントに対してより効果的であるということを付言しておこう。

の一部としてアプローチしていくことも可能である。いずれにしても，管理会計は今後ともソフトウェアや情報システムなどIT関連のインタンジブルズをいかにして有効に活用すべきかが研究されていく必要がある。

▶3　知的資産

　知的資産の定義やその範囲については法的な規定や研究者の間で一定の合意があるが，拙著［櫻井，2005, pp.61-77］において欧米の主要な論者の見解を比較検討したとおり，知的資産とは何かについては多様な定義があり完全な合意がなされていない。知的資本と知的資産の違いについてもまた明確で万人が納得する区分や定義はない。エドビンソンとマローン［Edvinsson and Malone, 1997, p.3］が指摘しているように，知的資本はとらえどころがない定義のしにくい用語だと考えられてきたが，そのような状況はいまでも変わっていない。

　エドビンソンとマローンが主張する知的資産[15]の内容は，人的資産と構造資産（顧客資産＋組織資産［イノベーション資産＋プロセス資産］）からなるとされる。日本では，財務会計からインタンジブルズにアプローチしようとする研究者・実務家に，この見解をとる者が多い。しかし，この定義によれば，ほとんどすべてのインタンジブルズはこの知的資産のなかに包含されてしまう。

　知的資産については，財務会計研究者，経営学者だけではなく，経済産業省なども国の立場から産業構造審議会などを通じて研究を推進してきた。産業構造審議会「経営・知的資産小委員会」中間報告書（案）では，「知識経済下において，企業の超過収益力あるいは企業価値を生み出す源泉であり，<u>有形でないものを総称して『知的資産』と呼ぶ</u>」［経済産業省，2005, p.11］と定義づけている。産業構造審議会の見解も先のエドビンソンとマローンの見解から多大な影響を受けていることから，ここでいう知的資産がほとんどすべてのインタンジブルズを包含する結果になっている。

　管理会計の研究者からする知的資産マネジメントの研究はまだ遅れてい

---

[15] 管理会計における管理対象には，貸借対照表の貸方側（資本）ではなく，その運用形態を表示する借方側（資産）からの見方が有効である。それゆえ本書では，知的資本に代えて知的資産の表現を用いることにしたのである。なお，サリバン［Sullivan, 2000, p.17］は知的資本の成文化された知識（codified knowledge）が知的資産であるとしている。

る[16]といってよい。その理由の1つは，知的資産の範疇には多様な資産が含まれているので，管理に適した分類とはいえないからである。とはいえ，本来の意味[17]での知的資産のマネジメントに関する研究は，将来の日本にとって貴重な貢献を果たしうる領域である。将来日本企業が世界諸国と伍して競争優位を確保していくためには，管理会計による貢献が最も期待される研究領域の1つである。

たとえば淺田［2008, pp.49-68］は，インタンジブルズの日米比較を行なった結論として，日本型知識経営は「有形財に知識が埋め込まれて価値を創造する」のに対して，英米型の場合には「情報財に一層の知識が埋め込まれて価値を創造する」特徴があるという。著者もまたこの見解に賛同する。一例をあげよう。日本企業のCIMは世界的に競争優位に立ってきたが，その理由は産業用ロボットが組込ソフトの塊であるからである。逆に，マイクロソフトのウィンドウズに代表されるようなパッケージソフトの領域では，日本企業がアメリカにほぼ完敗している。この発見事項などは管理会計における今後の研究を方向づける示唆を含む研究成果の1つであるといえる。

▶4　人的資産，情報資産，組織資産

キャプランとノートンは，彼らのバランスト・スコアカードに関連した3冊目の著書『戦略マップ』（*Strategy Maps*）［Kaplan and Norton, 2004］において，管理会計の立場からこの分類に従って本格的にインタンジブルズの管理方法を探究した。管理会計が果たしうる将来の日本経済への貢献という立場から考えるとき，人的資産，情報資産，組織資産からのアプローチは，管理会計において将来の研究が最も期待される研究領域の1つであると思える。なぜなら，マネジメントという立場からすると，人的資産，情報資産，組織資産の管理方法には大きな違いがみられるからである。このアプローチは，分類基準だけから

---

16) 管理会計にも関係する著書では，渡邊俊輔［2002］，岡田依里［2003］，高橋琢磨［2005］は，数少ない総合的研究である。
17) 特許権，研究開発，デザイン，ノウハウなど限定的な意味。プロダクト・ブランドやコーポレート・ブランドなどにはレピュテーションの部分も少なくないので，これらを知的資産というのには無理があると思われる。

みると，先に述べたエドビンソンやレフ[18][Lev, 2001, pp.18-19]のそれと大きく異ならないようにも思える。しかし，概念モデルにとどまらず具体的な管理方法までも提示しているという意味では，これが管理会計からの1つの卓越したフレームワークであると評しうる。

著書のタイトルがバランスト・スコアカードの支援ツールとして誕生した戦略マップであったこともあり，著書『戦略マップ』とインタンジブルズとの関係が見過ごされることが多い。しかし，サブタイトルの「無形の資産を有形の成果に変換する」の文言から窺えるように，この著書はインタンジブルズ・マネジメントに関する極めてすぐれた研究書[19]であり実務書なのである。

以上，知的なインタンジブルズを研究するためのアプローチは多様である[20]。管理会計の立場からするとき，第1の範疇（知的なインタンジブルズ）のなかでは，キャプランとノートンが採用してきた人的資産，情報資産，組織資産からのアプローチをもとに研究に取り組むことには十分な価値がある。

5 知的なインタンジブルズのマネジメント

知的なインタンジブルズをどのように管理すべきか。管理の方法は手法ごとに異なるが，本書の目的は管理手法の詳細に記述することではない。そこで以下では，インタンジブルズ管理の共通の特徴を述べることにした。

---

18) レフ［Lev, 2001, p.18］は，①人的資源インタンジブルズ，②イノベーション関連インタンジブルズ，③組織インタンジブルズに区分してインタンジブルズを考察している。②のイノベーション関連インタンジブルズを情報資本に代えたものがキャプランたちの分類基準—人的資産，情報資産，組織資産（この分類では，本書で資本を資産と読み替えている）—と酷似する。キャプラン本人に確認したわけではないが，キャプランのこの分類基準は，両者の交友関係の深さなども勘案すると，レフから大きな影響を受けているのではないかと思われる。

19) このことは，キャプランとノートンが*Strategy-Focused Organization*［Kaplan and Norton, 2001］や*Alignment*［Kaplan and Norton, 2006］においてインタンジブルズに言及していないということを意味しない。前者は戦略との関係で，後者はシナジー効果との関係で数多くの貴重な提言をしている。*Alignment*では，コーポレート・ガバナンスと関連させて取締役会や投資家のアライメントにまで議論が展開されていることが注目される。

20) 人的資産，情報資産，組織資産，顧客資産が財務業績に及ぼす影響に関する実証研究は，細海［2010, pp.103-112］を参照されたい。

▶1　知的なインタンジブルズのマネジメントの特徴

　キャプランとノートンは，一連の著作のなかで，管理会計の立場からインタンジブルズを人的資産，情報資産，組織資産に区分して，戦略的なマネジメントの方法論を探求し具体的な方法を提案している。知的なインタンジブルズのマネジメントには，有形資産のマネジメントとは違ったいくつかの特徴がみられる。それらは，①他のインタンジブルズや有形資産との結合，②戦略的な対応，③間接的な価値創造を持続的な競争優位に結びつける戦略，④収益とコストの測定方法などにおいてである。

　第1に，インタンジブルズは単独ではほとんど価値をもたず，他のインタンジブルズや有形資産と結合してはじめて価値を創造することが少なくない。たとえば，島津製作所で田中耕一氏がノーベル賞を受賞するほどの高い研究成果を上げ得たのは，本人のすぐれた能力はもちろんのこと，卓越した同僚や先輩（人的資産）に恵まれたこと，貴重な情報（情報資産）を得ることができたこと，および卓越した研究環境（組織資産）に恵まれたからである。

　これらのことは，管理会計からするインタンジブルズ研究は，人的資源，情報技術および組織との関係で研究することの重要性を示唆している。

　第2に，価値創造は環境（競争，価格，組織，時代背景，資源の保有状況など）と戦略によって決定される。武田薬品工業が2008年に，米バイオベンチャーのミレニアム・ファーマシューティカルズ（マサチューセッツ州）を約8,800億円で買収したが，武田が買収後の企業価値をもたらすかは，その後の経済・社会・企業の環境と戦略によって決まってくる。

　このことは，管理会計からするインタンジブルズのマネジメントは，環境と戦略との関係で検討することの必要性を示唆している。

　第3に，価値創造が間接的である。つまり，努力が成果に直接的な影響を及ぼすことは少ない。工企業では，製品を生産・販売すれば比較的早く利益が得られる。一方，知的なインタンジブルズの創造では，研究開発活動で典型的にみられるように，研究開発の努力が必ず直接的な開発成果をもたらすとはいえない。インタンジブルズとしての教育・訓練への投資もまたすぐに成果が表れるわけではない。教育・研究投資の価値創造のプロセスとして想定されるのは，

①従業員の教育・訓練は製品やサービスの性能や品質を向上させる，②製品やサービスの品質がよくなれば顧客のロイヤリティが高まる，③顧客のロイヤリティが高まれば顧客が商品やサービスを購入してくれる，④売上高が高まれば利益が増大するといった関係から成果が導かれるにすぎない。逆にいえば，4つの連鎖が1つでも壊れれば，意図した成果をあげることができない。

このことは，管理会計の視点から行なうインタンジブルズの研究は，バランスト・スコアカードや戦略マップといった，努力と成果の関係を可視化できる管理会計手法の開発と活用が不可欠であることを示している。

第4に，製造業では製品とコストとの関係は比較的明確である。他方，インタンジブルズでは収益とコストとの対応関係は，価値創造が間接的であることの結果であるともいえるが，製造業ほど明白ではない。たとえば，トヨタで一定の材料と労働力を投入すれば，ほぼ予定通りの自動車という製品を完成させることができる。しかし，武田薬品工業で基礎研究に多額の資金を投入したからといって，それがそのまま新薬の成功に結びつくとはいえない。また，製造業では一般に収穫逓減の法則が妥当するが，革新的なパッケージ・ソフトウェアやネットビジネスでは収穫逓増の法則[21]が妥当する。マイクロソフトの強さに見られるように，一番手だけがすべての市場を確保することもある。

これらのことは，管理会計において，創造される価値の測定や評価・分析方法について，新たな測定方法開発の必要性を示唆しているといえる。

▶2 インタンジブルズの分類とその内容

インタンジブルズの本質的特徴について，キャプランとノートンは，インタンジブルズをもって「差別化による優位性を生み出すための，組織内に存在する知識」とか「顧客のニーズを満たすための，企業内にいる従業員のケイパビリティ」であるとしている。キャプランたちの主張するインタンジブルズには，特許権，著作権などの知的財産の他，従業員の知識，リーダーシップ，情報シ

---

[21] ある生産要素の投入量を追加的に増加していくとき，追加的に得られる産出量もまた増加するという法則。伝統的な経済学では収穫逓減の法則が妥当した。IT・サービスの非物質性とネットワーク効果により，ソフトウェアなどIT産業では収穫逓増の原則が妥当する。なお，一口にITといっても，日本のソフトハウスが制作する労働集約型のカスタムソフトでは，収穫逓増の法則はあまり見られない。

ステムおよび作業プロセスなど,財務会計では資産の範疇には入らない多様な項目が含まれている。管理会計の立場から,キャプランとノートン［Kaplan and Norton, 2004, p.13］は,インタンジブルズを次のように整理している。

人的資産：従業員のスキル・才能・知識
情報資産：データベース,情報システム,ネットワーク,ITインフラ
組織資産：組織文化,リーダーシップ,従業員の方向づけ,チームワーク,ナレッジマネジメント

　この分類はエドビンソンとマローン［Edvinsson and Malone, 1997］の見解と類似しているようにみえる。しかし,キャプランとノートンが述べているインタンジブルズの特徴は,戦略の方向づけが知的資産に焦点が合わせられていて,レピュテーションに関わる資産が除外されていることにある。たとえば,エドビンソンとマローンがあげている顧客資産でも,キャプランたちの扱っている事項は限定的でしかない。キャプランたちは顧客資産の問題としてよりも,バランスト・スコアカードにおけるステークホルダーの1つとして顧客の視点のなかで取り扱われていることにその特徴がある。

　インタンジブルズの価値は,企業の戦略の実行を支援する能力から引き出される。しかも,その価値を個々に独立して測定することができない。そのため,経営者は人的資源やIT資源を戦略へと方向づけることが必要になる。では,インタンジブルズをどのように方向づけたら企業価値を増大させるのか。

▶3　戦略への方向づけ

　キャプランとその研究グループは数多くの戦略マップやバランスト・スコアカードで示される学習と成長の視点を調査した。その結果,次の一貫した6つの戦略的目標［Kaplan and Norton, 2004, p.203］が必要であることを明らかにした。

人的資産
　1．**戦略的コンピテンシー**：　戦略が必要とする活動を実行するための,スキル,才能およびノウハウを有効に活用する[22]。

---

22) 人的資産の価値測定と管理は,内山［2010, pp.62-71］を参照されたい。

情報資産

2．**戦略的情報**： 戦略の支援に必要とされる情報システムとナレッジマネジメントのアプリケーションソフトおよびインフラを有効に利用する[23]。

組織資産

3．**組織文化**： 戦略の実行に必要とされる，従業員が共有すべきミッション，ビジョンおよびバリュー（value；価値観）が何であるかを明らかにして，インタンジブルズ戦略を策定し実行する[24]。

4．**リーダーシップ**： 組織を戦略に向けて活性化するため，全階層において有能なリーダーを配置する。

5．**戦略への方向づけ**： あらゆる組織階層で，個人目標やインセンティブを戦略に方向づける。たとえばGEのジャック・ウェルチ（Jack Welch）は，強烈なリーダーシップで，選択と集中（業界で1，2位のビジネスに資源を集中させる），学習する組織，シックスシグマ，フラット型組織などで経営をリードした。

6．**チームワーク**： チームワークをよくすることで，戦略的な潜在能力をもつ知識資産やスタッフ資産を共有できるようにする。

▶4 インタンジブルズから最大の価値を創造する

インタンジブルズから最大の価値を引き出すためには何が必要か。その方策としては，①戦略の方向づけ（alignment）と戦略的レディネスの整備，②シナジー効果，③測定尺度としてのアウトカムの活用が必要である。

第1に，インタンジブルズを活用して企業価値を高めるには，**戦略の方向づけ**と**戦略的レディネス**の整備［Kaplan and Norton, 2006］が必要である。エイトによるボート・レースをみて分かるように，体力があって勝利への執念に満ちた漕ぎ手がいるだけでは不十分で，勝利のカギはいかに息を合わせてボートを漕ぐかにかかっている。同じ1つの会社でありながら個々の事業部の戦略がバラバラであるならば，意図した成果を得ることはできない。知財戦略では

---

[23] 情報資産の管理については，小酒井［2010, pp.72-81］を参照されたい。
[24] 組織文化のマネジメントについては，新江［2010, pp.82-92］を参照されたい。

とりわけ戦略の方向づけが必要とされる。加えて，インタンジブルズを有効に活用するためには，インタンジブルズ活用の戦略が，ビジョン，事業戦略，研究開発戦略，知財戦略と**有機的に統合**されていなければならない。

レディネス（readiness）とは，準備が整っている状態のことをいう。レディネスが万全といえるのは，次の条件がそろっていることが必要である。それは，①戦略的職務群の人的資産のケイパビリティが戦略テーマに密接に方向づけられていること，②情報資産が戦略テーマの卓越した業績を促進するために人的資産を補完する不可欠のインフラと戦略的ITアプリケーションを提供していること，③組織文化，リーダーシップ，戦略への方向づけ，チームワークが，戦略の実行に必要とされる組織文化の変革を高めることである。

第2に，インタンジブルズの活用によるシナジー効果を創出する必要がある。キャプランとノートン［Kaplan and Norton, 2006, pp.87-101］は，本社の役割について触れて「本社は戦略的ビジネスユニットの全体にわたって，人的資産と組織資産のための3つのプロセス，リーダーシップの育成と組織開発，人材育成，知識共有の体制」を作ることが必要だとしている。全社レベルでのシナジー効果を享受することにより，企業は最小のコストで，顧客に卓越した製品とサービスの価値提案を行ない，企業価値を創造することができるようになる。

本質的に異なる戦略的ビジネスユニットと補助的な支援事業を連携させることで，**式1-1**で表されるような**全社シナジー価値**とも呼べる追加的な価値源泉を得ることもできる。

全社価値創造＝顧客から得られる価値＋全社シナジー価値　……**式1-1**

シナジー効果を創出する具体的な方策は，本社が調整することで製品やサービスのクロスセル（抱き合わせ販売や既存顧客への追加販売），共通の情報システムをもつことや研究開発をシェアード・サービスで共有することなどがある。社名変更も，シナジー効果を高めるのに有効である。YKKの社名が旧社名の吉田工業のままであったなら，現在ほどにはグローバルな会社になっていなかったかもしれない。パナソニックが日本だけでなく海外で用いる呼称を松下電器産業からパナソニックに変更したのは，世界戦略の展開においてシナジ

一効果を高めるにはこの呼称が不可欠だと判断したからであろう。

　本社の役割の1つとして，シナジー効果を減少させない努力も必要である。伊藤［2007, p.57］の主張のように，アネルギー[25]を抑制する機能をもつことがコーポレート・レピュテーションを落とさないためには必要である。具体的には，官僚制の回避，本社運営のコストの引き下げなどの方策がとられる。

　第3に，企業の製造活動やサービスの結果は，収益によって測定できる。しかし，インタンジブルズの測定では，定性的な達成度などの包括的な評価軸が必要となる。そのため，インタンジブルズの企業価値測定には，収益やアウトプットだけではなく，**アウトカム**（outcome；成果）による測定の必要性が高まる。たとえば顧客に関するアウトカムには，市場占有率，顧客満足度，新規顧客の獲得数が，従業員に関わるものとしては，従業員満足度，離職率，従業員の生産性が知られている。管理会計システムの構築では，このような成果の測定が可能になるシステムを構築する必要がある。

6　レピュテーション資産に関連するインタンジブルズ
―ブランドとコーポレート・レピュテーション―

　現時点において[26]，管理会計の対象として有意義と考えられるレピュテーションに関連する主要なインタンジブルズには，ブランド（商品ブランドとコーポレート・ブランド）とコーポレート・レピュテーションがある。

▶1　ブランドは管理会計の管理対象になりうるか

　ブランドは，従来日本では知的資産の範疇で議論されることもある。たしかに，ブランドには知的な要素が含まれる。しかし，フォンブラン［Fombrun, 2004, pp.32-33］が述べているように，ブランドはむしろコーポレート・レピュテーションの範疇のなかで考察する方が論理的である。なぜなら，ブランドには知的な研究成果から生み出されたものというよりは，広告活動や経営者の

25）anergyはsynergyの逆で，創造されるべき価値が部分の合計以下に引き下げられることをいう。
26）歴史的にみれば，イメージ（1950～60年代），CI（corporate identity；コーポレート・アイデンティティ）（1970～1980年代）なども過去においては有意義であった。

行為によって長期にわたって醸成されてきた要素が多いからである。

　われわれがブランドというとき，プロダクト・ブランドないし商品ブランドか，コーポレート・ブランドを意味する。経済産業省の企業法制研究会［2002, pp.8-9］は，**プロダクト・ブランド**を「製品に付されたネーム，ロゴなどが源泉になってもたらす競争優位性」のことだと定義づけた。一方，**コーポレート・ブランド**は「コーポレート・ネーム（会社名；著者挿入），コーポレート・ロゴなどが源泉となってもたらす競争優位の標章」であるとしている。ブランドというと一般に商品ブランドを含意するが，同時にその商品を生産した企業を連想する。その理由は，ブランド力の高い商品・サービスを提供するには，すぐれた技術力と能力をもつ組織力が備わっているとみなしうるからである。

　過去，商品ブランドは，主としてマーケティングの領域で研究が深められてきたが，最近ではそれに加えて財務会計からの研究が成功裏に進んできた。そのためもあり，管理会計の有望なインタンジブルズの研究対象として多くの人々が最初に思いつくのは，商品ブランドであろう。しかし，だからといって商品ブランドが管理会計にとって有望な研究対象になりうるとはいえない。その理由は，次に述べることにある。

　第1に，商品ブランドは相続遺産的な性格をもっているから，コーポレート・レピュテーションに比べて管理会計によるマネジメントが有効でない。管理会計では，経営企画，内部統制，リスクマネジメントなど経営者の努力によって企業価値の増大が図りうる対象が最も重視される。

　第2に，商品ブランドは直接のステークホルダー[27]がマーケティングの対象とする消費者や生活者に限定される。一方，コーポレート・レピュテーションは多様なステークホルダーの評価によって決定される。

　第3に，管理会計で有効なバランスト・スコアカードや戦略マップのようなツールがブランドは有効ではない。その理由は，管理会計ではステークホルダー・アプローチをとる手法の適用がしばしば試みられるが，それらはブランドには効果的でないからである。

---

27) ステークホルダーとは，企業の目的達成に対して影響を及ぼす利害関係者グループのことをいう。英語のstakeには（資金提供上の）利害関係者という意味がある。holderは，所有者とか"持っている人"である。詳細は，本書の第7章を参照されたい。

第4に，財務会計で試みられてきたようなブランドのオンバランスの試みは管理会計では大きな課題とはならない。管理会計の課題は，"いかにオンバランスして投資家の情報ニーズに応えるか"ではなく，"いかにマネジメントを行なって企業の競争優位を確保するか"におかれている。

最後に，組織上の問題として，商品ブランドの管理はブランド管理室，知財部，法務部などが担当していることが多く，管理会計を組織の上でサポートする経営企画部の他，経理部，監査役の主要な課題にもなりにくい。

以上から，管理会計にとって，商品ブランドの研究はマーケティングや財務会計の領域ほどには学界に貢献できる研究テーマとはなりにくいのである。

▶2　コーポレート・レピュテーション

コーポレート・レピュテーションの研究は，キャプランとノートンの研究とは方向性が異なるようにみえる。しかし，著者がコーポレート・レピュテーションに着目して研究を進めてきたのは，インタンジブルズに着目したという点では彼らと大きな違いはない。ソフトウェア原価計算，工場自動化投資やIT投資の評価，ABC（Activity-Based Costing），バランスト・スコアカードの先行研究を始めたときの経験からすれば，「隣の芝生」をみながら研究を進めてきた典型的な日本の管理会計研究者が本格的にこの研究を進めるまでにはまだあと数年はかかると思われるが，コーポレート・レピュテーションの研究は，今後着実に研究が進展することが期待できる。

コーポレート・レピュテーションを高めるには，学際的な研究領域にあるCSR，リスクマネジメント，内部統制の活用が不可欠である。とりわけCSRは，トリプル・ボトムライン[28]（環境価値，社会価値，経済価値）を目標とすることでは，経済価値，社会価値，組織価値のトリプル・ボトムラインの向上を目指すコーポレート・レピュテーションの向上に大いなる効果を発揮する。CSRは事業戦略に統合［Porter, 2008, pp.37-38］させて"戦略的CSR"として取り

---

[28] エルキントン（John Elkington）がトリプル・ボトムライン（triple bottom line）の用語を使ったのは1994年のこと［Ellkington, 2004, p.1］である。このサステナビリティ（sustainability）の3つの側面は，環境，社会，経済の順［Henriques, 2004, p.27］で表現するのが妥当であろう。著者が主張する企業価値の概念もまた，トリプル・ボトムラインといえなくはない。ただその内容と重要性の順序は，経済価値，社会価値，組織価値であり，エルキントンのそれとは異なっている。

組む必要があるが，事業戦略と深い関わりのある管理会計への役割期待がなお一層高まることが期待される。

リスクマネジメントと内部統制は，企業の不祥事，粉飾，不慮の事故から企業を防御する上で多大な効果を発揮する。コリアー他［Collier, et al., 2007, pp.13-22］が述べているように，現在でこそ管理会計担当者はリスクマネジメントに無関心であるが，将来はERM（enterprise risk management；全社的リスクマネジメント）を設備投資意思決定などの事業戦略に落とし込むことで管理会計担当者の役割期待が増大する。さらに，内部統制に関しても「管理会計担当者は明示的または暗黙のうちに内部統制のメカニズムに関与する」［Collier, et al., 2007, pp.13-22］必要性が高まってくるものと思われる。

●まとめ●

本章では，インタンジブルズのマネジメントのあり方を考察した。その目的のため，まずインタンジブルズの意義と構成要素，インタンジブルズがなぜ管理会計の研究対象として有望になったかなどを検討した。以上の検討から，インタンジブルズのバリュー・ドライバーの，①知的なインタンジブルズと，②レピュテーションに関連するインタンジブルズとの区分を提案した。

知的なインタンジブルズについては，本書では，①イノベーションと研究開発，②ソフトウェア，③知的資産，④人的資産，情報資産，組織資産という4つの点から考察した。歴史的にみると，わが国では，インタンジブルズに関する管理会計研究は，研究開発費会計やソフトウェア原価計算から始まっている。その後，インタンジブルズの範囲が急速に拡がってきた。今後の発展を総合的に検討すると，管理会計ではキャプランとノートンが概念モデルだけでなく具体的な方策までも明らかにしている人的資産，情報資産，組織資産の分類基準が有効な手掛かりを提供していることを示唆した。

レピュテーション資産に関連するインタンジブルズの研究領域には，ブランドとコーポレート・レピュテーションが考えられる。管理会計からのコーポレート・レピュテーションの本格的な研究はようやく10年の歳月を経た。次章では，コーポレート・レピュテーションの現代的意義と課題について考察する。

参考文献

Belkaoui, Ahmed and Ellen L. Pavlik, *Accounting for Corporate Reputation*, Quorum Books, 1992.

Belkaoui, Ahmed Riahi, *The Role of Corporate Reputation for Multinational Firms, -Accounting, Organizational, and Market Considerations*, Quorum Books, 2001.

Blair, Margaret M. and Steven M. H. Wallman, *Unseen Wealth, Report of the Brookings Task Force on Intangibles*, Brookings Institution Press, 2001.（広瀬義州他訳『ブランド価値入門―見えざる富の創造』中央経済社, 2002年, p.2, pp.88-96。）

Collier, Paul M., Anthony J. Berry and Gary T. Burke, *Risk and Management Accounting, Best Practice Guidelines for Enterprise-Wide Internal Control Procedures*, CIMA, 2007.

Edvinsson, Leif, and Michael S. Malone, *-Intellectual Capital*, Realizing Company's True Value by Finding its Hidden Brainpower, HarperCollins Publishers, 1997, p.13.（高橋透訳『インテレクチュアル・キャピタル―企業の知力を測るナレッジ・マネジメントの新財務指標―』日本能率協会マネジメントセンター, 1999年, p.26。）

Elkington, John, "Enter the Triple Bottom Line", in *The Triple Bottom Line, does it all add up?*, by Adrian Henriques and Julie Richardson, ed., 2004.

Fombrun, Charles J. and Cees B.M. Van Riel, *Fame & Fortune, How Successful Companies Build Winning Reputations*, Prentice Hall, 2004.（花堂靖仁監訳, 電通レピュテーション・プロジェクトチーム訳『コーポレート・レピュテーション』東洋経済新報社, 2005年, pp.39-42。）

Greenspan, Alan, Commencement Address, Harvard University, Cambridge, June 10, 1999.

Hendriques, Adrian, "CSR, Sustainability: Measuring Quantities or Enhancing Qualities?", in *The Triple Bottom Line, does it all add up?*, by Adrian Henriques and Julie Richardson, ed., 2004.

Kaplan, Robert S. and David P. Norton, *The Strategy-Focused Organization, -How Balanced Scorecard Companies Thrive in the New Business Environment*, Harvard Business School Press, 2001.（櫻井通晴監訳『戦略バランスト・スコアカード』東洋経済新報社, 2001年。）

Kaplan, Robert S. and David P. Norton, *Strategy Maps, Converting Intangible Assets into Tangible Outcome*, Harvard Business School Press, 2004.（櫻井通晴・伊藤和憲・長谷川惠一訳『戦略マップ』ランダムハウス講談社, 2005年, p.26。）

Kaplan, Robert S. and David P. Norton, *Alignment, Using the Balanced Scorecard to Create Corporate Synergies*, Harvard Business School Press, 2006.（櫻井通晴・伊藤和憲監訳『BSCによるシナジー戦略』ランダムハウス講談社, 2007年, p.22, pp.125-138。）

Lev, Baruch, *Intangibles, Management, Measurement, and Reporting*, Brookings Institution Press, 2001.（広瀬義州・桜井久勝訳『ブランドの経営と会計』東洋経済新報社, 2002年, p.10。）

Olve, Nils-Goren, Jan Roy and Magunus Wetter, *Performance Drivers, A Practical Guide to Using the Balanced Scorecard*, Wiley, 1997.

Porter, Michael E.,「社会に背を向ける日本企業の盲点」『日経ビジネス　マネジメント』Spring 2008, Vol.001。

Stewart, Thomas A., *Intellectual Capital, -the New Wealth of Organizations*, Nicholas Brealey Publishing, 1997.

Sullivan, Patrick H., *Value-Driven Intellectual Capital*, John Wiley & Sons, 2000.（森田松太郎監訳『知的経営の真髄―知的資本を市場価値に転換させる手法―』東洋経済新報社，2002年，pp.14-34。）サリバンは，知的資産という表現が1990年代に彗星のごとく現れたとしている。

淺田孝幸「知識経営の特質と無形資産の意義」『會計』第173巻，第4号，2008年4月。

新江孝「管理会計における組織文化マネジメント」『インタンジブルズの管理会計研究―コーポレート・レピュテーションを中心に―』日本会計研究学会スタディ・グループ，於：東洋大学，2010年9月8日。

伊藤和憲『戦略の管理会計―新たなマネジメント・システムの構築』中央経済社，2007年。

伊藤邦雄・加賀谷哲之「企業価値と無形資産経営」『一橋ビジネスレビュー』2001年冬。

伊藤邦雄編著『無形資産の会計』中央経済社，2006年。

内山哲彦「インタンジブルズとしての人的資産の価値測定と管理」『インタンジブルズの管理会計研究―コーポレート・レピュテーションを中心に―』（日本会計研究学会スタディ・グループ，於：東洋大学，2010年9月8日。）

岡田絵依里『知財戦略経営』日本経済新聞社，2003年。

越智慎二郎「レピュテーション・マネジメントが企業を救う」『ADVERTISING』Vol.10，2004年。

経済産業省企業法制研究会「ブランド価値評価研究会報告書」『企業会計8月号付録』2002年6月24日。

経済産業省『産業構造審議会　新成長政策部会　経営・知的資産小委員会』中間報告書，2005年。

工業所有権審議会「工業所有権審議会企画小委員会報告書」1998年11月。

小酒井正和「コーポレート・レピュテーションに影響を与える情報資産の諸相」『インタンジブルズの管理会計研究―コーポレート・レピュテーションを中心に―』日本会計研究学会スタディ・グループ，於：東洋大学，2010年9月8日。

櫻井通晴他著『ソフトウェア原価計算［増補版］―原価管理・価格決定・資産評価のために』白桃書房，1992年。

櫻井通晴編著『ソフトウェア会計―ソフトウェア会計実務指針「案」の解説と実際例』中央経済社，1993年，p.5-23。

櫻井通晴「CSRとコーポレート・レピュテーション」『産業経理』Vol.64, No.3, 2004年。

櫻井通晴『コーポレート・レピュテーション―「会社の評判」をマネジメントする―』中央経済社，2005年。

櫻井通晴『ソフトウェア管理会計―IT戦略マネジメントの構築』白桃書房，2006年。

櫻井通晴『レピュテーション・マネジメント―内部統制，管理会計，監査による評判の管理』中央経済社，2008年。

高橋琢磨『知的資産戦略と企業会計』弘文堂，2005年。

細海昌一郎「知的資本と企業業績に関する実証研究」『インタンジブルズの管理会計研究―コーポレート・レピュテーションを中心に―』日本会計研究学会スタディ・グループ，於：東洋大学，2010年9月8日。

渡邊俊輔編著『知的財産―戦略・評価・会計』東洋経済新報社，2002年。

第2章
コーポレート・レピュテーションの現代的意義

● はじめに ●

　コーポレート・レピュテーションのことは，過去には購買者が企業を見る目とか，社会的ステータス，あるいは企業の社会的責任と同一視する見解もあった。しかし，現在では一般に，経営者および従業員による過去の行為の結果，および現在と将来の予測情報をもとに，企業を取り巻くさまざまなステークホルダーから導かれる持続可能な競争優位であり，企業価値を高める非常に重要な無形の資産であると考えられるようになってきた。

　従来，評判は口コミ，風評などと解され，ＰＲの対象にはなりえても，少なくとも企業による管理の対象にはなりえないと考えられてきたが，本当にコーポレート・レピュテーションをマネジメントできないのであろうか。普通に考えても「人の口に戸は立てられない」のであるから，口コミと解する限り管理が難しいと思われていたのは当然である。しかし，最近では，会社の評判は管理できると考えられるようになってきた。近年，不祥事によって会社の評判を落とす企業や評判が落ちたために倒産に至る企業も多くなってきた。仮に企業のレピュテーションを管理することができるとすれば，レピュテーションを構築して危機に備えるだけでなく，世間からの糾弾を受けた三菱自動車，西武鉄道，雪印乳業，不二家などの事件を未然に防げたのではないか。

　本章は，まず欧米と日本のコーポレート・レピュテーションを歴史的に考察する。次に，その歴史的な視点のなかで，現代のコーポレート・レピュテーションの意義と課題を検討する。さらに，レピュテーションの類似概念として，口コミ，イメージ，ブランドとの関係において，コーポレート・レピュテーションの特質を明らかにする。そして最後に，コーポレート・レピュテーションと企業価値との関係を検討する。

1　コーポレート・レピュテーションの歴史的考察

　コーポレート・レピュテーションの概念は，時代背景［Caruana, 1997, pp.109-118］によっても，その用語が用いられる局面の違いによっても異なった活用がなされてきた。欧米と日本に区分してその歴史的変遷を概観してみよう。

▶1　欧米におけるコーポレート・レピュテーションの発展

　1960年代には，コーポレート・レピュテーションをもって，**購買者が企業を見る目**との関連でこの用語を用いていた。レビット［Levitt, 1965, p.1, p.174］は，企業がよく知られていて信頼ができて，信頼に値する購買者の認知ないし感情との関係で会社のレピュテーションをとらえた。顧客に製品を訴求できる能力をもってレピュテーションを位置づけていたことに，この時代のレピュテーションへの見方の特徴をみることができる。別の見方をすれば，この時代には購買者ないし消費者によって形成されるブランドとレピュテーションとの区別が未成熟であったともいえよう。

　環境問題や社会貢献が現代ほど大きな意味をもたなかった時代には，商品の購買者と生産者との関係だけからコーポレート・レピュテーションを特徴づけることができたのかもしれない。しかし，購買者が会社をどうみるかでコーポレート・レピュテーションを定義づけようとする見方は，企業と社会との係わりが深くなってくるにつれて，次第にその妥当性を失っていった。

　1970年代になると，社会的な評価との関係でコーポレート・レピュテーションを定義づけようとする見解がみられるようになった。その典型的な見解の1つとして，スペンス［Spence, 1974］は，コーポレート・レピュテーションが**社会的ステータス**（social status）を高めるために，企業がその構成員に主要な特徴をシグナルとして伝える競争的プロセスの成果だとしている。

　1980年代から1990年代になると，社会的ステータスだけではなく，その社会的ステータスが形成されるプロセスにも目が向けられるようになる。社会的ステータスは，企業の**経営者が行なった過去の行為**の結果である。ヴァイゲルト

とカメラー［Weigelt and Camerer, 1988, pp.443-454］は,「コーポレート・レピュテーションは企業の過去の行為から導かれる属性で,企業に起因する一連の経済的・非経済的属性である」と特徴づけている。同様の見解は,「会社のレピュテーションは会社の過去の行為を反映している」と述べているユーン［Yoon, et al., 1993, pp.215-228］にもみられる[1]。たしかに,コーポレート・レピュテーションが企業の社会的ステータスを表すものであっても,現在の社会的ステータスは企業の経営者が行なってきた過去の行為の結果であるという見方は,十分に頷ける見解である。

　会計学の領域で,コーポレート・レピュテーションが学問体系として正面から取り上げられるようになったのは,1990年代以降のことである。ベルカウイとパブリックによる Accounting for Corporate Reputation『コーポレート・レピュテーションの会計』［Belkaouiand and Pavlik, 1992, pp.1-249］と題する著書がそれである。この著書はかつて一部の会計学者によって主張された社会責任会計に類するもので,**社会業績**（social performance）の測定との関係でコーポレート・レピュテーションの問題を取り上げていることに大きな特徴が見られる。しかし,研究の中心は社会業績の測定と開示—社会損益計算書,環境投資, Fortune 誌による企業の"賞賛"指数など—におかれ,財務業績との関係でコーポレート・レピュテーションの測定と管理を考察しようとするものではなかった。この時代には,コーポレート・レピュテーションと財務業績との関係については,人々の関心が向けられなかったからであろう。

　コーポレート・レピュテーションを市場における競争優位に結びつけ,収益性を増大させる経済価値ある資産だと特徴づけ,さらに加えて,企業を取り巻く構成要素（ステークホルダー）の役割にまで言及するようになったのは,**1990年代の後半**のことである。その先駆けとなったのが,ニューヨーク大学のスターン・スクールの経営学研究教授（research professor）であったチャールズ J. フォンブラン教授によって上梓された著作, Reputation – Realizing Value from the Corporate Image –『レピュテーション-コーポレート・イメージから価値の実現』（Harvard Business School Press, 1996）である。この著

---

1) ユーンは,サービス提供に関する情報とカンパニー・レピュテーションの認知がサービスの購入に及ぼす影響を実証的に分析し,少なくとも保険業界での有意な相関関係を実証している。

書において，フォンブランは財務業績との関係，超過利益と資本，ブランド・イメージ・アイデンティティとレピュテーションの関係，レピュテーション指標，レピュテーション監査といった現代的なテーマを的確に分析した。とりわけコーポレート・レピュテーションが現代における意味での企業価値の創造に関連づけられたことが大きい。ここに至って，コーポレート・レピュテーションは科学としての明確な位置づけが与えられるようになった。

コーポレート・レピュテーションの議論は，現代では**ステークホルダー**の立場からみた経営者と従業員の過去，現在，および予測される将来の行為に関係させ，**企業価値創造**への貢献といった側面からとられていることに1つの特徴を見出すことができる。発展のプロセスは**図2-1**のように描くことができる。

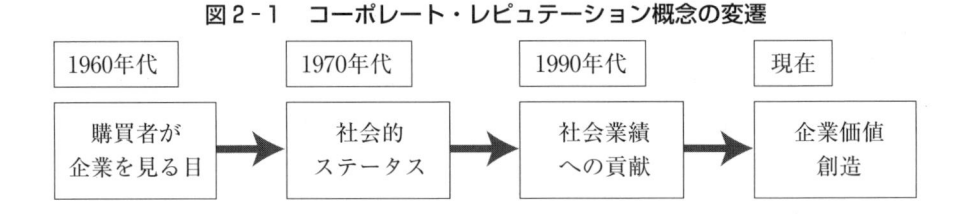

図2-1　コーポレート・レピュテーション概念の変遷

1960年代	1970年代	1990年代	現在
購買者が企業を見る目	社会的ステータス	社会業績への貢献	企業価値創造

▶2　日本におけるコーポレート・レピュテーションの発展

わが国では，1997年になってようやく，組織的にコーポレート・レピュテーションの研究に取り組んだ研究—雑誌『ブレーン』での特集—が現れた。

特集名は「コーポレート・レピュテーションと口コミュニケーション」であった。この特集では，巻頭論文で，コーポレート・レピュテーションを高める要因が企業として社会的存在価値を高めるための活動［酒井，1997，pp.21-25］であることを明らかにしている。個別的な論文では，商品評価［高橋，1997，pp.21-25］の高まりとレピュテーションの関係，ネットワークとメディア［大橋，1997，pp.30-33］の果たす役割，従業員がコーポレート・レピュテーションの向上に果たす役割［岡本，1997，pp.34-37］，地域社会との関係によるレピュテーションの向上［浅沼，1997，pp.38-41］などさまざまなステークホルダーとのよき関係によってコーポレート・レピュテーションが築かれることが明らかにされた。コミュニケーションの立場から口コミの活用を推奨する論文［佐

藤，1997, pp.42-45] もある。

　総じて，この特集ではコーポレート・レピュテーションが単に口コミとか風説・風評といった従来の解釈から脱皮し，ステークホルダーの役割を明確に意識した経営戦略による内的な努力によって決定されるとする立場から特集が組まれている。ここに，本特集のすぐれた特徴を見ることができる[2]。

　雑誌『ブレーン』における1998年の特集では，全体の特集名は「企業経営とコーポレート・レピュテーション」とされていた。しかし，この特集においては，コーポレート・レピュテーションは"風評・風説"［永田, 1998, pp.14-18］や"情報流布"やマスコミ対応［酒井, 1998, pp.19-22］との関係で考察された。加えて，企業のコミュニケーション［大橋, 1998, pp.30-33］との関係，あるいは危機回避のための情報開示［新津, 1998, pp.27-30］，アウトドアズにおけるレピュテーションとブランドとの関係［中村, 1998, pp.31-34］といった外的な問題が取り上げられ，近年の欧米の研究に見られるような企業内部の努力による企業価値の創造に関連させたものではなかった。1998年の特集では，以上のようにコーポレート・レピュテーションが企業経営の問題として取り上げられてはいる。しかし同時に，口コミとか風評・風説，マスコミ対応といった伝統的な立場からも論じられ，近代的な意味でのコーポレート・レピュテーションからは一歩退いたものとなっていると感じるのは著者だけであろうか。

　1999年には，経済広報センターがアメリカに調査団を送っている。そのなかでコーポレート・ブランドとならんで，コーポレート・レピュテーションの調査としてニューヨーク大学のスターン・スクールにフォンブラン教授を訪問している［経済広報センター, 1999, pp.16-20］。そこではレピュテーションリスク，レピュテーション資産，「最も賞賛される企業」に関するRQ（reputation quotient；レピュテーション指数）調査，ステークホルダーなどについてレクチャーを受けたことなどが明らかにされている。

　2004年から2005年は，日本のコーポレート・レピュテーションの研究がよう

---

[2] 日本のコーポレート・レピュテーションの本格的な研究は，口コミの研究から始まったといえる。ただ，第8章の「コーポレート・コミュニケーションのレピュテーションへの貢献」でも述べているように，口コミはコーポレート・レピュテーションの一部ではあっても，すべてではない。なお，最近では口コミの新しい形態として，ネットにおけるブログの果たしている役割は無視できないほどになってきた。

やく欧米諸国の研究水準にキャッチアップし始めた研究成果が発表された年度として，記念すべき年である。特筆すべきことの１つは，2004年に電通から上梓されたジャーナル『アドバタイジング』（2004, 第11号, 通巻534号）である。この特集では，コーポレート・レピュテーションを測定・指標化するとともに，レピュテーション向上戦略の提案と実施までを可能にした「電通レピュテーション・プログラムTM」の発表，企業クライシスとレピュテーションの関係が論じられている。特別寄稿としてフォンブランとファン・リール「名声のルーツ」の翻訳もある。その特徴は，越智［2004, pp.18-19］が述べているように，「コーポレート・レピュテーションはステークホルダー総体としてのパブリックによる企業評価」として取り上げられたことにある。

　2005年には，１冊の著書と３冊の翻訳書が上梓された。著書は，拙著の『コーポレート・レピュテーション──「会社の評判」をマネジメントする』（中央経済社）である。翻訳は，フォンブランとファン・リール著・電通レピュテーション・プロジェクトチーム訳『コーポレート・レピュテーション』（東洋経済新報社），オールソップ著・トーマツCSRグループ訳『レピュテーション・マネジメント−企業イメージを高める18の成功ルール』（日本実業出版社），およびハニングトン著・櫻井通晴／伊藤和憲／大柳康司監訳『コーポレート・レピュテーション──測定と管理』（ダイヤモンド社）である。

　その後，数多くのレピュテーション関連の論文が発表された。2010年になると，インタンジブルズの一環としてのコーポレート・レピュテーションに関するスタディ・グループの最終報告書，『インタンジブルズの管理会計研究──コーポレート・レピュテーションを中心に──』［日本会計研究学会, 2010, pp.1-215］が発表された。わが国でもコーポレート・レピュテーションの本格的研究が開花し始めてきたことが見て取れる。

2　現代のコーポレート・レピュテーションの意義と課題

　現代の社会で，ビジネスの世界で企業のレピュテーション（reputation；評判）といえば，経営者の描くビジョンや戦略，リーダーシップ，職場環境，企業が実施してきたアクション・プランなど，日々の経営活動の結果がステーク

ホルダーの眼に映った社会的な事実に深く関連する。言い換えれば，コーポレート・レピュテーション（corporate reputation；企業の評判）は，企業の内的な問題—組織構造，組織風土，歴史，ビジョン・戦略，リーダーシップ，職場環境，経営実践—が株主，債権者，一般生活者，顧客，サプライヤーなど外部のステークホルダーの眼に映った社会的事実の反映である。

▶1　コーポレート・レピュテーションの学際的性格

現在はまだ，わが国ではコーポレート・レピュテーションやレピュテーション・マネジメントという確立した独自の学問領域はない[3]。現時点では少なくとも学際的な研究が始まったところである。欧米では，レピュテーション・マネジメントの中心になるのは経営戦略とコミュニケーションである。コーポレート・レピュテーションを世界的にリードしているフォンブランの専門は経営学でありファン・リールの専門はコミュニケーションである。シュルツ等 [Schultz et al., 2000, p.3] は，コーポレート・レピュテーションを高めうる専門領域として，マーケティング，経営戦略，会計学，組織論，コミュニケーションをあげている。社会学をあげる研究者もいるが，著者はリスクマネジメントの貢献がはるかに大きいと考えている。図2-2を参照されたい。

図2-2　コーポレート・レピュテーションを高める専門領域

```
マーケティング ──┐          ┌── コミュニケーション
経営戦略    ──→ コーポレート・ ←── リスクマネジメント
              レピュテーション
組織論     ──┘          └── 会計学
```

---

3) 学問体系は確立されていないが，その努力は着々と行なってきた。たとえば，2005年度には芝浦工業大学の大学院において，文部科学省の補助金を得てコーポレート・レピュテーションの授業体系を構築し，模擬授業も行なった。2006年度には，早稲田大学商学研究科において，コーポレート・レピュテーションの授業を担当した。管理会計とブランドを研究する学生17名の受講生であったが，過去にこれだけエキサイトした学生をみたことはなかった。2009年から2010年にかけて，日本会計研究学会のスタディ・グループで16名の研究者とレピュテーションを中心とするインタンジブルズの研究を行なってきた。

▶2　コーポレート・レピュテーション研究領域と定義

　論者の専門領域は，コーポレート・レピュテーションへのアプローチや定義にも色濃く影響を及ぼしている。経営学者であるフォンブランは，コーポレート・レピュテーションのことを，「重要な構成員（constituents）のすべてに対して，他の主要な競争相手との比較で企業の全般的な訴求を表す会社の過去の行為または将来の期待についての概念上の標章である」[Fombrun, 1996, p.72]と定義づけた。この定義はそれまでの口コミとの関連から，企業を取り巻く構成員（ステークホルダーの意味；著者注），経営者の行為，過去・現在および将来を含むなど近代的なコーポレート・レピュテーションの定義に大きく舵を切ったものとして大きな意義がある。

　レピュテーションは，イメージ，知覚，およびコミュニケーションとの関連性も強い。**ダルトン**と**クラフト**は，イメージや知覚の役割を強調して，コーポレート・レピュテーションのことを「会社が伝達するイメージと長期にわたる企業経営者の行為についての知覚と解釈にもとづく，ステークホルダーが会社について抱く価値観の集合」[Dalton and Croft, 2003, p.9]であるとしている。

　イメージ，知覚，コミュニケーションを強調する見解は，**ドーリー**と**ガルシア**[Doorley and Garcia, 2007, p.4]によっても支持されている。ドーリーとガルシアのレピュテーションに対する見解は**式2-1**のとおりである。

　　　レピュテーション＝イメージの総体
　　　　　　　　　　＝（業績＋行為）＋コミュニケーション　………… **式2-1**

　レピュテーションが内部努力よりはコミュニケーションの仕方によって大きく変わるという理由からイメージを変えることの必要性を強調する立場は，現在では決して支配的ではないが，現実には無視しえない見解である。広告宣伝を含むコミュニケーションなどの外部要因によってレピュテーションを大きく変えうる側面を否定するものではない。しかし，著者は広告宣伝や口コミなどの外部努力だけでなく内部努力もはるかに重要だと考えるのである。

　コミュニケーション専門の**ハニングトン**[Hannington, 2004, p.9]もまたコ

ミュニケーションと知覚の役割を強調している。そのため，レピュテーションについては，「企業の製品，サービス，活動，従業員の業績に関する評価」であり，コーポレート・レピュテーションについては，「ステークホルダーの期待に沿える企業の能力についての知覚」であると定義づけている。

以上のように，コーポレート・レピュテーションの定義は千差万別で，当然そのことは，コーポレート・レピュテーションへのアプローチも論者によって異なることを意味している。

▶3　コーポレート・レピュテーションの3つの要素

コーポレート・レピュテーションの研究は，経営戦略を含む経営学からの立場，マーケティングの立場，コミュニケーションの立場，管理会計からする立場など，学際的なアプローチ[4]が見られる。コーポレート・レピュテーションを経営とか管理会計という立場から研究するとき，現代のコーポレート・レピュテーションの定義には，3つの要素［Oriesek, 2004, pp.18-20］が含まれる必要がある。

第1は，コーポレート・レピュテーションは**経営者と従業員による行為**によって創造または毀損される。このことは知覚によって認識されるイメージや**商品・サービス**によって影響を受ける商品ブランドから区別される要素であるともいえる。ただ，コーポレート・レピュテーション構築の主体は経営者に限定するか従業員までを含めるべきかについては，議論があろう。著者は，従業員もまたコーポレート・レピュテーションの主体になりうると考えている。一例として，情報漏洩をしてコーポレート・レピュテーションを毀損させてきたのは，経営トップではなく従業員である。

第2は，評価は**ステークホルダー**（stakeholder）が行なう。この特徴は，消費者を対象にする商品ブランドと比較するとき，不可欠である。論者がその著書や論文で明示しているか否かに係わらず，現代では，この点は，ほぼすべての研究者によって広く認められるようになった。

4）先の定義で，フォンブランは経営学の立場，ダルトンとクラフトはブランディング，PR，イメージなどマーケティングの立場，ハニングトンはコミュニケーションの立場からアプローチをしている。ちなみに，著者は管理会計の立場からコーポレート・レピュテーションを研究してきた。

第3は，過去の行為が中心ではあるが，コーポレート・レピュテーションは**過去，現在，将来の情報**に係わりがある。これは，主として過去の行為によって形成されてきたブランドと異なる特徴である。コーポレート・レピュテーションには過去の行為の結果だけでなく，現在の行為も将来の経営者による情報提供もまた影響する。企業の予測情報が株価に大きな影響を及ぼすことからこのことが明らかになろう。以上から著者は，管理会計の立場からも，過去の行為だけでなく，現在および将来の予測情報もコーポレート・レピュテーションに影響を及ぼすと考えているのである。

▶4 コーポレート・レピュテーションについての著者の見解

コーポレート・レピュテーションには，持続可能な競争優位をもたらすことで，企業価値を高める無形資産であるという特徴がある。著者は内部管理を強調する管理会計の立場から，コーポレート・レピュテーションを，次のように定義づけてきた。

「経営者および従業員による過去の行為の結果，および現在と将来の予測情報をもとに，企業を取り巻くさまざまなステークホルダーから導かれる持続可能な（sustainable）競争優位」である。コーポレート・レピュテーションは，企業価値を高める非常に重要な無形資産である。

では，コーポレート・レピュテーションは口コミ，風評，イメージ，ブランドとは何が違うのか。

3 コーポレート・レピュテーションの本質的特徴
―口コミ，イメージ，ブランドとの相違点―

個人であれ，会社，公的機関，大学であれ，どんな個人・組織も，世間からの評価を受ける。ステークホルダーの評価が評判となって，社会的ステータス（地位）が確立されていく。個人の評判が**パーソナル・レピュテーション**であり，大学の評判が**ユニバーシティ・レピュテーション**である。同じ文脈で，会社の評判のことが**コーポレート・レピュテーション**といわれている。

▶1　レピュテーションと風評，イメージ，ブランドとの関係

　風評とレピュテーションとはどんな関係にあるか。風評被害という表現があるが，**風評被害**とは，事実ではないのに噂ないし風評によってそれが事実のように世間で受け取られた結果，企業価値が毀損されることである。風評被害を起こさないためには，風評リスクの管理が必要となる。

　風評リスクとは，噂，憶測，非難中傷などのあいまいな情報，悪意に満ちた情報，何らかの事件や事故の発生にともなう噂や風評によって，企業価値を毀損する可能性が生じることをいう。風評リスクはしばしば口コミによって生じる。**口コミ**とは，人と人との口頭，文書，電子媒体によるコミュニケーション [Kotler and Keller, 2009, p.512] のことをいう。

　情報社会が高度に発達した現代では，新聞，テレビ，インターネットといったメディアを通じて風評が広まっていく。コーポレート・レピュテーションは風評や口コミといったコーポレート・コミュニケーション上の問題だけではなく，後述するように，企業内部の問題から事故や不祥事の発生の原因が作られることで両者には本質的な違いがある。

　コーポレート・レピュテーションは，事象（event）の発生とか現実の世界の出来事とは区別される，知覚とか認知の問題である。認識と実態（real world）とを区別すると，レピュテーション，イメージ，ブランド，CI（corporate identity；コーポレート・アイデンティティ）といった用語はいずれも知覚に関係する。

　イメージ，ブランドとレピュテーションとの間には深い関係がある。**図2-3**は，知覚，イメージ，レピュテーションとブランドの関係である。

図2-3　知覚，イメージ，レピュテーション，ブランドの関係

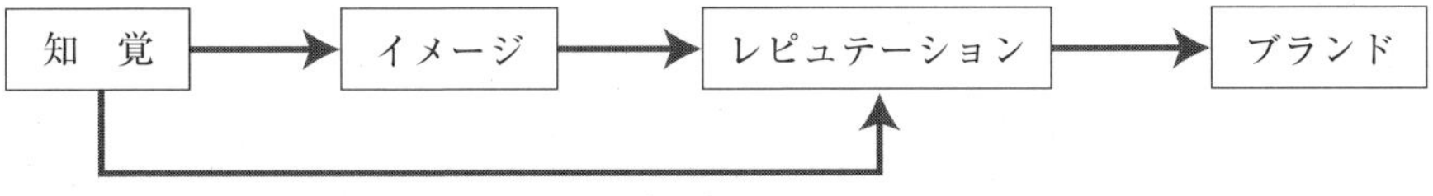

知 覚　→　イメージ　→　レピュテーション　→　ブランド

（知覚　→　レピュテーション）

　人々は**知覚**（perception）によって事象を**認知**することで，事象についてのイメージをつかむ。その事象は新製品の発売であったり，すぐれた戦略の発表

であったり，経営幹部による不祥事の発生であったりする。**イメージ**（image）は長期にわたって徐々に形成されることもあるが，その多くは瞬時に形成される。イメージが消え去るのも早い。ある人と初対面で形成される第一印象は，その人のイメージとして心に残る。ある会社を訪問して立派な建物やすぐれた経営トップを認知することで，会社についてのよいイメージが形成される。

イメージの蓄積から**レピュテーション**が形成されていく[5]。そのプロセスは，認知によってイメージを得るがその多くが消え去り，残存したイメージの蓄積がレピュテーションを形成する。知覚からレピュテーションが直接形成されることもある。レピュテーションが長期にわたって向上すると，ブランド資産が形成されていく。

雪印乳業（現・雪印メグミルク）は反社会的な行為を行なったために財務業績低下の憂き目にあった。西武鉄道のケースでは経営幹部による不誠実な行為によってコーポレート・レピュテーションが大幅に低下した。三菱自動車は製品の欠陥を隠したがゆえに世間から糾弾を受けた。いずれのケースでも，経営者の行為についてのステークホルダーによる認知によってレピュテーションが低下したことに共通の特徴がある。逆に，経営者および従業員によって行なわれた社会的な価値の高い行為は，コーポレート・レピュテーションを高める。

トヨタは高い品質とすぐれた財務業績のゆえにレピュテーションを高めてきた。トヨタが2009年から2010年にかけての大量のリコール問題でレピュテーションにどんな影響を受けたかは，第19章で検討している。島津製作所の田中耕一氏がノーベル賞を受賞したことで，同社のコーポレート・レピュテーションは大きく高まりその後の企業経営に大きな貢献を果たした。FF式温風機によって死者を含む惨事を起こしたにもかかわらず，その後の全社一丸となった取り組みの真剣さが会社のコンプライアンスの高さを証明することになり，かえってコーポレート・レピュテーションを高め，財務業績にも大きなプラスの貢献を果たしたパナソニックのような事例（第20章参照）もある。

5）コーポレート・レピュテーションの世界的な権威，フォンブランは，すでに述べたとおり，コーポレート・レピュテーションを「種々の構成員（ステークホルダー；著者加筆）が組織について抱くイメージの集合」[Fombrun, 1996] と特徴づけている。"イメージの集合" という文言については，同意はしていないが，レピュテーションの一面を捉えていると考えられる。

▶2　個人と企業のレピュテーション

　評判を個々人の立場からではなく，企業の立場からとらえたものが，コーポレート・レピュテーションである。ステークホルダーを構成する個人は認知によって企業に対するイメージを抱いたり口コミで企業の評判を聞いたりするが，企業はそれによってレピュテーション資産（reputation assts）[6]を蓄積していく。図2-4を参照されたい。

図2-4　個人が抱くレピュテーションとコーポレート・レピュテーション

個　　人	企　　業

```
認知 → イメージ → コーポレート・レピュテーション
 ↑         ↑              ↓ 評判の蓄積
 │         │         レピュテーション資産
 │    体験             ↓ 時代の経過
 │    擬似体験        ブランド・エクイティ
 │    例：口コミ・メディア他
```

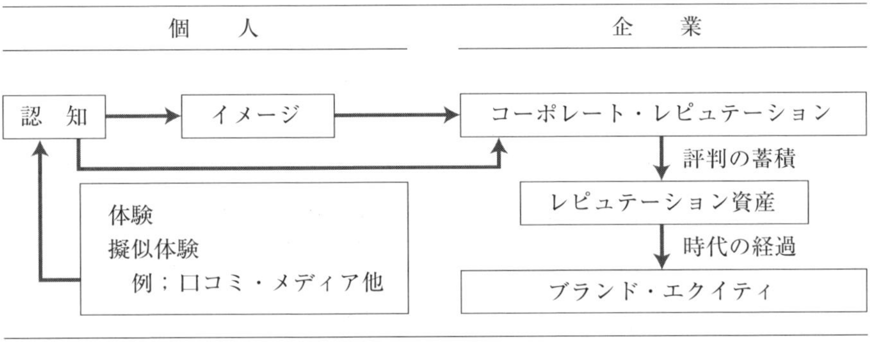

　ステークホルダーとしての個人は，体験や疑似体験（口コミ，メディア他）を通じて事象を知覚・認知し，イメージを形成する。認知された事象がイメージとして個々人の心に蓄積される。認知された事象またはイメージがコーポレート・レピュテーションを形成する。蓄積されたイメージが口コミとして多くの人々に伝えられることもあれば，認知された内容がメディアを通じて人々に伝達されることもある。企業は自らの努力によって個人のイメージそのものをマネジメントすることには限界がある。メディアを通じて，人為的に企業の好感のもてるイメージを伝達することでコーポレート・レピュテーションを高めようとすることもあろう。企業はコーポレート・レピュテーションをマネジメ

---

[6] マーケティングの世界で，ブランドにはブランド・エクイティの単語が与えられ，ブランド資産と訳出されている。ただ，エクイティは持分のことであるから，会計学的にいえば，ブランドは自己資本である。一方，レピュテーションに対してエクイティという表現が与えられることはなく，一般にはreputation assetsとかreputation capitalの語が与えられている。

ントすることもある。その結果がレピュテーション資産（reputation assets）として蓄積されていく。レピュテーション資産は，時代（期間）の経過につれて，図2-3のようにブランドとして蓄積されていく。これがマーケティングの世界でいわれているブランド・エクイティ（brand equity；ブランド資産）である。

　レピュテーション資産の長期にわたる蓄積が，ブランド資産を形成すると考えることができる。その意味で，ブランドを短期間に高めることは難しいが，コーポレート・レピュテーションを高めるのはブランドと比較して比較的容易である。このことは，経営者が管理会計や内部統制などでコーポレート・レピュテーションをマネジメントすることが可能であることを意味する。

　以上から，本書では管理会計の立場からコーポレート・レピュテーションのマネジメントを直接的な考察対象としているのである。

4　コーポレート・レピュテーションと企業価値の関係

　コーポレート・レピュテーションの向上（毀損）は企業価値を増大（減少）させる。以下では，この関係を，経営者による卓越したリーダーシップ，従業員による組織学習，コンプライアンスなどの組織要因がどのようなプロセスを経て従業員・顧客・株主満足を図っていくのか，それが企業価値の増大とどのように結び付いていくかの概念モデルを明らかにする。さらに，財務業績とコーポレート・レピュテーションとの関係を図解する。そのうえで，仮定の数値を用いたケースなどで特定の事象とレピュテーションとの関係を紹介する。

▶1　コーポレート・レピュテーションと企業価値との概念モデル

　コーポレート・レピュテーションは，企業の内的な問題―組織構造，組織文化，ビジョン・戦略，リーダーシップ，ＣＩ，職場環境―を背景にして，経営者と従業員が，株主，顧客，債権者，一般生活者，メディア，サプライヤーなどの眼に映った社会的事実の反映である。コーポレート・レピュテーションを高めることによって経済価値，社会価値，組織価値が高まり，企業価値を増大させる。図2-5を参照されたい。

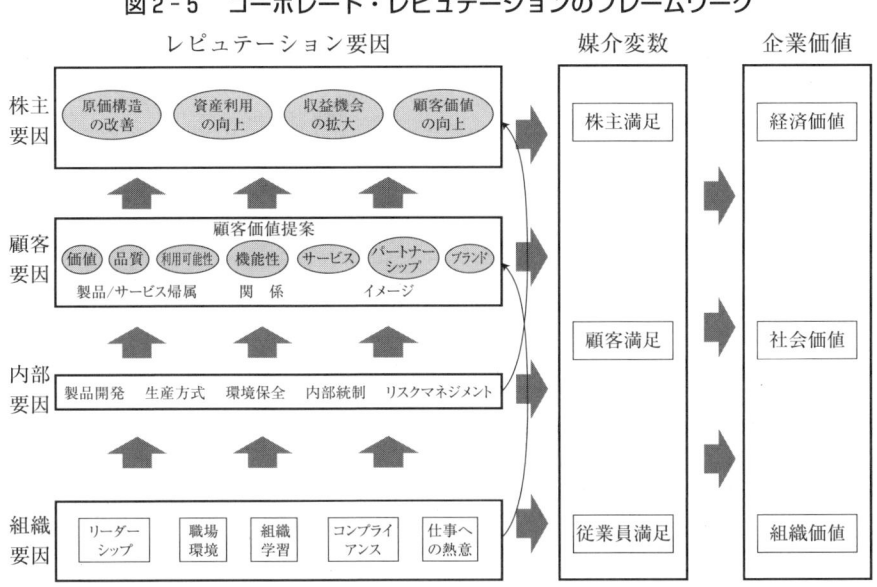

図2-5　コーポレート・レピュテーションのフレームワーク

| レピュテーション要因 | 媒介変数 | 企業価値 |

株主要因：原価構造の改善／資産利用の向上／収益機会の拡大／顧客価値の向上　→　株主満足　→　経済価値

顧客要因：顧客価値提案（価値，品質，利用可能性／機能性，サービス，パートナーシップ，ブランド）　製品/サービス帰属／関係／イメージ　→　顧客満足　→　社会価値

内部要因：製品開発　生産方式　環境保全　内部統制　リスクマネジメント

組織要因：リーダーシップ　職場環境　組織学習　コンプライアンス　仕事への熱意　→　従業員満足　→　組織価値

　図2-5のフレームワークの作成にあたっては，バランスト・スコアカードと戦略マップの枠組みを応用した。組織要因であるリーダーシップ，組織学習などが着実に実施されることで内部要因としての製品開発，生産方式，内部統制，リスクマネジメントなどが構築される。そのことが顧客要因としての（合理的な）価格，（高い）品質，（すぐれた）サービスとして顧客を満足させる。最終的には，株主要因である原価の低減が図られ，資産の有効利用が行なわれ，収益機会が増加する。それらのレピュテーション要因が高まることで，媒介変数である株主満足，顧客満足，従業員満足が図られる。そのことが経済・社会・組織価値からなる企業価値を増加させると想定することができよう。

▶2　レピュテーションの向上（毀損）は財務業績を向上（低下）させるか

　企業が売上高や利益などの財務業績を向上させると，コーポレート・レピュテーションが高まる。コーポレート・レピュテーションが高まると，企業は日々の企業活動に尊敬と賞賛を受ける。そのことから企業に有能な人材を引きつけ，士気が高まり，プレミアム価格がついてより高い価格で販売できるよう

になる。その結果，さらに売上高が増加し，給料が上がり，従業員の満足度と生産性が上昇して顧客へのサービスがよくなる。そのため，顧客価値が増大して株価が上昇し，財務業績を向上させる。この関係は，**図2-6**のように表すことができる。

図2-6　コーポレート・レピュテーションと財務業績との関係

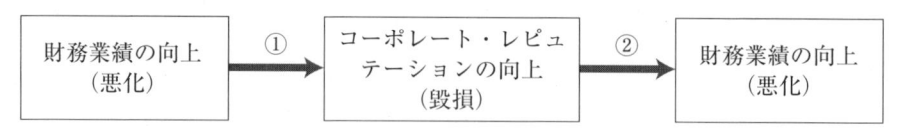

| 財務業績の向上（悪化） | →① | コーポレート・レピュテーションの向上（毀損） | →② | 財務業績の向上（悪化） |

わが国ではコーポレート・レピュテーションの最も高い企業であったトヨタ自動車は，2008年度の営業利益が戦略の成功と徹底した原価低減によって2兆円を超え，ブランドだけでなく企業としてのコーポレート・レピュテーションも高められた。事実，レピュテーション指標として権威のある*Fortune*誌の「最も賞賛される企業」，*The Wall Street Journal*紙の「RQ調査」，RQ調査の後継，*Forbes*誌の「世界で最も評判の高い会社」でも，トップ・テンの常連であり，名実ともに日本を代表する会社であった。しかし，リコール問題は明らかにトヨタのレピュテーションを毀損させた。これがコーポレート・レピュテーションにどのような影響を及ぼすかは，第19章で検証する。

5　ケースで見るコーポレート・レピュテーションの向上と企業価値

本項では3つのケースを取り上げる。楽天の事例では，球団への参入が企業価値に及ぼした影響を検討する。トヨタのケースでは，財務業績の向上がレピュテーションにいかなる影響を及ぼすかを考察する[7]。島津製作所の事例では，仮説例を用いて田中耕一氏のノーベル賞の取得が企業価値にいかなる影響を及ぼしたかを検討する[8]。

---

7) リコール問題のコーポレート・レピュテーションへの影響は，章を改めて述べる。
8) 島津製作所の田中耕一氏による企業価値向上に果たした役割については，拙著［櫻井, 2008, pp.302-328］でケース・スタディとして掲載してある。

▶1　楽天の球団参入による経済価値の増大

　インターネット商取引大手「楽天」が，パ・リーグに新規参入した（東北楽天ゴールデンイーグルス球団の設立は2004年）。プロ野球を実質支配してきた老舗の企業に比べれば，楽天は決して名の通った企業ではなかった。そのため，××球団のオーナーは当初，楽天に対して侮蔑的な発言を繰り返した。それがメディアに報じられるや否や，直ちにメディアを通じて一般消費者はオーナーとそのオーナー企業への非難に変わった。

　当該球団オーナーの発言が与えたコーポレート・レピュテーションの低下による××新聞の売れ行き減少が，一時的に財務業績と企業イメージに及ぼした悪影響は極めて大きなものであったと想像される。社内的にはこの種の金額の測定は難しいとは思われない。

　逆に，楽天の株価総額と利益に与えた影響は莫大であった。財務業績をみると，2004年度には，売上高455.6億円（前年比152％増），営業利益150.5億円（同217％増），経常利益154.7億円（同248％増）となった。

　三木谷浩史社長をして，「（宣伝効果を考えると）野球参入は安かった」といわしめた程である。一連の騒動を通じてこれらの企業が得た企業価値は，レピュテーション資産の結果であるのか，それとも，この種の企業価値の増加は一時的な幻と解するべきなのか。騒動により企業の知名度が上がり，ネット利用者が増大して地域にも貢献し社会価値も上がった。仕事がしやすくなり組織活性化が進んだ結果，組織価値もまた増大した。

　このように考えると，一連の騒動で得た短期的なコーポレート・レピュテーションとその結果としての企業価値の上昇を，企業の持続可能な発展に結びつけていく努力が，現代の経営者には求められているように思えるのである。

▶2　トヨタの業績向上とコーポレート・レピュテーション

　わが国ではコーポレート・ブランドが最も高い企業の1つである売上高23兆円[9]を突破したトヨタ自動車は，この数年，戦略の成功と徹底した原価低減に

9）2007年3月期の売上高は23兆9千億円，営業利益は2兆2千億円であった。売上高営業利益率9.3％，自己資本利益率は14.7％であった。

よって営業利益が2兆円を超え，ブランドだけでなく企業としてのコーポレート・レピュテーションが高まってきていた。

その結果，2007年度の*Fortune*誌「最も賞賛される企業」（3位），2006年の*The Wall Street Journal*紙RQ調査「レピュテーションの高い会社」（9位），2007年の*Forbes*誌"世界で最も評判の高い会社"（6位）といったように，世界的レベルでの評判が高まっていた。トヨタは財務業績だけでなく社会貢献も十分に果たしているし，社員教育や従業員の福祉向上にも熱心であるなど，組織価値も高いことから，コーポレート・レピュテーションが高いことは当然といえる。残念ながら，2009年から2010年の米国におけるリコール問題もあって利益は低迷しているが，類似の調査では常にトヨタがトップかトップに近い評価を得ていたことは，日々の調査でわれわれが常に目にしていたところである。

著者たちの調査［櫻井, 2008, pp.348-376］でも明らかになったことであるが，図2-6の①で示すとおり，なかでも財務業績の向上はコーポレート・レピュテーションを高める有力なドライバーなのである。

▶3　島津製作所の田中耕一氏によるノーベル賞受賞と企業価値の増大

島津製作所の田中耕一氏によるノーベル賞受賞によって当社のレピュテーション資産がいくらになったかを，いくつかの仮説の上で測定してみよう。

まずは**株価**で測定するにはどうすべきか。企業の市場価値が株価総額によって表されると仮定する。ノーベル賞受賞前の株価総額が1千億であったと仮定する。ノーベル賞受賞後の株価総額が1.3千億になれば，ノーベル賞の受賞効果を含む知的資産とレピュテーション資産の増加分は300億円となる。これが市場価値からの算定方法の内容である。ただ，（市場価値から純資産帳簿価額を差し引いた）**超過収益力**の源泉部分からインタンジブルズの金額を測定する方法では，知的資産とレピュテーション資産との区分算定が困難である。

この時期，島津製作所はリストラの真っ最中であった。当該期間中の知的資産の増加額には大きな変化がなかったと仮定する。加えて，リストラによるコストの削減額は比較的容易に測定できる。しかし，リストラに対する株主の期待がどの程度まで市場価値（株価総額）に影響を与えたかを想定するのは困難である。このように考えると，株主の期待をもとにレピュテーション資産を測

定することは，現実にはかなり困難であることが理解できよう。

　そうであれば，別のレピュテーション資産の測定方法が提案されなければならない。**個別的に企業価値を測定**してみよう。仮に過年度損益との比較によって，ノーベル賞受賞後の売上高が増加するとすれば，その分からレピュテーション資産を想定してみよう。仮に受賞後の売上高の増加額が500億円であったとする。売上高利益率が20％であると想定できれば，個別の積み上げ計算ではノーベル賞の受賞による正の財務業績は100億円増加したことになる。

　以上，楽天のケースでは，コーポレート・レピュテーションが株価と利益に及ぼした影響額を測定した。トヨタ自動車の場合は図2-6における①のケースであるのに対して，島津製作所は典型的な②のケースである。このような違いはあるが，いずれの企業もレピュテーション資産を大幅に増加させた点で，共通の特徴を持つ。

● まとめ ●

　本章では，コーポレート・レピュテーションの現代的課題と意義を考察した。まず歴史的考察では，欧米では1960年代から，購買者が企業を見る目，社会的ステータス，社会業績といった意味でコーポレート・レピュテーションが使用され，現代的な意味をもつようになったのは1990年代以降のことであった。日本では，1990年代後半からコーポレート・レピュテーションが積極的に広告宣伝関係のジャーナルで取り上げられてきたが，当初は口コミ，風評・風説のニュアンスが強く，現代的な意味でのコーポレート・レピュテーションが用いられるようになったのは，2004年前後のことである。

　コーポレート・レピュテーションはコミュニケーション，経営戦略，マーケティング，組織論，リスクマネジメント，会計学など学際的な性格をもっており，どの専門領域から研究してきたかによって研究の中身が異なる。本書は内部管理に重点をおく管理会計のアプローチを取ってきた。

　コーポレート・レピュテーションといいうるためには，①経営者と従業員による行為，②ステークホルダー，③過去，現在，将来の情報の要素が必要である。加えて，持続的発展を図る上で有効な企業価値創造の資産でもある。以上

から，コーポレート・レピュテーションは次のように定義づけた。

「経営者および従業員による過去の行為の結果，および現在と将来の予測情報をもとに，企業を取り巻くさまざまなステークホルダーから導かれる持続可能な（sustainable）競争優位」である。コーポレート・レピュテーションは，企業価値を高める非常に重要な無形資産である。

では，コーポレート・レピュテーションは口コミ，風評，イメージ，ブランドとどんな関係にあるのか，本書では，独自の見解にもとづいてこれらの関係を明らかにした。さらに，コーポレート・レピュテーションのフレームワークを明示し，最後に企業価値との関係について事例を使って考察した。最後に触れた企業価値との関係については，第3章の中心的な課題としている。

参考文献

Alsop, Ronald J., *The 18 Immutable Laws of Corporation, Creating, Protecting, and Repairing Your Most Valuable Asset*, 2004.（トーマツCSRグループ訳『レピュテーション・マネジメント』日本実業出版社，2005年。）

Belkaoui, Ahmed Riahi, and Ellen L. Pavlik, *Accounting for Corporate Reputation*, Quorum Books, 1992.

Caruana, Albert, Corporate Reputation: Concept and Measurement, *Journal of Product & Brand Management*, Vol.6, No.2, 1997.

Dalton, John and Susan Croft, *Managing Corporate Reputation*, Thorogood, 2003.

Doorley, John and Helio Fred Garcia, *Reputation Management, The Key to Successful Public Relations and Corporate Communication*, Routledge, 2007.

Fombrun, Charles J., Reputation; Realizing Value from the Corporate Image, Harvard Business School Press, 1996.

Hannington, Terry, *How to Measure and Manage Your Corporate Reputation*, Gower, 2004.（櫻井通晴・伊藤和憲・大柳康司監訳『コーポレート・レピュテーション—測定と管理—』ダイヤモンド社，2005年。）

Kotler, Philip and Kevin Lane Keller, *Marketing Management*, 13th ed, Pearson Education, Inc., 2009.

Levitt, Theodore, *Industrial Purchasing Behavior, A Study of Communications Effects*, Harvard University, 1965. なお，カルアナ（Caruana, Albert, Corporate Reputation: Concept and Measurement, *Journal of Product & Brand Management*, Vol.6, No.2, 1997）はレビットの文献を何箇所から引用しているが，この著書を検討する限りでは，多分にご自分の解釈によるところが大である。

Oriesek, Daniel F., *Maximizing Corporate Reputation Through Effective Governance: A Study of Structures and Behaviors*, Boca Raton, 2004.

Schultz, M., M. Hatch and M. Larsen (eds), *The Expressive Organization: Linking Identity, Image and the Corporate Brand*, Oxford University Press, 2000.

Spence, A. M., *Market Signalling: Informational Transfer in Hiring and Related Screening Procedures*, Harvard Business Press, 1974.
Weigelt, Keith and Colin Camerer, Reputation and Corporate Strategy: A Review of Recent Theory and Applications, *Strategic Management Journal*, No.9, 1988.
Yoon, Eunsang, Hugh J. Guffey, and Valerie Kijewski, The Effects of Information and Company Reputation on Intentions to Buy a Business Service, *Journal of Business Research*, 27, 1993.
浅沼晴男「地域社会との関係によるレピュテーション」『ブレーン』Vol.37, No.5, 1997年5月。
大橋正房「レピュテーションをつくりだすネットワークとメディア」『ブレーン』Vol.37, No.5, 1997年5月。
大橋正房「アゲインストな風の中、いま、企業コミュニケーションは」『ブレーン』Vol.38, No.9, 1998年9月。
岡本雅秋「従業員がレピュテーションを決める」『ブレーン』Vol.37, No.5, 1997年5月。
越智慎二郎「レピュテーション・マネジメントが企業を救う」『ADVE RTISING』Vol.10, 2004年。
経済広報センター『米国企業広報調査ミッション報告書』1999年。
酒井光雄「コーポレート・レピュテーションを高める今日的要因」『ブレーン』Vol.37, No.5, 1997年5月。
酒井光雄「コーポレートレピュテーションが招く不測の事態」『ブレーン』Vol.38, No.9, 1998年9月。
櫻井通晴『コーポレート・レピュテーション—「会社の評判」をマネジメントする』中央経済社, 2005年。
櫻井通晴『レピュテーション・マネジメント—内部統制・管理会計・監査による評判の管理—』中央経済社, 2008年。
佐藤研司「クチコミは企業の評判を高める戦略だ」『ブレーン』Vol.37, No.5, 1997年, 5月。
高橋弘「時代とともに変化する商品評価の側面」『ブレーン』Vol.37, No.5, 1997年5月。
永田明正「風評風説は、世間のお愉しみ」『ブレーン』Vol.38, No.9, 1998年9月。
中村達「アウトドアズに見る、レピュテーションとブランドエクイティ」『ブレーン』Vol.38, No.9, 1998年, 9月。
新津重幸「危機を脱するための『情報開示』」『ブレーン』Vol.38, No.9, 1998年9月。
日本会計研究学会ステディ・グループ『インタンジブルズの管理会計研究—コーポレート・レピュテーションを中心に—（最終報告書）』日本会計研究学会 第69回全国大会, 於：東洋大学, 2010年9月8日。

第3章

企業価値とコーポレート・レピュテーション
―コーポレート・レピュテーションは企業価値を創造するか―

● はじめに ●

　企業価値（corporate value）とは何か。欧米の研究者のなかには，企業価値と株主価値とをほぼイコールの関係で理解している論者が多い。アメリカの経営財務論の著書では，「経営財務論の目的は株主価値の最大化にある」ことを知って，日本企業の経営者の意識との違いに驚愕したことがある読者も多いと思われる。理論面だけではない。アメリカの企業実践においても，企業の最終目的を株主価値の最大化においているケースが少なくない。

　日本でも，多くの研究者やコンサルタントは，企業価値が株主価値ないし経済価値（将来のキャッシュ・フローの現在価値の最大化）だとする見解を取っている。最近の日本の経営者のなかにも，企業の目的が株主価値の最大化にあるとして，現場の従業員ではなく，株価の動向にのみ関心を寄せる経営者が増えてきた。一方，わが国の典型的な経営者および従業員は，企業価値が株主価値や経済価値だけを含意するとはみない。企業は経済価値を追求するだけでなく，社会価値や，組織価値を高める必要があるとする経営者は数多い。

　前章では，企業価値をもって経済価値，社会価値，組織価値からなるという前提で論述を進めてきた。本章の目的は，なぜ著者がこのような見解を取っているかを明らかにすることにある。その目的のため，まず，現代企業における企業価値創造の意義を述べる。続いて，企業価値測定の方法を考察する。以上を前提に，コーポレート・レピュテーションと企業価値の関係を述べ，事例を用いてレピュテーションの企業価値への影響を考察する。そして最後に，日本の経営者の企業価値に対する意識調査の結果を明らかにする。

1　現代企業における企業価値創造の意義

　企業の究極的な目的は，多元的な諸目的を勘案しながら，企業にとって長期的に満足しうる適正な利益を獲得することで永続的な企業の存続，成長，発展を図ることにある。この目的を達成するため，企業には企業価値創造（value creation）が求められる。経営者の機能は，企業価値創造を主要目的として，有効な戦略を策定し，資源配分に関する意思決定を行ない，経営活動を行なうことにある。管理会計の役割は，資源配分に関する意思決定を効果的に実施し，その業績を適切に評価できるように，経営者を支援することにある。

▶1　企業価値創造経営の必要性

　日本企業は戦後の回復期，ほとんど奇跡ともいえる経済復興をなしとげ，現在では世界でも有数の高所得水準の国にのしあがってきた。このような高い成長が確保できたのは，高い教育水準や勤勉な国民性の賜物であったことは否定できない。しかし，経営の方式もまた高度成長を支えてきたことも想起すべきである。いわゆる日本的経営の特徴とされる終身雇用制度，企業内組合，年功序列制度は，与件としてすぐれた日本的経営を支えてきた。

　戦後回復期（戦後－60年頃），高度成長期（60年代－73年），安定成長期（73－91年）までは，景気循環で不況を迎えることはあっても，バブル崩壊の90年代以降に経験したような構造的不況とは無縁であった。そのため，日本企業は銀行からの融資を中心とした日本特有の資本構造と継続的な成長を前提に構築されており，その当然の帰結として，管理会計システムもまたその前提のもとに構築されてきた。典型的なアメリカ企業では株主資本利益率（return on equity；ROE）が用いられてきたのに対して，大多数の日本企業では銀行への利子支払いが確保できる経常利益が用いられてきたのはそのためである。

　1990年代になると，アメリカでは企業年金401Kの普及・発展により，個人投資家に代わって機関投資家が株式投資の主役の座にのし上がった。機関投資家は個人投資家とは違って，長期的な成果ないし企業価値の増大を求める。バブル崩壊以降の経済の低迷と株価の下落もあって，これらの機関投資家が日本

株を大量に購入するようになった。現時点では，既に20％以上の株式がアメリカを中心とする外国の機関投資家によって保有されるに至っている。

　これらの動向から，グローバル化が進んだ日本企業では世界標準となりうる経営が求められてきた。デファクト・スタンダードの視点からすると，日本企業は従業員関係を重視しすぎている。会社は誰のものかを問うコーポレート・ガバナンス議論の高まりは，従業員の安定した生活を志向した経営から，株主重視の経営への方向転換を促すものであった。企業価値創造の議論は，かかる一連の背景のもとで現れてきた。

▶2　企業価値の創造と業績評価の方法

　1990年代の初頭になると，アメリカでは企業価値創造のための業績評価の指標として，EVA®(economic value added；経済的付加価値) が提唱された。EVA®は税引後営業利益から加重平均資本コスト[1]を差し引いて算定される業績評価指標である。EVA®は急速に欧米諸国に普及した。**式3-1**を参照されたい。

　　EVA® ＝ 税引後営業利益 － 加重平均資本コスト　……………… **式3-1**

　大多数の日本企業では経常利益（≒税引前営業利益－金利[2]）が主要な業績評価指標として用いられてきた。経常利益とEVA®の違いは，EVA®では，①税引後の営業利益が用いられている。税金が一種のコストと考えられているからである。②金融機関に支払うべき"金利"だけでなく，株主に支払うべき"配当金"と"内部留保"の機会原価[3]が計算要素に含められている。③計算には

---

[1] 製品を生産するのに製造原価がかかると同じように，調達された資本には資本のコストがかかる。資本コスト（cost of capital）とは，企業が事業を行なうために調達した資本に対する対価である。投資家が希望するリターン（希望利益率）でもある。合併や買収（M&A）では企業価値の評価が必要となるが，企業価値の評価には，配当金，金利，留保利益の計算上のコスト（機会原価として計算する）の加重平均資本コストが用いられる。

[2] 正確には金利ではなく，（営業外費用－営業外収益）である。ただ，資本コストという側面から見ると，最も大きなコスト項目は銀行へ支払われる金利である。

[3] 他に投資されたら得られるであろう計算上の利益を機会原価という。経営者ではなく株主の立場に立てば，内部留保といえども，一定の利益をあげて欲しいと考えるであろう。その金額である。

現れてこないが経済価値（キャッシュ・フロー）への調整がなされる。以上，EVA®は金融機関重視の経常利益とは違って，株主重視の測定尺度だといえる。

　1993-5年前後に欧米諸国に講演ででかけたとき，欧米の経営者から最もよく質問されたのは，EVA®の日本での普及度であった。その折に，著者は次の趣旨の返事をした。第1に，日本企業の資本構成は欧米の企業とは違って自己資本比率が低いので，資本コストとして配当金や内部留保について計算上の金利を計上する必要性が英米ほど高くない。第2に，EVA®は本質的に株主価値のための業績評価指標である。したがって，英米諸国で多くの企業がEVA®を採用するのには合理的な理由がある。一方，日本の会社では銀行の他，顧客，従業員，地域住民などのステークホルダーを重視する。以上を勘案すると，日本企業ではEVA®の普及度は欧米より低いものとなろうと述べたのである。

　多くの日本企業がEVA®を採用するようになったのは，1997年以降のことである。その理由として想定されるのは，次の3点にある。

　第1には，1975年前後には17％前後まで低下した自己資本比率は年々上昇し，1991年のバブル崩壊以降は多くの企業が自己資本を充実させてきた。その結果，2008年度でみると，自己資本比率が資本金10億円以上では40％弱（大企業だけに限れば50％前後）にまで増加した。

　第2に，増配などの株主提案をする海外の投資ファンドが相次ぎ，日本の企業経営に与える投資家の影響力が大きくなってきた。

　第3に，日本企業で株主重視の風潮が高まってきただけでなく，外国人持ち株比率の増加は英米型のマネジメント方式であるEVA®導入の必要性をも高めた。

　EVA®は，それまで多くのアメリカ企業によって用いられていた短期的な視野にもとづく経営に陥りやすいROI（return on investment；投資利益率）に代えて，経営効率向上に役立つとともに，不採算部門からの撤退など経営戦略に役立つ業績評価指標として提唱された。現在では株主を重視した戦略的な立場に立った経営効率化のための指標として，多くの日本のエクセレント・カンパニーも導入している。そのため，現在では日本の企業でも外国人持ち株比率が高い会社ではとくに，EVA®を導入する企業が増加している。

▶3 バランスト・スコアカードによる企業価値の測定

　バランスト・スコアカード（balanced scorecard；BSC）は，1990年代の初めにEVA®とほぼ時を同じくして公表[4]された，企業価値創造に役立つ戦略的マネジメント・システム［櫻井，2008, p.3］である。EVA®のような株主を強く意識した業績評価尺度とは違って，ステークホルダーのための企業価値の創造に貢献する戦略的マネジメント・システムとして，日本でも多くの企業で用いられている。

　バランスト・スコアカードは，誕生した当初からアメリカでは戦略実行の役割が認識されてはいたが，最初はROIを中心とする短期志向的な指標に代えて非財務尺度を含む総合的な業績評価システムとして提案された。その後，策定された戦略を実行するための戦略的マネジメント・システムとしての役割が強調されるようになった。加えて，戦略マップの活用によって，バランスト・スコアカードが戦略の策定にも有効であることが分かってきた。わが国の実務ではさらに，経営品質向上といった役割も期待されるようになってきている。

　以上，バランスト・スコアカードは，EVA®とは違って株主，顧客，従業員，経営者というステークホルダーの立場から，経営戦略を活用した**企業価値**創造のためのマネジメント・システム［Contrada, 2000］であると解される。

▶4　企業価値の半分以上がインタンジブルズで得られる社会の出現

　現代の企業は，かつての工業経済社会とは違って，企業価値創造の主体が機械・設備などの有形資産に代わって，無形の資産であるインタンジブルズが企業価値を創造する社会に突入した。企業価値の定義や測定方法が異なるので，財務会計の基準とは異なっているが，いまや企業価値の約半分がインタンジブルズによって創造されていると考えられている。

　企業価値創造との関係でとくに注目すべきことは，現代の典型的な社会では，

---

[4]　バランスト・スコアカードの論文がキャプランとノートンによって発表されたのは，1992年である。しかし，その原型はそれに先立つ1986年にアナログディバイス社でコーポレート・スコアカードの名前で活用されていた。一方，EVA®はスターン・スチュアートによって1991年に公表されたが，1980年代にコカ・コーラで採用されていたとされている。EVA®の基本的な考え方はGE社によって開発された残余利益（residual income）にある。

個人の価値観と嗜好が多様化・進化した結果，企業価値を創造する商品が無形物の複合体になってきたことである。その結果，管理会計の研究もまた，第1章で述べたとおり，有形資産のマネジメントだけではなく，知的財産，ブランド，ソフトウェア，コーポレート・レピュテーションといったインタンジブルズのマネジメントに移行することが予見されている。

2　企業価値の意義と測定方法

　企業の主要な目的は，企業価値の創造にある。個人の価値観[5]には個々人によって違いが見られるように，企業価値[6]といっても，国，企業，個人によって意味する内容に違いがみられる。アメリカでは企業価値というと，株主のための経済価値が含意されることが少なくない。一方，日本企業の経営者は企業価値を株主価値と同一視する者は少なく，経済価値だけでなく社会価値や組織価値を含むものとして理解するのが一般的である。

▶1　企業価値は何によって測定されるか

　欧米では，企業価値は一般に，経済価値と同一視される。具体的には，(1)株式の時価総額，(2)一株当たり利益，あるいは，(3)将来のキャッシュ・フローをDCF法で現在価値に引きなおしたものと考えられている。ネット有利子負債＋株式時価総額という主張もある。図3-1は欧米の通説である。経済価値の代わりに株主価値と称されることもある。これら3つの概念を個々に検討しよう。

5）バレット［Barrett, 1998］は，価値観とは個人が別の個人と，あるいは環境・地球と，どのように係わるかを述べたもので，<u>個人的な性質</u>を有すると述べている。
6）企業価値を英語で表すにはcorporation valueが一般的であるが，2007年のアメリカ会計学会年次大会で，ある報告者は企業価値の意味でfirm value, entity valueという表現を交互に用いていた。Valueと表現されることもある。アメリカの経営者や研究者（とりわけ経営財務論研究者）がこれらの表現を用いるときには株主価値を中心にした経済価値を含意している。これらの研究者の多くは将来のキャッシュ・フローには無形のブランド価値や社会・組織価値が包含されていると主張する。しかし，多くの日本の経営者は，企業価値に関してはアングロサクソン流の価値観とは違った見方をしている。

図3-1　欧米での企業価値の通説

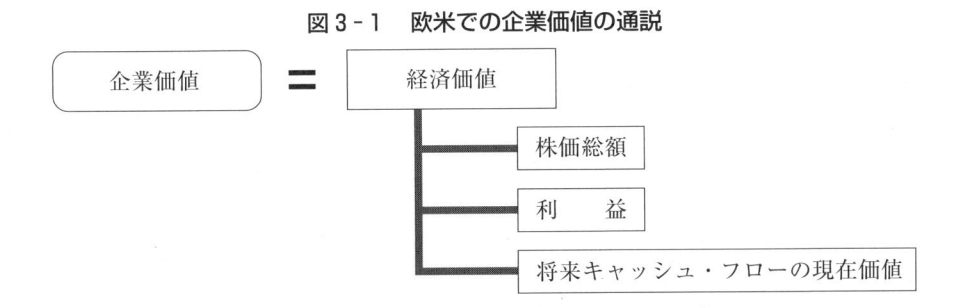

企業価値 ＝ 経済価値
- 株価総額
- 利　益
- 将来キャッシュ・フローの現在価値

1) 株式の時価総額と企業価値の測定

　株価操作がない限り「株価は財務業績を映し出す鏡」である。それゆえ，企業価値は，株式の時価総額によってその概要を知ることができる。日本経済団体連合会［2006, p.1］が「企業価値の最大化に向けた経営戦略」のなかで，「企業価値そのものは具体的に計測することが難しい。そこで便宜上，実際に把握できる株式時価総額の動向を通じて企業価値の増減を測る」としたのは，株式の時価総額が**企業価値の近似値**を表すと考えられているからである。

　合併や買収（M&A）でも株価総額が決定的な役割を果たす。証券市場が効率的である限り，企業の業績が株価に反映されるからである。たとえば，株式時価総額が300億円，帳簿上の資産価値（純資産）を250億円であるとすると，超過収益力は50億円になる。この超過収益力は会計学では"**のれん**"と呼ばれている。**式3-2**を参照されたい。

　　超過収益力（のれん）＝株式の時価総額－純資産 ………………… **式3-2**

　式3-2で，株式の時価総額は便宜的に企業価値として用いられている。であるとすれば，企業価値はどんな局面においても株式の時価総額で評価されるといってよいのであろうか。

　株価は心理的要因によって大きく変動する。悪質な商行為や情報操作によって株式時価総額の引き上げを図る経営者もいる。しかも，日本の資本市場は非

効率的[7]であるとされることも株価総額をもって企業価値だとする主張を全面的に支持できない理由の1つになっている。

2）利益と企業価値の測定

利益（例；一株当たり利益）をもって企業価値とする見解［Copland, et al., 2000, pp.73-87］もある。会計上の利益は，株価などに比べたら遥かに"客観的"である。しかし，**キャッシュ・フローは真実**（truth）を表しているのに対して，会計上の**利益はオピニオン**（opinion）であるとする見解が有力である。利益操作の余地もある。それゆえ，過去の会計上の利益をもって企業価値と考える見解は，必ずしも多くの経営者の支持者を得るに至っていない。

3）DCF法と企業価値の測定

企業価値は，将来の期待キャッシュ・フローを，そのリスクを反映する一定の資本コストでDCF（discounted cash flow；割引キャッシュ・フロー）法を用いて現在の価値に割り引いたものであるとする見解が多くの経営者，研究者の支持を集めている。DCF法としては，企業価値の測定に用いられるのは，正味現在価値法（net present value；NPV）である。**正味現在価値法**は，各期のキャッシュ・フローを加重平均資本コストで割り引いて現在価値を算定し，その正味現在価値の累計額から投資額を差し引いて算定する。プラスであれば投資を行い，マイナスであれば投資提案を却下する。例を使って説明しよう。

A社は現在，Y社の買収を検討している。株式の時価総額から，A社の支払うべき買収価額は200億円である。買収後のY社で見積もられる将来の期待キャッシュ・フローは，1年目40億円，2年目50億円，3年目70億円，4年目70億円，5年目30億円と見積もられた。加重平均資本コストが5％であるとすると，A社はY社を買収すべきであるか。DCF法を使って正味現在価値を計算すると，**表3-1**のようになる。

---

[7］効率的市場を，"利用可能な情報が十分に株価に反映されている市場"，ないし"株価は利用可能な情報を十分に反映している"と解するとき，日本の市場はアメリカに比べて非効率であるとされる。ただ，この見解には，実証研究によって十分に実証されていないので，日本の証券市場が非効率であると断定できないとする意見もある。

表3-1　Y社の現在価値の計算（現在価値への割引）(単位：億円)

年	キャッシュ・フロー	現価率(注)	現在価値
0	-200	1	-200
1	40	0.9524	38
2	50	0.9070	45
3	70	0.8638	60
4	70	0.8227	58
5	30	0.7835	24
正味現在価値（NPV）			25

(注)　現価率は複利現価表を活用した[8]。

　DCF法では，正味現在価値（NPV）≧0のときには買収提案を受け入れるべきである。この仮設例では，正味現在価値はプラスの25億円であるから，この買収提案を受け入れるべきだということになる。

▶2　DCF法による企業価値測定への批判

　企業価値が主として将来のキャッシュ・フローを現在価値に割り引いたものだとする欧米での通説を，われわれもまたそのまま受け入れるべきかについては議論の余地がある。その理由は，以下の3点に集約できる。
　第1に，キャッシュ・フローが真実を表すといっても，将来の収益（キャッシュ・フロー）の予測が適正であるかについて，疑問の余地がないとはいえない。経営者の恣意性によって，将来のキャッシュ・フローの予測値が大きく歪められる可能性を否定することはできないからである。
　第2に，キャッシュ・フローの予測が仮に適正になされたとしても，計量化できない要素―ブランド価値や経営者と従業員の潜在的な能力など―を測定することはできない。その理由は，DCFによる企業価値の計算要素としてすべてのバリュー・ドライバーを"測定"することはできないからである。マッキンゼー・アンド・カンパニー［McKinsey & Co., 2010］を参考にして作成した**図3-2**を参照されたい。

---

8) 複利現価は $1/(1+r)^n$ で算定される。DCF法の計算方法を含めて，複利現価表の活用方法は櫻井通晴『管理会計 第四版』（同文舘出版，2009, pp.523-558, p.716）に概説されている。

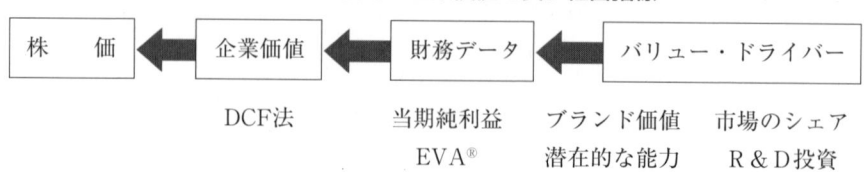

図3-2　包括的に企業価値を表す経営指標

株価 ← 企業価値 ← 財務データ ← バリュー・ドライバー

　　　　　　　DCF法　　　　当期純利益　　ブランド価値　　市場のシェア
　　　　　　　　　　　　　　EVA®　　　　　潜在的な能力　　R＆D投資

　ブランドなどのバリュー・ドライバーもまた企業の現在価値に影響を及ぼすから，DCF法ではすべての要因が計量化されるとする見解を全面的に否定することはできない。しかし，**図3-2**で明らかなように，無形のバリュー・ドライバーと企業価値の間には間接的な関係しか認められないので，仮にこれらの要素が計量化されたにしても，不確定要素があまりにも多いという現実を認めざるをえないであろう。

　第3に，企業の価値は経済価値だけではなく，計量化が難しい社会価値や組織価値（企業の経営者や従業員が自己を実現できる組織から得られる価値）も含まれるとする見解［肥本，1994］がある。経済同友会の『21世紀宣言』［2000/12, No.2000-14］でも，「経営者の基本的使命は，絶えざる効率性の追求とイノベーションによって，経済的価値を創造・提供すること」であることを認めつつ，企業のなすべき努力に「経済性」だけでなく，「社会性」，「人間性」を重視する価値観が必要だとしている。利益などの経済価値は過去の努力の成果であるので短期的な業績評価には最適である。一方，社会価値や組織価値は直近の利益には影響しないにしても，将来の経済価値を向上させるバリュー・ドライバーとみることができる。

　DCF法によるキャッシュ・フロー測定の有用性もわれわれはまた十分に認識している。DCF法ではキャッシュ・フローのなかに無形の価値が含められているとする有力な見解があることも了解している。しかし，株主に顔が向けられている経営財務論とは違って，経営者のために有用な情報を提供する管理会計においては，その無形の価値が創造されるプロセスを可視化することによって管理に役立てることもまた大きな意義がある。

　以上から著者は，企業価値の創造においては，株価総額，利益および将来キャッシュ・フローの現在価値の増大を図るだけでなく，経営者や従業員の潜在

的な能力，商品開発力，ブランド価値などのように計量化が困難な要素や社会価値，組織価値を総合的に高める努力をすべきであると考えるのである。

▶3　日本の経営者が含意する企業価値

　M&Aにおいて企業価値を将来のキャッシュ・フローの現在価値で測定することの必要性は，欧米だけでなく日本でも客観的なデータが必要とされることからすれば当然である。経済産業省が証券市場における企業価値を検討する「企業価値研究会」［経済産業省, 2005］において，経済価値のなかでも将来のキャッシュ・フロー[9]の現在価値をもって企業価値だとしているのもまた，一面から見れば当然である。しかし現実には，株価総額，一株当たり利益（×株数），将来のキャッシュ・フローの現在価値のいずれであれ，日本企業の経営者は企業価値が経済価値のみからなるとみる経営者は極めて少ない[10]。

　日本の経営者の見解を代表する報告書の1つとして日本経済団体連合会［2006, p.3］は，企業価値について，「ゴーイングコンサーンとしての企業の価値は，企業が将来にわたり生み出すことを期待されている付加価値の合計で」あり，企業価値は配当やキャピタルゲインとして「株主に帰属する価値」（株主価値）と，顧客・従業員・地域社会など「株主以外のステークホルダーに帰属する価値」の源泉だとしている。つまり，企業価値を株主価値とイコールとは考えていないのである。

　著者もまた，企業評価において株価総額や将来キャッシュ・フローの現在価値といった客観性のある数値が企業価値として重要な情報源であることを認識している。とくに，M&Aにおいて，株価総額や将来キャッシュ・フローの現在価値は不可欠である。しかし，企業の価値は，経済価値の増大だけではなく，社会貢献活動を通じて企業の社会価値を高め，従業員教育の充実や経営者のリ

9）説明にある「利益の現在価値」は，キャッシュ・フローの現在価値の誤りである。
10）1960年代には，企業が利益をあげて納税を支払うことが社会貢献の中心であるという経済価値中心の見解が支配的であった。今日ではトリプル・ボトムラインを主張するCSRが盛んである。日本電産の永守重信氏のように，企業の最大の貢献は雇用だとする見解もある。また，YKKにおけるCorporate valueは，顧客，社会，社員（企業価値の提供先），経営，技術，商品（企業価値の提供元），それに公正をあわせた7つからなる（詳しくは櫻井［2008, pp.334-335］を参照されたい）。ジョンソン・エンド・ジョンソンのわが信条（our credo）は，顧客，従業員，地域社会，株主の順でステークホルダーが重視されている。

ーダーシップ，適切な報酬制度による労働意欲の高揚などによって高まる組織価値をも総合的に評価すべきだと考えるのである。

3 コーポレート・レピュテーションと企業価値

企業価値というときに日本の多くの人々がイメージするのは，経済価値だけでなく，社会的な価値および組織としての存在である。欧米人のように経済価値イコール企業価値と考える日本の経営者は少ない。コーポレート・レピュテーションは，その意味での企業価値を高めるドライバーなのである。

▶1 企業価値は経済価値，社会価値，組織価値からなる

多くの日本の経営者にとって，企業の究極の目的は，経済価値の増大だけを意図するのではなく，企業の社会価値や組織価値を含む企業価値を高めることにある。**経済価値**（economic value）は，1980年代までの日本企業では，経常利益や営業利益の増大にあると考える経営者が多かったが，最近では，EVA®やキャッシュ・フローの増大を目標にする企業が増えている。**社会価値**（social value）は，社会貢献，地域社会への貢献，環境保護，寄付，コンプライアンス意識の向上などによって高められる。**組織価値**（organizational value）を高めるには，組織風土，経営者のリーダーシップ，従業員の仕事への熱意・チームワーク，倫理観，ビジョンと戦略の整合性の改善・改革が必要となる。組織価値には従業員のやる気や潜在的な能力，ブランド価値などの無形資産の効果的な活用が含まれる。**図3-3**を参照されたい。

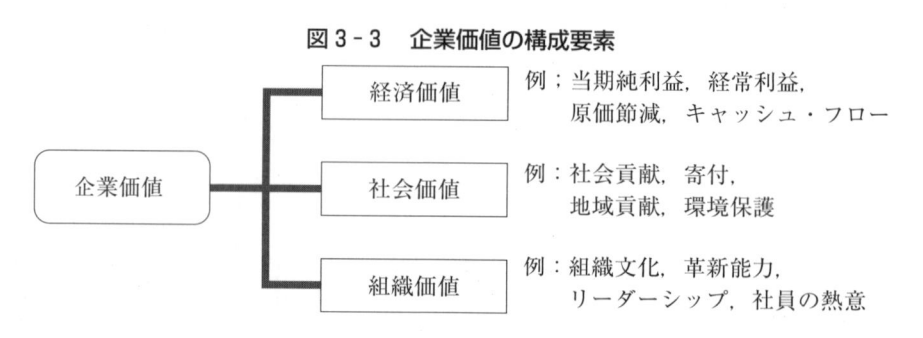

図3-3 企業価値の構成要素

企業価値	経済価値	例：当期純利益，経常利益，原価節減，キャッシュ・フロー
	社会価値	例：社会貢献，寄付，地域貢献，環境保護
	組織価値	例：組織文化，革新能力，リーダーシップ，社員の熱意

コーポレート・レピュテーションが高まることによって，経常利益やEVA®など経済価値が高まる。たとえば，田中耕一氏によるノーベル賞の受賞が島津製作所の経済価値（株価と経常利益）だけでなく，社会価値，組織価値をいかに高めたかは，別著［櫻井, 2008, pp.303-328］で明らかにした。

企業は営利を目的とした組織体であることからすれば，企業にとって経済価値を高めることは不可欠であり，最も重要な目的である。しかし，現代の社会では経済価値だけを追求するだけでなく社会との共生による社会価値の向上が求められるようになった。では，社会価値とは何か。企業の**社会価値**は，社会のなかでの会社のポジションに関係する。顧客に良質で廉価な製品・サービスを提供しているか。企業市民として行動しているか。社会資本に対して何らかの有用な価値を加えているかが問われる。結果として，営業のライセンスが与えられているか［Brady, 2005, pp.64-65］で社会価値が決まってくる。

▶2　組織価値がいかに企業の評判を高めていくか

社会価値については比較的一般にも理解しやすい。他方，組織価値については，それが何からなりどんな形で企業の評判を高めていくかが意外に知られていない。そこで，キャプランとノートン［Kaplan and Norton, 2004, pp.56-57］を参考に，組織価値の意味と内容を考えていこう。

企業が成功を収めるためには，経営者は戦略実行の基礎となる**企業の文化**（culture）を従業員と共有していることが必要である。企業の文化は，2つのものからなる。1つは，すべての構成員が共有している，企業の根底にある文化ないし価値観である。これは文化人類学にルーツがあり，組織やグループに組み込まれた通念や慣行である。いま1つは，**組織風土**（climate）であり，組織文化—刺激のあふれた構造，上司と仲間の友好度と支援—が従業員のモチベーションに影響する。組織風土は，公式・非公式に既存の会社の方針，実務，手続に影響を及ぼす。以上，企業の文化はコーポレート・ガバナンスやコンプライアンス上の問題を引き起こす根本的な原因となりうる。

会社の経営幹部は，**リーダーシップ**を発揮することであらゆる階層で企業の文化をもって従業員の能力を発揮させる。パナソニックの中村邦夫社長（当時）は，2005年に発生したFF式温風機の事故に当たって，すばらしい能力を発揮

させて危機を乗り切ることができた。リーダーシップはレピュテーションの向上だけでなく，その毀損の回避にも大きな役割を発揮する。

企業は戦略的な目的を発揮する上で，企業目的を部門，チーム，個人への**戦略の落とし込み**（strategic alignment）がなくてはならない。さらに，従業員は知識やスキルの共有がなければならないが，それには**チームワーク**（teamwork）がよくなければ企業目的の効果的な達成はできない。組織価値が高まることで，長期的には財務業績にプラスの要因として働くと想定することができる。

▶3 コーポレート・レピュテーションの構造

コーポレート・レピュテーションが高まることによって，将来キャッシュ・フローの現在価値などの経済価値だけでなく，企業の社会価値や組織価値もまた高まり，企業価値を増大させる。

図3-4は，コーポレート・レピュテーションを通じた企業価値創造のフレームワークである。組織文化，歴史，CIを所与として，経営幹部のビジョンや戦略，リーダーシップ，従業員の日々の活動の結果を株主，顧客，地域社会などのステークホルダーが認知し，それが企業価値を創造（または毀損）していく。図3-4で著者が主張したかったのは，コーポレート・レピュテーションが風評など他力的な要因によって変化するというよりは，経営者と従業員の日々の努力によって変化させうる側面である。

図3-4 コーポレート・レピュテーションの内部構造

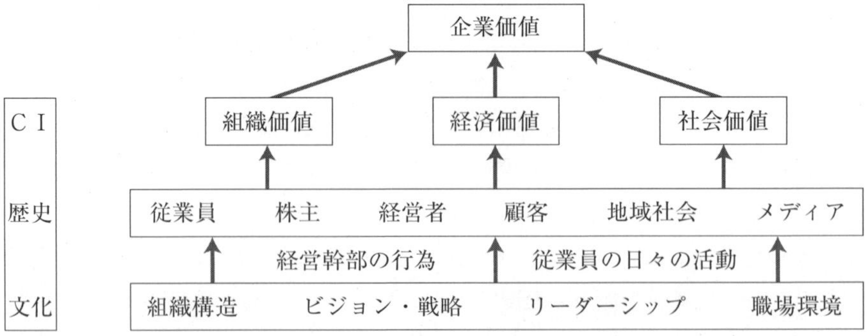

```
                        企業価値
              ↗            ↑            ↖
         組織価値        経済価値        社会価値
CI         ↑              ↑              ↑
歴史    従業員  株主   経営者   顧客  地域社会  メディア
            ↑       経営幹部の行為  ↑  従業員の日々の活動  ↑
文化    組織構造    ビジョン・戦略   リーダーシップ    職場環境
```

▶4　レピュテーション・マネジメントの要は日々の誠実な経営活動

2008年4月からは日本企業にも内部統制報告制度が導入された。しかし，いかにすぐれた制度に従って業務を進めても，会社の経営者がしっかりした仕事をしなければダメである。では，どんな会社の評判が高いのか。

コーポレート・レピュテーションの高い会社は，一般に，次のことがいえる。第1に，品質と技術にこだわりをもち，高品質の製品・サービスを低価格で提供している。第2に，顧客，従業員，サプライヤー，地域社会および株主などのステークホルダーを重視している。第3に，創業の精神を大切にして，時代にあわせて弾力的に運用している。第4に，コーポレート・レピュテーションの基礎は，透明性，信頼性，好感度[11]にある。なかでも，信頼性にもとづく経営者の正しい行為がコーポレート・レピュテーションの核である。日本企業が今後コーポレート・レピュテーションを高めるためになすべきことは，経営に携わる人々がステークホルダーの**信頼**を得ながら仕事の**透明性**を高めるよう努力することである。**図3-5**を参照されたい。

図3-5　透明性・信頼性・好感度はレピュテーションを高める

信頼性・透明性・好感度 → 経営者の正しい行為 → コーポレート・レピュテーションの向上 → 企業価値の向上｛経済価値／社会価値／組織価値｝

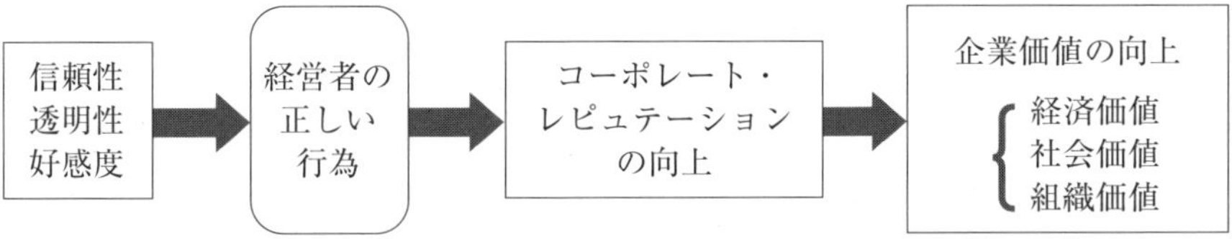

4　コーポレート・レピュテーションの企業価値への影響

コーポレート・レピュテーションの毀損は企業価値にマイナスの影響を与える。逆に，コーポレート・レピュテーションの向上は企業価値を高める。産業

---

11) 現時点で世界的に広く認められているレピュテーション指標，RepTrak®の基礎は，好感度，賛美，尊敬，信頼である。現在および近い将来の日本では，コーポレート・レピュテーションを高めるには，好感度を高めるだけでなく，透明性を高めて説明責任を果たすこと，および企業の信頼を高めることも大切であると著者には思われる。

別にいえば，一般にはBtoB（business to business；企業対企業）の企業よりも，BtoC（business to consumer；企業対消費者）の企業の方が企業価値に及ぼす影響が大きい。**図3-5**に関して，3つのケース―ＹＫＫ，雪印乳業（現・雪印メグミルク），パナソニック―で，レピュテーションが企業価値に及ぼす事例を見てみよう。

▶1　ＹＫＫ

　ＹＫＫは非公開のBtoB企業であるので，一般にはあまりよくは知られていない。しかし，独自の戦略によって，他企業の追随を許さない高品質の製品や部品を提供する企業である。売上高と売上数量を世界シェアでみると，45％（金額ベース），25％（数量ベース）をもつグローバル企業（以下の詳細は，［櫻井，2008, pp.329-347］）である。

　連結売上高，連結経常利益伸び率，収益率のいずれをとっても高い**経済価値**を誇っている。創業事業であるファスナーに限っていえば，収益性が15％前後と高い日本の誇る世界企業の1つである。

　経営理念の「善の巡環」やコーポレート・バリュー（当社での呼称，企業価値の意）といった企業の価値観を大切にする企業である。経営の鉄則をしっかりと守っている。工場には資金を惜しみなく投下しても，本社には余分な金をかけない。間接費は極力抑制する。苦しくてもリストラをしない，従業員を大切にする会社である。これらの事実は，ＹＫＫの**社会価値**を高めている。

　ＹＫＫの海外駐在員には，「土地っ子」になることが求められる。2，3年で日本に戻すことをしないから，海外駐在20年という社員が数多くいる。海外に駐在する者は，原材料の調達から雇用契約に至るまで，すべて現地語で行なう。ＹＫＫは現地主義をとるグローバル企業であるが，一貫して発祥の地である黒部を愛する会社である。現代的な表現をすれば，世界だけでなく地域社会も大切にするグローカルな会社であるといえる。

　ＹＫＫには社員持ち株制度がある。これは非上場会社であるのでコーポレート・ガバナンスに問題が生じるリスクがあるため，企業の**組織価値**を高めるために考案されたユニークな制度である。株主総会や経営監査室も設けられていて，コンプライアンスへの対応は万全である。

それでも，買収したドイツの現地法人がYKKによって買収される前に行った談合を理由として欧州競争法違反によって法外な制裁金の支払いが命じられている。デュー・ディリジェンス（due diligence）の問題は残るが，著者にはどうみてもこの欧州委員会の決定を不合理なものと考えている。と同時に，カントリー・リスクには注意の上にも注意が必要であることを日本の企業経営者に知らしめる事件であったといえる。

▶2　雪印乳業

　BtoCの典型的な事例として，コーポレート・ブランドを誇っていた雪印乳業（現・雪印メグミルク）のケース［櫻井, 2005, pp.216-217］をみてみたい。

　雪印乳業は2000年と2002年の２度にわたる消費者を欺く行為によって，消費者による不買運動にまで発展した。その結果，事件発覚以前の連結売上高約１兆２千億円は，会社分割もあって，2009年秋の再編までは約３千億円と，売上高が四分の一にまで減少（**経済価値**の減少）した。

　この２度の不祥事によって，雪印の企業価値は大幅に低下した。雪印は財務業績が悪化して経済価値が低下しただけでなく，社会的信頼（**社会価値**）を失い，経営者のリーダーシップ（**組織価値**）に疑問が投げかけられた。

　事故後，雪印乳業（当時）は必死の企業努力によって生まれ変わったといえるほどすぐれたコンプライアンスを実践するまでに至っている。その努力には敬意を表したい。その結果，雪印はまさに生まれ変わったという表現がピッタリである。その経緯については，本書の第17章を参照されたい。

▶3　パナソニック

　BtoCの企業でありながら，平素からの信頼性ある経営およびすぐれた事故後の対応のゆえに，高い企業価値を享受している企業［櫻井, 2008(b), pp.282-301］もある。2005年にFF式石油温風機事故によって死者までだしたパナソニックがそれである。事故発覚後の１週間は店頭売り上げが減少したものの，売上高はすぐに以前の状態に戻った。問題の温風機の点検・回収のため，2006年には約250億円もの費用を計上した。

　しかし，事故後の2006年３月期には売上高，営業利益とも増加した。株価も

また事故発生直前での株価は1,569円であったが、1年後の2006年4月には2,750円に値上がりした。2008年度の業績予測も当期純利益3千百億円（その後、下方修正）と予想し、空前のキャッシュ・フローの増大を予測した。要するに、**経済価値**という面からすると、事故の発生にもかかわらず、株価、利益および将来のキャッシュ・フローが大幅に増加しているということである。

パナソニックにとっては2002年3月期には▲5,480億円の赤字をだし、その後、徐々に業績が上昇していた矢先の事故であったが、事故後になぜこれだけ大幅に企業価値が上昇したのか。それにはいくつかの要因がある。

第1は、中村邦夫前社長のすぐれたリーダーシップ（**組織価値**を向上）の下でのすぐれた事故対策、第2には、「破壊と創造」の旗印のもとで行なわれた数々の経営改革とIT革新（**経済価値**の向上）、第3には、松下（当時。現在のパナソニック）のDNAとして埋め込まれた社会奉仕の精神と事故の対応に極めて適切であった遠藤部長のCSR活動（**社会価値**の向上）、第4には、テレビコマーシャルで見せた広告活動の成功（スーパー正直という中村社長の方針が最後まで貫かれたこと）などをあげることができる。日本の企業経営者は企業価値をもって経済価値だけでなく社会価値、組織価値をあげることが多いが、パナソニックは事故によって社会価値や組織価値も大幅に上昇されるのに成功していることも見逃せない。

景気低迷のこのご時世において、パナソニックは快進撃を続けている。その理由の1つには、事故への対応の素晴らしさと全社が一丸になって事故にあたる組織風土があったように思われてならないのである。

5 コーポレート・レピュテーションは企業価値を向上させるか
―コーポレート・レピュテーションについての日本企業の経営者の認識―

著者はこれまで、主として海外の理論的・実証的研究成果をもとに、コーポレート・レピュテーションをもって、「経営者および従業員による過去の行為の結果、および現在と将来の予測情報をもとに、企業を取り巻くさまざまなステークホルダーから導かれる持続可能な（sustainable）競争優位」と定義づけてきた。以上に加えて著者は、コーポレート・レピュテーションは企業の持続

可能な競争優位に役立ち、また競争優位を得るためには、コーポレート・レピュテーションは**企業価値を高める**インタンジブルズとして認識し測定することが必要であるとした。しかし、このことを論証するには、いくつかの実証的なデータの積み重ねが必要である。まず検証すべきは、日本の経営者がコーポレート・レピュテーションをもって企業価値を創造すると考えているのか、その場合の企業価値として何を考えているかを明らかにしなければならない。

日本会計研究学会のスタディ・グループ「インタンジブルズの管理会計研究—コーポレート・レピュテーションを中心に—」の研究の一環として、2009年1月から2月にかけて実施した調査結果［青木・岩田・櫻井, 2009, pp.33-70］を見てみよう。この調査を「2009年アンケート調査」と呼称しよう。「2009年アンケート調査」での調査対象は、上場第1部企業のなかから業種を選定して1,062社（回収は124社、回収率は11.7％）に調査票を発送した。調査票の送付先は、経営企画部、財務部、CSR室、IR部、監査部であった。

▶1 コーポレート・レピュテーションと企業価値

コーポレート・レピュテーションの向上（毀損）は企業価値を増大（減少）させるのか。この問いに答えるためには、企業価値の中心的な概念である経済価値が何からなるかを明らかにするとともに、企業価値は欧米の会計学関連の文献に支配的見解として見られるように経済価値だけを意味するのか、それとも経済価値に加えて、社会価値（例；寄付や社会貢献活動などによる社会的な評価）や組織価値（従業員のモチベーションや経営陣のリーダーシップ）を含むかが明らかにされなければならない。

著者は2007年にカネボウ、島津製作所、YKK、パナソニック、トヨタのケース・スタディを行なった。その結果、すぐれた企業は、①品質と技術にこだわりながら高品質の製品・サービスを低コストで提供すること、②不誠実な行為によって不祥事を起こさないこと、③顧客、従業員、サプライヤーを大切にしていること、④創業の理念を守り続けていること、⑤財務業績が優れていることという共通の特徴があることを発見した。

そこで、この発見事項［櫻井, 2008(b), pp.261-387］をもとに、2009年に日本会計研究学会のスタディ・グループが行なったアンケート調査にこれに関連

する質問を含めた。つまり，調査結果の③に関連して，株主重視の見解は経済価値を重視するのに対して，顧客，従業員，サプライヤーを重視する企業は社会価値，組織価値を重視すると想定して，以下の2点について質問した。質問1については複数回答で見解を求めた。

質問1　企業価値の中心をなす経済価値とは，株価，利益，将来キャッシュ・フローの現在価値のいずれか（複数回答も可）。
質問2　企業価値は経済価値と同じか，それとも社会価値や組織価値を含むか。

表3-2　企業価値とは何か，構成要素には社会・組織価値も含むか

1　経済価値というとき，何を想定するか？（複数回答可）(n=123)	
①　株価	62社（50.4％）
②　利益	58社（47.2％）
③　将来のキャッシュ・フローの割引現在価値	74社（60.2％）
2　企業価値は経済価値だけかそれとも社会価値，組織価値を含むか？(n=122)	
①　経済価値	14社（11.5％）
②　経済価値，社会価値，組織価値	108社（88.5％）

調査結果は，**表3-2**のとおりであった。調査結果から明らかになったのは，次の事柄である。質問1について，株価はM&Aにおける企業価値の算定において重要な役割を果たす。利益はオピニオンにすぎないが，キャッシュは王様"Cash is king"［Copeland, 2000, pp.73-87］なのである。

研究者の間では，将来キャッシュ・フローの現在価値こそが経済価値を表すとする見解が有力である。対して，調査から見えてきた日本の経営者の認識は，経済価値をもって，①将来キャッシュ・フローの現在価値，②株価，③利益の順でその内容を理解しているが，その順位の差は僅かにすぎなく，状況によっては3つのすべてであるとする見解も約1割の経営者によって支持された。

質問2に関して，欧米では企業価値が経済価値からなるとする見解をもつ研究者および経営者は多い［Freeman, et al., 2007, p.23］。調査結果では，日本の9割弱の経営者は企業価値をもって経済価値，社会価値，組織価値からなると

考えている。逆に，企業価値が経済価値だけからなるとする経営者[12]はごくわずかでしかなかった。

▶2　日本の経営者の株主に対する態度──英米の経営者との相違──

　日本の経営者が抱いている企業価値についての見解が欧米の典型的な見解と大きく異なるのはなぜなのか。この問題に対しては，吉森の研究がこの回答のヒントを与えてくれる。

　吉森［1998, pp.44-45］は企業の概念を３つに分類している。それは，①株主利益中心のアメリカ・イギリスを中心とする一元的企業概念，②ドイツ，フランスにおける資本と労働の利益均衡を実現しようとする二元的企業概念，③従業員をもって中心的な利害関係者（interest groups; ステークホルダー）としつつ，他の利害関係者の長期的利益をも考慮する多元的企業概念である。

　この仮説を裏付けるため，吉森は，会社は誰のものかに関して，日独仏英米の５カ国の378人の経営者に対して質問［Yoshimori, 1995, pp.33-43］した。その結果，アメリカでは76％の回答者が株主のものだと答えた（利害関係者と答えたのは24％）のに対して，日本で会社が株主のものだと答えた経営者は３％でしかなく，大多数（97％）の回答者は会社がすべての利害関係者のためにあると回答した。ドイツ，フランスは日米の中間にあり，それぞれ83％（株主のためは，17％），78％（株主のためは，22％）の回答者が会社をもって利害関係者のためにあると答えていた。

　以上でみたとおり，多くの日本の経営者は企業が株主のためにのみあるのではなく，ステークホルダーのための存在であるとする見解が強いために，企業価値についても株主が重視する経済価値だけでなく，社会価値，組織価値をも含む包括的な概念であるとみていると考えられるのである。

　もちろん，吉森調査が行なわれた1990年代の中葉と現代とでは日本の社会は大きな変化を遂げており，日本の経営者の意識が当時と同じであるとは考えにくい。バブル崩壊後のいわゆる「失われた10年」以降は，日本企業でもアメリカ型経営への傾斜と株主重視の傾向が急速に強まってきた。その１つの現象が，

---

[12] 株主資本主義のドミナントなアメリカ社会では，"株主のための富（利益）の増大"が企業の最大の目的である。日本企業のようなステークホルダー資本主義の濃厚な社会とは異なる。

配当性向の増大と労働分配率の減少（配当金の大幅な増額[13]と派遣や委託の活用を含む給与水準の傾向的低下）である。ただ，サブプライムローンの破綻に端を発した世界的不況の到来は，日本の経営者に再び，アングロサクソン型の市場原理主義に懐疑の目が注がれ始めているのも事実である。

▶3　非財務データを重視する日本企業

　日本企業のなかでも技術力や人間力など社会価値や組織価値を重視して経営を行なっている企業は数多くある。その代表的な企業の1つである**住友金属工業**株式会社（以下，住友金属）[住友金属, 2010, p.24, p.37]をみてみよう。

　住友金属は，鋼管，薄板，厚板，建材，鉄道車両品などにおいて世界でトップクラスの技術力を誇る企業である。住友金属は，長期的な視野にたった方針を堅持して，**持続的成長**を目指している。とくに，見えない資産を強化し，質と規模のバランスの取れた成長を通じて，企業価値の向上を目指している。住友金属でいう企業価値は，次のものからなる。まず，**見える資産**としては物的資産と金融資産からなる。**見えない資産**としては，100年を超える住友金属のものづくりの歴史と事業精神を組織資産としている。さらにその上に顧客資産や技術資産といった社会価値を高める資産から構成される。見える資産である「モノ」は常に重要ではあるが，企業価値向上のためには，信頼関係，技術力，従業員一人ひとりの仕事に対する情熱と誇り，そして住友の事業精神として企業に浸透している組織価値が重要だとしている。

　住友金属では，株主だけを重視してはいない。ステークホルダー重視の見解に立脚している。それは，顧客に提供した価値のステークホルダーへの配分にも明確な方針をもっていることからも明らかである。そこでは，顧客に提供した価値である売上高が，従業員（人件費＋教育費），技術（研究開発費），サプライヤー他（購入額他），地域・社会（法人税），銀行・資本市場（金利），株主（当期純利益）にどのように配分されているかを，2006年から2009年までの

---

[13] 日本経済新聞によると，2004年3月期の上場企業1,809社（新興三市場を除く）の平均配当性向は23％にすぎなかったが，2008年の3月期には30％弱にまで上昇した。これが景気後退期の2009年3月期になると，配当性向が340％に上昇すると予測されているという。これは純利益の3倍以上の配当額を意味する。純利益の減少額（前期比92％減）が響いていることもあるが，最近の高額配当は異常ですらあった。

年平均額で具体的に示されている。その思想には顧客により良いものを提供し，その対価をステークホルダーに分配していることにみられる。この思想は，マーティンの顧客資本主義［Martin, 2010, pp.58-65］に通じるものであり，企業ではジョンソン・エンド・ジョンソンの実践に酷似する。

　経済環境が悪化した2010年3月期の財務業績は，ご多分に洩れず落ち込んだが，2003年3月期からは2009年3月期までの売上収益，利益ともにすばらしい成績を残している優良企業である。

▶4　コーポレート・レピュテーションは企業価値を創造するか

　企業価値と関連させたコーポレート・レピュテーションの質問において，先の2つの質問に加えて，コーポレート・レピュテーションの増大が企業価値を創造するかについて質問した。質問1，2に次ぐ第3の質問項目とその回答結果である。質問3では，大多数（約9割）の経営者はコーポレート・レピュテーションが企業価値を創造すると考えており，否定的な見方をとる経営者は極めてわずかでしかなかった。

質問3　コーポレート・レピュテーションは企業価値を増大させるか。

表3-3　コーポレート・レピュテーションは企業価値を高めるか

3　コーポレート・レピュテーションは企業価値を創造すると思うか？（n＝123）	
①　思わない	13社（10.6%）
②　思う	110社（89.4%）

　この質問項目では，大多数の日本の経営者がコーポレート・レピュテーションをもって企業価値を創造すると考えていることが分かった。しかし，コーポレート・レピュテーションが現実にどのようなプロセスで企業価値を創造するのであろうか。これらの問題の解明は本書の最大の関心事であり，次章以降で多面的に考察する。

●まとめ●

　本章では，欧米との対比において企業価値の意味を検討するとともに，管理会計の立場から企業価値の測定方法を説明し，管理会計においてもコーポレート・レピュテーションのマネジメントにも目を向けなければならなくなった社会経済的な背景を述べた。この章で著者がとくに明らかにしたかったのは次の3点である。

　第1は，アングロサクソン系の欧米人は，企業価値が株主のための経済価値からなるという見解をもつ。一方，日本で企業価値が経済価値のみからなるとする経営者は少なく，大多数の経営者は企業価値が経済価値，社会価値および組織価値からなると考えている。であるとするならば，企業価値とは何かの議論において，われわれは欧米の理論の単なる受け売りではなく，日本の実態に即した独自の理論体系をもつ必要がある。

　第2に，現代の社会では，企業価値の創造において，インタンジブルズの1つであるコーポレート・レピュテーションが多くの企業価値を創造，維持，毀損している理論的な根拠を明らかにした。と同時に，このような事実に直面して，測定を主要なテーマとして研究を行なっている管理会計研究者および経営者も，コーポレート・レピュテーションに目を向けて，そのマネジメントの本質や方法論を検討する必要がある。

　第3に，過去において，日本では株主が軽視されすぎていた。逆に，最近のジャーナルでは，株主利益の最大化こそが日本を活性化する1つの道であるような論調も目立ってきた。しかし，アメリカでも，サウスウエスト航空やメンズウエアハウスの事例を引いて「株主重視に逆らい，ステークホルダーを尊重する企業の方がすぐれた業績をあげている」[Pfeffer, 2009, p.91]とする意見もある。著者の経験によれば，株主価値の向上のみにうつつを抜かす経営者は，1980年代に多くのアメリカのペーパーが指摘したとおり，将来の利益につながるような，従業員の教育訓練，先端的な研究開発，生産設備の拡張を軽視し，本業を疎かにする経営者が多いことを数多く見てきた。とくに最近では従業員の疲弊が著しい。これでは，日本企業は将来，現在では有している世界的な競

争優位のポジションを失う危険性があるのではないかという危機感をすらもつに至っている。

　ところで，欧米の著書や論文では，例外なくコーポレート・レピュテーションが資産であるとされている。そこで次章では，資産性の研究が進んでいる財務会計の理論と照らしてコーポレート・レピュテーションに資産性があるといえるのか，また論者によってはレピュテーション負債の存在が指摘されているがレピュテーション負債を認めるべきか否かについても検討を加えたい。

参考文献

Barrett, Richard, *Liberating the Corporate Soul: Building a Visionary Organization*, 1998, p.186.（斉藤彰吾監訳・駒沢康子訳『バリュー・マネジメント―価値観と組織文化の経営革新』春秋社，2005年，p.243。）

Brady, Arlo.Kristjan O., *The Sustainability Effect*, Palgrave, 2005.

Contrada, Michael, Using the Balanced Scorecard to Manage Value in Your Business, *Balanced Scorecard, Insight, Experience & Ideas for Strategy-Focused Organizations*, Volume 2, Number3, Harvard Business School Publishing, January-February 2000, pp.11-14,（Web-site Paper）．

Copeland, Tom, Tim Koller and Jack Murrin, *Valuation, Measuring and Managing the Value of Companies*, 3rd ed., John Wiley & Sons, Inc., 2000年。（本田桂子訳『企業価値評価―バリュエーション，価値創造の理論と実践』ダイヤモンド社，2002年，pp.85-101。）

Freeman, R. Edward, Jeffrey Harrison and Andrew C. Wicks, *Managing for Stakeholders, -Survival, Reputation, and Success-* Yale University Press, 2007.

Kaplan, Robert S., and David Norton, Measuring the Strategic Readiness of Intangible Assets, *HBR*, February 2004.（スコフィールド素子訳「バランス・スコアカードによる無形資産の価値評価」『DIAMOND Harvard Business Review』ダイヤモンド社，2004年5月，pp.138-142。）

Martin, Roger, "The Age of Customer Capitalism", *Harvard Business Review*, Jan.-Feb., 2010.（二見聡子訳「株主価値から顧客満足への転換　顧客資本主義の時代」『Diamond Harvard Business Review』2010年7月，pp.28-40。）

McKinsey & Company, Tom Copeland, Tim Koller, Marc Goldhart and David Wessels, *Valuation: Measuring and Managing the Value of Companies*, 5rd. ed., John Wiley, 2010, pp.17-19.

Pfeffer, Jeffrey, "Shareholders First? Not so fast..." *Harvard Business Review*, July- August 2009.（二見聡子訳「ステークホルダー資本主義の再来」『Diamond Harvard Business Review』2009年11月，p.135。）

Yoshimori, Masaru, Whose Company Is It, The Concept of the Corporation in Japan and the West, *Long Range Planning*, Vol.28, No.4, 1995.

青木章通・岩田弘尚・櫻井通晴『レピュテーション・マネジメントに関する経営者の意識―管理会計の視点からのアンケート調査結果の分析』『会計学研究』第35号，2009年3月。

経済産業省「経済産業省『企業価値研究会』に関する説明会」日証協, 2005年4月8日, p.16。
経済同友会『21世紀宣言』経済同友会, 2000年12月, No.2000-14, pp.3-4。
肥本英輔「21世紀型企業の新しい経営指標」『マネジメント21』1994年1月, p.24。
日本経済団体連合会 意見書『企業価値の最大化に向けた経営戦略』日本経済団体連合会, 2006年3月22日。
櫻井通晴『コーポレート・レピュテーション―「会社の評判」をマネジメントする―』中央経済社, 2005年。
櫻井通晴(a)『バランスト・スコアカード―理論とケース・スタディ〔改訂版〕』同文舘出版, 2008年。
櫻井通晴(b)『レピュテーション・マネジメント―内部統制, 管理会計, 監査による評判の管理』中央経済社, 2008年。
住友金属工業株式会社『経営報告書2010』2010年3月期。
吉森賢「会社は誰のものか―企業概念の日米欧比較(1) アメリカ, イギリス」『横浜経営研究』1998年6月。

第2部

コーポレート・レピュテーションの測定

　第2部では，コーポレート・レピュテーションの測定問題を取り上げる。多くの読者はコーポレート・レピュテーションが財務業績にどんな影響を及ぼすかに関心がある。そこで第4章では，まずコーポレート・レピュテーションに資産性があるか否かを検討し，併せてレピュテーション負債成立のための条件を検討する。次の第5章では，コーポレート・レピュテーションの財務業績への影響をいかにして測定するかについて，欧米における理論を紹介するとともにその問題点を明らかにしたうえで，著者の見解を提唱する。そして最後の第6章では，レピュテーション指標による企業の測定と評価について考察する。

第4章
コーポレート・レピュテーションの資産性と負債の可能性

● はじめに ●

　近年，わが国の多くの会計学研究者はブランドのオンバランス化やコーポレート・ブランドの測定による企業価値の推定に焦点を当てた研究を行なってきた。他方，日本の会計研究者が他のインタンジブルズ，たとえばコーポレート・レピュテーションに目を向けることはなかった。

　しかし，エネルギーのエンロン事件，通信ではワールドコム，島津製作所でのノーベル賞受賞，三菱自動車のリコール隠し，雪印乳業の賞味期限切れや産地偽装問題発覚，船場吉兆での客の食べ残し料理の使いまわしによる廃業などによって，コーポレート・レピュテーションが財務業績および企業の存亡に多大な影響を与えることが次第に明らかになってきた。経営者の行動が企業の財務業績に多大な影響を及ぼすことが明らかになるにつれて，管理会計研究者にとっても，これらの問題を等閑視することができなくなってきた。

　すなわち，コーポレート・レピュテーションを向上させることで，企業価値が増大する。逆に，レピュテーションの毀損が企業価値を減少させる。そのメカニズムの解明が管理会計研究者にとって重要な研究対象になってきた。

　欧米の研究者・実務家はコーポレート・レピュテーションには資産性があるとみる。コーポレート・レピュテーションの資産性を検討する管理会計上の目的は，財務会計研究者のようにいかにオンバランスするかではなく，資産として測定できれば管理に役立つからである。コーポレート・レピュテーションには将来の経済的便益がある。であるならば，コーポレート・レピュテーションを資産として認識すべきであるか。レピュテーション負債は管理会計上で認められるべきか。本章では資産性と負債の可能性を検討する。

1 コーポレート・レピュテーションの資産性

　日本の学界では無形資産の資産性に関しては過去から延々と議論が続けられてきた。一方，コーポレート・レピュテーションは，欧米では当然のことのように資産として扱われてきたが，なぜ資産性があるかについては十分な説明がなされてこなかった。そこで，本節ではコーポレート・レピュテーションの資産性の検討と，欧米ではなぜレピュテーションを含むインタンジブルズに資産性の存在を前提に議論が進められてきたのかを検討する。

▶1　コーポレート・レピュテーションはオンバランスされるか

　財務会計では，コーポレート・レピュテーションを高めるためにかかったコストは即時に費用化される。たとえば，広告費，ＩＲ（investor relations）の費用，環境対策費用といったコーポレート・レピュテーションの向上に貢献するコストは，当期の費用として損益計算書に計上されるのが普通である。

　コーポレート・レピュテーションの努力が企業価値を確実に高めることについての確証がない限り，貸借対照表にオンバランスされることはない。その理由は，有形資産である建物を建設したり土地を購入したりすることに比べれば，レピュテーションを高めるのにかかるコストを資産計上することには不確実性が高すぎるからである。意識的にコストをかけなくてもコーポレート・レピュテーションが高まることがあるし，逆に，一夜にしてコーポレート・レピュテーションを失い，倒産の憂き目にあうこともある。このようなことを勘案すれば，財務会計でコーポレート・レピュテーションを貸借対照表にオンバランスされない理由は容易に理解できるであろう。

　伝統的な資産の本質論に照らして，コーポレート・レピュテーションには資産性があるといえるか。財務会計上の概念に関するステートメントでは，資産をもって「過去の取引または事象の結果として特定の実体によって獲得または管理される蓋然的な将来の経済的便益である」［FASB, 1985, par.25］と定義づけている。ここで**将来の経済的便益**（future economic benefits）とは，企業へのキャッシュ・フローの流入に直接的・間接的に貢献しうる潜在的能力のこ

とをいう。この点からみて，コーポレート・レピュテーションに将来の経済的便益があるといえるのか。まずこの点について検討を加えよう。

▶2　財務会計上で資産として認めることが可能であるか

　国際会計基準（IAS 38. 8, 13, 18, 21）に照らして，コーポレート・レピュテーションは資産だといえるのか。IASCFは資産の条件として，(a)過去の事象の結果として企業が**支配**し，かつ(b)**将来の経済的便益**の企業への流入が期待できる資源であることを求めている。また，(c)**識別可能**であることが要求されている[1]。それに加えて無形資産では，(d)当該無形資産の取得原価を，信頼性をもって**測定**できなければならない。"経済的便益の企業への流入"には，製品またはサービスの販売だけではなく，原価節減や資産の利用から得られる便益も含まれる[2]。

　コーポレート・レピュテーションには，将来の**経済的便益**がありそうである。**支配可能性**があるかと問われるならば，ある程度の支配可能性が高そうである。しかし，コーポレート・レピュテーションを**識別**して企業から切り離して売却することはできない。信頼できるデータでの**測定**も困難である。

　以上，コーポレート・レピュテーションは将来の経済的便益が認められることから，最も広い意味での資産性があるといえる。しかしそれをもって財務会計上の資産であるかという点になると，これまで述べてきた支配可能性と識別可能性に加えて，測定可能性が大きなネックになる。

▶3　なぜインタンジブルズなのか

　ブルッキングス研究所が*Unseen Wealth*（見えざる富）の研究プロジェクトを開始し，2001年に最終報告書をまとめた。それによると，**インタンジブルズ**

---

1) 財務会計では，貸借対照表へのオンバランスが検討されなければならない。しかし，管理会計ではオンバランスよりも管理可能性の観点から資産性の有無が検討されねばならない。
2)「財務会計の概念フレームワーク」[斎藤編著, 2007, p.87] では，資産は「過去の取引または事象の結果として，報告主体が支配している経済的資源」と定義づけられている。ここで支配とは，「所有権の有無にかかわらず，報告主体が経済的資源を利用し，そこから生み出される便益を享受できる状態」をいう。また経済的資源とは，「キャッシュの獲得に貢献する便益の源泉」であるとしている。この資産に関する定義は，海外の概念フレームワークと酷似している。

とは,「財貨の生産またはサービスの提供に貢献するかそれらに用いられ,その利用をコントロールする個人または企業に対して将来の生産的便益を生み出すと期待される非物的な要因」[Blair and Wallman, 2001, p.3] であると定義づけられた。一般に,インタンジブルズはすぐれた研究開発成果,技術革新や経営上の革新,独自の組織デザイン,人的資源などによってもたらされる[3]。

同報告者は,インタンジブルズを次の3つに区分した。それは,①所有と販売が可能な資産,②支配可能であるが企業から分離して販売することができない資産,③企業が全く支配できないインタンジブルズ,である。この報告書では,コーポレート・レピュテーションは②に位置づけられている。

報告書によれば,②の支配可能であるが企業から分離して販売することができない資産は,特定の企業にとっては財産であるが,切り離して他の企業に販売することができない。このような資産[Blair and Wallman, 2001, p.54]には,「開発途中の研究開発,企業のノウハウ,**レピュテーション資産**,固定資産管理システムなどがある」としている。これらは財務会計上の資産性の基準の1つまたは2つ程度しか満足させない。限定的な意味において,企業はこれらの資産を支配でき,企業が当該資産を所有していると理解され,経済的便益をある程度までは予測することができる。しかし,固有の価値を測定するために他のインタンジブルズから切り離して販売することはできない。このように述べることで,ブルッキングス研究所はコーポレート・レピュテーションをインタンジブルズの1つとして位置づけたのである。

ブルッキングス研究所の報告書をはじめとして,欧米の多くの論者がなぜコーポレート・レピュテーションなどのインタンジブルズを資産性の検討対象にしてきたのであろうか。著者には,それには少なくとも3つの理由が考えられるのではないかと思われる。

第1は,近年はIT,研究開発,ソフトウェア,ブランド,レピュテーションなどのインタンジブルズが企業価値創造に果たす役割が飛躍的に増大[Lev,

---

3) レフは,無形資産(intangible assets)を「革新(発見),ユニークな組織デザインまたは人的資源の実践によって生み出される無形の価値資源(将来の便益への請求権)である」[Lev, 2001] と定義づけている。広瀬義州・桜井久勝両氏のレフの著書*Intangibles*の翻訳で,intangible assetsを無形資産とかインタンジブルズと訳出しているが,本章ではintangibles(インタンジブルズ)とintangible assets(無形資産)とを明確に区分した。両者は本質的に異なると考えるからである。

2001, pp.8-16]した。キャプランとノートンが管理会計の立場からインタンジブルズである人的・情報・組織資産の研究を始めたのも、管理会計の中心的な課題がこれらの無形の資産になると考えたからだと思われる。

第2には、近年の経済発展に不可欠なインタンジブルズの情報開示に関連して、1980年代後半以降、資産性に関する投資家の見方が変化してきた。端的にいえば、機関投資家が投資意思決定に関する有用な情報を強く求めるようになったために、仮にオフバランスであっても、投資家にとって有用な情報であれば情報開示が求められるようになったからである。

第3には、マネジメントのためには、インタンジブルズを資産として認識することができれば管理が容易になるからである。この点に関しては、著者が1980年代に「ソフトウェア原価計算」の提唱をしたとき、なぜ製造原価として計算する必要があるのかとの質問を受けたことがある。理由は簡単である。企業は資産として測定・認識することで、管理の可能性が増すからである。

2 コーポレート・レピュテーションをなぜ資産として管理するのか

コーポレート・レピュテーションに持続可能な競争優位性を高める価値があるとすれば、それを資産として扱って企業にとって価値あるコーポレート・レピュテーションを維持・増大させる方策を検討することが必要になる。

▶1 コーポレート・レピュテーションを資産として測定することの意義

レピュテーション・マネジメントにおいては、可能な限りコーポレート・レピュテーションを資産として測定することによって、インタンジブルズを可視化することが必要となる。レピュテーションを**可視化**するには、測定できなければならない。「測定されないものは管理できない」からである。

では、どのようにして測定するのか。フォンブランは、知的資産とレピュテーション資本が市場価値から（物的資本＋金融資本）を差し引いて算定できるとした。しかし、それは管理会計から見て、あまりにも単純化しすぎる。

著者は、この種の残差アプローチに加えて、①コーポレート・レピュテーションを積み上げて算定する方法、②レピュテーション負債の算定、および③バ

ランスト・スコアカードを応用した無形資産の"測定"方法を提唱［櫻井, 2005, pp.225-265］した。欧米のCFO（chief financial officer；財務担当役員）は，市場価値と純資産簿価の差（超過収益力）がレピュテーション資産であることには賛同しているものの，最近ではフォンブランの残差方式ではレピュテーションを過大評価［Doorley and Garcia, 2007, p.7］するという理由から反対する経営者が多いという[4]。そこで，ドーリー等はレピュテーション指標による"測定"を含む包括的リスクマネジメントを提唱しているのである。

▶2 レピュテーション資産が企業を救う

　評判を築くのには何年もの努力が必要であるが，評判は一瞬のうちに台無しになる［Alsop, 2004, p.x］。SOX法制定のキッカケとなったエンロン社が数多くの不正[5]の発覚によって一瞬のうちに崩壊した。会計に携わる者であれば誰にも知られていた世界的に最も高い評価を得ていたアーサー・アンダーセンが，エンロン社の不正に加担していたという理由で崩壊した。日本でもまた，老舗の企業と信じて疑われなかったカネボウが長年にわたる粉飾をしていたという理由から分割され，カネボウの監査や日興コーディアル証券の粉飾に手を貸したという理由で，日本の監査法人のなかでも最も高い評価を得ていた中央青山監査法人が崩壊した。

　このような企業の実態を見ると，企業は普段から評判を「レピュテーション資産」[6]の1つとして認識し，苦境に備えて評判を向上させる努力が必要になる

4）フォンブランは，レピュテーション資産にはブランド・エクィティを含むとする見解をもっている。しかし，仮にレピュテーションを広い意味でとらえたとしても，オフバランスの研究開発費やソフトウェアなどの知的資産の存在を無視してはならない。

5）著者は，当時は一部の日本の経営者なども目標としたグローバルスタンダードとも言われた次の3つを崩壊させたことが事件性の大きさを物語っていると考えている。1つは，株式投信の信頼性崩壊，2つ目は，究極の実力主義とストックオプション，いま1つは，積極型会計という非合法・合法スレスレの会計と会計事務所の信頼を葬り去ったことである。

6）Reputation capitalはレピュテーション資本が直訳であるが，会計学研究者からすると，1つの概念として「資本」の語を与えるのには抵抗がある。そのことから，遠藤博志（当時；経済広報センター常務理事）氏はこれに「レピュテーション財産価値」［経済広報センター, 1999, pp.16-20］の語を，トーマツCSRグループはReputation capitalに「評判貯金」［Alsop, 2004］という語を与えている。いずれもすぐれた見解だと思う。しかし著者は，欧米で会計的な概念とは異なる意味であれ，「レピュテーション資産」と表現され，資産とか資本として把握されている事実を直視したい。

という背景が理解できるであろう。

　商品ブランドも企業にとって貴重な無形資産であるから，ブランドを高める努力も必要である。ブランドとコーポレート・レピュテーションが異なるのは，ブランドはすぐれた製品・サービスの提供によって顧客を通じて生み出されるのに対して，コーポレート・レピュテーションは企業の経営者および従業員による過去，現在および将来の行為の結果から導かれる。しかも，コーポレート・レピュテーションというとき，商品の顧客だけでなく，投資家，証券アナリスト，地域社会，市民活動家，経営幹部，および従業員など多様なステークホルダーによって高められる（あるいは毀損する）ことに特徴がある。であるとすると，企業は普段からコーポレート・レピュテーションを高めるべく誠実な経営を行なっていくことが必要になる。

3　コーポレート・レピュテーションの資産性についてのアプローチ

　コーポレート・レピュテーションを資産として扱うといっても，そのアプローチには学問領域によって大きな違いが見られる。そこで以下本節では，財務会計からのアプローチ，経営学からのアプローチに加えて，著者が考えてきた管理会計からのアプローチを考察する。

▶1　財務会計からのアプローチ

　伝統的には，企業の超過収益力の源泉は，残差アプローチを採用して，**市場価値－純資産簿価**で算定されてきた。現在でも多くの研究者の見解に見られることであるが，少なくとも1980年代までは，多くの場合，財務会計研究者によって"のれん"[Smith and Parr, 2004, pp.16-17；飯野, 1977, p.156；斎藤, 1999, p.182]と総称されてきた。**図4-1**を参照されたい。図で，市場価値は株式価額の総額（株価総額）を意味する。純資産簿価は純資産と表現される。仮に株式時価総額を500億円，純資産簿価を300億円と仮定すれば，超過収益力は200億円と想定することができる。この200億円をわれわれはのれんと称してきたのである。

図4-1　超過収益力の源泉は"のれん"

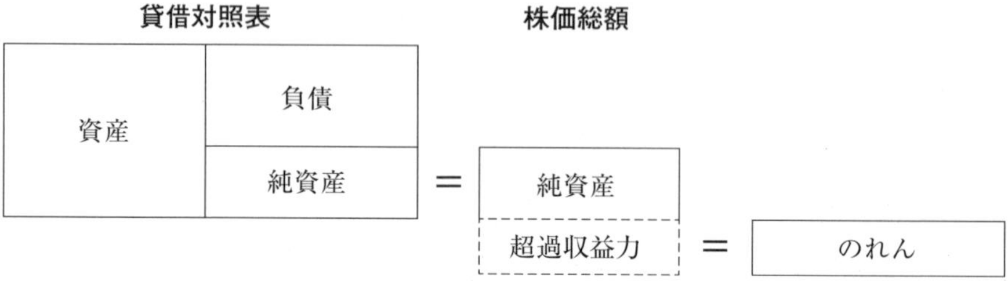

```
     貸借対照表              株価総額
  ┌────┬────┐
  │    │ 負債 │
  │ 資産 ├────┤         ┌────┐
  │    │ 純資産 │  =    │ 純資産 │
  └────┴────┘         ├────┤
           ┊超過収益力┊  =  ┌────┐
           └─────┘      │ のれん │
                        └────┘
```

　1990年代以降になると，のれんやブランドなど，インタンジブルズの研究に誘発されて，ブランド，コーポレート・レピュテーション，知的資産といった研究が盛んになった。同時に，そののれんを生み出した要因（バリュー・ドライバー）は何かについての研究が盛んに行なわれ始めた。

1）超過収益力を知的資産だとする見解

　1990年代の後半になると，のれんのバリュー・ドライバーを知的資本[7]とか知的資産だとする見解が現れた。**ブルッキング**［Brooking, 1996, p.12］は，知的資本（intellectual capital）をもって企業を機能させるうえで必要となる結合された無形資産（intangible assets）であると定義づけ，（企業＝有形資産＋知的資本）と関係づけた。知的資本[8]の具体的な構成要素については，市場資産，人的中心資産，知的財産資産，インフラ構造資産からなる［Brooking, 1996, p.13］とした。ただ，ブルッキングの見解には3つの問題点がある。

　第1に，関係式（右辺）のなかに資産と資本が混在している。第2に，関係式で企業（enterprise）は，正しくは市場価値と表現されるべきではなかろうか。第3に，無形資産を含めて有形資産以外のすべてを知的資産とする見解には，少なくとも管理会計研究者として同意できない。

7）知的資本の語が最初に現れたのは，1991年の*Fortune*誌で，"Brainpower"と題するTom Stewartの論文であったとされている。

8）管理会計研究者の立場からすると，知的資本というよりは知的資産と表現するほうが説得力がある。企業価値に関する議論では，市場価値にもとづいていることもあって，知的資本という表現がしばしば用いられる。知的資本と知的資産との関係は，極めて単純化していえば，知的資本の運用形態として具現化されたものが知的資産であるといえなくはない。

エドビンソンと**マローン**［Edvinsson and Malone, 1997, p.11］は，知的資本が人的資本と構造資本からなるとしている。この分類基準は，企業からその資本を切り離せるか否かの基準であって，人的資本が企業から切り離せないのに対して，構造資本は分離して販売することが可能な資本であるという。会計学上でオンバランス可能か否かを検討するには有用な分類基準である。

   人的資本 （知識，スキル，革新など）
  ＋ 構造資本 （ハード，ソフト，データベース，特許権など）
   知的資本

　エドビンソンは1992年の1年間をまるまる費やして，知的資本の定義を試みてきたが，その結果，次の3つの洞察が得られたという。
　第1に，知的資本が財務情報を補足すること，第2に，知的資本は非金融資産で市場価値と簿価との差額で表されること，第3に，知的資本が貸借対照表の資産側ではなく，負債側（貸方；著者注）の問題であることである。とくに第3の洞察に関連して，知的資本が"隠された価値（hidden values）"［Edvinsson and Malone, 1997, p.43］であることを発見した。
　以上から，欧米の論文や日本でも多くの著書や論文で参照されている**スカンディア**（Skandia）市場価値体系［Edvinsson and Malone, 1997, p.52］が描かれたのである。**図4-2**を参照されたい。

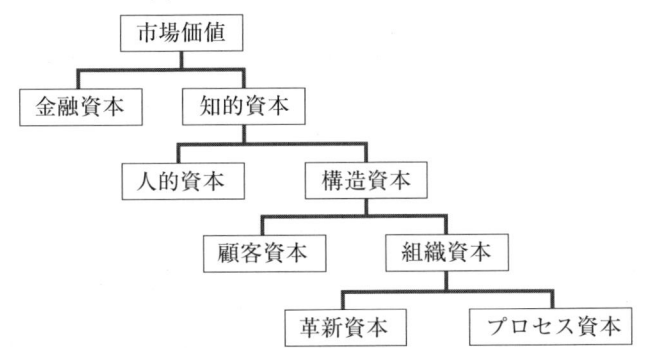

図4-2　スカンディア市場価値体系

```
                市場価値
                 ┬
        ┌────────┴────────┐
      金融資本          知的資本
                         ┬
                ┌────────┴────────┐
              人的資本          構造資本
                                 ┬
                        ┌────────┴────────┐
                      顧客資本          組織資本
                                         ┬
                                ┌────────┴────────┐
                              革新資本        プロセス資本
```

エドビンソンとマローンの見解には，いくつかの疑問がある。第1に，知的資本が純資産であって，超過収益力のすべてが知的資本からなるのか。知的な資本だけでなく評判によって超過収益力が形成される側面も少なくないのではないのか。第2に，ブランドを"知的"資本［Edvinsson and Malone, 1997, p.3］と呼んでいいのか。第3に，非金融資本のことを超過収益力と解しても良いのか，といった疑問である。

知的資産に対して企業価値創造の役割を明示した論者として，**サリバン**がある。サリバンは，知的資本の主要な要素が人的資本と成文化された知識（codified knowledge）[9]からなるとした。この成文化された知識が"知的資産"であるという。また，法的に保護された知的資産を知的財産と呼んでいる。**図4-3**を参照［Sullivan, 2000, p.18］されたい。

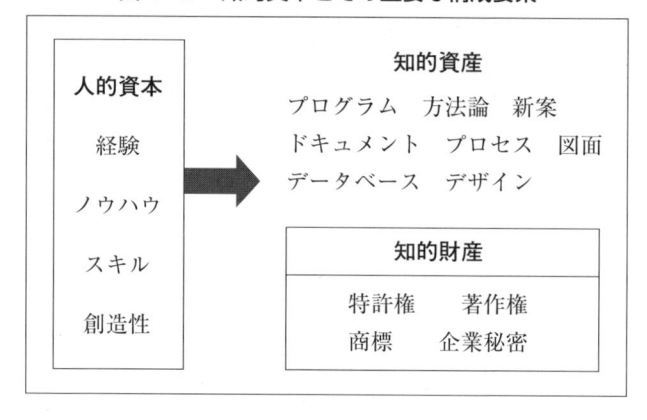

図4-3　知的資本とその主要な構成要素

人的資本	知的資産
経験　ノウハウ　スキル　創造性	プログラム　方法論　新案　ドキュメント　プロセス　図面　データベース　デザイン
	知的財産
	特許権　著作権　商標　企業秘密

1999年に，知的資本管理の研究会で討議されたものに，製品とサービスの収益，レピュテーションとイメージ，他の技術へのアクセス，訴訟の回避，デザインの自由，コスト低減，競争の制限，潜在的な競争業者参入の障壁，顧客のロイヤリティ，革新への保護が含まれたという。レピュテーションが知的資産の一構成要素［Sullivan, 2000, p.48］として討議されたことは注目に値する[10]。

---

9) サリバンを翻訳した森田松太郎［（監修），2002, p.240］の訳語に従った。（暗黙の知識を有する）人間と，成文化された知識で対比されており，暗黙値と形式値と言い換えても良いと思われる。
10) 著者は，コーポレート・レピュテーションが知的資産であるとは思わない。

日本の学界には欧米の見解に追随する研究者や実務家が少なくない。しかしながら，超過収益力は言葉の真の意味で知的資産ではないのではないか。**モリステン**［Mouristsen, 2000］の主張にあるように，超過収益力のバリュー・ドライバーはむしろレピュテーション，ブランド，競争力といったインタンジブルズからなると論理構成すべきであるか。それとも，**フォンブラン**や**ファン・リール**［Fombrun and Van Riel, 2004］の主張のように，知的資産とレピュテーション資産からなると考えるべきかが検討されなければならない。

　著者には，超過収益力が知的資産だけからなるとは考えにくく，知的資産だけでなく，ブランドや競争力を含む広い意味でのコーポレート・レピュテーションも超過収益力の主要な要素となっていると考えたいのである。

2) 超過収益力の源泉をインタンジブルズであるとする見解

　21世紀に入ると，超過収益力の源泉がインタンジブルズにあるとする有力な会計学研究者が現れてきた。その代表的な研究者として，レフ，ブレアとウォールマンの見解が注目に値する。

　レフは，超過収益力の源泉を知的資産ではなくインタンジブルズにあるとして定義づけた。そして，超過収益力は人的資産，革新資本，組織インタンジブルズ［Lev, 2001, p.18］からなるとした[11]。

　ブレアと**ウォールマン**［Blair and Wallman, 2001, pp.51-56］は，インタンジブルズの内容が，次の3種類のものからなるとした。

① 特許権，著作権，商標権など所有・販売できる知的財産
② レピュテーション資産，開発中のR&Dなど管理できるが当該資産を分離・販売できない資産
③ 人的資産，コア・コンピタンス，組織資産など，企業が支配不能なもの

　ブレアとウォールマンのいうインタンジブルズの内容は，会計学的にみると，①は貸借対照表にオンバランスされる資産，②はオフバランスの資産，③は会計学では資産とはいいがたいが一般用語として資産の範疇に属する無形の資産

---

11) 後述するキャプランの無形の資産の分類—人的資産，情報資産，組織資産—は，このレフの分類に最も近い。彼らの親密な関係を知る著者には，キャプランは意識的にレフの分類を活用しているようにも思われる。

であると解釈できる。最も議論の余地があるのは、③である。ブレアとウォールマンは先に述べた所有と販売が可能な資産を決定づける基準として、財産権が明確であることに加え、次の4つの会計上の基準のすべてを満たしえないが一部を満たす括弧づきの"資産"であるとしている。
 ① 識別可能性；よく定義づけられ、他の資産から区別されている。
 ② 支配；企業がその資産を支配し、その支配権を移転できる。
 ③ 将来の経済的便益；提供される将来の経済的便益を予測できる。
 ④ 測定可能性；その経済価値の減少を決定できる。

本書との関係でいえば、ブレアとウォールマン［Blair and Wallman, 2001, p.54］の見解の意義は、第1に、レピュテーション資産を明確に認識したこと、および第2に、それらのインタンジブルズが取引対象にならない限り貸借対照表に計上（オンバランス）されることはないということである。本書第1章の図1-1は、以上のような検討の結果導いた結論である。

▶2 経営学からのアプローチと著者の見解

フォンブランとファン・リール［Fombrun and Van Riel, 2004］は、ブランドやレピュテーション構築の投資額を「影の投資」（shadow investment）と呼び、資本の1つに位置づけた。また、コーポレート・レピュテーションの影の投資額を見積もる方法として、知的資本とレピュテーション資本が市場価値から物的資本と金融資本を差し引いて算定できるとした[12]。**式4-1**参照。

知的資本＋レピュテーション資本＝市場価値－（物的資本＋金融資本）…**式4-1**

会計学的な解釈からすれば、**式4-1**で、左辺は超過収益力の構成要素だと

---

12) 著者の分類は、フォンブランとファン・リールの見解（株式時価総額と純資産の残差＝知的資本＋レピュテーション資産）に最も近い。その他の分類には、スカンディア市場価値体系（知的資本＝人的資本＋構造資本）、ブルッキング（知的資本＝市場資産＋人的中心資産＋知的財産＋インフラ構造資産）、レフ（インタンジブルズ＝革新関連＋人的資産＋組織インタンジブルズ）、スチュアート（無形資産＝人的資本＋構造資本＋顧客資本）、ブレアとウォールマン（貸借対照表へオンバランスされる無形資産＋オフバランスの無形資産＋その他のインタンジブルズ）などがある。管理会計では、キャプランとノートン［Kaplan and Norton, 2004, p.55］による分類（無形資本＝人的資本＋情報資本＋組織資本）が注目される。

みることができよう。右辺の市場価値は株式時価総額とすべきであろう。右辺は純資産を意味しているように思えるが，物的資本＋金融資本をなぜ市場価値から引かねばならないかが必ずしも明確ではない。

ブランドは純粋な知的資本であるか。日本の一部の研究者はブランドを知的資本ないし知的資産として位置づけてきた。しかし，ブランドは知的活動よりも消費者の評価によってその多くが生み出されるのではないか。

以上から著者は，第1章（図1-3）で示したとおり，インタンジブルズが知的なインタンジブルズないし知的資産[13]とレピュテーション関連インタンジブルズからなるものと解したのである。

1990年代の後半に，多くの欧米の研究者が無形の資産をもって知的資産だとする前提に立った見解を発表し，日本の多くの研究者と実務家がほとんどその見解に疑いをもたずに追随していることに疑問[14]を感じていた著者には，超過収益力が知的資産だけではなくレピュテーション関連資産からなるとしたフォンブランとファン・リールの見解は，極めて新鮮なものに映ったのである。

フォンブランとファン・リールの見解をもとに，著者なりの解釈と変更を加え，知的資産，ブランド，コーポレート・レピュテーションとの関係を図解すれば，無形の資産は図4-4のように描くことができる。

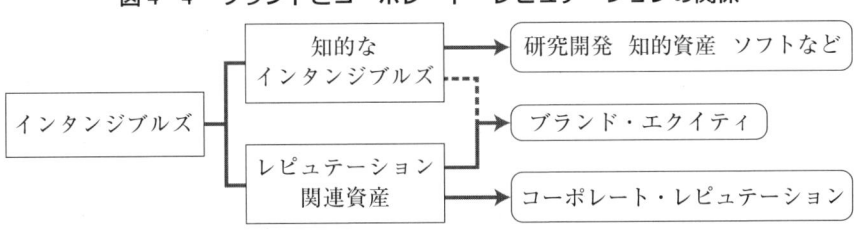

図4-4　ブランドとコーポレート・レピュテーションの関係

```
                    ┌─ 知的な         ──→ 研究開発 知的資産 ソフトなど
                    │  インタンジブルズ
インタンジブルズ ──┤                ┄┄→ ブランド・エクイティ
                    │  レピュテーション
                    └─ 関連資産       ──→ コーポレート・レピュテーション
```

図4-4で，ブランド・エクイティ（ブランド資産）は知的なインタンジブルズとコーポレート・レピュテーションのグレイゾーンにある。そのため，点

---

[13] 欧米ではレピュテーション資本，知的資本という表現を用いている。本書では，用語の混乱を避けるために，capitalを資産に読み替えている。
[14] 楽天は球団をもつことで財務業績，株価ともに大幅に増加した。そのような企業価値の増加ないし超過収益力の源泉をすべて知的資産にあると解することには無理があるのではないか。

線で表示した[15]。

▶3 管理会計からのアプローチ

キャプランとノートン［Kaplan and Norton, 2004］は著書 *Strategy Maps*『戦略マップ』で，人的資産，情報資産，組織資産[16]を考察の対象にしている。人的資産，情報資産，組織資産には，ブレアとウォールマンがいうインタンジブルズ（スキル，知識，訓練，ネットワーク，データベース，リーダーシップ，チームワークなどのインタンジブルズ）が含まれている。キャプランとノートンは，これらのインタンジブルズを管理会計における管理対象として俎上に載せたと解しうる。

一方，コーポレート・レピュテーションのマネジメントを管理会計の主要な研究対象として議論してきた著者［櫻井，2005, pp.61-77］は，超過収益力の源泉が知的なインタンジブルズとレピュテーション関連インタンジブルズ（資産）からなると主張してきた。レピュテーション関連資産は，**図4-4**で示したとおり，ブランド・エクイティとコーポレート・レピュテーションからなるとした。ブランド・エクイティは広い意味でのレピュテーション資産に含まれるものの，知的な資産であることを全面的に否定すべきではない[17]。

---

15) ブランドは知的なインタンジブルズとレピュテーション関連資産とのグレイゾーンにある。ブランド・エクイティの高い，醤油のキッコーマン，ハンドバッグのグッチ，エルメスなどのブランドがどれだけ"知的"なのか。味の素は1908年の池田菊苗博士によるグルタミン酸（日本人による10大発明のひとつ）発明から始まったが，その後は技術の改良と顧客による評価・口コミなどによってブランド・エクイティが増大していった。現在では南米，アフリカ，タイ，インドネシアなどに販路を広げてレピュテーションを高めている。1878年に真珠母貝の養殖を始めた御木本翁によって創設されたMIKIMOTOは当初の研究開発とその後の技術と製造プロセスの改善を重視すべきか，あるいはその後の"評判"によってブランドが広がったと見るべきか。

16) キャプランとノートンは資産ではなく，人的資本，情報資本，組織資本といった資本概念としても捉えているが，レフ［Lev, 2001］は人的資源インタンジブルズ，イノベーション関連インタンジブルズ，組織インタンジブルズと，これらをインタンジブルズの範疇に含めている。なお，情報資本（本書では情報資産と表現）はイノベーションの結果生み出された成果である。

17) サリバン［Sullivan, 2000］は，ブランドを知的資産から抽出される価値であると述べている。味の素は1908年の池田菊苗博士によるグルタミン酸の発明から始まった。とはいえ，現在の眼で見ると，味の素のブランドは"知的"なものというよりは広告活動などの評判によるところが大であろう。

4　レピュテーション資産・負債の可能性

　有形資産である建物を建設したり土地を購入したりすることに比べれば，レピュテーションを高めるのにかかるコストを資産計上することは不確実性が高すぎる。意識的にコストをかけなくてもコーポレート・レピュテーションが高まることもあるし，逆に，一夜にして評判が失墜し，倒産の憂き目に遭うこともある。コーポレート・レピュテーションには負債の可能性もありうる。

▶1　レピュテーション資本かレピュテーション資産か

　コーポレート・レピュテーションが資産であるといえるためには，コーポレート・レピュテーションが現実にも将来の経済的便益を増加させることが理論的に論証され，データによって実証されなければならない。経済的便益という表現が使われなくても，多くの欧米の論者によってコーポレート・レピュテーションが財務業績を向上させることが明らかにされてきた。

　コーポレート・レピュテーションは資本なのかそれとも資産なのか，それともインタンジブルズと呼ぶべきなのか。確立した見解はあるのか。レフ［Lev, 2001, p.18］によれば，エコノミストはインタンジブルズのことを知的資産と呼ぶが経営学者は知的資本と呼んでいる。一方，会計学者はインタンジブルズと呼んでいるという。インタンジブルズの概念を提唱しているレフによるこのコメントは手前味噌のところがないとはいえない[18]が，学問領域によって呼称が異なるというコメントは傾聴に値する。

　レフ［Lev, 2001, p.18］によれば，インタンジブルズが革新関連インタンジブルズ，人的資源インタンジブルズ（例；従業員訓練），組織インタンジブルズ（例；フランチャイズ）からなるとするとともに，インタンジブルズないし無形の資産をどのように呼称するかは，研究領域によって異なるとしている。

　日本における学界での議論を極めて単純化していえば，財務会計では貸借対照表の資本側，資産側の両方の問題が課題となる。経営財務論と管理会計の違

---

[18] 海外でも一部の先進的な論者を除いては無形資産と表現しているところをみると，会計学者がインタンジブルズと称しているという表現は多少手前味噌な感じがしないでもない。

いを言えば，経営財務論の主要な課題は貸借対象表の貸方側にある。対して，管理会計では主として資産側を扱う。その理由は，管理会計では経営者によるマネジメントが主要な役割であるから，経営者のマネジメントは借方側での管理がより効果的だからである。以上から，本書では管理会計の立場からレピュテーションを資産として扱ってきたのである。

▶2　レピュテーション負債の可能性

　負債とは，「過去の事象から発生した現在の企業の債務で，その決済により経済的便益を有する資源が企業から流出する結果が見込まれるもの」（IAS, 37.10）である。わが国の「財務会計の概念フレームワーク」では，負債を「過去の取引または事象の結果として，報告主体が支配している経済的資源を放棄もしくは引き渡す義務，またはその同等物」（第3章の5）だとしている。

　コーポレート・レピュテーションの毀損はレピュテーション負債と表現することはできないか。**クレヴンス**［Cravens, 2003, pp.202-203］は，コーポレート・レピュテーションが無形資産であると認められるのであれば，貸方側の無形負債（intangible liability）も認識されるべきではないかと主張している。無形資産として認識される資産と対応させることで，企業価値を毀損させる潜在性をもつレピュテーション負債とバランスを取ることができるのではないかという。さらに**ドーリー**と**ガルシア**［Doorley and Garucia, 2007, p.8］は，コーポレート・レピュテーションも他の資産と同様，負債の側面を有しているという。**ハービー**と**ラシュ**［Harvey and Lusch, 1999, pp.85-92］はレピュテーション負債の成立を前提にして，レピュテーション負債が生じ得る可能性のある領域にまで述べている。その領域として，①プロセスの問題，②人間の問題，③情報の問題，④構造上の問題をあげている。

　高いブランド（コーポレート・ブランド）をもつ企業でも，経営者の反社会的な行為または事故が起これば，負のコーポレート・レピュテーションが蓄積されていく。それらがオフバランスの無形負債となる。レピュテーション負債は時の経過とともに減少する（忘れられる）かもしれないが，無形負債が量的に企業にとって耐えられない段階に達すると質的な転換（量から質への転換）が行なわれ，企業が倒産の憂き目にあう。図4-5を参照されたい。

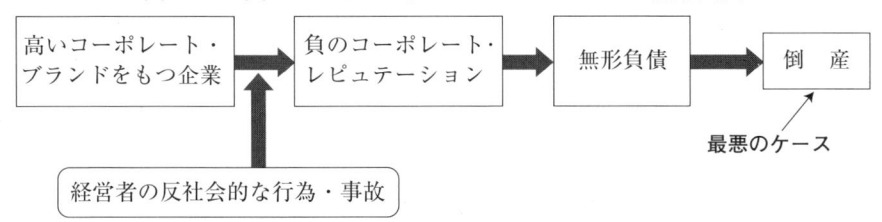

図4-5 負のコーポレート・レピュテーションと無形負債

```
┌──────────────┐   ┌──────────────┐   ┌──────────┐   ┌──────┐
│高いコーポレート・│→│負のコーポレート・│→│ 無形負債 │→│ 倒 産 │
│ブランドをもつ企業│  │ レピュテーション │  │          │  │      │
└──────────────┘   └──────────────┘   └──────────┘   └──────┘
        ↑                                                ↖ 最悪のケース
┌──────────────────────┐
│経営者の反社会的な行為・事故│
└──────────────────────┘
```

　潜在的な投資家による投資意思決定にとって，レピュテーションを負債として認めることにはそれなりの情報能力が認められるのではないかと思われる。負債は過去の事象から発生した現在の企業の債務で，その決済により経済的便益を有する資源が企業から流出する結果が見込まれるものである。この定義からすれば，毀損したレピュテーションは負債の範疇に属させてもよさそうである。しかし問題は，①負債の金額の測定が困難であることに加えて，②「財務会計の概念フレームワーク」で定義づけられているような支配可能性が低いことにある。

　そこで著者としては，財務会計的には，レピュテーション負債は偶発債務の1つとして検討するのが妥当のように思われる。さらなる検討が必要になろう。加えて著者には，オフバランスの資産が認められている現在，オフバランスのレピュテーション負債を認識することが，経営者の反社会的行為や事故と倒産との関係の説明能力を高めうるように思われてならないのである。

▶3　コーポレート・レピュテーション毀損のケース・スタディ

　西武鉄道は総会屋への利益供与と有価証券報告書の"誤記載"で社会から糾弾された。三菱自動車はリコール隠しによって社会から糾弾された。いずれの事例も不誠実な経営姿勢が社会問題になった事件である。以下はこの2社についてレピュテーションの毀損の価値測定を試みたものである。

1）西武鉄道の有価証券報告書の虚偽記載

　日本にもアメリカと同じようにJ-SOX法を適用するキッカケになった西武鉄道の虚偽記載は，2004年12月17日には株過小記載を理由として，東京証券取引

所での上場廃止になった。その根本的な原因は，同一人物があまりにも長くトップの座に君臨しすぎていたために，トップに直言できる人物を欠いたこと（コーポレート・ガバナンス上の問題）にあったとする見解が支配的である。2004年6月30日の資産価値（連結，簿価）は1兆1千億円であった。コクドの保有株式は2004年9月末時点で2億1千万株であった。1989年に8千円の上場出来高値をつけたときには，株式時価総額で見た資産価値は約1兆7千億円に達していた。有価証券報告書の虚偽記載など一連の事件の余波を受けて西武株は急落し，11月には1千億円を割り込んだ。

上場廃止前の2004年11月6日現在の株式時価総額を1千億円と仮定すると，一連の事件によるレピュテーション資産の減少分は，次の計算のように，約1兆6千億円になる。ただし，本事例では，会計学の理論からみると粗雑[19]であるが，外国の多くの経営学者が支持しているのは，このような株式の時価総額から純資産を差し引いた金額が経済価値の減少分をレピュテーション資産の減少とする見解である。

$$レピュテーション資産の減少 = 1千億円 - 1兆7千億円$$
$$= \triangle 1兆6千億円$$

コーポレート・レピュテーションの低下によって，西武鉄道の企業価値は約1兆6千億円減少したといえる。この経済価値の減少分はコーポレート資産の減少と定義づけることができよう。1980年以前の会計理論であれば，それが"のれん"の減少であるとされていた。ところが1991年以降の支配的見解では，多くの会計学研究者は知的資産の減少と呼ぶべきとされてきた。

この種の減少分を知的資産の減少分と称すべきか，それとも本章で提唱するように主にレピュテーション資産の減少と呼ぶべきか，あるいはレピュテーション負債の増加とみるべきかについては，学界での更なる議論が必要とされるであろう。

---

[19] その理由は次のとおりである。①株価は変動が激しく，これを企業価値とすることには異論もある。②ここでの時価は上場廃止が決定された1週間前ではあるが，市場は既に価格のなかに上場廃止を織り込んでいる可能性があること，などである。

2) 三菱自動車のリコール隠しによるレピュテーション負債の増大

　リコール隠しという三菱自動車の経営幹部の行なった過去の行為によるコーポレート・レピュテーションの低下が財務業績にいかなる影響を及ぼしたか。2003年3月期に経常利益543億円（売上高38,849億円）であったものが2004年3月期には△1,103億円（売上高25,194億円）に低下した。経常利益が1年間に1,646億円減少（営業利益は828億円から△969億円に，1,797億円の低下）した。以上から，他の条件を一定と仮定して，三菱自動車のリコール隠しによって生じた2003年度のコーポレート・レピュテーション低下による損失を概略1,646億円と算定することができる。これをレピュテーション負債として認識することは，投資家への情報としてだけでなく，経営者にとってもそれなりの価値が大であるように思われる。

$$レピュテーション損失 = △1,103億円 - 543億円$$
$$= △1,646億円$$

　三菱自動車が被ったのは，もちろん2003年度の利益が減少しただけにはとどまらない。その後の利益（経済価値）の減少や社会価値，組織価値の毀損も測定されなければならない。

　人間は物忘れが早いので，仮に，2004年以降，毎年300億円の利益が減少していくとすると，リコール隠しによるレピュテーション負債の増加は概略4,500億円[20]になる。さらに，株式時価総額から見た企業価値の減少，三菱グループへの社会価値（例；三菱への畏敬の気持ちやステータス），組織価値（例；グループ構成員の誇りや団結心）への悪影響も勘案しなければならない。

　なお，三菱自動車［益子・西岡他，2006, pp.46-57］は事件後，再生のために数々の改革を行なっており，その成果が注目されているところである。三菱自動車再生への道程は，本書第18章を参照されたい。

---

20) 2003年の利益減少分を1,600億円と合算すると，貨幣の時間価値を無視するならば，(1,600＋1,300＋1,000＋700＋400＋100)で約5,100億円となる。資本コストを5％と仮定して現在価値を計算すると，1,600×0.9624＋1,300×0.9070＋1,000×0.8638＋700×0.8227＋400×0.7835＋100×0.7462＝1,540＋1,179＋864＋576＋313＋75＝4,547億円となる。

●まとめ●

　1980年代まで，会計学界では，株価総額から純資産簿価を差し引いた超過収益力はすべて"のれん"とされていた。1990年代以降，この超過収益力は一部の論者によって"知的資産"であると特徴づけられてきた。しかし，21世紀になると，さらにその超過収益力が知的資産と（ブランドを含む）レピュテーション関連資産からなるとする見解が現れてきた。

　財務会計的な表現を使えば，本章ではこの超過収益力をどのように見るかについて，アメリカでの3つの主要な見解について検討した。第1は超過収益力を知的資産だとする見解，第2は無形の資産をインタンジブルズだとする見解，第3はインタンジブルズに知的資産だけでなくコーポレート・レピュテーションを含める見解に分けて文献的に考察した。

　超過収益力を知的資産だとする見解の代表的研究者は，外部報告を目的にスカンディア・ナビゲータを開発したエドビンソン氏とコンサルタントのサリバン氏である。ブルッキングス研究所の影響力も無視し得ない。典型的な日本の研究者とは異なり，欧米の研究者は必ず自己の見解を明確に打ち出す。いずれも実務家によって表明された見解であるという意味で，欧米および日本の経営に及ぼした影響は大きなものがある。惜しむらくは彼らの主張には理論的に無理が見られるように思われてならない。

　インタンジブルズに知的資産だけでなくコーポレート・レピュテーションを含める見解の多くは，会計学の研究者以外の領域からの提案である。この見解は，アメリカを中心に，イギリス，北欧などで支持されてきた。とはいえ，著者には経営学者であるフォンブラン自身が完全にこの見解で固まっているようには思われない。著者の見解もまた，財務会計の専門家ではないことの限界があるかもしれない。しかし逆に，財務会計の専門家ではないがゆえに，自由な発想ができるのかもしれない。その判断は読者のご批判を待つしかない。

参考文献

Alsop, Ronald J., *The 18 Immutable Laws of Corporation, Creating, Protecting, and Repairing Your Most Valuable Asset*, 2004, p. x. (トーマツCSRグループ訳『レピュテーション・マネジメント』日本実業出版社, 2005年, p.iv。)

Blair, Margaret M. and Steven M. H. Wallman, *Unseen Wealth, -Report of the Brookings Task Force on Intangibles*, Brookings Institution Press, 2001. (広瀬義州他訳『ブランド価値評価入門―見えざる富の創造』中央経済社, 2002年。)

Brooking, Annie, *Intellectual Capital, -Core Assets for the Third Millennium Enterprise*, International Thomson Business Press, 1996.

Cravens, Karen, Elizabeth Goad Oliver and Sridhar Ramamoorti, "The Reputation Index: Measuring and Managing Corporate Reputation," *European Management Journal*, Vol.21, No.2, April 2003.

Doorley, John and Helio Fred Garcia, *Reputation Management, The Key to Successful public Relations and Corporate Communication*, Routledge, 2007.

Edvinsson, Leif, and Michael S. Malone, *-Intellectual Capital*, Realizing Company's *True Value by Finding its Hidden Brainpower*, HarperCollins Publishers, 1997, p.13. (高橋透訳『インテレクチュアル・キャピタル―企業の知力を測るナレッジ・マネジメントの新財務指標―』日本能率協会マネジメントセンター, 1999年, p.26。)

FASB, Statement of Financial Accounting Concepts, No.6, *Elements of Financial Statements*, December 1985.

Fombrun, Charles J., and Cees B.M. Van Riel, *Fame & Fortune, How Successful Companies Build Winning Reputations*, Frentice Hall, 2004. (花堂靖仁監訳, 電通レピュテーション・プロジェクトチーム訳『コーポレート・レピュテーション』東洋経済新報社, 2005年, p.15。)

Harvey, M.G. and Lusch, R.F., "Balancing the Intellectual Capital Books: Intangible Liabilities," *European Management Journal*, Vol.17, No.1, 1999.

Kaplan, Robert S., and David Norton, Measuring the Strategic Readiness of Intangible Assets, *HBR*, February 2004. (スコフィールド素子訳「バランス・スコアカードによる無形資産の価値評価」『DIAMOND Harvard Business Review』ダイヤモンド社, 2004年5月, pp.138-142。)

Lev, Baruch, Intangibles, *Management, Measurement, and Reporting*, Brookings Institution Press, 2001. (広瀬義州・桜井久勝訳『ブランドの経営と会計』東洋経済新報社, 2002年。)

Mouritsen, Jan, Valuing Expressive Organizations: Intellectual Capital and the Visualization of Value Creation, *The Expressive Organization*, Edited by Schultz, M. et al., Oxford, 2000.

Smith, Gordon V. and Russel L. Parr, Valuation of Intellectual Property and Intangible Assets, John Wiley & Sons, 1994(2nd ed.), 2004(3rd ed.). (菊池純一監訳・知的財産研究所訳『無形資産と無形資産の評価価値』中央経済社, 1996年, p.32。) なお, 翻訳は第2版である。翻訳書では, p.32, p.89を参照されたい。

Sullivan, Patric H., Value-Driven Intellectual Capital, -How to Convert Intangible Corporate Assets into Market Value-, John Wiley & Sons, 2000. (森田松太郎・水谷孝三訳『知的経営の真髄―知的資本を市場価値に転換させる手法』東洋経済新報社, 2002年。)

飯野利夫『財務会計論』同文舘出版, 1977年。

斎藤静樹「会計研究のパラダイム」『會計』第155巻, 第2号, 1999年。

斎藤静樹編著『討議資料 財務会計の概念フレームワーク』中央経済社, 2007年。
櫻井通晴『コーポレート・レピュテーション―「会社の評判」をマネジメントする』中央経済社, 2005年。
経済広報センター『米国企業広報調査ミッション報告書』1999年8月。
益子修・西岡喬他「三菱自動車の原点回帰」『Forbes』2006年11月。
森田松太郎監修・水谷孝三他訳『知的経営の真髄―知的資本を市場価値に転換させる手法』東洋経済新報社, 2002年。

第5章
コーポレート・レピュテーションの測定
―レピュテーションの企業価値への影響の測定―

● はじめに ●

　無形資産の測定は，有形資産の測定と比較すると困難である。欧米の会計学では，①知的財産と，②オフバランスのブランドやレピュテーション，および③資産性は乏しいが将来の経済的便益がある人的資産，情報資産，組織資産が会計の対象になってきたが，前章でみたとおり，これらの無形の資産は一部の論者によってインタンジブルズ［Blair and Wallman, 2001, p.3; Lev, 2001, p.18］と呼ばれるようになった。会計の測定対象を無形資産からインタンジブルズにまで拡張すると，それらの価値測定はさらに困難になる。

　とはいえ，競争優位を確保する上でのインタンジブルズの競争優位性は日に日に高まってきている。仮に，インタンジブルズの価値を測定する方法を発見できるならば，企業は市場における自社の競争力を測定することで管理することが可能になる。このようなことから，キャプランとノートン［Kaplan and Norton, 2004, p.52］は，インタンジブルズの測定が会計学研究者の「究極の目標」（holy grail）であるという。現在彼らが管理会計の測定対象としているのは，人的資産，情報資産，組織資産である。他方，本章で著者が測定対象にしているのは，コーポレート・レピュテーションである。

　本章の目的は，コーポレート・レピュテーションの測定にある。その目的のため，まず，測定の意味を検討する。次いで，欧米文献に見られる2つの測定方法を考察する。また，欧米での実証研究の結果を示すことで，測定にはどんな意味があるかを検討する。そのうえで，著者が構想してきたコーポレート・レピュテーションの測定方法を島津製作所の田中耕一氏のノーベル賞受賞のケースで検証しながら提唱する。

1 コーポレート・レピュテーションの"測定"とは何か

測定（measurement）は，学問領域によって異なった解釈がなされる。まず，測定の一般概念を見てみよう。コーラーの会計学辞典では，測定の一般概念は「序数または基数のシステムを，理論的または数学的なルールに従って，調査または観察の結果に割り当てること」[Kohler, 1970, p.280]であるという。他方，具体的な会計上の測定は，「期間ごとに活動を測定し報告することができるように，期間別に経済活動を識別すること」を意味する。

▶1　会計学における測定の意義

現代の会計学では，測定は重要な意味をもつ。たとえば，アメリカ会計学会の意見書，*A Statement of Basic Accounting Theory*（通称，ASOBAT）では，会計を測定と伝達のシステムであると特徴づけて，「会計とは，意思決定のために，組織体の経済的データを，主として貨幣尺度を用いて測定，伝達するシステムである」[AAA, 1966, p.1]と定義づけた。

会計の機能に関して，ASOBATの見解を伝統的な見解と対比してみよう。伝統的な会計学では，会計が記録，分類，集計するための技術（art）であるとしていた。たとえば，アメリカ公認会計士協会では，「会計とは，財務的な性質―少なくとも一部は―を有する取引および出来事を，意味ある方法で，また貨幣の名目で，記録，分類，集計し，その結果を解釈する技術（art）である」[AICPA, 1940]とされていた。そのため，現代でいう測定は「記録，分類，集計」の類似概念であると理解している会計研究者が多いと思われる。

▶2　インタンジブルズにおける測定

「測定されないものは管理できない」から，ビジネスの世界でインタンジブルズを管理するには，まずは測定が必要である。では，インタンジブルズの世界で，測定の概念はどのように解されているのか。ハバードによれば，実務上でインタンジブルズの測定とは「結果を計数で表現するときに生じる不確実性を減らす一連の観察」[Hubbard, 2007, p.21]のことであるという。測定対象は，

情報の価値，品質，ITプロジェクトの失敗のリスク，イメージ，ブランド，コーポレート・レピュテーションなどである。このような意味での測定は，会計専門家，科学者，統計学者の含意する測定とは異なった意味をもつ。

2　欧米におけるコーポレート・レピュテーションの測定

　欧米文献において，コーポレート・レピュテーションの測定というとき，一般に2つの意味で用いられる。1）残差アプローチによる超過収益力の測定と，2）レピュテーション指標による測定である。加えて，3）コーポレート・レピュテーションと財務業績の関係についての実証研究がある。

▶1　残差アプローチによる超過収益力の測定

　フォンブランは，株式の市価が資産の清算価値[1]を上回る金額がレピュテーション資産［Fombrun, 1996, p.92］であると述べている。**図5-1**を参照されたい。

図5-1　レピュテーション資産測定のフォンブランの見解（1996年）

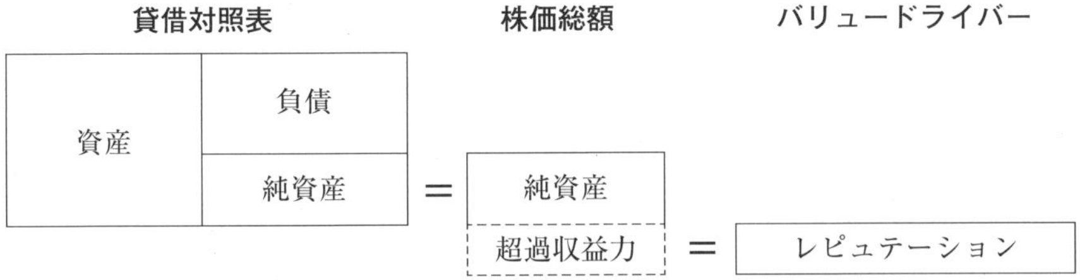

貸借対照表	株価総額	バリュードライバー
資産／負債・純資産	＝純資産／超過収益力	＝レピュテーション

　この見解は，アメリカの多くのCFO（財務担当最高責任者）によって支持されなかった。**ドーリー**と**ガルシア**［Doorley and Garcia, 2007, p.7］は，次のように述べている。「差額（株式時価総額－純資産；著者加筆）はレピュテーション資産を過大評価しているから，多くのCFOはこの公式を支持しない。しかし，この差額の多くがレピュテーション資産であることには同意している」。

1）清算価値は，現代の会計学でいう純資産ないし超過収益力を意味すると解することにする。

多くのCFOの批判を受け，**フォンブランとファン・リール**［Fombrun and van Riel, 2004, pp.32-33］は，先の主張を，無形資産（超過収益力[2]；著者加筆）から"知的資産とステークホルダー関係"[3]に変更した。また，ステークホルダー関係はブランド資産とレピュテーション資産からなるとした。そして，この超過収益力の算定プロセスのことをレピュテーションの測定であるとした。

▶2　レピュテーション指標を用いたレピュテーションの測定

レピュテーション指標を用いたレピュテーションの評価のことも，欧米ではレピュテーションの"測定"と呼ぶのが一般的である。**ドーリーとガルシア**［Doorley and Garcia, 2007, p.7］は，レピュテーション測定の一般的な方法は，批判の多い超過収益力の測定ではなく，会社のレピュテーション指標を用いた"測定"であるという。毎年実施されてきた*Fortune*誌における「アメリカで最も賞賛される企業」（America's Most Admired Companies）は産業界からも研究者からも最も広く認知され，尊重されてきた。しかし，この調査では，①上級経営者，②社外取締役，③証券アナリストという3つの関係者しか調査していない。生活者，従業員，報道関係者も調査対象に含めるべきだとするのが，ドーリーとガルシアの批判点でもある。

その欠点を補完したのが，**ハリス・インタラクティブとフォンブラン**共催のRQ（reputation quotient；レピュテーション指数）であった。RQでは6つのレピュテーションの**評価項目**（dimensions）と**属性**（attributes）と呼ばれる20の評価指標を使って，生活者を含めた数多くの関係者により測定（評価）され，その結果は*The Wall Street Journal*紙に掲載されてきた。しかし，2006年には両者は契約を解消し，現在では，ハリス・インタラクティブがこれを引き継いでいる。一方の**レピュテーション・インスティチュート**（RI）はRepTrak®に従ってレピュテーションを測定している。

2）フォンブランは，ファン・リールとの共著［Fombrun and van Riel, 2004, p.33］で，無形資産（超過収益力の意味で使用）がレピュテーション資産と知的資産からなると述べている。このようにブランドを含めたのは，CFOからの批判に応えたものと解しうる。

3）ステークホルダー関係が何を意味するかのフォンブランによる説明はないが，コーポレート・レピュテーションはステークホルダーによって決まることから，コーポレート・レピュテーションを意味すると解した。なお，本書では，混乱を避けるため，知的資本を知的資産と表現した。

RepTrak®の評価項目（と属性）は，製品／サービス（高品質，価格に見合った価値，アフターサービス，顧客ニーズの満足），革新性（革新的，早期の上市，変化への対応），財務業績（高い収益性，好業績，成長の見込み），リーダーシップ（すぐれた組織，魅力的なリーダー，卓越したマネジメント，将来への明確なビジョン），ガバナンス（オープンで高い透明性，倫理的な行動，公正な事業方法），市民性（環境責任，社会貢献活動への支援，社会への積極的な影響），職場（公平な従業員への報酬，従業員の福利厚生，公平な機会提供）であり，それは7つの評価項目，23の属性からなる。レピュテーション指標による測定の詳細は次章で考察する。

　欧米文献では，以上みたように，レピュテーションの測定は超過収益力とレピュテーション指標の測定に限定されている。そこで次に，著者の構想するレピュテーションの測定について，企業価値への影響の測定を試みる。まず経済価値，次に社会価値と組織価値に大別して検討を加えていきたい。

▶3　コーポレート・レピュテーションと財務業績の実証研究

　欧米ではコーポレート・レピュテーションと財務業績との関係で数多くの実証研究がなされてきた。本章にとって意義があるのは，1）財務業績がコーポレート・レピュテーションに及ぼす影響，2）コーポレート・レピュテーションが財務業績に及ぼす影響である。主要な調査結果を紹介しよう。

1) 財務業績がコーポレート・レピュテーションに及ぼす影響

　ベルカウイ [Belkaoui, 2001, pp.1-13] は，独立変数として，企業規模，トービンのq[4]，資産回転率，利益率がコーポレート・レピュテーションに及ぼす影響を実証研究した。従属変数としては，コーポレート・レピュテーションの属性である経営者の資質，製品／サービスの品質，革新性，長期投資価値，財務健全性，地域社会／環境への責任，会社資産の有効利用を用いた。研究結果では，櫻井 [2005, pp.51-59] で紹介したとおり，いずれの変数もコーポレート・レピュテーションを高めることが検証できた。**図5-2**を参照されたい。

---

4) トービンのqは，企業の市場価値を資産の取替価値で除したもので，資産の適切な市場の評価と会社の将来の投資機会を測定する。

図 5-2　財務業績とコーポレート・レピュテーションの関係

```
企業規模 ┐
トービンq ┤
資産回転率 ┤──→ コーポレート・レピュテーション
利益率   ┘
```

2）コーポレート・レピュテーションが財務業績に及ぼす影響

　以前，**フォンブランとシャンリー**［Fombrun and Shanley, 1990, pp.233-258］は，実証研究によってコーポレート・レピュテーションの向上を財務業績の増大に直結させることの困難さを指摘した。しかしその後，フォンブランはファン・リールとの共著［Fombrun and van Riel, 2004, p.27］において，アメリカの製造業125社を対象にしたBharadwajの調査結果では，コーポレート・レピュテーションが営業成績に有力な影響を及ぼしていることを明らかにした。

3）長期にわたるレピュテーションの財務業績への影響

　ロバーツとダウリング［Roberts and Dowling, 2002, pp.1077-1093］は，*Fortune*誌の「アメリカで最も賞賛される会社」の1984-1998年のデータを活用して，比較的すぐれた評判をもつ企業が**長期**にわたればより高い利益を持続できることを発見した。独立変数には当時の評価項目であった資産の利用，地域社会，環境対応，人材育成，財務の健全性，革新，投資価値，経営者の資質，製品の品質を活用した。**図 5-3**を参照されたい。

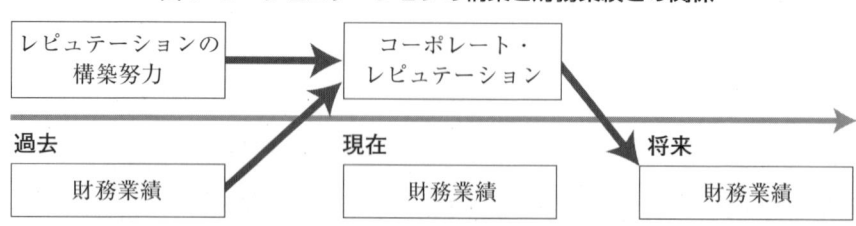

図 5-3　レピュテーションの構築と財務業績との関係

```
レピュテーションの   →  コーポレート・
構築努力               レピュテーション
                           ↑
過去          現在              将来
財務業績  →   財務業績    →    財務業績
```

4) レピュテーションが短期的な企業価値に及ぼす影響

コーポレート・レピュテーションの向上は，**短期**的にも財務業績を好転させるか。**ローズ**と**トムセン**[Rose and Thomsen, 2004, pp.201-210]の研究では，デンマーク企業の実証データをもとに，コーポレート・レピュテーションが，彼らが呼ぶ企業価値（自己資本の帳簿価額に対する市価の比率）に有意に影響することを確認できなかったものの，逆に，企業の財務業績はコーポレート・レピュテーションに大きな影響を及ぼしていることを発見した。

5) 特定の産業でのレピュテーションの財務業績への影響

グラハムと**バンサル**[Graham and Bansal, 2007, pp.189-200]は，大学院（MBA）の学生を使って，航空会社における実証研究を行った。その研究で，①財務業績（ROE），②アメリカ連邦航空局の推奨，③社歴，④企業規模，⑤墜落事故の回数が航空料金の支払いにどんな影響を及ぼすかを実験した。その結果，②の推奨，④の規模，および⑤の墜落事故の回数が直接的に航空料金を払ってもいいという消費者の意志に影響を及ぼすことが実証された。アメリカ連邦航空局の推奨がレピュテーションに及ぼす効果が最も高く，アメリカ連邦航空局が業務上の安全を推奨してくれるなら余分に36ドル支払ってもよいという結果が明らかにされた。一般論としてではなく，航空会社という特定の産業では，コーポレート・レピュテーションの向上が財務業績にも影響を及ぼすことが明らかにされたことは極めて重要な意義をもつと思われる。

特定の産業ではコーポレート・レピュテーションが財務業績への影響があることが明らかになれば，**図5-3**に関連して，個々の企業のレピュテーションの財務業績への影響の「測定」もまた意味をもつことになる。

3　コーポレート・レピュテーションの経済価値の測定

レピュテーションの測定には，どのような方法があるのか。著者は，会計学的な意味での測定は，1）株価，2）残差アプローチ，3）決算上の利益，および4）個別的な積み上げ，の4つの方法を提唱したい。

まずは、島津製作所[5]の田中耕一氏によるノーベル賞の受賞が経済価値の向上に及ぼす数値の測定を、株価、残差アプローチ、決算上の利益、個別的な売上高の積み上げ方式で行なってみよう。

▶1　株価への影響

株価から経済価値に及ぼす影響を分析してみよう。田中耕一氏の受賞発表前日（2002年10月8日）の終値は286円で売買高は286千株、受賞発表当日（10月9日）の終値は261円で売買高は291千株であった。そして、発表翌日（10月10日）の終値は292円で31円高、売買高は一挙に増加して24,198千株となった。9日と10日の終値の差額（31円）は、ノーベル賞受賞による影響だけが反映されたものと仮定すると、受賞発表によるレピュテーション向上にもとづく経済価値の増分は、差額の31円に発行済み株式時価（267,090,952株）を乗じて約83億円と計算される。参考までに、株価の推移を示しておこう。

取引日	受賞との関係	終値
2002/10/ 9	受賞の発表	261
2002/10/10	受賞の発表翌日	292
2004/ 3/31	受賞翌期末	513
2010/10/ 3	8年後の株価	679

株価の上昇は経済価値を向上させる。しかしだからといって、企業の利益が増えるわけではない。

▶2　残差アプローチによる超過収益力の測定

残差アプローチによって島津製作所の田中耕一氏によるノーベル賞受賞によるレピュテーション資産がいくら増減したかを測定しよう。企業の市場価値が株式時価総額によって表されると仮定する。残差（超過収益力）は、**図5-4**

---

[5] 島津製作所には、2006年1月27日、著者の他、菊地端夫（行政管理研究センター研究員；現明治大学専任講師）、および岩渕昭子教授が訪問して2時間のヒアリングを行なった。島津製作所からは、総務部長の戸成洋二氏、田中耕一記念分析研究所の古沢一雄氏、社長室広報グループ坂下健氏に対応いただいた。詳細は、岩渕［2006, pp.62-71］、櫻井［2008, pp.302-328］を参照されたい。

のように，株式時価総額から純資産を差し引いて算定される。

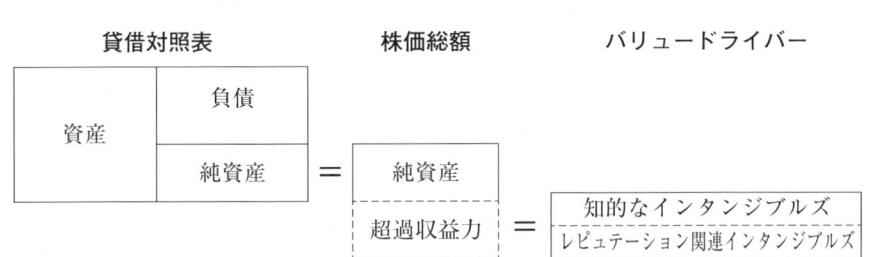

図 5-4　超過収益力のバリュードライバー

貸借対照表　　　　　株価総額　　　　　バリュードライバー

```
┌──────┬──────┐
│      │ 負債 │
│ 資産 ├──────┤ ＝  ┌──────┐
│      │純資産│     │純資産│       ┌──────────────────────┐
└──────┴──────┘     ├──────┤ ＝   │知的なインタンジブルズ│
                    │超過収│       ├──────────────────────┤
                    │益力  │       │レピュテーション関連インタンジブルズ│
                    └──────┘       └──────────────────────┘
```

図5-4で，超過収益力はのれんと呼ばれている。著者は，のれんのバリュードライバーは，知的なインタンジブルズとレピュテーション関連インタンジブルズからなる［櫻井，2010，p.5］とした。知的なインタンジブルズには開発中の試験研究，知的財産，データベース，ソフトウェアなどが含まれる。レピュテーション関連インタンジブルズには，ブランド・エクイティとコーポレート・レピュテーションが含まれる。前章の**図4-4**を参照されたい。ブランドは知的なインタンジブルズとレピュテーション関連インタンジブルズの性質をもつ。味の素とNTTを考えてみれば容易に分かるように，ブランドの高い企業は研究開発が先進的なだけでなく製品やサービスの品質，誠実な経営活動などからレピュテーションが高い。島津製作所のブランドもレピュテーションも高いのは，研究開発能力（知的なインタンジブルズ）とレピュテーションが高いからである。

島津製作所のケースに戻ろう。発表日の当日と翌日とで純資産には田中効果以外の要因が影響を与えることはないと仮定できるから，先に述べた株価の変動83億円が超過収益力の増加分である。なお，測定日は，算定目的によって変えることができる。

株価はある1つの要因によって変化するわけではない。当時の主要な要因の1つにリストラがある。田中氏がノーベル賞を受賞した時期，島津製作所はリストラの真っ最中であった。リストラによるコストの削減額は社内では比較的容易に測定できる。しかし，リストラに対する株主の期待がどの程度まで市場価値（株式時価総額）に影響を与えたかを正確に測定するのは困難である。

非上場の企業では残差アプローチが適用できない。仮に適用が可能であっても，残差アプローチは1つの手掛かりを与えてくれるが，レピュテーション資産を客観的に測定することは，現実にはかなり困難である[6]。

▶3　決算上の利益

決算上の利益での測定を試みてみよう。決算上の利益の測定は，まずは**式5-1**のように，当期利益から前期利益を差し引いて算定することができる。

決算上の利益の増分＝当期利益－前期利益 ……………………… **式5-1**

島津製作所は連結で2002年3月期に42億円の経常利益で赤字を計上した。そこで，当時の矢嶋英敏社長は「選択と集中」による事業再編を行なった。創業以来の経常赤字を発表した5カ月後の2002年10月に，田中耕一氏がノーベル賞を受賞した。効果は絶大。厳しい再建計画に取り組む社員の士気が大いに盛り上がった。知名度は一気に世界的になった。結果，2003年3月には経常利益が82億円になった。124億の増益［82億円－（－42億円）＝124億円］である。

前年度と当期の利益を比較して田中効果を測定できそうであるが，どこまでがリストラ効果でどこまでが田中効果かが社外の者にはわからない。しかし，社内的には，高い精度でリストラ効果を数量的に把握しているはずである。売上高を個々に分析することによって田中効果か否かの見分けは不可能ではないからである[7]。

▶4　個別的な積み上げ

個別的な積み上げによる方法で，利益の測定が可能である。ある事象の発生

---

6) 超過収益力は知的資産とレピュテーション関連資産からなるが，ブランドが遺産相続的な性格をもち，レピュテーションはブランドに比較すると比較的短期に向上すると想定することは誤りとはいえないであろう。そこで，このケースでは，向上したのはすべてレピュテーションだと仮定した。ただし，長期になればなるだけ田中効果と他の影響要因の区別が困難になる可能性もある。

7) 事業の性質上，売上高への効果は比較的早く出ると想定した。ただし，長期の利益への効果を見たい時には，測定の基準日を変えればよい。ここでの試算はあくまで1年目の利益への影響を見ただけである。

による利益への効果は，一般に，**式5−2**のように，当該事象の発生前後の売上高の差に売上利益率を乗じて測定することができよう。

　　事象発生による利益への効果
　　　　＝（事象発生後の売上高−事象発生前の売上高）×売上利益率…**式5−2**

　ノーベル賞の効果は，個別的に前年度の売上高との比較によって比較的容易にかつ正確に測定することができる。仮に過年度損益との比較によって，ノーベル賞受賞後の売上高が増加するとすれば，その増加した分からレピュテーション資産を想定することも社内的には不可能ではないはずである。決算上の利益では短期的な利益への影響を算定したので，次に比較的長期にわたる利益への影響を測定する。

　社内的に，10年間にわたって毎年20億円の売上高，うちコストを差し引いた正味のキャッシュ・フローは年間3億円，資本コストを5％と仮定する。また，付加的な研究費増分コストなどを仮に4,000万円／年であるとする。田中耕一氏によるノーベル賞受賞のキャッシュ・フローの正味現在価値を求めると，次のように約20億円と測定（億円以下，四捨五入）することができる。

　　正味現在価値＝（年々のキャッシュ・フロー−年々のコスト）×年金現価係数
　　　　　　　　＝（3−0.4）億円×7.7217＝20億円

　個別的な利益の積み上げは，われわれに1つの手掛かりを与えてくれる。しかし，内部のビジネス事情に精通した経営者とは違って，外部者が個別的な積み上げによってレピュテーションへの影響金額を測定することは困難である。

4　ノーベル賞受賞の社会価値と組織価値への測定

　経済価値とは違って，社会価値と組織価値を上げたからといって，すぐに利益が向上するわけではない。だからといって，社会価値と組織価値を無視して

経営を行なっていいわけではない。可視化が必要である[8]。なぜなら，社会価値と組織価値は将来売上高の増大に結びつくもの（後述する1)の引き合いの増加）や利益（損失の回避）に還元される可能性があるからである。

▶1　ノーベル化学賞の受賞のインパクト

　田中氏のノーベル賞受賞が発表されたのは，2002年の10月である。ノーベル賞の受賞によって社員の士気はすごくあがった。大幅な赤字から半年過ぎて業績が好転して，中間の決算がそろそろ出るという時に田中氏の受賞が重なって，経営活力が上がった。業績の回復は，業務改革と田中効果であると想定できる。田中氏のノーベル化学賞受賞によるインパクトとしては，次の3項目があげられた。

1)　**引き合いの増加**　島津製作所の戸成氏によれば，田中氏の受賞によって，クライアントから話を聞いてもらえるようになった［櫻井，2008, pp.310-311］という。主に国内の研究所からの引き合いが増加した。測定装置は一般に単価が高いので，クライアントは善し悪しをきちんと吟味する。購入する側からは，組織内で同意が得られやすくなり買い易くなったという話も聞かれた。

2)　**報道効果**　会社員の田中ではなく，島津製作所の田中と度々テレビで報道されたが，その報道効果は2桁ではないかといわれた。当時，日本経済新聞の報道効果だけでも途中段階で8億円といわれた。

3)　**島津製作所創業記念資料館への来訪者の増加**　島津製作所創業記念資料館は，創業100年を迎えた1975年に開設された。現在は国の指定文化財となっているが，日本の科学技術史研究上きわめて貴重な文献や資料約600点を一般に公開している。田中氏の受賞により来館者は，一時的に3倍ほどになったこともあるが，著者らが訪問した2006年当時は月平均1,000人程度である。

---

8) 経験によれば，アメリカ人は一般に計量化しないと納得しない。他方，日本の経営者は不確定な仮定にもとづいて計数で表現すると，"眉つば"だとして情報提供者の人間性を疑われることすらある。

▶2 レピュテーション指標による受賞効果

　日本では，レピュテーション指標の測定は行なわれていないので，理想的なレピュテーション監査が実施できない。レピュテーション監査は監査というよりもむしろ評判のアセスメントで企業の問題点の点検に役立つ。そこで代替的な方法として，日本経済新聞社のイメージ[9]調査などを活用するしかない。

　岩渕［2006, pp.62-71］で明らかにしたとおり，日経「企業イメージ調査」では，ノーベル賞受賞前の2002年度でも島津製作所の技術力（ビジネスマンで89位，一般個人で92位），および研究開発力と商品開発力（ビジネスマンで99位，一般個人で317位）でそれなりに高い評価を得ていた。

　田中耕一氏がノーベル賞を受賞した以降の2003年には，技術力（ビジネスマンで11位，一般個人で7位），研究開発力と商品開発力（ビジネスマンで6位，一般個人で18位）といずれも，島津の評価が飛躍的に高まった。さらにノーベル賞が一般に知れ渡った2004年になるとコーポレート・レピュテーションが高まった結果，技術力（ビジネスマンで5位，一般個人で6位）と，研究開発力・商品開発力（ビジネスマンで5位，一般個人で7位）でトップテンに躍り出ることになった。下表は2002年と2004年の対比表である。

2002年	ビジネスマン	一般個人
技術力	89位	92位
研究力	99位	317位
2004年	ビジネスマン	一般個人
技術力	5位	6位
研究力	5位	7位

　この結果には2つの問題点がある。1つは，同じ技術力と研究開発力・商品開発力をもちながら，1人のノーベル賞受賞者が輩出されたことで結果が大きく異なることに関しては，結果の解釈を巡って，議論がでる可能性もあろう。
　いま1つは，日本の多くの調査がそうであるように，順位だけを明らかにし

---

9) パルマーとグレイサー［Balmer and Greyser, 2003, p.177］によれば，1990年代以降の大きな特色は，経営者がコーポレート・イメージよりも，コーポレート・レピュテーションに大きな関心をもつようになったことであるという。

ても，それが測定だということにはならない。次章で述べるレピュテーション・インスティチュート（RI）の「RepTrak®パルス調査」のように，会社ごとに評価事項と属性別に点数表示されているのであれば，まさに"測定"といえる。日本にもその日が早くくることを期待する。

● まとめ ●

　本章では，まず測定の意味が専門領域で異なることを明らかにし，さらにインタンジブルズの世界での測定の定義を提示した。そのうえで，欧米におけるレピュテーションの2つの測定—残差アプローチによる超過収益力の測定とレピュテーション指標による測定—方法を明らかにした。加えて，実証研究の結果を示すことで，レピュテーションと財務業績との関係の測定も意味をもつことを明らかにした。ただし，この程度の測定では経営者などの情報利用者のニーズを満足させるものではない。そこで著者は，欧米の議論を批判的に分析した上で，コーポレート・レピュテーションの新たな測定方法を提案した。

　新たな提案では，まず企業価値は，経済価値，社会価値，組織価値からなることを前提に測定を試みた。具体性を付与するために，本章では島津製作所の田中耕一氏によるノーベル賞の受賞をケースに使って，経済価値，社会・組織価値の測定方法を検討した。

　経済価値の測定では，株価，残差アプローチ，決算上の利益，個別的な積み上げ法を提案した。社会価値と組織価値については，特定の事象の可視化の方法を提案した。それは，社会価値と組織価値はムリに測定するのではなく，可視化によって問題の所在を明確にすることが経営にとって価値があるという多くの日本の経営者の見解にもとづいている。残念ながら日本ではレピュテーション評価が実施されていない。そこで日本経済新聞社のイメージ調査を活用して，社会価値，組織価値がどのように変化したかを検証した。

　以上，本章での提案は，ノーベル賞の受賞というケースでの測定であって決してすべてのケースに妥当するわけではない。とはいえ，現時点ではレピュテーションの測定に関する1つのステップにはなり得たのではないかと考えている。読者からの批判的・建設的な意見を望む。

参考文献

AAA, *A Statement of Basic Accounting Theory*, 1966.（飯野利夫訳『基礎的会計理論』国元書房, 1969年, p.2。）

AICPA, Accounting Research Bulletins, No.7, *Report of the Committee on Terminology*, October 1940.（Accounting Research Bulletins Nos. 137, American Institute of Accountants, 1949, p.58.）

Balmer, John M.T. and Stephen A. Greyser, *Revealing the Corporation, -Perspectives on Identity, Image, Reputation, Corporate Branding, and Corporate-level marketing*, Routledge, 2003, p.177.

Belkaoui, Ahmed Riehi, *The Role of Corporate Reputation for Multinational Firms, -Accounting, Organizational, and Market Considerations*, Quorum Books, 2001.

Blair, Margaret M. and Steven M. H. Wallman, *Unseen Wealth, -Report of the Brookings Task Force on Intangibles*, Brookings Institution Press, 2001.（広瀬義州他訳『ブランド価値評価入門―見えざる富の創造』中央経済社, 2002年。）

Doorley, John and Helio Fred Garcia, *Reputation Management, -The Key to Successful Public Relations and Corporate Communication-*, Routledge, 2007.

Fombrun, Charles J., and M. Shanley, What in a Name? Reputation, Branding and Corporate Strategy, *Academy of Management Journal*, No.33, 1990.

Fombrun, Charles J., *Reputation, Realizing Value from the Corporate Image*, Harvard Business School Press, 1996.

Fombrun, Charles J. and Cees B.M. van Riel, *Fame & Fortune, -How Successful Companies Build Winning Reputations-*, 2004.（花堂靖仁監訳, 電通レピュテーション・プロジェクトチーム訳『コーポレート・レピュテーション』東洋経済新報社, 2005年, p.41。）

Graham, Mary E. and Pratima Bansal, Consumers' Willingness to Pay for Corporate Reputation: The Context of Airline Companies, Corporate Reputation Review, Vol.10, No.3, 2007.

Hubbard, Douglas W., *How to Measure Anything, -Finding the Value of "Intangibles" in Business-*, John Wiley & Sons, 2007.

Kaplan, Robert S. and David P. Norton, Measuring the Strategic Readiness of Intangible Assets, *Harvard Business Review*, February 2004.（スコフィールド素子訳「バランス・スコアカードによる無形資産の価値評価」『DIAMOND Harvard Buiness Review』ダイヤモンド社, 2004年5月, pp.123-142。）

Kohler, Eric L., *A Dictionary for Accountants*, 4th ed. Prentice-Hall, 1970.（染谷恭次郎訳『コーラー会計学辞典』第4版, 丸善株式会社, 1970年, p.317。）

Lev, Baruch, Intangibles, *Management, Measurement, and Reporting*, Brookings Institution Press, 2001.（広瀬義州・桜井久勝訳『ブランドの経営と会計』東洋経済新報社, 2002年。）

Roberts, Peter W. and Grahame R. Dowling, Corporate Reputation and Sustained Superior Financial Performance, *Strategic Management Journal*, 2002.

Rose, Casper and Steen Thomsen, The Impact of Corporate Reputation on Performance: Some Danish Evidence, *European Management Journal*, Vol.22, No.2, 2004.

岩渕昭子「レピュテーションと企業価値」『企業会計』Vol.58, No.8, 2006年8月。

櫻井通晴『コーポレート・レピュテーション―「会社の評判」をマネジメントする』中央経

済社, 2005年。
櫻井通晴『レピュテーション・マネジメント―内部統制・管理会計・監査による評判の管理―』中央経済社, 2008年。
櫻井通晴「インタンジブルズとレピュテーションのマネジメント」『インタンジブルズの管理会計研究―コーポレート・レピュテーションを中心に―（最終報告書）』日本会計研究学会スタディ・グループ, 2010年9月。

第6章
レピュテーション指標による企業の測定・評価

● はじめに ●

　現代の社会では，企業の不誠実な行為が明らかになると企業の業績が低下して，最悪の事態では倒産の憂き目を見ることになる。逆に，常に企業の評判に留意して健全な経営を行なっている企業は，持続的な成長を図ることができる。それゆえ，経営者は何が企業価値を高め，何が企業価値を低下させるかを十分に検討して，レピュテーションを管理する必要がある。その管理の方法の1つが，レピュテーション指標による企業価値の測定と管理である。

　企業がレピュテーション指標をもつことの意義は，レピュテーション指標を使って自社の強みと弱みを可視化して管理していくことで，多様なステークホルダーから高い評価を受ける企業になることによって企業価値を高めることである。ロイヤル・ダッチ/シェル（以下，シェル）がブレント・スパーの北海への廃棄［櫻井, 2005, p.280］によって失われたレピュテーションを回復するため，レピュテーション指標を活用して企業価値を改善してきたことは，コーポレート・レピュテーションの研究者の間ではよく知られている。

　本章では，まず初めにレピュテーション指標の歴史的な変遷を概観する。次に，世界的に最も大きな影響力をもつレピュテーション指標について経済価値，社会価値，組織価値との関係で考察し，それら3つの指標—「最も賞賛される企業」，「RQ」，「RepTrak®」—の意義と課題を明らかにする。

1　企業の評判の評価についての発展プロセスと現状

　レピュテーション指標が世界的な規模で提唱されたのは，1980年代以降である。具体的には，1982年から始まった*Fortune*誌の「世界で最も賞賛される企業」

(World's Most Admired Companies) がその嚆矢である。次に公表されたのがハリス・インタラクティブ社の支援を受けたフォンブラン教授によって提唱されたレピュテーション指数 (reputation quotient;; 以下「ＲＱ」) で，その結果が1999年から2005年まで The Wall Street Journal 紙で毎年掲載されていた。

「ＲＱ」は一時，世界の26カ国で導入されるほどの影響力を誇るまでになった。しかし，レピュテーション・インスティチュート（RI）が2005年に「RepTrak®」を導入するに及んで，現在では「ＲＱ」はハリス・インタラクティブが引き継ぎ，レピュテーション・インスティチュートが主導する「RepTrak®」が普及する勢いを見せ始めている。

▶1　"大きい会社"から"賞賛される会社"への企業評価の趨勢

　1970年以前の調査では，売上高など規模の大きさこそが企業評価の主要な評価基準として世間の注目を集めていた。たとえばその１つ，Fortune 誌で毎年発表されてきたいわゆる「フォーチュン500社」(The Largest US Corporations) は，過去50年以上もの間世界の経営者に親しまれてきた。1995年以降は「フォーチュンのグローバル500社」も発表されている。

　1980年代以降になると，企業の評価基準がただ単に大きいからすぐれているのではなく，好感度の高い会社に重点が移行した。1982年，マッキンゼー・アンド・カンパニーの２人のコンサルタント [Peters and Waterman, 1982] がエクセレンスのメッセージを伝え，続く1983年には，マッキンゼーのチームによって「アメリカで働く最高の100社」が発表された。Fortune 誌でも1982年からは本格的なコーポレート・レピュテーション調査「最も賞賛される企業」が始まった。フォンブラン [Fombrun, 1996, p.166] が指摘しているように，Fortune 誌による「最も賞賛される企業」の調査と1988年から始まった Business Week 誌 [2000, p.83] による「ベスト・ビジネススクール」(Best Business School) 調査は，1980年代にレピュテーションの概念がビジネスの世界で確立された証拠だといえる。

　1990年代の後半になると，企業の評価はさらに広がりをみせてくる。しかも一般生活者を巻き込んだ調査が行なわれるようになったのも，1990年代後半の特徴である。The Wall Street Journal 紙から企業のレピュテーションを評価し

たレピュテーション指数「RQ」が発表されたのは1999年からである。財務指標でも，焦点は売上高の大小から称賛に値する収益性の高い企業に移行しつつある。このように，企業の評判を評価するための基準は，売上高などの"大きな企業"から，"賞賛に値する"と"収益性の高い"企業に移行しつつある。図6-1を参照されたい。

図6-1　"良い会社"の基準は大きな企業から賞賛に値する企業へ

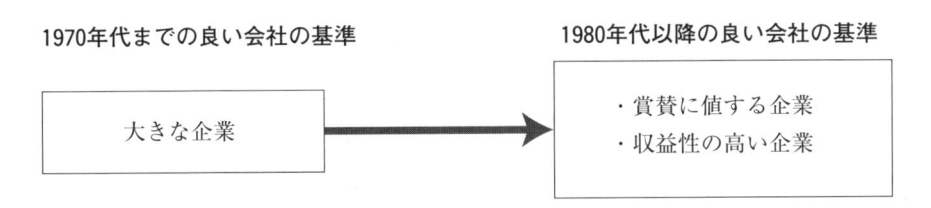

1970年代までの良い会社の基準

大きな企業

1980年代以降の良い会社の基準

・賞賛に値する企業
・収益性の高い企業

　21世紀になると，企業の評判が企業の盛衰に大きな係わりをもつとする潮流が世界的に高まってきた。それらの要因が世界の人々のレピュテーション指標への関心を高めてきたのである。

▶2　なぜ好感度の高い会社が好まれるようになったか

　賞賛に値しかつ高い収益性を誇り企業が多くの人々によって好まれるようになり，レピュテーション指標が多くの企業によって用いられるようになった要因には何が考えられるか。

　第1に，不誠実な行動をとって企業の評判を落とした企業が社会から容赦なく糾弾される社会になってきた。その結果，企業はレピュテーションを落とさないためにCSR，コンプライアンス，コーポレート・ガバナンス，SRIといった社会価値を高めるための活動が求められるようになってきた。内部統制の導入は，このような社会の潮流が具現化された現象の1つである。

　第2に，経営者の関心は現在，従来のような売上高の大小よりも，いかに多くの企業価値を増大できるかにある。しかもその企業価値の多くは，有形資産の大きさよりも知的資産やレピュテーション資産などのインタンジブルズによって生み出されるようになった。具体的には，現代では，多くの企業価値が生み出される企業は，規模の経済が得られる巨大な装置産業や素材型産業ではな

く，知識集約型産業あるいは研究開発重視型の産業に移行してきた。ソフトウェア産業やインターネット・ビジネスなど収穫逓増の法則[1]が妥当する企業——アイマックからアイポッド，アイフォン，アイパッドと世界を驚かせる製品を次々と開発したアップル社や，ウィンドウズを開発したマイクロソフト社はその典型的な例である——も好感度が高く世間から賞賛される会社である。

第3に，広告の役割が従来ほど重要性を持たなくなった[2]反面，テレビに代表される**メディア**が企業の世界の出来事に大きな関心を抱くようになり，それを伝達する情報が茶の間の一般生活者にただちに伝えられるようになった。また，情報伝達において大きな役割を果しているのが，**インターネット**である。

2 Fortune誌の「最も賞賛される企業」

1982年に始められ，現在でも引き続き活用されているのが Fortune 誌の「最も賞賛される企業」である。Fortune 誌では，2種類の調査「アメリカで最も賞賛される企業」と，「世界で最も賞賛される企業」調査がある。これらの調査は，世界でも最も大きな影響力をもつレピュテーション指標の1つである。

▶1 「最も賞賛される企業」の評価項目と評価方法

Fortune 誌［2004, p.40］のランクづけは，ヘイ・グループ（Hay Group）が世界346社の10,000人以上の会社役員，執行役員およびアナリストの調査から行なっている。回答者は，回答者の産業と他の産業について，9つの評価項目に照らしてランキングをだすように求められる。さらに回答者は，すべての産業について，トップテンをランクづけするよう求められる。

評価項目は，評価の開始当初からみると，だいぶ変わってきた。大きな変化は時代の変化を象徴して，グローバル性と社会的責任が加わったことである。

1）マーシャルの「収穫逓減の法則」の反意語。特定の生産要素の投入量を増やすことによって，逓増的に生産量・収益が増加するパッケージ・ソフトウェア業界やネットワーク・ビジネスに見られる。農業・工業などとは違って，パッケージ・ソフトのマイクロソフト，ネットワーク・ビジネスのアマゾン，楽天などがその典型である。

2）このことをフォンブランとファン・リール［Fombrun and Van Riel, 2004, p.7］は Ad saturation（広告の飽和化）と表現している。

2010年現在では，①有能な人材を引き付け確保する能力（ability to attract and retain talented people），②経営者の資質（quality of management），③製品またはサービスの品質（quality of product or services），④革新性（innovativeness），⑤長期投資価値（long-term investment value），⑥財務の健全性（financial soundness），⑦企業資産の有効利用（wise use of corporate assets），⑧社会的責任（social responsibility），⑨ビジネスをグローバルに運営する上での有効性（effectiveness in conducting business globally）となっている。評価項目の追加と変更は，時代の変化を反映した妥当な変更であったと評しえよう。

「最も賞賛される企業」の最大の特徴は，経済指標が評価のなかでも最重視されていることにある。加えて，評価の主体が経営者であることから，評価者が企業の内容に通じていることにある。逆に，一般生活者の声が反映されていないことに最大の問題点がある。

▶2　「最も賞賛される企業」と企業価値との関係

企業価値を構成する経済価値，社会価値，組織価値に区分して9つの評価項目を表示すると，**図6-2**のようになる。ただ，企業価値をこの3つに明確に区分することは難しい。製品／サービスの品質のように，企業の経済価値を高めるだけでなく，社会価値を高める指標がある。また，革新性のように経済価値だけでなく組織価値をも高める指標もある。つまり，3つの価値（triple bottom line；トリプル・ボトムライン）への区分は主要な価値への貢献を示したもので，これらの3つの価値への区分が絶対的なものと解してはならない。

図6-2　企業価値から見た「最も賞賛される企業」の指標

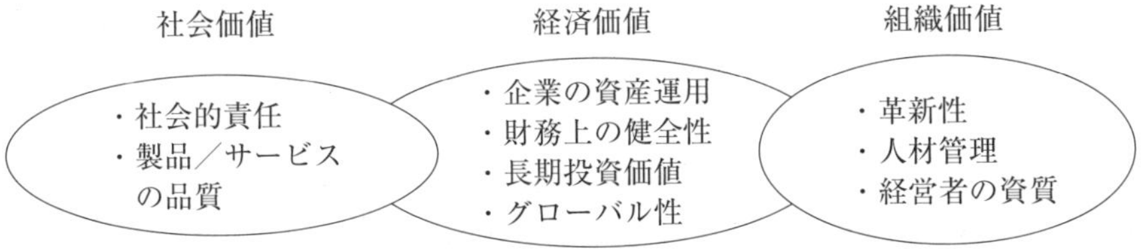

社会価値	経済価値	組織価値
・社会的責任 ・製品／サービスの品質	・企業の資産運用 ・財務上の健全性 ・長期投資価値 ・グローバル性	・革新性 ・人材管理 ・経営者の資質

図6-2で，グローバル性はここでは国際競争力を含意しているため，経済

価値に含めた。製品／サービスは経済価値にも係わるが，より強く社会価値に関係すると判断した。一見すると全体的に社会価値が軽視されていると思われるかもしれない。しかし，企業の社会的責任の内容には地域社会との共生，社会的に意義の高い寄付，環境問題への対応，社会的責任投資（SRI）など多岐にわたる活動が想定できることに留意すべきである。

▶3　2010年度の主要ランキング

　Fortune誌の"最も賞賛される企業"評価は，①オールスター（調査対象のすべての会社），②国別リーダー，③評価項目別の勝組と負組（評価の高い会社と低い会社），および④業種別に行なわれている。2010年のオールスターのトップテンをみていこう。表6-1を見てすぐにわかるように，アメリカ国民による評価であることもあって，トップテンのうち9社はアメリカ企業で，アメリカ企業以外では日本のトヨタが7位に入っているにすぎない。2009年度にトヨタは4位にランクづけされていたが，リコール問題のために順位を大幅に落としたことが残念でならない。

表6-1　Fortune誌の「世界で最も賞賛される企業」の順位（2010）

順位	企　業　名	日　本　語　読　み	国　名
1	Apple	アップル	アメリカ
2	Google	グーグル	アメリカ
3	Berkshire Hathaway	バークシャー・ハサウェイ	アメリカ
4	Johnson & Johnson	ジョンソン・エンド・ジョンソン	アメリカ
5	Amazon.com	アマゾン	アメリカ
6	Procter & Gamble	プロクター・アンド・ギャンブル	アメリカ
7	Toyota Motor	トヨタ自動車	日本
7	Goldman Sachs Group	ゴールドマン・サックス	アメリカ
9	Wal-Mart Stores	ウォルマート・ストアーズ	アメリカ
10	Coca-Cola	コカ・コーラ	アメリカ

▶4　「世界で最も賞賛される企業」の総括

　Fortune誌の調査は，以上で見たとおり，世界では最も長い歴史をもつ典型

的なコーポレート・レピュテーション調査であると評しうる。評価項目も固定するのではなく，その時々のニーズを取り入れて，次第に妥当なものに変えている。評価の方法などをみても，アメリカにおいて最も信頼性の高い調査の1つとして位置づけることができるように思われる。

その反面，第1に，社会価値や組織価値に比べて，経済価値が強調されすぎている。第2に，経済専門家の視点は色濃く現れているものの生活者の意向が評価指標に全く反映されていない。第3に，調査結果からみると，アメリカ企業が重視されすぎているという欠点がある。

3　The Wall Street Journal紙の「RQ」とは何か

「ＲＱ」調査（Reputation Quotient Study；レピュテーション指数調査）は，レピュテーション監査の中心となる調査として位置づけられる。「ＲＱ」の目的は，企業のレピュテーションを測定・数値化してレピュテーションを測定し評価することにある。この調査には2005年度まで The Wall Street Journal 紙が毎年発表してきた年度調査と，企業ごとに行なわれるカスタムサーベイとがある。本節では，前者の年度調査に限定して述べる。

▶1　「RQ」評価の目的，方法

「ＲＱ」調査は，多様な回答者間による産業間でのコーポレート・レピュテーションの知覚をとらえる調査である。アメリカを中心に始まった後，北欧を中心として各国に広がった。フォンブラン教授，レピュテーション・インスティチュートとハリス・インタラクティブを中心にしたスタッフの協力で作成された。この意味での「ＲＱ」調査は，1999年から2005年まで行なわれた。

調査の結果は，2005年までは毎年，アメリカの経済専門日刊紙 The Wall Street Journal 紙とレピュテーション・インスティチュートによって発表されてきた。世界的なレベルでみると，「ＲＱ」は23カ国で用いられており，16カ国語に翻訳された。評価に参加した産業の種類は，航空機，自動車，金融，ロジスティック，石油／エネルギー，製薬，技術，小売，タバコなどからなる。

毎年の「ＲＱ」は，2つのフェーズ—①指名フェーズと，②評価フェーズ—

からなる。**指名フェーズ**では，すべての調査は一般大衆の目から見た最も"可視的な"レピュテーションをもつ会社を識別することから始められる。ハリスポールの有する数百万の会員のデータベースを使って，アメリカの成人（18歳以上）を対象に，電話とオンライン・インタビューを行なう。回答者は，最高と最低のレピュテーションをもつ会社の名前を指名するよう求められる。インタビューで会社名を無作為に指名するプロセスでは，当該年度に破綻したすべての子会社を列挙することが求められる。各会社別に最高の会社と最悪の会社を集計すると60社になる。そのリストは，この指名プロセスにもとづいて作成され，「RQ」の評価フェーズでは，その結果にしたがって測定される。

評価フェーズでは，オンライン調査に参加しているハリスポール・オンライン（Harris Poll Online^{SM}）の会員には，"非常に親しみがある"か"幾分親しみがある" 2つの会社まで評価するように無作為に指定される。各会社は，平均すると600の回答者によって評価されていた。

▶2 「RQ」（レピュテーション指数）の体系

*The Wall Street Journal*紙のレピュテーション調査では，「RQ」の指数が算定される。「RQ」では，6つの**評価項目**（dimensions）[3]とその各評価項目に属している3～4の**属性**（attribute；全部で20）が設けられている［Fombrun and van Riel, 2004, p.52］。

「RQ」調査を先に述べた*Fortune*誌の「最も賞賛される企業」の評価項目と比較すると，次の点が異なっている。

第1は，経済価値に関する評価が多かった*Fortune*誌の評価項目に比べると，財務業績に関係する評価項目が減らされている。逆に，内容の把握が曖昧な"情緒的アピール"といった評価項目が設けられている。第2に，評価者に経済人や経営者，アナリストといった経営のプロだけでなく，生活者の観点が前面に打ち出されている。第3に，世界的なレベルで評価が行なわれている。このようなことから，「RQ」は世界の多くの国々によって採用されてきた。**図6-3**は，評価項目の体系である。

---

3) Dimensionsの訳語は訳書［Fombrun and van Riel, 2004］では領域と称されたが，領域ではその内容を的確に表しえない。そこでdimensionを評価項目として，attributeを属性と訳出した。

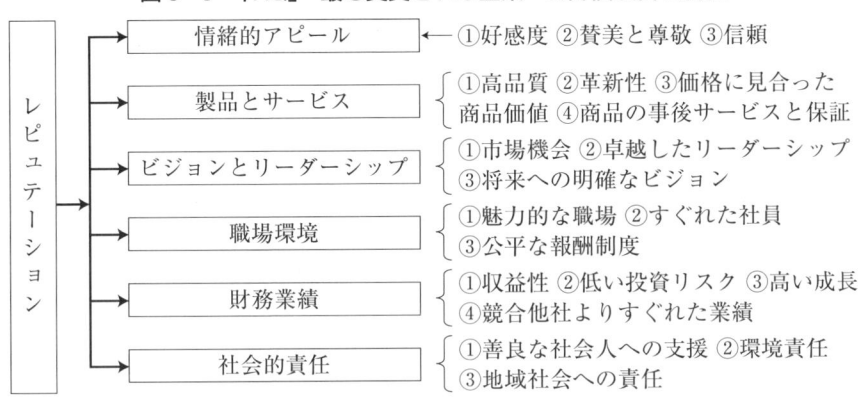

第6章　レピュテーション指標による企業の測定・評価　133

図6-3　「RQ」"最も賞賛される企業"の評価項目と属性

```
                  ┌─ 情緒的アピール ──── ①好感度 ②賛美と尊敬 ③信頼
                  │
                  │─ 製品とサービス ──── ①高品質 ②革新性 ③価格に見合った
                  │                         商品価値 ④商品の事後サービスと保証
レ                │
ピ                │─ ビジョンとリーダーシップ ─ ①市場機会 ②卓越したリーダーシップ
ュ                │                         ③将来への明確なビジョン
テ ──┤
ー                │─ 職場環境 ────────── ①魅力的な職場 ②すぐれた社員
シ                │                         ③公平な報酬制度
ョ                │
ン                │─ 財務業績 ────────── ①収益性 ②低い投資リスク ③高い成長
                  │                         ④競合他社よりすぐれた業績
                  │
                  └─ 社会的責任 ──────── ①善良な社会人への支援 ②環境責任
                                            ③地域社会への責任
```

▶3　「RQ」と経済価値，社会価値，組織価値と評価結果

　「RQ」の特徴を明らかにするため，経済価値，社会価値，組織価値の観点から再整理してみよう。その目的で作図したのが図6-4である。

図6-4　企業価値から見たRQ指標の特質

```
    社会価値              経済価値              組織価値
 ┌─────────┐      ┌─────────┐      ┌─────────┐
 │・社会的責任  │      │          │      │・ビジョンと  │
 │・情緒的アピール│    │・財務業績 │      │  リーダーシップ│
 │・製品とサービス│    │          │      │・職場環境    │
 └─────────┘      └─────────┘      └─────────┘
```

　「最も賞賛される企業」の指標（図6-2参照）と比較すると，図6-4の「RQ」は3つの価値—経済価値，社会価値，組織価値—のうち，社会価値と組織価値が重視されていることが分かる。

　ただ，情緒的アピールは企業の社会価値を高めるのは事実であるが，これを評価項目の1つとすることには疑問の余地がある。情緒的アピールの属性である好感度，賛美と尊敬，信頼は，評価項目としてではなくコーポレート・レピュテーションの基礎となるものだからである。

　「RQ」は2005年で，7回目の発表となっている。当時の順位は，1位がジ

ョンソン・エンド・ジョンソン，2位がコカ・コーラ，3位がグーグル，4位がアメリカの宅配便会社として知られるUPS（United Parcel Service），5位が3M，6位がソニー，7位がマイクロソフト，8位がアメリカの食品メーカーのゼネラル・ミルズ，9位がFedEx，10位がインテルであった。上位20社を見ると，日本企業ではソニーの他，トヨタが11位，ホンダは16位につけた。

▶4 「RQ」の6つの評価項目と属性の特徴

「RQ」の目的は，評価項目と属性の測定を通じて事業目標の達成に向けて戦略を策定するための情報を提供することである。コーポレート・レピュテーションの研究では，専門家の立場から吟味して選択された「RQ」項目の検討がわれわれに"レピュテーションとは何か"を具体的に示唆してくれる。そこで以下で，各評価項目と属性について，著者の意見も交えながら考察することにする。

1）情緒的アピール

情緒的アピールは，①好感度，②賛美と尊敬，③信頼[4]の3つの属性で評価する。簡潔に表現すれば，ある会社を単に好きであったり，賞賛したり，信頼しているかということである。情緒的アピールは，他の指標に比べると，計量化が最も難しい評価の指標である。著者には，これはむしろ他の評価基準の基礎として位置づけすべきであると思われる。

人間は，企業が情感に訴える強い印象に心を動かされる。デパートでは女性服でファッション性の高いと定評のある伊勢丹が紳士ものの売り場面積を拡張し，売り上げを伸ばしてきた。これは，好感度の高い企業が得意とする領域への進出が成功した事例の1つである。

島津製作所は社員がノーベル賞を受賞したことで賛美と尊敬を集めた。逆に，日亜化学工業はノーベル賞級の社員を失いしかも裁判で多額な和解金を支払うようにとの判決を受け多くの信頼を失った。日亜化学工業はBtoBの会社であ

4）好感度，賛美と尊敬，信頼は，コーポレート・レピュテーションを高めるための基礎である。会計学でいえば，製品とサービス，ビジョンとリーダーシップ，職場環境，財務業績，社会的責任が会計原則であるとすれば，好感度，賛美と尊敬，信頼は会計公準にあたるともいえる。

るのでBtoCの会社に比較するとレピュテーションの低下の財務業績への影響は大きくはないかもしれない。とはいえ，信頼を勝ち取るには永年の努力が必要であるが，信頼を失うのは一瞬のことである。

現代の社会では，ブランドが高いということだけでは企業を成功裏に存続させることはできない。カネボウのように経営者による不誠実な行為が企業を崩壊させる。逆に，苦境の後で原子力発電所の事故を見事に克服した東京電力，関西電力他の電力会社は，不幸な事故を乗り越えて，優秀な社員が着実に企業の信頼を取り戻しつつある。社会から賛美と尊敬，および信頼を集めることがこれからの企業にとっていかに重要かを痛感させる。

2) 製品とサービス

　製品とサービスは，①高品質，②革新性，③価格に見合った商品価値，④商品の事後サービスと保証の4つの属性で評価する。高品質で，革新的，信頼できる製品またはサービス，言い換えれば，価格の割に高い価値をもった製品またはサービスを売っている会社であるかが問われている。

　顧客が製品を購入しさらにリピート購入を繰り返すのは，その顧客が当該製品ブランドに強い信頼と好感をおいているからである。消費者がある製品についての購入意思決定をする前に製品についての知識が乏しいときに，ブランド効果が最も大きく現れる。東京人およびその近郊に住む者の多くは，アミューズメント・パークに行こうとするとき，最初に思い浮かぶのは東京ディズニーリゾートである。なぜなら，ディズニーランドで楽しんだ多くの人々が満足して帰ってきていることを口コミで知り得ているからである。

　コーポレート・ブランドでは，テーマパークとしてのディズニーリゾートからその背後にあるアメリカの企業Walt Disney社を連想することになろう。消費者が会社名に好感度を抱くと，その会社の製品やサービスにも好印象を抱くことになる。もちろん，悪い印象をもっているときには，その製品を購入しようという気持ちにはならない。二度にわたる不誠実な経営者の行動によって社会からの信頼を喪失した一時期の雪印乳業[5]がその例である。

---

5) 雪印乳業が診断患者数13,420人という大規模な食中毒事件を起こしたのは，2000年6月のことであった。加えて，2002年には雪印乳業の子会社である雪印食品の牛肉偽装事件が発覚した。

要するに、コーポレート・レピュテーションが潜在的な消費者にその製品またはサービスに魅力を感じさせている。そのため、すぐれた会社では、コーポレート・レピュテーションの高まりが企業の売り上げを押し上げ、そのことがさらにレピュテーションを高めるという好循環が見られるのである。

レピュテーションの効果は、その会社の社会的責任に関する知覚よりも製品の機能・品質、サービスの良さ、経営・技術上の革新といったものの方が大きいことが知られている。すぐれたコーポレート・レピュテーションは会社の信頼を高め、そのことからその会社の製品やサービスへの好感度が生まれる。逆に、悪いレピュテーションが広まると、その企業の製品やサービスの売上収益に悪影響が及ぼされる。

3) ビジョンとリーダーシップ

ビジョンとリーダーシップについては、①市場機会、②卓越したリーダーシップ、③将来への明確なビジョンの3つの属性で評価する。このことは、将来について明確なビジョンと強いリーダーシップをもち、新たな市場機会を積極的に開拓する意志と能力を備えた、すぐれた経営者をもつ企業が評価されることを意味する。

*Fortune*誌の80％の回答者は、コーポレート・レピュテーションを経営者の資質（quality of management）とほぼ同意語としてとらえていると回答している。著者もまた、コーポレート・レピュテーションが経営者の資質に強い関連性があるとする見解に賛意を表したい。ただ、トップダウンで物事が決定される典型的なアメリカ企業とは違って、日本企業では構成メンバーの合意を得ながら集団的な意思決定をするケースの多いことを勘案すると、少なくとも現時点では、非常時を除き、日本企業にとってビジョンとかリーダーシップの意義はアメリカほど重視されない傾向にあることを忘れてはならない。

卓越した経営者のリーダーシップのもとで従業員が営々と築いてきた過去の行為の結果が、コーポレート・レピュテーションの形成に大きな役割を果たす。しかも、良好なコーポレート・レピュテーションは、持続的に企業価値を創造する"無形資産"なのである。

4）職場環境

　職場環境は，①魅力的な職場，②すぐれた社員，および③公平な報酬制度の３つの属性で評価される。職場環境では，経営がうまく行なわれ，最高レベルの従業員を擁し，その職場で働くことに最高の喜びが味わえると信じる会社か否かが問われる。

　職場環境をよくすることによって従業員の心をとらえることは，優秀な社員を惹きつけ，自信と誇りをもって働いてもらうために重要なことである。従業員をひきつける要因を３つあげるとすれば，それは，①雇用者と従業員が信頼関係を築ける職場であること，②従業員に権限が委譲されていて参加が認められ喜んで働ける場所，および③待遇面を含めて，社員であることがプライドをもてる会社であることである。重要なポイントは，職場環境の整備が潜在的な従業員を魅了して雇用に貢献するだけでなく，従業員に目標をもってしっかりと充実した仕事をしてもらえることである。つまり，従業員が誇りをもつことの真の価値は，従業員を動機づけ，企業のビジョンと価値観にしたがって努力してもらうことにある。

　職場環境を良くして従業員満足を高めることは，顧客満足につながり，リピート客を増やす。結果的には売上高，利益の増加につながる。ザ・リッツ・カールトン大阪の高野登社長（当時）が著者との対談のなかで，「従業員が不満を抱いている限り顧客満足を図ることができない。したがって，自分が最も心を砕いてきたのは，いかに従業員に喜んで働いてもらうかだ」と述べていた。

　以上，職場環境をよくすればコーポレート・レピュテーションが高まる。同時に，すぐれたコーポレート・レピュテーションをもつ会社は有能な社員の雇用が容易になるだけでなく，現在の社員に従業員の忠誠心，熱意，貢献への決意といった面でもプラスの作用を果たす。

5）財務業績

　財務業績は，①収益性，②低い投資リスク，③高い成長，④競合他社よりすぐれた業績の４つの属性で評価する。会社の業績に満足し，将来にわたって高い収益性を誇り，投資対象としてリスクが低い会社であるかが問われる。

　財務業績が最も大きな影響を及ぼすのは，投資家である。投資家でも，個人

投資家と機関投資家とでは,コーポレート・レピュテーションが及ぼす影響には差がある。個人投資家のなかには,綿密な調査を行なって株式を購入する層もなくはないが,一般的にはその時々の会社のレピュテーションに従って株式を購入する傾向がみられる。

機関投資家は年金基金,銀行,証券会社,信託会社,労働組合,ミューチュアルファンドなどからなり,最近では年金基金が大きな力をもっている。アメリカでは機関投資家はすべての投資ファンドの40％以上を支配しているとされ,株式,債券,ミューチュアルファンドなどの取引活動の実質的に80％が機関投資家によるものとされている。これらの機関投資家にとっても,コーポレート・レピュテーションは大きな力をもつ。財務業績の悪化によってコーポレート・レピュテーションを失うか会社の将来の業績にマイナスの知覚を機関投資家がもつとき,株式市場での会社の地位は大幅に低下する。

株式市場に大きな影響を及ぼす専門家集団として,証券アナリストの果たしている役割もまた無視することはできない。証券アナリストは,財務業績そのものだけでなく,経営戦略,コーポレート・ガバナンス,社会的責任などによって企業の評価を変えていく。証券アナリストは一般に自分の分析に自信をもっており,彼らの見解を覆したりなだめるのは極めて難しい。

従来,わが国では財務業績に最大の関心をもって企業に多大な影響を及ぼすステークホルダーに,金融機関があった。しかし,バブル崩壊とそれに続く金融破綻によって,企業統治に関して金融機関の発言力は急速に弱まっている。

6) 社会的責任

社会的責任は,①善良な社会人の支援,②環境責任,③地域社会への責任の3つの属性で評価される。良き市民である会社—良き要因を支援(善良な社会人の支援)し,環境を破壊せず(環境責任),地域のコミュニティによって正しいことをしているとみられている(地域社会への責任)—が求められる。

デービス[Davies, 2003, p.239]によれば,社会的責任を果たすためには,企業は正直(honesty),信頼(trust),誠意(sincerity)が求められるという。一言で表現すれば,**良き市民**(good citizen)であることが求められる。

社会的責任との関係では,CSR(corporate social responsibility;企業の社

会的責任）が有効である。CSRはステークホルダーの立場から，経済的価値だけでなく社会・環境業績を高めることで企業価値を増大させようとする活動である。CSRでは企業の行なう経済活動に社会的な公正，コンプライアンス，環境対策を行なわせるとともに，社会的貢献度の高い事業・サービスを地域社会に提供し，社会への貢献を果たすことが期待されている。CSR活動は価値創造活動にほかならない。活動をコストや経費の節減，新市場の創出など，企業価値の増大に結びつけることが必要である。あるべきCSR活動は，財務業績（経済価値）の向上とあわせて，より良い社会の実現に企業も積極的に参画することを通じて社会価値や環境価値を高めていくことこそが必要だと著者は考えるのである。

▶5 「RQ」に対する批判と「RepTrak®」の台頭

　以上の評価尺度をもつ「RQ」に対して，しだいに各個人や団体から批判が巻き起こってきた。その主要な批判［van Riel and Fombrun, 2007, p.253］は，下記のとおりであった。
1　情緒的アピールの指標があいまいでわかりにくい。とくに，他の指標との相関関係が明確に区分出来ない。情緒的アピールは他の5つの評価項目に共通する指標として位置づける方がすっきりする。
2　コーポレート・レピュテーションの毀損の回避に役立つ指標が用意されていない。具体的には，現代のレピュテーション・マネジメントに不可欠なコンプライアンスや倫理，ガバナンスといった指標が含まれていない。
3　6つの評価項目が同じウエイトで評価されているのは問題である。現実の経営では，各指標は同じウエイトではなく，重要度には濃淡の違いがあるはずである。たとえば，製品とサービスは職場環境よりははるかに重視されるべき要因である。

　2006年に，レピュテーション・インスティチュート（RI）とハリス・インタラクティブは契約を解消した。ここに1999年から2005年まで続いた両者共同の「RQ」調査は終わりを告げることになる。ただ，ハリス・インタラクティブが「RQ」を引き継ぎ，*Forbes*誌と組んで，2006年から2010年もそのランキングを発表し続けている。一方，レピュテーション・インスティチュートは従

来どおり*Forbes*誌を通じて新たに作成した指標の「RepTrak®」を使って世界のレピュテーションが高い企業のランキングを発表している。以下では，「RepTrak®」を中心に考察する。

4 「RepTrak®」システムの評価指標

RIは1997年以降，レピュテーション指標の研究を進めてきた。その結果，2005年に「ＲＱ」に代わってコーポレート・レピュテーションを追跡し分析することを意図した最先端の新しいシステムを紹介した。それが「RepTrak®」システムである。「RepTrak®」システムでは，「RepTrak®」スコアカードにもとづいて企業のレピュテーションを評価する。評価指標それ自体は，指標作成に当たったファン・リールとフォンブラン［van Riel and Fombrun, 2007, p.253］が述べているように，「ＲＱ」の検討をもとに作成しているため，「ＲＱ」の基本思想を改善した指標であると評しえよう。

▶1　情緒的アピールの扱い，7つの評価項目，23の属性

「ＲＱ」の評価項目の1つであった**情緒的アピール**についてであるが，情緒的アピールを高めるための属性は，①好感度（feel good about），②賛美と尊敬（admire and respect），③信頼（trust）の3つから構成されていた。

一方，「RepTrak®」では，賛美と尊敬を2つに区分した。結果，「ＲＱ」で用いていた情緒的アピールを高める要因として1つ増やして，次の4つとした。

①好感度（feeling），②賛美（admire），③尊敬[6]（esteem），④信頼（trust）

加えて，これら4つを情緒的アピールに含めるのではなく7つの評価項目に共通するレピュテーションの基礎として位置づけた。

6）respectは日本語で"尊敬"の訳語がピッタリである。esteemを英語で表現すれば，respect and admirationである。残念ながら適切な日本語がないが，尊敬の他に名声や敬愛と訳すこともできよう。しかも，esteemはreputationの高いことを含意（内在）している。英語としてみると，esteemは適切な英語表現であるが，日本語としては尊敬と訳すしかないのではないかと思われる。

「ＲＱ」では，評価項目は６つ設けられていた。「RepTrak®」では，新たな評価項目を１つ加え７つに変えられた。７つの評価項目のもとに，属性が23も設けられた。つまり，「ＲＱ」と比較すると，20あった**属性**を，「RepTrak®」では３つ増やして属性は23にしている。「RepTrak®」における７つの評価項目と23の属性は**表６-２**のとおりである。

表６-２　「RepTrak®」の７つの評価項目と23の属性

評価項目	属　　　　　　性
製品／サービス	高品質，価格に見合った価値，アフターサービス，顧客ニーズの満足
革　新　性	革新的，早期の上市，変化への対応
財　務　業　績注)	高い収益性，好業績，成長の見込み
リーダーシップ	すぐれた組織，魅力的なリーダー，卓越したマネジメント，将来への明確なビジョン
ガ バ ナ ン ス	オープンで高い透明性，倫理的な行動，公正な事業方法
市　民　性	環境責任，社会貢献活動の支援，社会への積極的な影響
職　　　場	公平な従業員への報酬，従業員の福利厚生，公平な機会提供

注) Performanceは，属性の内容から判断して，財務業績と訳した。

　表６-２から明らかなように，「RepTrak®」の評価項目と属性は，「ＲＱ」と大きくは変わってはいない。とはいえ，６カ国でのオンラインの調査結果を計量的に分析した結果であるというだけあって，いくつかの改善点が見られる。

　第１に，最も大きな変更点は，評価項目から情緒的アピールを外して，好感度，賛美，尊敬，信頼の４つが７つの評価項目と属性全体の基礎として位置づけられたことである。情緒的アピールという曖昧で全体に係わる表現を評価項目から外したというこの変更は妥当なものと評しうる。

　第２には，評価項目にガバナンスが加えられた。そのこと自体は妥当な変更といえる。これはエンロン社その他企業の不正行為の多発に対応したものであろう。しかし，コンプライアンスの要素が見られない。近い内容のものとしては，"倫理的な行動"という属性が加えられたが，倫理と法令順守は異なる。以上から，ガバナンスを評価項目に含めたからそれで良しとするか，それとも

コンプライアンスをも重視すべきであったかについては議論の余地がある。

　第3に，新たに，評価項目に"革新性"が加えられた。その属性の1つ，"早期の上市"は財務業績にも直接かかわる。その意味では，社会価値と経済価値の両方にまたがる。属性の他の2つ"革新的"，"変化への対応"は，財務業績を念頭においているのか業務改革を想定するかについては明確ではないが，財務業績と組織価値との両方に相関関係がありそうである。

　一方，「RQ」ではビジョンとリーダーシップとして表現されていた評価項目において，「RepTrak®」ではビジョンが外されてリーダーシップになった。

　第4に，評価項目で，社会的責任に代わって市民性（citizenship）と表現された。市民性の3つの属性—環境責任，社会貢献活動の支援，社会への積極的な影響—に加えて，職場，ガバナンスの評価項目は，CSRに関係している。われわれ日本人からすると，市民性という表現よりはCSRの方が一般的に分かりやすい。このことからすれば，著者には従来の社会的責任かCSRの方が良かったように思われる。

▶2　企業価値の観点からする「RepTrak®」の特徴

　「RepTrak®」の特徴を明らかにするために，経済価値，社会価値，組織価値の観点から再整理してみた。「RQ」では情緒的アピールと呼ばれていた4つの属性—好感度，賛美，尊敬，信頼—は，7つの評価項目の核として位置づけた。図6-5を参照されたい。

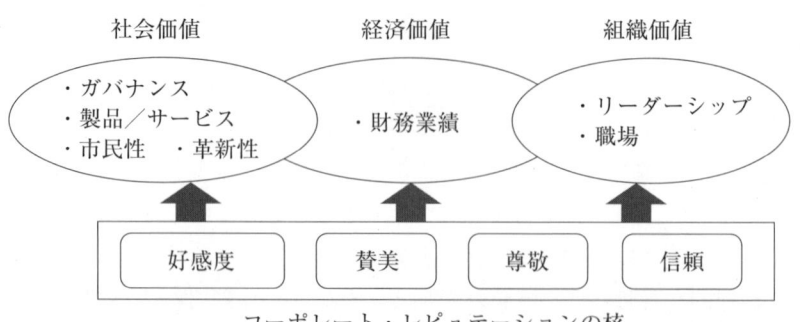

図6-5　企業価値から見たRepTrak®の特質

社会価値
- ガバナンス
- 製品／サービス
- 市民性　・革新性

経済価値
- 財務業績

組織価値
- リーダーシップ
- 職場

↑　　↑　　↑

| 好感度 | 賛美 | 尊敬 | 信頼 |

コーポレート・レピュテーションの核

図 6-5 で，経済価値の評価項目では，財務業績がもたれている。「ＲＱ」との比較では，革新性が加わった分だけ経済価値が強化されたといえる。一方の社会価値では，「ＲＱ」であげられていた社会的責任に代えて，ガバナンスと市民性が加えられた。製品／サービスは財務業績にも大きく係わってくる。社会的責任といっても統一的な見解がなく，取り組むべき課題には論者によって大きな違いが見られる。その意味では，内容の限定は妥当であったかもしれない。ただ，著者であれば，市民性に代えてCSRを推奨したい。組織価値としては，リーダーシップと職場環境の２つが評価項目として取り上げられており，それぞれのバランスはよくなっているように思われる[7]。

▶3 評価結果に見る「RepTrak®」の妥当性

第１回目の調査（2006年）でも首位はイタリアの食品会社（パスタの原材料）のバリラ（Barilla）であったが，2009年調査でもまた首位はイタリアのチョコレートで著名なフェレロに決まった。「RepTrak®」による評価の2009年の10位までのランキングは，表6-3のとおりである。

表6-3 「RepTrak®」による評価の順位（2009）

順位	企業名	日本語読み	国名
1	Ferrero	フェレロ	イタリア
2	Ikea	イケア	スウェーデン
3	Johnson & Johnson	ジョンソン・エンド・ジョンソン	アメリカ
4	Petrobras	ペトロブラス	ブラジル
5	Sasia	サシヤ	ブラジル
6	Nintendo	任天堂	日本
7	Dior	ディオール	フランス
8	Craftfoods	クラフトフーズ	アメリカ
9	Mercadona	メルカドーナ	スペイン
10	Singapore Airlines	シンガポール航空	シンガポール

7）日本企業のレピュテーションのあり方を考えるとき，今後の日本企業にとって，①効率向上のためのコスト低減だけでなく，適切な戦略の有無が決定的な重要性をもってこよう。②ITの有効活用もまた決定的な重要性をもってきた。これらをどのように指標に含めるか，含めるべきではないか，さらなる議論が必要となろう。

表6-3を見た第一印象は，業種の偏在であろう。選ばれたのは，菓子，家具，ヘルスケア製品，石油，ゲームソフト，化粧品，食品・飲料，スーパーマーケット，航空会社といった**生活に密着した会社**ばかりでしかない。製造業（日本でいえば，トヨタとかシャープ，ソニーなど）とかゲームを除くソフト会社（たとえば，アップルとかグーグル）が全く見られない。これは，評価者が生活者に偏りすぎているからではなかろうか。

　次に目につくのは，**国別のバラつき**が大きいことである。ブラジルの会社の2社がトップテンに入っている。しかも1社は国営の石油会社である。フランスでも化粧品のディオールが入っている。ディオールはそれなりの会社ではあるが，ディオールはレピュテーションが高いというよりもブランド力に負っているのではないか。アメリカで2社がトップテンに含まれているものの，クラフトフーズよりもレピュテーションが優れた会社はないのであろうか。その理由として考えられるのは，「RepTrak®」による生活者の視点が過度に取り入れられた調査結果ではないかということである。仮に日本で調査を行なえば，子供への悪影響を考える人もいて，コーポレート・レピュテーションのトップに任天堂が入ることは考えられないのではないかと思われる。

　レピュテーション・インスティチュートによる資料［Nielsen and Trad, 2009, p.28, pp.31-32］では，7つの評価項目それぞれの評価点について，5位までが点数別に明らかにされている。それによると，任天堂は製品／サービス（82.34の5位），革新（86.28の1位），職場（78.80の5位），リーダーシップ（82.62の3位）に顔を出している。イタリアのフェレロは空港の免税店の菓子としてよく見かけるが，製品／サービス（88.96の1位），革新（85.25の2位），職場（79.07の3位），市民性（81.16の1位），リーダーシップ（83.07の2位），業績（84.94の4位）である。しかし，フェレロがなぜこれだけ高い評価が与えられているかの公式の分析はない。

　一方，総合順位で7位に位置づけているディオールは，7つの評価項目のすべてで5位以内には入っていない。評価項目別の5位以内に入らずになぜ7位にランクインしているのか。6位以降のデータが開示されていないので軽々に結論を出すわけにはいかないが，疑問が残るところではある。

　日本企業で100位以内に入っているのは，三菱電機（80.31, 15位），ホンダ

(79.86, 18位), シャープ (77.29, 41位), トヨタ (75.60, 59位), セブン＆アイ・ホールディングス (74.32, 80位), キリン・ホールディングス (73.90, 87位) である。これらの順位の妥当性については，価値観の違いによって異なってこよう。しかしながら，著者には，評価項目と属性はすぐれているものの，評価の結果をみると，一般の常識とはズレたところがないとは思われない。

評価の方法が発表されていないので，明確なところは知る由もないが，評価方法で，①経営者，生活者，政府関係者などのバランスが生活者に偏りすぎているのではないか，②国別評価にも偏りがありはしないか，といったところに問題が潜んでいるように思われてならないのである。

▶ 4　グローバル・レピュテーション・パルス 2010
―「世界で最も評判の高い会社」評価―

レピュテーション・インスティチュート (RI) は，**グローバル・レピュテーション・パルス2010** (Global Reputation Pulse 2010) と呼ばれる「世界で最も評判の高い会社 (The World's Most Reputable Companies)」の測定結果を2010年5月に発表した。グローバル・レピュテーション・パルスは2006年から始まっている。評価の主体は消費者ないし生活者であり，データ収集はサーベイサンプリングインターナショナル (SSI) によって行なわれている。この調査は，RIによる前述の調査結果に不満を抱いていた著者にとって，極めて関心の高い調査である。文献は，2010年9月にRIの役員から直接入手した2つの資料 [Reputation Institute, 2010] によった。

調査は2段階にわたって行なわれた。第1段階の調査は2010年1月に行なわれた。RIは世界で規模が最も大きな会社，600社を選んでその評判を国別に測定した。その結果，32カ国で最も高い評価を得た会社を第2段階調査に廻した。その第2段階調査では，各国で評価された結果のうちで平均以上の評判とブランドの高い会社[8]を28社選定した。発表された測定・評価の結果は，**表 6-4** のとおりであった。ここでは上位10社のみを掲載することにする。

---

8) 28社の選定方法については，開示情報はない。ただ，アメリカではレピュテーションもブランドもいくつかのブランドランキングが開示されているので，それらのデータに従ったと思われる。

表6-4　世界で最も評判の高い会社（2010）

順位	企業名	日本語読み	国名	点数
1	Google	グーグル	アメリカ	78.62
2	Sony	ソニー	日本	78.47
3	The Walt Disney	ウォルト・ディズニー	アメリカ	77.97
4	BMW	ビー・エム・ダブリュー	ドイツ	77.77
5	Daimler/Mercedes	メルセデス	ドイツ	76.83
6	Apple	アップル	アメリカ	76.29
7	Nokia	ノキア	フィンランド	76.00
7	Ikea	イケア	スウェーデン	75.60
9	Volkswagen	フォルクスワーゲン	ドイツ	75.55
10	Intel	インテル	アメリカ	75.39

　評価項目と属性は「RepTrak®」と同じで，製品／サービス，革新性，財務業績，リーダーシップ，ガバナンス，市民性，職場という7つの評価項目および23の属性によって測定された。選ばれたのは，オーストリア，ブラジル，カナダ，中国，デンマーク……日本などの54カ国の会社であった。評価では，生活者1人当たり最大5社をランダムに選択した。レピュテーション・パルス2010のスコアは，人々が会社について抱く好感度，賛美，尊敬，信頼を平均化して測定した。測定にかけた時間は，オンラインで生活者10分／人であった。

　この調査では，181,000以上のレピュテーション評価の件数が得られた。各会社は24カ国で平均3,360件であった。70ポイント以上を取った会社が世界全体で28社にのぼった。これらの会社が，**「世界で最も評判の高い会社」**のリストに掲載された。

▶5　グローバル・レピュテーション・パルス2010による測定

　評価は，中央ヨーロッパ，アジア，北アメリカ，中央・南アメリカ，北ヨーロッパの5つに区分して行なわれた。**地域別・会社別**で獲得した点数は，①中央ヨーロッパでは，ソニー（81.35），BMW（80.52），グーグル（79.92），フォルクスワーゲン（79.13），ダイムラー（78.99）であった。②アジアでは，ディズニー（77.06），ダイムラー（74.31），BMW（73.94），ソニー（73.89），シン

ガポール航空 (73.62) であった。③北アメリカでは，ジョンソン・エンド・ジョンソン (82.52)，グーグル (80.22)，ネッスル (79.39)，ディズニー (79.10)，ソニー (77.86) であった。④中央・南アメリカでは，ネッスル (80.10)，ソニー (79.62)，グーグル (79.24)，BMW (78.49)，ジョンソン・エンド・ジョンソン (78.20) であった。⑤北ヨーロッパでは，グーグル (81.93)，イケア (81.18)，ソニー (79.22)，ディズニー (79.05)，シンガポール航空 (77.63) であった。

　評価項目によって点数にバラつきがあった。評価項目のなかでは，製品／サービスがレピュテーションに最も大きな影響を与え，逆に，リーダーシップの影響度が最も低かった。高い点数から見ると，製品／サービス (20.3%)，革新性 (14.2%)，ガバナンス (14.1%)，市民性 (13.5%)，財務業績 (13.2%)，職場 (12.6%)，リーダーシップ (12.1%) であった。これを地域別に見ると，地域によってドライバーの強度に違いがみられた。たとえば，ガバナンスは北アメリカと北ヨーロッパで影響度が高い。中央・南アメリカと中央ヨーロッパでは革新性によってレピュテーションが大きく決まってくる。

　評価項目別に10位までのランキングが開示されているが，1位のみをここで掲載（カッコ内は点数）すると，製品／サービスではBMW (84.04)，革新ではアップル (82.52)，職場ではグーグル (72.86)，ガバナンスでもグーグル (74.40)，市民性でもグーグル (68.76)，リーダーシップではマイクロソフト (80.31)，財務業績でもマイクロソフト (81.38) であった。

●まとめ●

　企業の評価指標では，趨勢は大きな企業から，収益性が高く賞賛に値する企業に移行しつつある。それは，企業規模は小さくても，収益性が高く賞賛に値する企業価値の高い企業が多く現れてきたからである。広い意味でのレピュテーション指標ではブランド評価も含めるべきであろうが，本章ではレピュテーション指標に限定して考察した。

　世界的に最も主要なレピュテーション指標は3つある。第1は，1982年から現在まで続いている*Fortune*誌の「最も賞賛される企業」である。第2は，

1999年から2005年まで行なわれてきた[9]*The Wall Street Journal*紙の「ＲＱ」である。そして第3は，レピュテーション・インスティチュートが*Forbes*誌の協力を得て2006年から始めた「RepTrak®」である。そのため，本章ではこれら3つのレピュテーション指標を中心ンにして考察した。

「最も賞賛される企業」を一言で特徴づけるとすれば，これは経営のプロとかビジネスマン向けのレピュテーション評価指標である。次に，"レピュテーション指数"を意味する「ＲＱ」の特徴は，広く世界主要国の消費者の声をも大きく反映させた評価指標であるといってよかろう。一時は日本を除く欧米の主要国を中心に世界的レベルで導入された，生活者中心のレピュテーション評価であるともいえる。しかし，「ＲＱ」は研究者から数多くの批判を浴びて，レピュテーション指標の主役の座から滑り落ちた。それに取って替わったのがレピュテーションを追跡する意をもった「RepTrak®」である。「RepTrak®」は評価指標（評価項目と属性）自体ではすぐれているものの，調査方法に問題があったように思う。表6-3で見たとおりである。2010年秋に評価責任者に直接確認したものの彼らから明確な返答は得られなかった。とはいうものの，著者の感覚では，表6-4で見るように，"グローバル・レピュテーション・パルス2010"の「世界で最も評判の高い会社」の調査においてようやく妥当な評価結果が得られるようになったように思っている。

レピュテーション評価が"測定"であるとされる。それがなぜ測定なのかについて疑問に感じている読者も少なくなかったと思われる。そのためもあって，本章では世界を5つに区分して地域別・会社別に，さらに評価項目別に点数で評価している数値の一部を掲載したのである。会計上の測定とは異なった意味でしかないが，この数値を見ることで，読者は一般的な意味ではまさに測定といえることを納得されたのではないかと考えたのである。

最後に，レピュテーション指標が日本企業に対してもつ意味を述べておこう。残念ながらレピュテーション指標は日本ではまだ導入されていない。日本企業が近い将来レピュテーション監査とつなげて活用できるようになれば，レピュテーション指標をベースにしたレピュテーション監査が可能になる。欧米の主

9）ＲＱは，レピュテーション・インスティチュートとハリス・インタラクティブの契約は解消したものの，現在でもハリス・インタラクティブが継続して活用していることに留意されたい。

要国と同じようにレピュテーション監査が可能になれば，日本企業も自社の日本企業にとって大きな戦略上の優位性を得ることができるようになる。その意味で，全世界に拡がりを見せているレピュテーション指標を日本でも導入する必要性は日に日に高まってきた。近い将来，レピュテーション指標の日本への導入によって，日本企業が少しでもすぐれた世界に誇れる企業になって欲しいと願うこの頃である。

　コーポレート・レピュテーションを評価する主体は，ステークホルダーである。では，ステークホルダーとは何か。また，レピュテーションとブランドはどんな関係にあるのか。さらに，コーポレート・コミュニケーションはコーポレート・レピュテーションの向上にどんな役割を果たしているのか。次の第3部では一息ついてこれらの問題を探求し，レピュテーション監査については，レピュテーション・マネジメントとの関係で第4部において考察する。

参考文献

Business Week, October 2, 2000.
Davies, Gary, *Corporate Reputation and Competitiveness*, Routledge, 2003.
Fombrun, Charles J., *Reputation, Realizing Value from the Corporate Image*, Harvard Business School Press, 1996.
Fombrun, Charles J. and Cees B.M. van Riel, *Fame & Fortune, How Successful Companies Build Winning Reputations*, Prentice Hall, 2004, p.7.（花堂靖仁監訳，電通レピュテーション・プロジェクトチーム訳『コーポレート・レピュテーション』東洋経済新報社，2005年，p.15。）
Fortune, The World's Most Admired Companies, *Fortune*, March 8, 2004.
Nielsen, Kasper Ulf and Nicolas G. Trad, Reputation Institute, 2009 Global Reputation Pulse Results, World Trends and Findings, 2009.
Peters, Thomas J. and Robert H. Waterman Jr., *-In Search of Excellence, Lessons from America's Best-Run Companies*, Harper & Row, Publishers, 1982, pp.1-360.（大前研一訳『超優良企業の条件』上，下，講談社文庫，1986年。）
Reputation Institute, Global Reputation Pulse 2010-Top Line Report of the Most Reputable Companies in the World, and For Immediate Release, 2010.
Van Riel, Cees B.M. and Charles J. Fombrun, *Essentials of Corporate Communication; Implementing Practices for Effective Reputation Management*, Routledge, 2007.
櫻井通晴『コーポレート・レピュテーション―「会社の評判をマネジメントする」―』中央経済社，2005年。

第3部

コーポレート・レピュテーションの関連概念

　第3部では，コーポレート・レピュテーションの関連概念として，ステークホルダー，コーポレート・ブランド，コーポレート・コミュニケーションを考察する。第7章では，株主資本主義に対するステークホルダー資本主義に焦点をあてた研究結果を明らかにする。消費者というステークホルダーを対象にしたのが商品ブランドで，コーポレート・ブランドでは多様なステークホルダーが対象になる。第8章では，コーポレート・ブランドに焦点においてレピュテーションとの違いを明らかにする。第9章では，内部・外部への情報発信に関連して，コーポレート・コミュニケーションの問題を考察する。

第7章
コーポレート・レピュテーションとステークホルダー

● はじめに ●

　1950年代の後半から1960年代における会計学の世界では，財務会計の主要な役割の1つとして，出資者や債権者など資本提供者を中心とする**利害関係者**（interest groups）に対して，期末に会計報告をすることで会計責任が解除されると説かれていた。当時は，利害関係者としては株主，債権者，取引先，顧客，労働組合，税務署などが列記されるのが一般的であった。

　1970年代に公害が日本社会における大きな問題になると，**企業の社会的責任**が叫ばれるようになった。その結果，利害関係者の範囲は地域社会や規制機関などにも拡張された。会計責任の対象範囲も，出資者だけでなく社会に対しても会計責任を負っているとする議論が盛んになった。

　1980年代の後半以降になると，財務会計の報告責任は利害関係者に代えて**ステークホルダー**（stakeholder）と表現されるようになった。利害関係者は英語でinterest groupの訳語であるが，stakeholderもまた利害関係者と訳出されている。コーポレート・レピュテーションの理論では，ステークホルダーの評価が企業の評判を形成する。では，ステークホルダーとは何か。

　本章の目的は，コーポレート・レピュテーションにおけるステークホルダーを特定することにある。その目的のため，まずレピュテーションを前提にしたステークホルダーの問題の所在を明らかにする。次に，株主資本主義とステークホルダー資本主義とを対比の形で比較検討し，ステークホルダー理論の前提と目的を明らかにする。さらに，会計責任とステークホルダーとの関係を歴史的に考察する。最後に，コーポレート・レピュテーションに適合したステークホルダーの構成がいかにあるべきかを考察する。

154　第3部　コーポレート・レピュテーションの関連概念

1　問題の提起―ステークホルダーの現状への疑問―

　コーポレート・レピュテーションの定義において，最も主要な構成要素はステークホルダーである。では，コーポレート・レピュテーションにおけるステークホルダーとは何か。コーポレート・レピュテーションでいうステークホルダーには会計学上の概念とは違った独特の理論体系が必要であるか。

▶1　レピュテーションを前提にしたステークホルダー

　企業は数多くのステークホルダーの利害を調整して営業を行なっている。コーポレート・レピュテーションの理論体系では，ステークホルダーとは，企業経営者が行なう行動によって利益を享受するかまたは損害を被るとともに，企業に利益または損害を与える個人またはグループのことを意味する。

　図7-1は，欧米のコーポレート・レピュテーションの研究者を代表する1人としてデービス等［Davies el al., 2003, p.59］を参考に，コーポレート・レピュテーションを前提にしたステークホルダーのモデルを描いたものである。なお，図で枠内は内部ステークホルダー，外側は外部ステークホルダーと呼ばれている。内部ステークホルダーは企業に対して主要な役割を果たしており，外部ステークホルダーは状況に応じて登場するステークホルダーである。

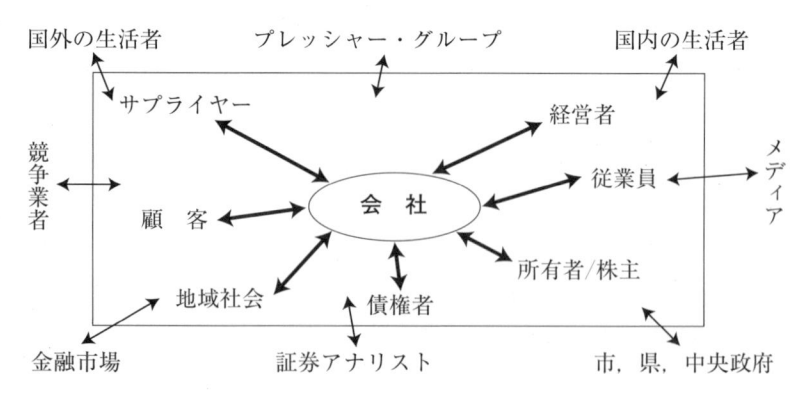

図7-1　レピュテーションを前提にしたステークホルダー・モデル

▶2　問題の所在

　コーポレート・レピュテーションのためのステークホルダー・モデルを作成する上で難しい判断を迫られる問題には，基本的な問題と個別的な問題とがある。基本的な問題は，ステークホルダーは，その理論体系だけではなく，対象も不変でなければならないか。それとも産業の種類，組織，適用領域，歴史的な流れのなかで変化するものと理解されるべきものなのか，という問題である。個別的な問題は，①株主，②経営者，③従業員をどう扱うかということである。基本的な問題は次に述べるステークホルダー理論との関係で考察するので，まず個別的な問題の所在を検討する。

　第1は，会社の所有者（owner）である**株主**をどうみるべきか。株主は会社の所有者であるからステークホルダーではないのか，株主にも投資家としての側面があるから投資家をステークホルダーに含めるべきか。この問題は，シャーマとハッサン［Shamma and Hassan, 2008, p.35］が述べているように，設立当初から会社の株式をもつ個人投資家と，主に機関投資家であって会社の株式を一時的に所持して差益を狙う株式の"所有者"ないし投機家を同じようにステークホルダーの構成要素と考えることができるのかという問題である。

　いま1つの問題は，アングロサクソン諸国（英米）の経営者にとって，株主は経営において最重視されなければならない存在である。一方，著者たちの調査によれば，日本の経営者にとって株主は従業員や顧客に次いで重視されるべき存在である［Yoshimori, 1995 pp.33-43；櫻井・大柳・岩渕，2007, p.21；青木・岩田・櫻井，2009, pp.83-112］。そこで，日本と欧米とでは株主のあり方は変わってくると考えるべきかが問題になる。

　第2は，**経営者**（および従業員）をどうみるか。エージェンシー理論によれば，企業の経営者（エージェント）は株主（プリンシパル）との契約関係により経営を代理する存在であるから，経営者は株主の利益に合致した行動を取るものとする。とすると，経営者はプリンシパルである株主の代理人として会社を経営するエージェント（代理人）にすぎないと解するべきなのか。あるいは，会社を代表して経営上で必要な行為を行なうと同時に会社の評判を形成するステークホルダーとしての役割をも果たしていると考えるべきなのか。株主の代

理人である経営者が期待以下の業績しかあげなければ，株主は別の経営者をエージェントにする。このようなエージェンシー理論の解釈とコーポレート・レピュテーションの視点からすれば，経営者もまた従業員と並んで内部ステークホルダー［Davies, et al., 2003, p.59］だといいうるのか。

現在でも一般に日本の従業員には経営トップへの道が大きく開かれている。そのようなケースでは，従業員もまた経営者と同様に考えるべきか，それとも一律に欧米と同じように考えるべきであるか。

第3は，**プレッシャー・グループ**，**消費者団体**，**株主行動主義者**（アクティビスト），国内外の生活者，証券アナリスト，競争業者などは，過去においては企業に対してあまり大きな影響力を及ぼす存在ではなかった。しかし，現在では企業の屋台骨を脅かすような存在にもなってきている。欧米ではナイキの未成年者の雇用問題（ナイキの下請会社がベトナムとインドネシアの未成年者を1時間に約20セント，日本円で約20円以下の低い賃金で1日14時間働かせていると国際人権グループが告発）に対する市民運動はナイキの業績を脅かすほどのものであった。これらのステークホルダーをいかに扱うべきであるか。

以上3つの個別的な問題は，コーポレート・レピュテーションの研究において是非とも明らかにしなければならない。これらの問題に答えるためには，まずステークホルダーの語源や定義，株主資本主義との対比においてステークホルダー資本主義について述べ，加えて，ステークホルダー理論とは何かが明らかにされなければならない。

2 ステークホルダー資本主義におけるステークホルダー理論

ステークホルダーとは何かを特定するため，本節では，第1にその語源と意義を明らかにするとともに，第2に株主資本主義とステークホルダー資本主義について述べ，第3にステークホルダー理論の特徴が何かを考察する。そして第4に，ステークホルダー理論の前提と目的について述べる。

▶1　ステークホルダーの語源と意義

英語でstakeholderは，stakeとholderの合成語である。stakeは賭け金の他，

利害関係とか杭といった意味がある。holderは所有者である。stakeholderの語源は，新大陸への移住民が自己の所有する土地の周囲に杭（stakes）を打ち立て，自己の土地所有を第三者に主張したことに由来する。

　Stakeholderという英語は，shareholder（米）やstockholder（英）という英語の韻を踏んで採用されたという見解を見かけることがある。著者は利害関係者と株主を対立軸（stakeholder vs. shareholder）で捉えようとしたのだとする見解の裏づけを取ることはできなかったが，この見解には説得力がある。いずれにせよ，財務会計で長らく使われてきた"利害関係者"とは違って，ステークホルダーの用語には賭け金，所有権，取り分といった語感があるだけでなく，ステークホルダーに込められた深い意味がある。

　英語でstakeholderは，1963年にスタンフォード研究所（Stanford Research Institute；SRI）においてメモの形で用いられたのが始まりである。ステークホルダーという専門用語を明確な形で包括的に最初に使用したのは，1984年のフリーマンの著書*Strategic Management: A Stakeholder Approach*においてであった。そこで日本でも，1980年代の後半以降，利害関係者に代えてステークホルダーの語が徐々に用いられるようになったのである。

　ステークホルダーには数多くの定義が主張されている。フリードマンとマイルズ［Friedman and Miles, 2006, pp.5-8］は，ステークホルダーに25の定義を列記している。それだけステークホルダーの解釈には多くの見方があるということである。最も広く引用されている定義は，フリーマンによる「ステークホルダーは，組織体の目的の遂行に影響するか影響を受けるグループまたは個人である」［Freeman, 1984, p.46］とする広義の定義である。ただ，この定義に対しては広義すぎて曖昧だとの批判がある。数多くの定義が主張されてきたのはそのためであるともいえる。フリーマンはその後，次のような狭義の定義を行なっている。

　「ステークホルダーとは，組織体の存続および成功にとって不可欠なグループである」［Freeman, 2004, pp.55-64］

　定義はそれ自体に意味があるわけではなく，その用語が形成されてきた歴史的背景を理解することの方が重要である。そのためには，株主資本主義とステークホルダー資本主義について述べておく必要がある。

▶2　株主資本主義かステークホルダー資本主義か

株主資本主義は，1970年代の中葉から21世紀の初頭までがその最盛期[1]であったといえるかもしれない。ステークホルダー資本主義は，1980年代にフリーマンによって提唱されたが，ステークホルダー資本主義が人口に膾炙（カイシャ）し始めたのは，21世紀以降のことである。

1) 株主資本主義

株式会社は，20世紀に人類の歴史のなかで最も重要なイノベーションの1つとして現れた。会社が初めて世の中に現れた頃，事業を行なうことといえば，サプライヤーから原材料を購入して製品を生産し，それを顧客に売ればそれでよかった。簡単なビジネスからなる組織の大部分はオーナー起業家によって設立され，家族とともに事業に取り組んだ。家族を主体にしたビジネスは今日でも新しいビジネスを興す上でグローバルに活用されている。

機械を活用した新しい生産プロセスの開発によって仕事の内容が特殊化され，より多くの仕事が遂行されうるようになった。そのようになると，新しい生産プロセスでは多くの特殊な能力をもった技術者や経営の専門的な人材が必要になった。加えて，事業の継続には多額の資金が必要になってきて，家族経営で所有者＝経営者ではできなくなってきた。そのような社会・政治的な背景から，専門的経営者が出現するとともに，一般家庭の子弟が従業員として企業に就職するようになってきた。資本が株主，銀行その他の金融機関から調達されるようになると，事業の所有者はさらに分散されていった。事実，企業の経営者は所有者と区分（所有と経営の分離）されていった[2]。

基本的には，アメリカの典型的な経営者モデルでは，所有者（株主）によっ

---

1) マーティン［Martin, 2010, pp.59-64］は，株主資本主義の嚆矢を1976年と明言し，終焉を20世紀の終わりと考えているようである。ゴイズエタ（1981-1997）とウェルチ（1981-2001）のCEO退任の年代を示したことなどは，このことを暗示している。しかし，株主資本主義が終焉するか否かは現時点で断定はできず，それはむしろ後世の歴史学者に委ねるべきであろう。
2) 1932年のバーリ（Adolf A. Berle）とミーンズ（Cardiner C. Means）著*The Modern Corporation and Private Property*は，経営と所有を分離させることの理論的根拠を与えた。その後，ロックフェラー，メロン，カーネギー，モルガンといった経営者としての資本家（所有者）は専門的経営者によって取って変わって代られた。

て雇用された経営者は所有者のために経営を行なわなければならなかった。この思考態度が，アメリカなどアングロサクソンの国々では株主中心の経営システムの形成と株主のための株主価値の創造に向かわせた。この思考方式のことは，**株主資本主義**（shareholder capitalism）と呼ばれている[3]。

　株主資本主義の思想を確立するのに最も重要な役割を果たした代表的な人物として，マーティンはコカコーラのCEOであったゴイズエタと，GEのCEOであったウェルチの2人をあげている。

　株主が重視される会社では，株主価値をいかに高めるかが経営で最大の関心事となる。多くのアメリカ企業は株主の利益を最大にするためのインセンティブ報酬プランの導入を図った。このインセンティブ報酬プランは会社の株価と連動しており，四半期毎に一株当たり利益（earnings per share；EPS）をいかに上げるかに密接に結びついている。ストックオプションも多くの企業で取り入れられている。ゴイズエタとウェルチに共通する特徴は，3つある。①利益至上主義者であること，②企業の目的を株主の富の増大であるとしていること，③株式の所有でぼろ儲け[4]していることである。

　マーティンによれば，株主資本主義の下では，専門的経営者が多大な利益を手にしても，株主はそのおこぼれにはあずかれない［Martin, 2010, p.60］という。なかには，エンロン，ワールドコム，アーサー・アンダーセンなどのように，一般に認められた会計原則や法律を犯してまで株主価値を上げようとする企業およびそれに手を貸そうとする組織も現れた。このような変化は1980年代から次第に顕在化されてきており，その後のアメリカではこの仕組みの見直しが行なわれるキッカケになった。COSO（Committee of Sponsoring Organizations of the Treadway Commission；トレッドウエイ委員会支援組織委員会）にもとづく内部統制報告制度の導入[5]はその見直しの1つである。

3）1976年のジェンセン（Michael C. Jensen）とメックリン（William H. Meckling）稿 "Theory of the Firm: Mamagerial Behavior, Agency Costs and Ownership Structure", *Journal of Financial Economics*は，専門家による経営者資本主義を明確に表明したものである。
4）マーティン［Martin, 2010, p.60］によれば，退任時にウェルチが所有していた株式は，＄900M（＄1＝85円として，日本円で765億円）にもなると予測されるという。
5）アメリカのSOX法に倣って日本でも内部統制が制度として導入された。J-SOX法とも呼ばれている。この理論的な枠組みはCOSOによっている。

2) ステークホルダー資本主義

　フリーマン［Freeman, et al., 2007, p.6］によれば，21世紀のアメリカのビジネス界では，会社を起業して経営する目的は株主価値を高めるためだけではなく，広くステークホルダーのために価値を創造することであると考える経営者や研究者が次第に多くなってきた。会社をもってステークホルダーが相互作用をする場であるとみる。そのような見方からすると，会社はステークホルダーが互いに企業価値を創造する協働のヴィークル（vehicle；手段）だということになる。そのヴィークルは，主にイノベーション，価値創造，交換のための協働の制度だということにもなる。競争は二次的でしかなく，イノベーションという火に燃料を供給し，創発を促すヴィークルである。人々はただ単に競争的だということではなく，イノベーションを行ない，互いに価値創造の活動をする。このような社会が，**ステークホルダー資本主義**と呼ばれる。

　ステークホルダー資本主義では，企業の成功はステークホルダー全員の利益を満たすことに他ならない。専門的経営者は市場万能主義を排除し，自らが得る報酬も常識的な範囲に収めることをわきまえてきた。フェファー［Pfeffer, 2009, pp.90-91］は，バランスト・スコアカード[6]が財務業績を何よりも優先すべきだとする考え方に異を唱える内容になっているという。正しい見解である。そして，フェファーは株主重視に逆らって，ステークホルダーを重視する企業がすぐれた業績を上げているとして，サウスウェスト航空とメンズウェア・ハウスをあげている。いずれの会社も株主価値は最後に廻されているにもかかわらず，それらの株価は極めて高い市場価値を誇っている。

　過去30年にわたってアメリカの経営者は株主価値の極大化に最大の優先順位を与えてきたが，顧客を第一に考えてはじめて株主の利益も実現されるとし，**顧客資本主義**（customer capitalism）を主張する見解［Martin, 2010, pp.58-65］もある。マーティンによれば，ジョンソン・エンド・ジョンソン（J&J）は，同社のクレド（Credo；信条）において顧客（患者・医者・看護師），従業員，コミュニティに次いで，株主は4番目に位置づけられている。だからこ

---

6) 戦略の策定と実行のためのマネジメントシステムである。株主のための財務業績（財務の視点）だけではなく，顧客・取引先・社会（顧客の視点），経営者（内部ビジネス・プロセスの視点），従業員（学習と成長の視点）などステークホルダーの立場から経営を行なおうとするシステムである。

そ，1982年のタイレノールの事件では利益を抜きにした迅速な措置が可能であったと主張する。P&Gもまた，消費者（顧客）が第一順位で，株主価値は顧客満足への重視の副産物として扱われている。それにもかかわらず，これらの顧客を重視する企業の市場価値は押し並べて高いところにある。

▶3　株主資本主義とステークホルダー資本主義の特徴

　第1節第2項の問題の所在で提起した基本的な問題を解決するためには，次の3つのことを指摘しておく必要があろう。

　第1は，株主資本主義では株主が中心におかれ，経営者は株主のエージェントとして機能する。一方，ステークホルダー資本主義では企業が中心で，株主は（特殊な）ステークホルダーとして位置づけられる。経営者の主要な役割は株主のエージェントとしての役割を果たすことである。

　第2に，株主資本主義では，企業成功の基準は株主の富の最大化におかれている。対して，ステークホルダー資本主義ではステークホルダー全員の利益を満たすことが企業成功の基準になっている。

　第3は，企業と社会との相互関係が深まってきたため，企業とステークホルダーとの関係もまた双方向になってきた。その結果，ステークホルダー資本主義では，主要な役割を果たしているステークホルダーは内側に，状況に応じて登場するステークホルダーは外部の円に位置づけられる。株主資本主義との対比においてステークホルダー資本主義を図解すれば，**図7-2**のようになる。

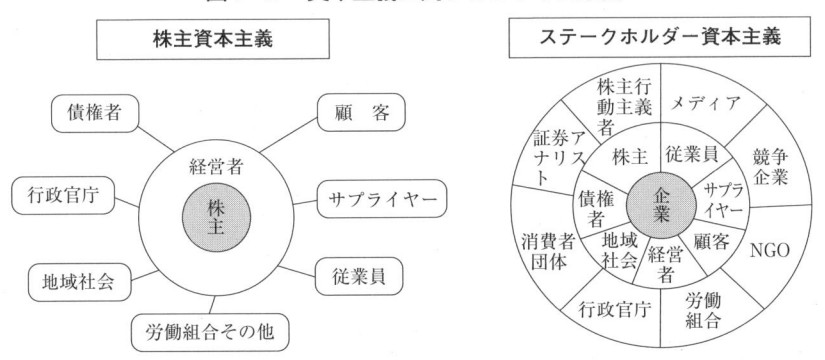

図7-2　資本主義に関する2つの企業観

株主資本主義とステークホルダー資本主義の典型的な国と時代はどのように考えるべきであるか。フェファー［Pfeffer, 2009, pp.91］は，1950年代から60年代にかけては，アメリカでもステークホルダーは至上のものであるという考え方が主流であったが，70年代の半ばになって株主を最優先すべきであるという見解が支配的になったという。ステークホルダー資本主義を代表する国としてはしばしば日本とドイツがあげられる。しかし，21世紀に入ってからの日本の経営者の株主重視の姿勢は，むしろ欧米型に傾斜してきているように思える。日本で最もステークホルダーが重視されたのはバブル崩壊（1991年前後）までの1960～1980年代であって，いわゆる「失われた10年（あるいは20年）」はアメリカ型資本主義を追求してきたように思われる。以上をもとに，両者の違いが相対的であることを了解したうえで株主資本主義とステークホルダー資本主義を比較すると，表7-1のようになる。

表7-1　株主資本主義とステークホルダー資本主義

	株主資本主義	ステークホルダー資本主義
重視すべき価値	株主価値増大　1株当たり利益	企業は企業価値創造のヴィークル
特　　徴	利益至上主義，株主の富の極大化，ストックオプション	競争よりもイノベーション，ステークホルダー全員の利益
株　　主	企業は株主のためにある	株主は特殊なステークホルダーである
経　営　者	プリンシパルである株主のエージェント	経営者と株主の関係は多様化，複雑化
典型的な国と時代	1970年代以降の英米型企業	1980年代の日本企業

▶4　ステークホルダー理論の前提と目的

　ステークホルダー理論（stakeholder theory）の正しい起源を断定的に述べることはできない。一般には，ステークホルダー理論のパイオニアは，イーディス・ペンローズであるとされる。その根拠は，彼女は企業の内部環境を研究した最初の研究者であり，また企業の理論に人的資源とステークホルダーを含めた研究者だからであるといわれている。

では，ステークホルダー理論とは何か。ステークホルダー理論はフリーマン[Freeman, 1984]がステークホルダーの概念を一貫した理論構成（コヘレント・コンストラクト）に統合した後で多くの人々に知られるようになった。**ステークホルダー理論**は，企業の理論の基礎と企業の社会業績の理論のフレームワークであると考えられている。短い歴史のなかではあるが，ステークホルダー理論は次第にそれ自体の理論体系をもつに至ってきた。では次に，ステークホルダーの前提は何か。ジョーンズとウィックス[Jones and Wicks 1999, pp.206-207]をもとに著者が加筆したステークホルダー理論は，次の**前提**からなる。

① 会社は，組織体の目的の遂行に影響するか，影響を受ける多くの構成要素となるグループ（ステークホルダー）と関係がある。
② ステークホルダー理論は，企業とそのステークホルダーに対するプロセスと成果の両者に関連している。
③ すべての正当なステークホルダーの利益には固有の価値がある。あるステークホルダーの利益を理由なしに他に優先させることはない。

ステークホルダー理論は何を**目的**としているか。グナイ[Gunay, 2008, p.14]によれば，ステークホルダー理論の目的は次のことにあるという。

① 株主と企業の利害関係者を統合し，人々を公平かつ公正に扱う。
② 会社におけるステークホルダーの適正な取り分（stakes）を識別し評価する。
③ よりすぐれた世の中を作り出し，人間としての存在意義を高める。
④ 企業のステークホルダーを理解し戦略的に管理するために，経営者のモチベーションを高める。
⑤ 企業とそのステークホルダーのために，プロセスと成果の両方で，企業とその構成グループの関係を明らかにする。

多くの研究者が一様に述べていることは，株主の利益のためではなく，すべてのステークホルダーのために企業を運営することがステークホルダー理論だということである。相互の利益という前提は，ステークホルダー理論の前提である。典型的な日本とドイツの経営者の期待である社会の利益に従って会社を運営すること，および社会の利益のために働くこともまたステークホルダー理論と関係するという見解も，ステークホルダー研究者によって共通している。

株主資本主義では，企業の目的は経済価値の増大におかれる。そして，経済価値は株価，利益，将来キャッシュ・フローの現在価値のいずれかで表現される。他方，ステークホルダー資本主義に立脚するとき，企業の目的は経済価値だけでなく，社会貢献とか寄付など社会的評価，すぐれた人材の輩出，社内教育など多元的な目的を含むと解される。

▶5 ステークホルダー資本主義における分類基準

ステークホルダーを第一次と第二次のステークホルダーに区分するのは，「ステークホルダーのための経営」〔Freeman, et al., 2007, p.6〕の立場からの分類基準である。**第一次ステークホルダー**には，顧客，従業員，資金提供者（株主，投資家，金融機関），サプライヤー，地域社会が含まれる。ただ，第一次ステークホルダーに地域社会を含めるか否かについては，国によって差異がある。われわれの調査〔櫻井・大柳・岩渕，2007, pp.15-42；日本会計研究学会, 2009, pp.83-112〕では，意外にも，日本企業の経営者は地域社会への配慮が低いことを発見した。しかし，日本企業にあっても，YKKのように地域社会と密接に結びついた会社もあるし，マンション建設業者にとって地域住民は最も重要なステークホルダーである。近隣の環境保全に最善の注意を払うのは，いまでは経営者にとって常識になってきている。その意味で，地域社会を第一次ステークホルダーに含めるのには，合理的な理由がある。

企業に影響を及ぼすか影響を受けるいま1つのグループは，**第二次ステークホルダー**と呼ばれている。これには株主行動主義者，行政官庁，競争業者，メディア，消費者保護団体，特別利益団体などが含まれる。第一次ステークホルダーとの協力関係のいかんによって影響度が違ってくる。発火の恐れのあるある製品や部品を製造する会社やサプライヤーに対して，行政の果たす役割は大である。会社が地域社会と特定の顧客グループとどう付き合うかに対して，時として環境主義者は企業に多大な影響を及ぼす。このグループのステークホルダーは影響の与え方が比較的弱かったり継続的でなかったりすることで，第一次ステークホルダーと区別される。

図7-1で示したデービスのステークホルダー・モデルでは，第一次ステークホルダー（内側）と第二次ステークホルダー（外側）に区分されている。

3 会計責任におけるステークホルダー

ステークホルダー理論の考察から、先に提示した基本的問題に関連して、2つのことが明らかになった。1つは、ステークホルダーには理論的根拠の違いによって数多くの定義があるということ、そしていま1つは、ステークホルダーが歴史的にも、組織によっても、また領域によっても異なった概念として適用されてきたということである。

▶1 ステークホルダーの定義の特定には狭義の定義

ステークホルダーを特定するには、ステークホルダーを明確に定義づけなければならない。最も多くの研究者が用いているのは、フリーマンによってなされた「ステークホルダーは、組織体の目的の遂行に影響するか影響を受けるグループまたは個人」であるという広義の定義である。ただ、この定義では広義すぎてステークホルダーを特定するには適さない。そこで、以下ではフリーマンの狭義の定義、「ステークホルダーとは、組織体の存続および成功にとって不可欠なグループである」を基準にして、ステークホルダーを特定したい。

ステークホルダーの概念は、適用される領域によって異なる。本章では、財務会計とコーポレート・レピュテーションの2つの研究領域との関係でステークホルダーのあり方を考察するが、財務会計との関係を検討する際に避けて通れない課題がある。それは、会計責任とステークホルダーとの関係である。

▶2 会計責任との関係

会計責任の理念そのものは不変である。しかし、会計学における会計責任の概念とか対象は時代とともに変化してきた。それは、その後の社会・経済の発展と企業への期待の変化が、伝統を背負った会計責任の中心的な概念部分ですら、さらなる検討と発展を必要としているからであろう。

企業の社会的責任が多くの人々に認識されるようになるに従って、会計責任との関係で、経営の透明性（transparency）の必要性が指摘されるようになった。ヘンリクーとリチャードソン［Henriques and Richardson, 2004, pp.27-

28]によれば，経営の透明性には2つの意味がある。1つは，会計責任と説明責任が同意義で用いられることがある。行政の領域でアカウンタビリティといえば説明責任を意味する。いま1つは，事業活動の倫理的側面を含意している。後者の意味において，経営の透明性という概念は企業に贈収賄と背徳行為がなく，コーポレート・ガバナンスがすぐれていることを含意しているという。

1) 伝統的な会計責任の概念

近年では，投資家への情報提供が財務会計の重要な課題になってきたが，財務会計の本来的な目的は，配当可能利益を算定して会計責任を解除することにある。では，算定結果を誰に報告するのか。報告対象を特定するには，ステークホルダーと会計責任との関係を考察する必要がある。

英語でaccountabilityとは，元来，関心をもつ誰かに何かを説明する能力のことを意味する。会計学で会計責任の本来的な意味は，「財産の受け入れから払出すまでの間において委託された財産が如何に管理保全されているかの顛末を，要求されれば，説明する責任」[岩田, 1953, pp.12-19] と解される。それは会計学では，アカウンタビリティが「勘定（account）する責任」とでもいいうる会計責任であると解された必然の結果である。

会社の**受託責任**（stewardship）は，**株主**に対してある。そのため，財務会計における会計報告は，株主に対する会計責任を果たすうえで不可欠な要件とされてきた。会計責任は，経営に関心はあるが通常は自らが直接関与することがない企業の所有者が，会社がどのように運営されているか，財務的にどんな業績をあげているかを報告する責任を含意している。このような見解を代表するわが国での議論の1つに，岩田 [1953, p.18] による論文がある。この論文で故岩田博士は，財産の保全を目的とした会計管理をもとにした出資者と株主総会への会計責任の解除を問題にした。

2) 公害問題と会計責任の範囲拡大

会計学会の領域で会計責任の議論が再び活発化したのは，1970年代の初めから1980年代にかけてのことである。ラルフ・ネーダーによって火がつけられた大気汚染など公害の批判・告発との関係においてである。わが国で会計責任の

議論が起きたのは，**環境会計**との関連での議論によってである。

　吉田［1978, p.31］は公害利益という概念を用いて，新しい会計責任が株主中心の会計責任から公的会計責任への変化があったと述べている。日本会計研究学会 スタディ・グループ報告［1976, p.123］では公衆の利益を守ることが新しい意味での社会価値だとして特徴づけたことも注目される。この時期に会計責任の議論がぶり返したのは，環境主義者への対応が企業の存続にとって不可欠になってきたからである。当然のことながら，この議論を通じて会計学研究者は，会計責任の解除には株主だけでなく以前より多くのステークホルダーをも対象にしなければならないことを学習した。

3）ステークホルダー行動主義と会計責任の範囲

　消費者グループによる特定の製品の不買運動が顕在化し始めたのは，1990年代以降のことである。シェル（Shell）によるブレント・スパー（毒物を含む海洋生産設備ブレント・スパーの不法投棄），ナイキによる搾取工場に対する"ボイコット・ナイキ"，日本でも雪印乳業（現・雪印メグミルク）の2度にわたる不誠実な対応を巡って不買運動が起きたのは記憶に新しい。花王は，発ガンの疑いがあるという理由で消費者が騒ぎ始め，報道も過熱した結果，200億円以上もの売上高を誇っていた「エコナ」の製造・販売から撤退した。

　ステークホルダー行動主義とは，ステークホルダーが当事者としての自覚をもって積極的に発言し行動することをいう。そこには，株主をも外部ステークホルダーの1つとして位置づけるステークホルダーのパワーで企業を統治しようとする考え方が込められている。

　最近では，株主行動主義者が会社に自らの主張を堂々とつきつけるようになった。このような社会や会社の変化を反映して，会計責任を果たすべき対象もまた，株主だけでなく，環境主義者やアクティビスト，消費者団体，顧客，行政官庁を含めるべきだとの議論が起こってきたのは当然の帰結である。現在では，株主，債権者，顧客，サプライヤー，労働組合，行政官庁などに加えて，証券アナリスト，消費者団体，環境主義者からの同意が得られるような報告書の作成が会計責任の解除に必要になってきた。

4 コーポレート・レピュテーションにおけるステークホルダーの特定

コーポレート・レピュテーションの理論では，投資家，債権者，顧客，サプライヤー，行政官庁，地域社会，競争業者，メディア，消費者保護団体，特別利益団体，証券アナリスト，生活者，ジャーナリスト，株主行動主義者をステークホルダーに含めることに異論はない。議論になるのは，(1)株主，(2)経営者，および(3)従業員である。

▶1　株主―所有者としての株主か投機家としての株主か―

株主には二面性がある。所有者としての株主と，投資家としての株主である[7]。所有者として株主のなかでも所有者としての意識を欠き，投機家としてのみ行動する株主がいる。このような見方からすると，一般に株主は，①（所有者としての）株主，②投資家，③投機家とを区分し，ステークホルダーとしての（所有者としての）株主と投資家を，投機家から区別することが合理的である。

経営者支配が確立した企業では，理論的には，エージェントが経営者であるのに対して，プリンシパルが所有者としての株主である。株主は会社のオーナーであるから，株主は自らが会社を支配することはできない。しかし，宮坂［2000, p.105］も指摘しているように，「現実は極めて複雑であり，そのような現実を反映して，企業統治の在り方をめぐって様々な主張・見解が繰り返し論じられて」きた。たとえば，大和銀行の株主が取締役を相手に代表訴訟を提起した[8]。このことは，株主が外部ステークホルダーとして登場したともいえる。株主を特別なステークホルダーの1つとして位置づけようとする見解は，このような現実から生み出された見方による。

コーポレート・レピュテーションの議論においては，株主関連でのステークホルダーとしては個人投資家と機関投資家（内部ステークホルダー），および

7）概念的にはともかく，現実には両者は一体化しているから，両者を区別することは難しい。
8）1995年に起こった大和銀行ニューヨーク支店の巨額損失事件の概要，大蔵省の解体との関係，レピュテーションへの影響は櫻井［2005, pp.192-194］を参照されたい。

彼らの代弁者でもある証券アナリスト（外部ステークホルダー）を主要なステークホルダーとして扱うのが一般的である。著者は，投資家ないし投機家としての株主もまた，前述したとおり代表訴訟の当事者として会社の外部ステークホルダーとしての側面をも有しうることを見逃すべきではないと思う。

▶2　経営者──株主のエージェントか企業のための貢献者か──

　会社との関係では，経営者は株主から経営を受託した受託者としての関係にある。エージェンシー理論が教えるように，ステークホルダーの利害に関して，経営者は，プリンシパルとしての株主のエージェントとして行動しなければならない。また，ステークホルダーに対しては，各グループの長期的な分け前を保証する目的で，企業の存続と発展を確保すべく会社のために行動する主体である。そのため，経営者はステークホルダーには加えられないこともある。

　それにもかかわらず，経営学者の間では経営者はステークホルダーの一翼を担っているという見解が少なくない。それはどんな理由によってであるか。

　経営者は，コンプライアンスと企業倫理を実践する主体である。擬制された実体である会社が現実には不正行為の責任をとれないので，経営者が所有者の代理人として責任をとることになる。このことは，経営者が所有者（株主）の単なる代理人ではなく，会社の代理人として，会社のステークホルダーの一員として他のステークホルダーの利害の調整を委ねられていることを意味する。宮坂［2000, pp.58-59］は，その意味において，経営者もまた特殊なステークホルダーだとしているのである。加えて，経営者は会社にとって特別な役割を果たしている重要な人的資源［Friedman and Miles, 2006, p.14］でもある。そのため，青木［Aoki, 1984, pp.61-63］のように，経営者はステークホルダーではない投資家と従業員の間のレフリーであるとみる論者もいる。

　レピュテーション研究者の立場から，クレヴェンスとオリバー［Cravens and Oliver, 2006, p.207］は，上級経営者およびCEOがコーポレート・レピュテーションに著しい影響を及ぼすという。GE社のジャック・ウェルチ，ニューズ・コーポレーションで世界的なメディア王として知られるルパート・マードック，マイクロソフト社のビル・ゲイツ，ウォルト・ディズニーのマイケル・アイズナーなどは，経営者が企業の評判に大きな影響を及ぼす事例である。加えて，

経営者による会社についての非公式の発言が社会に大きなインパクトを及ぼす。それは，経営者が内部ステークホルダーだけでなく，外部ステークホルダーとしての役割をも果たしている存在だからである。

▶3 従業員―経営者の命令系統下にあるのか独立性をもつのか―

ステークホルダー理論では，従業員をステークホルダーに含める。日本でも経営学の領域では，従業員は重要なステークホルダーとして扱われてきた。

日本の経営学研究者の間で，従業員がなぜステークホルダーと考えられてきたのか。この点に関して，出見世［2004, p.44］は次のような見解を展開している。

「終身雇用，年功序列，企業別組合に代表される日本的雇用環境のもとで，大企業は株主主権ではなく，従業員主権であると評価されることもある。従業員が企業にとって主要なステークホルダーとみなされてきたのである。その理由は，日本では外部労働市場が未成熟で労働市場から必要な人材を調達するのではなく，新卒労働力を毎年定期的に採用し，企業の内部で教育訓練を行い，年功序列で昇進・昇給したことと関係する」。

経営者だけでなく，従業員もまた内部ステークホルダーである。一方で，日本で過去・現在の財務会計のテキストでの扱いは3種類に分かれる。

第1は，従業員はステークホルダーとしてとらえられない。第2は，従業員は利害関係者にはなりえないが，労働契約の締結のために企業と対峙する労働組合であればステークホルダーに含まれる。第3は，従業員と労働組合の両者を利害関係者に含める。

レピュテーションの観点からは，クレヴンスとオリバー［Cravens and Oliver, 2006, p.205］は，従業員をもってコーポレート・レピュテーションを創造する手段（means）だと述べている。それは，社会の人々は従業員の活動を通じて会社のイメージを作り上げていくからである。ステークホルダーとは，組織体の存続および成功にとって不可欠なグループである。従業員は経営者の命令のもとに働く。しかし，会社をいったん離れると，家族，友人などに会社の真実を語る。最近では従業員による内部告発も多くなった。「人の口に戸は立てられない」から当然である。世間では，従業員によるこうした発言を真実

に最も近いものとして受け入れ，多くの人に口コミや新聞，雑誌などを通じて語り継いでいく。このように見る限りにおいて，コーポレート・レピュテーションの議論では，従業員は内部ステークホルダーとしてだけではなく外部ステークホルダーとしても重要な役割を果たしていると位置づけることもできよう。

以上から，コーポレート・レピュテーションを形成するステークホルダーと株主，経営者，従業員の役割は，**図7-3**のように描くことができよう。

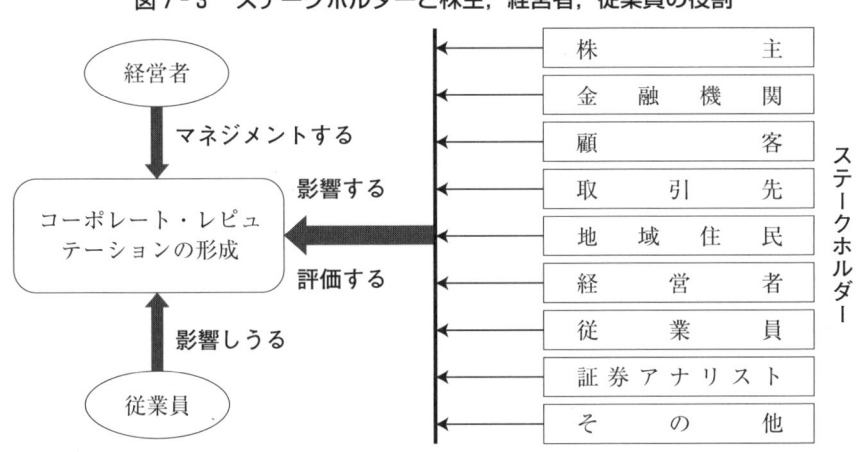

図7-3　ステークホルダーと株主，経営者，従業員の役割

経営者		株主
↓マネジメントする		金融機関
コーポレート・レピュテーションの形成	←影響する←	顧客
	←評価する←	取引先
		地域住民
↑影響しうる		経営者
従業員		従業員
		証券アナリスト
		その他

（右側：ステークホルダー）

図7-3で，経営者と従業員はステークホルダーの一員としてコーポレート・レピュテーションに影響を与えるとともに，内部ステークホルダーとして，コーポレート・レピュテーションの向上，維持，毀損の回避・回復（図ではマネジメントとして表示）に貢献していることに留意されたい。

● まとめ ●

財務会計では，従来は利害関係者と呼ばれていたグループのことが，1980年代の後半を境にしてステークホルダーと呼ばれ，訳語として利害関係者と呼ばれるようになった。なぜ利害関係者ではなくステークホルダーでなくてはならないのか。本章の目的は，第一義的にはコーポレート・レピュテーションにおけるステークホルダーを特定することにあるが，副次的には，"財務会計の報

告対象を,なぜ利害関係者ではなくステークホルダーと表現しなければならないのか"という問題意識にも応えようとしたものである。

本研究によって,著者は数多くの事実を発見した。そのなかでも最も強調されるべき発見事項は,次の3つである。

第1に,ステークホルダーの概念は,歴史的背景,産業の種類,組織,適用領域などによって変化してきた歴史的産物である。多くの研究蓄積のある欧米のステークホルダー理論では,典型的なステークホルダーが何かを明示している。領域別適用においては,財務会計におけるステークホルダーとコーポレート・レピュテーションのそれとでは異なったステークホルダーを特定することが可能である。企業規模によってもステークホルダーの範囲が異なる。

第2に,財務会計の基礎理論の1つとして存在してきた会計責任の概念もまた時代の経過とともに変化してきており,現代に即した新たな理論体系が必要になってきた。とりわけ,会計責任が解除されるべき対象であるステークホルダーの概念は,社会・経済の進展とともに拡張してきた。

第3に,ステークホルダーの特定において,領域別にみて最も問題になるのは,内部ステークホルダーである株主,経営者,従業員である。株主には所有者の顔だけでなく投資家としての顔がある。理論的には株主は会社の所有者とみるのに対して,投資家はステークホルダーと見るのが論理的である。

経営者は,理論的には株主のエージェントとして企業の経営に当たる。同時に,評判をマネジメントする主体でもある。そのような意味から,経営者は内部ステークホルダーだけでなく,外部ステークホルダーとしての役割をも果たしている。従業員は企業の経営者が行なう行動によって最も多くの利益を享受するかまたは損害を被るグループまたは個人である。以上から,日本企業では,従業員もまたコーポレート・レピュテーションに影響を及ぼすステークホルダーだけでなく,経営者とともに評判をマネジメントできる主体でもある。

次章では,コーポレート・ブランドを考察する。ブランドでも,商品ブランドを形成するステークホルダーは顧客であるが,コーポレート・ブランドにはどんなステークホルダーが最も大きな影響を及ぼすか。次章ではコーポレート・レピュテーションとの関係で検討を加えよう。

参考文献

Aoki, Masahiko, *The Co-operative Game Theory of the Firm*, Clarendon Press, 1984.
Cravens, Karen S. and Elizabeth Goad Oliver, Employees: The Key Link to Corporate Reputation Management, *Business Horizons*, 2006.
Davies, Gary, Rosa Chun, Rui Vinhas Da Silva and Stuart Roper, *Corporate Reputation and Competitiveness*, Routledge, 2003.
Freeman, R. Edward, *Strategic Management: A Stakeholder Approach*, Harper Collins, 1984.
Freeman, R. Edward, "A Stakeholder Theory of the Modern Corporation", in T.L. Beauchamp and N.E. Bowie (eds), *Ethical Theory and Business*, 7th ed., Upper Saddle River, 2004.
Freeman, R. Edward, Jeffrey Harrison and Andrew C. Wicks, *Managing for Stakeholders, -Survival, Reputation, and Success-*, Yale University Press, 2007.
Friedman, Andrew L. and Samantha Miles, *Stakeholders, Theory and Practice*, Oxford University Press, 2006.
Gunay, Suleyman Gokhan, *Corporate Governance Theory,- A Comparative Analysis of Stakeholder & Stakeholder Governance Models-*, iUniverse, 2008.
Henriques, Adrian and Julie Richardson, ed, *The Triple Bottom Line, -Does it all add up?-* Earthscan, 2004.
Jones, Thomas M. and Andrew C. Wicks, "Convergent Stakeholder Theory", *Academy of Management Review*, 1999, p. 207.
Martin, Roger, "The Age of Customer Capitalism", *Harvard Business Review*, Jan.-Feb., 2010.（二見聡子訳「株主価値から顧客満足への転換 顧客資本主義の時代」『Diamond Harvard Business Review』2010年7月, pp.28-40。）
Pfeffer, Jeffrey, "Shareholders First? Not so fast…" *Harvard Business Review*, July- August 2009.（ジェフリー・フェファー稿・二見聡子訳「ステークホルダー資本主義の再来」『DIAMOND Harvard Business Review』ダイヤモンド社, 2009年11月, pp.133-134。）
Shamma, Hamed M. and Selah S. Hassan, A multiple Stakeholder Perspective for Measuring Corporate Brand Equity: Linking Corporate Brand Equity with Corporate Performance, in *Contemporary Thoughts on Corporate Branding and Corporate Identity Management*, edited by T.C.Melewar and Elif Karaosmanoglu, Palgrave, 2008.
Yoshimori, Masaru, "Whose Company Is It, The Concept of the Corporation in Japan and the West" *Long Range Planning*, Vol.28, No.4, 1995.
青木章通・岩田弘尚・櫻井通晴「レピュテーション・マネジメントに関する経営者の意識―管理会計の視点からのアンケート調査結果の分析」『インタンジブルズの管理会計―コーポレート・レピュテーションを中心に―』日本会計研究学会スタディ・グループ中間報告書, 日本会計研究学会第68回全国大会, 2009年。
岩田巌「『アカウント』『アカウンタビリティ』『アカウンティング　コントロール』」『産業経理』1953年, 第13巻, 第1号。
櫻井通晴『コーポレート・レピュテーション―「会社の評判」をマネジメントする―』中央経済社, 2005年。
櫻井通晴・大柳康司・岩渕昭子「新興市場におけるコーポレート・レピュテーションの意識調査」『専修経営学論集』第85号, 2007年。

出見世信之「CSRとステイクホルダー」(谷本寛治編著『CSR経営―企業の社会的責任とステイクホルダ―』中央経済社, 2004年)。
日本会計研究学会スタディ・グループ報告「会計責任に関する研究―中間報告要旨―」『會計』1976年。
宮坂純一『ステイクホルダー・マネジメント―現代企業とビジネス・エシックス―』晃洋書房, 2000年。
吉田寛『社会責任―会計学的考察』国元書房, 1978年。

第8章 コーポレート・ブランドの意義，歴史的発展，ケース

● はじめに ●

　マーケティング研究者は消費者の購買決定に焦点を当てた研究を行なう。プロダクト・ブランドは，その購買決定に影響を及ぼすマーケティング上の概念である。一方，コーポレート・ブランドは学際的な立場からの研究がなされ，一般には，商品のために開発された標準的なブランディングのプロセスを企業全体にまで拡張［Fombrun and van Riel, 2004, p.8］した概念である。

　本章では，研究対象をコーポレート・レピュテーションとの関係で，コーポレート・ブランドについて考察する。具体的には，コーポレート・ブランドの意義，必要性，歴史的な発展，プロダクト・ブランドとの違いを明らかにする。次いで，ブランドの評価方法であるインターブランド社と伊藤邦雄（一橋大学）などのCBバリュエータについて述べた後，ノボノルディスクでのケースを考察し，最後に，まとめに代えて，コーポレート・ブランドとコーポレート・レピュテーションとの相違点を明らかにする。

1　コーポレート・ブランディングの効用と限界

　コーポレート・ブランディングはなぜ必要となるのか。そのことを一言でいえば，企業が社会のスポットライトを益々浴びるようになるにつれて，強力なコーポレート・ブランドをもつことが，会社と社会の構成要素との間に強い信頼という絆が生まれ，そのことが財務業績を含む業績を向上させることが明らかになってきたからである。では，具体的にはどんな効用があるのか。この点を明らかにする前に，まずプロダクト・ブランドとコーポレート・ブランドとの異同を明らかにしておく必要があろう。

▶1　プロダクト・ブランドとコーポレート・ブランドとの違い

　欧米でブランドといえば，一般に，「あるものがもつ**シンボル**（symbol；象徴，表象）」のことである［Hatch and Schultz, 2008, p.26］。では，シンボルとは何か。英語でシンボルというときには，何か他のものを表す対象，用語または行動のことを意味している。

　アメリカン・マーケティング協会では，**ブランド**のことを，「一人または多くの売り手の財貨またはサービスを識別し競争業者と差別化することを意図した名称，用語，シンボル，デザインまたはそれらの結合」であると定義づけており，シンボルの他に名称，用語，デザインなどもブランドの範囲に含めている。とはいえ，われわれがブランドというときには，長期にわたって培われてきて他の商品と差別化する，もっと奥深い何かをも含意しているように思われる。

　一方，**コーポレート・ブランド**というとき，ロゴとか名称といったただ1つのシンボルではなく，企業や事業をとりまくシンボルの集合体の評価に関連している。実務では，プロダクト・ブランドもコーポレート・ブランドも同じような意味で使われることも少なくない。しかし，誤解を生じさせないため，プロダクト・ブランドとコーポレート・ブランドとの相違点を5つにまとめてみよう。**表8-1**を参照されたい。

表8-1　プロダクト・ブランドとコーポレート・ブランドの相違点

ブランドの種類	プロダクト・ブランド	コーポレート・ブランド
対象の範囲	製品・サービス	企業全体
ライフサイクル	製品のライフサイクル	企業の存続期間
対象とする関係者	顧客・消費者	ステークホルダー
推進組織	広告業者，企業のPR部	PR部，IR室，CSR部
マネジメントの主体	ブランド管理室	経営トップ

1）製品・サービス ── 企業全体

　プロダクト・ブランドというとき，**製品（ないし商品）**または**サービス**を対象にする。関連性の深い製品や商品グループを指すこともある。対して，コー

ポレート・ブランドというとき，人々は**企業全体**をイメージする。企業には親会社だけでなく，子会社も含まれる。

2）製品のライフサイクル ─ 企業の存続期間

　ライフサイクルという面からみると，プロダクト・ブランドは製品や商品に固有のものであるから，ある製品ないし商品が使われなくなれば当該製品のプロダクト・ブランドもなくなる。対して，コーポレート・ブランドというときには，企業が存続する限りコーポレート・ブランドは存続する。換言すれば，プロダクト・ブランドは**製品のライフサイクル**に限定されるのに対して，コーポレート・ブランドは**企業の存続期間**のすべてにわたって対象になる。

3）顧客 ─ ステークホルダー

　プロダクト・ブランドは通常，**顧客**ないし消費者を対象にする。対して，コーポレート・ブランドというときには，会社のすべての**ステークホルダー**が対象になる。つまり，ステークホルダーというときには，顧客ないし消費者だけではなく，投資家，債権者，サプライヤー，販売業者，パートナー，政府，コミュニティ，国際的なグループ企業などを包含する。さらに，経営の主体である経営者（経営トップ，管理者も含む），従業員，株主などの内部ステークホルダーも含まれる。

4）広告業者のイマジネーション ─ 企業の構成員がもつ価値観

　推進組織という視点からみると，プロダクト・ブランドは典型的には市場から得られた**広告業者のイマジネーション**から作られる。社内のPR部からの提案もあろう。対して，コーポレート・ブランドでは，過去から会社が引き継いできた経営上の遺産（理念やリーダーシップなども含まれる）を含む，**企業の構成員が共通して持つ価値観**や信念が基礎になっている。

　プロダクト・ブランドであれコーポレート・ブランドであれ，ブランドというときには相続遺産的な性格を有する。一方，コーポレート・レピュテーションは，経営者と従業員の努力によって，ブランドに比べるとはるかに短期間でレピュテーションを向上させることができる。

5) ブランド管理室 ── 社長を含む経営者と従業員全員

　ブランド・マネジメントの観点からすると，プロダクト・ブランドの責任は一般に**ブランド管理室**にある。広告部門や販売部門が担当することもある。いずれにせよ，企業の一部門に管理責任がおかれている。他方，コーポレート・ブランドの責任範囲は一部門にとどまらず，**社長**，取締役グループ，戦略管理室，経営企画室，CSR担当役員，秘書室，人事部門など**経営者と従業員の全員**がコーポレート・ブランドの高揚に努めなければならない。

▶2　コーポレート・ブランドとコーポレート・ブランディング

　コーポレート・ブランド（corporate brand）とは，①コーポレート・ブランド，②ファミリー・ブランド，③個別ブランド（プロダクト・ブランド），④モディファイアーに区分［Keller, 2003, pp.538-545］するとき，ブランドの階層との関係で最も高いレベルのブランドがコーポレート・ブランドである。

　オーメノは，コーポレート・ブランドのことを，ブランド階層における最高位のブランドと規定した上で，「関連する対象との関係で，企業の全製品の提供を識別・差別化することを意図した名称，用語，サイン，シンボルまたはこれらの要素の結合」［Ormeno, 2007, p.17］だとしている。ハッチとシュルツもまた，コーポレート・ブランドを，「ただ単なる1つのシンボル（ロゴとか名称）ではなく，シンボルの集合体」［Hatch and Schultz, 2008, p.26］だと述べている。その事例として，日産車にはピカピカ輝くバッジ（ブランドシンボル）が日産車のマークとして使われているが，現実には，技術，大胆なデザイン，思慮深さが満ち溢れており，それらの集合体がコーポレート・ブランドだという。

　製品だけでなく企業や事業体との関係を強調して，「製品または事業グループを結びつけ，1つの名称の利用，共有された明確なアイデンティティおよび共通の記号を使って，世の中に知らしめる，会社についての視覚を通じた表現」［van Riel and Fombrun, 2007, p.107］だとする見解もある。このような見解によるときには，**コーポレート・ブランディング**（corporate branding）とは，企業が内部・外部のステークホルダーとの間ですぐれた関係を構築し，もってコーポレート・レピュテーションを築くための経営者と従業員の一連の活動を含意する。

▶3　コーポレート・ブランディングの効用

　コーポレート・ブランディングがなぜ行なわれてきたのか。コーポレート・ブランディングの効果を3つにまとめるならば，1）個々の商品の広告活動よりも会社そのものの訴求が効果的な局面が多いこと，2）自社の強みと弱みが分かること，3）リスクマネジメントに役立てられることなどがあげられる。

　第1に，個々の製品やサービスを宣伝するよりは，それらを提供している**会社そのものを訴求**するほうが広告活動としてはより効果的であり，しかもムダも少なくなる。オグルヴィ＆メイザー・ジャパン㈱による日米英（日：5,218人，米：11,092人，英：10,832人，インターネットによる）「Reputation Z」調査が明らかにしているように，日本では，企業のブランド資産が一般に欧米人よりも2倍の大きさで売り上げに影響を与えるという研究結果［日本経済社，2005，p.7］がある。このことからも，個々の製品やサービスのブランドを訴求するよりも，会社そのものを一般人に知らしめるほうが効果的であることが多い。

　第2に，コーポレート・ブランドの価値を測定することにより，会社の相対的なコーポレート・ブランドを知ることで，**自社の強みと弱み**が分かる。たとえば，コーポレート・ブランドを客観的に知ることで，株主はより適切な投資活動を行なうことができる。個別商品の広告では，顧客はしばしば過剰広告に惑わされることがあるが，信頼しうる企業はどこかを知り得ることで良質な製品やサービスを継続的に受けることができる。従業員もまた，ブランドの評価が高い企業に就職することで会社を信頼して勤務することができる。サプライヤーもまた，安心してコーポレート・ブランドの高い優良企業との取引を継続することができるようになる。

　第3に，コーポレート・ブランドが高いと，不当な風評や一時的な悪い評判によって企業の存亡を脅かすような事態を防ぐことができる。さらに，サプライヤーからの原材料の購入ができなくなるといったリスクを回避できるし，優秀な人材を確保することが容易になる。

　以上の他，コーポレート・ブランディングにはマーケティング上の規模の経済が得られるとか，市場において差別化を図る上で少ないコストで大きな効果を発揮できるといった利点があげられることもある。

▶4 コーポレート・ブランディングとコーポレート・レピュテーション

　コーポレート・ブランディングはコーポレート・レピュテーションを高める［青木・岩田・櫻井，2010，p.196］。では逆に，コーポレート・レピュテーションがコーポレート・ブランドを高めることはないか。つまり，コーポレート・レピュテーションを高めるための活動が，同時に，コーポレート・ブランドを高める関係も強いといえるのではないか。たとえば，コーポレート・レピュテーションを高めるべくCSRや内部統制を充実させて企業のコンプライアンスやガバナンスを強化していく経営者の行為が，コーポレート・ブランドを高めていく関係も見逃してはならない。

　以上，コーポレート・ブランディングが結果としてコーポレート・レピュテーションを高めることもなくはないが，一般的にはコーポレート・レピュテーションはコーポレート・ブランドを高めるための経営者と従業員によるステークホルダーを意識した一連の活動であると解されるのである。

▶5 コーポレート・ブランディングの限界

　コーポレート・ブランドとプロダクト・ブランドが整合性をもてば，その効果は大である。一方で，コーポレート・ブランドとプロダクト・ブランドが異なるときには，新製品の導入が困難になるだけでなく，既存の商品のブランドまで毀損させることがある。コーポレート・ブランディングは必ずしもすべての状況において有効とはいえない。コーポレート・ブランディングは特定の商品を売り出す時には，必ずしも大きな効果がでるわけがない。

2 コーポレート・ブランティング発展の歴史的考察

　マーケティング研究者は主にプロダクト・ブランドに関心をもち，商品やサービスを顧客にいかに訴求すべきかを研究してきた。一方，コーポレート・ブランドの研究はマーケティング研究者だけでなく組織論研究者によっても進められてきた。関連する研究では，わが国ではコーポレート・イメージやコーポレート・アイデンティティ（CI）が大きく取り上げられてきた時代もある。こ

れらの概念との関係をどのように考えるべきか。加えて，コーポレート・レピュテーションとの関係はどのように見るべきか。

▶1　イメージ，CIとの関係でのコーポレート・ブランドの歴史的考察

　コーポレート・ブランド研究の立場からの見方として，コーポレート・イメージやCIとの関係で，オーメノ［Ormeno, 2007, pp.118-130］を参考に，コーポレート・ブランド管理の発展プロセスを検討してみよう。

　1950-1970年代には，マーケティングの領域で，**コーポレート・イメージ**（corporate image）が企業外部との関係で盛んに議論されたことがある。イメージは一般に，観察者の心に根ざした知覚の認識単位をいう。コーポレート・イメージというときには，ステークホルダーが知覚（**図2-3参照**）する会社の特徴のことをいう。この時代には，多くの研究者がコーポレート・イメージを人間のパーソナリティ[1]との関係で説明しようと試みた。

　1970-1980年代になると，マーケティング研究者の他に，組織論の研究者が加わり，**コーポレート・パーソナリティ**が論じられるようになった。コーポレート・パーソナリティは，コーポレート・イメージの心地よさ，企業性，強み，シックさ，冷酷さ，顕示性，非公式性といった次元を明らかにする。これらの研究によって，コーポレート・ブランドの創造プロセスを解明しようとする。この研究はブランドの内面的な問題を捉えたものである。

　1980-1990年代になると，戦略の領域から，外部との係わりにおいて，**コーポレート・アイデンティティ**（CI）が研究対象に加わってくる。CIとは，ロゴ，名称，コーポレート・イメージなどのように会社のアイデンティティを明確に可視化することである。会社がグローバル展開，多角化，M&A，選択と集中といった劇的な変革戦略を取ろうとしているときに，自社の特徴は何か，コアコンピテンスは何か，会社の価値観は何か，会社は何を目的としているかを明確化するという問題に直面する。このようなCIを明確に定義づけることが，戦

---

[1]　コーポレート・パーソナリティ論は，個人のパーソナリティ論に負っている。個人のパーソナリティは，欲求，能力，態度，素質，気性，氏素性，趣味からなる。企業は会社のパーソナリティを世間に向けて情報を発信する。コーポレート・パーソナリティは，コミュニケーション，経営行動，シンボリズム（ロゴ，記号，音声）を通じて発信され，コーポレート・アイデンティティ（CI）を形成する［van Riel and Fombrun, 2007, p.68］。

略の策定にとって有効である。

　1990年代以降から現代までは，多くの学問領域から**コーポレート・レピュテーション**に係わる研究がなされてきた。会社とそのすべてのステークホルダーとの関係にまで対象が広がっている。オーメノは，コーポレート・レピュテーションをもってコーポレート・ブランドを高める源泉の1つとして捉えている。コーポレート・レピュテーションについて著者は，「経営者および従業員による過去の行為の結果，および現在と将来の予測情報をもとに，企業を取り巻くさまざまなステークホルダーから導かれる持続可能な競争優位」［櫻井，2005，p.287］のことであるとした。コーポレート・レピュテーションは企業価値を高める非常に重要な無形資産である。コーポレート・ブランドは相続遺産的な性格をもつから経営者によるマネジメントが比較的困難である。他方，コーポレート・レピュテーションは経営者と従業員が日々の経営に当たって「正しいことを正しく」行動することによって高めることができる。

▶2　コーポレート・ブランディングの発展プロセス

　次に，コーポレート・ブランディング自体の発展過程を見てみよう。コーポレート・ブランド自体の発展過程については，ハッチとシュルツ［Hatch and Schultz, 2008, pp.203-208］が参考になる。彼女らによれば，コーポレート・ブランディングの歴史を検討すると，その発展プロセスには3つの潮流が認識されるという。**図8-1**を参照されたい。

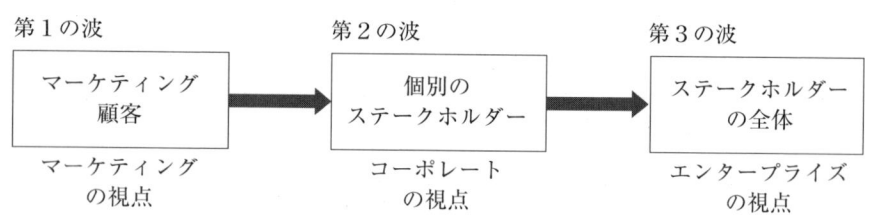

図8-1　コーポレート・ブランディングの3つの潮流

第1の波	第2の波	第3の波
マーケティング顧客	個別のステークホルダー	ステークホルダーの全体
マーケティングの視点	コーポレートの視点	エンタープライズの視点

　第1の波は**マーケティング**の見方を中心とするコーポレート・ブランディングであった。マーケティングの研究者は製品と消費者との関係を描き出し管理するために，コーポレート・ブランディングの研究を始めた。とくにプロクタ

ー・アンド・ギャンブル（Procter & Gamble；P&G）やユニリーバ（Unilever）といったように流行の展開が早く次々と新製品が表れてくるような企業では，従来のように個々の商品のブランディングには限界を感じたからである。しかし，このアプローチは，会社のマーケティング以外の部門との関係を認識できなかったことと，消費者以外のステークホルダーを無視したことで失敗した。

　第2の波は，ブランディングに**会社**という視点を導入したコーポレート・ブランディングの発展であった。このアプローチでは，コーポレート・ブランディングに，IR担当者，PR部門，人的資源部門およびコミュニケーション部門が加わってコーポレート・ブランドを高めようとするものであった。この頃から財務や戦略論，および組織行動の研究者がコーポレート・ブランドの研究に加わってきた。このような研究によって，ブランド活性化・ブランド更新といった革新が行なわれるようになった。これには機能横断的なタスクフォースの必要性を生ぜしめ，会社全体の調整もまた必要とされるようになってきた。この動きは一面ではコーポレート・ブランディングの活動の統合に役立った。しかし，それぞれの部門が背負っているニーズが異なるために，部門間の調整が困難であることが分かってきた。その根本的な理由はステークホルダーの立場によって異なるからである。

　第3の波は，各種のステークホルダーを巻き込んだ全社的な（enterprise）立場からするコーポレート・ブランディングである。現代の社会で企業は会社内部で力のバランスを変化させているステークホルダー資本主義の時代に突入しているともいえる。全社的な立場からするコーポレート・ブランディングの出現によって，会社のステークホルダーの全側面からの利害と期待を包含し，コーポレート・ブランディングは取締役会，CEOないし社長，トップマネジメントにとって戦略的資産としての意義が増大した。

　その結果，たとえばジョンソン・エンド・ジョンソンはただ単に製薬，医療機器，子供用品などヘルスケアを扱う業者としてではなく，子供をケアする親を支援するか虚弱な人々をケアする医師・看護師を支援するかにかかわらず，ケアリング（caring）を促進する企業に変貌しつつある。ジョンソン・エンド・ジョンソンといえば，1982年に何者かに毒物を混入された頭痛薬タイレノールで7人が死亡するという事件が起こったとき，ただちにすべてのタイレノール

を回収したことでアメリカではリスクマネジメントの伝説ともなっている会社である。この会社がコーポレート・ブランディングの第3の波の影響を受けて，個々の製品ではなく，企業のクレド（credo；信条）として，企業全体として全ステークホルダーを支援する企業になったのである。

以上，明確な年代区分がないのが残念ではあるが，ハッチとシュルツの見解からわれわれは，コーポレート・ブランディングが，マーケティング，コーポレート，エンタープライズの順で変遷してきたことを知ることができる。

3　ブランドの評価・測定

ブランドの評価・測定には，個別ブランドを評価するためのブランド資産評価モデルと，コーポレート・ブランドの評価を主体とするブランド・ヴァリュエーション（ブランド評価）法とがあり，両者は求める評価結果が大きく異なる[2]。アーカー達のブランド資産モデルは個別ブランドを，インターブランド社のブランド評価はコーポレート・ブランドを主体とした評価方法である。

▶1　ブランド資産評価モデル

個別ブランドの評価モデルは，主としてマーケティング研究者と実務家によって提唱されてきた。個別ブランドは，①コスト評価法，②市価法，③将来のキャッシュ・フローの現在価値を算定する方法，④価格プレミアムから個別的に算定する方法，⑤その他がある。現実には，いくつかの方法を組み合わせて個別ブランドの評価を行なうことが少なくない。ここではアーカー，およびハッチとシュルツのブランド資産モデルと，ミルウォード・ブラウンのブランドピラミッドについて簡単に説明しよう。

1）アーカー等のブランド資産モデル

アーカーの**ブランド資産モデル**（brand equity model）では，顧客と消費者

---

[2] 園田は，貨幣額によるブランド評価の方法には，①取得原価，②市場価値，③将来のキャッシュ・フロー，価格プレミアムなどにより個別に評価する方法と，残差アプローチによる方法とがあるとしている［園田, 2010, p.142］。

がブランド力に影響を与え，そのブランドが市場でもつブランド・ロイヤルティ，名前の認知，知覚品質，知覚品質に加えてブランド連想，他の所有権のあるブランド連想という5つの価値[3]を測定［Aaker, 1991, pp.15-16］する方法を提唱している。

一方，ハッチとシュルツは，市場の行動，認知，ブランド連想と差別化，知覚品質，ブランド・ロイヤリティーを測定［Hatch and Schultz, 2007, pp.33-34］してブランド資産を算定する。本書では，直接的な説明を加えているハッチとシュルツにもとづいて，ブランド資産モデルを補足しよう。

市場の行動と個別商品の認知度は比較的簡単に測定できる。市場の行動は，市場占有率，特許権，商標，価格，販売経路といった伝統的な経済尺度で測定することができる。認知は，消費者が当該ブランドを知っている人数で測定する。しかし，ブランド連想以下ロイヤリティまでは，情緒的な性質を加味した測定が必要となる。たとえば，連想と差別化をとりあげてみよう。これには認められたブランド価値（価格の割に商品価値が高い）とブランド・パーソナリティ（ブランドが関心と興奮を呼ぶレベル），および企業に対する信頼と賞賛といったことで評価する。知覚品質は，合理的な角度からの測定を行ない，ブランドの革新性に対する情緒的な応答で補足する。プレミアム価格は，ブランド・ロイヤリティに係わらせて評価する。

2) ブラウンのブランドピラミッド

ミルウォード・ブラウンの**ブランドピラミッド**は，コンサルティング会社ではもう1つの人気の高い市場調査の方法である。このモデルでは，意識からロイヤルティーまでを5段階で測定する。トップレベルは**ボンディング**（bonding）で評価する。ボンディングとは，消費者行動の情緒的な要素を調査することである。他方，低階層ではブランドに対する消費者の反応の合理的な理由（長所，性能，認められた適合性）を提供して評価する。ブランドピラミッドの最底辺では，ブランド意識ないし存在感がブランドを支えているという考え方から評価する。

---

3) アーカーは，著書 *Brand Leadership*［Aaker, 2000, p.17］においては，ブランド認知，知覚品質，ブランド連想，ブランド・ロイヤルティの4つのグループがあるとしている。

3) 世界的に良く知られたブランド評価法

　世界的に最もよく知られているブランドの評価に，Y＆Rのブランドアセット・バリュエイター（Brand Asset Valuator; BAV），WPPグループのブランドZ（BrandZ），ハリス・インタラクティブのエクィトレンド（EquiTrnd），コアーブランドのブランドパワー（Brand power）などがある。これらの評価方法については，ファン・リールとフォンブラン［van Riel and Fombrun, 2007, pp.230-245］で概観している。これらはいずれもプロダクト・ブランドの評価に近い方法である。

　一方，コーポレート・ブランドの評価に比較的近い評価法の1つに，インターブランド（Interbrand）社によるブランド評価[4]がある。そこで次に，インターブランド社のブランド評価をみていこう。

▶2　インターブランド社のブランド評価・測定

　インターブランド社のブランドバリュー・マネジメントは，創造，管理および価値を基軸としており，これを実現するために，Brand valuation（ブランド評価）が行なわれる。インターブランドの評価結果は，わが国の2008年度の『通商白書』にも取り上げられているほど高い評価を受けている。

　ブランド価値評価に対する基本的な認識は，インターブランド社では，インタンジブルズのなかでもブランドは顧客の評価によって決まる経営資源であるという認識のもとで，ブランドが現代では企業価値への貢献度が最も高い資産だというスタンスに立脚[5]している。

　ブランド価値は，将来の利益の現在価値であるとする。エグゼクティブコンサルタントの田中英富氏によれば，算定方法は，①財務分析，②購買要因分析，③ブランド力の分析からなる。まず，**財務分析**では会社がどれだけ儲けたかが明らかにされる。これは証券アナリストによるEVA®（経済的付加価値）によって測定する。EVA®は通常と同じ，**式8-1**の算式による。

---

[4] インターブランド社には2009年6月29日と2009年11月19日に訪問し，中村正道（シニアアカウントディレクター），田中秀富（エグゼクティブコンサルタント），畠山寛光（コンサルタント）から説明を受けた。
[5] インターブランド社によれば，企業価値に占めるブランド価値の比率は，1950年代（10％），1970年代（20％），1990年代（45％），2010年（60％）と予測［田中, 2006, p.51］しているという。

EVA®＝税引後営業利益－加重平均資本コスト……………… **式8-1**

　ブランドによって生み出される経済的利益のことを当社ではブランド利益と呼んでいる。この金額を直接的に算出することは困難である。そのため，EVA®を上記の算式で計算し，その後，ブランド利益を抽出するという手続きを踏む。税引後営業利益と加重平均資本コストは個別のブランド別ではなく，セグメント別または企業全体で算定［田中，2006, p.52］する。

　購買要因分析は，ブランド役割指数（role of brand index; RBI）を用いて評価する。**表8-2**を参照されたい。これはブランド役割指数の算定プロセスである。**ブランド役割指数**は「顧客の購買意思決定にどれだけブランドが貢献したか」［田中，2006, p.53］を数値化したもので，ブランドの利益貢献度である。これは主要な商品，サービスごとに評価実績にもとづいて業種別に算定する。

　たとえば，ブランド役割指数は，香水（90％），ビール（84％），食品（70％），自動車（60％），家電製品（50％），金融（40％），医薬品（20％），工業材（10％）[6]である。

表8-2　ブランド役割指数（情緒的価値の数値化プロセス）

	購買要因	ウエイト	ブランド役割	役割指数
1	ステータス	100（24％）	100	24％
2	信頼感	90（21％）	75	16％
3	デザイン	80（19％）	75	14％
4	知覚品質	70（17％）	50	8％
5	価　格	40（10％）	0	0％
6	プロモーション	30（7％）	25	2％
7	品揃え	10（2％）	0	0％
	合　計	420（100％）		64％

6）ブランド役割指数はブランドが収益にどれだけ影響を及ぼすかの指数である。ここで掲げた数値は，田中［2006］の図表7からの引用である。ただし，棒グラフを数値に換算しているので正確性は劣る。

商品・サービスの価値は，機能的価値と情緒的価値からなる。表8-2で，情緒的価値の割合の数値化は，①購買要因の特定，②ウエイトで重要度をつける，③ブランドの役割（情緒的価値）の評価，④ブランド価値の役割指数（role of branding index；RBI）の算定の順で行なわれる。ブランドの役割は25点の5段階（0, 25, 50, 75, 100）で評価する。ステータスが100点なのは，ブランドがなければステータスもなくなるからである。価格や品揃えはブランドとは関係がないので，ゼロである。ブランド役割指数は商品別，事業別に算定する。表8-2で，ウエイトは合計420で，ブランドの役割指数（RBI）は64％になる。EVA®にこのブランド役割指数を乗じたものが，ブランド利益になる。式8-2の算式を参照されたい。

ブランド利益＝EVA®×ブランドの役割指数（RBI） ……………… 式8-2

ブランド力の分析では，将来のブランド利益のリスクを評価する。リスクの大きさに応じて割引率を算定し，ブランド利益の割引現在価値を算定するためである。ブランド分析では，個々の商品別に7つの指標を評価し，その結果を総合してブランド力を測定する。具体的には，主導性（25），展開性（25），安定性（15），市場性（10），方向性（10），サポート性（10），法律的保護性（5）によってブランド力スコア（BSS）を算定する。理想スコアは10である。

以上をもとに，**式8-1**で示したEVA®を算定するための加重平均資本コスト（WACC）を，たとえば8％と算定する。ブランドの価値は，「ブランドに貨幣を支払った瞬間にブランドが生じる」という視点から，利益を生み出すものがブランドを生むと考える。伊藤邦雄教授のように従業員価値，顧客価値，株主価値の合算値がコーポレート・ブランドだというような見解はとらない。教授の考え方は頭ではわかるが，オペレーショナルではないからであるという。以上が，インターブランド社の評価方法である。

インターブランド社の以上の評価方法によって評価された2008年度のトップテン［インターブランドジャパン，2009, p.9］は，①コカ・コーラ，②IBM，③マイクロソフト，④GE，⑤ノキア，⑥トヨタ，⑦インテル，⑧マクドナルド，⑨ディズニー，⑩マールボロ（数値は順位）である。年度によってほとんど順

位の変動が見られないのもこの指標による結果の特徴である[7]。ただ2010年度のトップテンにはだいぶ変動があり，①コカ・コーラ，②IBM，③マイクロソフト，④グーグル，⑤GE，⑥マクドナルド，⑦インテル，⑧ノキア，⑨ディズニー，⑩HPとなり，トヨタは前年の8位から11位に下落した。別途に行なわれた日本企業のトップテンの順位はトヨタがトップで，①トヨタ，②ホンダ，③ソニー，④キヤノン，⑤任天堂，⑥パナソニック，⑦レクサス，⑧日産，⑨東芝，⑩シャープ［Interbrand, 2010］であった。アメリカのリコール問題にもかかわらず，日本人のトヨタブランド神話に動揺は見られない。

インターブランド社のブランド指標では，個別の商品ではなく商品群ないし事業が対象になる。その意味では，プロダクト・ブランドというよりはコーポレート・ブランドの評価に近い。経済価値だけでなく社会価値や組織価値も評価対象に加えられている[8]。EVA®が使われているため，インターブランド社の評価で上位にくる企業は高い配当を支払っている企業である。

インターブランドの価値評価には問題点もある。1つは，評価において商標を重視しているので，評価結果にはBtoCの企業が圧倒的に多い。たとえば，2008年度の評価結果のなかで上位100社に入っている企業で注目すべきBtoB企業は，オラクル，SAP，CISCO［Interbrand, 2008, p.81］などわずかでしかなかった。いま1つは，高い配当を支払っている企業をもって単純にブランドが高いとはいえないことである。超過収益力は株価総額から純資産を差し引いて算定できる。その超過収益力は，ブランドだけでなく，知的財産，イノベーション，人的資産・情報資産の有効な活用等から生じる。

ブランディングとの関係について触れておこう。コーポレート・ブランドは事業活動の成果の蓄積である。その蓄積はステークホルダーによる評判（レピュテーション）となる。インターブランド社のブランディング戦略は，次の3つを行なうことによって意図して評判をつくることであり，**図8-2**はその図解［田中, 2006, pp.55-56］である。

---

[7] コーポレート・レピュテーションの評価に比べると，ブランディングの順位に大きな変動が見られないのが1つの特徴ではある。ブランドは相続遺産的な性質をもつからである。
[8] 最終的にはEVA®による評価が行なわれているが，割引率を算定する際のブランドスコアの算定において，社会価値や組織価値が含まれている。

図8-2　ブランディングの3要素

```
┌──────────┐     ┌──────────┐     ┌──────────────┐
│ コンセプト │  ×  │  事業活動  │  ×  │ ブランドシンボル │
└──────────┘     └──────────┘     └──────────────┘
     ↑                 ↑                   ↑
 どんな評判を       評判をつくる         評判がブランド
 つくるかを決める   一貫した事業活動     シンボルに付着する
```

1）**コンセプト**　　どんな評判をつくるかという考え方を決める。
2）**事業活動**　　　意図した評判に繋がる一貫した事業活動をする。
3）**ブランドシンボル**　　活動の成果が蓄積される受け皿を作る。

　田中によれば，以上の3つの要素は足し算ではなく掛け算の関係であるという。その意味は，明確なコンセプトと事業活動があっても，ブランドシンボルがバラバラで活動の成果が蓄積されないと，結果としてブランディングは失敗してしまうという。

4　伊藤邦雄教授のコーポレート・ブランドの特徴

　わが国でコーポレート・ブランドの会計学研究といえば，ただちに一橋大学の伊藤邦雄教授（以下，伊藤）の顔が浮かぶように，伊藤はコーポレート・ブランドの研究に関しては独自の理論を展開している。伊藤［2000, 2008］の主張するコーポレート・ブランド論はどんな特徴をもっているか。著者の提唱するコーポレート・レピュテーションとは何が異なるのか。

▶1　コーポレート・ブランドとレピュテーションの一般的な特徴

　影響要因（バリュー・ドライバー），特徴，焦点の3つは，世界とも共通するコーポレート・ブランドの特徴である。
　第1に**影響要因**であるが，コーポレート・ブランドでは企業や事業との関連性が強まるものの，どうしても企業全体の製品とサービスを強調する傾向にある。他方，著者の主張するコーポレート・レピュテーションは，経営者と従業員の行為が最も大きな影響要因となる。

第2に，それぞれの**特徴**についてみると，コーポレート・ブランドは，商品ブランドの影響を受けて，遺産相続的な特徴があるから，企業内の努力によって短期間にブランドを構築することは困難である。他方，コーポレート・レピュテーションは比較的短期的な管理が可能である。

　第3に，**対象**についてみると，コーポレート・ブランドは企業のブランド向上が目的で行なわれる。他方，櫻井のコーポレート・レピュテーションは，よい評判の構築，維持，悪評の回避に重点がおかれている。

▶2　コーポレート・ブランドの評価・測定

　伊藤は日本経済新聞社と共同で開発したCB（コーポレート・ブランド）バリュエータによって評価・測定をしている。算定方式は公表されていない部分も多いため不明のところもあるが，わかる範囲で紹介すれば，次のようになる。

　CBバリュエータによるコーポレート・ブランドの価値は，CBスコア（優位性）とCBレバレッジ（倍数）からなる。CBスコアは，株主スコア，従業員スコア，顧客スコアからなる。一方，CBレバレッジは，ビジネスモデル，経営者，ビジョンなどからなるCB活用力と産業特性からなるCB活用機会から構成される。

　評価に利用しているデータは，財務データはNEEDSを利用し，企業イメージについては日経企業イメージ調査の結果を活用し，証券アナリストへの質問調査，大学生への就職希望アンケートのデータも活用している。しかし，株主スコア，従業員スコア，顧客スコアをどのような評価プロセスでキャッシュ・フローの現在価値に算定できるのかは明示されていない[9]。そのため，コーポレート・ブランドの価値が株主スコア，顧客スコア，従業員スコアの合算値といえるかについても明らかではない。

　日本では，公表されているレピュテーション指標はない。櫻井［2005, pp.113-174; 2008, pp.101-106, p.117］は，*Fortune*誌の「最も賞賛される企業」，*The Wall Street Journal*紙のRQスコア，およびレピュテーション・インステ

9）2009年度については，日経産業新聞（2009年6月10日）を参照した。CB価値の測定で最も批判が多いのは，株主スコア，従業員スコア，顧客スコアはもともと1つの価値で算定できないのではないかというものである。2009年度のトップテンのランキングは，トヨタ，キヤノン，任天堂，ホンダ，武田薬品工業，NTTドコモ，NTT，三菱UFJフィナンシャル・グループ，パナソニック，日産である。

イチュートが開発したRapTrak®などを参考に，日本でもレピュテーション指標による評価をすることで，レピュテーション・マネジメントの実を上げることができると考えている。

▶3　コーポレート・ブランドの管理

　企業広告によるコーポレート・ブランディングは，製品自体を個々に宣伝するのに比べて，情報の受け手により大きな安心感を与える。そのことから，コーポレート・ブランドの管理で最も関心の高いのは，先に述べたブランド評価と企業広告との関連である。

　伊藤のコーポレート・ブランドの管理は，ビジネスモデルの革新による企業価値の向上に重点がおかれている。それにはネット戦略や人材の育成も含まれる。戦略的なマネジメントによるブランド管理に重点がおかれているといえよう。加えて，伊藤は2001年以降，CBバリュエータを使ったコーポレート・ブランドの価値測定を行なっている。

　著者は，レピュテーション・マネジメントでは，バランスト・スコアカードと戦略マップ，内部統制，リスクマネジメント，CSR，レピュテーション指標，レピュテーション監査など会計を含む経営手法を駆使してコーポレート・レピュテーションの向上または毀損の回避を図るべきだとしている。

▶4　企業価値

　伊藤［2000, p.29, p.53］は，企業価値とは，「資本コストを上回るキャッシュ・フロー」であるとし，経済価値に限定している。その結果，最善の評価尺度としては，EVA®（economic value added；経済的付加価値）が企業価値を表す尺度であるとする。しかし，日本企業の大多数（約60％）は，経常利益を主要な業績指標とした経営を行なっている。では，経常利益とEVAは何が違うのか。式8-3を先に示した式8-1と比較されたい。

　　経常利益＝税引前営業利益－（営業外費用－営業外収益）…………　式8-3

　式8-3を式8-1と対比することによって，経常利益とEVA®との違いは，

少なくとも次の2点であることが明らかになる。第1に，経常利益とは違って，EVA®では税引後営業利益が用いられている。第2に，経常利益では資本コストで考慮されているのは金利だけでしかないのに対して，EVA®では金利だけでなく株主に支払われる配当金と留保利益の機会原価[10]も差し引かれている。要するに，伊藤にとっては，株主価値の向上を中心とする**経済価値の増大**が大きな関心事になっているということである。

　欧米で，企業価値といえば，一般に株主価値を中心とする経済価値を意味する。しかし，わが国で企業価値というとき，株価，利益，将来キャッシュ・フローの現在価値であれ経済価値だけを考える日本の経営者は極めて少ない。日本の多くの経営者は，欧米（とくにアングロサクソン）の通説とは違って，企業価値が経済価値だけでなく，社会貢献などによって評価される社会価値，従業員の熱意やリーダーシップなどからなる組織価値を含む[11]。

　このような理由から，著者［櫻井，2008, pp.87-119］が主張するコーポレート・レピュテーションでは，企業価値をもって経済価値だけでなく，社会価値，組織価値からなるとしている。

▶5　コーポレート・ブランドとコーポレート・レピュテーションの相違

　以上，コーポレート・ブランドとコーポレート・レピュテーションを対比して示せば，**表8-3**のようになる。ただし，コーポレート・ブランドといっても論者によって主張が大きく異なるので，一般論としてではなく，伊藤および著者の論点を対比させた。

　表8-3で，**影響要因**は，コーポレート・ブランドでは企業全体の製品・サービスが影響要因になるが，コーポレート・レピュテーションでは経営者と従業員の行為である。コーポレート・ブランドの**特徴**は遺産相続的な性格をもつため，コーポレート・レピュテーションとは違って，経営者による短期的な管理が相対的に困難である。コーポレート・ブランドの**焦点**は，企業ブランドの

---

10) 他のプロジェクトに投資したら得られるであろう計算上の資本コスト。
11) 2009年1月から2月に上場第一部企業に送付した日本会計研究学会のスタディ・グループ「インタンジブルズの管理会計研究」［青木・岩田・櫻井，2010, p.192］が行なったアンケート調査によれば，企業価値が経済価値からのみなるとする回答は11％，経済価値，社会価値，組織価値からなるとする回答は89％であった。有効回答数は124（回収率12％）であった。

向上にある。一方，コーポレート・レピュテーションでは，良い評判の構築，維持および悪評の回避にある。**管理**という面では，伊藤は評価に重点をおいているが，著者ではマネジメントを強調している。具体的には，レピュテーション指標による測定の他，バランスト・スコアカードと戦略マップ，内部統制と内部監査，レピュテーションリスク・マネジメント，CSR，レピュテーション監査を提唱している。

欧米の論者はコーポレート・ブランドでは全**ステークホルダー**が対象になるが，伊藤では顧客，株主，従業員に限定される。**企業価値**では株主のための経済価値（EVA®）が中心になることも伊藤のコーポレート・ブランドの特徴である。対する著者のコーポレート・レピュテーションのモデルでは，経済価値，社会価値，組織価値が対象になる。

表8-3　コーポレート・ブランドとコーポレート・レピュテーション

	コーポレート・ブランド（伊藤）	コーポレート・レピュテーション（著者）
1 影響要因	企業全体の製品・サービス	経営者・従業員の行為
2 特　徴	遺産相続的	短期的な管理が比較的容易
3 焦　点	ブランドの向上	良い評判の構築・維持・悪評の回避
4 管　理	ブランド評価（CBバリュエータ）ビジネスモデル・企業広告	BSC戦略マップ・内部統制・リスクマネジメント（ERM）・レピュテーション評価・レピュテーション監査
5 ステークホルダー	ゴールデントライアングル—顧客，株主，従業員—	全ステークホルダー—経営者，株主も排除せず—
6 企業価値	経済価値中心（EVA®）	経済価値・社会価値・組織価値

コーポレート・ブランドの特徴をコーポレート・レピュテーションとの対比において理解するには，現実の企業が採ってきたコーポレート・ブランディングを検討するのが読者の便宜に資すると思われる。そこで最後に，ノボノルディスクのブランディング戦略を簡単に紹介する。読者は第10章で紹介するシェルのレピュテーション・マネジメントと対比させて，両者の実務上の違いを把握していただきたい。

5 ケース・スタディ—ノボノルディスクのコーポレート・ブランド戦略—

　ノボノルディスク（Novo Nordisk）は，糖尿病，成長ホルモン，血友病治療に特化した世界的なヘルスケア企業である。本拠地をデンマークにおき，ヨーロッパと中国ではトップランクの地位を保持しているグローバル企業である。
　トリプル・ボトムラインの概念のもとに，財務業績だけでなく，社会貢献や環境分野に対する責任を総合的に達成しようとしている企業でもある。2006年には，糖尿病に関する知識を広め，治療を向上させるために，"糖尿病を変える"（Changing diabetes）と銘打ったキャンペーンを行なっている。

▶1　ノボノルディスクの戦略

　売上高の世界ランキングでは，2008年にはデンマークではトップの21位（ちなみに，日本トップの武田薬品工業は17位）であった。日本法人は1980年にノボ ノルディスク ファーマ㈱が設立されている。コーポレート・ブランディングは海外事業を拡張するために用いられ，明確で積極的な戦略を貫いてきた。以下では，ハッチとシュルツ［Hatch and Schultz, 2008, pp.212-216］を参考に，ノボノルディスクのコーポレート・ブランド戦略を述べる。
　コーポレート・ブランディングの組織としては，コーポレート・コミュニケーション機能のスピンオフとして"コーポレート・ブランディング"と呼ばれる部門を新たに設けた。その主要な責任は次のものである。
1) **内部ブランディング**；　ブランドアカデミーの設立や従業員ブランドの構築といった企業内部での強力なブランド文化の推進
2) **外部ブランディング**；　パートナー，スポンサー，刊行物，広告，イベントなどを通じたブランドの推進
3) **ブランド・デザイン**；　内部・外部のコーポレート・ブランドの見える化
4) **ブランド追跡**；　世界的な規模での主要なステークホルダーへのブランドの浸透とコーポレート・レピュテーションへの追跡

▶2　ブランドハウス

　コーポレート・ブランディングは，"ブランドハウス"と呼ばれる一種の家の形で実施してきた。土台になっているのは，CSRの理念になっているトリプル・ボトムラインである。その土台の上に，家の中心部分には戦略の柱として従業員価値，科学の探求，人々へのケア，健康なコミュニティの4つが添えられている。屋根の部分には，ノボノルディスクが糖尿病との闘いと糖尿病の絶滅が会社の強い願いでありわが社のビジネスだとしている。

　"ブランドハウス"をスタートさせ，"糖尿病を変える"ビジョンを遂行するために，コーポレート・ブランディングのためのグローバルな機能横断的チーム（cross-functional team; CFT）を発足させている。CEOと国際マーケティング担当のバイスプレジデントはCFTを強力に支援した。CSR担当者は長年にわたって企業の社会的責任を推進してきたことから，「企業の責任マネジメント」部門もCFTのコーポレート・ブランディングを支援してきた。

▶3　コーポレート・ブランディングの効果

　このような活動の成果は，2006年にはアメリカ合衆国で糖尿病の市場リーダーになったことで現れた。具体的には，2002年から2006年にかけて売上高は北米では30％増加，"糖尿病を変える"ビジョンを発表した2006年だけでも売上高は26％増加した。2007年には，ノボノルディスクのトップマネジメントは「コーポレート・ブランディングと責任」部門を設置して，社会的責任，ステークホルダー関係，公共の側面から見た企業広報，PR，コーポレート・ブランディングの核となる機能とした。

　以上，ノボノルディスクの戦略は，ただ単に株主のために利益を最大にするというのではなく，ブランディング戦略にもとづいて，長期的な視点から経営を行なっていることに特徴を見出すことができる。

●まとめに代えて―コーポレート・レピュテーションとの関係―●

　本章では，コーポレート・ブランドに焦点をあてて，プロダクト・ブランド

やコーポレート・レピュテーションとの違いを明らかにしてきた。その最大の理由は，過去の講演，論文や著書の発表ではしばしばプロダクト・ブランドや伊藤邦雄教授の推進してきたコーポレート・ブランドとの違いについて質問を受けたからである。そのため，本章ではこれらの概念の違いをことさら強調した。しかし，ブランド，レピュテーション，イメージ，CIはインタンジブルズであるから，区別が困難で，場合によっては区別がむしろミスリーディングですらある。

とはいえ，潜在的な読者の要望に応えて，最後に，コーポレート・レピュテーション［櫻井，2005，2008］との対比において，コーポレート・ブランディングの特徴を4点に絞って明らかにしよう。

第1に，コーポレート・レピュテーション，コーポレート・ブランド，企業価値との間にはどんな関係が見られるか。それは，**図8-3**を参照されたい。

図8-3 レピュテーション，ブランド，財務業績の関係

```
コーポレート・     →  ブランド・   →  企業価値
レピュテーション       エクイティ
        └──────────────────────────↗
```

コーポレート・レピュテーションは直接的にも企業価値に影響を与える。しかし，コーポレート・ブランドとの関係では，レピュテーションがブランド・エクイティに影響を及ぼし，企業価値に影響すると想定することができる。ただし，**図8-3**でいうブランドはコーポレート・ブランドであってプロダクト・ブランドではないことに留意されたい。

第2に，コーポレート・ブランドとコーポレート・レピュテーションの違いを明確に線引きすることは難しいが，コーポレート・ブランドでは製品やサービスとの関係に焦点がおかれる。それは，ブランドマネジャーが消費者の動向に目を向け，ブランド認知，ブランド連想，ブランド・ロイヤリティといったテーマを追いかけているからである。顧客，株主，従業員に焦点をおく見解もある。一方，コーポレート・レピュテーションの評価では，すべてのステークホルダーが重視される。

第3に，コーポレート・ブランディングでは企業のブランドを高めようとする努力は盛んに行なわれるが，企業の法令違反や企業統治の緩みといったマイナスのブランディングはレピュテーションに比べると，あまり問題にはされない。他方，レピュテーションは良い側面（良い評判）だけでなく悪い評判（悪評）の側面も大きなテーマになる。さらに，レピュテーション負債が議論され，レピュテーション負債が一定の水準に達して量から質に変換すると企業は倒産の憂き目にあうことなども考慮される。日本の企業では，雪印乳業（現・雪印メグミルク）や三菱自動車の例をみると，2度続けて不祥事や事故を起こすとメディアや生活者の手痛いしっぺ返しを食らうように思われる。

　第4に，コーポレート・ブランディングでは，企業広告とかビジネスモデルの変更戦略，ブランド評価に焦点があてられる。財務会計では，企業買収における企業評価も大きな課題である。他方，レピュテーション・マネジメントでは，レピュテーション指標による企業評価だけでなく，バランスト・スコアカードと戦略マップによる戦略の可視化，内部統制や内部監査によるレピュテーションリスクの回避，レピュテーションリスク・マネジメント，CSR，レピュテーション監査といった多様な手法による管理が行なわれる。

　本章ではブランディングをレピュテーションとの対比で考察してきた。そのため，両者の違いを浮き彫りにしすぎたところもある。いずれもステークホルダーの評価が問題になるので，内部努力だけでなく，外部の力によって評判を変えうる側面が大きい。次章では，内部努力よりも外部と内部への情報の発信力に力点がおかれるコーポレート・コミュニケーションについて考察する。

参考文献

Aaker, David A., *Managing Brand Equity*, The Free Press, 1991.（陶山計介・中田善啓・尾崎久仁博・小林哲訳『ブランド・エクイティ戦略』ダイヤモンド社, 1994年, p.21。）

Aaker, David A. and Erich Joachimsthaler, *Brand Leadership*, The Free Press, 2000.（阿久津聡訳『ブランド・リーダーシップ』ダイヤモンド社, 2000年, p.23。）

Fombrun, Charles J. and C.B.M. Van Riel, *Fame & Fortune, How Successful Companies Build Winning Reputations*, Prentice Hall, 2004.（花堂靖仁監訳, 電通レピュテーション・プロジェクトチーム訳『コーポレート・レピュテーション』東洋経済新報社, 2005年, p.17。）

Hatch, Mary and Majken Schultz, *Taking Brand Initiative, -How Companies Can Align Strategy, Culture, and Identity Through Corporate Branding*, Jossey-Bass, 2008.

Interbrand, *Best Global Brands 2008, Creating and Managing Brand Value*, 2008.
Interbrand, *Japan's Best Global Brands -Creating and Managing Brand Value*, 2010.（日本のグローバル・ブランドTOP30。）
Keller, Kevin Lane, *Strategic Brand Management, Building, Measuring, and Managing Brand Equity*, 2nd ed., Prentice-Hall, 2003.（恩蔵直人・亀井昭宏訳『戦略的ブランド・マネジメント』東急エージェンシー，2007年，p.470, p.476。ただし，翻訳は初版。）
Ormeno, Marcos, *Managing Corporate Brands, -A New Approach to Corporate Communication*, DUV, 2007.
Van Riel, C.B.M. and Charles J. Fombrun, *Essentials of Corporate Communication, -Implementing Practices for Effective Reputation Management*, Routledge, 2007.
青木章通・岩田弘尚・櫻井通晴「レピュテーション・マネジメントに関する経営者の意識─管理会計の視点からのアンケート調査結果の分析─」『インタンジブルズの管理会計研究─コーポレート・レピュテーションを中心に─』日本会計研究学会スタディ・グループ，於：東洋大学，2010年9月8日。
伊藤邦雄『コーポレート・ブランド経営─個性が生み出す競争優位』日本経済新聞社，2000年。
伊藤邦雄「インタンジブルズと企業価値」日本管理会計学会発表資料，2008年8月30日。
インターブランドジャパン「ブランドヴァリュー・マネジメントディスカション資料」株式会社インターブランドジャパン，2009年6月29日。
櫻井通晴『コーポレート・レピュテーション─「会社の評判」をマネジメントする』中央経済社，2005年。
櫻井通晴『レピュテーション・マネジメント─内部統制・管理会計・監査による評判の管理』中央経済社，2008年。
園田智昭「コーポレート・レピュテーションに関する課題の整理とレピュテーション・マネジメントの展開」『インタンジブルズの管理会計研究─コーポレート・レピュテーションを中心に─』日本会計研究学会スタディ・グループ，於：東洋大学，2010年9月8日。
田中秀富「ブランドヴァリュー・マネジメント」『青山マネジメントレビュー』No.9, 2006年。
日本経済社「消費者が明かすコーポレート・レピュテーションの真相」オグルヴィ＆メイザー・ジャパン㈱（Ogilvy & Mather Japan, "Reputation Z"），2005年11月16日，報道関係者への資料。

第9章
コーポレート・コミュニケーションのレピュテーションへの貢献

● はじめに ●

　コーポレート・コミュニケーション（corporate communication）は，明確で訴求力の高いイメージをステークホルダーに植えつけ，強いコーポレート・ブランドを構築する。さらに，コーポレート・レピュテーションの維持，向上，毀損の回避・回復において重要な貢献を果たす。それゆえ，コミュニケーション能力の向上は，レピュテーション・マネジメントにおいて最も大切な要素の1つであるといえる。コーポレート・コミュニケーションの最大の目的は，コーポレート・レピュテーションの構築にある。

　企業内部の経営者を支援する管理会計の立場からコーポレート・レピュテーションの研究を進めてきた著者にとって，対外的な問題に深く関連するコーポレート・コミュニケーションの研究は，著者のアプローチとは対極にある。しかし，それだからこそ，コーポレート・コミュニケーションが何を意味し，経営においてどんな役割を果たしているか，コーポレート・レピュテーションとはどんな関係にあるのか，限界があるとすればそれは何かといった研究が不可欠である。そこで，管理会計の立場から進めるコーポレート・コミュニケーションの研究はそれなりの価値があると考えるのである。

　本章では，まず，コミュニケーションの研究が，領域の違いによってマネジメント・コミュニケーション，マーケティング・コミュニケーション，組織コミュニケーションに区分されることを明らかにする。次に，コーポレート・コミュニケーションとコーポレート・レピュテーションの関係を検討する。続いて，コーポレート・コミュニケーションの意義・目的とコミュニケーションの双方向性とアカウンタビリティ，効果測定について考察する。最後に，コーポレート・コミュニケーションを成功に導くための留意点を述べる。

1 マネジメント・マーケティング・組織コミュニケーション

コミュニケーション（communication）とは，言葉，記号，身振りなどで情報，知識，感情，意志を交換することである。コーネリッセン［Cornelissen, 2008, p10］は，コミュニケーションのことを簡潔に「内部・外部のグループとコミュニケートするために用いられる戦術とメディア」と定義づけている。

▶1 コミュニケーションの意義と分類

コーポレート・レピュテーションは，経営者および従業員の過去の行為の結果，および現在と将来の予測情報をもとに，企業を取り巻くさまざまなステークホルダーから導かれる持続可能な競争優位である。企業はもとより政府や自治体がそのレピュテーションを高めるには，レピュテーションを高めるための組織による内部努力が必要である。しかしそれと同時に，コーポレート・レピュテーションは組織を取り巻くさまざまなステークホルダーによって導かれるのであるから，組織が内外のステークホルダーに発信（コミュニケート）する情報が，組織のレピュテーションを高めたり低下させたりする。図 9-1 を参照されたい。

図 9-1　レピュテーションを高めるためのコミュニケーションの役割

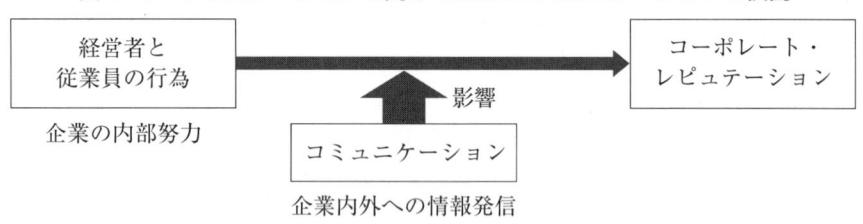

```
┌──────────┐                      ┌──────────┐
│ 経営者と  │  ──────────→         │ コーポレート・│
│ 従業員の行為│       ↑影響          │ レピュテーション│
└──────────┘    ┌──────────┐      └──────────┘
 企業の内部努力  │コミュニケーション│
                └──────────┘
                企業内外への情報発信
```

コミュニケーションの効果は，マネジメント（経営者・管理者）の発信能力の如何に関わる問題である。同時に，マーケティングの方法も大きな影響を及ぼす。加えて，組織の問題でもある。つまり，コミュニケーションは，マネジメント，マーケティング，組織に密接に関わっている。

▶2 専門領域の違いとコミュニケーション

現時点で，世界のコーポレート・レピュテーションの研究をリードしているのは，フォンブラン（Charles Fombrun）とファン・リール（van Riel）である。21世紀に入ると，両教授は2つの著作を発表している。経営学の立場から執筆された前著［Fombrun and van Riel, 2004］に続いて，2007年にはコミュニケーションを専門とする立場から執筆［van Riel and Fombrun, 2007, p.14-21］された。この著書では，学問領域の違いからコミュニケーションを3種類に区別した。マネジメント・コミュニケーション（経営学，戦略論），マーケティング・コミュニケーション（マーケティング），組織コミュニケーション（組織論）がそれである。図9-2は，日本の実態を反映させて3つのコミュニケーションの例示と典型的な担当組織を図示している。

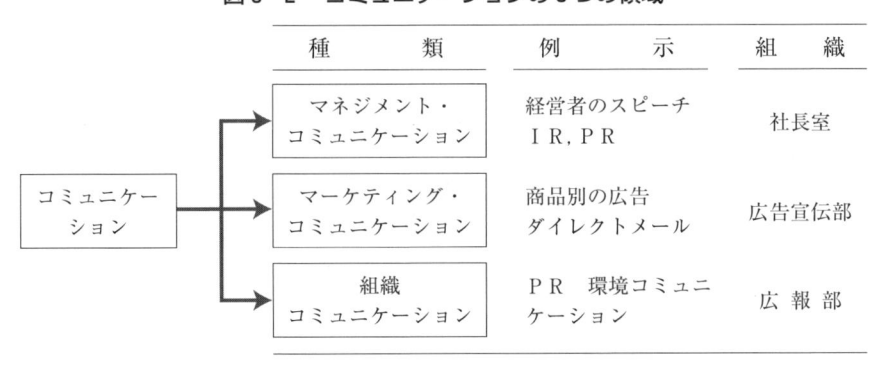

図9-2 コミュニケーションの3つの領域

種類	例示	組織
マネジメント・コミュニケーション	経営者のスピーチ　IR, PR	社長室
マーケティング・コミュニケーション	商品別の広告　ダイレクトメール	広告宣伝部
組織コミュニケーション	PR　環境コミュニケーション	広報部

1）マネジメント・コミュニケーション

マネジメント・コミュニケーション（management communication）とは，企業のあらゆる階層の経営者・管理者（マネジメント）と内部・外部の人々との間のコミュニケーションである。たとえば，経営者のスピーチは内部・外部の人々に影響を与える。会議の参加者，ロビイスト，消費者に強いインパクトを与えて，レピュテーションの向上に大きな貢献を果たす。最近では，マネジメント・コミュニケーションをサポートするため，PR，IR，環境コミュニ

ケーション，イメージ広告，従業員コミュニケーションなどの専門家に依頼して，経営者のスピーチの原稿にアドバイスを求めることも多くなった。

　日本IR協議会（HP）によれば，IR（investor relations；投資家への広報活動）とは「企業が株主や投資家に対し，投資判断に必要な情報を適時，公平，継続して提供していく活動全般」であって，IRによって「企業はIR活動を通じて投資家等と意見交換することで，お互いの理解を深め，信頼関係を構築し，資本市場での正当な評価を得ることができ」，また「逆に外部からの厳しい評価を受けることで，経営の質を高めることができる」としている。日本では1990年代の後半からIRに多くの企業が急速に力を入れてきた。ただ多くの日本企業のエグゼクティブは株主そのものよりも「証券アナリストや格付機関などへの対応が重視される」［猪狩，2008, p.11］結果，現実には従業員，顧客，あるいは研究開発による持続的発展が忘れられていることもあることは，由々しき事態である[1]。

　担当部署は社長室や広報部が最も多いが，CSR部（室），人事部，社長・副社長などのエグゼクティブであることもあり，日本では担当組織としては多様である。いずれによる場合でも，最終的な責任はCEOないし社長が深く関与する体制にしておくことが必要である。

2）マーケティング・コミュニケーション

　マーケティング・コミュニケーション（marketing communication）は，製品の販売，サービスの提供，ブランドを支援する。ほとんどすべての論者が認めているのは，広告活動がコミュニケーション・ミックスの重要な構成要素として，販売担当責任者と流通業者を支援しているということである。

　販売促進はメディア広告の付加的活動だとされることがある。ダイレクトメールは郵便を活用した直接的な広告活動である。販売促進活動では，予算の大部分は個人販売と販売管理費に費やされる。販売促進活動の著しい特徴は，個々

---

[1] この状況は，短期業績にのみ目がとらわれたたために日本とのビジネス上の戦いに敗れた多くの企業がみられた1980年代後半のアメリカ企業の状況と実によく似てきた。ただ，当時のアメリカとの違いは，アメリカでは四半期決算など短期業績の傾向を批判する論文が数多く現れたが，現在の日本では，先端的な研究者ですら現状是認の姿勢を取り続けていることである。

のクライアントのニーズを満たすために，クライアントのニーズに合致した商品を迅速に提供することにある。販売促進活動の結果は直接的に財務業績に結び付くケースも少なくない。そのため，他のコミュニケーション手段に比べると，販売促進活動の効果測定は比較的容易である。

　大多数の論者は，**マーケティング志向のＰＲ**をもってマーケティング・コミュニケーションの１手段だと見ている。ケラー［Keller, 2003, p.321］によれば，**パブリシティ**（publicity；広報・宣伝活動）とは，新聞発表，メディアインタビュー，共同記者会見，特別商品，ニーズレター，写真，映画，テープなどのように，非個人的なコミュニケーションであるという。換言すれば，ラジオ，テレビなど公的なメディアを使って，製品，サービスなどの需要を喚起することである。会社のコミュニケーション予算の大部分は，マーケティング・コミュニケーション，とくに広告費に費やされる。

　マーケティング・コミュニケーションの社内組織としては，日本では広告宣伝部が最も多い。しかし，その場合でも重要な決定では社長かマーケティング担当の副社長が会社の経営戦略との関係で共感性，論理性（一貫性），真実性という側面から必ずチェックすることがレピュテーション・マネジメントのためには必要である。

3）組織コミュニケーション

　組織コミュニケーション（organizational communication）には，ＰＲ，ＩＲ，会社のイメージ広告，環境コミュニケーション，内部コミュニケーションなどが含まれる。組織コミュニケーションは多様な内容からなるが，ファン・リールとフォンブラン［van Riel and Fombrun, 2007, p.20］は次の４つの点で共通項があるという。それは，①株主，アナリスト，規制機関などステークホルダーとの関係が問題になる。②長期的視点に立脚し，売上高増大を直接には意図しない。③メッセージの内容は公的で公式なものが多く，誇大広告や宣伝は慎まれる。④一般に，外部の専門家によって始められる。

　マーケティング・コミュニケーションとの違いについて，カヴィー［Covey, 2003, p.145］は次のように述べている。まず，マーケティング・コミュニケーションは商業的に狙いをつけた消費者を対象にする。一方，組織コミュニケー

ションでは，①内部コミュニケーションに焦点がおかれる，②外部のすべてのステークホルダーも対象になる，③親会社と子会社との間のコミュニケーションにも重要な役割が認められる，④多様なコミュニケーション・チャンネルを包含することでマーケティング・コミュニケーションとは区別される。

　パブリック・リレーションズ（public relations，広報；以下，ＰＲ）は「会社のイメージや個々の製品の販売促進または保護するように企画されたさまざまなプログラムのこと」[Kotler and Keller, 2009, p.512]である。ＰＲには，社内的に会社の従業員との間のコミュニケーションだけでなく，対外的に消費者，他の企業，政府，メディアへの情報発信も含まれる。ＰＲには，報道対策，年次報告書，基金の拠出，会員募集，ロビー活動，特別なイベント管理，パブリック・アフェアーズ[2]などが含まれる。パブリック・リレーションズとかパブリシティの効果は，企業の目標達成能力に対して実際にまたは潜在的に利害関係または影響力を及ぼしうることである。

　内部コミュニケーションは仕事上の満足感（job satisfaction；やりがい）とどんな関係があるか。グルニック [Grunig, 1992, pp.532-575] は，実証研究をもとに，双方的なコミュニケーションがある限り，内部コミュニケーションが従業員のやりがいを高め，職場活動の質を高めることを明らかにした。仕事のやりがいが高まれば，長期欠勤率，離職率，安全性記録，健康指標といった成果指標に影響を及ぼし，結果として，財務業績にも影響を及ぼす可能性もある。

　組織コミュニケーションの担当組織は，副社長直属の広報部門が当たることが少なくない。最近ではインターネット広報にどの会社でも大きな力をおき始めている。そのため，CIO（Chief Information Officer；情報戦略統括役員）も広報に関与するケースが増加している。さらに，CSRの普及によって，CSR室に広報活動の任務の一端を担わせているケースもある。従業員を対象にした社内広報活動は，人事部が担当する。

▶3　コミュニケーションとコーポレート・レピュテーションの関係

　すぐれたコミュニケーションたりうるためには，ビジョンや戦略，リーダー

---

2) 企業の社会的責任を認識して，社会に対して積極的に貢献する広報活動のことをいう。パブリック（公共）という視点から見た企業広報といってもよい。

シップ，コーポレート・アイデンティティ，コーポレート・ブランドが確立されていなければならない。その共通の出発点から，各種のコミュニケーションを通じて，コーポレート・レピュテーションの向上に貢献する。**図9-3**は，ファン・リールとフォンブラン［van Riel and Fombrun, 2007, p.35］を参考にして，社内の内的な整備状況との関係を示したものである。

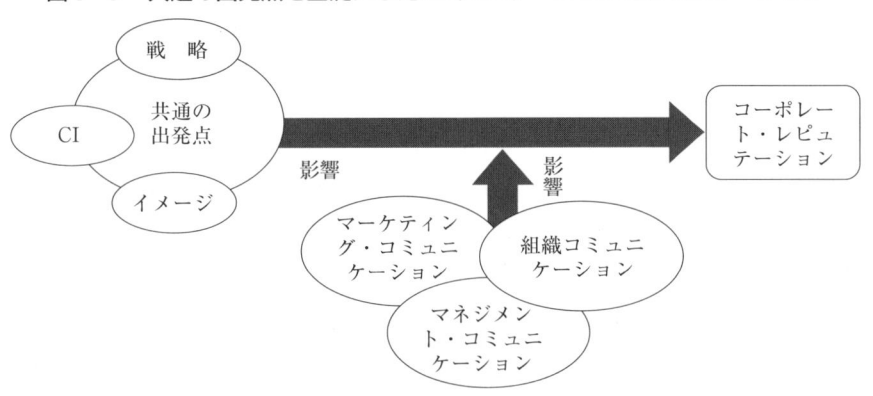

図9-3 共通の出発点を基礎にしたコミュニケーションとレピュテーション

戦略，CI，イメージを共通の出発点として，調整されたアカウンタビリティをもとに，核となるコミュニケーションの原則が作成される。その原則をベースにして，マネジメント・コミュニケーション，マーケティング・コミュニケーション，組織コミュニケーション[3]が実施される。**図9-3**では，コミュニケーションの出来栄えいかんがコーポレート・レピュテーションに影響を及ぼす関係を表示している。

2　コーポレート・コミュニケーションの意義・目的

企業は，互いにコミュニケートをする人々のネットワークから成り立ってい

3）ファン・リールの3分類は，重複がみられるという批判の余地があろう。上野［猪狩他, 2008, p.37］は，マネジメント・コミュニケーション，マーケティング・コミュニケーションの他，ソーシャル・コミュニケーションとビヘイビア・コミュニケーションに区分している。この分類は，組織コミュニケーションをソーシャル・コミュニケーション戦略と行動様式革新のコミュニケーション戦略の2つに区分したものとみることができよう。

る。企業でコミュニケーションは縦と横，内部と外部，公式と非公式に行なわれる。コミュニケーションは対外的な問題だけを扱うわけではない。従業員は，社内では仲間との間で，また各階層の経営者と，さらには外部のステークホルダーとの間で意思疎通を図る。企業内でのコミュニケーションは必ずしも仕事オンリーのためとか企業目的の達成のためにのみ行なわれるわけではない。しかし，すべてのコミュニケーションは，企業とその活動に関する参加者や観察者の知覚に影響を及ぼし，したがってコミュニケーションの結果は企業のイメージ，ブランドおよびレピュテーションに著しい影響を及ぼす。

▶1　コーポレート・コミュニケーションとは何か

　コーポレート・コミュニケーションとは，アージェンティとフォーマンによれば，「各方面の情報の受け手ないし構成要員によって多くの人々によって発信されてきた，会社についての意見やイメージを意味し，それにはコーポレート・レピュテーション，企業広告と企業支援，社内コミュニケーション，ＩＲ，対政府関係コミュニケーション，メディア管理，危機対応コミュニケーションを含む」[Argenti and Forman, 2002, p.4] と定義づけられる。

　コーポレート・コミュニケーションという用語自体は，アメリカでも決して古くから使われてきた用語ではない。1972年にFortune誌の主催でコーポレート・コミュニケーションのセミナーが開かれたときに初めて用いられたのが最初であるとされる。Fortune誌 [最上訳, 1981, p.7] によれば，このときに発表された論文がアメリカの経営層の間に多大な関心を呼んだのだという。

　あたかも民主党による1972年6月に発覚した盗聴事件「**ウォーターゲート事件**」において，パブリック・リレーションズ（ＰＲ）を事件のもみ消し工作にニクソン大統領が使ったことから，パブリック・リレーションズに変えてコーポレート・コミュニケーションなる言葉が使われるようになったと思われる。しかし，このような解釈は誤解を生む危険性がある。パブリック・リレーションズがコーポレート・コミュニケーションのルーツであり，パブリック・リレーションズの用語は，猪狩他 [2008, pp.272-279] なども明らかにしているように，1890年代からの長い歴史を持つからである。

　ただ，コーポレート・レピュテーションの視点が経営トップとコミュニケー

ション専門家によって用いられるようになったのは1980年代以降[4]のことである。最近になって，コーポレート・コミュニケーションは会社のイメージ広告を通じて，コーポレート・ブランドやコーポレート・レピュテーションを高めるものとして認識されてきた。

コーポレート・コミュニケーションは，企業における企業内部および対外的なコミュニケーションを推進する。それにはコミュニケーションの専門家が統一的に調整された戦略的フレームワークに従ってコーポレート・コミュニケーションを整備・充実させる必要がある [van Riel and Fombrun, 2007, p.252]。コーポレート・コミュニケーションには，前述したマネジメント・コミュニケーション，マーケティング・コミュニケーション，組織コミュニケーションの分類がそのまま妥当する。

現代の社会でコーポレート・コミュニケーションが果たしている役割は，組織文化，企業の発展プロセス，ビジョンと戦略，リーダーシップ，ブランド，ＣＩなどの与件と企業努力を共通の出発点として，マネジメント・コミュニケーション，マーケティング・コミュニケーション，組織コミュニケーションを通じてコーポレート・レピュテーションの向上に多大な役割を果たしている。

▶2 コーポレート・コミュニケーションにおける情報共有と教育訓練

コーポレート・コミュニケーションを全社的な観点からみると，学際的で教育的なマネジメント領域として位置づけることもできる。そこで，コーポレート・コミュニケーションを効果的に遂行するには，可能な限りチームワークを活用することが必要になる。コーポレート・コミュニケーションを遂行するにあたって重要な課題として，次のものが含まれる。

1）企業の目標を明確にし，それを経営者および社員が共有すること。
2）誰がどの仕事をすべきかの役割を明確化し共有すること。
3）仕事の内容や打ち合わせ内容の手順や進め方を共有すること。
4）適切な戦略や意思決定ができるように，手続きを明確に文書化して，経

---

[4] 1972年のウォーターゲート事件では，ニクソン大統領がPRを隠蔽とか嘘といった悪いニュアンスで使ったため，アメリカではパブリック・リレーションズに代わってコーポレート・コミュニケーションの語が使われるようになった［井上, 2005, p.95］とされる。

営者と社員が共有すること。

　以上の責任業務を果たすことは，コーポレート・レピュテーションの向上に貢献しうる。レピュテーション・マネジメントにおけるコーポレート・コミュニケーションの役割を適切に遂行するには，コミュニケーション担当スタッフのスキルの向上と教育訓練が重要である［Hannington, 2004, pp.123-124］。ただ，その教育訓練は講義型の研修ではなく，体験学習型の研修を行なうことで数多くの"気づき"を与えてくれる教育訓練が望まれる。

　コーポレート・コミュニケーションが効果を発揮できるためには，外部イメージの改善だけでなく，経営者と従業員が行なう企業内部の活動も誠実かつ適切なものでなければならない。コーポレート・コミュニケーションの担当者はただ単に機能別の仕事ができるというだけではなく，組織目的を達成すべく，診断的で経営の変革にも貢献する能力を身につけていることが必要である。

　コーポレート・コミュニケーションの推進が本書にとってもつ重要なメッセージの1つは，円滑なコミュニケーションが企業価値の一構成要素としての組織価値を高める効果があるということである。経営者・従業員の間で情報共有を高めることで企業への参加意識が高まり，若い社員の発言が経営に取り入れられて生産方式や経営上の改善や変革をもたらす結果，企業の**組織価値**が高まる。このように，コーポレート・コミュニケーションは社内の生産性を高めて企業価値を増大する側面があることも無視されてはならない。

▶3　コーポレート・コミュニケーションの方法

　コーポレート・コミュニケーションはいろいろな方法で行なわれる。その方法として最もよく行なわれるのは，ビジュアルアイデンティティ・システム，統合マーケティング・コミュニケーション，調整チーム，およびコミュニケーション計画システムである。

1) ビジュアルアイデンティティ・システム（visual identity system）──●
　企業はコミュニケーションを通じて自らを表現する。それゆえ，ビジュアルアイデンティティ・コミュニケーション（視覚に訴えるコミュニケーション）は，企業全体をまたがるコミュニケーションを統合するための重要なツールと

なる。ファン・リールとフォンブラン［van Riel and Fombrun, 2007, p.27］によれば，20世紀の変わり目の頃，すでに産業デザイン専門家は，共通の名称，トレードマーク，グラフィックスとロゴ（ナイキのswoosh），音声（ハーレーダビッドソンのエンジンとかスタインウエイのピアノ），匂い（シャネル）を活用したという。爾来，衣類，家具，建築などの産業では統一的なシンボルをもつアイデンティティ企業が現れるようになった。

2）統合的マーケティング・コミュニケーション

統合的マーケティング・コミュニケーション［Doorley and Garcia, 2007, p.269］とは，顧客のニーズ，モチベーション，態度，行動を理解することで，個人に対するマーケティングを強調して，顧客などすべての他のステークホルダーと良い関係を築くための組織化されたコミュニケーションのマネジメントのことである。その特徴は，顧客志向で，消費者との情報交換はデータにもとづく方法を採用していることにある。

マーケティング文献では，1950年代から統合の努力が目立ってきた。典型的な事例では，価格，製品，立地（または流通），販売促進からなる4Psがよく知られている。マーケティングにとって重要なことは，このマーケティングの概念が顧客中心のモードで推進されてきたことである。

当初，"統合"とはマーケティング機能と専門の学問領域の調整を意味していた。しかしその後，統合の概念は，顧客ロイヤルティーを高めるためにすべての機能部門によって行なわれる補完的な活動を含むようになってきている。

3）調整チーム

統合を促進するいま1つの方法は，調整チームの利用である。ここで調整チームは，会社全体を通じて活動するコミュニケーション部門の代表がワーキング・グループか推進委員会を結成して，共通の方針を樹立しその実行を共同で評価する。

4）コミュニケーション計画システム

コミュニケーション計画システムとは，内部・外部のステークホルダーにタ

ーゲットを絞って，コミュニケーションのプロジェクトを作成し実行するための自動化されたツールである。コミュニケーション計画システムは，会社全体のコミュニケーションのプログラムを必要とするプロジェクトを実行するために用いられる。また，会社のスポンサーがついた活動，年次報告書の作成，あるいは内部のニュースレターの作成にも活用できる。

コミュニケーション計画の作成に関して，ダウリング［Dowling, 2002, pp. 134-139］は，組織目標の確認と予算編成，会社の現状の分析，調査，目標とする情報伝達の対象と活動の目的設定，コミュニケーションの目的の明示，創造的な戦略の策定，メディア戦略と統合的マーケティング・コミュニケーション，キャンペーンの追跡と評価，計画システムの検討という順序でコミュニケーション計画を設定すべきであるという。

▶4 レピュテーションを高めるコーポレート・コミュニケーション

コーポレート・コミュニケーションといいうるためには，次の5つの条件が備わっていなければならない。第1に，外部だけでなく内部コミュニケーションを含むこと，第2に，製品やサービスだけでなく企業ないし事業を含むすべての組織が対象になること，第3に，戦略的計画に基づいて企業の組織内・組織外すべてのコミュニケーションに整合性があること，第4に，企業を取り巻くステークホルダーとの関係が重要な意義をもつこと，第5に，PRだけでなく，IRを含むこと。このような条件を備えた定義づけとして，ファン・リールとフォンブラン［van Riel and Fombrun, 2007, p.25］は，レピュテーションの立場からコーポレート・コミュニケーションを「会社と関係のあるステークホルダーと良好な出発点を生み出せるように，すべての内部・外部コミュニケーションを管理し全体として整合性ある一連の活動」として定義づけている。

コーポレート・コミュニケーションでは，ブランドとコーポレート・レピュテーションを保持し向上させるという目的をもって，レピュテーション専門家とゼネラリストとしての経営者など，多様なバックグラウンドをもつ人材によって推敲された情報発信を行なう。対外的な情報発信だけでなく企業内部への情報発信も重要である。経営者の重要な役割の1つは，組織目的の達成のため自社の目的が何であるかを語り，その目的に向かって従業員が努力するように

従業員をモティベート（動機づけ）することである。それゆえ，従業員に組織目的を受容させるうえで経営者がもたねばならないスキルの1つが，コミュニケーション能力であるといっても過言ではない。

コーポレート・コミュニケーション担当者ないしＰＲ担当者は，企業の最終的成果である当期純利益の増大に貢献することが期待される。そのため，アージェンティとフォアマンは，コーポレート・コミュニケーションの共通の目的は，**利益の増大**にあるという。彼らはまた，利益を増大させるために，コーポレート・レピュテーションを向上［Argenti and Forman, 2002, p.47］させる必要があると述べている。

3 コミュニケーションの双方向性とアカウンタビリティ

コミュニケーションにおけるメッセージの発信は，迅速であることはいうに及ばず，共感性，信頼性，一貫性が不可欠である。**共感性**は対話型ないし双方向性のコミュニケーションによって確保できる。**信頼性**は，コミュニケーションの内容が真実であることが要請される。信頼性を高めるには，**一貫性**がなくてはならない。発信される情報のコンテンツには階層性があるから，どの階層への発信情報であるかを十分に検討して情報発信することが求められる。さらに，発信する情報にはアカウンタビリティが要求される。アカウンタビリティを高めるには，コミュニケーションは費用対効果の高いものでなければならない。

▶1　コミュニケーションの双方向性と真実性

コーポレート・コミュニケーションは，コーポレート・レピュテーションの向上，維持，毀損されたレピュテーションの回復・修復に大いに貢献する。ただし，発信される情報が真実であることが条件になる。つまり，コミュニケーションでは，真実な情報が発信されなければならない。では，真実な情報とは何か。真実な情報は，情報が双方向か一方的な情報かで異なるのか。このテーマに関して，J. グルニックとL. グルニック［Grunig, J. and L. Grunig, 1992, pp.285-325］は，コミュニケーションの分野を4つの象限に区分した二次元の

フレームワークを提案してきた。

1つの軸（横軸）には，企業がステークホルダーと一方向または双方向の情報交換に携わるべきかを選択する。いま1つの軸（縦軸）では，その業務活動と目的に関連して，真実に近い情報を明らかにしているかそれとも完全に真実とはいえないかで異なる。グルニック等の見解とファン・リールとフォンブラン [van Riel and Fombrun, 2007, p.33] によって描かれた図解を参考に，著者なりに要約すれば，図9-4のような4つの視点を描くことができる。

図9-4　コミュニケーションの4つの視点

	一方向のコミュニケーション	双方向のコミュニケーション
真実に近い	信頼性の高い組織の広報	双方向対称のコミュニケーション
完全に真実とはいえない	報道機関による（プロパガンダ）	双方向非対称のコミュニケーション

　報道機関（press agentry）によるプロパガンダ（悪い意味を含む宣伝）を含む情報は，スポーツ，劇場，製品の販売促進 [Grunig, J. and L. Grunig, 1992, pp.303-304] においてみられる。プロパガンダはコミュニケーションの立場からすると最も好ましくない。その理由は，情報が一方向で反論や議論の余地がないし，企業はその活動に関して完全な真実を伝えないからである。プロパガンダは多くの場合，巧妙な惑わしを含む情報を伝達する可能性がある。

　青森に本社をおく年商170億円ほどの**太子食品工業**株式会社（以下，太子食品）と称する大豆製品を中心とするメーカーがある。同社の製品構成は豆腐（45％），油揚（13％），もやし（13％），納豆（9％），その他（20％）などである。顧客に真の満足を提供することを経営理念とする会社だけあって，遺伝子組み換え大豆を一切使用しないことを経営方針にしている。2007年6月5日のテレビ番組で，男前豆腐店株式会社（以下，男前豆腐）とともに，太子食品が紹介された。送付されたビデオを見て驚いた。男前豆腐は，国産大豆のみを使用して

いる優良企業として描かれていた。対照的に，太子食品については，①中国太子食品契約農場で大豆を生産している農民との諍いだけが大々的に放映され（現実には，中国の農民と極めて良好な関係を築いている。太子食品では特別の農場で安全に生産された中国の大豆でも太子食品全体の15％しか用いていない），②太子食品の経営方針である遺伝子組み換え大豆を使用しないことについては一切触れられていなかった。テレビには一切の反論ができないので，メディア戦略のあり方には留意が必要である[5]。

　新聞社，放送局などの報道機関，電通や博報堂といった確立した広告会社が報道するメッセージは，概ね真実に近いので，グルニック達の指摘は日本では完全には妥当しない。しかし，朝刊とともに入ってくる不動産情報に関するチラシには，プロパガンダが数多く含まれていることは多くの人々が経験から認識していることである。

　公報（public information）もまた，一方向のコミュニケーションである。しかし，組織は真実なメッセージを発信しようと試みる。医療機関など安全と健康に携わる経営者と従業員が発信する情報は，この種のコミュニケーションの典型的な事例である。日本では，電力会社，鉄道，裁判所の信頼性が高い［池田, 2006, p.32］ことが調査によって知られている。それは多くの生活者が過去の経験から，これらの組織による活動に信頼をおいているからである。

　双方向非対称（two-way asymmetrical）のコミュニケーションでは，メッセージの内容は不完全でしかない。その理由は，企業は正確なメッセージを発信したにしても，対話が不完全でしかないからである。一例をあげれば，科学的な証拠を使って利害関係者にメッセージを伝達することがある。最近の製薬会社の広告では，薬剤の健康上の効能を経験談として雄弁に語るが，メッセージを受けた生活者からの反論は全く期待されていない。同様に，外国製の健康器具の効用をテレビの深夜番組（テレビショッピング）で得々と話す外国人出演者を見ることが多いが，その真偽のほどを確認することも反論することもで

5）太子食品工業には，2010年11月9日に淡路会計事務所の代表取締役専務　淡路俊彦氏，城西国際大学大学院博士課程の竹telephone秀俊，櫻井の3名が仙台の事業統括本部で工藤茂雄社長，経営戦略室山本重幸課長と会社の概要を伺い，11月30日には，日光工場で日光工場　金安修次長から工場を見学する機会を得た。これまでも数多くの会社を見学してきたが，利益よりも消費者の安全を優先させる経営方針や自動化工場など，超優良企業であるとの印象を得た。

きない。著者は自民党時代に総務省による独立行政法人の評価を経験したことがある。大多数の独立行政法人がまじめに業務を遂行しているにも関わらず，一部の省庁，一部の独立行政法人の無責任体制・行為によって，すべての独立行政法人が非能率かつ真実でないかのように多くの国民が思えるような報道が流されるメディア報道のあり方には義憤さえ感じたことすらある。

　双方向対称（two-way symmetrical）のコミュニケーションでは，情報の発信者も受信者も自由闊達な情報交換が可能である。互いの見解は真実のみが語られる。情報交換は，状況に関して共通の理解が得られるように，相互が尊敬の念をもって当たる。日本の独立行政法人はいままさにメディアの餌食にされている感が強いが，アメリカでの実証研究によれば，エージェンシーのなかでは双方向対称のコミュニケーションを行なっているところがある［Grunig, J. and L. Grunig, 1992, p.305］という。

▶2　コミュニケーションのアカウンタビリティと測定可能な基準

　メッセージには，共感性だけでなく信頼性がなければならない。換言すれば，コミュニケーションにはアカウンタビリティが必要である。

　ファン・リールとフォンブラン［van Riel and Fombrun, 2007, pp.34-35］は，コーポレート・レピュテーションが成功するか否かは，会社が3つのレベルでアカウンタビリティ―コーポレート・アカウンタビリティ，スペシャリスト・アカウンタビリティ，調整されたアカウンタビリティ―を保持できるかにかかっているという。なお，会計学でアカウンタビリティといえば会計責任を意味しているが，ここでいうアカウンタビリティとは，説明責任の意味である。

　コーポレート・アカウンタビリティ（corporate accountability；会社全体の説明責任）では，会社全体のために良好なレピュテーションを構築するという視点から，コーポレート・コミュニケーションのすぐれた効果を示す。コーポレート・アカウンタビリティによって，すべての機能別領域において真実で一貫性のあるコミュニケーション構造が形成される。コーポレート・アカウンタビリティの前提条件は，有力な連合体の一部になり，会社のためにコーポレート・コミュニケーションの付加価値を例示しうることである。コーポレート・レピュテーションに関する信頼性の高い情報を提供することは，コーポレート・

アカウンタビリティの役割である。

スペシャリスト・アカウンタビリティ（specialist accountability；専門家の説明責任）では，機能レベル（通常は部門レベル）で，適用すべき手続きと用いられるべき成功基準を記述したマニュアルを作成するのがよい。専門家スコアカードを用いて，目標とするステークホルダーに定性的・定量的結果を提示して，コーポレート・コミュニケーションの全般的な成功の確率を高めることが1つのすぐれた方法となる。

調整されたアカウンタビリティ（coordinated accountability；活動の調整をめぐるアカウンタビリティ）において，すべてのコミュニケーション専門家が専門的なコミュニケーションを実行するために，同じ核となる原則を作ろうとするときに，調整が必要となる。会社のコミュニケーション政策は，その核となる原則をもとに行われるのが望ましい。調整されたアカウンタビリティでは，コーポレート・アカウンタビリティ，スペシャリスト・アカウンタビリティを調整して，核となるコミュニケーションの原則を作成し，個々のコミュニケーションはこの原則に基づいて発信するようにするのが理想である。

▶3　コミュニケーションの効果測定

コミュニケーションがアカウンタビリティを高めるには，コミュニケーションの実施が高い効果をあげることが期待される。しかし，決算数値などとは違って，コミュニケーションの効果を計数で測定することは困難である。そのため，数多くの研究者と実務家はコミュニケーションの効果測定のテーマに取り組んできた。デュムケ [Dümke, 2007, pp.28-32] は4つのPR効果の測定法[6]を提示している。しかし，それらは残念ながらいずれも満足できるものではない。そこで本書では，同書で紹介されているケチャム（Ketchum）が考案したPR測定のアプローチを紹介する。この方法は2段階のプロセスからなる。

1）事前に予め定義づけてある特定の明確な目的と目標を設定する。

---

6) ケチャムの効果測定尺度のほか，PRツールキット（PR協会の提案になる5段階アプローチ。方法論が確立されていない），広告価値等価額（AVE，広告費の効果を利益で表示する試み。利益では表現できないとする意見が多い），メディア・コンテンツ分析（コミュニケーション活動のアウトプットの効果測定。顧客の価値をあげることが目的であるから，本末転倒だとする意見が多い）が提示されている。

2）どの程度までＰＲの目的と目標を達成できたかを決定するために，会社にとって重要な測定水準を調査する。

図9-5は，ケチャムの効果測定尺度である。ただ，本書全体の流れのなかで，表現を変えたところもある。

図9-5　ＰＲの効果測定―ケチャムの効果測定尺度

ケチャムの効果測定尺度

レベル1　基礎レベル	レベル2　中間レベル	レベル3　高度なレベル
測定尺度；アウトプット	測定尺度；達成度	測定尺度；成果
メディアの選定　印象　目標とする対象	受容　認識　理解　記憶	知識の変化　態度の変化　行為の変化

レベル1では，ＰＲのアウトプットを測定するための**基礎レベル**である。企業がメディアから受け取る情報の範囲を測定する。具体的には，メディアの選定，印象，目標とする特定の目標対象を受ける可能性を予測する。このレベルの測定には，たとえば，コンテンツ分析，セグメンテーション分析，および一般の人々の意見を聴取することなどが行なわれる。

レベル2では，ＰＲの達成度（outgrowths）を測定する**中間レベル**である。達成度の測定では，目標とする顧客に伝達したメッセージが受領されているか，そのメッセージに注意が払われているか，メッセージを理解しているか，そのメッセージを何らかの形で所持しているかを測定する。このレベルの測定には，たとえば，詳細なインタビュー，質問調査，検証モデルなどが行なわれる。

レベル3では，ＰＲの成果（outcome）を測定する**高度なレベル**である。このレベルでは，ＰＲ活動が会社，その製品／サービスに関して人々がどのように行動するかについての見解の変化を導いたかを決定するために，**知識**の変化，**態度**の変化，および**行為**の変化を測定する。このレベルの測定では，たとえば，事前と事後研究，データの多変量解析および実証的な研究が行なわれる。

ケチャムのＰＲ効果の測定法は，必ずしも計数的な測定ではなく，"成果"の測定である。わが国でも，日本パブリックリレーションズ協会元理事・事務

局長の青田［2003, pp.2-3］は，ＰＲ活動の戦略性をいかに高めるかという課題は実務の世界における普遍的なテーマであるが，成果（ゴール）をどれだけ明確に設定できるか，イメージできるかが効果測定の前提にある課題であって，成果の形については立場によって，部門のミッションによって考え方が異なると述べている。貨幣数値での表現が困難なだけでなく，仮に貨幣数値で導かれるにしてもそれは信頼性に疑問があるために，青田氏は成果での測定を提唱しているのであろう。では，ＰＲ効果の成果はどのように測定するのか。

電通のＰＲ・ＩＲプラニング部長の兼坂［2003, p.12］は，PR効果を測定する際に，従来のような，記事の露出量だけに主眼をおくのではなく，質を見ていくこと，つまりはパブリシティを量と質の両面から測定することで，ＰＲ活動を"plan-do-see"のサイクルで検証すべきだとしている。換言すれば，ＰＲが**企業価値**の向上にどれだけ貢献したのかという視点での効果測定が求められるべきだと述べている。そして効果測定の機軸は「レピュテーション」，つまり企業の評判をどう評価するかにあるといい，RQ（Reputation Quatient）調査が活用されるべきだとしている。

4　コーポレート・コミュニケーションを成功に導くために

効果的なコーポレート・コミュニケーションは，どんな企業にとっても常に重要であるが，企業が変革を意図しているときには特に重要性が高まる。コミュニケーション担当の経営者は，コーポレート・コミュニケーションを実施するにあたって，適切なスキルをもち，教育訓練を受けることが必須である。発信する情報は，**迅速**で，かつ**共感性**，**信頼性**，**一貫性**がなければならない。

▶1　共感性と信頼性が高く一貫性のある迅速な情報発信の重要性

レピュテーション・マネジメントの実行計画から得られる重要なアウトプットの１つは，すべてのステークホルダーに対して発せられるメッセージが多くの人々の共感を呼び，確実に信頼できて，一貫性をもったものでなければならないということである。CEOの役割の１つは，明確で十分に理解可能で，時

宜を得たメッセージを発信することである。ただし，タイプA[7]の性格をもつ人に時間と努力を過度にかけるのは，達成が困難な目的である。

北欧でコミュニケーション専門のコンサルタントに携わってきたハニングトン［Hannington, 2004, p.41］によれば，コミュニケーション担当の経営者がいかに優秀であっても，企業として首尾一貫した情報とメッセージをもつような仕組みがないと，完成した情報は支離滅裂なストーリーになる可能性があるという。そこで企業は，対外的な情報発信には常に真実を語り一貫性ある情報提唱が可能な体制を構築していくことが大切である。

コミュニケーションと**情報操作**（spin, information manipulation）とは明確に区別されなければならない。情報操作は，間違った情報を押しつける不正行為である。企業が情報発信するコミュニケーションは，真実が語られねばならない。誠実さ，真実性をメッセージの受信者が感じ取り，そこに信頼が生まれ，聞く者の共感を得ることができる。

情報発信の**タイミング**も重要である。正しいことをしても情報発信の時期を誤れば半分も正しくなく，完全に失敗する可能性もある。**トヨタ**が2010年にリコール問題で米下院 監視・政府改革委員会の公聴会に出席し質問に答えた。拙速は慎むべきである。しかし，豊田章男社長が正式にトヨタの立場を表明したのは，取り返し困難で問題があまりにも大きくなってからであった。社長の意見表明の直後から株価が急騰したことからすれば，もっと早く社長自らがトヨタとしての見解を表明していれば，あれだけの傷を負うことはなかったであろうというのが多くの専門家の一致した見解である。

ナイキの「搾取工場」がコーポレート・レピュテーションに及ぼした影響については，すでに拙著［櫻井, 2005, pp.206-207］で明らかにした。これをコーポレート・レピュテーションの立場から見ると，どのような結論になるか。1990年代の初めにマイケル・ジョーダンを起用するとともに1995年にはCBSネットワークでジャック・ニコラスやアーノルド・パーマーを活用してエクセレ

7）タイプAの行動パターンの特徴には，自分が決めた目標を達成しようとする持続的で強い欲求，競争を好み，永続的な功名心，常に多方面に自己を関与させようとする傾向，身体的・精神的な著しい過敏症，強い攻撃性，大声で早口，早い行動テンポ，同時に2つ以上のことを達成しようとする傾向があるとされている。鬱になりやすいタイプでもある。

ント・カンパニーに成長していったナイキであったが，ナイキの下請け企業が未成年者を1時間当たり20セント（約17円）の低い賃金で1日14時間労働をさせていることが発覚した。国際人権グループから告白されるに及び，当初は事実を否認していたがやがてナイキのフィリップ・ナイト会長は「他の会社だって海外労働者を酷使しているのではないか」と自己弁護を始めた。これが世論をさらに沸騰させることになった。これによってナイキはその社会価値を大きく低下させ，不買運動⇒財務業績の低下をもたらした。つまり，コーポレート・コミュニケーションにおける不誠実な態度が財務業績を悪化させ，企業価値を大きく損ねる結果になるのである。

▶2　コミュニケーションと知識，態度，行為（KAB）の変化

　一般に，コミュニケーションが情報の受け手の知識，態度，行為（knowledge, attitude, behavior；KAB）に変化を起こすとき，コミュニケーションが成功したといえる。マーケティング・コミュニケーションの領域の多くの論者がこの原則を強調する。しかし，ファン・リールとフォンブランによれば，それは必ずしも知識，態度，行為の順序で変化が見られるわけではない［van Riel and Fombrun, 2007, pp.14-21］という。最初に行動ありきの衝動買いもある。

　KABモデルをステレオタイプに適用するのは問題がある。ほとんどすべてのコミュニケーション活動は，伝達された情報が受け手の行為を変化させることを目的として行なわれる。実務的にいえば，3つすべてに同時に影響を及ぼすことはほとんど不可能に近い。会社が3つを同時に変えさせようとすると，結局はコミュニケーション活動そのものが失敗する可能性が大きい。

▶3　ジョンソン・エンド・ジョンソンのコーポレート・コミュニケーション

　1982年にジョンソン・エンド・ジョンソン（J&J）社を襲ったタイレノール事件は，悪意をもった外部の第三者によって解熱鎮痛薬のタイレノールにシアン化合物が混入され，使用した7人が死亡するという痛ましい事件であった。事件後，素早く2,200万本の製品の回収を行なうとともに，マスコミへの積極的な情報公開を行なった。専用フリーダイヤルの設置（事件後の11日間で13万6千件の電話），新聞の一面広告，TV放映（全米の85％に25回露出）という

徹底ぶりであった。さらに4年後の1986年には2回目のタイレノール事件が発生したが，危機への対応が万全であったジョンソン・エンド・ジョンソン社は危機の衝撃と同時に起きやすいパニックや組織の混乱を見事に切り抜けた。

ジョンソン・エンド・ジョンソンが早期の信頼回復に成功した理由として，アージェンティとフォーマン［Argenti and Forman, 2002, p.243］は，コーポレート・コミュニケーションの立場から次の3点をあげている。

第1は，損害は1億ドルを超えたものの，危険な商品をすべて店頭から撤去したこと，第2は，各方面の関係者（医者，メディアなど）を活用してブランドの保持に努めたこと，第3に，法律や財務の観点ではなく，人命の重さを尊重した人間性ある対応である。

ジョンソン・エンド・ジョンソンには"わが信条"（Our Credo；社訓）がある。同社はこのわが信条に基づいて，まず第1に顧客，第2に社員，第3に地域社会，第4に株主を重視する会社である。日本人には当然と思われるが，株主を重視するアメリカの会社にしては極めて稀有な会社である。著者はこの思想こそが同社の成功の秘訣であったと考えたい。同社メディカルカンパニー広報部リーダーの伊東直哉［2006, pp.16-17］によれば，"わが信条"を浸透させるために，次の施策を行なっているという。

1）メディカルカンパニーにおかれた「クレドー・オフィス」で社員への周知徹底を図っていること，
2）"わが信条"の新入時での研修だけでなく，全世界の社員を対象に，"わが信条"が守られているかの匿名による調査を実施していること，
3）2001年からは，"わが信条"に従って，地域貢献活動を行なうため，社会貢献委員会が設置され，社員がボランティア活動を行なっている。

このような努力の結果として，財務業績，株価ともに好調を維持しているだけでなく，ハリス・インタラクティブ社の米企業好感度調査では，ジョンソン・エンド・ジョンソンは7年連続の首位を確保している。

▶4　ネット戦略——口コミサイト——

口コミとは，人と人との口頭，文書，電子媒体によるコミュニケーションである。日本のコーポレート・レピュテーションの本格的な研究は，本書の第2

章で述べたとおり，口コミから始まった。**口コミ**はコーポレート・レピュテーションの一部ではあるが，すべてではない。現在の日本では，新聞報道，雑誌，テレビ，ラジオなどの報道の果たす役割に比べて，**口コミ・コミュニケーション**（word-of-mouth communication）の果たす役割も限界がある。以上から，コーポレート・レピュテーションの研究が口コミによる風評・風説の研究で留まっている限り，本格的なレピュテーション・マネジメントにはなりえないと著者［櫻井，2005, p.16］は主張してきた。

しかし，現在では新たなタイプの口コミの有効な領域が広がりつつあることに注目すべきである。地域によってレピュテーションに大きな影響を及ぼすこともある。それは，インターネット［宮木，2010, pp.20-24］やマスメディアを活用した**ソーシャル・コミュニケーション**である。

チャイナ・コンシェルジュ社長の大西［2010, pp.9-11］は，中国市場ではインターネットによるソーシャル・コミュニケーションを利用すべきであるという。大西氏によれば，中国人は紙媒体をあまり読まないが，インターネット人口は4億2000万人（2010年8月現在[8]）と世界一で，ブロガーもアメリカを抜いて1億人を超えた。当然のことながら，ネット上の情報にも敏感で，無数の**口コミサイト**があるという。「日本のこの製品はダメ」とか「このホテルは良かった」という情報が氾濫することになる。そこで，中国市場では，自社の製品・サービスがどう書き込まれているかをリサーチして，たとえば「壊れやすい」という書き込みがあれば，「このように使えば大丈夫」といった情報をさりげなく書き込むのもよい。あるいは中国にあるサイトやブログの専門業者の力を借りる。さらに，低年齢層には「百度（バイドゥ）」，ビジネスマンや富裕層には「新浪網（シンランワン）」といった有名どころのポータルサイトに広告を打つこともありうるという。

▶5　経営者の仕事とコミュニケーションに費やす時間

ミンツバーグは，著書『マネジャーの仕事』［Mintzberg, 1973, pp.104-107］

---

[8] 中国ではオンラインゲームやチャットに過度にのめり込む若者が問題になってきた。中国でのインターネット中毒者は2009年推定で2,404万人とされている。毎日新聞（2010年8月16日）ではその実情を報じている。

で，コーラン等の研究を紹介して，企業規模によって経営者の仕事の内容は大きく変わってくることを明らかにした。小企業の経営者は，①非公式のメディアをよく利用し，とくに電話をよくかける（大型企業が6％であるのに対して小企業では17％），②予定の会議にはあまり時間をかけていない，③より多くの活動にかかわっていることを明らかにした。とくに注目されるのは，大組織と小企業とでは，大組織では電話と会議（予定会議と臨時会議）に75％もかけていたのに対して，小企業では53％しかかけていなかったことである。いずれの場合でも，電話や会議などコミュニケーションに関連する仕事に多くの時間をかけていることを明らかにした。

ルッシュ［Ruch, 1984, p.101］もまた，アメリカの経営者の経営活動はコミュニケーションが主要部分を占めているという。アメリカ人は作業時間の70％をコミュニケーション──聞く，話す，読む，書く（の順で）──に費やしているという。またアメリカのエクゼクティブは，94％[9]をコミュニケーションに費やしているが，そのうち69％は口頭で，対面コミュニケーションに53％，16％[10]が電話に費やされているという。では，組織内と組織外とでは，どんな活動に費やされているのか。

▶6　組織内と組織外のコーポレート・コミュニケーションの実際

コーポレート・コミュニケーションは組織内と組織外のコミュニケーションとで特徴を異にする。そこで，組織内，組織外に分けて考察しよう。

1）組織内コミュニケーションの実際

日本経営協会［2010, pp.8-29］による日本企業の**組織内コミュニケーション**についての調査[11]をみると，PCメール（80％）が最もよく用いられている。次いで，グループウェア（71％），通達文書（42％），印刷社内報（32％），携

9）ミドル・マネジメントがコミュニケーションに費やす時間は，エクゼクティブよりは若干少なく80％，現場のマネジャーは70％であるという。
10）明示されていないが，複数回答であった可能性が高い。
11）調査は2002年から2年おきに行なわれた第5回目の調査である。発送した3,000社のうち，会社（および団体）226社（76％），自治体72社（24％）から有効回答が得られた。9月から10月にかけて調査が行なわれた。

帯メール（25%），テレビ会議（25%）の順である。PCメールは個人と個人のコミュニケーション，グループウェアは組織全体への一斉同報を主目的としている。通達文書と印刷社内報はアナログのコミュニケーション手段の典型である。民間ではPCメールが主体であるのに対して，行政・自治体では，グループウェアが圧倒的な比率で第1位となっている。

　組織内のメディア管理の担当組織は，総務系（41%），情報企画系（37%），広報系（32%），経営企画系（9%），人事労務系（5%），営業系（5%）と，各種の組織におかれている。組織として総務系が多いのは，従業員が300名までの中小企業である。情報企画系が多いのは，従業員数が500から3,000人の中堅企業である。広報系が多いのは従業員数が20,000人以上で断トツである。

　組織内コミュニケーションというとき，どの範囲までが含まれるか。日本的経営の特徴である**稟議制度**を取り上げてみよう。1960年に著者が経営学の授業を受けた時には，稟議制度が最も日本の経営の遅れた部分であると断罪された。しかし，1970年代になると，一転して，日本的経営におけるすぐれた意思決定だとして特徴づけられるようになった。*Fortune*［最上訳, 1981, p.11］はコミュニケーションという観点から見れば，「腹と腹のコミュニケーション」でありアメリカの企業をもって合理性を尊重する個人単位の組織であるとすれば，日本の企業は「情緒的な集団志向性をもつ助け合いの組織」である，としている。たしかに1980年代頃まではそのとおりであったが，現代ではそのよき特徴が失われてきたことはまことに残念である。

　組織内コミュニケーションに関連してわが国で大きな経営上の問題点となっているのは，組織内コミュニケーションが年々弱体化していることである。先の調査では，組織活性化のために不可欠（89%），業績向上のために不可欠（45%）だとして組織内コミュニケーションの重要性を認識している経営者は，あった方がいいが不可欠ではない（4%）と，なくても困らない（1件, 0.3%）を大きく引き離している。日本の現状についてみると，組織内コミュニケーションに満足できない（66%）が，満足できる（31%）を大きく引き離している。とくに注目すべき点は，部門間の横のコミュニケーションが不足していることである。

2）組織外コミュニケーション

組織外へのコミュニケーションについて，件数で見てみよう。日本経営協会［2010, pp.34-49］の調査では，WEBサイトの利用が圧倒的に多く，96％もの企業がこれを活用している。あとは40％以下で，新聞広告（37％），広報誌（33％），事業案内（31％），雑誌広告（28％），メールマガジン（26％），年次報告書（23％），テレビ広告（21％），ラジオ広告（15％），環境報告書（15％）と続いている。WEBサイトの利用が多いのは，景気低迷と関係があるのかもしれない。

以上，コーポレート・コミュニケーションの現状を総括すると，かつて，日本企業の強みの1つは，社員間の信頼の強さ，「**飲ミニケーション**」[12]を図ることで上司と部下との間の絆の深さにあると，世界に誇ってきた。しかし，中村［2010, p.2］も指摘するように，近年の日本では，業務の多忙化，人材の流動化，社員の個人主義化，IT機器の発展による仕事の分業化とコミュニケーションの不足などの要因が日本の組織内コミュニケーションを困難にしている。加えて，メールでのやり取りが中心になってきたため，対話で話す機会が少なくなっている。このことがチームの生産性を低下させているという。著者はこの見解に同意する。

▶7　コーポレート・コミュニケーションを活性化させるために

では，コミュニケーションを活性化させるには，何が必要であるか。学際的な視点から各種の提案がなされてきたが，清宮［2010, p.13］は効果的なコミュニケーションとして結果が現れるのには5つの特徴があるという。

1）**対話型のコミュニケーション・スタイル**　コミュニケーションには，討議，会話，対話があるが，結果がでているのは**対話型コミュニケーション**である。
2）**本質的問題・課題の共有**　問題が何かの本質的な問題なのかについての**情報共有**が成果を生み出す大切な点である。

12）「飲む」と「コミュニケーション」の合成語。著者も，入社1年目で上司から飲みに誘われたのであるが，その席上で，仕事の仕方でやんわりといくつかの注意を受けたことがある。いまでもその上司には感謝している。ただ，最近ではこの語は死語になりつつあるとされている。

3）**関係性の整備**　信頼性を軸にして結ばれた**チーム形態**が最も成果があがり，相乗効果も見込まれる。
4）**行動へのコミットメント**　経営トップによる行動への**コミットメント**が効果的なコミュニケーションを後押しする。
5）**コミュニケーションを支援するリーダーシップ**　**アクションラーニング**[13]を取り入れた会議体が育成型リーダーであり，メンバー同士が学びあえる場になりうる。

　日本企業の経営者は，対外的な発信能力に劣るといわれている。その理由の1つは，明日の利益よりも今日の利益を求め，効率性の向上を狙った活動を支援することはあっても，コミュニケーションのような，利益には直接結びつかない社会価値や組織価値を向上させるための投資を疎かにしてきたからだとする意見が強い。コミュニケーションの不足は，個人の潜在的能力を引き出すことができないばかりか，**組織価値**をも低下させる。また，組織内での発信能力が低ければ，対外的なコミュニケーション能力も高くなるわけがない。そのことは，企業の**社会価値**を毀損する。長期的には，企業の持続的発展に多大な影響を及ぼすことになる。コーポレート・コミュニケーションに関しても，人材の育成が急務である。

●まとめ●

　コーポレート・レピュテーションは，企業を取り巻くさまざまなステークホルダーから導かれる持続可能な競争優位であって，ステークホルダーの評価がレピュテーション資産を構築し，企業価値を増大させる。一方，企業内外への情報発信という役割を担うコーポレート・コミュニケーションは，企業内外のステークホルダーとのコミュニケーションを目的とする。対外的なコミュニケ

13）NPO法人「日本アクションラーニング協会」（HP）によれば，「アクションラーニングは，グループで現実の問題に対処し，その解決策を立案・実施していく過程で生じる，実際の行動とそのリフレクション（振り返り）を通じて，個人，そしてグループ・組織の学習する力を養成するチーム学習法」としている。アクションラーニングの構成要素は，problem（問題），group（グループ），questions（質問），coach（コーチ），action（行動），learning（学習）の5要素からなるという。http://www.jial.or.jp/al/index.html（2010年10月1日現在）

ーションは主に社会価値を増大させ，企業内でのコミュニケーションは企業の組織価値を増大させる。コーポレート・レピュテーションを研究し整備したからといってすぐに財務業績（経済価値）を高めることはない。しかし，コーポレート・コミュニケーションはコーポレート・レピュテーションの維持，向上，毀損の回避に貢献し，企業の社会価値，組織価値を高めることで持続的成長を保証し，長期的に企業価値の増大に貢献する。

　では，コミュニケーションさえ十分であれば，レピュテーション・マネジメントは完璧であるといいきれるのかというと，決してそうではない。政治の事例を使うことは恐縮[14]であるが，著者自らも会計研究者の1人として総務省所管の独立行政法人の評価・検討に参加した経験があるので，それに関連する例をもって，対外的なコミュニケーション能力だけではなく企業内部の充実の必要性を説明したい。

　A首相は，2010年の参議院選挙において，**消費税の導入**を提唱した。しかし，選挙民の反撃に遭うと途端にコロコロと主張を変え，参議院選の惨敗を招いた。コミュニケーションには，**共感性**（ないし受容性），**信頼性**，**一貫性**（ないし論理性）がなくてはならないのであるが，唐突に消費税をもちだしたことで多くの選挙民はA首相の提案を「共感」も「受容」もしなかった。メディアからの反撃に遭うや次々と主張が変わり，「論理性」も「一貫性」も失った。しかも，消費税を導入するという約束がいつの間にか導入の検討をすると変わったことや，その場限りに課税の最低限度額の金額を200万円，300万円，400万円……と変えたことで，国民の支持が得られないばかりか，「信頼性」を一気に失った。その間，なぜ消費税導入の必要性を訴えたかの説明をすることは全くなかった。あのとき仮にA首相が「国民には負担を強いることになるが，負担を子供たちや子孫に押し付けないで現世代の皆で知恵を絞って一緒に頑張っていこうではないか」と国民に呼びかけて一歩も退かなかったら，全く異なった展開になったかもしれない。つまり，A首相のコミュニケーション能力の不足が参議院選の惨敗を招いた原因の1つと考えられるのである。

---

14) 政党，政治の話は，経営とは無関係であるべきであろう。しかし，著書の"これだけは読者にお伝えしたい"という熱い思いと，以下のストーリーは決して特定の政党・人物を批判・批評したものではないことだけはご理解いただきたい。

一方，B行政刷新相は，事業仕分けでスーパーコンピュータの開発を巡って「なぜ二番だとだめなのか？」のキャッチフレーズで一躍有名人になり，事業仕分けでの手腕を認められて初代の女性首相の誕生が期待されているほどの高い評価を得た。この発言は，冷静に考えれば単にB氏の科学技術への無知をさらけ出しただけという声もあった。それにもかかわらず，メディアはB氏に高い評価を与えた。A首相とは逆に，高いコミュニケーション能力が現在の地位を築いたともいえる。
　B行政刷新相のコミュニケーションの能力が高いから，行政刷新の能力，政治学・経済学など内政に通じ必要なすべてに精通しているかにみえる。だから，行政刷新相になったのであろう。しかしホントにそうであろうか。
　自民党政権の時代から会計学者数名を含め数多くの研究者が独立行政法人のムダを検討するために問題点の検討を行なってきたのであるが，著者はその1人であった。著者は，それらの積み重ねの成果があってはじめて新しい政権とB行政刷新相が独立行政法人の合理的なコストカットにそれなりの成果をあげることができたのだと理解している。
　つまり，すぐれたコミュニケーション能力が発揮できたからといって，内部の諸事情に通じたことが証明されたわけではない。仮に行政刷新の基礎知識もなく政治運営に必要な政治学や行政学，経済学の素養もない政治家が，高いコミュニケーション能力と容姿のゆえに大臣になったとしたら，劇場型の政治は大きなリスクを抱えているといわざるをえない。
　以上のように考えると，コミュニケーション能力を高めることは極めて重要である。しかし，コーポレート・レピュテーションを向上するうえで，コミュニケーション能力以上に重要なことは，一貫したビジョンや経営戦略，マネジメント・システムの改善，経営改革など企業内部の業務内容に精通していることだと考える。著者がこれまで『コーポレート・レピュテーション』（中央経済社，2005年）と『レピュテーション・マネジメント』（中央経済社，2008年）で読者に訴えたかったのは，まさにそのことであった。
　それにしても，世界のコーポレート・レピュテーションの研究を見ると，現状はマーケティングやPRなどのメッセージの発信の研究に関心が偏り過ぎているように思われてならない。企業自らが確固たる理念と戦略，すぐれた経営

システムをもっていなければ，すぐれたコミュニケーションを期待することはできない。そこで次章以降では，いかに経営者と従業員による内部努力によってコーポレート・レピュテーションを維持，向上，毀損の回避，回復しうるかを考察したいと思う。

参考文献

Argenti, Paul. and Janis Forman, *The Power of Corporate Communication-Crafting the Voice and Image of Your Business*, McGraw-Hill, 2002.（矢野充彦監訳『コーポレート・コミュニケーションの時代』日本評論社，2004年，p.5, p.57, p.282。）

Cornelissen, Joep, Corporate Communication, A guide to Theory and Practice, 2nd ed., SAGE, 2008.

Covey, Stephen, Corporate Communications: A Dimension of Corporate Meaning, in (Balmer, John M.T. and Stephen A. Greyser, ed., *Revealing the Corporation, Perspectives on Identity, Image, Reputation, Corporate Branding, and Corporate-level Marketing*, Routledge, 2003.)

Doorley, John and Helio Fred Garcia, *Reputation Management, The Key to Successful Public Relations and Corporate Communication*, Routledge, 2007.

Dowling, Grahame, *Creating Corporate Reputations, Identity, Image, and Performance*, Oxford University Press, 2002.

Dümke, Riccarda, *Corporate Reputation – Why Does it Matter?, -How Communication Experts Handle Corporate Reputation Management in Europe*, VDM Verlag Dr. Muller, 2007.

Fombrun, Charles J. and C.B.M. Van Riel, Fame & Fortune, How Successful Companies Build Winning Reputations, Prentice Hall, 2004.（花堂靖仁監訳，電通レピュテーション・プロジェクトチーム訳『コーポレート・レピュテーション』東洋経済新報社，2005年。）

Fortune ed., *Corporate Communication*, 1980.（最上潤訳『企業の心を伝えろ―重視されるコーポレート・コミュニケーション―』知道出版，1981年。）この著書は，Fortune社が編集した論文集という形をとり，最上氏が解説を加えている。編集はフォーチュン誌であるが，最上氏の執筆部分がかなりの部分を占めている。

Grunig, James.E., "Symmetrical System of Internal Communication", in (Grunig, James.E. ed., *Excellence in Public Relations and Communication Management*, Lawrence Erlbaum Associates, 1992).

Grunig, James.E. and Larissa A. Grunig, "Models of Public Relations and Communication", in (Grunig, James.E. ed., *Excellence in Public Relations and Communication Management*, Lawrence Erlbaum Associates, 1992).

Hannington, Terry, *How to Measure and Manage Your Corporate Reputation*, Gower, 2004.（櫻井通晴・伊藤和憲・大柳康司監訳『コーポレート・レピュテーション―測定と管理―』ダイヤモンド社，2004年，p.121。）

Keller, Kevin Lane, *Strategic Brand Management, Building, Measuring, and Managing Brand Equity*, 2nd ed., Prentice Hall, 2003.（恩蔵直人・亀井昭宏訳『戦略的ブランド・マ

ネジメント』(第1版) 東急エージェンシー, 2000年, p.293。)

Kotler, Philip and Kevin Lane Keller, *Marketing Management,* 13th ed, Pearson Education, Inc., 2009.

Minzberg, Henry, *The Nature of Managerial Work,* Harper Collins Publishers, 1973.(奥村哲史・須貝栄『マネジャーの仕事』白桃書房, 1993年, pp.170-173。)

Ruch, William V., *Corporate Communications, A comparison of Japanese and American Practices,* Quorum Books, 1984.

Van Riel and Charles J. Fombrun, *Essentials of Corporate Communication, Implementing Practices for Effective Reputation Management,* Routledge, 2007.

青田浩治「PR効果と成果—"属人性"を下支えする"科学性"—PR効果測定の本格的な議論に向けて—」『PR105』日本パブリックリレーションズ協会報, 2003年秋。

猪狩誠也「企業社会の変容と広報戦略への視点」(猪狩誠也, 上野征洋, 剱持隆, 清水正道共著『CC戦略の理論と実践—環境・CSR・共生—』同友館, 2008年。)

池田謙一「行政に対する信頼感の研究」(総務省大臣官房企画課『行政の信頼性確保, 向上方策に関する調査研究報告書』2006年10月。)

伊東直哉「高いレピュテーションを維持するジョンソン・エンド・ジョンソンの「我が信条」とは(特集—コーポレート・レピュテーション)」『PR117』日本パブリックリレーションズ協会報, 2006年秋。

井上邦夫「レピュテーション・マネジメントにおけるコーポレート・コミュニケーションの役割」『経営論集』66号, 2005年。

上野征洋「企業と社会のコミュニケーション」(猪狩誠也, 上野征洋, 剱持隆, 清水正道共著『CC戦略の理論と実践—環境・CSR・共生—』同友館, 2008年。)

大西正也「日本に殺到する"新富裕層"を取り込め」『戦略経営者』No.286, TKC, 2010年8月。

兼坂京子「最新PR効果測定を考える『電通レピュテーション・プログラム』と『PR – DiaLog』開発の取り組みについて」『PR105』日本パブリック リレーションズ協会報, 2003年秋。

清宮普美子「『今日の結果』プラス『明日の結果を導く基盤づくり』を目的として」『OMNI-Management』日本経営協会, 2010年2月。

櫻井通晴『コーポレート・レピュテーション—「会社の評判」をマネジメントする』中央経済社, 2005年。

中村和彦「コミュニケーション不足が招く『協調性』と『生産性』の低下」『OMNI-Management』日本経営協会, 2010年2月。

日本経営協会「ビジネスコミュニケーション白書2010・第5回ビジネスコミュニケーション実態調査』2010年。

宮木由貴子「企業の新たなアピール戦略となりうるか」『JMAマネジメントレビュー』Vol.16, No.8, 2010年。

第4部

レピュテーション・マネジメントの意義と手法

　第4部では，レピュテーション・マネジメントの意義と手法を考察する。最初の2つの章では，レピュテーション・マネジメントの意義と課題（第10章）と内部管理による手法（第11章）を概観する。続く4つの章で具体的な手法について述べる。まずバランスト・スコアカード（BSC）と戦略マップ（第12章）について述べ，次に，内部統制・内部監査とBSC（第13章）を考察し，さらにレピュテーションリスク・マネジメント（第14章）を取り上げ，続くCSRによるレピュテーションへの貢献（第15章）を論究し，最後の第16章ではレピュテーション監査の日本企業での意義と有効性について述べる。

第10章
レピュテーション・マネジメントの意義, 課題, 担当組織

● はじめに ●

　現代社会では,企業の評判がよくなると売上高が増大するとともに株価に好影響を及ぼし,社会的な評価が高まり,企業価値を増大させる。逆に,企業に悪評がたつとステークホルダーからの信頼がなくなり,売上高と利益の低下を招き,株価が下落する。株価の下落と利益の減少は企業価値の毀損という悪循環を招き,企業を危機に陥らせる。そこで企業は,日常から自社の評判の維持と向上に努力し,また何が評判を落とす原因となりうるかを研究する必要がある。そのために行なわれるのが,**レピュテーション・マネジメント**（reputation management）である。

　コーポレート・レピュテーションの発展過程は,1950年代のコーポレート・イメージの研究,1970年代から1980年代にかけてのCIの研究,そして1990年代のコーポレート・ブランドの研究を経て,現代みるようなコーポレート・レピュテーション研究の隆盛がもたらされた。コーポレート・レピュテーションの研究方法の特徴は,学際的かつ多面的であることにある。

　研究アプローチが多面的であることの理由は,企業の評判を向上させるには2つの側面からのマネジメントが可能になるからである。1つは,対外的な問題として,PRやIR,社内報などにより外部・内部への情報発信を効果的に行なうことで評判を上げようとする。いま1つは,企業内部の問題として,内部統制や管理システムを整備してコンプライアンスやコーポレート・ガバナンス上の問題が起こらないようにする。一般に,コミュニケーションやマーケティングの研究者はレピュテーション・マネジメントを対外的な問題としてとらえてきたのに対して,エコノミスト,戦略論,組織論,会計学を専門とする論者は,企業内部の問題に焦点を当てて研究を進めてきた。

1 レピュテーション・マネジメントの意義と課題

　一般論からいえば，コミュニケーションとマーケティングの研究者は，パブリック・リレーションズ（PR）こそがコーポレート・レピュテーションを向上させる最善の方策だと考える。エコノミストがレピュテーション・マネジメントに取り組むのは，レピュテーションが株価に大きな影響を及ぼすからである。戦略論の研究者は競争優位に関心を寄せる。組織論研究者は，組織文化や組織学習に焦点をあてた研究を行なう。会計学研究者はレピュテーションの測定や資産性，およびレピュテーションの管理に深い関心を寄せてきた。

▶1　レピュテーション・マネジメントとは何か

　レピュテーション・マネジメントについての見解は，専門領域の違いによって異なる［Martin and Hetrick, 2006, p.65］。とはいえ，欧米では，レピュテーション・マネジメントは**コミュニケーション**を中心とする研究者と実務家による研究が支配的のように思われる。コーポレート・コミュニケーションの立場から研究している**ドーリー**と**ガルシア**［Doorley and Garcia, 2007, pp.pp.2-4］は，レピュテーションが**式10-1**で表されるという。

　　レピュテーション＝（業績＋行動）＋コミュニケーション ……… **式10-1**

　企業は，測定，知識，計画設定によって先を予測した行動とコミュニケーションをとって，レピュテーション向上の機会を捉え，問題点を最小に抑えることによってレピュテーション資産を構築できる。ドーリーとガルシアは，この立場から組織体のコーポレート・レピュテーションを資産として測定，監視，管理する長期的な戦略がレピュテーション・マネジメントだとしている。

　オーラと**マンター**［Aula and Mantere, 2008, p.211］は，経営者と従業員の行為，コミュニケーション，良き関係から，次のように定義づけている。

　「レピュテーション・マネジメントは，経営者・従業員による良い行為，良きコミュニケーション，およびよく処遇する，つまり良き関係を保つことであ

第10章　レピュテーション・マネジメントの意義, 課題, 担当組織　237

る。」

　本書では，経営者と従業員がレピュテーションを向上・維持し，毀損されたレピュテーションの回復に影響を及ぼす企業内部の管理活動と内外へのコミュニケーション活動のことをレピュテーション・マネジメントと称する。

▶2　レピュテーション・マネジメントの方法

　レピュテーション・マネジメントは，コミュニケーション研究者，戦略論を中心とする経営学者，マーケティング研究者，ジャーナリスト，それにマイナーではあるが会計学者が加わって学際的な立場から研究が進められてきた。

　現時点でみる限り，レピュテーション・マネジメントの研究方法は概ね4つの類型に区分できる。第1は，広義でのエコノミストによるもので，常識と具体例をもってレピュテーション・マネジメントを考察しようとするアプローチである。第2は，リスクマネジメント（とCSR）をバックグランドとするアプローチである。第3は，レピュテーション・マネジメントに関する概念モデルに関する研究である。そして第4は，包括的レピュテーション・マネジメントのアプローチである。

2　レピュテーション・マネジメントのアプローチ

　レピュテーション・マネジメントの意義と課題に応えようとするとき，論者が立脚するアプローチによって微妙な違いが明らかになってくる。著書として体系化された論述を中心に，以上で見た4つの立場—①常識と具体例をもとにしたアプローチ，②リスクマネジメント（とCSR）を基礎にしたアプローチ，③レピュテーション・マネジメントの概念モデルからのアプローチ，④包括的レピュテーション・マネジメント—からレピュテーション・マネジメントの意義と課題を考察する。

▶1　常識と具体例をもとにしたアプローチ

　レピュテーション・マネジメントの研究は，常識と具体例から始まった。日本では，初期的な発展過程［櫻井, 2005, pp.16-17］では，風評・風説，ネット

ワークとメディア,危機回避といったテーマが取り上げられたが,常識と具体例から始まっていることでは欧米と基本的に異ならない。

常識と具体例で著書まで上梓している論者ということになると,欧米でもその研究者は限定的でしかない。評判というと漠然とした概念で,理論化も難しいであろうと思われるからである。記者という立場から,常識と具体例を使って研究を進めてきた論者にオールソップがいる。

評判とは何か。**オールソップ**［Alsop, 2004, pp.10-13］は次のように述べている。どんな個人,会社,組織であれ,評判は時間をかけて築きあげられていく。評判を築くのには何年もの期間がかかるが,評判が落ちるのは一瞬である。評判を企業の社会的責任と倫理的行動とを同等視するむきがあるが,それは誤りである。CSRと倫理観だけでなく,財務業績,職場環境,製品・サービスの質,経営者のリーダーシップ,将来のレピュテーションを見据えたビジョンもまた評判の向上に貢献する。評判を得るには,信頼を得ることが重要である。

評判が高い企業はそれだけ責任も重くなる。スタンフォード大学の博士課程の学生とテキサス大学の教授による研究によれば,自動車メーカーでは,トヨタやホンダといった信頼の高い会社がリコールを行なうと,市場占有率が低下することを発見したという。

オールソップは,レピュテーション・マネジメントは科学というよりはアート（art）であるとする。とはいえ,常識と具体例をもとに構築した原則がある。そこで彼は,倫理,コーポレート・シチズンシップ（corporate citizenship[1]）,あるいはインターネットがレピュテーションに及ぼす影響など,常識と具体例を組み合わせてピュテーション・マネジメントを記述している。オールソップの著書は日本語訳も出版されていることから,レピュテーション・マネジメントを一種の"読み物"と理解している読者も多いと思われる。

▶2 リスクマネジメント（とCSR）を基礎にしたアプローチ

保険会社の立場からアプローチしているAIG Europeの**ロス**［Melville-Ross, 1999, p.5］は,レピュテーション・マネジメントが企業のために果たしている

1）企業も地域社会における良き市民の一員として社会に積極的に貢献しようとする姿勢や活動をいう。企業市民とか企業の市民活動,あるいは企業の社会的貢献と訳されることもある。

意義を指摘した上で、レピュテーション・マネジメントの問題を取締役レベルで完全に理解して**レピュテーションリスク**を明確に把握し、個々のリスクに対処すべき計画を実施するのが経営幹部の責任であると述べている。

レピュテーション・マネジメントには多様なアプローチがあるが、AIG Europeはレピュテーション・マネジメントでは360度アプローチを採用することでレピュテーション・マネジメントの課題を多面的に検討できるとしている。保険会社だけあって、リスクマネジメントが多面的取り上げられているが、その1つとして、ツーリー[Tooley, 1999, pp.61-68]は実務家の立場からレピュテーションリスクには次のトップ12の課題があると述べている。

1　コンピュータの脆弱性　2　人間によって引き起こされる災害　3　詐欺　4　マーケティングの失敗　5　敵対的買収　6　詐欺の調査　7　製品の欠陥　8　恐喝の恐れ　9　商品の不買運動　10　ストライキ　11　経営幹部の突然の死／退職　12　財務諸表の訂正

領域別にみると、評判が危機に晒されるのは次の領域で発生する確率が高いという。それは、PR、会計処理、会計の法的問題、会社法、経営相談、銀行、環境問題、IT、エンジニアリング、安全、健康である。日本とイギリスとの違いがあるとはいえ、実務家として立場から実践の裏づけをもった意見だけあって、参考になる見解である。

レピュテーションリスクという立場から、レピュテーション・マネジメントに取り組んでいる実務家としては、**グリフィン**がいる。彼はリジェスター・ラーキン（Regester Larkin）社のマネジング・ディレクターである。専門領域はイギリスを根拠地とする危機管理（crisis management）、イシュー・マネジメント（issue management）、企業市民のアドバイスに特化したコンサルタントの立場からのレピュテーション・マネジメントである。

グリフィン[Griffin, 2008, pp.11-13]によれば、レピュテーション・マネジメントに関しては数多くの定義があるが、レピュテーションを評価したり点数をつけたりすることはできない[2]。レピュテーションは科学ではない。レピュテーション・マネジメントを普及させる最善の方法は、ケース・スタディを積

2）現実には、RQ、RepTrak®などのレピュテーション指標による評価と点数による順位づけが可能である。

み重ねることであるという。レピュテーション・マネジメントでは組織体のレピュテーションの意義を理解し，適切な対応策を取ることが肝要である。そのためには，危機管理，イシュー・マネジメントおよび企業の社会的責任[3]が必要である。グリフィンは，以上の立場からこれら3つの手法を使用したレピュテーション・マネジメントについてアプローチしている。

▶3　レピュテーション・マネジメントの概念モデル

　レピュテーション・マネジメントの研究は，1990年代の後半から21世紀にかけて急速に発展してきた。しかし，これまで見てきたように，多くの著述は当面の課題の解決を急ぐあまり理論的な枠組みや概念モデルが明確にされてこなかった。そこで一部の研究者の目は，レピュテーション・マネジメントの根底にある概念モデルにも向けられるようになった。

　オーラと**マンテー**［Aula and Mantere, 2008, p.26, p.211］は戦略的レピュテーション・マネジメントを推進する上で必要となる基礎概念を探求している。レピュテーション・マネジメントでは，①良いレピュテーション，②良い行為，③良い行為のコミュニケーション，④良い関係の構築という4つのテーマを中心にして，コミュニケーション，マーケティング，経営学，戦略論という学際的な立場からレピュテーション・マネジメントを考察している。

　レピュテーション・マネジメントは，良い行為に影響を及ぼすことに関係するから，レピュテーション・マネジメントとは何かという問いかけに関しては，良い行為をマネジメントすることがレピュテーション戦略の核であるという。

　彼らの著書は，レピュテーションの研究者とコンサルタントなどの専門家を結びつける概念書として執筆されている。事実，彼らの著作はコミュニケーションと戦略論の立場から，自らの研究とコンサルティングをもとに構築した戦略的レピュテーション・マネジメントに関する理論書であるといえる。

▶4　包括的レピュテーション・マネジメント

　前メルク社のコーポレート・コミュニケーションの責任者，ラトガース大学

---

[3] グリフィンは，概念としてはコーポレート・シチズンシップ（企業市民）と表現し，具体的な活動では企業の社会的活動（CSR）が必要だとしている。

とニューヨーク大学のＰＲとコーポレート・コミュニケーション特任准教授でもある**ドーリー**と，ニューヨーク大学スターン・スクールの非常勤講師である**ガルシア**によって上梓された共著［Doorley and Garcia, 2007, pp.7-11］では，包括的レピュテーション・マネジメントが提唱されている。**包括的レピュテーション・マネジメント**とは，「組織体のレピュテーションを資産として測定，監視，管理するための長期的な戦略」であるとしている。

包括的レピュテーション・マネジメントの方法論には，ＰＲとコミュニケーションの立場から，レピュテーション・マネジメントが取り上げられている。具体的な適用領域としては，財務，人的資源，ＩＲ，製造，マーケティングその他の領域へのＰＲに適用されるとしている。加えて，各企業に即して作られたレピュテーション・マネジメントのためのテンプレート，レピュテーション監査，レピュテーション資本・負債を認識することによる管理の方法，アカウンタビリティフォーミュラ（カスタマイズしたテンプレートと現実の評判との変化を分析する），レピュテーション・マネジメント計画からなる。包括的とはいえＣＳＲなど企業内部の努力に関する内容は限定的でしかない。

3　レピュテーション・マネジメントの原則

常識と具体例をもとにしたアプローチを取る論者は，発見事項をもとにしばしば自らの経験をもとにしたレピュテーション・マネジメントの原則を提案している。コーポレート・レピュテーションが日々の経営幹部の行為と従業員の業務活動によって決定づけられる限り，レピュテーション・マネジメントもまた日々の経営者と従業員の地道な経営活動の一環として実践していく必要がある。本書では，まずバッドとオールソップの原則を検討し，次にそれらをもとに，日本の経営者が心すべき原則を考察したい。

▶1　バッドの10原則

レピュテーションを向上させるには，どのような原則が必要か。**バッド**［Budd, 1994-1995, p.11］の見解に私見を加え，コーポレート・レピュテーションを向上させる（あるいは，毀損させない）ための10の原則をあげてみよう。

① 「事実に頼れ」

　推量や想像で経営活動を行なうのは危険である。会社のトップは問題が起こったら，まず第1に，事実関係を徹底的に調査する必要がある。外部との交渉の結果は，可能な限り，メールで証跡を残すといった努力も必要である。

② 「定評の高い専門家に意見を求めるのが良い」

　レピュテーションリスクが起こったようなときには，まず専門的な知識と見識をもった専門家に意見を求めるべきである。コンサルタントといっても千差万別であるから，定評のあるコンサルタントに依頼すべきである。知り合いの大学教授（そのような知己がいればの話であるが）に気軽に意見を求めるということも，必要なステップである。

③ 「自分の主張に固執せず，考え方は柔軟に」

　問題に対処するにあたっては，多くの経営者と従業員，あるいは一般生活者の意見に虚心坦懐に耳を傾けて，柔軟な発想で事に当たる。社内でコンセンサスを取り付けておくことも，当然のことながら必要である。

④ 「あらゆるコミュニケーション・メディアを最大限利用せよ」

　最近のメディアとインターネットが企業に及ぼす影響は計り知れない。あらゆる機会をとらえてメディアを活用すべきである。同時に，これからの社会ではインターネットの存在を過小評価してはならない。

⑤ 「反対意見を無視せず，その意味を吟味せよ」

　反対意見があれば，そこには必ず企業が何らかの正すべき真実が含まれていると考えるべきである。どんな反対意見であっても，経営者は直属の部下や会社の従業員，ステークホルダーからの話を真剣に聞く態度が求められる。

⑥ 「注意深くあれ」

　最近の事件をみると，ちょっとした言葉使いや行為によって企業の評価を著しく害するケースが目立つ。とくに注意すべきことは，差別用語，セクハラの発言などである。テレビなどの発言は，事前に話すべき内容を検討しておくことはもちろんのこと，発言内容もまた確認しておく必要がある。経営幹部のビジョン，戦略，リーダーシップ，経営方針などに関する発言が企業を助け，あるいは苦境に陥れることを認識すべきである。

⑦ 「常に誠実さを忘れるべからず」

　誠実さというと，若い方には古い言葉であるように思われるが，現代の経営者にとっても，常に誠実であることが求められている。経営者には人間として必要な教養を身につけるとともに，時代の流れを敏感に読み取り，常に社会の模範となる常識人として行動することが求められる。

⑧ 「独善的であってはならない」

　コーポレート・レピュテーションへの対応だけに限らないが，戦略の策定や意思決定に当たっては，常に他の経営者や部下の意見にも耳を傾け，独善に陥らないように心がける必要がある。

⑨ 「歴史から学び取れ」

　歴史は繰り返す。レピュテーションリスクの研究において他の企業の事例をベンチマーキングすることは，それだけでもレピュテーション・マネジメントに役立つ。日本企業は，レピュテーション上の問題を起こしたときの対応が遅すぎることでしばしば批判を浴びる。引き合いに出されるのが，ジョンソン・エンド・ジョンソンが1982年に同社の鎮痛剤「タイレノール」にシアン化合物が混入され，死者がでた事件が起きた際に，死因すら解明されないうちにリコールを発表し，製品を回収された素早い対応を行なったとするリスクマネジメントの成功事例である。ただ，だからといってどんな場合でも問題が起きたからといって5時間以内に処理すればよいというわけではない。検証には時間がかかるし，業種によっても違いがある。自動車産業と製薬産業を同一の基準で論ずべきではないし，経営者の独断で決定できるアメリカ企業と集団的意思決定を原則とする日本とでは，同列に論じることはできないであろう。

⑩ 「積極的で，肯定的で，"確信"をもて」

　経営幹部は常に積極的に事を処理することが肝要である。部下の進言を頭から否定せず，常に信念と確信をもって経営活動を遂行すべきである。経営トップが自信をもたなければ，誰も企業を信頼する者がいなくなる。

　コンプライアンスを徹底させるためには，コンプライアンス相談窓口（公益通報制度）やホットラインを設けることも有効である。ビジネス倫理規範をもっている企業も少なくない。必要があれば，有識者を招いて講習会を開催したり，自主的な勉強会を行なっていくことも必要になろう。

▶2 オールソップの18原則

オールソップ［Alsop, 2004］の著書 The 18 Immutable Laws of Corporate Reputation は，トーマツCSRグループによって『レピュテーション・マネジメント』と題して翻訳された。そのためもあって，日本の何人かの経営者はこの訳書によって，レピュテーション・マネジメントとは何かをイメージしているように思われる。まずはオールソップの著書の内容を紹介しておこう。

オールソップは著書のタイトルを『コーポレート・レピュテーションの18の普遍の法則—最も貴重な資産の創造，保護，修復—』としている。原文のタイトルだけからすると読者にはコーポレート・レピュテーションが本書の執筆対象と思われがちであるが，本書の序文で，"コーポレート・レピュレーションの管理"について執筆したと述べている。そのためもあって，訳者は表題をレピュテーション・マネジメントとしたのであろう。

レピュテーション・マネジメントについて，オールソップは科学というよりはアート（art；芸術や技芸）であると特徴づけている。要するに，本書は科学的な立場からではなく，The Wall Street Journal 紙の記者としての立場から，アートのタッチで書かれている。

レピュテーション・マネジメントを執筆するに当たり，オールソップは，①レピュテーションの構築，②レピュテーションの維持，および③毀損したレピュテーションの修復の3部［Alsop, 2004］に分けて記述している。

第1部　すぐれたコーポレート・レピュテーションの構築
第1法則　貴社の最も強力な資産であるコーポレート・レピュテーションを極大化せよ
第2法則　自らを知り，貴社のコーポレート・レピュテーションを測定せよ
第3法則　会社の多くのステークホルダーに訴える術（すべ）を学習せよ
第4法則　貴社の価値観と倫理観を経営活動のなかで生かせ
第5法則　模範となる市民たれ
第6原則　魅力的な会社のビジョンをステークホルダーに伝達せよ
第7原則　情緒的アピールの文言を創造せよ

オールソップは，第1部で，コーポレート・レピュテーションを構築するに

は，①レピュテーションを資産として扱ってそれの極大化に努力する，②それには，レピュテーションを測定し可視化する必要がある。さらに③その結果をステークホルダーに伝達し，④会社内にあっては価値感と倫理感を実践し，⑤地域社会のなかで良き市民として行動し，⑥すぐれたビジョンをステークホルダーに伝達し，⑦情緒的アピールを行なうことを推奨している。

第2部　すぐれたコーポレート・レピュテーションの維持

　　第8法則　貴社の足らざるところ（欠点）を認識せよ
　　第9法則　常に存在する危険（リスク）を察知し警戒せよ
　　第10原則　貴社の従業員にレピュテーションを高める中心的な役割を与えよ
　　第11原則　インターネットに支配されるのではなく，逆に，支配せよ
　　第12原則　戦略にブレがあってはならない
　　第13原則　レピュテーションの負の影響に用心せよ

　コーポレート・レピュテーションを維持するためには，①まずは自らの欠点を認識し，②リスクマネジメントを徹底させ，③コンプライアンスを経営トップだけでなく従業員の1人ひとりの問題として取り上げ，④インターネットを主体的に活用し，⑤一貫した戦略で経営を行ない，⑥レピュテーションについてはプラスの面だけでなく，マイナス面にも留意すべきであるとしている。

第3部　毀損したコーポレート・レピュテーションの修復

　　第14法則　適切な対処法で危機を乗り切れ
　　第15法則　最初に正しく対処せよ
　　第16法則　一般の人々の批判を過小評価することなかれ
　　第17法則　防御は最大の攻撃であることを知るべきである
　　第18法則　すべてのことが失敗すれば，社名を変えよ

　毀損したレピュテーションを修復するためには，オールソップは，①危機管理を確立させ，②レピュテーション修復のための初動措置を誤らず，③すべての人々の批判に虚心坦懐に耳を傾け，④防御は最大の攻撃である[4]ことを認識し，

4）防御が最大の攻撃にならないこともあることに留意されたい。AT&TのCEOであったマイク・アームストロングは，成長戦略が簡単に実現できないことを知るに及んで，メディアからの攻撃を避けようとして，自己の立場を強化（攻撃）しようとしたが，決して自己を防御することはできなかった［櫻井，2008, p.300］のである。

⑤万策が尽きたら，社名を変えるなりして再出発せよと述べている。

　オールソップのアプローチをわれわれはどのように解釈すべきであるか。雑誌記者らしい細部にわたる提案は，読者にとって大きな福音になろうかと思われる。しかしその反面，いくつかの疑問を感じながらこの著書を読んだのは著者だけではあるまい。ここでは3つの点に限定して，オールソップの著書の問題点を指摘したいと思う。

　第1に，オールソップやグリフィンは，レピュテーション・マネジメントが科学というよりはアートであるという。しかし，本当にアートとして位置づけるべきであるか。現在では科学の1つとしての地位を確立している会計学も1930-40年の頃は科学であるというよりも**アート**[5]であると考えられていた時代もあった。このように考えるならば，われわれ研究者はアートに近い学問体系であるレピュテーション・マネジメントを科学にまで高めていく努力をする必要があるのではないか。

　第2に，オールソップの著書では，面白い"**読み物**"として常識が述べられている。研究者がなすべきことは，一般常識を超えて，経営者は何をすべきかに関する原理を導くべきであろう。

　第3に，オールソップは，**外国人の立場**からレピュテーション・マネジメントを述べているのであって，われわれ日本人にとって最適な言葉を与えてくれているわけではない。たとえば，事業に失敗しても名前を変えることもできると述べている。アメリカであればある程度は妥当するであろう。しかし，国土が狭く民族的にも大きな違いがみられない日本では名前を変えることはできないし，日本では一度失敗すると，敗者復活戦に参加することは極めて難しい。

　2007年に訪問介護最大手の**コムスン**が介護報酬を不正請求していた事実が発覚して社会の糾弾を浴びた。6月11日の株価は制限値幅（ストップ安）の5千円安（8.8％）の51,800円で，4営業日連続のストップ安になった。そこで，グッドウィル・グループが最初に打ち出した計画は，名前を変えて形の上では別会社に運営させて再出発するという方策であった。これに対して世論は猛反発

5）アメリカ公認会計士協会［AICPA, 1940, p.58］の定義をみると，次のとおりである。「会計とは，財務的な性質—少なくとも一部は—を有する取引および出来事を，意味ある方法で，また貨幣の名目で，記録，分類，集計し，その結果を解釈するアート（art）である」

して，最終的には介護事業からの全面撤退を余儀なくされたのである。

要するに，オールソップのレピュテーション・マネジメントはわれわれに貴重な情報を提供するものではあるが，①マネジメント（管理）の問題を物語で終わらせている，②企業経営者が具体的に取り組むべき課題が体系的に論及されていない，③日本は欧米とは異なる文化，歴史，制度をもつため，欧米の事例が必ずしも日本にそのまま妥当するわけではないという難点がある。

著者は，レピュテーション・マネジメントはアートではなく，科学としてアプローチすべきであると考える。しかも，レピュテーション・マネジメントにはコミュニケーション，マーケティング，リスクマネジメント，戦略論，組織論，財務会計，管理会計などからなる学際的な研究が必要である。

以上のバッドの10原則とオールソップの18原則はいずれも示唆に富みポイントをついている。ではアメリカとは違って，日本企業でコンプライアンス上の問題を起こさないためにはどんなことに留意すべきであるか。

▶3　日本企業の経営者が心すべき原則

コンプライアンスは，法令順守を意味する。**倫理**というとき，正確には企業倫理で，社会規範・常識，企業道徳，信義などを意味する。昨今のコンプライアンスと倫理上の不祥事の原因を考えてみよう。日本企業で最もよく見られるコンプライアンスと倫理に反する行動は，次の5種類の原因によるものが多くなってきている。

① 過去から同じことが行なわれてきた。

社会保険庁をめぐる汚職事件では，冊子作成を受注した謝礼として，「ニチネン企画」の役員は，監修料やコンサルタント料などで，役人に多額の不正な支払いを行なっていた。東国原知事のお膝もとの宮崎県庁などで次々と明るみに出ているのが**裏金**の存在である。担当者は過去からの受け継ぎであって罪の意識は軽いかもしれないが，現代の社会通念では，"**過去からの慣行**として同じことが行なわれていた"という言い訳は許されないのである。

② 他社も同じようなことを行なっている。

大和銀行は裁判で，取引チェックの方法について，ニューヨーク支店が米国債の預け先でもある信託会社から残高証明書を取り寄せ，支店の帳簿と照合す

るもので,"他社も行なっていた"と主張したが,裁判長は仮に他社が同じ方法を取っていたにしても大和銀行の**内部統制システム**が適切であるとはいえないとしてこの主張を退けた。大和銀行の巨額損失事件は,それまでの日本企業に存在していた横並び意識を断罪したという意味で,その後の日本企業にとって大きな意味をもつ。

日本企業には,いまでも相変わらず横並び意識が残存している。とくに建設工事や土木工事にからんで,相変わらずなくならないのが**談合**である。業界慣行にすらなっている。必要悪と自らを誤魔化しながら談合に乗ることが多いと思われるが,談合が一部の業者を利する不正な行為であることは明らかである。

③ **法律の存在を知らなかった。**

法律は"知らなかった"では免責されないのである。わが国の商法は,2000年以降の商法改正で大幅に変わり,2006年には**会社法**が施行された。以前とは違って,法改正の速度は速まっている。

運転中に手に持って携帯電話で電話したりすることは罰せられるし,酒酔いおよび酒気運転は,現在では罰金が増額され厳しくなっている。

企業人は会社法と民法等の法令の変化には常に神経を尖らせていかねばならない。それと同時に,内部統制の動きにも注意を払っていく必要がある。**公益通報者保護法**が2006年4月より施行された。この法律は,公益通報者を解雇等の不利益な取扱いから保護するとともに,事業者の法令順守を推進するために定められた法律である。この公益通報制度は,既に大方の会社で導入が終わっている上場企業だけでなく,すべての組織体(病院,大学,官公庁,独立行政法人など)にも導入が進むことを望む。性悪説にもとづく内部告発という陰気な発想ではなく,美しい日本を作る上で現在最も必要とされることで,悪に立ち向かう正しい心であるという気持ちをもつことが大切であると思われる。

④ **隠蔽,虚偽によって事件のもみ消しを図る。**

1990年代以降に発生した事件の多くは,**隠蔽と虚偽による不祥事**として特徴づけられる。船場吉兆,浅田農産,雪印乳業(現・雪印メグミルク),カネボウの粉飾,西武鉄道の虚偽記載,三菱自動車のリコール隠しなど,列挙すべき企業が数多くある。従来であれば大きな社会問題にならなかったであろうが,なぜこれらの問題が次々に起こるのであろうか。

問題の1つは，消費者行動主義が盛んになるなど，虚偽や隠蔽による不祥事を許さないという意識が国民の意識の変化がある。第2には，テレビ，インターネットなどでカレントな問題を一気に拡散させるメディアが果たしてきた役割が大きい。1980年代にアメリカのテレビでは，専門家が1つの問題で議論する場面を見ることが多かった。日本で現在のように数名の著名人によるディベートが盛んになったのは，1990年代頃からである。第3に，CSR，コーポレート・レピュテーション，内部統制，コーポレート・ガバナンスなどの学問領域での研究が進展したことなどがあげられよう。

⑤ **会社のために行なったのである。**

会社のためであっても，不正は不正として糾弾される。ヤングジェネレーションの代表ともいえる，村上ファンドの村上氏（当時），ライブドアの堀江氏（当時）などの例外を除けば，典型的な日本の経営者と従業員は，自分のことや社会との関係よりも，まず第1に仲間のことを考えさらに会社のためを考えることが多かった。

ロッキード事件に関連して，丸紅の幹部が会社のために法廷で不誠実な証言を行なった事件がいまでも忘れられない。会社のために良かれと思って行なった行為（あるいは無知を装うこと）が，組織ぐるみの不祥事に発展する危険性が極めて大きい。会社内での不正の黙認は，自らの責任問題だけでなく，最終的には会社にも迷惑をかけることにもなることを知るべきである。

以上から，企業の経営者および従業員は，法を破ってまでも仲間のために会社を守るのではなく，法規範，社会規範，企業倫理に照らして，他の**ステークホルダーの信頼**を裏切る行為をしないように心掛けることが肝要である。

4 レピュテーション・マネジメントを担当するのは誰だ

レピュテーション・マネジメントにとって，コーポレート・コミュニケーションや広告，PR，IRといった対外的な活動が必要であることはいうまでもない。しかし同時に，レピュテーション・マネジメントには，古いタイプのコミュニケーション，PRの決まり文句や伝統的な広告活動，口コミとは区別された意味での新しいタイプの戦略的な方向づけが必要となる。それは企業の組

織風土に根付いたものでなければならない。このことが，近年ではPRや広告とは違った新しいタイプのレピュテーション・マネジメントが必要とされる理由である。

▶1　コーポレート・レピュテーションは企業内部の問題でもある

　企業の評判を高めるには，対外的にPRやIRをしっかり行なって，日常から企業や製品をピーアールしておくことが必要である。しかし，対外的な宣伝さえすれば，企業の評判が良くなるのか。著者は，レピュテーション・マネジメントは，伝統的な意味でのPRやIR，あるいは広報担当者が専門家として職務を遂行すれば，すべて事足りるといったものではないと考えている。

　コーポレート・レピュテーションを左右する要因として最も大きいのは商品・サービスの質の向上や不祥事の防止など企業内部の努力である。逆に，広告宣伝やメセナ活動は極めてわずかでしかない。このことは，各種の調査によって明らかにされているところである。

　レピュテーション毀損の原因にもよるが，失われた企業の評判を回復する方策も，その多くはコーポレート・ガバナンス，コンプライアンスといった内部統制の強化で回避できるものが次第に増加する傾向にある。であるとすると，とるべき対策もまた企業内部の問題と考えるべきだといえる。本章で後述するロイヤル・ダッチ／シェルの信頼回復がその1つの典型例である。

▶2　レピュテーション・マネジメントは誰が行なうか

　企業の評判は，経営者と従業員の日々の行動によって決定づけられる。とはいえ，企業の行動をどうとらえるかは，外部の利害関係者が企業をどう見るかによって異なってくる。株主，銀行，取引先，顧客，証券アナリスト，地域住民，一般生活者といったステークホルダーが企業を見る目（認識）と評価が高まることで，企業の評判が高まる。したがって，レピュテーション・マネジメントでは，企業内部の問題としてだけでなく，ステークホルダーの側での外からの評価を高める努力もなされなければならないことはいうまでもない。

　経営幹部と管理者，および従業員が常にコーポレート・ガバナンスとコンプライアンスに留意し，日本国内だけでなく国際社会の一員として恥ずかしくな

い活動を行なうことが，企業の評判を向上・維持し，毀損させない経営の要諦ではないかと思う。つまり，レピュテーション・マネジメントにおいて最も大切なことは，経営者と従業員の日々の誠実な活動の積み重ねにあると著者は主張したいのである。

　以上を勘案すると，レピュテーション・マネジメントには，少なくとも世界的な規模の大企業では，社内体制として，実質的に最高経営責任者の戦略や経営活動などのコーポレート・ガバナンスをチェックできる監査役，経営者と従業員の行為を管理するCSR室，内部監査部などのほか，外部の目を高めるためにPR室やIR室[6]などの設置が必要となる。典型的には，外部との関係では広報部（室）やIR室を設置するとともに，社内体制では，コーポレート・ガバナンスは主に監査役，コンプライアンスは総務部と監査役室，CSRはCSR推進本部（社会貢献は社会貢献課，環境は環境室），製品とサービスは品質企画部が担当することになろう。

　企業の事例をみると，NECでは，コンプライアンスとリスク管理は総務部と監査部が，社会貢献は社会貢献部が，環境問題は環境部が担当し，CSR推進本部では憲章，行為規範，CSRの目標，委員会の運営仕組みと推進運動を行なっている。**リコー**では，社会貢献は社会貢献部，環境保全は環境室，法務知財は法務部，品質・製品安全は品質顧客部，メディア・広報は経営企画部が担当し，全体をCSR委員会が統括している。**アサヒビール**の内部監視体制は，監査部のほか法務部，品質企画部，環境社会貢献部，総務部が担当しており，コンプライアンス体制としては，企業倫理委員会が設けられている。

　企業の組織は常により最善なものを求め続ける。また，上記は大企業を前提に述べたもので，中小企業でもこのような組織がかならず必要だというわけではない。中小の企業では，万全の組織を作らなくても，経営幹部と従業員の1人ひとりが倫理観をもって経営にあたり，コンプライアンスを順守して，すぐれた品質の製品やサービスを低コストで生産（または提供）することが企業の

6）日本経営協会［2004］の『ビジネス・コミュニケーション白書 2005』によれば，IR向けの窓口がない企業51％に対して，ある企業は43％と，前年（45％）よりは減少傾向が見られるという。部署名は，IR室，経営企画室，広報・IR室，コーポレート・コミュニケーション室，財務部，法務・広報部が多かったという。

評判を高める要諦である。このことは，経済広報センターの調査[7)][2006, p.11]や著者達の調査によっても明らかにされている。

▶3 レピュテーション担当役員設置の提案

最近では，わが国においても，企業にはCSR部，ＩＲ室，環境部，ＰＲ室，社会貢献部など，対外的な社会貢献や環境問題の専門部門が設けられるようになった。監査室，法務部，秘書室，監査役がこれらの職種を支援することもある。しかし，各部門にはそれぞれの役割があって，統合的にコーポレート・レピュテーションを高めるには効率的ではない。加えて，レピュテーション・マネジメントは対外的な組織を設ければよいというわけではない。対内的には経営企画室，監査室，内部監査部などで対応できなくはない。しかし著者は，今後，レピュテーション・マネジメントを充実させるためには，コーポレート・レピュテーションを統括する担当役員の設置を提案したいのである。

図10-1はフォンブラン［Fombrun, 1996, pp.196-197］を参考にして，企業のレピュテーション担当役員のイメージを図解したものである。

日本企業でも，欧米流にCFO（Chief Financial Officer；財務担当役員）を設ける企業が多くなった。加えて，COO（Chief Operating Officer；最高執行責任者）が設けられている企業も増加傾向にある。CIO（Chief Information Officer；情報戦略担当役員）が設置される企業も増加してきた。CSR担当の役員をおく日本企業も多い。今後は，先進的な企業は**CRO**（Chief Reputation Officer；レピュテーション担当役員）を設けて，ＩＲ室，社会貢献部，環境部，ＰＲ室など，対外的な社会貢献や環境問題を統括する役員の設置が必要になってこよう。

---

7) 2006年調査において，企業に対する認識では，「本業に徹する」が78％で，最も高い評価であった。ここで本業に徹するは，"すぐれた商品・サービス・技術などをより安く提供，安全・安心の確保"である。2位は社会倫理に即した企業倫理の確立・順守で50％，3位は経営の透明性と情報公開37％などであった。この傾向は，2005年度に行われた調査でもみられた。2005年度には「非常に重要」だけでなく「重要である」も図示しているのであるが，それによると，本業に徹するという調査項目は，「非常に重要」が86％，「重要である」が13％で，あわせて99％の回答が安くて安全・安心できるすぐれた商品，サービスの提供という本業に徹するとの項目に賛同している。（有効回答数は3,363名，3つまでの複数回答。回答者は男性（1,379名），女性（1,979名），会社員・団体職員・公務員（35％）が最も多く，会社・団体役員（5％），専業主婦（21％）が主だったところである。)

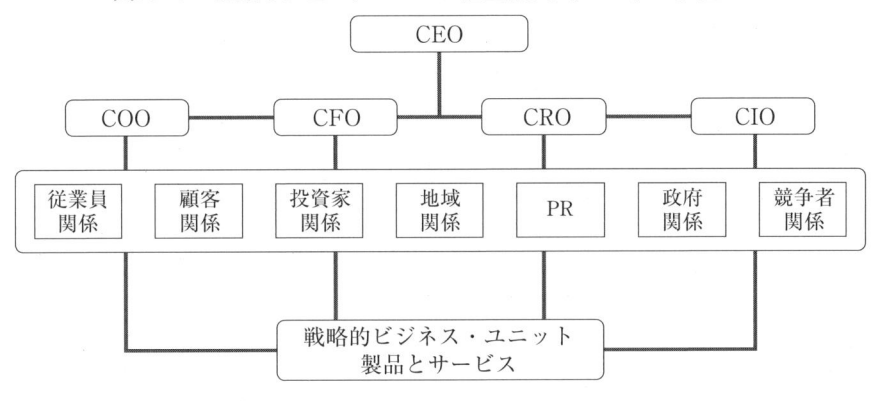

図10-1　企業のレピュテーション担当役員（CRO）の位置づけ

```
                          CEO
         ┌─────────┬───────┴───────┬─────────┐
        COO       CFO             CRO       CIO
    ┌────┬────┬────┬────┬────┬────┬────┐
   従業員 顧客 投資家 地域  PR  政府 競争者
   関係  関係  関係  関係      関係  関係
    └────┴────┴────┴──┬─┴────┴────┴────┘
                戦略的ビジネス・ユニット
                   製品とサービス
```

　CROを設けてレピュテーション・マネジメントを担当させるに至るには，現時点においては，何らかのキッカケが必要である。事例の1つとして，次に，レピュテーション・マネジメントの典型的な事例であるシェル社のレピュテーション・マネジメントについて述べたいと思う。

5　ロイヤル・ダッチ／シェル社のレピュテーション・マネジメント

　ロイヤル・ダッチ／シェル社（以下，シェル）は，1996年から1998年にかけてレピュテーション・マネジメント・システムを構築［Fombrun and Rindova, 2000, pp.77-96］した。これは，他の企業にも参考になる事例の1つである。とりわけ，今日のグローバル企業が直面する多文化環境で，いかにレピュテーション・マネジメントをすべきかについての稀ではあるが包括的なケースを提示しているからである。本章では，その核心部分にだけ限定して紹介する。

▶1　シェルはなぜレピュテーション・マネジメントを実施したのか

　1995年，シェルの2つの危機—Brent Spar[8]とナイアガラでの人権乱用[9]—に際して経営者の対応に投資家が否定的な反応をしたため，株価が大幅に下落した。シェルの経営者は，企業の経営成績が株主，メディア，活動家，一般生

活者などのレピュテーションに大きく依存していることを思い知らされた。自己分析の結果，グループのグローバル・レピュテーションを調査し，レピュテーション・マネジメントの戦略を策定し，主要なステークホルダーとの間でレピュテーション資本を構築することが必要であることを発見した。

そこで，以上の2つの危機に直面して，シェルは対策の検討を急いだ。対策を検討した結果，レピュテーションに関連したプロジェクトでは，次の2つのプロジェクトが必要であることが認識された。

1) 社会の変化する期待を評価すること
2) "世界で最も賞賛される企業"になること

このプロジェクトを推進するには，会社のコア・バリュー（core value）の再検討，ステークホルダー管理のためのシステムの再構築，グローバル・アイデンティティ（GI）確立の活動といった新しいプログラムが必要であった。シェルの最高経営責任者でCMD（Committee of Managing Directors'）の委員長，ハークストローター（Corr Herkstroter）は，このプログラムのことを"変革"という表現で述べるに相応しい真に有意義なものであったと指摘している。その理由として同氏は，「シェルのスタッフはどこでも新しいビジネスと社会変化に継続して適応することができるようになった。主要なテーマは，"オープンネス（受容性）"である。新しい発想，仕事の内容，他の従業員のアイディアへのオープンネスである。この基礎があってこそ，中核となる価値の強みへの自信になっている。」と述べている。2つのプロジェクトのうち，まず第1のプロジェクトから見ていこう。

▶2　社会の変化への期待の評価

シェルは，レピュテーション・マネジメントに関する学習から始めた。最初

---

8) WEB SITE「イギリスと環境」研究PJミーティングによると，1976年に完成されたシェル石油所有の設備で，海底設備が搭載されていた。1991年に老朽化を理由に廃棄が決定され，1995年に130トンの毒物と放射性物質を含んだまま北の沿岸に沈めることを検討し，これを英国政府が認可したことをグリーンピースが猛反発したのが発端になった。
9) ナイジェリアでのシェル・インターナショナル（SI）の現地法人が，同国の豊富な石油資源が埋蔵されているオゴニランドをめぐって現地人の人権乱用に経済的にかかわったと，世界教会協議会（WCC）が主張している。

の研究は1996年の初めから開始された。各界の最高級のオピニオン・リーダーを招聘して，多国籍企業の役割に関する変化について，インタビューと円卓討論を行なった。参加者は，政治家（14％），政府関係者（19％），NPO関係者など（28％），メディア（9％），学者（12％），ビジネスマン（18％）などで，総勢101名であった。勉強会の結論は，会社への期待は実に高いが，期待に応えることは，不可能とはいえないまでも，非常に困難であるといったものであった。

次にシェルは，シェル・グループ内での23社のベンチマーキングを行なった。それにはアメリカ，オーストラリア，日本，ドイツ，イギリス，ノルウエーの企業が選ばれた。各国の代表にはシニア・エグゼクティブが選ばれ，対面のインタビュー形式で行なわれた。質問の焦点は，ステークホルダーの企業への影響の変化，およびその変化がコーポレート・レピュテーションに及ぼしている影響におかれた。主要な発見事項として，多国籍企業への社会の期待が近年著しく変化し，企業はいまや一段と要求が厳しい環境のなかで運営していかなければならないことが確認された。その理由として明らかにされたことは，次の6点―①市場のグローバル化とコミュニケーションのスピードとユビキタス化，②健康，安全，エコ基準の高まり，③顧客の要求水準の高まり，④従業員のもつ権利の低下，⑤教会と国の道徳的なリーダーシップの衰退，⑥新しい傾向に長けた知識豊富な消費者グループの登場―であった。

シェル・グループ内でのベンチマーキングの新たな発見事項は，各会社がレピュテーション・マネジメントを断片的にしか行なっていないということであった。これを打開するための方策とした勧告は，次の4点である。①変革を促すためのCEOの参加，②ステークホルダーのモニタリング・システムの構築，③ステークホルダーとの密接な関係の構築，④コーポレート・コミュニケーション機能をCEOのもとに集中させること。研究の結論としては，コーポレート・レピュテーションをいかに向上させるべきかのパラダイム・シフトを観察できたと締めくくられた。

▶3　"世界で最も賞賛される企業"になること

第2のプロジェクトとして行なわれたのは，*Fortune*誌の実施している"世

界で最も賞賛される企業"になることであった。1996年の8月に, "世界で最も賞賛される企業"になるための7名のエグゼクティブからなるチームを編成して1997年1月までに数十回の会合を開いて, 何をしたら良いかを研究した。その結果, チームは3つの疑問に応えることが重要であると結論づけた。

1) レピュテーションの順位を決めている組織は, シェルをどのように評価しているか。
2) コーポレート・レピュテーションによって得られる財務価値は何か。
3) 異なった国でのシェルのコーポレート・レピュテーションを高めるには, どんな要因が根底にあるか。

第1の疑問に応えるために, **"世界で最も賞賛される企業"** が掲載されている*Fortune*誌を研究した他, "アメリカで最も働きたくなる職場"に関する著書[10]や圧力団体の代表が出版しているパンフレットなども研究した。評価機関によって評価のポイントが異なるので, 各評価機関の評価の違いも研究した。

第2の疑問に応えるために, **イベント・スタディ**を行なった。1つには, 1989年にアラスカで起きたエクソン・バルディーズ号 (Exxon Valdez) 事故を調査して, その財務上の損失額を推定した。いま1つは, 1995年のシェルの事故が市場価格と財務業績に及ぼした影響を測定した。一般に認められている財務の方法に従って, 株価収益率がどれだけ低下したかを計算した。まず, 会社の市場の株価収益率を一般的な市価と石油の指数の両方の変化で調整した。次に, 過去5年間の超過収益率を期待市場収益率の傾向線からの差異として計算した。その結果, 1989年のエクソンのケースでは, 他のメージャーに比べてエクソン・バルディーズ号事故の直後には, 株価収益率が異常に低下 (1989年4月の約0%から8月には−27%) していることを発見した。シェルの事故のときは, 1995年5月の4%から8月には−8%に低下したことを発見した。

第3の疑問に応えるために, チームは香港, インドネシア, 台湾の学生, 経営幹部, 一般生活者を対象にして, 市場調査を実施した。その結果確認されたことは, チームの基本的な仮説は, 状況が異なればステークホルダーの相対的

---

10) Peters, Thomas J. and Robert H. Waterman Jr., *In Search of Excellence, Lessons from America's Best-Run Companies*, 1982.を指していると思われる。櫻井 [2005, pp.118-121] では簡単な紹介を行なっている。

な重要度が異なり，また，レピュテーションに影響する要因も異なることである。そこでシェルは，コーポレート・レピュテーションに影響する地域ごとの利害の多様性を認識することの必要性を痛感することになった。

▶4　何が変わったか

"世界で最も賞賛される企業"の調査グループは，ステークホルダーとの関係，レピュテーション構築の実務，組織上の問題に関する郵送調査（1,000社中139社回収）を行なってその結果を分析し，それらを含めた研究によって勧告を行なった。主要な勧告で，現在でも順調に活動が続けられているプロジェクトを8つあげておこう。

① レピュテーション・マネジメントの成果をシェルのビジネス・プロセスに統合する。
② シェルの主要な目的を明示する。
③ 日々の行為の卓越性をコア・バリューに採択し，従業員にそのコア・バリューの達成に向けて努力させる。
④ すべてのシェルの戦略を，主要なレピュテーション・マネジメントの責任に照らしてスクリーンにかける。
⑤ **レピュテーション・スコアカード**を採用し導入する。すべてのマネジメント・チームは，シェルのレピュテーションを高めるべく設計したスコアカードの基準に照らして評価を行なう。
⑥ すべてのステークホルダーのために，シェルの**アカウンタビリティ報告書**を公表する。
⑦ シェルの会社同士，他産業の企業とレピュテーションに関するベンチマーキングを実施する。
⑧ シェルの外事部門の支援を受けて，レピュテーションに関するベスト・プラクティスのモデルを作成する。

シェルが目指した"世界で最も賞賛される企業"のランキングでは，当時，石油精製ではBP（27位），Exxon Mobil（32位）に次いで，世界の38位［Fortune, 2004, p.40, p.44］につけている。イギリスでは第3位である。まずまずの出来栄えであるといえよう。

▶5　シェルに見るレピュテーション・マネジメント

　シェルがレピュテーション・マネジメントを始めたのは，1995年にBrent Sparとナイアガラでの人権乱用という事件が発端であった。シェルの経営者がすぐれているのは，ただちに徹底的なレピュテーション・マネジメントに取り掛かったことである。具体的には，インタビューと円卓討論のために数多くの学識経験者を招聘してこの問題を議論するとともに，23社のベンチマーキングを行なった。その結果，5つの方策が浮かび上がり，1つひとつ実行していったことは評価に値する。

　加えて，第2のプロジェクトとして，Fortune誌が実施している"世界で最も賞賛される企業"になることを目指して努力してきている。関連著書を研究するとともに，イベント・スタディを実施した。さらに，市場調査を実施してレピュテーションに影響する要因を徹底的に分析した。重ねて，郵送調査を行なって，レピュテーション構築のための必要事項を発見した。これは，まさにレピュテーション監査にほかならない。

　以上の結果，シェルは現在，世界でも最も賞賛される企業の1つに浮かび上がったのである。この結果を日本企業で不祥事を起こした企業と比較してみよう。過去においては，日本企業で不祥事を起こした数多くの企業は，"徹底的に隠す"戦略を取ってきた。

　著者は，現代の日本で不祥事が起きた時の対応として最も問題を悪化させるのは，隠蔽と虚偽で固めようとすることであると思っている。問題が発生したら，世の中の変化を敏感に感じ取って，過去の過ちを素直に認めてオープンに会社の改革に取り組むことである。どんな企業でもどんなに注意していても，不祥事は起きる。企業にとって最も重要なことは，隠すことではなく，全社が一丸になってレピュテーション・マネジメントに取り組み，不祥事の原因を突き止めて二度と同じ過ちを起こさないことである。シェルの対応は，日本の経営者に多くのことを教えてくれる。日本でも，本書の第5部でとりあげているパナソニックや雪印乳業（現・雪印メグミルク）などのケース・スタディは，まさに新たなタイプのすぐれた実例であると思われる。

●まとめ●

　本章ではレピュテーション・マネジメントの意義と手法について考察した。まず，レピュテーション・マネジメントには，コーポレート・コミュニケーションの立場から企業の内外への情報提供を中心に論述する論者と，企業内部の問題として考察しようとする立場があるが，本書は主として後者の立場からレピュテーション・マネジメントを考察していることを明らかにした。

　レピュテーション・マネジメントのアプローチについても，学際的性質をもつことと学問としての歴史の浅さもあって，多様な方法が試みられてきた。それらには，4つのアプローチがあることを明らかにした。常識と具体例，リスクマネジメント（とCSR），概念モデル，包括的レピュテーション・マネジメントがそれである。本書は包括的レピュテーション・マネジメントの立場から考察していることに特徴がある。

　レピュテーション・マネジメントに原則はあるか。本書では，バッドの10原則，オールソップの18原則を紹介し，そのうえで，著者の知見をもとにして，現時点で日本の経営者が心すべき5原則を提唱した。

　レピュテーション・マネジメントを定着させるためには，担当組織を明確にする必要がある。関連する組織には，CSR部，ブランド管理室，PR部，環境部，IR部，社会貢献部といった部門がある。著者は内部管理をベースとする組織として，経営戦略室も候補になりうると思う。ベストはレピュテーション担当部を設けることである。英語の頭字で表現するとCROになるが，会社によってはリスクマネジメント担当役員をCROと呼ぶ企業もあるので注意が必要である。

　最後に，シェルの事例を簡単に述べて，現実にどんな形でレピュテーション・マネジメントを実施すべきかを紹介した。次の第11章では，企業内部の問題として考察するアプローチを概観する。

参考文献

AICPA, Accounting Research Bulletins, No.7, *Report of the Committee on Terminology*, October 1940. (Accounting Research Bulletins Nos.137, American Institute of Accountants, 1949.)

AIG Europe, *Reputation Management, Strategies for Protecting Companies, their Brand and their Directors*, AIG Europe, 1999.

Alsop, Ronald J., *The 18 Immutable Laws of Corporation, Creating, Protecting, and Repairing Your Most Valuable Asset*, 2004. (トーマツCSRグループ訳『レピュテーション・マネジメント』日本実業出版社, 2005年。)

Aula, Pekka and Saku Mantere, *Strategic Reputation Management, Towards A Company of Good*, Routledge, 2008.

Budd, John F. Jr., How to Manage Corporate Reputations, *Public Relations Quarterly*, Winter 1994-1995.

Doorley, John and Helio Fred Garcia, *Reputation Management, The Key to Successful Public Relations and Corporate Communication*, Routledge, 2007.

Dümke, Riccarda, *Corporate Reputation – Why Does it Matter?, -How Communication Experts Handle Corporate Reputation Management in Europe*, VDM Verlag Dr. Muller, 2007.

Fombrun, Charles J., *Reputation; Realizing Value from the Corporate Image*, Harvard Business School Press, 1996, pp.11-12.

Fombrun, Charles J. and Violina P. Rindova, The Road to Transparency: Reputation Management at Royal Duch/Shell. (Edited by Schultz, Majken, Mary Jo Hatch, and Mogens Holten Larsen, *The Expressive Organization, Linking Identity, Reputation, and the Corporate Brand*, Oxford University Press, 2000.)

Fortune, The World's Most Admired Companies, *Fortune*, March 8, 2004.

Griffin, Andrew, *New Strategies for Reputation Management, Gaining Control of Issues, Crises and Corporate Social Responsibility*, Chartered Institute of Public Relations, 2008.

Martin, Graeme and Susan Hetrick, *Corporate Reputations, Branding and People Management*, Elsevier, 2006.

Melville-Ross, Tim, "Planning for the Worst," in AIG Europe, *Reputation Management, Strategies for Protecting Companies, Their Brands and Their Directors*, AIG Europe, 1999.

Tooley, Daniel, "Insuring against Reputation Damage", in AIG Europe, *Reputation Management, Strategies for Protecting Companies, their Brand and their Directors*, AIG Europe, 1999.

経済広報センター『第9回 生活者の"企業観"に関するアンケート結果報告書』2006年1月。

櫻井通晴『コーポレート・レピュテーション―「会社の評判」をマネジメントする―』中央経済社, 2005年。

櫻井通晴『レピュテーション・マネジメント―内部統制・管理会計・監査による評判の管理―』中央経済社, 2008年。

第11章
レピュテーション・マネジメントの企業内部管理の方法
―管理会計など企業の内部管理手法による評判管理―

● はじめに ●

　北米，英国，北欧では，1990年代以降，コーポレート・レピュテーションに関連した研究は，コーポレート・コミュニケーション研究者とマーケティング研究者が中心になって，戦略研究者，経営学や会計学研究者がそれに加わって学際的な研究として行なわれてきた。とりわけアメリカでは，前FRB議長グリーンスパン[1])が述べているように，エンロン事件以降，コーポレート・レピュテーションやレピュテーション・マネジメントの研究成果が次々と発表されるようになってきた。

　しかし，会計学研究者によるレピュテーション・マネジメントの研究は，ベルカウイとパブリーク[Belkaoui and Pavlik, 1992, p.110, pp.1-249]，ベルカウイ[Belkaoui, 2001, pp.1-13]，モーリツェン[Mouritsen, 2000, pp.208-229]などを除いては活発さを欠き，しかも会計学研究者による研究は決してコーポレート・レピュテーション研究の本流にはなりえていない。

　世界での研究の潮流で会計学とコーポレート・レピュテーションにかかわる研究が比較的少ないことから，アメリカでの研究を横目で見ながらそれに追随する形で行なわれてきた会計学研究が多い日本の学界では，この領域での研究者は皆無に近かった。では，会計上の不正防止のためにコーポレート・ガバナンスやコンプライアンスの重要性が叫ばれているこの時代に，それらの基礎にある概念や関連分野の研究は不要であろうか。また，会計学はコーポレート・レピュテーションの構築・維持・回復に貢献しえないのであろうか。

　本章の目的は，会計学とその関連諸科学によるレピュテーション・マネジメ

---

1) 第13代連邦準備(制度)理事会(The Federal Reserve Board；FRB)の1987～2006年の議長。2006年2月からは，ベン・バーナンキ議長に代わっている。

ントの有効性を検討することにある。まず初めに，企業内部の努力によるレピュテーション・マネジメントの必要性を検討する。次に，レピュテーション・マネジメントの意義および効果を述べる。そして具体的な手法として，バランスト・スコアカードと戦略マップ，内部統制，レピュテーションリスク・マネジメント，CSR，レピュテーション監査がコーポレート・レピュテーションの向上，維持，および毀損されたレピュテーションの修復に役立つかを検討する。そして最後に，管理会計の手法の1つとしての品質原価計算が，レピュテーションという観点から見ると，現下の日本企業にとっては決して福音にはならないことを明らかにする。

1 レピュテーション・マネジメントが必要な理由と効果

ブランドは相続遺産的な性質（経済学的にいえば，経路依存性[2]）をもつ。そのため，管理会計の手法を駆使してブランドを管理することは一般に困難である。たとえば，ソニー，グーグル，トヨタ自動車，エルメス，グッチ，味の素，キヤノンなどのブランドを短期間にいま以上に高めるのは容易ではない。他方，コーポレート・レピュテーションは経営者と従業員による日々の努力によって高めることができる。たとえば，1925年創業のシャチハタ[3]はブランド力が高い。他方，近年急成長したワタミ[4]は社長の努力によって極めて短い期間にコーポレート・レピュテーションを大幅に高めてきた。

▶1 レピュテーション・マネジメントでは比較的短期に目に見える成果

相続遺産的なブランドとは違って，コーポレート・レピュテーションは経営

---

[2] Path dependencyとは，時間の経過とともに形成され，形成の速度を早めることが困難で，時間をかけなければ獲得できないことをいう。模倣が困難である。

[3] 日経リサーチの「ブランド戦略サーベイ」（2009）によれば，シャチハタのPQ（perception quotient）は，マイクロソフト，グーグル，ソニー，トヨタ自動車などに次いで9位であった。

[4] ノルド（㈱ノルド社会環境研究所）の「評判のいい会社調査」（2007）によれば，ワタミはトヨタ，任天堂，パナソニックに次いで4位の成績であった。なお，2008年は20位，2009年は14位であった。ちなみに，首位は2006年から2008年まではトヨタ自動車（想起率は2007年が40％，2008年が24％に低下し，2009年度は12％で，ファーストリテイリングは22％であった）であったが，2009年度はファーストリテイリングがトヨタに取って代わっている。

者および従業員は努力によって比較的短期間に向上させることができる。その方法は，ＰＲやＩＲを通じて会社の評判を高める，商品力を高めることで顧客を満足させる，リーダーシップの発揮によるすぐれた戦略策定によって会社の業績を向上させる，CSRを行なうことでステークホルダーの評価を高める，レピュテーションリスク・マネジメントによってレピュテーションの毀損を回避する，会計上の粉飾を行なわない，従業員へのコンプライアンス教育を徹底させて不祥事を起こさない，不良品を出さないことなど，数多くの戦略を取りうる。加えて，管理会計の手法であるバランスト・スコアカードとそのツールである戦略マップ，品質原価計算などのほか，会計学の手法である内部統制，内部監査・レピュテーション監査，隣接諸科学であるリスクマネジメント，CSRなどを駆使して，コーポレート・レピュテーションを構築・維持させ，また失われたレピュテーションを回復させることができる。

▶2　不祥事や反社会的な行為に対処できる

　最近，企業が倒産の危機に立たされるのは，経営者や従業員による不祥事や反社会的な行為によって惹起されたコーポレート・レピュテーションの毀損によることが多くなった。不祥事や反社会的な行為は，コーポレート・コミュニケーションやマーケティングといった対外的な方策のみでは防ぐことはできない。経営者は管理会計や内部統制の手法を駆使することでレピュテーション・マネジメントを行ない，企業の持続的な発展を図ることができる。

　不祥事や反社会的な行為，商品の欠陥やサービスの不備，システムの不具合などによって失われたブランドを回復するために，最近ではCSRを実施する企業が目立ってきた。しかし，社会価値や経済価値だけでなく，環境価値を向上させるCSRが適切か，それとも社会価値や経済価値だけでなく，リーダーシップ，コンプライアンス，従業員教育などにかかわる組織価値をも高めていく必要があるかについては，議論の余地がある。著者は，これらの方策への対処には，レピュテーション・マネジメントが効果的であると信じている。

　CSRだけではレピュテーションリスクから会社を守ることはできない。危機管理にかけた時間との関係で，レピュテーション・マネジメントという観点からすると，CSRから得られるリターンはきわめて少ない。このような現実を見

てきたグリフィンは，会社のレピュテーションを再生しようとしてCSRを実施した企業は，概ね失望［Griffin, 2008, p.144］させられると述べている。

▶3　レピュテーション・マネジメントの10の効果

　レピュテーション・マネジメントが各国で実施されるようになったのは，以上で述べた背景によって，レピュテーション・マネジメントを実施することが企業に多くの効果をもたらすような社会になってきたからである。しかしながら，現時点において，レピュテーション・マネジメントの内容もその予測できる効果も，論者によって意見が異なる。ラーキン［Larkin, 2003, p.2］は，それが効果的に行なわれるならば，レピュテーション・マネジメントからは次の9つの効果が得られるという。

　1）企業とそのステークホルダーおよび顧客との間の緊張をほぐす
　2）競争と市場開拓の障壁を減少させる
　3）投資と資本提供がしやすい環境を創りだす
　4）最もすぐれた従業員，サプライヤー，パートナーを確保できる
　5）製品とサービスのプレミアム価格が得られる
　6）株価と市場の脆弱性を減少させる
　7）増加する規制または訴訟の脅威を最小化する
　8）危険の潜在性を減少させる
　9）ステークホルダーとの信頼関係を確立する

　ラーキンのいうレピュテーション・マネジメントの効果には，レピュテーション・マネジメントによって財務業績の悪化を回避し，株と市場の脆弱性を減少させる効果が抜けているように思う。トヨタがレピュテーション・マネジメントを効果的に実施していれば，2009年から2010年にかけて同社を悩ませたリコール問題による財務業績の毀損を回避させることができたと考えられる。

　このような観点から，10）として，著者はレピュテーション・マネジメントは財務業績を向上または財務業績の低下を防ぐ効果があることを指摘したいと思う。

　10）財務業績の向上・維持・毀損を回避させる

▶4　レピュテーション・マネジメントに関する経営者の見解

　コーポレート・レピュテーションはマネジメントできるのか。この点に関して，レピュテーションを資産として認識して管理することが不祥事を未然に防ぐ効果的な方法の1つとして認識されてきた。欧米でも数多くの議論があるが，現在ではコーポレート・レピュテーションを資産として認識して，内部統制，CSR，レピュテーションリスクのマネジメントなどを通じて管理することが不祥事を未然に防ぐ最大の対策［Doorley and Garcia, 2007, pp.7-8］の1つである。この点に関して，日本の経営者の認識はどうか。

　2007年に行った著者たちの調査［櫻井・大柳・岩渕, 2007, p.34］によれば，日本の新興市場の経営者でレピュテーション・マネジメントの重要性を非常に強く認識（6段階評価のうちの評価6）している企業の経営者は全体の約4分の1近く（23％）に達しており，総合的に見ると多くの経営者（6段階評価のうちの評価4.8）がその重要性を認識している。それでは，コーポレート・レピュテーションを経営者が管理できると考えているのか。

　コーポレート・レピュテーションをマネジメントできるかと質問したわれわれの調査項目では，"やや可能"（評価5）だと考えている経営者が多く全体の3分の1に達した。"かなり管理できる"（評価6）と答えた経営者は，回答者の20分の1強（6％）しかなかった。それでは，コーポレート・レピュテーションを左右する要因は何か。

　経済広報センター［経済広報センター, 2006, p.11, p.22］の「企業観」アンケートでは，「企業の評判を左右する要因として大きいと思うものは何ですか」との調査が行なわれた。有効回答数3,363でコーポレート・レピュテーションを左右する要因として大きいものは，"商品・サービスの質を向上"が首位（87％），"不祥事の防止"が第2位（71％），"地域社会との結びつきを強め企業の社会的責任を強化"するが第3位（55％）であった。他方，世上でレピュテーションを高めると言われてきた"ブランドの強化（16％）"，"広告宣伝の拡充（6％）""投資家への広告活動（3％）"は極めて低い貢献度しか与えられていなかった。つまり，一般にいわれてきたブランド強化策，広告宣伝，PRの効果には限界があることを日本の経営者は認識していると思われる。

2007年に行なった前述の著者たちの調査でも，類似の結果が得られた。商品・製品・サービスの質（6点満点の評価で5.6）と答えた回答者が圧倒的に多く，次いで，顧客満足度（5.5）を高めることが必要だとする回答が多くあった。さらに，財務業績（5.1）や社会貢献・環境（4.4）が続いている。他方，経済広報センターの調査と同じように，広告宣伝（3.9）やブログ・口コミ（3.9）などの外的な媒体には低い評価しか与えられなかった。以上から，一般にいわれてきたブランドの強化策，広告宣伝，ＰＲの効果には限界があることを日本の経営者は認識しているのではないかと思われるのである。

これらの調査から，2つのことを発見した。第1に，日本の経営者は一般に，コーポレート・レピュテーションの管理が難しいと考えていることが明らかになった。しかし，レピュテーション・マネジメントのメカニズムが明らかになる限り，著者は欧米の研究者や実務家と同様，わが国の経営者もまたコーポレート・レピュテーションをマネジメントできると回答するに至ると信じている。第2に，レピュテーションを左右する最も主要なドライバーは商品・サービスの質の向上など本業の充実であることも明らかになった。

2　レピュテーション・マネジメントのための内部管理手法

レピュテーション指標が内部管理の手法としても有効性であることについては，第5章ですでに述べたとおりである。そこで以下では，バランスト・スコアカードと戦略マップ，内部統制，レピュテーションリスク・マネジメント，CSRおよびレピュテーション監査について，レピュテーション・マネジメントに有効な手法たりうるかについて概観する。

▶1　バランスト・スコアカードと戦略マップ

コーポレート・レピュテーションは，経営者だけでなく従業員をも含む企業の構成員によって持続的に積み重ねられてきた過去の行為と現在および将来の行為の結果として，ステークホルダーによって評価された企業価値を創造する貴重な無形資産である。一方，バランスト・スコアカードは，株主，顧客，経営者，従業員など多様なステークホルダーとの関係を尊重した戦略的マネジメ

ントシステムである。戦略の策定と実行，業績評価，経営品質の向上その他の目的に役立つ。バランスト・スコアカードがコーポレート・レピュテーションの維持・向上に貢献するのは，次の理由からである。

1) ビジョンや戦略の妥当性の検証が可能である

　バランスト・スコアカードは，ビジョンや戦略の策定と実行の検証に有効なシステムである。一方，コーポレート・レピュテーションは主として経営者の過去および現在の戦略や日々の行為によって影響を受ける。このことは，バランスト・スコアカードが経営者によるビジョンや戦略の妥当性の検証が可能であることを意味している。

2) 経営者と従業員による業績評価指標による管理が可能である

　管理会計でいう管理とは結びつきにくいコーポレート・イメージやブランドとは異なり，コーポレート・レピュテーションは主に経営者や従業員による過去および現在の行為の結果として生みだされる。バランスト・スコアカードを活用すれば，経営者や従業員の行為を業績評価指標—KPI（key performance indicator；主要業績評価指標）やCSF（critical success factor；重要成功要因）など—で経営を可視化（見える化）することで，科学的に管理できる。

3) ステークホルダーによる評価が可能である

　コーポレート・レピュテーションは，顧客の情感だけでなく，株主，顧客・社会，経営者，従業員など多様なステークホルダーによる評価によって形成される。伝統的な管理会計では，企業の効率向上によるコスト削減とか利益の増大に焦点がおかれていたため，ステークホルダーの評価によって経営戦略に役立たせるという手法は存在しなかった。しかし，バランスト・スコアカードによれば，ステークホルダーの可視化が可能になった。つまり，バランスト・スコアカードでは株主，顧客，経営者，従業員などのステークホルダー・アプローチをとっている。そのため，バランスト・スコアカードを使えば，コーポレート・レピュテーションが種々のステークホルダーにどのような影響を及ぼすかを可視化できるのである。

4）無形の資産の管理のための戦略マップの有効性

　バランスト・スコアカードのツールである戦略マップを活用すれば，企業の経営者と従業員の行為から企業価値が創造されるプロセスを可視化することによって，企業のコーポレート・レピュテーション戦略の妥当性の検証が可能になる。著者はある医科大学病院において，戦略マップを用いて病院のレピュテーション戦略の妥当性を検証した。

　以上から，バランスト・スコアカードの適用によるコーポレート・レピュテーション管理の潜在的な有用性が高いことを明らかにした。

　海外でも，バランスト・スコアカードがレピュテーションの向上に役立つとする論文［Drew et al., 2006, pp.127-138］はある。その他の実例としては，ロイヤル・ダッチ／シェル社が，1996年から1998年にかけてレピュテーションのシステムを構築［Fombrun and Rindova, 2000, pp.77-96］したのであるが，その時に用いられた手法はレピュテーション・スコアカードと呼称されたバランスト・スコアカードである。ただ，これらの論文ではバランスト・スコアカードがどのように用いられるのかまでは述べられていない。しかし，バランスト・スコアカードを導入している企業であればすぐに理解できることであるが，最も簡単にバランスト・スコアカードをレピュテーション・マネジメントに活用するには，**戦略テーマ**（戦略の柱[5]）の1つに「評判の維持・向上」を掲げればよい。バランスト・スコアカードそのものに関しては，拙著［櫻井, 2008(b)］で9つの事例（米国企業2，日本企業7）で記述している。詳細は同書を参照されたい。

▶2　内部統制は企業のレピュテーションの維持に貢献するか

　内部統制は，現在でこそ監査論の領域で扱われるが，以前は管理会計の範疇のなかで議論されていた時代もあった。産業合理化審議会答申「企業における内部統制の大綱」（1951）では，管理会計の担い手であるコントローラーの役割の1つに内部統制をあげ，管理会計の最も主要な手法とされていた予算統制

---

[5] バランスト・スコアカードの導入では，戦略の柱のことを戦略テーマと呼んでいる。著者は医科大学のバランスト・スコアカードの運用において，①研究・教育の充実，②財政の健全化，③建設計画の適切な遂行他（内容と表現は変えてある）を掲げている。

や標準原価計算を内部統制のためのツールであると位置づけていた。

　レピュテーションとの関係について，40年から50年ほど前に，内部統制には企業の評判を高める役割があるといっても，誰一人として耳を貸してくれる研究者はいなかったであろう。なぜなら，内部統制の主要な役割は，従来，主に①会計監査，②業務監査からなり，会社の評判を維持または向上させるといったソフト（曖昧）な問題は内部統制とは無縁だと思われていたからである。内部監査との関係については，青木［1956, p.66；1959, pp.3-20］のように，経営トップへの経営方針に助言と勧告という，現代の内部統制におけるコンプライアンスやコーポレート・ガバナンスに通じる主張もあった。しかし，当時は内部統制の主要な担い手である内部監査人が，経営トップの批判を糺すことは難しいとして，青木の提言は学界から無視されたのである。

　2002年7月に議員立法として成立したSOX法（Sarbanes-Oxley Act；サーベインス・オクスリー法）のわが国（2006年に制定され2008年から導入されているJ-SOX法）での議論と制度化が，内部統制におけるコンプライアンスの重要性を周知徹底する役割を果たした。それは，内部統制の概念モデルとなったCOSO［1992］の内部統制目的に，①財務報告への信頼性（会計監査に対応），②業務の有効性と効率性の確保（業務監査に対応）に加えて，**③関連する法令順守**（新しい意味での経営監査に対応）が加えられたからである。

　評判を落としたために倒産の憂き目に遭うことのないようにするには，現代の企業にとって内部統制による会計監査や業務監査の充実は欠かしえない。しかし最近の会社の不祥事や事故の多くがコンプライアンスやコーポレート・ガバナンスの欠如に起因していることは，多くの経営者が熟知している。このような原因から生じる企業の不祥事や事故の発生はコーポレート・レピュテーションを毀損させ，財務業績を低下させる。そこで，新しい意味での内部統制の概念が，会計監査と業務監査に加え，法令順守に貢献しうることを明記したことは，COSOだけでなく日本のJ-SOX法として知られる「財務報告に係る内部統制の評価及び監査の基準」で明らかである。

　以上，内部統制は業務監査や会計監査だけでなく，法令順守を通じてコーポレート・レピュテーションの維持に貢献する会計上のシステムとして位置づけることができる。

▶3　レピュテーションリスク・マネジメント

　内部統制制度化のきっかけになったエンロン社の破綻，J-SOX法のきっかけとなった西武鉄道による有価証券報告書の"誤記載"，西松建設のダミー団体の政治団体による政治資金規正法違反などは，究極的には**コーポレート・ガバナンス**の問題から生じた事件である。一方，大蔵省解体の引き金になった大和銀行のニューヨーク支店の巨額損失や住友商事による従業員の銅の不正取引と巨額損失，顧客情報の漏洩，セクハラやパワハラは，**コンプライアンス**上の不祥事である。**環境問題**は，古くは水俣病，イタイイタイ病などの公害問題，新しくは地球温暖化，オゾン層の破壊，酸性雨などの環境問題，産廃不法投棄や土地汚染隠ぺい事件など，コンプライアンスと結びついた事件として発生している。**労働問題**では，下請企業による未成年者の搾取工場によって，欧米ではナイキのコーポレート・レピュテーションが大幅に毀損された。

　過去，日本企業に多大な影響を与えた**製品の安全性**に関する問題は，三菱自動車のリコール隠し事件，雪印乳業の不誠実な経営行動，石屋製菓，ミートホープ，赤福，船場吉兆などの食品偽装の問題がある。2008年に明るみに出た王子製紙や日本製紙など20社近くの再生紙が，表示していた古紙配合率を大幅に下回っていた偽装事件もある。世間を大きく騒がせた**IT問題**には，2005年の東京証券取引所で起こったシステムダウンがある。海外にオフショアで委託したソフト開発のチェックが不十分なために，取引先と企業の信頼を失った事例もある。このようにみると，レピュテーションリスク・マネジメントの実施はコーポレート・レピュテーションの向上に多大な貢献を果たしているということができよう。

▶4　CSRによるコーポレート・レピュテーションの向上

　CSR（corporate social responsibility；企業の社会的責任）では，企業の行なう経済活動に社会的な公正，コンプライアンス，地球環境の保護など環境対策を行なうとともに，社会的貢献度の高い事業とサービスを地域社会に提供し，社会への貢献を果たすことが期待されている。

　CSRとコーポレート・レピュテーションにはいずれもトリプル・ボトムライ

ンであることなど共通点もすくなくないが，相違点もある。第1に，トリプル・ボトムラインのなかでは，CSRでは環境価値と社会価値が強調されるものの，経済価値の比重は相対的に低い。対して，コーポレート・レピュテーションでは，経済価値が最も重視されるものの，社会価値と組織価値の比重は相対的に低い。第2に，コーポレート・レピュテーションでは環境価値よりも組織価値が重視され，環境対策の比重は低い。著者は，環境価値を社会価値のなかで論じることにしている。環境を破壊する行為は企業の社会価値を低下させると考えられるからである。

　両者には以上みた相違点もある。しかし，CSRをコーポレート・レピュテーションの一構成要素だとする見解が支配的である。たとえば，CSR Europe [2001] の調査では，回答者の91％の経営者がCSRをもってレピュテーションとブランド資産の重要な要素だと答えている。著者もまた，CSRをレピュテーション・マネジメントのために不可欠な方策として位置づけたい。事実，2009年にアムステルダムで行なわれたレピュテーション・インスティチュートの世界大会では，報告者の約3割がCSRとの関係で報告した。

▶5　レピュテーション監査

　レピュテーション監査（reputation audit）とは，企業のレピュテーションを識別，評価，活用する上で経営者を支援する組織的なプロセスのことである [Fombrun, 1996, pp.11-12]。レピュテーション監査では，株主，金融機関，顧客，従業員など主要なステークホルダーが企業についてどのような印象をもっているかを調査する。

　レピュテーション監査は企業のレピュテーション・マネジメントを対象とした経営戦略と経営活動の監査であり，企業がレピュテーション情報を外部に提供する上でその信頼性を担保するためのアセスメントでもある。レピュテーション監査によって，株主，金融機関，顧客，従業員など主要なステークホルダーが企業についてどのような印象をもっているかを評価する。会計監査とは意味合いが違って，レピュテーション監査では，内部監査，システム監査といった類の監査 [櫻井, 2010, pp.24-35] であり，レピュテーション監査ではKPIによる測定がなされる。詳細は本書の第16章に譲る。

3 品質原価計算によるレピュテーションの維持・向上は可能か

著者たちの調査［櫻井・大柳・岩渕, 2007, p.34］やケース・スタディでも明らかにしたように，いかにして顧客に良質な製品・サービスを提供するかはコーポレート・レピュテーションを向上させるうえで最も重要性の高い要件である。管理会計において現時点で商品・サービスの提供との関係で最もホットな議論となっている問題の1つは，品質原価計算の有効性である。

▶1 品質管理には日本的方法と欧米的方法がある

戦争直後には日本製品といえば粗悪品の代名詞でしかなかったが，その後の経営者の必死の努力によって，1970年代から1980年代にかけて逆に日本製品イコール高品質という高いレピュテーションが定着した。ただ，近年の日本企業の現象の1つとして，日本製品にもしばしば不良品の問題が頻発するようになった。まことに残念なことであるが，それはなぜなのか。これからの日本企業には，TQC[6]（total quality control；全社的品質管理）のような日本的な現場管理の手法がもはや不要なのか，それとも品質原価計算のような欧米流の計算体系が必要になるのか。本項では，この点に焦点を絞って，品質とコーポレート・レピュテーションの問題を考察したい。この問題を検討するには，まず品質原価計算とは何かが明らかにされなければならないであろう。

▶2 品質原価計算とは何か

品質原価の測定と伝達を通じて品質改善と品質原価低減に役立てる学問領域のことを，**品質原価計算**（quality costing）という。品質原価計算における品質原価（quality costs）とは，一般に劣った製品が存在するかもしれない，あるいは現に存在するために発生する原価［櫻井 1991, p.122］のことをいう。品質原価は，次のものからなる。

　（1）**予防原価**（prevention costs）　　教育，訓練や品質サークル活動など，

---

6) 1998年の『TQM宣言』以後は，TQM（total quality management）と呼ばれている。

品質の劣る製品またはサービスの提供を予防するための原価。
(2) **評価原価**（appraisal costs）　仕様に合致した製品またはサービスの提供を保証し，不良品に加工を加えることのないようにするのにかかる検査やテストの原価。狭く，検査費用と解されることもある。
(3) **内部失敗原価**（internal failure costs）　製品やサービスを顧客に引き渡す前にかかる原価で，仕損など不良品であるがために発生する原価。
(4) **外部失敗原価**（external failure costs）　返品，値引き，補償費用など，不良品が顧客に発送・引き渡されたために生じた原価。

以上の原価のうち，予防原価は一種の"投資"的コストである。予防原価に評価原価を加えた前2者は，経営者が自発的に投資するために発生する原価（自発的原価）である。これら2つは，経営者にとって管理可能な原価である。他方，失敗原価は誤りを犯した"結果"として発生する原価で，非自発的原価ともいわれている。両者の関係は，**図11-1**のように表される。

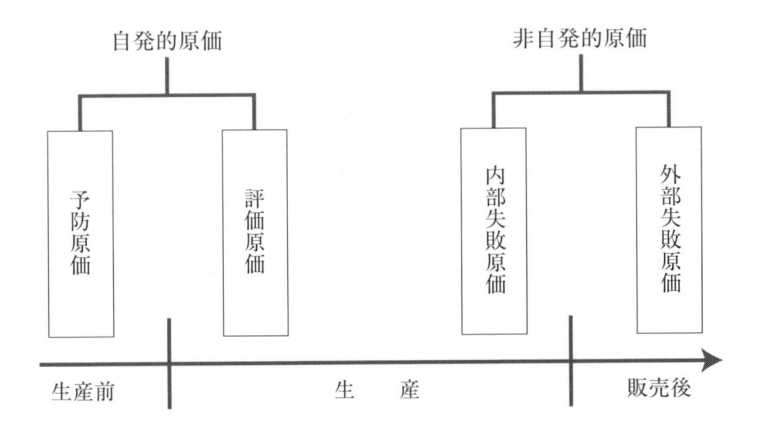

図11-1　自発的原価と非自発的原価の関係

```
        自発的原価              非自発的原価
      ┌──────┴──────┐       ┌──────┴──────┐
    ┌─────┐ ┌─────┐     ┌─────┐ ┌─────┐
    │ 予  │ │ 評  │     │ 内  │ │ 外  │
    │ 防  │ │ 価  │     │ 部  │ │ 部  │
    │ 原  │ │ 原  │     │ 失  │ │ 失  │
    │ 価  │ │ 価  │     │ 敗  │ │ 敗  │
    │     │ │     │     │ 原  │ │ 原  │
    │     │ │     │     │ 価  │ │ 価  │
    └─────┘ └─────┘     └─────┘ └─────┘
  ─────┼──────────────┼──────────────▶
     生産前         生　産        販売後
```

▶3　品質原価計算とTQC（現在のTQM）の特徴

　品質原価計算は，品質に係わるコストを投資の性格をもつ予防原価と評価原価（自発的原価），結果として発生する原価を内部失敗原価と外部失敗原価（非自発的原価）とに区分することにより，品質原価の可視化を行なうための手法

である[7]。日本で誕生したTQCが作り込みによる品質の向上を図ろうとするのに対して，品質原価計算は測定による品質ないし経営の可視化におかれているという意味で，活動基準原価計算（Activity-Based Costing; ABC）と類似して，欧米的な特徴をもつ。いずれも「測定されないものは管理できない」という視点に立脚する。**測定と伝達**を主要な役割とする会計学では，測定による問題領域の**可視化**が経営に果たす貢献は大である。

　予防原価と失敗原価との間には，トレードオフ関係がある。1991年前後に始まったバブル崩壊までの多くの日本企業は，QCサークルと呼ばれていた小集団活動を中心に品質向上の活動を行って製品とプロセスの品質向上活動を徹底的に行ない，そのことが世界に冠たる日本製品イコール高品質という国際的なレピュテーションを獲得した。アメリカでは1970年代の後半から**Quality is free**（品質を高めるのにコストはかからない）の議論が起こり，予防原価に全力をあげる日本企業の総合的な品質管理活動に礼賛の声が巻き起こった。しかし，バブル崩壊とともに日本では「過剰品質」が問題になり，品質を向上させるためにコストをかけすぎるのではないかという声が高まった。

▶4　品質原価計算は過剰品質の解決に役立つか

　この過剰品質の解決に大きな貢献を果たしてきたのが，品質原価計算である。著者がバブル崩壊の直前に行なった調査［櫻井, 1991, pp.109-175］では，日本企業で何らかの形で品質原価計算を行なっていた企業はわずか（32％）にすぎなかったが，21世紀以降に梶原［2008, p.160］によって行なわれた調査では，品質原価計算をもとに予防原価・評価原価と失敗原価とのトレードオフを行なっている企業は調査対象の半数以上（53％）になり，現代では品質原価計算の採用企業が急速に増加してきていることが分かる。

　過度に現場を重視する姿勢に批判の目が向けられ，投入されたコスト（努力）が成果との関係で妥当であるかの検討がなされるようになったのは，品質の領

7）品質原価を生産と販売の関係で述べれば，次のようになる。①予防原価は生産前と生産の過程で発生する。②評価原価は生産後（または生産中）であって，製品の出荷前に発生する。③内部失敗原価は生産中か生産後であって，製品の出荷前に検出または発見される。④外部失敗原価は販売後に一般的にはお客の手に渡ってから発生する。

域にとどまらない。著者がABCを1988年4月に日本の経営者に初めて紹介したときにはABCに対する批判の声が高く，後輩の研究者に声をかけても誰一人としてABCを研究しようとする者はいなかった。ABCが日本で正当に評価され始めたのは，日本経済の構造的な不況が明白になってきた1992年以降のこと［櫻井，1998, p.4］である。同様に，IT投資の領域でIT投資の評価が問題になりだしたのもバブル崩壊後のC/Sシステム（client/server system）[8]の導入が始まった1993年以降のこと［櫻井，2006, pp.112-143］である。

　経済が順調に成長していて競争もさほど激しくないときには，品質原価計算，ABC，IT投資の評価といった**測定による経営の可視化**を目的とする会計手法への役割期待は低く，経済が低迷してくるに従って，経営効率を高めるために欧米的な手法が必要になってきたことが，以上から明らかになろう。

　問題は，使用方法を間違えると，かえって企業目的である企業価値を毀損せしめることにある。具体的には，品質原価計算ではトレードオフの考え方が不良品を生みだす危険性，ABCでは経営効率をムリに上げようとするあまりモチベーションを低下させる怖れ，IT投資の評価ではITの投資をネガティブにさせる可能性を否定できない。そこで著者は「**効果性重視の経営**」を提唱し，効率性の追求が効果性（effectiveness；有効性）を損なうべきではないと主張してきた。品質原価計算の実施は日本企業に福音をもたらすのであろうか。それとも災いを招いたのであろうか。

▶5　品質原価計算か，レピュテーション・マネジメントか

　現在，品質管理に関連して経営者が真剣に検討しなければならない喫緊の課題の1つは，アメリカ企業が1980年代において予防原価と失敗原価とのトレードオフ関係を測定してギリギリまで予防原価を引き下げてきたことに関係する。これはコスト低減には有効であったものの，結果として製品の品質を下げてしまったといえる。現下の日本企業もまたアメリカ企業が1980年代に犯した失敗

8）1990年初頭までは，多くの日本企業は汎用コンピュータを用いたレガシー・システムを活用していた。汎用コンピュータを基幹システムに，ワークステーションにパソコンを繋げたシステムをクライアントとして情報系の処理に活用したC/Sシステムを日本企業が用い始めたのが1993年ころで，多くの日本企業は1993年から1997年ころまでにC/Sシステムに移行した。

の轍を踏んでいるのではないかとの懸念するものである。

　そのような見解とは逆に，当時とは環境が変化したのであるから，トレードオフ関係の測定を行なう品質原価計算の導入は当然の流れであるという見解もある。品質原価の測定を重視すべきだとする理由としては，バブル崩壊以前と現在とでは経済・社会状況が大きく異なっていることがあげられる。

　第1には，ライフサイクルの短縮化によって次々と新製品が現れるため，とくにソフト開発において，製品の品質管理が追いつかない状況が起きている。したがって，品質原価計算の導入によって，トレードオフが妥当とされるならば，多少の問題があっても見切り発車[9]も必要だとする主張である。

　第2には，1960-1970年代に多くの日本企業に広がった現場中心のQCサークルによる品質の作りこみや徹底した品質管理教育が従来ほどには重視されなくなった。代わって品質の中心的なテーマがグローバル・スタンダードや経営品質の向上に移行してきた。ただここでわれわれが心すべきは，**ISO9001**を実践したり，社会経済生産性本部が推進してきた**日本経営品質賞**（Japan Quality Award；JQA）[10]を目指したからといって，それ自体では<u>モノ作り</u>における品質は決して大きくよくなることはないということである。

　第3には，企業が品質の問題を引き起こすと，消費者が過剰に反応するようになったという社会の変化がある。トヨタのリコール問題に端を発した品質問題がその一例である。したがって，品質の問題をコストと品質とのトレードオフ関係を考えて，ギリギリのところまで品質管理を徹底すべきだとする。ただ，品質の問題はコストと品質とのトレードオフ関係で考えれば済むといったものではないというのが著者の強い主張［櫻井，1991, pp.119-143; 2008(a), pp.363-364］である。このことは，雪印乳業（現・雪印メグミルク）の2度にわたる不誠実な会社の対応への消費者の不買運動，三菱自動車によるリコール隠しに対するユーザーの反応，中国の毒餃子への日本の消費者のクールな対応，船場吉兆の食品の二度だしの結末，2009年から2010年にかけてのトヨタのリコール

9）社会の変化が激しい現代においては，とくに汎用品について商品を1日も早く上市することの必要性はよく理解している。要は，早期の上市か品質かのバランスの問題だけで片づけるのは危険だということである。

10）JQAは，企業の総合的な品質の向上に役立つ。モノやプロセスだけでなく，経営の品質向上に貢献する。TQM，ISO9001との関係については，櫻井［2008(b), pp.268-283］を参照されたい。

問題などをみれば明らかである。

▶6 管理会計の役割とコーポレート・レピュテーション

　品質の問題は，現在の日本企業ではコーポレート・レピュテーションを毀損させるレピュテーションリスクの問題の１つになり始めている。ここで留意しなければならないことは，レピュテーションを毀損する可能性が高いのは商品が顧客に渡ってから発生する外部失敗原価であるが，外部失敗原価は事前の測定が困難であるという理由から品質原価が測定されないため，内部失敗原価に比較して何十倍もの損失を企業に与えるリスクがあるということである。

　管理会計の重要な役割の１つは，測定によって経営上の問題を可視化することにある。ホーングレン［Horngren et al., 2002, p.5］が用いてきた管理会計体系に従えば，品質原価計算には管理会計の機能―記録保持，注意喚起，問題解決―のなかでも注意喚起機能がある。品質原価計算はTQMのように手法の遂行が現場管理に直接的に役立つわけではなく，予防原価をかけすぎている（過剰品質）か，逆に予防原価にもっとコストをかけるべきだとか，予防原価をいくらかければ失敗原価を含めた品質原価を最小に抑えうるかを可視化する。

　梶原［2008, pp.175-202］は，品質管理に関するわが国の現状について，２つのグループがあるという。１つは，徹底的にコストをかけてもTQMなどによって最高の品質を追求すべきだとするグループである。いま１つは，ROQ（return on quality；品質利益率）を向上させるために品質原価計算を実施して品質への投資効率を高めるべきだとするグループで，両者は対立関係にあるという。それでは第３の見解はありえないのか。つまり，企業はモノやプロセスの品質を高めるTQMや，アドミニストレーションの品質向上に役立つISO9001，あるいは経営品質の向上を目指すJQAのような現場活動と密接に結合した品質管理を引き続き行うとともに，"必要に応じて"品質原価計算を行って経営の効率化を図るべきだとする見解もあるのではないか。

　要するに，品質原価計算のような管理会計の手法は，あくまでも品質原価による品質コストの可視化（測定）と，測定された情報の経営者への提供（伝達）にとどめるべきであって，実質的な品質管理活動はTQC，ISOなどの現場管理の手法に委ねるべきである。このように，品質の問題領域を品質原価計算によ

って可視化し，発見された問題領域についてのみ現場中心の品質管理活動を行なっていくことで最小の原価で最大の効果（高品質）を獲得していくことによってはじめて，企業はコーポレート・レピュテーションを向上・維持させることができるのではないかと思われるのである。

●まとめ●

　本章では，会計学とくに管理会計がコーポレート・レピュテーションの維持・向上に貢献するか否かを検証するため，バランスト・スコアカードや戦略マップなどの管理会計の手法，内部統制，レピュテーションリスク・マネジメント，CSR，レピュテーション監査および品質原価計算がコーポレート・レピュテーションの向上・維持に貢献できるかを検討した。

　具体的な手法との関係では，まずバランスト・スコアカード／戦略マップとコーポレート・レピュテーションの関係を考察した。その結果，バランスト・スコアカード／戦略マップにはビジョンや戦略の可視化を通じてコーポレート・レピュテーションを向上・維持させる機能があることを明らかにした。内部統制とリスクマネジメントは，コーポレート・レピュテーションの維持と毀損の回避に役立つ手法として位置づけた。CSRについては，コーポレート・レピュテーションを構築するため，レピュテーション・マネジメントにとって不可欠の構成要素であることを明らかにした。レピュテーションリスク・マネジメントを管理会計の手法の1つに含めたのは，ERMがコーポレート・レピュテーションに貢献するとしたCIMAの見解に従ったからである。

　品質原価計算については，レピュテーションを高める可能性だけでなく毀損させる要因もあるため，品質原価計算を活用すれば単純に業績が向上するといった関係では表しえない問題が横たわっている。つまり，品質原価計算は品質原価の可視化によって過剰品質の問題を解決することができる。しかし，ここに1つの重大な落とし穴がある。予防原価，評価原価といった投資コストと企業内部で発見される内部失敗原価のトレードオフは可能であるが，品質原価計算では顧客に渡ってから発見される不良品の品質原価である外部失敗原価を事前には測定しにくいという問題がある。しかも問題は，コーポレート・レピュ

テーションを大きく毀損させるのは，この事前に測定することが難しい外部失敗原価だということである。したがって，企業経営者が測定対象になりうる予防原価・評価原価と内部失敗原価だけを品質とのトレードオフ関係で測定して，測定対象になりにくい外部失敗原価を等閑視することが仮にあるとすれば，過去にアメリカ企業が経験してきたように，日本企業の製品が二流品のレッテルを貼られる危険性をはらんでいるということを指摘した[11]。

　本章で最後に述べた品質原価計算は，いまや管理会計の主要なツールの1つとして位置づけられるようになった。次章では，管理会計の最も主要な手法の1つであるバランスト・スコアカードのレピュテーション・マネジメントへの貢献について考察する。

参考文献

Belkaoui, Ahmed and Ellen L. Pavlik, *Accounting for Corporate Reputation*, Quorum Books, 1992.

Belkaoui, Ahmed Riahi, *The Role of Corporate Reputation for Multinational Firms, -Accounting, Organizational, and Market Considerations*, Quorum Books, 2001.

COSO（The Committee of Sponsoring Organizations of the Treadway Commission）, *Internal Control － Integrated Framework, Executive Summary*, 1992.（鳥羽至英・八田進二・高田敏文共訳『内部統制の統合的枠組み─理論篇─』白桃書房, 1996年, p.4。）

CSR Europe, *The European Survey on Socially Responsible Investment and in the Financial Community*, 2001, http://www.csreurope.org.

Doorley, John and Helio Fred Garcia, *Reputation Management, The Key to Successful public Relations and Corporate Communication*, Routledge, 2007.

Drew, Stephen A., Patricia C. Kelley and Terry Kendrick, CLASS: Five Elements of Corporate Governance to Manage Strategic Risk, *Business Horizons*, 49, 2006. Fombrun, charles J., Reputation; Realizing Value from the Corporate Image, Harvard Business School Press, 1996, 11, 72.

Fombrun, Charles J., Reputation; *Realizing Value from the Corporate Image*, Harvard Business School Press, 1996.

Fombrun, Charles J. and Violina P. Rindova, The Road to Transparency: Reputation Management at Royal Duch/Shell（Edited by Schultz, Majken, Mary Jo Hatch, and Mogens Holten Larsen, *The Expressive Organization, Linking Identity, Reputation, and the Corporate Brand*, Oxford University Press, 2000.）.

Griffin, Andrew, *New Strategies for Reputation Management, Gaining Control of Issues, Crises and Corporate Social Responsibility*, Chartered Institute of Public Relations, 2008.

---

11) この問題意識は，1991年に同文舘出版から上梓した著書『企業環境の変化と管理会計』で管理会計の立場からは初めて品質原価計算を日本に紹介して以来，ずっと抱き続けてきたテーマである。

Horngren, Charles T., G.L. Sundum and W.O. Stratton, *Introduction to Management Accounting*, 12th ed., Prentice Hall, 2002.

Larkin, Judy, *Strategic Reputation Risk Management*, Palgrave Macmillan, 2003.

Mouritsen, Jan, "Valuing Expressive Organizations: Intellectual Capital and the Visualization of Value Creation," *The Expressive Organization,* Edited by Schultz, M. et al., Oxford, 2000.

青木茂男『内部監査論』中央経済社, 1956年。

青木茂男『近代内部監査』中央経済社, 1959年。

梶原武久『品質コストの管理会計』中央経済社, 2008年。

経済広報センター「第9回 生活者の"企業観"に関するアンケート結果報告書」『経済広報センター』2006年1月。

櫻井通晴「わが国管理会計システムの実態：ＣＩＭ企業の実態調査分析」『専修経営論集』第55号, 1991年。

櫻井通晴『企業環境の変化と管理会計』同文舘出版, 1991年。

櫻井通晴『新版 間接費の管理―ABC/ABMによる効果性重視の経営』中央経済社, 1998年。

櫻井通晴『ソフトウエア管理会計―IT戦略マネジメントの構築―[第2版]』白桃書房, 2006年。

櫻井通晴・大柳康司・岩渕昭子「新興市場におけるコーポレート・レピュテーションの意識調査」『専修経営学論集』第85号, 2007年11月。

櫻井通晴(a)『レピュテーション・マネジメント―内部統制・管理会計・監査による評判の管理―』中央経済社, 2008年。

櫻井通晴(b)『バランスト・スコアカード―理論とケース・スタディ〔改訂版〕』同文舘出版, 2008年。

櫻井通晴「レピュテーション・マネジメントとその監査」『月刊 監査役』No.570, 2010年。

第12章

BSCと戦略マップによるレピュテーションの測定と管理

● はじめに ●

　コーポレート・レピュテーションは企業内部の経営者と従業員の行為によって大きな影響を受けるだけでなく，コーポレート・コミュニケーションなどの外部・内部への努力や企業がもつ好ましさや好感度などによってもレピュテーションは高まる。それゆえ，企業の内部努力によるレピュテーション向上の成果を識別・測定して管理することは困難だと主張されることが少なくない。

　しかし，経営者と従業員が正しいことを正しく行動することによって，企業のレピュテーションを高めることができるということは，経営者と従業員が内部の努力によってレピュテーション・マネジメントが可能であることを含意している。成果の測定も決して不可能ではない。具体的には，高い売上高や利益（率）と成長率，デザイン性にすぐれた高品質の製品，社会貢献，地域社会や環境問題への積極的な対応，革新的な経営システム，ガバナンスのすぐれた最高経営者層のリーダーシップなどを通じてコーポレート・レピュテーションを高めることができる。測定に関しては，戦略を可視化できるバランスト・スコアカードを活用すれば，コーポレート・レピュテーションを定量的に**測定して管理に結びつける**ことも決して不可能ではない。

　本章では，バランスト・スコアカード（Balanced Scorecard；BSC）／**戦略マップ**（strategy maps）[1]の適用によるレピュテーション・マネジメントの方法を考察する。その目的のため，バランスト・スコアカードとコーポレート・レピュテーションの特質との関係で，6つの側面からその有効性を検討する。

---

1) 本章では，バランスト・スコアカードとかその略称であるBSCと表現するときには，戦略マップを含むものとする。なお，バランスト・スコアカードはBSCの略称で呼ばれることもあるが，著者は初学者のことも考えて，本書ではタイトルでの使用を除き，可能な限り略称の使用は避けた。

次いで、レピュテーション・マネジメントのための4つの視点と指標を検討する。コーポレート・レピュテーションによる企業価値の増大を検討した上で、最後にレピュテーション・マネジメントのための管理モデルを提唱する。

1　BSCのレピュテーション・マネジメントへの活用

経営者・従業員によって持続的に積み重ねられてきた過去の行為と現在および将来の行為の結果として、資産としてのコーポレート・レピュテーションが向上し、そのことから経済価値だけでなく社会価値と組織価値を含む企業価値が高められる。一方、バランスト・スコアカードは株主、顧客、経営者、従業員など多様なステークホルダーに及ぼす影響を可視化（見える化）する。

▶1　バランスト・スコアカードとは何か

バランスト・スコアカードは、ハーバード大学のキャプランとコンサルタントのノートンが考案した戦略的マネジメント・システムである。バランスト・スコアカードは、次のように定義づけることができよう。

「バランスト・スコアカードは、財務の向上だけでなく、顧客関係、内部ビジネス・プロセスの改善、学習と成長といった総合的な視点から、戦略マップを用いてビジョンと戦略の効果的な策定と実行を確保するとともに、報酬に連動させた業績評価システムとして、また経営品質の向上に資するなどの経営目的に役立てられる、戦略的マネジメント・システムである。」

▶2　戦略の妥当性の検証

バランスト・スコアカードは、戦略の策定と実行、業績評価、経営品質の向上に役立ち、究極的には企業価値の創造に役立つ戦略的マネジメント・システム［櫻井, 2008, pp.19-30］である。バランスト・スコアカードはビジョンや戦略の策定と戦略実行の検証に有効な戦略的マネジメント・システムであるから、バランスト・スコアカードをレピュテーション・マネジメントに活用すれば、経営者によるビジョンや戦略の妥当性を可視化（見える化）して有効なレピュテーション・マネジメントを遂行できる。

コーポレート・レピュテーションは，主として経営者の過去および現在のビジョンや戦略や日々の行為によって影響を受ける。それゆえ，ビジョンや戦略がコーポレート・レピュテーションにいかなる影響を及ぼしたかを可視化できれば，レピュテーション・マネジメントを効果的に実行できる。

▶3 経営者と従業員の行為の管理

　コーポレート・レピュテーションは一般に経営者や従業員による過去および現在の行為の結果として生みだされる。レピュテーション・マネジメントのためにバランスト・スコアカードを活用すれば，**経営者や従業員の行為**を業績評価指標で可視化することで，効果的な管理が可能になる。バランスト・スコアカードの基本構造は**図12-1**［Kaplan and Norton, 1996, p.9］のとおりである。

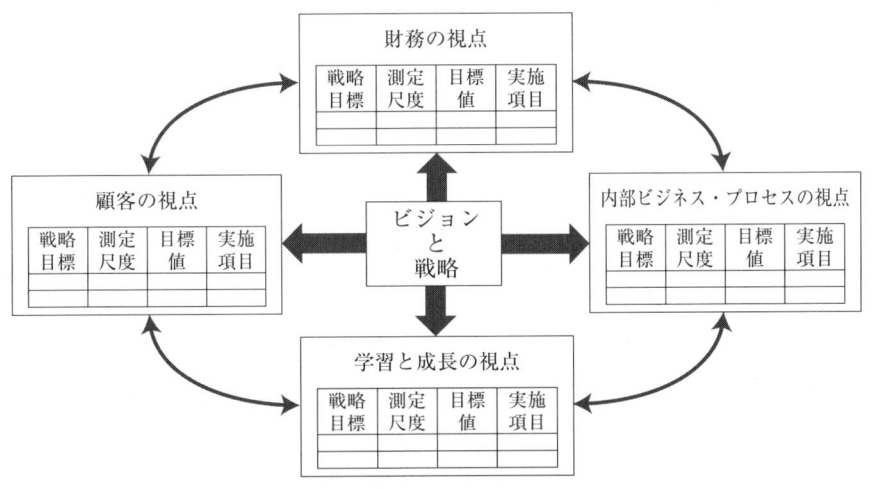

図12-1　バランスト・スコアカードの基本構造

　バランスト・スコアカードは，ビジョンと戦略を中心にして，財務の視点，顧客の視点，内部ビジネス・プロセスの視点，学習と成長の視点という4つのステークホルダーの視点から戦略の策定と実行を確実に実施できるように工夫された戦略的マネジメント・システムである。
　企業価値との関係では，学習と成長の視点が組織価値，内部ビジネス・プロセスと顧客の視点が社会価値，財務の視点が経済価値を主に可視化する。

▶4　ステークホルダーによる評価

　商品に対して顧客が抱く情感によって長い年月をかけて築かれていく商品ブランドと比較すると，コーポレート・レピュテーションは，顧客の情感だけでなく，株主，顧客・社会，経営者，従業員など**ステークホルダー**による評価によって形成される。バランスト・スコアカードもまた株主（財務の視点），顧客（顧客の視点），経営者（内部ビジネス・プロセスの視点），従業員（学習と成長の視点）などのステークホルダー・アプローチをとっている。以上から，バランスト・スコアカードとコーポレート・レピュテーションには親和性がある[2]。

▶5　因果関係

　バランスト・スコアカードの最も重要な特徴の１つは，因果関係にある。**図12-2**を参照されたい。当期純利益を増大させるには，売上高を増大させる必要がある。売上高は顧客のロイヤリティの向上が必須である。それには，品質を向上してサイクルタイムを短縮することで納期の短縮を図る必要があるが，それには従業員のスキルの向上が必要である。

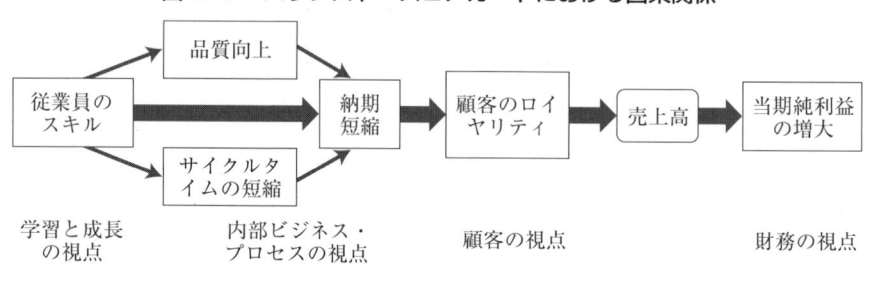

図12-2　バランスト・スコアカードにおける因果関係

従業員のスキル → 品質向上／サイクルタイムの短縮 → 納期短縮 → 顧客のロイヤリティ → 売上高 → 当期純利益の増大

学習と成長の視点　　内部ビジネス・プロセスの視点　　顧客の視点　　財務の視点

2）著者は，経済産業省の知的資産管理の担当室長から，バランスト・スコアカードを用いてブランドをマネジメントできないか検討を依頼されたことがある。しかし，検討の結果，消費者ないし顧客が主要な評価者である商品ブランドについてはバランスト・スコアカードの適用が難しいことが明らかになった。他方，この検討の過程において，コーポレート・レピュテーションもバランスト・スコアカードもステークホルダー・アプローチが有効であることを発見した。

このように，バランスト・スコアカードによれば経営者による行為がどんな形で企業価値の向上に貢献するかを可視化できる。このことが，レピュテーション・マネジメントに役立つのである。

▶6　無形資産の管理のための戦略マップの有効性

コーポレート・レピュテーションが**無形資産**であることから，バランスト・スコアカードのツールである**戦略マップ**を活用して，企業の経営者と従業員の行為から企業価値創造のプロセスを可視化することによって，コーポレート・レピュテーション戦略の妥当性の検証も可能になる。キャプランとノートンは，人的資産，情報資産，組織資産など無形資産を戦略マップとバランスト・スコアカードを活用してどのように測定［Kaplan and Norton, 2004, pp.52-63］するかを具体的に例示している。

2　レピュテーション・マネジメントのための4つの視点と指標

コーポレート・レピュテーションを可視化させて管理に役立たせる上で最も有望な管理会計上の手段は，バランスト・スコアカードでありそのツールとしての戦略マップである。ダウリング［Dowling, 2004, p.25］は，レピュテーション・リスクを管理するためには，標準的な会計とコントロールの手法に加えて，バランスト・スコアカードとCSRが有望であると述べている。レピュテーション・マネジメントへのバランスト・スコアカードの有用性を指摘する意見［Cravens and Oliver, 2006, p.300］もある。具体的な方策としてはどのようにレピュテーション・マネジメントに役立てたらよいか。

▶1　レピュテーション・マネジメントのための4つの視点

コーポレート・レピュテーションの概念モデルでは，**人的資源**の有効活用に関連したリーダーシップ，職場，組織学習，コンプライアンス，仕事への熱意によって組織価値が高まることで**内部ビジネス・プロセス**が改善される。内部ビジネス・プロセスの改善を通じて**顧客**やサプライヤーに価値提案を提案することで社会的評価が高まる。それが**財務業績**を改善させる。その結果，コーポ

レート・レピュテーションが高まり，それが企業価値を高めるとする一連の因果関係を前提にしている。

バランスト・スコアカードにおける各視点の性格については，外部と内部の視点の関係では，「外部の視点の経営へのフィードバック機能を求めており，いわば，社会的視点を企業経営に取り組み，新たな企業価値に高めていく"価値転換機能"」［越智，2004, pp.17-18］の役割を果たさせているともいえる。そこで，下記の4つの視点に従って指標を検討する。

① 人的資源の視点
② 内部ビジネス・プロセスの視点
③ 顧客と社会の視点
④ 財務の視点

人的資源の視点は，キャプランとノートンの学習と成長の視点に対応する。顧客と社会の視点は，顧客の視点に対応する。社会の視点を加えたのは，コーポレート・レピュテーションはステークホルダーの評価が重要な役割を果たすからである。②の内部ビジネス・プロセスの視点と④の財務の視点はキャプランとノートンの見解と異なるところはない。図12-1を参照されたい。

▶2　4つの視点における業績評価指標

人的資源，内部ビジネス・プロセス，顧客と社会，財務という4つの視点において，いかなる指標が選ばれるべきか。企業によって選ばれるべき指標は異なるが，以下では典型的な指標を選定することにしたい。

1）人的資源の視点

キャプランとノートン［Kaplan and Norton, 1992, pp.71-79；Kaplan and Norton, 1996, pp.126-146］は，当初，視点の1つとして「革新と学習」の語をあてた。しかしその後，「学習と成長」の語に変えて現在に至っている。変更の理由は明らかにしていない。経営者が先頭に立って行う革新（と従業員の学習）よりも，**従業員**の"学習と成長"によって組織価値を高めるほうが従業員の果たす役割が明瞭になると考えたかもしれない。

人的資源の視点には，ウルリッヒとスモールウッド［Ulrich and Smallwood,

2004, pp.119-120] の見解をヒントにして，2つの意味をもたせたいと思う。1つは，技術・専門的な能力である。組織のコアコンピタンスということもできる。いま1つは，人間関係的な能力である。組織のケイパビリティと呼ぶことができよう。

人的資源の視点		
リーダーシップ	組織文化の向上	革新能力
企業内教育	社外での教育・訓練	離職率の低下
ＩＴ教育	経営者の資質	働きやすい職場
従業員の資質と熱意	人事給与制度	派遣者の教育・訓練
倫理観	福利制度	従業員満足

企業が成功するか否かは，トップの**リーダーシップ**にかかっている。650人のCEOの調査では，コーポレート・レピュテーションを高める3番目の要因が優秀な経営者（43％）[3][Cravens et al., 2003, p.204]であったことは，このことを如実に物語っている。最近の日本での事例では，日産自動車にゴーン社長が赴任しなければ，現在のような日産自動車の急速な業績回復をみることもなかったであろう。

従業員の仕事に打ち込む熱意の高さとか利益意識の高い社会集団であることは，顧客満足と業績（利益）を高める潜在的な能力を意味する。ヒュースとオリバー [Feuss and Oliver, 2004, pp.12-22] は，実証研究をもとに，**従業員満足**，仕事に打ち込む熱意と顧客満足の間には高い因果関係が存在することを明らかにして，それを図解した。ただしそれは，卓越したビジョンや戦略に裏づけられたすぐれたトップ・マネジメントによるリーダーシップによってはじめて企業価値の創造に結びつく仕事ができる。ヒュース等を参考にして作成した**図12-3**を参照[4]されたい。

---

3) 調査結果の順位は，第1位，高品質の製品とサービス（72％），第2位，信頼できる会社（72％），第3位，高い能力をもつ経営者（43％），第4位，すべての顧客取引への付加価値（39％），第5位，人間性溢れ優しくビジネスを行なう（28％），第6位，産業界におけるイノベーターになる（23％）である。
4) リーダーシップが従業員満足にも影響するかについては疑問がないではないが，原典に従った。

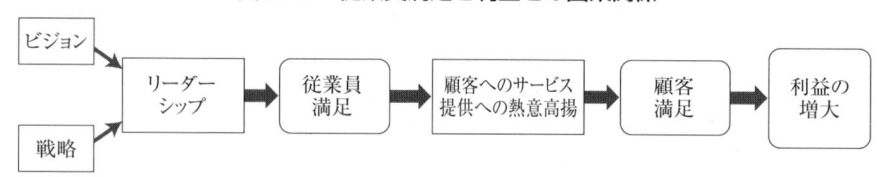

図12-3　従業員満足と利益との因果関係

ビジョン　戦略　→　リーダーシップ　→　従業員満足　→　顧客へのサービス提供への熱意高揚　→　顧客満足　→　利益の増大

　経営トップが経営者としての高い評価を得るには、**従業員の資質**がすぐれていなければならない。加えて、世界に通用する倫理観と独自の戦略性をもって経営にあたる必要がある。日産自動車はゴーン社長が短期的に従業員の資質をうまく引き出した典型的な事例であったが、三菱自動車にはすぐれた人材が数多くいたにもかかわらず、一時はリコール隠しというトップの誤った判断によって会社を危機に追い込んでしまった。

　世上では日産自動車を立ち直らせた人物としてゴーン社長だけが評価を受ける傾向にあったが、ゴーン社長の描く再建計画を成し遂げえたのは、個々の従業員の高い資質があったからである。著者は過去、数多くの日産の社員を見てきたが、個々人の能力の高さに驚かされたことが少なくなかった。惜しむらくは過去の経営の仕組みが従業員のすぐれた能力を引き出すことができなかったにすぎない。加えて、**従業員の熱意**ややる気、協調体制もなければならない。日産自動車では、社員の1人ひとりが危機感を共有できたことも企業の再建にとって大きな原動力になったように思われる。

　若い従業員の価値観は、経営幹部のそれとは大きく離れていることが少なくない。現代の経営者が最も求められていることの1つは、若い従業員でも喜んで働けるように、透明性が高く公平な**人事給与制度**の導入である。それは、成果主義をいかに無理なく現在の制度のなかに組み込んでいくかである。高い給料は必要ではあるが、給料が高ければそれだけで従業員の満足度が高まるというわけではない。職場の雰囲気とか、清潔感とか、有能なリーダーの存在といった職場環境がすぐれていなければならない。社員の1人ひとりのコンプライアンスと倫理観が高いことも大切である。

　企業は10代後半から20代前半に入社した従業員を30年以上かけて育成し成長させていく。適切な**企業内教育**があるかないかで企業の成長には大きな違いが

現れる。過去では日本IBM，現在ではトヨタ自動車の人材教育には定評がある。派遣労働者が正社員に近い仕事を与えられるようになった昨今の状況では，派遣労働者もまた正社員と同じ教育訓練をする必要性が高まってきた。

2) 内部ビジネス・プロセスの視点

　コーポレート・レピュテーションを高めるには，業績向上が不可欠である。財務業績を向上させるには，内部ビジネス・プロセスの改善・変革とその結果としての経営効率の向上を欠かすことができない。

内部ビジネス・プロセス		
新製品開発	新経営システムの構築	ＴＱＭ活動
技術開発力	財務諸表の信頼性	提案件数
ノウハウの取得	組織構造の開発	廃棄物の削減
技術の持続性	新プロセスの発見	特許の取得数
ＩＴの効果的利用	リスク管理	高い性能の生産能力

　今後のわが国企業の経営者が最も力を入れなければならないことの1つは，欧米やアジア諸国では真似のできないような独創的な研究開発を行い，革新的な新製品（商品）を開発していくことである。企業が独創的な新製品を開発するためには，企業の技術開発力を高め，ノウハウを蓄積していかなければならない。しかもその技術には持続性がなければならない。

　経理部，監査役，内部監査人の役割　　レピュテーション・マネジメントという立場からは，経理部の努力によって財務諸表の信頼性が高まれば，コーポレート・レピュテーションを高めることができる。同様に，内部統制システムの構築はコーポレート・レピュテーションの向上に役立つ。監査役と内部監査担当者が業務監査や会計監査だけでなく，コンプライアンスにも努力することによって，経営者や従業員の不正や反社会的な行為を未然に防止することができる。監査役の最も重視すべき役割は，企業規模や産業の種類によっても異なるが，コーポレート・ガバナンスやコンプライアンスを強化することで，コーポレート・レピュテーションを高め，維持し，毀損を回避することである。

　新経営システムの開発・導入　　技術がいかにすぐれていても，それだけで

は好感度の高い会社とはいえない。技術を生かすことができるすぐれた経営システムがあってこそ，すぐれた技術力やノウハウが持続的に経営に生かされる。現代の企業では，トヨタのカンバン方式（JIT）や原価企画，京セラのアメーバ経営，パナソニックの社内金利制度などは，すぐれた生産管理や経営システムとして多くの工場で用いられるようになったが，このような新しい経営システムを創発させた企業だけでなく，それを実行している企業もまた，一般に財務業績だけでなくコーポレート・レピュテーションも高まる。

新しい経営システムの導入は経営効率を高め，経営品質を高めるとともにそのことが企業価値を高める要因になる。管理会計システムとの関係でいえば，ABC/ABM[5]の導入は製品意思決定や業務改革に役立ち，バランスト・スコアカードによる戦略的マネジメント・システムの導入はビジョンや戦略に従った経営を促し，結果として企業価値を高めることができる。

高い性能の生産能力の保持　　最近では無視されがちであるが，高い性能の効率のすぐれた生産能力の保持も，コーポレート・レピュテーションを高める要因になりうる。新日鐵は世界で超一流の効率的ですぐれた製鉄技術を有している。ＮＴＴや電力会社は，日本人の判官びいきもあって，批判されることが少なくないが，現在では世界的にみて高品質の通話や電力をユニバーサル・サービスとして国民に提供している。従来と比べると，有形の膨大な生産能力の保有が競争優位の大きな要因とはならなくなってきたとはいえ，現在でも優れた技術に裏づけされた生産能力やインフラの保持は潜在的なカントリー・レピュテーションを高める重要な要因の1つであることに変わりがない。

3）顧客と社会の視点

顧客と社会が企業を見る目が好意的になれば，コーポレート・レピュテーションが高まる。つまり，企業をとりまく顧客を中心にして，株主，従業員，取引先・消費者団体・官庁や自治体など社会との関係をよくすることが，コーポレート・レピュテーションを高めるには必要となる。

アメリカ企業の650人のCEOへの調査では，コーポレート・レピュテーショ

5）製品戦略に有効なABC（activity-based costing；活動基準原価計算），リエンジニアリングに有効なABM（activity-based management；活動基準管理）のことをいう。

ンを高める最も重要な要素として，企業への信頼（72％）と高品質の製品・サービス（72％）があげられた［Cravens et al., 2003, p.205］。高品質の製品・サービスは顧客を通じて評価され，企業への信頼は顧客の他，取引先，金融機関，地域社会などステークホルダーによって評価される。であれば，コーポレート・レピュテーションは，顧客の他，取引先，金融機関，地域社会などのステークホルダー（以下，顧客・社会と称する）の視点に現われるとみてよかろう。

顧客と社会の視点		
製品ブランド	顧客満足度	サプライヤーとの共生
品質連想	不良品の削減	株主へのＩＲ活動
製品デザイン	慈善事業	寄付の数と金額
低廉な販売価格	環境対策	社会貢献への参加
顧客定着率	戦略的提携	コンプライアンス

　企業が提供している**すぐれた製品・サービス**は，顧客の製品に対するブランド・イメージを高める。高いブランドはプレミアム価格を生み出す。そのため，内外を問わず多くの経営者は，レピュテーションを高めるにはすぐれた製品・サービスなど本業をしっかりこなすことが最も大切である。

　製品ブランドは長期にわたる高い品質，デザイン，耐久力，販売価格などによって構築される。逆に，クレームの発生は会社のイメージにマイナスの影響を与える。さらに，クレームへの対応を間違えると，コーポレート・レピュテーションを毀損することになり，そのことは長期的に財務業績を低下させることになる。三菱自動車のクレーム隠しが教えるところである。トヨタ自動車といえども大量のリコールを行なっているが，リコールだけでは経営にとって決定的なマイナスにはならない。2009年から2010年にかけてアメリカで高まったトヨタのリコール問題は，トヨタが車の欠陥を知っていながら頬かむりしたのではないかが問題になっているのであって，リコールそのものが批判を受けているわけではない。現代社会では，不正や事故を隠すことが経営にとって最大の敵である。結果的には隠蔽体質は発見されなかったし，告発された事故の多くは運転手の誤操作であることが分かってきた。このような事態に対応するには，経営者は当局と"誠実"に対応することが求められる。

顧客のブランド・イメージが高まれば,顧客定着率を大幅に高めることになる。企業のレピュテーションが高まれば従業員が仕事に喜びを感じるから社員の定着率が高まり,企業のパフォーマンスを高める要因になる。この関係をデービス［Davies, 2003, p.68, 70］に従って図解したのが,**図12-4**である。

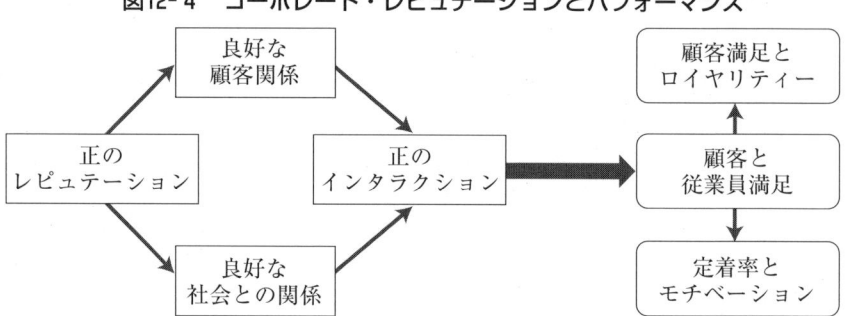

図12-4　コーポレート・レピュテーションとパフォーマンス

```
                良好な
                顧客関係                        顧客満足と
                                              ロイヤリティー
   正の                     正の
 レピュテーション           インタラクション   →   顧客と
                                              従業員満足
                良好な
              社会との関係                       定着率と
                                              モチベーション
```

サプライヤーとの共生もまた,戦略的にみて,とりわけ加工組立型産業の多くにとって不可欠である。競争相手との戦略的提携も,企業のレピュテーションに大きな影響を及ぼすようになってきた。

環境対策や地域社会への寄付などの社会貢献もまた社会とのよい関係を深め,企業のレピュテーションを高める。逆に,**コンプライアンス**に違反することは企業の生存にとって致命的な打撃を与えることになりうる。その意味で,コーポレート・レピュテーションを高めるには,トリプル・ボトムライン(経済価値・社会価値・環境価値)で知られるCSRの実施も有効である。

4) 財務の視点

財務報告は,企業の情報を多様な利害関係者に伝達するための"レピュテーション・マネジメントのツール"である［Cravens and Oliver, 2003, p.204］ともいえる。財務報告がどこまで企業のレピュテーションを高めうるかは当該財務報告の信頼にかかっている。その意味で,財務諸表の信頼性を高める**内部統制システム**の構築は,コーポレート・レピュテーションを高めるには不可欠である。

財務の尺度は，**株主**や**債権者**[6]のために企業の経営幹部がどのように行動するかを明らかにする。典型的な業績評価指標には，次のもの──当期純利益，投資利益率（ROI），棚卸資産回転率，EVA®，売上利益率，キャッシュ・フロー，売上高，売上高成長率など──がある。

　コーポレート・レピュテーションが財務業績と全く関係がないと考えるのは大きな誤りである。コーポレート・レピュテーションが財務業績を高めるとするいくつかの実証研究がある。コーサ［Kotha et al., 2001, pp.571-585］はインターネット企業におけるレピュテーションへのマーケティング投資，ベンチャーキャピタルからのレピュテーションの"借入"，メディア・エクスポージャーの3つと企業の業績との関係を研究した。結果，レピュテーション構築の活動は長期的には競争優位の主要な決定要素の1つであることを発見した。

　バランスト・スコアカードでは，成果とパフォーマンス・ドライバーとの因果関係や目的─手段関係が可視化される。財務は，遅れて現れる遅行指標ないし**成果指標**（outcome indicator）である。"達成されるべき効果"であるということもできる。財務尺度は，過去の活動の経済的な成果を客観的に要約できる。そのため，成果をもって，効果をもつアウトプットであると定義づける論者もいる。ブラウン［Brown, 1996, p.96］は，インプット・アウトプットと目的との間に，1から5までの序列関係をつけている。**図12-5**を参照されたい。

図12-5　組織体のマクロ・プロセスモデル

1　インプット　→　2　プロセシング・システム　→　3　アウトプット　→　4　成果　→　5　目的

　図12-5で，熟練し動機づけられ満足感のある従業員を投入（インプット）すると，生産過程（プロセシング・システム）がスムーズに行なわれるようになる。その結果，すぐれた製品が産出（アウトプット）されるので，それを買

---

[6] 伝統的な日本企業（多くの日本企業では実質的には株主ではなく銀行などの債権者に企業統治されていたといえる）では，しばしば主要な株主である銀行を中心とする債権者のために財務の視点が役立ってきたと思う。過去，経営不振に陥った企業に乗り込んできたのは，株主ではなく銀行であった。

った顧客が満足し利益が増大（成果）する。そのことの繰り返しによって，ある会社の企業目的である長期にわたる持続的発展（目的）が可能になる。

3　コーポレート・レピュテーションと企業価値の増大

　コーポレート・レピュテーションが高まることで，企業は社会から尊敬と賞賛を浴びる（社会価値が高まる）。そのことから企業に有能な人材を引きつけ，士気が高まり，海外からの注文が増加し，売上が増加するようになる結果，給料が上がり，従業員の満足度（組織価値が高まる）と生産性が上昇して顧客へのサービスもまたよくなるため顧客価値が増大して株価が上昇し，企業利益（経済価値）を増大させる。その結果，企業価値が増大すると想定できよう[7]。

▶1　コーポレート・レピュテーションと経済価値，社会価値，組織価値

　コーポレート・レピュテーションを高めれば，企業価値が高まると想定できる。本書で企業価値は経済価値，社会価値，組織価値からなると定義づけた。

　経済価値の増大は，企業価値創造のためには最も重視されるべき要因である。今後の日本企業は絶対額としての経常利益や売上高だけを重視すればよいというわけではない。資産の有効利用や収益性が強調される必要があるが，それにはROIやEVA®が求められよう。可能な限り有利子負債を減らして資産の長期的な収益性，財務の健全性を高めることも必要になろう。

　社会価値を向上させるためには，社会貢献や環境保護など，CSRが重視される。反社会的行為がコーポレート・レピュテーションの低下と株価の下落を招来するのに対して，社会貢献は企業の正のコーポレート・レピュテーションを高める。コーポレート・レピュテーションを高めれば，地域住民や株主などのステークホルダーからの尊敬と協力を得ることもできる。

　組織価値[8]は，企業内部の問題に関係する。組織文化を高めることが肝要で

7）財務業績が好転すると，レピュテーションが高まるという関係もある。
8）組織のケーパビリティ（組織能力）は，ウルリッヒとスモールウッド［Ulrich and Smallwood, 2004, pp.119-120］が述べているように，革新を生み出したり消費者のニーズに適応できる能力である。組織価値はそのケイパビリティを発揮できるスキル，能力，専門的知識の価値である。組織資本の測定が困難である［蜂谷，2004, p.190,193］と同様，組織価値の測定も困難である。

ある。経営者がリーダーシップを発揮できるとともに，従業員の熱意・チームワークを高めればコーポレート・レピュテーションが高まる。コーポレート・レピュテーションが高まると，一般に従業員の士気がさらに高まり，倫理観が高まり，情報漏洩や不正行為が減少することで，組織価値が高まる。

▶2 経済価値，社会価値，組織価値と企業価値との関係

レピュテーション・マネジメントの目的は，株主価値の増大ではなく企業価値の創造におくべきである。著者は，当期純利益，EVA®，ROI，キャッシュ・フローといった経済価値だけでなく，社会価値，組織価値を包含する企業価値の視点がその内容を最もよく表現できると考える。

コーポレート・レピュテーションは，経済的属性と非経済的属性によって高められる。コーポレート・レピュテーションを高めることによって，売上高や利益など経済価値が高まる。田中耕一氏によるノーベル賞の受賞が島津製作所の経済価値（株価と当期純利益）をいかに高めたかを考えれば明らかであろう。企業価値を高める主要なバリュー・ドライバーは，下記のとおりである。

企業価値の増大		
当期純利益やROI	株価上昇	地域社会への貢献
長期投資からの収益性	トップの倫理観	経営者と社員の能力
財務の健全性	環境対策	ビジョン・戦略の妥当性
資産の有効利用	従業員の熱意・協力	価格競争力
高品質の製品・サービス	自己革新力	魅力的な職場環境

以上のことを勘案すれば，バランスト・スコアカードの作成において，視点は人的資源，内部ビジネス・プロセス，顧客と社会，財務の視点で終わるのではなく，それらの成果がコーポレート・レピュテーションを向上させ，そのことがいかに企業価値の創造にも役立っているかが示される必要があろう。

▶3 概念モデルとしての戦略マップの作成

現実に近い戦略マップを描く前に，概念モデルとして作成した戦略マップをもとに，コーポレート・レピュテーションを高めるための戦略マップの概念モ

デルを明らかにしたい。その**概念モデル**では，財務の視点の上部に，社会的評価と企業価値との関係を描いたものである。このモデルでは，ステークホルダーのなかでも，顧客満足，従業員満足，および株主満足を戦略テーマにして経営を行っているという仮定に立っている。さらに，企業価値は，顧客満足は主に企業の社会価値を高め，従業員満足が組織価値を高め，株主満足が主として経済価値を高める上で主要なステークホルダーとして措定されている。

コーポレート・レピュテーションが高まれば企業価値を増大［Cravens and Oliver, 2006］させることができる。ただしそれには，ステークホルダーの満足―株主の満足，顧客満足（ＣＳ），社会的評価の高まり，および従業員満足―が前提条件になる。

従業員の満足なくして顧客を満足させることはできない。従業員を満足させるには，トップのリーダーシップ，技術力，仕事への熱意，倫理観，報酬や昇進など人事制度の改革，組織学習が必要となる。それにはコンプライアンス教育，ＩＴなどの社員教育，福利厚生設備の充実，成果主義の導入，離職率の低下などを目標にすべきである。会社の将来にとって最も大切なことである。

顧客満足を図れば一般に顧客獲得数を増加させるとともに，顧客のロイヤリティが高まり，リピート客が増える[9]。具体的には，接遇（従業員の接客態度），宣伝広告活動，クレームへの適切な対応はリピート客を増加させる要因になりうる。それらが新規の顧客を獲得し定着させる。それには同時に適切な戦略的提携，サプライヤーとの共生も必要となろう。

株主満足や評価を高めるには，新製品の開発，新生産方式の導入，新しい経営システムの構築，組織構造の変革，社会貢献などが必要になる。そのためには，競争力のある新製品の数を増加させ，製造原価の低減を図り，不良品の発生率を減らし，顧客からのクレームを減少させ，環境廃棄物を適切に処理し，必要な社会貢献を行なう必要がある。

以上をもとに作成した概念モデルとしての戦略マップは，**図12-6**のようになる。なお，この戦略マップは正のコーポレート・レピュテーションを前提にしている。

9）もちろん，顧客満足の罠［櫻井, 2004, pp.4-13］を無視してはならない。顧客満足の罠とは，実証研究では顧客満足が増加しても財務業績には好影響をあたえない状況もあることをいう。

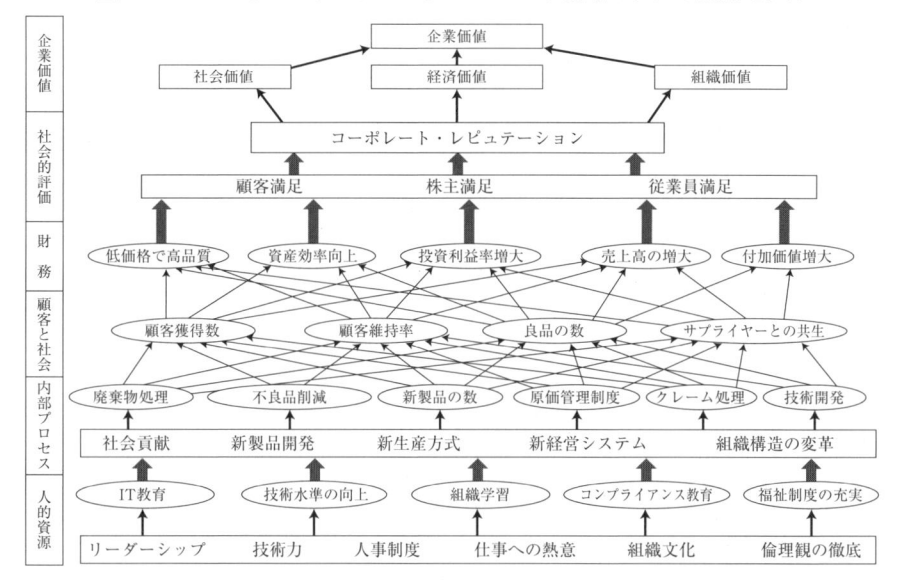

図12-6 コーポレート・レピュテーションの戦略マップの概念モデル

（図：企業価値／社会的評価／財務／顧客と社会／内部プロセス／人的資源 の各階層からなる戦略マップ。上から「企業価値」←「社会価値」「経済価値」「組織価値」←「コーポレート・レピュテーション」←「顧客満足」「株主満足」「従業員満足」←「低価格で高品質」「資産効率率向上」「投資利益率増大」「売上高の増大」「付加価値増大」←「顧客獲得数」「顧客維持率」「良品の数」「サプライヤーとの共生」←「廃棄物処理」「不良品削減」「新製品の数」「原価管理制度」「クレーム処理」「技術開発」←「社会貢献」「新製品開発」「新生産方式」「新経営システム」「組織構造の変革」←「IT教育」「技術水準の向上」「組織学習」「コンプライアンス教育」「福祉制度の充実」←「リーダーシップ」「技術力」「人事制度」「仕事への熱意」「組織文化」「倫理観の徹底」）

4　レピュテーション・マネジメントのための実践的な管理モデル

　設定された戦略を意図したとおり実行させるためには，戦略実行を確実にするためのマネジメント・システムが必要になる。そのために，コーポレート・レピュテーションの戦略目標への落としこみが行なわれる。

▶1　バランスト・スコアカードへのレピュテーション評価指標の統合

　レピュテーション・マネジメントへバランスト・スコアカードを活用するには，まず初めに，企業の戦略，業種，企業規模などに合わせて，最も重要と考える業績評価指標を選択する必要がある。指標の選択にあたっては，経済価値（例：当期純利益，EVA®，成長性，キャッシュ・フロー，設備効率，財務情報の信頼性など），社会価値（例：地域社会への貢献，環境保護，コンプライアンスなど），組織価値（例：組織風土，リーダーシップ，熱意，チームワーク，倫理観，従業員の倫理感など）の中からそれぞれ5つ前後の指標（**表12-**

1参照)を厳選するといったことも1つのやり方である。指標を5つに絞ったのは，指標が多すぎると適切なマネジメントが行なえなくなるからである。

提案する評価モデルとしては，戦略的な業績評価指標が年度別にいかなるパフォーマンスを行なったか，その業績の推移をみようとする実践的なモデルである。表12-1を参照されたい。事業部長が一堂に集まって企業のあり方を議論するといった目的には，この種の業績評価のためのバランスト・スコアカードを用いるのが効果的である。

表12-1　コーポレート・レピュテーションの業績評価

視点	業績評価尺度	目標値	2011 Q1	Q2	Q3	Q4	2012	2013
財務	売上高の増大 経常利益増大 EVA®の増大 キャッシュ・フロー	％ 金額 金額 金額						
顧客と社会	顧客のクレーム リピート客の増加 顧客満足度 地域住民との共生	％ 客数 ％ 回数／年						
内部プロセス	技術革新 内部統制の充実 納期の短縮 事故率の減少	影響度 改善点数 期間 ％						
人的資源	コンプライアンス教育 提案件数 資格の取得 離職率	回数 件数 件数 ％						

運用に当たっては，良好（緑），要注意（黄），危険（赤）といったように色分けして一目でコーポレート・レピュテーションの変化が分かるようにするなどの工夫もなされる必要がある。事業部長は赤と黄色についてのみ議論のテーブルに載せるなどの工夫を加えることも可能である。

▶2　取締役会の戦略マップとバランスト・スコアカード

コーポレート・ガバナンスとの関係で，アメリカでは取締役会のなかに委員会が設置されている。日本の会社法では委員会設置会社が認められている。取締役会のバランスト・スコアカード導入プログラムの1つは，キャプランとノ

ートンによって提唱された［Kaplan and Norton, 2006, pp.203-208］**エグゼクティブ・スコアカード**（executive scorecard）である。エグゼクティブ・スコアカードは，主要なエグゼクティブの戦略的な貢献を説明する。エグゼクティブ・スコアカードによって，CEOと取締役会は，個々のエグゼクティブに対する業績期待を全社的な業績期待から切り離すことができる。エグゼクティブ・スコアカードを策定するプロセスは，全社スコアカードからはじまる。CEOとエグゼクティブ・チームが，全社目標について合意に達すると，その全社目標がエグゼクティブ・チームの各メンバーの主要な責任となる。**図12-7**はキャプランとノートン［Kaplan and Norton, 2006, p.210］を日本企業に適合した形で描いたものである。

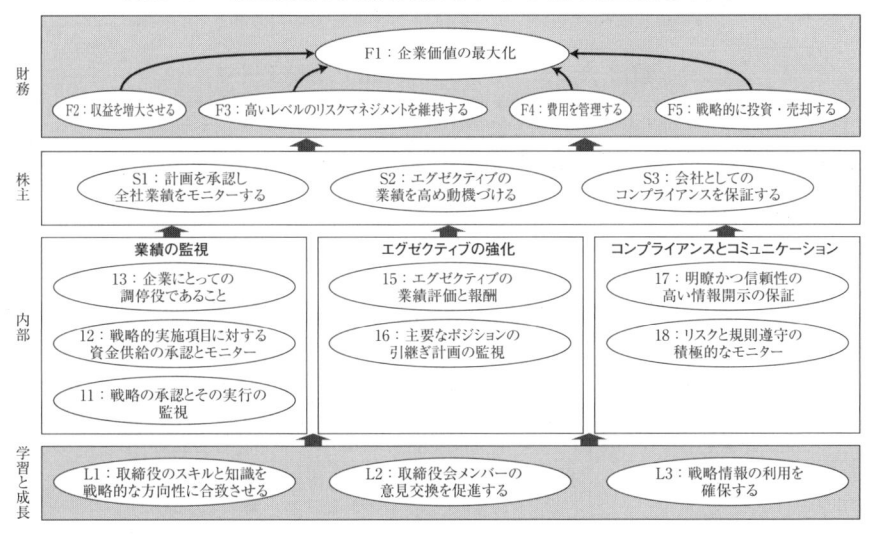

図12-7　取締役会の貢献を明らかにする取締役会戦略マップ

財務	F1：企業価値の最大化 F2：収益を増大させる　F3：高いレベルのリスクマネジメントを維持する　F4：費用を管理する　F5：戦略的に投資・売却する
株主	S1：計画を承認し全社業績をモニターする　S2：エグゼクティブの業績を高め動機づける　S3：会社としてのコンプライアンスを保証する
内部	業績の監視／エグゼクティブの強化／コンプライアンスとコミュニケーション 13：企業にとっての調停役であること　15：エグゼクティブの業績評価と報酬　17：明瞭かつ信頼性の高い情報開示の保証 12：戦略的実施項目に対する資金供給の承認とモニター　16：主要なポジションの引継ぎ計画の監視　18：リスクと規則遵守の積極的なモニター 11：戦略の承認とその実行の監視
学習と成長	L1：取締役のスキルと知識を戦略的な方向性に合致させる　L2：取締役会メンバーの意見交換を促進する　L3：戦略情報の利用を確保する

図12-7は，取締役会の戦略マップである。視点では，顧客の視点に代えて株主の視点が使われていることに留意されたい。最終目標は，原典の株主価値に代えて企業価値の最大化に変更した。**戦略テーマ**としては，業績の監視，エグゼクティブ（経営陣）の強化，コンプライアンスとコミュニケーションの3つをもっている。戦略テーマは戦略の柱の意味であるので，戦略の柱を3つもっているといえる。取締役会にバランスト・スコアカードを適用することによ

って，次のメリットが得られる。
　1）コンプライアンスやガバナンス，コミュニケーションの向上が図れる。
　2）戦略実行のプロセスをチェックして，戦略の実行状況を管理できる。
　3）戦略マップとスコアカードによって，戦略の創発を図ることができる。
　戦略が計画通り実行されているかをチェックして業績を評価するには，取締役会のスコアカードを作成する。**図12-8**は，キャプランとノートン［Kaplan and Norton, 2006, p.211］を日本企業に適合した形で描いたものである。
　図12-8は，**図12-7**の戦略テーマ（エグゼクティブの業績を評価し報酬を与える）の視点別に，目標，業績尺度，目標値，責任者を明示して業績評価につなげるためのスコアカードである。現実には，この他に業績の監視，コンプライアンスとコミュニケーションについても作成する。取締役会スコアカードの詳細は，キャプランとノートンの上記著書の翻訳を参照されたい。

図12-8　エグゼクティブ強化の戦略テーマ

エグゼクティブ強化の戦略テーマ	目標	業績尺度	目標値	責任者
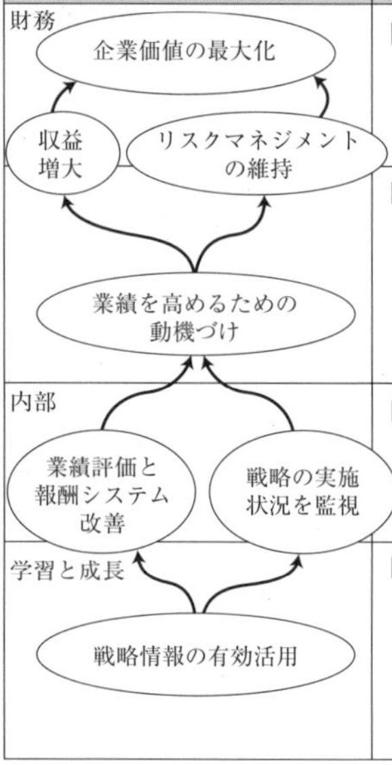 財務 企業価値の最大化 収益増大　リスクマネジメントの維持 業績を高めるための動機づけ	■企業にとっての長期的なリターン合計の最大化	■ROE（同僚との比較）	■2011年の第1四半期	■エグゼクティブ
	■エグゼクティブの業績を高め動機づける	■エグゼクティブと子会社CEOに関する育成計画は順調に進んでいるか	■予定通り	■総務担当副社長
内部 業績評価と報酬システム改善　戦略の実施状況を監視	■主要なポジションの引継ぎ計画の監視	■現行の引継ぎ計画が適切であるエグゼクティブの割合	■1年目75％ ■2年目100％	■ガバナンス担当副社長
学習と成長 戦略情報の有効活用	■戦略情報の利用を確保する	■提示された情報の信頼性に関する取締役会メンバーを対象とする調査	■1年目平均以上 ■2年目優秀	■取締役全員

●まとめ●

　本章で著者は，管理会計との関係において，レピュテーション・マネジメントのシステムとして，バランスト・スコアカードを応用した企業のレピュテーション戦略の妥当性の検証と業績評価システムを提案した。戦略を可視化して測定につなげるには，戦略マップが有効である。

　レピュテーション・マネジメントのための概念モデルでは，キャプランとノートンの主張してきた4つの視点の修正提案も行なった。さらに，コーポレート・レピュテーションの重要な要素の1つであるコーポレート・ガバナンスとの関係では取締役会スコアカードを紹介した。それこそが，社会から糾弾されてから苦しむのではなく，日常の経営において何気なく高い倫理観とコンプライアンスをもつ企業にする1つの方策だと考えるからである。

　戦略マップに関連して，一言付言しておく必要があろう。図12-6は実践的なモデルを描こうとしたわけではない。この図は概念モデルで，とくに左側上部の社会的評価と企業価値は，企業価値への道程を描いたものである。現実の企業モデルは図12-7や図12-8のようになる。

　企業は過大なレピュテーション負債が生じることによってレピュテーション負債がレピュテーション資産を大幅に上回り企業が倒産に追い込まれることがある。企業の経営者はレピュテーション負債を生じないようにし，レピュテーション資産を創造するためにも，レピュテーション・マネジメントが必要となる。そのため，管理会計担当者にとってのコーポレート・レピュテーションの重要な課題は，いかにしてレピュテーション資産を増やし，レピュテーション負債を生じさせないかである。バランスト・スコアカードはこのような目的にも役立つことを明らかにして本章を閉じたいと思う。

　次章では，内部統制と内部監査によるコンプライアンスの確保，およびバランスト・スコアカード（BSC）による管理を考察する。

参考文献

Brown, Mark Graham, *Keeping Score, Using the Right Metrics to Drive World-Class Performance*, Productivity, 1996.

Cravens, Karen, Elizabeth Goad Oliver and Sridhar Ramamoorti, The Reputation Index: Measuring and Managing Corporate Reputation, *European Management Journal*, Vol.21, No.2, April 2003.

Cravens, Karen S. and Elizabeth Goad Oliver, Employees: The Key to Corporate Reputation Management, *Business Horizons*, 2006.

Davies, Gary, *Corporate Reputation and Competitiveness*, Routledge, 2003.

Dowling, Grahame R., Corporate Reputations: Should You Compute on Yours? *California Management Review*, Vol.46, No.3, Spring 2004.

Feuss, William J., Joel Harmon, Jeana Wirtenberg, and Jeffrey W. Wides, Linking Employees, Customers, and Financial Performance in Organizations, *Cost Management*, January/February, 2004.

Kaplan, Robert S. and David P. Norton, *The Balanced Scorecard-Measures that drive Performance*, Harvard Business Review, 1992, Vol.70, No.1, Jan-Feb, pp.71-79.（本田桂子訳「新しい経営指標"バランスト・スコアカード"」『DIAMOND Harvard Business Review』ダイヤモンド社，第17巻，第3号，1992年3月, pp.81-90。）

Kaplan, Robert S. and David P. Norton, *The Balanced Scorecard-Translating Strategy into Action-*, 1996.（吉川武男訳『バランス スコアカード―新しい経営指標による企業変革』生産性出版, 1997年, p.30。）

Kaplan, Robert S. and David P. Norton, Measuring the Strategic Readiness of Intangible Assets, *HBR*, February 2004, pp.52-63.（スコフィールド素子訳「バランス・スコアカードによる無形資産の価値評価」『DIAMOND Harvard Business Review』ダイヤモンド社，第29巻，第5号, 2004年5月, pp.129-142。）

Kaplan, Robert S. and David P. Norton, *Alignment, Using the Balanced Scorecard to create Corporate Synergies*, Harvard Business School Publishing Corporation, 2006.（櫻井通晴・伊藤和憲監訳『ＢＳＣによるシナジー戦略―組織のアライメントに向けて―』ランダムハウス講談社, 2007年, pp.265-266。）

Kotha, Suresh, Shivaram Rajgopal and Violina Rindova, "Reputation Building and Performance: An Empirical Analysis of the Top-50 Pure Internet Firms" *European Management Journal*, 2001.

Ulrich, Dave and Norm Smallwood, Capitalizing on Capabilities, *HBR*, June 2004（西尚久「組織能力の評価法」『DIAMOND Harvard Business Review』ダイヤモンド社, 2004年6月, pp.35-45。）

越智慎二郎「レピュテーション・マネジメントが企業を救う」『ADVAERTISING』Vol.10, 2004年。

櫻井通晴「コーポレート・レピュテーションの概念とフレームワーク」『企業会計』Vol.56, No.12, 2004年12月, pp.4-13, 論壇。

櫻井通晴『バランスト・スコアカード―理論とケース・スタディ〔改訂版〕』同文舘出版, 2008年。

蜂谷豊彦「第12章 組織資本・人的資本・社会的資本と企業価値」『無形資産会計・報告の課題と展望』日本会計研究学会 特別委員会, 中間報告, 2004年9月。

第13章

内部統制・内部監査とBSCによる管理
―内部統制はレピュテーションの毀損の回避に貢献するか―

● はじめに ●

　コーポレート・ガバナンスは，コーポレート・レピュテーションを高める上で最も重要な課題の1つである。企業の内部監査，監査役監査，会計監査を充実させることは，コンプライアンスだけでなくコーポレート・ガバナンスを確保するうえで不可欠である。これらのなかでも，SOX法（Sarbanes-Oxley Act；サーベインス・オクスリー法／企業改革法）や日本のSOX法，ないしJ-SOX法との関係で，現在最も期待されているのが内部統制である。

　ところで，いまから遡ること40～50年ほど前に，内部統制や内部監査の主要な役割の1つにコーポレート・レピュテーションを高める役割があるといったら，何と荒唐無稽なことをいうのかと笑われるか，あるいは無視されるのがオチであったろう。なぜなら，従来は内部統制や内部監査の主要な役割は会計監査と業務監査であって，会社の評判を高めるといったようなソフト（曖昧）な問題と内部監査とは全く無縁だと思われていたからである。

　1980年代になって，わが国でもいくつかの会社で内部監査人の役割に会計監査や業務監査だけでなく経営監査を含ませるべきだとする見解が広まって，一部の研究者や実務家の間で，内部監査人にも経営トップの戦略の誤りを正す役割や経営方針変更への助言や勧告を期待する声が高まってきた。しかしながら，それらの改善提案は一部の論者による主張に終わり，日本の多くの政府関係者や経営者層には受け入れられることはなかったのである。

　内部監査人にせよ，監査役にせよ，あるいは外部の独立監査人にせよ，経営トップの暴走を止める役割を監査に期待する声が高まってきたのは，1980年代におけるアメリカでの経営トップの不正事件の頻発，21世紀に入ってからはアメリカではエンロン，ワールドコム，アーサーアンダーセン会計事務所などに

おける会計上の不正の発覚と組織の崩壊，日本では雪印乳業（現・雪印メグミルク），西武鉄道，カネボウなどの企業経営者による不誠実な行為が目立つようになってきてからのことである。

本章の目的は，内部統制や内部監査の役割の考察により，内部統制と内部監査がコーポレート・レピュテーションの毀損の回避に貢献できるかを考察することにある。この目的のため，まず，伝統的な内部統制と内部監査の概念を検討する。次いで，新しい内部統制の概念とその展開—アメリカにおける**COSO**（Committee of Sponsoring Organizations of the Treadway Commission；トレッドウェイ委員会支援組織委員会），SOX法，企業会計審議会による「**財務報告に係る内部統制の評価及び監査の基準**」（通称，J-SOX法），および日本内部監査協会の「**内部監査基準**」（2004年版）—の役割を考察する。続いて，COSOにもとづく内部統制におけるコンプライアンス機能とコーポレート・ガバナンスを高めるためのバランスト・スコアカードの適用にあたっての論点を整理しその有効性を高める方法を提案する。最後に，内部統制と内部監査のレピュテーションと管理会計への貢献を考察する。

1　伝統的な内部統制と"近代内部監査"の概念

戦後，アメリカから内部統制の概念が導入され，内部統制と内部監査の関係に大きな関心が寄せられた時期があった。現代の眼からみれば伝統的な内部統制の概念は，古川［1951, 1961］等の努力によって大きく発展せしめられた。

▶1　内部統制の代表的見解

内部統制の代表的見解について，青木［1959, pp.15-19］は4つの見解をあげている。著者の解釈を加えて青木の主張を紹介すれば，次のようになる。

第1は，不正や過失を発見・防止する内部牽制と同一視する見解。第2は，内部統制が内部牽制と会計監査からなるとする見解。第3は，通産省（現在の経済産業省）の産業合理化審議会「企業における内部統制組織の大綱」［1951,

p.1]における内部統制の見解[1]で,「管理会計を主軸にした新時代に即する経営管理の問題」[久保田, 1976, p.73]として取り上げている見解である。ここで注目すべきことは,当時の産業合理化審議会は,内部統制を管理会計[2]の一部とみなしていたことである。第4は,アメリカ公認会計士協会［AICPA, 1949, p.6］の見解で,①会計監査,②業務監査に加えて,③予算統制,標準原価計算,統計的分析などの経営管理システムまでも含むとする最広義の見解である。

第3と第4の見解はいずれも実質的な内容において古川［1958, pp.6-19］の見解と異なるところはなかったが,青木はこれら4つの見解のうち,内部統制は第3と第4の見解との関連で取り上げられるべきだとした。

その後,1960年代から1980年代にかけて,内部統制の内容は,一方では,①**会計監査**と②**業務監査**からなるとする見解[3]が,他方では,内部統制が①**内部牽制**[4]と②**内部監査**からなると解する見解［日下部, 1962, pp.36-37］[5]が多くの支持者を集めるようになった。**図13-1**を参照されたい。

図13-1　内部統制についての典型的な2つの伝統的見解

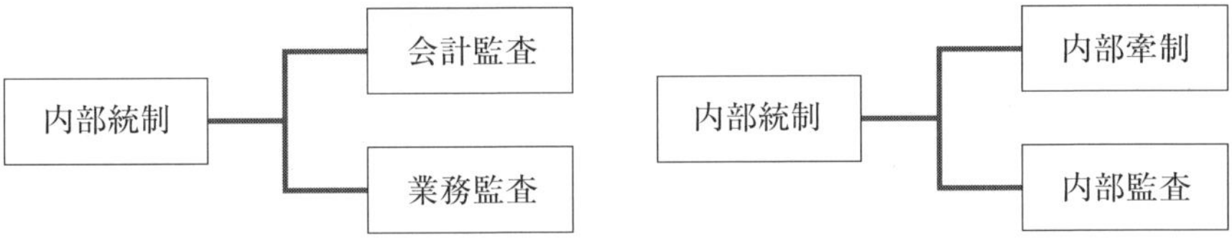

```
                    ┌ 会計監査              ┌ 内部牽制
    内部統制 ───┤              内部統制 ───┤
                    └ 業務監査              └ 内部監査
```

---

1)「ここに内部統制とは,企業の最高方針にもとづいて,経営者が,企業の全体的観点から執行活動を計画し,その実施を調整し,かつ実績を評価することであり,これらを計算的統制の方法によって行う」ことである。(「企業における内部統制の大綱」のp.1。)
2) 産業合理化審議会「企業における内部統制の大綱」(1951年) では,財務部とは区別されるコントローラー部の役割を内部統制の内容としていた。したがって,現代では管理会計の主要な構成要素とされている予算統制を内部統制のツールにあげていた。
3) 柿島［1983, pp.8-9］のように,①資産管理,②会計管理,③業務管理からなるとする見解もある。
4) 内部牽制,内部統制,内部監査を識別するため,内部牽制とは何かを明らかにしよう。内部牽制には,①人による内部牽制,②システムによる内部牽制,③機械による内部牽制がある。①は,経理機能で,出納と記帳を区別して,両者の共謀がない限り着服がないようにすることに見られる。②は,複式簿記の試算表作成は貸借の記帳を逆仕分けした場合でも間違いを検出できる仕組みになっている。③は,機械化は単純な記帳ミスを直すなど,チェック機能をもっていることに見られる。
5) 日下部［1962］では,アメリカ公認会計士協会の広義の解釈のほか,狭義の解釈として,内部牽制と内部監査をあげている。

▶2　内部監査の対象は会計監査，業務監査，経営監査

　内部統制と内部監査との関係について，青木［1959, pp.19-20］は，「内部監査はこのようなインターナル・コントロール（内部統制）が一層完全に機能しうるようにするための助言，勧告の機能を検証機能よりも一層強いものにしたものであり，また監査対象としても業務監査の比重を増大せしめたものである。」（括弧内は著者加筆）と位置づけている。青木は，内部統制の対象領域を会計監査と業務監査の２つに区分するのは一般に論じられるところであるという。多くの日本の経営者もまた，新しい意味での内部統制の議論がなされる前までは，内部統制の主要な機能も内部監査と同様に，会計監査と業務監査からなると認識していたとみてよい。

　一方，内部監査に関しては，その後の内部監査の実務と理論の発展から，青木も，企業の一部で行なわれているように，「トップの経営計画や経営方針への助言」［青木, 1970, pp.69-71］などを中心とする経営監査の領域を認めた。また内部監査の領域としては，①会計監査，②業務監査に加えて，③経営監査の体系を認める方向に向かった[6]。**図13-2**を参照されたい。

図13-2　1980年代の内部監査に関する支配的見解

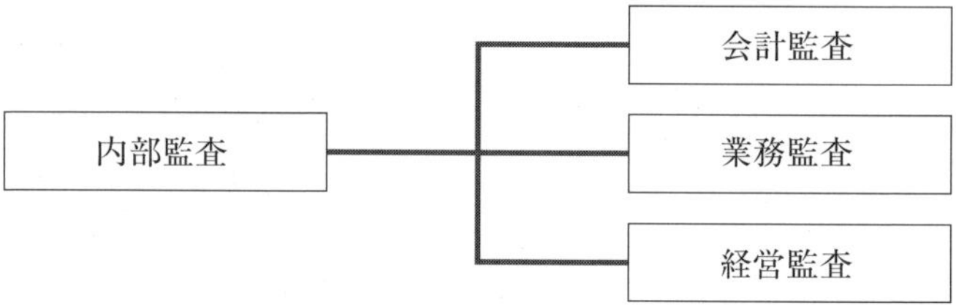

```
                    ┌─── 会計監査
        内部監査 ───┼─── 業務監査
                    └─── 経営監査
```

　内部統制が内部牽制と内部監査からなるとする**図13-1**の右の図との関係でみれば，内部統制は内部牽制と内部監査（会計監査，業務監査，経営監査）か

---

[6] 経営者への助言や勧告をするという意味での経営監査を内部監査に含めるべきかについては，青木博士から，研究者のなかには強い反対論が存在することを非常に残念に思うとする見解をわれわれ大学院生（当時）に述べられたのがいまでも強く印象に残っている。青木説への批判の中心は，経営トップによって選任される内部監査人に経営トップに助言や勧告をするのは無理だとするもので，青木博士もまたその問題点は十分に了解していた。

らなるとみることができよう[7]。

▶3　経営監査とは何か

　問題は，内部監査の機能の1つとしての経営監査の概念が論者により大きく異なることである。著者は経営監査には3つの解釈がありうると考える。

　第1は，可児島［1970, p.45,50］のように，経営監査を「業務監査の発展形態」[8]としてとらえる見解である。第2は，青木のように，トップの経営方針への「助言」や「勧告」までも含める見解である。さらには第3に，松田［1986, pp.11-25］のように，独立の第三者である経営監査人を選任して，「会社経営の妥当性に関して総合的に批判的意見を表明し，もって株主・債権者その他の利害関係者の擁護」を目的とするものだとする解釈まである。

　可児島の主張する経営監査[9]は，本質的には業務監査の発展形であったがゆえに大きな提言にはなりえなかった代わりに，批判の余地はなかった。しかし，青木の構想する経営監査はそれよりも一歩踏み込んだものである。当然のことながら，社長によって選任された内部監査人が社長に助言や勧告することができるかとする批判が生じた。この批判を解決しようとしたのが松田である。

　松田の主張する経営監査は，公認会計士など独立の第三者によるステークホルダーの利益擁護を目的とする監査である。青木博士は松田［1986］の著書へ

---

7) 1960年代から1970年代にかけての内部監査の実務では，企業規模にもよるが，一般に業務監査よりは会計監査が重視されていた。現在では逆に，業務監査が重視されるようになった。その場合には，業務監査が内部監査機能では第一順位となろう。しかし，現在でも中小企業や小規模な公的組織では，内部監査に占める会計監査の機能が重視される。現代における内部牽制については，資産管理などの内部牽制機能は会計がもつ本来的機能（簿記で，試算表は計算のチェック機能をもつ）であるとする見解や，人による内部牽制（出納と記帳機能の職務を分担させること）や機械化による内部牽制機能などは会計監査の範疇に含めるべきだとする見解などがある。このような見解によるときには，内部統制の機能は，業務監査，会計監査，経営監査からなるということになる。

8) 可児島［1970］は，経営監査を，近代的な内部監査の本質—経営管理と監査機能の目的的統合—であるとしている。

9) 経営監査と業務監査を同義語と見るかそれとも異なると見るべきかについては，アメリカ（87%と13%）とカナダ（78%と22%）では同義語と見る見解が多いが，当時の日本では異なる（30%と70%）と見る見解が多い［青木, 1984, pp.70-71］。この状況は現在でも大きく異ならない。脚注10）を参照されたい。

の「推薦の辞」で次のように述べている[10]。

「経営監査論には大別して二つのものがある。その一つは内部監査における業務監査の機能を，さらに一段と拡大した意味での経営者への奉仕としての経営監査である。他のもう一つの経営監査は，本書でとりあげている経営監査であって，企業の利害関係者が意思決定を誤らないために，利害関係者のより広範な情報要求に対応すべく，独立第三者による経営監査（audit of management）[11]を論ずるものである。このような後者の意味での経営監査については，可児島俊雄教授の著書『経営監査論』などでもすでに一部紹介されているが，本書の著者 松田修一氏は，真正面からかかる経営監査に取り組んでいるのである。……」

経営者の性善説が支配的な見解を占めていた当時の時代背景のなかで，青木博士は経営者のコンプライアンスと企業のコーポレート・ガバナンスの欠如に強く心を痛めており，これらの解決のために，当初は自らが深く研究していた内部監査に求めようとした。しかし同時に，経営者に直属する内部監査人に経営者への助言や勧告をする役割を求めることの限界も熟知していたので，独立の第三者による経営監査にその役割を求めたのではないかと思われる。

要するに，経営トップの戦略の誤りを指摘する必要性を感じながらも，内部監査人にその役割を託すことに限界を感じていた青木博士が，アメリカにおける監査委員会のあり方にも言及して独立第三者による経営監査を提案した松田の提案を高く評価したのは，しごく当然のことであった。しかし，このような提案が日本の企業や会計関係者によって改めて真剣に検討されるに至るまでには，さらにその後20年もの歳月を必要としたのである。

---

10) 1980年代になると，青木の主張は，内部監査人に経営トップへの助言や勧告までもさせるとする主張から，可児島や古川の主張する経営監査に近づいてきたように著者には思われる。ここに，可児島とご自身の主張との違いを明確にしなかった最大の理由があるように思えるのである。
11) **経営監査**（management audit）はもともとドイツで生まれた概念Betribsprufungであり，会計監査をも包摂する広義の業務監査をいう。アメリカには「**経営監査なる定義は存在しない**」[日本内部監査協会, 2005, pp.1-20]。アメリカでは取締役会のなかに監査委員会がおかれていて，経営者の戦略への助言や勧告も行ないうるからであろう。同協会の調査によれば，内部監査部門も，経営方針の監査を行なっている企業が半数以上であるが，戦略そのものは内部監査の対象とはされていない企業が半数以上を占めている。ただし，関係会社や子会社の監査は監査対象にしている。

2　新しい時代の内部統制は何が変わったか

　1980年代になると，アメリカでは相次ぐ金融機関の破綻に導かれたセンセーショナルな虚偽報告と倒産が相次いだ。そこで，1985年に５つのスポンサー[12]からなる「不正な財務報告全米委員会」(National Commission on Fraudulent Financial Reporting；通称，**トレッドウェイ委員会**) が設立され，1987年には全米の財務報告の問題の深刻さを示す報告書［Root, 1998, p.75］が発表された。それを受けて，1992年には，通称COSOと呼ばれるトレッドウェイ委員会支援組織委員会が，以下でみるように，内部統制についての新しい概念を発表［Steinberg and Tanki, 1993, pp.1-13］するに至った。その結果，1990年代になると，内部統制の概念は，伝統的な概念を経営トップによる不正防止をも含める方向で大きく拡張させていくことになった。

　以下では，現在，内部統制のデファクトスタンダードになってきたアメリカのCOSOの内部統制概念，アメリカの企業改革法であるSOX法のインパクト，日本の対応である企業会計審議会の「財務報告に係る内部統制の評価及び監査の基準」，および日本内部監査協会の「内部監査基準」を検討していきたいと思う。

▶1　COSOの内部統制概念

　COSO［1992, p.4］は，広義の内部統制が，①業務の有効性と効率性，②財務報告の信頼性，③関連する法規への順守ないしコンプライアンスという目的の達成に関して合理的な保証を提供することを意図した企業の取締役会，経営者および社員によって行なわれるプロセスであると定義づけた。

　続けて，内部統制の構成要素として，①統制環境，②リスクの評価，③統制活動，④情報と伝達，および⑤モニタリング（監視活動）からなるとした。**図13-3**を参照されたい。

---

[12] 全米の会計関連の５つの主要団体―アメリカ公認会計士協会（AICPA），アメリカ会計学会（AAA），内部監査協会（IIA），管理会計担当者協会（IMA），財務担当者経営者協会（FEI）―が共同で組織した独立の委員会。

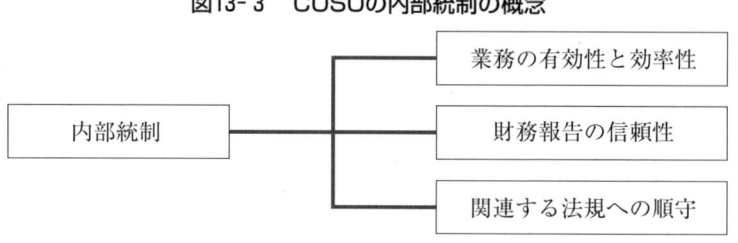

図13-3　COSOの内部統制の概念

```
                    ┌─── 業務の有効性と効率性
        内部統制 ───┼─── 財務報告の信頼性
                    └─── 関連する法規への順守
```

　COSOの内部統制の概念が，業務の有効性と効率性，財務報告の信頼性，および関連する法規への順守の合理的な保証を目的としたことは，伝統的な内部統制の概念と比較して何が変わったといえるのか。伝統的な内部統制の構成要素（図13-1の左側を参照）とされた，①**業務監査**[13]は業務の有効性と効率性を高めるために行われる，②**会計監査**は財務報告の信頼性を高める。もちろん会計監査だけが財務報告の信頼性を高めるわけではないが，内部監査人の行なう会計監査がその主要な役割を担っていることは否定できないであろう。そして，③松田の主張する意味での**経営監査**はコーポレート・ガバナンスやコンプライアンスに役立つので，究極的にはCOSOの"関連する法規への順守"の合理的な保証を与えるものといえる。

　このような解釈が成り立つのであれば，COSOレポートでは，内部統制の内容が，①業務監査と，②会計監査に加えて，松田がいう「会社経営の妥当性に関して総合的に批判的意見を表明しもって株主・債権者その他の利害関係者の擁護」を目的とする③経営監査からなると解しうる。

　内部統制の構成要素として，"統制環境"は経営者や従業員の意識や行為にかかわるもので，職務が誠実かつ倫理観にもとづいて実行されているかに関係する。経営者の経営スタイルや考え方にも関係するもので，内部統制では最も重要な構成要素［Roth and Espersen, 2003, p.13］で，統制環境は内部統制の基礎になっている。本章の目的との関連から，リスクの評価もまた大いに注目すべきである。なぜなら，これは内部統制の内容が経営トップの虚偽の記載やガバナンスのプロセスにまで拡張され，会社経営の妥当性に対して監査担当者

---

13) 一口に業務監査といっても，戦略やリスクの管理などで，その内容は伝統的な業務監査とは大きく異なることはいうまでもない。会計監査についても同じである。

による批判的な意見の表明が要請されることの当然の帰結だからである。いずれも新しい意味での内部統制がコーポレート・レピュテーションの毀損の回避に深く関わっていることに特徴がある。

▶2 SOX法のインパクト

 2001年11月，アメリカのエネルギー会社 **エンロン**社が連邦破産法チャプターイレブン（第11条）を申請した。エンロンの破綻に端を発して，**アーサー・アンダーセン**の不正会計処理が発覚するとともに，ワールドコムなどの名だたる企業の不正が発覚し破綻していった。アメリカ政府の対応は素早く，2002年7月に，ブッシュ大統領の署名の下，SOX法が成立した。そして，SOX法にもとづくアメリカの公開大企業への内部統制の監査は，2004年11月15日以降に終了する事業年度[14]から開始されることになったのである。
 SOX法では，年次報告書および四半期報告書には内部統制の有効性についての経営者の宣誓書を含めることを要求（第302条）し，また年次報告書には経営者による財務報告に係る内部統制についての評価報告書を含め，当該評価についての外部監査人による証明を要する第404条（財務報告に係わる内部統制の評価）などの改革が行なわれた。企業の"財務報告に係る内部統制"の有効性についての経営者の評価が要請される第404条の経営へのインパクトが大きい。内部統制の定義は，COSOのそれに従った形で用いられている[15]。その上で，経営者がディスクロージャーの統制と手続きの有効性に関する四半期報告を評価するだけでなく，内部統制に関する経営者の報告の公認会計士による

---

14) 予想を超えるコスト負担，実効性への疑義，経営者報告と外部監査での作業の重複などから，SECも緩和を望む声に配慮する必要性を認めた。なお，小規模企業への404条の適用は，2006年7月15日以降の決算への適用がさらに1年の延長された［加藤，2005, p.28］。
15) 規則13a-15(f)は，財務報告のための内部統制を次のように定義づけている。「財務報告のための内部統制という用語は，財務報告の信頼性と一般に認められた会計原則（GAAP）に従って，外部報告のために財務諸表の作成に関する合理的な保証を提供するため，財務諸表の作成企業の主要な経営幹部，財務担当役員または同等の機能を遂行する人物によって設計され，またはその監督の下で取締役会，経営者および他の従業員によって実施されるプロセスであり，それには次の方針と手続きが含まれる」。(1)資産の取引と処分の相当詳細で正確かつ公正な記録の保持，(2)取引がGAAPに従って作成され，収入と支出が経営者と取締役会の承認を得ているという合理的な保証，(3)財務諸表に重大な影響を及ぼす（経営者と取締役会の承認がない）資産の取得，利用および処分がなされていないことの合理的な保証。

監査も要求 [Ramos, 2004, pp.1-2] されている。

SOX法の第404条はSEC登録企業に対して，年次報告書に「内部統制報告書」を含めるように要求 [桧田, 2005, pp.18-20] している。これによって，ＳＥＣ基準に登録している日本企業（約30数社）も，2006年7月15日以降に到来する決算期末から，SOX法第404条に要求する諸条件をクリアしなければならなくなった。

▶3 日本での対応──財務報告に係る内部統制の評価及び監査の基準──

2004年12月17日に，持ち株比率の過小記載を理由にして上場廃止に追い込まれた西武鉄道の事件[16]は，財務諸表の虚偽記載がアメリカだけの問題ではなく日本にも共通する問題でもあり，上場会社とその証券市場に対する社会的な信頼を大きく損なうものであることを認識させた。結果，2005年12月8日には，SOX法の日本版ともいえる「財務報告に係る内部統制の評価及び監査の基準」（以下，「基準」と呼称する）が発表された。

わが国の「基準」に見られる内部統制の目的をCOSOと比較すると，その著しい類似点が明らかになる。表13-1を参照されたい。①業務の有効性と効率性と，②財務報告の信頼性は，両者は同じ内容からなる。③の事業活動に関わる法令等の順守は，表現こそ違え，実質的な内容に違いは見られない。目的に関して唯一の違いは，「基準」では ④資産の保全[17]（資産の取得，使用及び処分が正当な手続き及び承認のもとに行なわれるよう，資産の保全を図ること）が加わったことである。これは，八田・橋本 [2005, pp.9-10] により，議論の当初から位置づけられていたこととモニタリング機能を担う監査役の存在との関係である旨の説明がある。しかし，これは財務報告の信頼性との関係で取り上げるべき問題であろう。私見によれば，②の財務報告の信頼性と，④の資産の保全をもって，従来から内部統制の議論でいわれてきた広い意味での会計監査に近似すると解釈することもできると考えられる。

---

16) 2004年9月末時点で時価総額が約1兆7,000億円あった資産価値が，2004年11月には1,000億円を割り込んだ。この間のレピュテーション損失は16,000億円 [櫻井, 2005, pp.184-185] ということになる。

17) わが国における会計監査の研究において不朽の足跡を残した故日下部与一教授は，内部統制が内部牽制と内部監査からなるとする主張（図13-1の右の図を参照）した。これは，資産の保全は内部統制の一機能であると考えられていた当時の支配的見解の1つを表すものであった。

表13-1　企業会計審議会による内部統制の基本的枠組み―日米比較

	企業会計審議会の枠組み	COSOの枠組み
内部統制	業務の有効性および効率性 財務報告の信頼性 事業活動に関わる法令等の順守 資産の保全	業務の有効性と効率性 財務報告の信頼性 関連する法規への順守

　「基準」の構成要素に関しては，COSOが列挙している，①統制環境，②リスクの評価，③統制活動，④情報と伝達，⑤モニタリング（監視活動）に加えて，日本の「基準」では⑥ＩＴ（情報技術）の利用が加わった。この⑥については，SOX法第404条で情報技術システムへの統制が加わったことに対応しているとみることができることの他，八田・橋本［2005, p.12］が述べているように，これこそまさしく内部統制の最新化を図るためでもあったようである。

　2006年6月に成立した金融商品取引法において，2008年4月1日以降に開始される事業年度から，すべての上場企業は，経営者が内部統制を評価した結果を報告する「**内部統制報告書**」の提出が求められるようになり，内部統制報告書については監査証明を受けなければならなくなった。

▶4　日本内部監査協会の「内部監査基準」に見る内部統制の概念

　わが国の「内部監査基準」は1960年に制定された。その後，1977年，1996年と改定を重ねて，2004年4月6日には第3回目の改定が行われた。2004年の「内部監査基準」［日本内部監査協会, 2004, pp.19-42］では，内部監査が経営目標の効果的な達成を目的とした助言・勧告を行う監査業務と経営支援活動のための診断業務だと定義づけたことも注目されるべきであるが，先に議論してきたような新しい意味での内部統制の考え方がこの基準にも活かされた。

　つまり，2004年改定の「内部監査基準」の最大の特徴は，内部監査で重視する事項として，**リスクマネジメント**，**コントロール**（リスクを管理し，設定された目標や目標が達成されるであろう見通しを高めるために，経営者，取締役会および他の当事者によってとられる措置のすべて），および**ガバナンス・プロセス**があげられたことにある。この種の改定は，濃淡の違いはあれ，COSOやSOX法のいずれにおいても強調された役割であるとすれば，内部監査の国

際化という観点からも極めて適切な対応であったと評しえよう[18]。

コンプライアンスとリスクマネジメントやコントロールを含む新しい意味での内部統制の概念は，日本における制度としての企業統治のなかで内部監査部門はいかなる役割を果たしているか。また，新しい内部統制を定着させるには内部監査部門は何をすべきか。新しい意味での内部統制を定着させるためのシステムの1つとして，以下では，管理会計からの提案の1つとして，バランスト・スコアカードの適用とその方法を提案したい。

3　内部監査部門へのバランスト・スコアカード適用の可能性

バランスト・スコアカードは内部統制や内部監査への適用が可能か。適用可能であるとしたらそれは企業価値の創造に貢献するか。以下では，組織上，会社内で内部統制を実質的に担当する内部監査部門の役割との関係で考察する。なお，以下は拙著［櫻井, 2008, pp.489-502］を本書の目的のために加筆・修正したものである。

▶1　内部監査とは何か，また内部統制との関係は

アメリカ内部監査人協会（the Institute of Internal Auditors; IIA）による内部監査の定義は，過去数年の間に大きく変貌した。IIA［IIA, 2004, p.1］は内部監査を，下記のとおり定義づけている。

「内部監査は，組織体の運営に関し**企業価値**（value）を創造し，また改善するために行われる，独立にして客観的な保証およびコンサルティング活動である。内部監査の目的は，組織体の目標の達成に役立てることにある。このため，内部監査は，体系的手法と規律順守の態度とをもって，組織体の**リスクマネジメント**，コントロールおよび統治プロセスの有効性を評価し，改善する。」

この定義は，内部監査の経営上の評価について少なくとも2つの意味をもつ。

---

[18] "リスクマネジメント，コントロール，および組織体のガバナンス・プロセスの有効性の評価と改善"は内部監査人協会（The Institute of Internal Auditors）の「内部監査の専門的実施の国際基準」［翻訳は，日本内部監査協会, 2005］でも謳われている表現である。コントロールの説明は，アメリカの用語一覧の表現に従った。

1つは，内部監査が企業価値の創造に役立つことを明らかにしたことである。いま1つは，この定義ではリスクマネジメント，コントロール，およびガバナンス・プロセスに焦点がおかれていることである。

以上から，本章にとっての研究の焦点は，バランスト・スコアカードの活用がリスクマネジメントやプロセスの評価に役立ち，いかに活用したらコーポレート・レピュテーションの向上に役立ち得るかである。

▶2　内部統制，内部監査，COSOの比較

現在，内部監査の中心的なテーマの1つは，内部統制の評価に関連して監査役，監査人（公認会計士）と協力して，企業のためにいかに効果的に内部統制の実をあげていくかにある。

COSOによれば，内部統制の構成要素は統制環境，リスク評価，統制活動，情報とコミュニケーション，監視活動の5つからなるとし，内部統制は以下のように定義づけられている。「内部統制とは，広義で，企業の取締役会，経営者などの人々によって影響され，次の分野—a．業務の有効性と効率性，b．財務報告の信頼性，c．関連する法規への準拠性—の目標達成について合理的な保証を確保するために設計されたプロセスである」[COSO, 1992]

COSOの定義を仮に伝統的な内部監査の機能と対応させるならば，a.はほぼ業務監査に，b.は会計監査（ただし，財務諸表の信頼性を高めるには，資産の保全も必要である），c.はコンプライアンスに焦点を合わせた意味での経営監査[19]に対応している。

内部監査の概念を，著者が含意している伝統的な内部統制，COSOの内部統制，日本の内部統制と関係づければ，**表13-2**のようになろう。内部牽制をどう解するかには議論がある。しかし著者は，資産の保全には内部牽制が不可欠であると考える。また，経営監査の解釈にも見解の相違があり，ここで法令順守と対応させているのは，青木や松田の経営トップへの「助言や勧告」と解した場

---

[19] 経営監査には，①業務監査の発展形，②経営トップへの「助言」や「勧告」など経営者の監査，および③第三者である経営監査人による監査など様々な主張があるが，著者は，COSOの見解は④コンプライアンス（やガバナンス）に焦点を合わせた監査だとの見方をとっている。性悪説を前提にした見解だともいえる。

合の対応関係である。経営監査を業務監査の延長線上にあると解するならば，業務の有効性と効率性に関係する。また，内部統制と内部監査の対応関係は図解できるが，その果たすべき役割や内容には違いがある[20]。

表13-2 伝統的内部統制，内部監査，COSO，現代の内部統制

伝統的内部統制	内部監査	COSOの内部統制	日本の内部統制
業務監査	業務監査	業務の有効性と効率性	業務の有効性・効率性
	会計監査	財務報告の信頼性	財務報告の信頼性
内部牽制			資産の保全
	経営監査	法規への準拠性	業務活動の法令順守

表13-2で，伝統的な内部統制，内部監査，COSO，現代の内部統制については，個々にみればいくつかの違いがみられる。しかし，これら4つの監査や統制に共通する目的は，コーポレート・ガバナンス，コンプライアンス，コントロールを通じて，これらがコーポレート・レピュテーションの向上，維持，毀損されたレピュテーションの回避に貢献することにある。

▶3 内部監査へのバランスト・スコアカード適用の論点

バランスト・スコアカードを内部監査部門に適用するにあたっては，2つの論点がある。適用領域を業務監査に限定するかそれとも全領域に適用可能かと，内部監査のために特別の視点を用意すべきかである。

第1の論点は，バランスト・スコアカードは，内部監査の主要な機能である会計監査，業務監査に効果的であるか，それとも企業価値を創造するプロセスを可視化できる業務監査に限定されるべきであるかの問題である。

ワング［Wong, 2000, pp.33-36］によれば，バランスト・スコアカードの内部監査への適用といっても，内部監査の諸機能うち，業務監査への役立ちだと述べている。たしかに，会計監査をバランスト・スコアカードの対象に含めても，得られるメリットは大きくない。では，業務監査の主要な目的は何か。アメリカ公認会計士協会（AICPA）によれば，業務監査の目的は，(a)業績の評

---

20) このような対応関係は，厳密に考えると，疑問や反論があることは了解している。しかし，内部統制と内部監査の全監査の体系を理解するには有効であると考えている。

価，(b)改善機会の識別，(c)改善または将来の活動のための勧告書の作成にある。このような意味での業務監査であるとすると，バランスト・スコアカード本来の目的を果たす余地が少ない。

著者は，バランスト・スコアカードの適用領域はワングの主張する業務監査に加えて，コンプライアンスやコーポレート・ガバナンスのためにも効果が発揮できると考える。前章の**図12-7**では，キャプランとノートン［Kaplan and Norton, 2006, pp.193-195］によって執筆された著書*Alignment*（日本語訳『BSCによるシナジー戦略──組織のアライメントに向けて──』）において，バランスト・スコアカードのコーポレート・ガバナンス向上への適用事例を掲載している[21]が，その応用として，内部統制のもつコンプライアンスに適用するのが最も効果的だと考えられるのである。

▶4 内部監査部門における4つの視点

バランスト・スコアカードでは，4つの視点から業績評価を行なう。内部統制のためのバランスト・スコアカード適用の第2の論点は，キャプランとノートンが主張する4つの視点──財務の視点，顧客の視点，内部ビジネス・プロセスの視点，学習と成長の視点──をそのまま適用すべきか，それとも特別の視点を用意すべきかである。

バランスト・スコアカードの隠れた最大の特徴の1つは，各視点にはそれぞれのステークホルダーが想定されていることにある。財務の視点には**株主**（日本では重要な資本提供者である銀行も加えるべきであろう），顧客の視点には**顧客**，内部ビジネス・プロセスの視点には**経営者**，学習と成長の視点には**従業員**がそれである。このステークホルダー・アプローチにこそ，バランスト・スコアカードの真髄がある。コーポレート・レピュテーションもまた，ステークホルダーによる評価が重要な役割を果たしている。その意味で，両者には強い類似点を有している。

---

21) 管理会計の研究をリードしているキャプランはノートンとともに，バランスト・スコアカードに関する5冊の著書を上梓している。著者は2冊目からすべて翻訳に携わってきたが，2冊目の著書では現代の社会における無形資産の重要性を明らかにした。3冊目では人的資産，情報資産，組織資産についてインタンジブルズのマネジメントを詳述した。4冊目の著書で，コーポレート・ガバナンスやコンプライアンスの問題を考察している。

1）財務の視点

　内部監査への適用においても，財務の視点は必要か。この点については，2つの見解がある。1つは，取締役会／監査委員会を財務の視点に替えるべきだとする見解［Frigo, 2002, p.32］である。この見解は内部監査によるコーポレート・ガバナンスへの役割を強く意識した見解である。いま1つは，財務の視点をおくべきだとする見解［Wong, 2000, pp.33-36］である。

　第1の見解の日本企業への適用にあたっての1つの難点は，監査委員会を前提にすることは，監査委員会を有していない典型的な日本企業では妥当ではないということである。ステークホルダーとしては監査委員会に代えて取締役会／監査役会を想定するのが妥当であろう。

　いま1つの難点は，仮に取締役会／監査役会としてもつにしても，ステークホルダーとしてではなく，視点としてもつことには無理があるということである。視点としては，たとえばガバナンスの視点などとして表すのが論理的ではなかろうか。

　財務の視点をもつべきかについては，企業全体や戦略的事業単位（strategic business unit; SBU）のバランスト・スコアカードとは違って，監査部門のような機能別スコアカードでは財務の視点を適用すべきではないという主張もありうる。なぜなら，内部監査の役割は，SBUや販売機能（販売部）などとは違って，スタッフの役割である助言とサービスの提供にあるからである。

　リスクマネジメントやコントロールを戦略テーマにもてばそれらが間接的に財務の向上につながる。たとえば，リスクの高い海外投資を避ければ財務損失を減少させるし，経営効率化を目的としたコントロールの強化は無駄を減らし利益を増大させる。しかし，コンプライアンスを戦略テーマとしてもつとき，コンプライアンスの達成は必ずしも直接的に利益を増大させるものではなく，コーポレート・レピュテーションの向上を通じて長期にわたって企業価値の増大に寄与する。

　一方，業務監査に限っていえば，内部監査の目的は企業目的達成のための効果性と経営効率の向上にあり，その結果，企業価値の創造に貢献する。このような見解からすれば，財務の視点をもつべきだとする見解は，少なくとも排除させるべきではないということになる。

以上，監査役または監査役会を有する会社がとるべき内部監査部門の対応は，財務の視点をガバナンスの視点に替えるか，あるいは，視点としては財務の視点としておき，そのステークホルダーとしては取締役会／監査役会を想定するべきだということになる。

2) 顧客の視点

内部監査部門にとっての"顧客"には，内部顧客と外部顧客とがある。内部顧客としては，社長などのマネジメント（経営責任者）と監査役である。外部顧客には，外部の監査人（公認会計士）の他，規制機関なども含まれる。

内部監査の成功にとって最も重要なことは，内部監査人が企業価値の創造に役立つ価値提案を行うことである。とくに業務監査においてこのことが妥当する。価値提案では，製品とサービスの機能性・品質・価格・適時性を高めていくことが求められる。それには当然，プロセスの改善も必要になる。

3) 内部ビジネス・プロセスの視点

内部ビジネス・プロセスのステークホルダーの主体は，内部監査人である。IIAの研究［Frigo, 2002, p.32］では，内部監査人の主要な測定項目は，①監査テーマ，②プロセス改善の数，③監査発見事項と勧告の数，④監査の実施による節約金額，⑤品質保証技術，⑥フィールドワークから報告書の発行までの日程などであるとされている。その他には，内部監査人の監査効率の向上，監査方法の改善，現場の部門への付加価値サービスの提供などがありえよう。

4) 学習と成長の視点

内部監査人には，革新を行うための応用能力が必要である。関係するステークホルダーは内部監査人である。内部監査人の資質として，①内部監査に関する専門的知識，②問題への弾力的な対応能力，③ベストプラクティスに関する知見，④熟慮にもとづくリーダーシップが必要である。内部監査人はこれらの能力をもつべく，常に自らを高めることが求められる。

4 内部監査のためのバランスト・スコアカードのフレームワーク

内部監査では，リスクマネジメント，コントロールおよびガバナンス・プロセスに焦点をおいて監査を実施することで付加価値活動を行ない，最終的に内部監査には企業価値の増大に役立つことが期待されている。

▶1 内部監査部門の4つの視点

4つの視点は，内部監査部門のためのバランスト・スコアカードをどう理解するかの1つの見解を表している。IIAの見解［Frigo, 2002, p.32］を参考に作成した，内部監査へのバランスト・スコアカードのフレームワークは**図13-4**のとおりである。内部監査の顧客は社長をはじめとする経営トップであることに留意されたい。

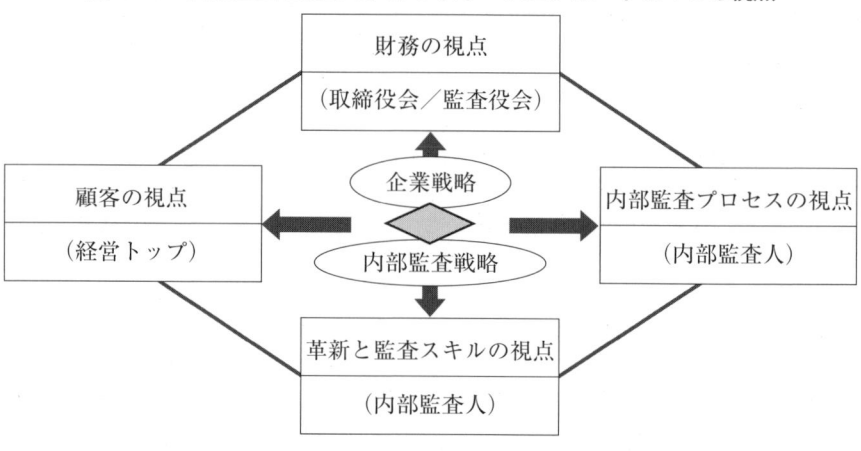

図13-4　内部監査のためのバランスト・スコアカードの4つの視点

```
              財務の視点
          （取締役会／監査役会）
                  ↑
                企業戦略
顧客の視点  ←    ◇    →  内部監査プロセスの視点
（経営トップ）  内部監査戦略    （内部監査人）
                  ↓
          革新と監査スキルの視点
              （内部監査人）
```

▶2 戦略マップ

戦略の策定と実行［Kaplan and Norton, 2001］は，戦略マップ（strategy map）の作成によって大いに改善される。なぜなら，戦略マップは戦略目標の因果関係を明確に可視化することができるからである。

戦略マップでは**戦略テーマ**（strategy theme）に焦点を合わせ，戦略目標を因果連鎖の関係でマッピングすることができる。ここで戦略テーマとは，戦略を実行するための焦点の絞られたテーマである。たとえば，内部監査部門の戦略テーマを「付加価値サービスの提供を通じての顧客満足の改善」と「生産性と応答（responsiveness）の改善」としたと仮定しよう。**図13-5**は，これら2つの戦略テーマにもとづく高レベルの戦略マップを修正したものである。

図13-5　内部監査部門のための戦略マップ

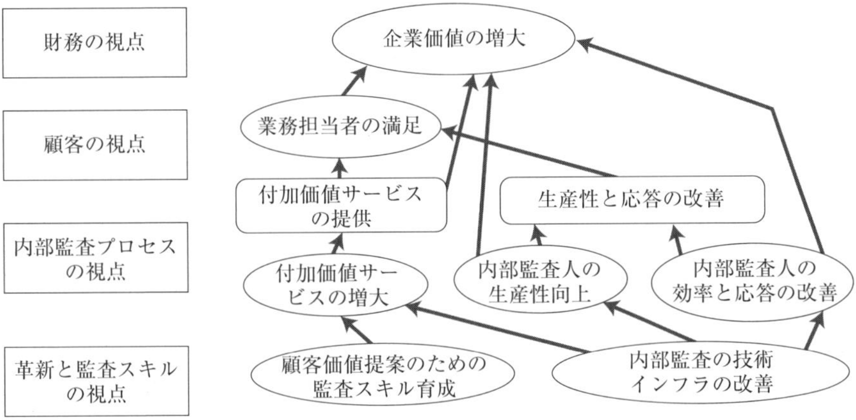

```
財務の視点            企業価値の増大

顧客の視点            業務担当者の満足

                 付加価値サービス    生産性と応答の改善
                 の提供

内部監査プロセス   付加価値サー    内部監査人の    内部監査人の
の視点            ビスの増大     生産性向上     効率と応答の改善

革新と監査スキル   顧客価値提案のための    内部監査の技術
の視点            監査スキル育成         インフラの改善
```

なお，この戦略マップでは，視点としては，**図13-4**のように，財務の視点，顧客の視点，内部監査プロセスの視点，革新と監査スキルの視点という4つの視点が取り上げられている。**図13-5**で，この戦略マップでは，楕円形はバランスト・スコアカードの4つの視点内での戦略目標を表す。長方形は，戦略テーマである。

現在の日本の内部監査部門が戦略テーマを選ぶとすれば，①コンプライアンスの順守，②効率性と有効性の確保，③リスクマネジメントなどが多くの企業によって選ばれるのではないかと思われる。

▶3　因果関係の連鎖と内部監査バランスト・スコアカードの特徴

図13-5で，矢印は潜在的な因果関係を表している。IIAの見解による場合の最上段は，財務ではなく監査役会とされていた。つまり，最終目標は企業価

値の増大ではなく監査役会の地位向上とされていたということである。

本章ではこれらの点についてはIIAの見解を採用しなかったのであるが，いずれがすぐれているかについては，内部監査への役割期待，コーポレート・ガバナンスとコンプライアンス，企業の業種，トップの戦略，社会的責任への考え方によって異なる。著者は，内部監査部門の戦略マップにおいて，最終目的は財務業績の向上だけではなく，社会価値や組織価値を含む企業価値の増大にあると考えている。とはいえ，**図13-5**で提唱したモデルを決して唯一最善のものとは考えていない。

図13-5から明らかなように，バランスト・スコアカードの基本的な特徴の1つは，目標間の因果関係を関連づけられることである。これらの因果関係は，先行指標（パフォーマンス・ドライバー）と遅行指標（成果）とを識別することができる。その際，先行指標と遅行指標は1つの連続体として理解することが肝要である。

5 内部監査部門による業績評価指標の活用

内部監査部門で最も重視されるべき業績評価尺度は何か。業績評価尺度としては，KPI（key performance indicator；重要業績評価指標）やCFS（critical factor of success；重要成功要因）が用いられる。

▶1 業績評価指標と視点との関係

IIAはグローバル監査情報ネットワーク（GAIN）を発表［Frigo, 2002, p.32］している。GAINの各項目は，いわゆるKPIやCFSである。バランスト・スコアカードでは，**KPI**はパフォーマンス・ドライバーに，**CFS**は成果指標に近似する。GAINによれば，各視点との関係で，下記のようになるという。

取締役会／監査委員会の視点
　監査委員会の満足度調査　監査委員会による内部監査の役割りの検閲　監査委員会のリスクへの関与
経営者の視点

内部監査の満足度調査　実施した内部監査の完成比率　マネジメントからの要求数　内部監査へのマネジメントの期待　内部監査への不満の数

内部監査プロセスの視点

監査の課題の妥当性　完成した監査と計画上の監査　監査改善数　主要な発見事項と勧告の数　内部監査によるコスト低減額　品質保証技術の完成度　未改善点の発見件数　フィールドワークの終了から報告書の発行までの日数

革新と監査スキルの視点

スタッフの経験　内部監査人あたりの教育・訓練時間　報告書の完璧さ　後任スタッフの比率

▶2　視点，戦略テーマ，戦略目標，目標値，実施項目

日本でバランスト・スコアカードを内部監査に適用しようとするときには，戦略テーマ，戦略目標，目標値どのようにもたれるべきであるか。全く仮定の企業を想定して著者が作成したのが，表13-3である。なお，財務の視点では，フリーゴのように取締役会／監査委員会の視点とすべきであるかは，議論の余地がある。この点に関しては，視点としては財務の視点としておき，そのステークホルダーとしては取締役会／監査役会を想定するというアプローチを採用すべきだと思われる。

表13-3　戦略テーマ，戦略目標，目標値，実施項目

視点	戦略テーマ	戦略目標	目標値	実施項目
財務	企業価値増大	企業価値	＋10％	―
顧客	価値提案	コンプライアンス	－5％	周知徹底
		改善項目	＋20％	現場を探求
		満足度	＋10％	意識改革
内部監査プロセス	業務の効率化	完成した監査計画	100％	システム構築
		改善提案件数	35	現場に赴く
革新と監査スキル	能力の高い内部監査人	教育・訓練時間	8時間／人	意識の高揚
		優秀な監査人数	15人	職場の雰囲気

▶3　内部監査部門の戦略テーマと戦略目標

　内部監査部門の戦略テーマは，①能力の高い内部監査人の育成，②業務の効率化，③マネジメントに役立つ付加価値の高い価値提案，④企業価値の増大などが考えられる。その他，リスクマネジメント，経営効率化，コーポレート・ガバナンス，コンプライアンスなどを加えてもよい。

　戦略テーマを達成するための戦略目標は，財務，経営者，内部監査プロセス，革新と監査スキルの視点ごとに設定される。さらに，目標値を達成するための実施項目が策定される。実施項目は，アクション・プランと称されることもある。戦略を実行するための第一歩となる具体的な活動である。

6　内部監査・内部統制はレピュテーションの向上に貢献するか

　内部監査部門へのバランスト・スコアカードの適用は，内部統制機能を高める。なぜなら，業務監査やコンプライアンスの監査が企業価値の増大といかに結びつくかを可視化できるからである。加えて，戦略的リスクマネジメントを含むERM（Enterprise Risk Management；全社的リスクマネジメント）の内部統制への統合によりレピュテーション・リスクマネジメントへの有用性が増す。

▶1　内部監査とコーポレート・レピュテーション

　内部監査担当者がバランスト・スコアカードを活用することによって内部監査の機能をより効果的に実行できるか。この点に関して，日本のある会社では戦略マップを用いて重点監査項目の選定，内部監査計画の樹立，事業戦略の妥当性の検討，監査項目の整合性の確認，現業部門への改善提案を発見するために活用している。要するに，戦略マップを用いることによって，企業はバランスト・スコアカードを内部監査部門のサービスの品質向上に役立てることが容易になる。もちろん，**表13-3**の様式を活用することによって，内部監査の目標通り実施されたかの検証も行なっている。

　では，内部監査機能の充実は，コーポレート・レピュテーションを高めうる

か。この問題は，内部監査人による業務監査とコンプライアンスを通じての業務の改善提案や助言による業務の効率化が大きい。2008年度から日本企業にも導入された内部統制の斬新なところは，内部統制がコンプライアンスの確保に焦点がおかれていることにある。コンプライアンスは，コーポレート・ガバナンスと並んで，レピュテーション・マネジメントの要（カナメ）の1つである。業務監査によるムダやムリの排除は，企業の持続的発展に不可欠である。

このように考えると，内部監査へのバランスト・スコアカードの適用は，コーポレート・レピュテーションの毀損の回避に貢献するだけでなく，レピュテーションの向上にも貢献するといえよう。

▶2　内部統制とERMの管理会計への貢献

内部統制と管理会計との関係に関して，英国のCIMA（Chartered Institute of Management Accountants；管理会計担当者勅許協会）の見解［Collier, et al., 2007, p.20］が参考になる。*Risk and Management Accounting*（リスクと管理会計）と題する著書のなかで，イギリス管理会計実務の動向として，管理会計の新しい役割として，管理会計担当者はリスクマネジメントのアイデアを取り入れるべきだとの提言をするとともに，コーポレート・ガバナンスと内部統制のメカニズムにも関与するようになっているという。

内部統制をERMと統合することで，企業に潜在的に存在するリスク領域を可視化することが可能となる。危険（danger）だけでなく機会（opportunity）を含む広い意味でのリスク領域を可視化することによって，管理会計担当者は設備投資やIT投資などの投資活動における機会と危険を有効に利用して，究極的にはコーポレート・レピュテーションを高めることができるようになると考えられるのである。

著者もまた，内部統制とERMの最近の動向を見るにつけ，CIMAの見解と同様に，内部統制が管理会計の研究者および実務担当者のために果たすべき役割が拡大してきていると考えている。ただ，内部統制が経営企画部門ではなく内部監査，監査役，監査人との関係で実践されている現状を勘案すれば，内部統制やそれに関連するリスクマネジメントは管理会計とは別個にもたれている現状を是認すべきであると考えている。

●まとめ●

　本章では，まず，内部統制の概念整理を行なった。その結果，日本における内部統制の概念はその時々の経営からの要請で徐々に変化を遂げてきたことを明らかにした。とりわけ日本でも経営者トップによる不適切な行為に対して勧告や助言がなしうる制度を求める声が経営監査という形で提案されてきたことを明らかにした。一方，アメリカではエンロン社など，日本では西武鉄道のような不正行為が起こりやすい現在の社会では，業務監査と会計監査だけでなくコンプライアンスやコーポレート・ガバナンスを監査する仕組みが要請されており，これに応える制度がSOX法と呼ばれる内部統制であった。

　わが国では戦後から性善説で会社を見てきたが，現在の内部統制ではむしろ欧米型の性悪説に立って，マニュアルにもとづく詳細な監査が必要になっている。しかも，内部統制は内部監査部門だけでなく，経営者や監査人（公認会計士）による間接統制も必要になったこと，監査役との協力も大いに必要になったことなど，わが国企業の監査体制が大いに強化される結果になったことを明らかにした。

　今後の内部統制の課題は，日本の内部統制をいかに効果的・効率的に内部統制を実施していくかである。

　そこで本章では，内部監査部門へのバランスト・スコアカードの適用を考察した。協力は得られなかったが，日本の企業でも内部監査部門に長期にわたってバランスト・スコアカードを適用している企業もある。とりわけ内部監査の重点項目の決定に当たって，戦略テーマを決定する上でバランスト・スコアカードと戦略マップは有効である。多くの企業で本章の内容を手掛かりにしてバランスト・スコアカードを成功裏に活用されることを望む。

　内部統制はリスクマネジメントと統合することで効率的で実効性のある内部統制を実施することができる。レピュテーションリスク・マネジメントは，レピュテーション・マネジメントにおいて不可欠である。次章では，レピュテーションリスク・マネジメントについて考察する。

参考文献

AICPA, Internal Control, Element of a Coordinated System and its Importance to Management and the Independent Public Accountant, 1949.

Collier, Paul M., Anthony J. Berry and Gary T. Burke, *Risk and Management Accounting, Best Practice guidelines for Enterprise-wise Internal Control Procedures*, CIMA Publishing, 2007.

COSO（The Committee of Sponsoring Organizationss of the Treadway Commission）, *Internal Control-Integrated Framework, Executive Summary*, 1992.（鳥羽至英・八田進二・高田敏文共訳『内部統制の統合的枠組み―理論篇―』白桃書房, 1996年, p.4.）

Frigo, Mark L., *A Balanced Scorecard Framework for Internal Auditing Departments*, The Institute of Internal Auditors Research Foundation, 2002.（フリゴのバランスト・スコアカードの内容については, 島田祐次氏による紹介論文「内部監査部門のためのバランスト・スコアカードについての紹介」『月刊　監査研究』No.345, 2003年9月, pp.21-24がある。あわせて参照されたい。）

IIA（The Institute of Internal Auditors）, *Internal Standards for the Professional Practice of Internal Auditing*, 2004, HP.

Kaplan, Robert S. and David P. Norton, *The Strategy-Focused Organization, -How Balanced Scorecard Companies Thrive in the New Business Environment*, Harvard Business School Press, 2001.（櫻井通晴監訳『戦略バランスト・スコアカード』東洋経済新報社, 2001年。）

Kaplan, Robert S. and David P. Norton, *Alignment, Using the Balanced Scorecard to Create Corporate Synergies*, Harvard Business School Press, 2006.（櫻井通晴・伊藤和憲監訳『BSCによる シナジー戦略―組織のアラインメントに向けて』ランダムハウス講談社, 2007年, pp.247-277。）

Ramos, Michael, *How to Comply with Sarbanes-Oxley Section 404*, John Wiley & Sons, 2004.

Root, Steven J., *Beyond COSO, Internal Control to Enhance Corporate Governance*, John Wiley & Sons, 1998.

Roth, James and Donald Espersen, *Internal Auditor's Role in Corporate Governance; Sarbances-Oxley Conpliance*, Executive Summary, The Institute of Internal Auditors Reserch Foundation, 2003.

Steinberg, Richard M. and Frank J. Tanki, Internal Control-Integrated Framework: A Landmark Study, *The CPA Journal,* June 1993.

Wong, Jeff, The Role of the Balanced Scorecard in Operational Auditing, *Internal Auditing*, July/August, 2000.

青木茂男『内部監査論』中央経済社, 1959年。

青木茂男『近代内部監査』中央経済社, 1970年。

青木茂男『現代の業務監査』中央経済社, 1984年。

柿島一三『現代実践内部監査』白桃書房, 1983年。

加藤厚「パネルディスカッション　内部統制と監査」『月刊 監査役』No. 502, 2005年7月25日, p.28。

可児島俊雄『経営監査論』同文舘出版, 1970年。

日下部与一『新会計監査詳説』中央経済社, 1962年。

久保田音二郎『現代内部監査』千倉書房, 1976年。
櫻井通晴『コーポレート・レピュテーション―「会社の評判をマネジメントする」―』中央経済社, 2005年。
櫻井通晴『バランスト・スコアカード―理論とケーススタディ〔改訂版〕』同文舘出版, 2008年。
通商産業省産業構造審議会『企業における内部統制の大綱』(通商産業省産業構造審議会編『利益計画と統制組織』日刊工業新聞, 1969年。
日本内部監査協会「内部監査基準―平成16年6月―」『月刊 監査研究』No.356, 2004年7月。
日本内部監査協会『アメリカ大手企業における経営監査の実態』日本内部監査協会, 研究会 No.13, 2005年3月23日。
八田進二・橋本尚「『財務報告に係る内部統制の評価』及び『監査の基準(公開草案)』の解説」『月刊 監査研究』No.372, 2005年9月, p.9-10。
八田進二・橋本尚「財務報告に係る内部統制の評価(公開草案)について」『月刊 監査役』No.504, 2005年9月。
檜田信男「内部監査と外部監査との連携」『月刊 監査研究』No.367, 日本内部監査協会, 2005年4月。
古川栄一『内部統制組織』森山書店, 1951年, pp.19-20。同書で古川は内部統制が統計的計算方法の調整された総合体系だとしている。さらにその改訂版の古川栄一『内部統制組織』森山書店, 1953年, pp.13-14では, 内部統制の具体的内容として, カニングハムの所論だとして, ①内部牽制, ②内部監査および③methods engineeringをあげている。さらに, 内部統制はいわゆる「管理会計」による経営管理の間接的統制の方法だと述べている。1958年には, 『内部統制組織』の全訂版が上梓されている。
古川栄一『内部統制組織 全訂版』森山書店, 1961年。
松田修一『経営監査 総論―[独立の第三者による経営監査の研究]』現代出版, 1986年。

第14章 レピュテーションリスク・マネジメント

● はじめに ●

　現代の経営において，企業は市場リスク，信用リスク，環境リスク，ビジネス・リスクなど各種のリスクに晒されている。リスクは元来ダイナミックで戦略的，かつ相互依存関係の強い性格をもっている。そのため，リスクを個々の機能別要素に分類して管理するのには適さない。環境変化の激しい現代の社会で活動する企業では，リスクをポートフォリオで管理する統合的なアプローチが必要になってきた。

　これからの日本企業のリスクマネジメントのあり方は，資本コストを上回るキャッシュ・フローの現在価値を高めるための戦略的な経営を行なっていくことが求められる。つまり，事業機会の獲得によるリターンの向上というプラスの側面に目を向けた，リスク・リターンの総合的で戦略的なリスクマネジメントが求められるようになってきたのである。

　本章では，コーポレート・レピュテーションを著しく傷つける可能性のある内外の新しいタイプのリスク領域を識別し，それぞれの領域でいかなる問題が生じてきたか，あるいは将来生じるであろう課題と対応策を考察する。なお，リスクマネジメントに関連する著書・論文は数多く出版されているので，本章ではコーポレート・レピュテーションとの関連で読者にとって最も関心の高いと思われる留意事項に考察対象を絞って検討する。

1　コーポレート・レピュテーションのリスクマネジメント

　従来，**リスクマネジメント**（risk management）といえば，主として財務リスクとの関係で論じられることが少なくなかった。しかし最近では，日々の活

動でも大きな問題に発展しそうな領域をモニターするプロセス，活動，システムまでも含むようになってきている。

▶1　レピュテーションリスク・マネジメントの意義

　リスクマネジメントは，基本的に，グローバルなビジネスの世界ですぐれた経営を行っていくうえで不可欠な活動になってきた。レピュテーション・マネジメントは，究極的には，リスクマネジメントに他ならない［Fombrun and van Riel, 2004, p.222］と言い切る論者もいる[1]。**レピュテーションリスク・マネジメント**は，次の意味で大きな意義をもっている。

　第1に，リスクマネジメントは財務に焦点を合わせた統計的投資リスクの問題だけではなく，ビジネス上の**コーポレート・ガバナンス**（corporate governance；企業統治）や**コンプライアンス**（compliance；法令順守），戦略上の妥当性に関連したリスクの処理に移行［Neef, 2003, pp.41-67］しつつある。

　第2に，リスクが財務リスクだけでなく**戦略的・業務的リスク**に移行するにつれて，リスクマネジメントには，レピュテーションを勘案しながら企業の実際の出来事との関係で戦略的に対応していく必要が高まってきた。リスクを管理するには，事実を正しく把握するとともに，ステークホルダーの反応を冷静に評価して企業の意思決定をしていくことが必要である。

　第3に，リスクを悪者扱いしてはならない。コーポレート・レピュテーションは経営幹部と従業員の日々の行為によって引き起こされるから，リスクを回避しようとしても完全に回避することは難しい。重要なことは，リスクを回避するのではなく，**リスクと直面しリスクを適切に管理**することである。

▶2　全社的リスクマネジメント（ERM）とレピュテーション・マネジメント

　伝統的なリスクマネジメントでは，経営者はリスクを"サイロ"のなかで管理しようとしてきた。株式の売買担当者は市場リスクを考え，与信専門家は債務不履行のリスクを評価し，財務担当者は企業倒産のリスクを評価するといっ

---

1) 著者は，リスクマネジメントがレピュテーション・マネジメントの一構成要素だと考えている。とはいえ，リスクマネジメントの重要性の大きさから，比喩としてはフォンブラン達のこの見解に同意する。

たように，市場リスク，信用リスク，オペレーショナル・リスクを個々に扱ってきた。しかし，孤立的に"サイロ"別にリスクを管理するという伝統的なアプローチでは，期待した成果をあげることはできない。

全社的リスクマネジメント（enterprise risk management；ERM）のことを簡潔に表現すれば，「リスクとリターンのプロフィールを最適化するために，会社の内部ビジネス・プロセスと外部リスクを統合する」[Lam, 2003, p.1] プロセスである。事象にはプラス（機会ないし収益獲得の機会）のこともマイナス（損失発生のリスク）のことも，プラス・マイナス両方のケースもある。

COSOのERM報告書 [COSO, 2004, p.4] では，ERMを次のように意図的に広義で定義づけている。「ERMとは，事業体に影響を及ぼす潜在的な事象を特定し，リスク選考内で生起するリスクを管理し，事業体の目的の達成に関して合理的な保証を与えるために，企業全体にわたって戦略の策定時に適用される，事業体の取締役会，経営者および従業員によって行なわれるプロセスである。」ERMでは，企業の各階層における個々のリスクマネジメントの活動を戦略的に調整し，全社的なリスクを管理する。COSOの定義では，ERMを戦略策定とかかわらしめ，リスクマネジメントの文化を取締役会だけでなくあらゆる階層の経営者を含むビジネスのなかに組み込ませることの必要性を指摘している。

ERMは本質的に戦略的である。ドゥルー等 [Drew, et al., 2006, pp.127-138] は，ERMをもって戦略的リスクマネジメントとコーポレート・ガバナンスを含む非常に幅広い概念であるとしている。戦略的リスクマネジメントには，コーポレート・ガバナンスやコンプライアンスだけでなく，企業の競争上の優位性と企業の存続を脅かすリスクの管理が含まれるという。それらは，市場ポジションの確保，資源の獲得と確保，革新と成長力の維持に関係する。

では，ERMは伝統的なリスクマネジメントと何が違うのか。著者は，2つの相違点を指摘できると考えている。

第1は，ERM担当者は，個別のリスクの専門家にとどまることなく，すべてのリスクを戦略の一部として検討する。当然，リスクは損失発生の危険性だけでなく，新規事業進出による利益または損失の発生可能性を検討する。

第2は，リスクを全社的に全階層の経営者と従業員の職務の一部とする。この特徴から，ERMには，2つの利点が生まれる。①特定の領域を担当してい

る経営者・従業員は自らの職務を熟知しているから，リスクの所在を最もよく特定できる。②リスクを個々の従業員から取締役会に至るまで，組織全体を通じて管理できる。その結果，リスクマネジメントを漏れなく実施できる。

　COSOの2004年版で，ERMの実施が**レピュテーション・マネジメント**に貢献することを次のように指摘している。「全社的リスクマネジメントは，効果的な報告，法律と規制への準拠性，企業のレピュテーションおよびそれに関連した結果の毀損の回避を確保するのに貢献する」［COSO, 2004, p.3］。著者はさらに，前章でも明らかにしたとおり，ERMは内部統制と統合することによって，直接またはコーポレート・レピュテーションの向上を通じて，企業価値を高める［櫻井，2007, pp.119-125］ことに最大の意義を求めている。

▶3　風評被害，風評リスク，危機管理との違い

　昔からわが国では，風評被害とか風評リスクという言葉があった。これらの用語はレピュテーションリスクとは何が違うのか。まず，**風評被害**とは，事実ではないのに，噂ないし風評によってそれが事実のように世間で受け取られた結果，企業価値が毀損されることである。風評被害が起きないようにするには風評リスクの段階で適切な処置をとることが必要になる。

　風評リスクとは，噂，憶測，非難中傷などのあいまいな情報，悪意に満ちた情報，何らかの事件や事故の発生にともなう噂や風評によって，企業価値を毀損する可能性が生じることをいう。風評リスクはしばしば口コミによっても生じるが，情報社会が進展した現代においては，新聞，テレビ，インターネットといったメディアを通じて広まっていくことが少なくない[2]。風評リスクが高まると，ある企業の問題から業界や経済全体の問題へと発展することがある。1970年代の石油危機では，風評によってトイレットペーパーが店頭から姿を消したことがある。最近の事例では，2008年のサブプライムローンを発端とする金融危機がある。

　リスクが現実のものとなったとき，**危機管理**（crisis management）が行なわれる。危機とは，現実に発生した事態を含意している。企業における危機管

2）風評リスクの管理は，直接的にはコーポレート・コミュニケーションの問題である。

理は，すでに発生した事故や事件に対して，そこから受ける企業価値の毀損を最小限に減らそうという目的で行われる管理である。リスクマネジメントは，まだ発生していないが，起こるかもしれない危険や損失に対して，事前・事後に対処しようとすることである点で，両者の違いがある。本章では，リスクマネジメントのうち，レピュテーションリスクに対するマネジメントの問題を考察する。

▶4 レピュテーションリスク・マネジメントの領域

　企業には，コーポレート・レピュテーションを低下させるおそれのあるリスクは日々の経営活動のなかに数多くある。コーポレート・レピュテーションのリスクを**レピュテーションリスク**と呼ぶ。

　第1に，企業がレピュテーションリスクを犯す最も重大な領域は，コーポレート・ガバナンスとコンプライアンスである。コーポレート・ガバナンス上の問題が取締役会を中心にした経営幹部によって引き起こされるのに対して，コンプライアンスの問題は経営幹部だけでなく従業員の1人ひとりによって引き起こされることで，両者には本質的な違いがある。

　第2に，戦略的なマーケティングリスクによる損失が多発するようになった。多国籍企業が世界市場を席巻するようになり，技術革新をめぐる企業間競争が激化するにつれて，技術とマーケティングに関わる戦略的なリスクが多発するようになったからである。その領域には，製品とサービス，多国籍企業の労働問題，M＆A，海外事業でのリスク，戦略的アウトソーシングなどが含まれる。

　第3に，企業統治に問題がなく，法令に順守していても，コーポレート・レピュテーションを低下させる数々のリスクが発生する。たとえば，顧客の個人情報が多数含まれるデータをＪＲの網棚の上に忘れて紛失したことが新聞報道されたために，当該企業の株価が急落するといったこともある。

　リスクの意義や分類基準に関連した文献は数多く発表されている。そこでこれらの論述は他の著書に譲ることにして，本章では，次の5つのレピュテーションリスク領域におけるケースを中心に取り上げて，リスクの問題への対処方法について考察する。①コーポレート・ガバナンス，②コンプライアンスと企業倫理，③環境問題，④雇用と人権問題，⑤製品の安全性とＰＬ。これら以外

にもカントリーリスクやM＆Aなどのレピュテーションリスクの問題がある。しかしそれらは専門書に譲ることにして，まずは，コーポレート・ガバナンスの事例を中心にして考察していこう。

2　コーポレート・ガバナンスの日米の典型的な事例研究

21世紀初頭には，アメリカ社会を揺るがすほどの数多くの会計上のスキャンダルと経営幹部による不正行為が発生した[3]。コーポレート・ガバナンスのあり方はいまやリスクマネジメントの問題の主要なテーマになってきた。本項では，エンロン社の破綻，西武鉄道による有価証券報告書の虚偽記載，丸石自転車の不正な資金調達とＩＲのケースを通じて，コーポレート・ガバナンスがコーポレート・レピュテーションにいかなる影響を及ぼすかを検討したい。

▶1　エンロン社の破綻問題とは

2001年12月，アメリカのエンロン社がニューヨークの破産裁判所に連邦破産法チャプターイレブンの適用を申請し破綻した。負債総額は400億ドル（約5兆円）を超え，アメリカ史上最大の破産になった。その結果，770億ドルであったエンロン社の資産は，5億ドルに下落した。エンロン社の破綻は，株式投資，ストックオプション，会計事務所への信頼性など，絶対的と考えられていたアメリカの企業統治システムが一気に崩れ去ったという意味で，アメリカの一企業が崩壊したという事実を超えた世界的な事件［Neef, 2003, pp.42-49］となった。

エンロン社は，世界最大のエネルギー卸売り会社であった。日本の電力会社では発電と配電が同一の会社で運営されているが，アメリカではレーガン政権の1980年代以降，エネルギー業界の自由化と規制緩和の結果として電力の生産（発電）と販売（配電）が分離された。エンロン社はガスのパイプライン会社として1985年にスタートしたが，破綻前には約1,000億ドル（約9兆円）の売上高を擁する巨大グローバル企業に成長していた。エンロン社の破綻がこれほ

3）最大の事件はエンロン社の崩壊である。その他，ワールドコム，グローバル・クロッシング，タイコ・インターナショナル，アーサー・アンダーセンなどが破綻に追い込まれている。

どの事件になったのは，①株式投資への信頼性の失墜，②究極の実力主義とストックオプション，③会計事務所の加担とその崩壊が主な理由である。

　第1に，エンロン社の破綻は，**株式投資への信頼を失墜**させた。エンロン社の社外取締役には，著名なプリンストン大学のグルーグマン教授など学力と識見を有する人物を擁していた。エンロン社のレイ会長は経済学博士であった。常識的には最大の企業統治をもった会社である。にもかかわらず，株式投資への信頼を失わしめたのは，レイ会長をはじめとする経営幹部のインサイダー取引にある。2001年8月にエンロン社株が暴落したときに多額の株を売り抜けたことを手始めに，後任の会長や会計担当の取締役の持ち株の売り抜けでエンロン社株の暴落に繋がった。経営陣は売り抜けで自らの資産の確保を図ることができたにもかかわらず，一般投資家や従業員は株価の暴落によって多大な損害を被った。とくに，新しく導入された401Kに従って自社株に投資した従業員は退職後の年金の90％を失った。ちなみに，レイ会長（CEO）の年収は当時の為替レートで日本円にして約180億円，副会長（COO）のスキリングはその半分[4]であったとされている。大量にエンロン社株を購入していた年金基金組合も当然ながら大打撃を受けた。

　第2は，管理会計の面から見ると，半年ごとに業績評価が行なわれる「**徹底した実力主義**」［大島・矢島，2002, pp.34-62］が行なわれた。これがエリート社員にデリバティブで急成長するインセンティブを与えた。加えて，エリートの野心を駆り立てるストックオプションの存在があった[5]。エンロン社は以前から全社員にストックオプションを与えていた。株価が下落する景気後退期にはストックオプションが企業に大打撃を与える。そもそもストックオプションは，わが国でも1995年に新規事業法が一部改正され，通産省（現・経済産業省）から同法の認定を受けた企業に限って導入が認められた。会社が株式を公開したり公開後に株価が値上がりしたときに，社員が自社株を売って臨時収入（キャピタル・ゲイン）が得られる。社員のやる気を引き出す他，ベンチャー企業

---

4) 年収は支払時点やストックオプションの有無などによって異なってくる。ある情報（HP：苅田記者の投稿）では，スキリングの年収は一時期，1億3200万ドル（約155億円）であったという。
5) 大島・矢島［2002］の調査によれば，エンロン社はストックオプションを1994〜1999年まで6年間にわたって与えていたという。ストックオプションでは，仮にいまの株価が50ドルとすると，半年後に80ドルになっても50ドルでエンロン社株を買う権利がある。

が大企業や研究機関から優秀な人材をスカウトするのに活用できる。ただ，株価が値上がりを続けている限りは起業に携わった人々が巨額の富を築くことができる。しかし，景気後退期になって株価が下落し続けるようなときには，企業に多大な損害を与える危険性がある。そのうえ，実体のない**特別目的会社**（special purpose company; SPC）[6]を複数設立し，資産などを売却し，見せかけ上の多額の利益を計上したこともこの事件に大きな影響を及ぼしている。

第3は，エンロン社が行なった損失の付け替えによる利益の水増しが，合法・非合法すれすれの積極型会計（aggressive accounting）[7]であり，会計事務所の協力なしでは実現できなかった。エンロン社を担当していた会計事務所は，当時の5大会計事務所の1つとして世界的にその名が知られていたアーサー・アンダーセンであった。アーサー・アンダーセンの会計責任者は，エンロン社の不正が発覚する直前に関係書類をシュレッダーにかけて処分している（会計事務所は，担当者自身の責任において書類を処分したと主張）。

以上に加えて，インド，ボリビアなどにおける犯罪行為，ケイマン諸島などタックスヘブンの活用（租税回避地を利用した税負担を逃れる行為），脱税など数多くの適法・違法すれすれの行為を働いたのである。

アーサー・アンダーセンは世界的に最も信頼のおける著名な会計事務所の1つであった。これほどの世界規模の会計事務所が不正に加担していたことは，エンロン社以外にも多数の不正経理の可能性を示唆することになり，アメリカ経済システムの信頼を失墜させるのに十分であった。この事件によって，**アーサー・アンダーセン会計事務所もまた崩壊**した。

この事件をキッカケとして，アメリカではSOX法として知られる企業改革法が制定され，前章で述べた，新しい意味での内部統制が導入されることになったのである。

---

6) 特別目的会社では経営が順調なときには問題がないが，エンロン社では連結の対象になっていなかったので，経営が悪化すると最終的にはエンロン社に大きな打撃を与えた。日本では，「特定目的会社による特定資産の流動化に関する法律」（1998年，旧SPC法，法律105号）がある。なお，2008年3月期以降には，SPCは「一定の特別目的会社に係る開示に関する適用指針」（企業会計基準適用指針第15号）に従った開示が求められていることに留意されたい。

7) 投資家を安心させ株価を吊り上げるために，損益計算書を不当に作成することが積極型会計と称される。比較的新しいジャーナリズムの用語である。

▶2　総会屋への利益供与と有価証券報告書への"誤記載"

　総会屋に対する利益供与は，企業にとって大きなリスク要因となる。典型的な事件としては，西武鉄道が土地売却を偽装して総会屋に資金提供していた商法違反および株の過小記載の問題がある。そこで西武鉄道のケースをとりあげて，1987年には米誌 *Forbes*[8] が当該オーナーの資産を210億ドル（3兆150億円・当時）と推計し「世界一の金持ち」と報じた西武鉄道と西武グループの総帥である当該オーナーの資産価値が，なぜコーポレート・レピュテーションの低下をもたらし，企業にいかなる影響を与えたかを明らかにしたい。

　西武鉄道は，総会屋が顧問を務める不動産会社に同社所有の土地を時価よりも安い計2.45億円で売却し，転売差益や時価との差額約計1.87億円を総会屋に提供した。同社と総会屋の双方16名（うち1名は死亡）が起訴され，2004年秋，専務などの有罪が確定した。2003年3月期までの3年間に，国税庁に1.4億円の所得隠しを指摘され，約0.5億円が追徴課税された。

　2004年10月には，有価証券報告書に大株主の持ち株比率を過少表記した西武鉄道と，事実の発覚前に保有株を売却した筆頭株主のコクドの調査が開始された。西武鉄道の上位10社の大株主の持ち株比率は2004年3月末期で88.57％であったが，有価証券報告書には63.68％と過小に記載された。東証1・2部の上場廃止基準によれば，大株主の上位10人（社）と役員の持ち株比率が上場株式数の80％超の状態で1年を経過した場合には，その銘柄は上場廃止になる。この問題でコクドの前会長がすべての役職から退いた[9]。

　西武鉄道がコクドなど大株主所有の比率を有価証券報告書に過少申告していた問題に関連して，西武の監査を担当していた会計士2人が個人会計士で，しかも1人は29年も連続して担当していたことが判明した。2004年に施行した改正公認会計士法では，企業と公認会計士との癒着を防ぐため，担当会計士が5年（当初のみ7年）で交代するルールが決められた。個人事務所は対象外で日

8）『AERA』2004年11月1日号に当時の各資産価値が掲載されている。
9）堤氏はコクド株の36％を持ち，コクドは西武鉄道株の48.6％を所有していた。コクドはプリンスホテルや西武ライオンズなども傘下に収めていて，財務内容を公開していない非上場会社のコクドを通じたグループ支配が，不明朗な企業体質を招いたといってよかろう。

本公認会計士協会がチェックする仕組みになっていた。とはいえ，コーポレート・ガバナンスという観点からすると，①大企業の監査を担当するには個人会計士は会社の圧力に屈するリスクが大きい，②長期間の監査を担当すると，担当企業との癒着が生じやすい，といったリスクがあった[10]。さらに事実上，すべての監査役が関係者で，しかも20年以上も継続的に就任していた。

わが国では，この事件を1つの契機にして，いわゆるJ-SOX法として知られる新しい意味での内部統制が導入されることになったのである。

このような事件が起きたのは，西武鉄道においては**コーポレート・ガバナンス**が正常に機能していなかったからである。これら一連の事件によって，西武グループのコーポレート・レピュテーションが一気に低下するとともに，ブランド価値も大いに傷ついた。一連の事件の原因は，①総会屋との付き合いで，他社も同じようなことをしているのではないか，および②経営陣に，過去から同じことが行なわれてきたからという甘えもあったからである。しかしその根本的な原因は，③同一人物があまりにも長くトップの座に君臨しすぎていたため，トップに直言できる人物を欠いたことにあったとする見解が支配的である。

東京証券取引所は，株過小記載を理由として，2004年12月17日に西武鉄道を上場廃止にした。2004年6月30日の資産価値（連結，簿価）は1兆1千億円，コクドの保有株式は2004年9月末時点で2億1千万株であった。1989年に8千円の上場来高値をつけたときには，時価総額で見た資産価値は約1兆7千億円に達した。有価証券報告書の虚偽記載など一連の事件の余波を受けて西武株は急落し，11月には1千億円を割り込んだ。仮に上場廃止前の2004年11月6日現在の時価総額を1千億円と仮定しよう。

株価の下落金額は，欧米のレピュテーション論者によってしばしばレピュテーション資産の減少として特徴づけられる。株価という側面から見た，一連の事件による**レピュテーション資産**の減少分は，次のように約1兆6千億円とい

---

[10] アメリカでは，エンロン事件を機に監査法人と企業のなれあいを排除するため，2002年7月に成立したSOX法（企業改革法）で，監査法人の交代制導入と監査法人をチェックする上場企業会計監視委員会の設置を決めている。わが国でも，西武の事件を機会に，日本公認会計士協会の藤沼亜紀会長（当時）は，①個人会計士も原則として最長7年とする指導をしたい，②西武は公開企業だから，7年が妥当である，③個人の会計士は弱い立場にあるから，個人会計士が集まって監査法人を組織するように指導する，と述べている。

うことになる[11]。

$$\text{レピュテーション資産の減少分} = 1千億円 - 1兆7千億円$$
$$= \triangle 1兆6千億円$$

　上記の金額は，株価で表される経済価値の下落である。コーポレート・レピュテーションの低下によって，株価で表される経済価値[12]が約1兆6千億円だけ減少したということである。本章ではこの株価減少分を欧米の論者の主張に倣ってレピュテーション資産の減少と定義づけたが，逆に，レピュテーション負債の増加と考えることも可能である。

　1980年以前の財務会計理論であれば，それが"のれん"の減少とされていた。ところが1990年代以降の支配的見解では，一部の会計学研究者によって**"知的資産"**の減少と呼ばれてきた。しかし，この種の減少分が知的なインタンジブルズとレピュテーション関連インタンジブルズからなることについては，すでに第1部において明らかにした。

　西武鉄道には優秀な社員（人財）が多数いる。含み益［鎌塚他, 2004, pp.28-39］もある。株価の下落や上場廃止は，まじめで優秀な社員とは全く無関係である。経営幹部の間にもまた，エンロン事件に見られるような，トップの私腹を肥やすために不正をするといった現象は見られない。岩井［2004, pp.58-61］は，欧米では会社を"自分の利益のために徹底的にしゃぶり尽す"という問題があるのに対して，**日本型コーポレート・ガバナンス**の問題点は"自己と会社を同一視し，経営者が会社を私物化する"と述べている。これらの事実は，過去の種々のしがらみから断ち切られた経営幹部が誠実な経営を確実に実行していけば，西武は社会からも大いに賞賛される企業になりうることを意味する。

---

11) 会計学研究者から見ると，この計算は粗雑である。なぜなら，①株価は変動が激しく，これを企業価値とすることには異論もある。②ここでの時価は上場廃止が決定された1週間前ではあるが，市場は既に価格のなかに上場廃止を織り込んでいる可能性があること，などである。著者は，決してこの計算方法に全面的に賛同しているわけではない。
12) 企業価値と表現することも可能である。しかし，経済価値と表現したのは，株価は企業価値の一側面を表現しているにすぎない。すなわち，企業価値には経済価値だけでなく，社会価値や組織価値が含まれるし，経済価値については，①株式時価総額の他，②一株あたり利益×株式総数，③将来のキャッシュ・フローを現在価値に引きなおした値，によっても測定できるからである。

▶3 不正な資金調達とIRの迷走

　コーポレート・レピュテーションの核は**信頼性**（trustworthiness, reliability）にある。不正な資金調達は，ステークホルダーの信頼を失墜させる。株主の信頼を向上・維持・修復させる方策は，ＩＲである。アージェンティとフォーマン［Argenti and Forman, 2002, p.159］によれば，アメリカで明確な形でＩＲが登場したのは1950年代からで正式にＩＲが認められたのはその10年後の全米ＩＲ協会（会員数は約5,000会員）にあると述べているが，日本で唯一の民間非営利団体である日本IR協会が設立されたのは1993年（2010年の会員数は669会員）のことで，IRが大きく発展したのは1990年代以降のことである。

　丸石自転車は，不正な資金調達で信頼を低下させただけでなく，そのＩＲも誤ってしまったために，コーポレート・レピュテーションの大幅な低下を招いた典型的な事例である。自転車業界ではその高いブランドで多くの人々から老舗企業と目されていた丸石自転車が，架空増資の問題に端を発した一連の不祥事で経営破綻に追い込まれた。その背景の１つに，ＩＲの迷走で，企業側と市場関係者との関係が修復不能に陥ってしまったという経緯があった。

　丸石自転車は，低廉な中国製品との競争激化で2002年には欠損金が17億円に膨れ上がった。そこで，総合健康事業と地図の電子化にかかわる特許事業を掲げ，2004年４月までにエクイティ・ファイナンスで186億円を調達した。ところが，５月には一部に**見せ金**増資の疑惑が浮上した。架空疑惑がマスメディアで報じられたことを受けて，東京証券取引所は５月25日終日売買停止とした。それにもかかわらず，会社側は疑惑解明に向けた社内調査委員会の設置などを知らせるリリースをしただけで，反応は実に鈍いものでしかなかった。信頼を高めるには透明性が必要であるが，信頼を失ったために，企業のレピュテーションに必要な好感度を失ってしまった。

　翌26日に，当時の丸石自転車社長が記者会見を開いたが要領を得ず，疑惑が深まった。当然，総合健康事業，特許事業などの新規事業も株価を吊り上げる口実ではなかったかとの疑惑がもちあがった。丸石ホールディングス（ＨＤ）株が東証二部に上場したが，上場初日の終値は基準価格の18円を大きく下回る

10円であった。本来ならここで信頼回復のＩＲが行われるべきであったが，期待を裏切って50億円の増資計画が発表された。7月31日に発表した2004年5月期の中間決算は連結最終赤字が129億円，負債総額は29.15億円となった。監査法人は「意見差し控え」の中間監査報告書を提出した。

結局，丸石ＨＤは9月4日に上場廃止となった。丸石自転車は丸石ＨＤの設立に伴って，5月26日に東証二部の上場廃止になった。丸石自転車は9月16日に銀行取引停止になり，倒産した。丸石自転車の元社長ら5人は架空増資事件などで起訴された。経営者の不正行為がコーポレート・レピュテーションを大幅に低下させ，株主への説明（ＩＲ）も迷走したために，企業が倒産に追い込まれたといえる。

ＩＲはコーポレート・コミュニケーションの問題であるが，その根底にはコーポレート・ガバナンスの問題が潜んでいる。丸石自転車の事件は，われわれにＩＲのあり方と企業統治のあり方を考えさせてくれる事件であったといえる。

3　コンプライアンスと企業倫理の3つのケースと潜在的リスク

企業の経営陣と従業員には，日増しにコンプライアンスと企業倫理が求められるようになってきた。日本企業ではすでに倫理規範，倫理憲章，企業行動指針，コンプライアンス規準などの名において，企業倫理に関連する規準（以下，コンプライアンス規準）を有している。コンプライアンス規準の内容は，①営業・技術・人事・戦略上の極秘情報の漏洩禁止，②公私の区別，③贈賄・収賄・汚職の禁止，④人権擁護，⑤セクハラの禁止などからなる。コンプライアンスと企業倫理は，経営者だけでなく従業員の行為によって起こされる問題である。

▶1　顧客情報の漏洩

顧客情報の漏洩事件がレピュテーションリスクの重要なテーマになっている。2003年には，**ファミリーマート**のメルマガ購読者約18万人の顧客情報の漏洩があった。お詫びとして会社は1,000円相当のクオカードを送った。そのため，

同社は漏洩事件によって少なくとも1億8千万円の直接的な損害を受けた[13]。同月に会員情報が流失したアプラスのケースでも1,000円の商品券を送付した。それによる直接的な損害だけでも8,000万円となった。

　社会的に最も大きな問題となったのは，**ヤフーＢＢ**である。ヤフーＢＢは2004年2月27日，都内で記者説明会を開催し，Ａ容疑者の所有していたデータが約460万件，Ｂ容疑者が約56万件の照合を警察から受けたと発表した。うち，漏洩が確認されたのは，ヤフーＢＢから漏洩した約451万件と判明した。漏洩した個人情報の内容は，住所，氏名，電話番号，メールアドレス，パスワードなどであった。個人情報が漏洩した顧客にはメールで連絡（必要に応じて郵送）した。ヤフーＢＢの全会員にお詫びのため500円相当の金券を送付する他，無料キャンペーン期間中のユーザーに対しても同様の措置を取った。ソフトバンクＢＢの孫正義社長は，顧客に迷惑をかけたことを詫び，顧客の信用情報は別に管理されているため一切安全であったことを明らかにした。同時に，悪への利益供与は1円たりとも行なってはならず，完全に正義が貫かれなければならないという姿勢を強調した。管理体制の甘さは「苦しいなかで立ち上げた仲間という"性善説"の考えがあった」と弁明した。

　個人情報漏洩への対応に必要な費用は，システムの強化には数億円かそれ以上で，ヤフーＢＢユーザーに対する金券を約40億円程度（会社側説明）支出した。情報セキュリティに対する認識の甘さがこの種の事件を引き起こした［木村，2004］という意見がある。ただ，ヤフーＢＢは会社側の素早い誠実な対応が功を奏したため，コーポレート・レピュテーションの毀損は最小で済んだ。

　業務委託をしている業者からも情報が漏洩することがある。その対策としては，①顧客情報に関する確認書を取得しておく。②顧客情報管理システムに関する報告を受けておく。③委託先から顧客情報に関する契約書を取っておくことも必要となろう。要は，顧客情報を委託先に丸投げしないことである。

　情報漏洩は，1つの事件によって，たちどころに数十億円の損失が生じるのが現代企業の現実である。顧客情報を扱う企業は，「人間は不祥事を起こしうる」といった前提に立って事業を行なうことが求められる。

---

[13] 保険で補填される場合の実損額は違ってくる。仮に500円まで保険で補填されれば，実損額はその半分になる。

▶2　大和銀行のニューヨーク支店の巨額損失事件

　バブル崩壊以降の1991年以降、日本企業の海外での巨額損失が目立ってきた。そのなかでも大和銀行の巨額損失事件と住友商事の銅の取引による巨額損失事件は、いずれも従業員が犯したコンプライアンス上の大問題であった。

　大和銀行ニューヨーク支店の巨額損失事件は、1995年に表面化した。同支店のA行員が、11年間にわたり銀行に無断で巨額の米国債を発行し、損失を膨らませたのが原因であった[14]。最終的な損失は11億ドル（1,133億円）にも達した。A行員はこの損失の穴埋めをするため、顧客や同行自身の証券を勝手に売却していた。本人が当時のB頭取に告白の手紙を送付するまでは、同行の経営陣は誰1人としてこれに気づかなかった。

　A行員が簿外取引を開始したのは、1984年であった。1992年にニューヨーク連銀の検査に対してニューヨーク支店の米国債売買部門と証券保管部門の分離を偽装した。1993年には大和銀行がニューヨーク連銀に偽装工作を報告している。1994年に別会社を使った米信託子会社の損失処理が完了したはずであったが、A行員からB頭取に告白の手紙が送付されたのが1995年7月24日であった。

　大和銀行とニューヨーク支店は事実を確認した上で、隠蔽工作を図った。この事件では、大和銀行がFRB（アメリカ連邦準備委員会）とニューヨーク州銀行局による検査の際、違法行為について嘘をついた事実も暴露された。それは、「大和銀行から報告を受けた日本の大蔵省（当時；著者注）が、それを米国の監督当局に報告することを怠った上に、大和銀行から報告を受けた日について大和銀行と口裏を合せて嘘をついた事件」［水野, 1996, pp.221-222］であった。

　結果、大和銀行はアメリカから追放され、358億円を支払わされた。大和銀行の店内検査に関して、C副頭取が内部監査を不適切な方法で行ない、犯行を未然に防止できなかった責任を認めた。犯行発覚後のアメリカ金融当局への報告の遅れに関しては、第134国会 予算委員会で大蔵省の金融行政のあり方について批判が巻き起こった。D裁判長は、大和銀行がアメリカの法令の峻厳さに

---

14) 本章では、大和銀行のアメリカ現地法人、大和バンク・トラストでの損失は検討外とした。

ついての正しい認識を欠き，アメリカの法令に違反したとの判断を下した。個人株主らは，当時の役員ら49人に約14.5億ドル（約1,827億円）の支払いを求めた株主代表訴訟を起こした。その結果，大阪高裁で旧経営陣に総額約2.5億円を同行に返還することなどを条件に，両者は和解した。

　大阪高裁の判断のなかに，日本の大企業の取締役や監査役の大半が社内出身者であり，内輪意識による甘えから，本来の監視義務を尽くしていないことが指摘された。この事件を機に，監査役の任期が3年から4年に変わるなど監査機能の強化が図られることになった。大蔵行政のあり方も問われた。支払いが不能なほどの損害賠償を取締役に課すことにも疑問が提起された。つまり，株主の権利の確保と取締役の責任範囲に関する議論に火がつけられた。そして最終的には，1995年11月4日に発表された「大和・住友合併」によってこの事件は幕を下ろされたのである。

　大和銀行事件は，①大蔵省行政のあり方が問われることになり**大蔵省解体**のきっかけになっただけでなく，②日本の企業が終身雇用制度のなかで全般的にリスクに臆病で，チェック機能が働きにくいことが露呈し，日本企業の**内部統制制度が脆弱**であることを明確にしたこと，さらに③他の銀行がしているから問題も責任もないという**「横並び」**意識が**断罪**されたという意味でも大きな意味をもつ事件であった。この事件を1つの契機として，コーポレート・ガバナンス[15]のあり方にも大きな関心を呼ぶことになった。

▶3　従業員による銅の不正取引と巨額損失

　バブル崩壊直後の日本で，大和銀行に次いで日本国民を震撼させるとともに，それまですぐれた日本企業に対して抱いていた幻想を打ち砕いた事件が，**住友商事**の社員（部長）による銅の不正取引であった。三菱商事，住友商事，三井物産といえば，優秀な社員がひしめいている日本を代表するエクセレント・カンパニーである。その一角を担う住友商事の元部長による銅地金の不正取引を

15）大和銀行の事件は，コンプライアンス上の問題かそれともコーポレート・ガバナンスの問題であるかの線引きが最も難しいケースである。法令に順守しなかったという意味ではコンプライアンス，その根本的な問題に企業統治上の問題があった点に目をつければ，コーポレート・ガバナンスの問題でもある。現実には両者の問題である。本書では，従業員（部長）による犯罪という点からコンプライアンス上の問題とした。

行った巨額な損失事件が1996年に発覚して**損失額が総額2,852億円**にのぼったことを知ったときは，内外の人々（海外での事件のために，日本人だけでなく事件が起きたアメリカ人，イギリス人）を驚愕させた。

事件は銅の取引を続けていた担当者が10年間，架空取引を続けていた結果である。『判例タイムズ』[1999, p.89]によれば，当該従業員は銅取引のディーラーによる有印私文書偽造・詐欺事件において，懲役8年の刑が言い渡された。

事件への住友商事の対応はどうであったか。1997年の株主総会（6月27日；ホテル・ニューオータニ）での銅取引に関する株主への会社からの回答は概ね以下のとおりであった。不正行為の手口は，①簿外借り入れ，②未収入金の計上，③架空のワラント取引などであった。

損失総額は2,852億円にのぼり，私文書偽造，詐欺容疑などであった。会社側は，A部長の行為を一切許容していない。アメリカでの市場操作で損失がでたことで住友商事への責任追及のため集団訴訟が起こされたが，住友商事はこの主張も退けた。**法令規則の順守の検査**を適切に実行しており管理体制は適切[16]であったがA部長がそれをかいくぐる巧妙な手口を使ったからだとした。株主総会の場で，市場リスクマネジメント室の設置を株主に約束した。

株主オンブズマンは株主名簿から無作為に抽出した500名の個人株主（有効発送数493通；回答率は22％）を対象にアンケートを実施した。回答者の85％が「見抜けなかったではすまされない」と答え，77％が「経営責任は免れない」と答えている。さらに，66％が「株主代表訴訟を起こすしかない」と答えた。株主の多く（あるいは一部）が住友商事の対応に不満を抱いていたことは明白である。浜川[1999, pp.79-93]はこれらの点に関して，仮に「秋山元社長が自賛したように『リスク管理をきちんとやっていた』とすれば，トップが承知の上で事態が推移したのではないかと疑われてもしかたがない」と述べている。

会社が主張する管理体制（内部統制システム）が適切であったとする件に関しては，内部統制という自分の専門にも関係するので，よく知られている**ハインリッヒの法則**を紹介することで，読者の判断材料を提供したいと思う。

---

16) 東京地裁判決の解説によれば，被告人を8年の実刑にした理由として，「住友商事においても銅先物取引の危険性の認識や被告人に対する管理体制の甘さがあったなど，落ち度が小さくない」『判例タイムズ』[1999年1月15日]と述べ，会社側の見解を否定している。

住友商事のような老舗でブランドの高いエクセレント・カンパニーは，一般的にいって，伝統的な意味での内部統制システムが完備されている。住友商事もその例外ではない。加えて，新しい事態への対応として，コンプライアンスへの取り組みは，恐らくは他の会社と同じように行っている。多くの企業で行なっているリスク対応策は，教育と研修である。**コンプライアンスは従業員だけが対象になるわけではない**。新入社員への研修やすべての経営幹部，管理者，従業員もまたコンプライアンス徹底のための努力を行っている。さらに，内部告発者の保護体制も制度化されている。このように，日本の企業はコンプライアンスへの対応は万全を期しているかにみえる。それでも企業の中核を担ってきた上級管理者（部長）によるコンプライアンスの機能不全は起きた。しかも，ハインリッヒの法則が教えるところでは，1つの重大な事故の陰には29の小さな事故があり，さらに300の細かな事故があるとされる。住友商事の事例は一人の従業員（部長）によって引き起こされた不正行為であるが，この事件の背後には，もっと根深い機能障害があったように思われてならない。

　なぜ機能障害やコンプライアンス上の問題が起こるのか。事件を徹底的に**隠蔽**するのかそれともすべてを明らかにしてコンプライアンス上の類似の問題を起こさないように徹底的に議論を尽くして社員の意識改革を図るのか。すべての責任と権限は**トップの決断**にかかっている。現代の日本企業の最大の問題点は，組織体の構成員とは全く異なる思想をもった人材の流入のない流動性の乏しい組織体（日本の伝統的組織で一般に見られるところである）では，どんなに優秀な社員がいても，倫理観の低下や不正や不都合を黙って見過ごす文化が育ってしまう傾向がある。この現象を，性善説でも性悪説でもない**性弱説**と表現することもある。また，日本の組織体では，横並びで行動することが自己保身には最善であり，多くの社員がタコツボに篭ってしまうということもある。

　水野［1996, p.223］をして「大和銀行と住友商事の2つの事件を通じて痛感するのは，『日本の企業はあまりにも見え透いた嘘をつきすぎる』」と言わしめた住友商事による銅の事件からほぼ15年が経過した。著者もまた住友商事の事件の調査を通じて同様の見解をもった。住友商事では銅の不正取引によって代表訴訟も起こされたが現在では和解し，事件後の住友商事の業績は，その後の徹底したリストラの効果と積極的な経営によって著しい業績をあげている。銅

の事件後のリストラと2003年9月期の中間決算での過去最高益達成の経緯が報告されている。社風もまた積極的に新しい事業にチャレンジする「石橋を叩いてさっと渡る」[17]経営に変身したと評されるようになった。

財務業績もまた好転している。コーポレート・レピュテーションの研究という面からみると，住友商事では銅の不正取引では実損の他はほとんど業績に影響がなかった。これは，BtoC（企業対消費者）企業とは違って，BtoB（企業対企業）企業では，食品業界のような消費者と直結した企業とは全く違って，企業の評判が財務業績に与える影響において全く異なった様相を呈する（企業の評判は企業の財務業績に大きな影響を及ぼさない）ことを暗示している。

▶4　セクハラとパワハラによる潜在的リスク

セクシャル・ハラスメント（sexual harassment；セクハラ）は当該企業のコーポレート・レピュテーションを著しく傷つけ，社員の尊厳と職場環境を悪化させる人権問題である。1999年に男女雇用機会均等法が改正されて，多くの企業でセクハラ防止への取り組みがなされるようになった。職場におけるセクハラの対象になるのは，正社員だけでなく，臨時雇い，派遣社員，常勤嘱託，キャリアスタッフを含めすべての組織構成員である。

セクハラは企業における**公益通報制度**によって数多く告発されるようになり，最近ではメディアで報道されるに至る事件は少なくなった。しかし，企業にとって相変わらず大きなリスク要因であることにかわりがない。

セクハラには，2種類のもの—対価型と環境型セクシャル・ハラスメント［平成10年 労働省告示第20号］—がある。**対価型セクハラ**は，性的な誘いをかけ，その返事（諾否）によって社員の雇用，給与，昇格，転勤などの人事評価に反映させたり，（派遣社員には）派遣契約の更新条件にするなどの行為や発言をいう。一方，**環境型セクハラ**は，身体的な接触，言葉，しぐさなどの職場環境を悪化させる性的な行為や言動をいう。この種のタイプのセクハラは，性的な冗談・からかい，デートや食事への執拗な誘いなどの発言，身体への意図的な接触，卑猥ポスターの配布などの行動などからなる。

---

[17] 住友商事は，過去，「石橋を叩いても渡らない」「逃げの住商」とも酷評されていた。

最近はセクハラに加えて，パワハラ（パワー・ハラスメント）への関心が高まっている。**パワハラ**とは，「職権などのパワーを背景にして，本来の業務の範疇を超えて，継続的に人格と尊厳を悪化させる，あるいは雇用不安を与えること」[岡田, 2004, pp.2-7] である。岡田氏によれば，パワハラの判定基準（作表にあたっては手を加えてある）は，概ね**表14-1**のとおりだという。

表14-1　パワハラの判定基準

パワハラ	レッドカード	一度でも不可（×）
	①刑法に触れるもの　　②不法行為の強要　　　　　　　　　　　　　　　　　　　　　　　　　③労働基準法に触れるもの　④明らかに基本的人権を犯すもの	
	イエローカード	頻度・回数によって異なる
	⑤人格を傷つける言動　　　　　　　　　　　　　　　　　　　　　　　　　　　　　　　　　⑥マネジメントの問題　　　　　　　　　　　　　　　　　　　　　　　　　　　　　　　　　　不適切な業務指示　行き過ぎた教育指導　好ましくない職場環境	
パワハラではない	①業務上必要，かつ適切な指示　②正当な教育指導　　　　　　　　　　　　　　　　　　　　　③評価，待遇への根拠のない不満　④具体的なセクハラがない	

レッドカードに属するものは，既存の法律で罰せられる。たとえば，性的欲求への服従や拒否によって雇用上の扱いを変えるなどである。これは絶対にしてはならない悪質な行為や発言である。一方，イエローカードは，髪・肩・手などに不必要に触れたり，返答に窮するような性的冗談をいうなどである。継続して行うと，レッドカードに変わりうる言動である。

コーポレート・レピュテーションとの関係では，セクハラは経営幹部と従業員の日常業務が企業のレピュテーションを著しく傷つけるケースとして位置づけられよう。社会問題となってメディアによって取り上げられるのは氷山の一角にすぎないが，日本企業では数多くのセクハラやパワハラの問題が生起している。リスクマネジメントのためには，繰り返し行なわれる社員教育とセクハラの違法性を知らしめる小冊子の配布などが有効である。

アメリカに進出した日本企業のセクハラ事件は数多くある。大きな事件では1996年に米国三菱自動車が訴えられて，約48億円を支払わされた。2006年には北米トヨタ自動車が約215億円（和解金は不明）の損害賠償請求訴訟を起こされている。アメリカでは日本の常識は通用しないと心すべきである。

4 環境問題

　1960年代から1970年代にかけて，環境問題が社会的な問題として注目された。最近，いま再び環境問題が現出している。しかし，両者の間には大きな開きがある。では，両者はどんな点が異なっているか。河野［2001, p.118］は1960年代の**公害問題**（水俣病，イタイイタイ病，光化学スモッグによる呼吸器疾患など）と1990年代の**環境問題**（地球温暖化，オゾン層破壊，酸性雨，海洋汚染など）を区別している。著者はそれに加えて，公害問題では市民の被る被害は企業のコストではなく公の負担（外部不経済）であったのに対して，現下の環境問題ではトリプルボトムラインで知られるCSRの影響もあって個別企業の行なう環境対策は企業の負担だという特徴も重視したい。

▶1　戦後環境問題の原点—2つの水俣病—

　公害の原点とされる水俣病の発生から50年有余の歳月が流れたが，なおダイオキシン問題や土壌汚染問題が公害問題として政府の厳しい規制下にある。加えて，エネルギー資源の枯渇，地球温暖化，オゾン層の破壊，野生生物の減少，地球砂漠化，熱帯林の減少，発展途上国の公害問題などの地球環境問題が大きな問題になってきた。企業はエコファンド[18]，環境会計，ＩＳＯ14000シリーズなどでこの種の新しいタイプのリスクに取り組んでいる。過去の問題ではあるが，水俣病とは一体何であったのか。

　戦後の経済復興期から1960年代にかけて発生した2つの水俣病を抜きにしては，環境問題のリスクマネジメントを語るわけにはいかない。なぜなら，戦後の経済復興期から1960年代にかけて発生した熊本県水俣市と新潟県阿賀野川流域における2つの水俣病は，この時代の社会的特徴に関する1つの典型例［飯島, 1984, pp.174-175］だからである。**水俣病問題**とは，熊本県水俣市にまず発生し，数年を経て新潟県阿賀野川下流域両岸に再度発生した有機水銀による中枢神経損傷の疾病をめぐる問題である。ともに同一工程の化学工業のアセトア

---

[18] SRI（社会責任投資）の一領域で，環境保全に積極的に取り組んでいる企業の株式を選んで組み込んだ投資信託のことをエコファンドという。

ルデヒド工程からの排水中に含まれる有機水銀がプランクトンから魚類を経て人間の体内に蓄積し，これが原因で多数の地域住民に疾病を発生させた。

最初の事件は1953年[19]に**新日本窒素肥料㈱**（後のチッソ）水俣工場が原因で発生した。政府によって公式に認められたのは1968年のことである。附属病院の院長細川博士によって，アセトアルデヒドが病理解剖でこれこそが正しく水俣病の原因であることが確認されたが，新日本窒素肥料の工場幹部は細川博士の研究を禁止するなどの措置によって逆に工場側に有利な反論を試みた。新日本窒素肥料のとった初動の対応の誤りが，その後，新日本窒素肥料㈱のコーポレート・レピュテーションを大きく損ねることになった。

新潟の水俣病は，1965年，新潟大学医学部から，「阿賀野川流域に水俣病集団発生のおそれ」という発表から始まった。調査の結果，1966年には，阿賀野川沿いに**昭和電工**鹿瀬工場（現在の賀瀬電工）の排水が新潟水俣病の原因であることが判明した。しかし，昭和電工は，当初は加害行為を否定した。昭和電工が被害者に謝罪し2億7千万円を支払ったのは1971年のことで，昭和電工のコーポレート・レピュテーションもまた大幅に傷ついた。

戦前から1960年代にかけての優良企業であった新日本窒素肥料も昭和電工も，——いずれも社名を変えたという意味を含めて——この事件を契機にして，過大なレピュテーション負債を背負って世の中の表舞台から去っていった。過去の隆盛さを多少でも知りうる著者からみると，世の栄枯盛衰を目の当たりに見ているようである。水俣病は，宇井［1985, p.103, p.121］がいみじくも述べているように，「企業が自らの技術に自信を持ちすぎたがゆえに廃棄物の危険を過小評価」したために起こった問題であるともいえる。

この水俣病の事件は，過去の事件として葬り去ることはできない。レピュテーション上の問題が発生したら企業だけでなく行政官庁も隠さず直ちに適切な処置をとるべきである貴重な教訓をわれわれに教えてくれるからである。著者による5社のケース・スタディ［櫻井，2008, pp.181-386］からは，コーポレート・レピュテーションの要は，説明責任を果たすことによる**透明性**，誠実な対応による**信頼性**，および**好感度**を高めることであったが，この事件でもこれら

19）宇井［1985］によれば，"不思議な"病人が病院に担ぎこまれたのは，1956年であるという。

3つがいかに重要かをわれわれに知らしめた。

▶2　産廃物不法投棄

　最近の日本では，マニラ**産廃不法輸出**事件［杉本, 2001, pp.115-138］や青森・岩手**産廃不法投棄**事件［高杉[20], 2003］など産廃物に係わる問題が多発している。これらは環境の問題であるとともに企業倫理とかコンプライアンスに反する事件でもある。これらも潜在的なレピュテーションリスク上の問題ではあるが，廃棄した企業が不明であることも多いことなどやエクセレント・カンパニーが関与することも少ない。類似のリスクマネジメントの問題としては，土壌汚染された土地を隠して販売するケースなどもある。大阪アメニティパークを舞台にした**土地汚染隠ぺい事件**では，地下水からヒ素が検出された事実を告げずに同パークのマンションを販売したとして，三菱地所住宅販売，三菱地所，三菱マテリアルなど三菱系3社が家宅捜査を受けている。

　最近の環境問題では，1960年代に見られた公害に代わって以上のような**コンプライアンス上の問題**が多発している。企業はコーポレート・レピュテーションを高めるために，新しいタイプの公害問題にも十分に注意の目を向けて経営活動を行い，企業にとって都合が悪いことでも，可能な限り早く**情報を公開し**てメディアには**誠実に対応する**ことが必要になってきた。

5　雇用と人権問題がレピュテーションと財務業績に及ぼす影響

　アメリカだけでなく欧州や日本においても，グローバル経済のなかで構造改革が進展するにつれ，従業員はダウンサイジング，レイオフあるいは解雇に脅えながら業務を遂行しているケースが見られるようになった。このような事態に直面して，企業へのロイヤリティの低下によって企業は従業員のモラールを維持することが困難になりつつある。その結果，雇用問題はコーポレート・レピュテーションに影響する大きなテーマになってきている。企業は労働問題を相変わらずただ単に人事や労務の問題として処理するのではなく，企業全体で

---

20) この著書では，みちのく（岩手，青森），埼玉，唐津，所沢ダイオキシン，豊島事件など行政現場からの廃棄物の根本問題を検討している。

対処すべき戦略的問題なのである。

▶1　ナイキによる未成年者の"搾取工場"

　多国籍企業において関心を集めている問題の１つに，未成年者の雇用問題がある。ＩＬＯ（International Labor Organization；国際労働機関）の推定によれば，2.46億人の子供—これは５歳から17歳までの世界の未成年者のうちほぼ６人に対して１人に相当する—が働かされているという。

　ナイキ（Nike）は，運動靴のメーカーとして，バスケットボールの伝説的な名選手，マイケル・ジョーダン（Michael Jordan）を広告塔に起用するなどで世界にナイキの名前が広く知られている会社である。ジョーダンの活用によって，ナイキの人気は最高域に達していた。1990～1993年に39億ドル（約4,000億円）というアパレル/履物産業では最高のレピュテーション資本を有するエクセレント・カンパニー［Fombrun, 1996, pp.394-395］に成長していった。

　そのナイキの下請け企業が，ベトナムとインドネシアの未成年者を一時間あたりわずか20セント（約16円）の低い賃金で一日14時間労働をさせていると国際人権グループが告発したとき，ナイキのブランド名はたちどころに搾取工場[21]［Neef, 2003］の汚名を着せられることになった。ボイコット・ナイキ（Boycott Nike）と題するWEB SITEによれば，ＣＢＳが最初にベトナムのナイキ工場での報道を行なったのは1996年であった。人権活動家，ウォールストリート・ジャーナル，ＣＢＳニュース，ニューヨークタイムズからの強い批判を浴びて，海外工場の徹底的な見直しを余儀なくされた。結果，ナイキのコーポレート・レピュテーションは急激に低下した。それに伴って，世界的な売上高の減少と継続的なＰＲのキャンペーンのための多額の支出を余儀なくされた。

　ナイキには同情すべき事情もあった。アメリカでは1992年に未成年者によって製造された織物原料の輸入を禁止していた。それでも未成年労働がなくならかったのは，ナイキの工場で働かなくても学校に戻れず，もっと悲惨な労働に従事しなければならないという現実［Neef, 2003］があったからである。しかしナイキのCEO，フィリップ・ナイト（Philip Knight）は，1998年に世界で

21）低賃金で長時間労働なに携わらせる工場のことをsweat shop（搾取工場）という。

600ある下請け工場での労働条件の改善を誓った。記者会見でナイトは一切の弁解をせず，現実をすべて認めて労働条件の改善［Fombrun and Van Riel, 2004］を誓った。その労働条件の改善提案には，ベトナム，インドネシア，パキスタン，タイへのナイキ作業員への教育プログラム，工場内の換気の向上，無料のハイスクールコースの提供，貸付金の拡張，大学へのビジネス実践や公開講演への資金提供が含まれていた。

2001年に国際人権組織，**グローバル・エックスチェンジ**（Global Exchange）はナイキの約束が守られているかの検証結果を報告した。その結果，約束した6つの改善項目のすべてにおいて改善目標の達成が不十分であるとされた。報告を受けた後の改善によって，現在では*Newsweek*誌などもナイキの労働条件の大幅な改善を賞賛するまでに至っている。そのため，一時は地に落ちたナイキのコーポレート・レピュテーションも，現在では向上してきている。

▶2　日亜化学工業の青色発光ダイオードと研究者の報酬

企業価値の源泉は，従来とは違って，有形資産から無形の知的資産に急速に移行しつつある。知的資産のなかでもその中核となるのは，研究開発である。研究開発の成果の1つは，特許権などの知的財産である。

研究者の報奨制度と関連して，ノーベル賞を受賞した島津製作所の田中耕一氏は「面白い研究が続けられることに満足している」と，地位や報酬には全く淡白である。しかし現実には田中氏のようなケースは稀で，現代の企業に働く多くの研究者は一般に金銭的な報奨を求める。

中村修二カリフォルニア大学教授は，自らが開発した青色発光ダイオードの特許権をめぐって，元勤務先の日亜化学工業を訴えた。この事件は，研究者への報酬制度がわが国では極めて重要なリスク要因になってきたことを経営者に知らしめた。青色発光ダイオードの特許に関しては，渡邊［2002, pp.32-76］による日本の特許戦略に関連させたすぐれた研究成果があるので，本項ではそれを参考にリスクマネジメントの問題を考察したい。

青色発光ダイオード技術は，日亜化学を地方の中小企業から世界的に有名なハイテク・ベンチャー企業に押し上げた。日亜化学の戦略は，"商品は売るが，技術は売らない"という戦略である。渡邊によれば，この特許を自社で抱え込

む戦略が，同社を泥沼の訴訟合戦に巻き込むことになったという。訴訟は2つに分類できる。1つは競合会社との間で行われ，いま1つは同社の主任研究員であった中村修二氏との争いであった。東京地裁は2005年1月11日に，8億4千391万円で和解した。

事の起こりは，中村氏への待遇の低さと研究開発現場から引き離されたことを理由に1999年に日亜化学を退職したときに表面化した。日亜化学は中村氏の退職時に，約6,000万円の退職金を支払う代わりに，青色発光ダイオードに用いる窒化ガリウムの研究と特許出願をしないよう求めた。中村氏がこれを拒否。そこで日亜化学は，特許侵害，トレードシークレット漏洩を理由に，アメリカの連邦裁判所に，クリー社，ノースカロライナ州立大学，中村氏を提訴した。他方，中村氏は東京地裁に日亜化学を提訴した。

日亜化学に関して，渡邊 [2002, pp.32-51] は知的戦略の観点から，数々の有益な主張を行っている。渡邊の主張は2つある。1つは，明確な知的財産戦略をもち，IBMのように，他社にも積極的に技術供与をする戦略の意義を指摘したことである[22]。いま1つは，職務発明報酬制度の明確化である。

渡邊の主張は国の政策にも反映された。経済産業省が産業構造審議会で知的財産戦略の意義を明示した。さらに，多くの日本企業が次々と報酬制度を改定していることはまことに喜ばしいことである。とはいえ，研究者だけ成功報酬を上げればすべてがうまくいくというわけではない。日々汗を流して働いている営業職，バックオフィスの経理マンや人事担当者への成功報酬をどう考えているのか。総合的な検討が必要となる。その後も，類似の事件は日本では数多く起こっている。日亜化学は元社員である中村氏によって提訴されたことで失ったレピュテーションの実質的な損失はもちろんこの額にとどまらない。企業が訴訟を受けたことで**負のコーポレート・レピュテーション**は膨大なものになったはずである。研究者への対応が企業の将来にとっていかに大切かをこの事件はわれわれに教えてくれている。

---

[22] シャープのように，徹底して技術の流失を防ぐ戦略が奏功している会社 [一条, 2003, pp.25-35] もある。

▶3 企業の再構築と会社へのロイヤリティの変化

　日亜化学の事件は，従業員関係という意味では，経営者に従来は日本企業の強みであった企業へのロイヤリティの変化を知らしめた。それは，熾烈なグローバル競争のなかにあって，経営者に従業員を親子のような関係のなかで育てていこうとする余裕がなくなってきたからである。このような新たな労使関係は，現実の経営に**数々のレピュテーションリスク**を生ぜしめている。

　第1に，先に述べた元社員による日亜化学工業の訴訟事件は，日本企業の終身雇用と年功序列，および温情主義を基調にした労使関係の終焉を示唆するものと解されるべきであろう。

　第2に，従業員を疲弊させる最近の現象に，**サービス残業**（賃金不払い残業）がある。労働基準局の指導によりサービス残業の巨額精算が行われた例を2，3あげただけでも，中部電力の約64億円，武富士の約35億円（いずれも2003年支払い分）などがある。東京電力の本店勤務の社員約2,800人が2年間に時間外賃金なしのサービス残業をしたとして，約14億円が支払わされ，企業のレピュテーションを大幅に低下させる結果もある。

　第3に，現在では，**アウトソーシング**は企業レベルだけでなく，財政危機を迎えている地方自治体にも浸透し始めている。アウトソーシングの実施は個別の組織体で見る限り，経営の効率化に不可欠である。しかし，アウトソーシングには，数々の問題点も認識されなければならない。それは，①社会問題にまでは発展しない事件をも含めて，契約社員の情報漏洩が数多く発生している。社内では正規社員と派遣社員が明確に区別されていても，社外から見れば，派遣社員が犯した事件であっても正規社員と変わりがない。②社会全体でみると，若年労働者の雇用機会を奪い，社会不安をもたらす危険性がある。③フリーターの出現は若者の問題だけでなく，アウトソーシングとの関係における雇用と人事の問題としても検討されるべき問題である。

　企業の構造改革が続きグローバル・エコノミーの屋台骨がぐらついている現状を考えると，企業は従業員との倫理的なよき雇用関係を築くことが極めて重要な課題になってきている。企業では内部告発者の保護が法律で確立され，社内で内々に行なわれていた不正行為は告発によって摘発されるケースも多くな

った。それでも，終身雇用制度の事実上の崩壊と家族的な雇用者と従業員関係の希薄化によって，今後は，雇用問題がコーポレート・レピュテーションと企業利益を一気に低下させるリスクを高めている。

6 製品の安全性確保とコーポレート・レピュテーションへの影響

　製品を製造・販売している企業にとっては，製品の安全性にかかわる潜在的なリスクが常に存在する。食品，医薬品，自動車にはとくに製品の安全性に関するリスクマネジメントが要求される。製造物責任法（ＰＬ法），消費者契約法の果たした役割，消費者庁に何が期待できるであろうか。

▶1　製造物責任と消費者契約法のレピュテーションへの影響

　製造物責任（product liability；ＰＬ）は，製品の欠陥によって消費者が損害を蒙った場合にメーカーが負うべき責任（賠償責任を課す）をいう。プロダクト・ライアビリティということもある。アメリカでは1960年代に法制化されており，ヨーロッパでもＥＣ統合前に既に法制化がなされた。日本では1995年から**製造物責任法**（ＰＬ法）が施行された。

　ＰＬ法の最大の意義は，過失責任主義から**無過失責任主義**への転換にある。従来の民法では，被害者は企業側の故意・過失を証明しなければならなかったが，ＰＬ法の制定によって，被害者は商品の欠陥が原因で被害を受けたことを証明すれば，企業側が責任を負わなければならなくなった。このことは，消費者保護という点から大きな進歩であった。

　製造物責任事故は，設計上の欠陥，製造上の欠陥，指示・警告上の欠陥から生じる。しかし，製品の安全性は結局，企業個々の伝統で醸成された企業文化や社会性などの総合力［松川, 1995, p.131］で決まる。

　2000年には，**消費者契約法**が消費者の利益の擁護を目的として成立した。消費者保護を目的として誕生した消費者契約法も，製造物責任法と同様，消費者を保護するという視点からは画期的な法律であった。しかしながら，生産者もしくは事業者を育成するという行政の視点から脱却しきれていない。この点に関して，梁瀬［2010, pp.20-21］は，消費者契約法の成立時には，消費者団体

の差止請求権や損害賠償請求権が見送られた（ただし，2006年の一部改正で消費者団体の差止請求権は認められた）。それゆえ，消費者契約法はないよりはあった方がましだという妥協の産物にすぎなかったという。

▶2　消費者庁の設置とレピュテーションへの影響

　消費者重視の行政への転換を役割として，2009年に消費者行政の司令塔として，消費者庁がスタートした。それまでは消費生活センター，警察，保健所などバラバラに処理していた事故情報が一括して**消費者庁**に集約され，消費者庁で一元管理されることになった。まさに消費者の利益の擁護と増進を目的とした省庁としての役割が期待されている。

　問題になるのは，製品名と製造業者の公表である。企業側は，事故原因が不明のままで公表すると，**風評被害**の恐れがあるとして，反対の姿勢である。しかし，たとえば車の事故に関して消費者から提供された情報は，ほとんど手を加えずホームページ上で公開している。賛否両論があるが，三菱自動車の不祥事をみても分かるように，死者や負傷者をださないためには，「未確認情報」であることを明示する限り，可能な限り早期に情報を発信することが必要であろう。

　保健用食品についても，消費者庁は迅速な対応をするようになった。**花王**のクッキングオイル，エコナは血圧や血中コレストロールの低下，生活習慣病の予防に効果があるとして，国内食用油市場でシェアがトップになった。しかし，エコナクッキングオイルに含まれる脂肪酸エステルが発がん性物質に分解される恐れがあることが分かり，その安全性について欧州でも議論が盛んになった。花王が行った分析（2009年6月中旬）の結果，脂肪酸エステルが含まれていることを確認した。梁瀬［2010，p.30］によれば，10月7日に，消費者委員会では，食品安全委員会の結果を待たず，特定保健用食品（トクホ）の許可を取り消すべきだとの意見がだされ，表示取り消し手続きに入ることを決定した。

　それよりも早く，花王は2009年9月16に自主的に一時販売自粛・出荷停止を広報部から発表した。さらに，2009年10月8日に，エコナ関連製品のトクホ表示許可の失効届けを提出［花王，2010］した。花王が社会価値を守るべく，迅速かつ適切に社会的責任を果たした1つの事例である。

●まとめ●

　本章では，ERMの概念を明らかにした後に，レピュテーションリスク・マネジメントへの対処方法を，①コーポレート・ガバナンス，②コンプライアンスと企業倫理，③環境問題，④雇用と人権問題，⑤製品の安全性とＰＬに対象を限定して考察した。ケースを通じて具体的に企業の対処法を示唆し，リスクマネジメントの留意点を述べたのは，レピュテーションリスク・マネジメントが経営幹部と管理者，および従業員の行為によって全社的な問題として解決できる問題であることを明らかにしたかったためである。

　コーポレート・ガバナンスは，現代のリスクマネジメントのなかでは最も重要な問題である。エンロン社の崩壊問題を本章で取り上げたのは，2つの理由がある。1つは，この問題がコーポレート・レピュテーションの意義を多くの人に知らしめた事件であったからである。いま1つは，数々の不祥事件の発生に対して，アメリカ政府と議会がとった対応の早さである。日本政府も，この対応の迅速さは是非とも学んで欲しいものである。

　コーポレート・ガバナンスは，経営幹部とステークホルダーとの関係であることに特徴がある。エンロン事件はSOX法との関係で取り上げたのであるが，西武鉄道の事件は総会屋との腐れ縁，有価証券報告書への虚偽記載，公認会計士との癒着の他，J-SOX法の伏線となったという意味で取り上げた。丸石自転車では不正な資金調達とＩＲの迷走が招いた事件である。両事件は，経営陣によるコーポレート・ガバナンスに反する行為がコーポレート・レピュテーションにいかに大きな影響を及ぼすかを教えてくれる。

　コンプライアンスと企業倫理は，経営幹部だけでなく，管理者と従業員によって引き起こされたコーポレート・レピュテーションに影響する問題である。ヤフーＢＢの顧客情報の漏洩は，現代の世相を象徴するような事件であり，今後どこの企業でも起こりうるような不祥事である。企業は数十億の実損を被ったが，社長の率直で素早い対応によって，企業のレピュテーションを大きく損なうことを免れたことも注目すべき点であった。

　大和銀行は巨額損失事件を契機にして，横並び意識のあり方が断罪され，日

本企業の内部統制システムの甘さが露呈し，コーポレート・ガバナンスのあり方（監査役の任期，代表訴訟）の議論にも火をつけた。その意味で，大和銀行の事件はその後の日本企業の内部統制のあり方に大きな意味を与えた。一方，住友商事の例では，事件後の処理は必ずしもすべてが解決されたとはいえない。現在，住友商事の財務業績は最高益をあげている。BtoBタイプの企業においては，企業のレピュテーションの低下は財務業績への影響は軽微で済むことを示唆している。その意味で，住友商事のケースは，コーポレート・レピュテーションとの関係で，われわれに今後の貴重な研究課題を提供してくれている。

セクハラ問題は，あらゆる階層の経営者および従業員によって引き起こされるコンプライアンス上のリスクを孕んだ問題であることを明らかにした。セクハラとパワハラは残念ながらあまりにも数多くの事件がある。本章では，アメリカ進出企業の2つの事件を紹介した。

環境問題では，戦後環境問題の原点ともいえる水俣病のテーマを簡単に述べたが，最近の環境問題は地球環境や土壌汚染などの問題に移行し，コンプライアンスの問題にまで発展している。今後は地球環境問題へのリスクマネジメントやサスティナビリティにまで発展する可能性を含んでいる。

雇用問題と人事問題に関連して，激しい国際競争の結果，管理会計は経営の効率化に貢献してきたが，他方では，過酷な労働を従業員に課している側面があることを研究者と経営者に指摘したかった。管理会計の実践においては，常に最終的な目標はQuality of Lifeを高めることにある。企業の再構築と会社へのロイヤリティの項はそのような意図で記述した。ナイキの問題からは，アメリカでは社会全体が非社会的な行為を許さない姿勢を体制のなかに構築していることを学んでくれることを期待した。日亜化学工業の特許をめぐる係争事件は日本企業にとって最も大切なリスクマネジメントのテーマである。会社が社員の1人ひとりの勤労意欲を高める努力をしていくことの必要性をこの事件はわれわれに教えてくれているように思われる。

製品の安全性とPLに関しては，数多くの問題が発生している。どんなにブランドの高い会社であっても，BtoCタイプの企業では，とくにコーポレート・レピュテーションが傷つくような反社会的な行為を行なえば企業がどんな状況になるかということを銘記すべきである。以上で述べたリスクの他，ビジネス・

リスクとして数多くのリスクが横たわっている。そのなかでも最も大きなリスクには，M&A，アウトソーシングがある。ただし，膨大な論述が必要なこれらのビジネス・リスクについては，本章では触れていない。

　最後に，製造物責任，消費者契約法との関係で，消費者庁の役割を述べた。花王のトップによるエコナに対する対応は，花王のレピュテーションを守るのに役だった。消費の低迷と不況の長期化とともに，悪質企業による虚偽，隠蔽，違法行為が目立って増加傾向にある。消費者庁には消費者行政の司令塔としての役割が期待されている。しかし，何よりも企業に期待されていることは，経営トップが誠実に経営を行なっていくことである。

参考文献

Argenti, Paul. and Janis Forman, The Power of Corporate Communication-Crafting the Voice and Image of Your Business, McGraw-Hill, 2002.（矢野充彦監訳『コーポレート・コミュニケーションの時代』日本評論社，2004年，p.184。）
COSO, Enterprise Risk Management-Integrated Framework, Executive Summary Framework, September 2004.（八田進二監訳・中央青山監査法人訳『全社的リスクマネジメント』東洋経済新報社，2006年，pp.4-5。なお，翻訳は参考にはしたが，大幅に変更している。）
Doorley, John and Helio Fred Garcia, Reputation Management, The Key to Successful Public Relations and Corporate Communication, Routledge, 2007.
Drew, Stephen A., Patricia C. Kelley and Terry Kendrick, CLASS: Five Elements of Corporate Governance to Manage Strategic Risk, Business Horizons, 49, 2006.
Fombrun, Charles J., Reputation, -Realizing Value from the Corporate Image, Harvard Business School Press, 1996.
Fombrun, Charles J. and Cees B.M. Van Riel, Fame & Fortune, How Successful Companies Build Winning Reputations, Prentice Hall, 2004.（花堂靖仁監訳，電通レピュテーション・プロジェクトチーム訳『コーポレート・レピュテーション』東洋経済新報社，2005年，p.228。）
Lam, James, Enterprise Risk Management, From Incentives to Controls, John Wiley & Sons, 2003, p.8, pp.43-45.
Neef, Dale, Managing Corporate Reputation & Risk, A Strategic Approach Using Knowledge Management, Elsevier, 2003, p.23, p.59, pp.41-67.
飯島伸子『環境問題と被害者運動』学文社，1984年。
一條和生「知的資産活用の経営」『一橋ビジネスレビュー』2003年冬。
岩井克人「編集長インタビュー　ＣＳＲが人材を呼ぶ」『日経ビジネス』第1252号，2004年7月26日。
宇井純編『技術と産業公害』東京大学出版会，1985年。
大島晴行・矢島敦視『アメリカがおかしくなっている―エンロンとワールドコム破綻の衝撃―』日本放送協会，2002年。

岡田康子「『嫌なら辞めろ』がパワハラの常套句。尊厳の自覚と毅然たる態度を」『OMNI-MANAJGEMENT』日本経営協会, 第13巻, 第10号, 2004年。

花王『「エコナ」と食の安全・コミュニケーション』花王株式会社「食と健康のコミュニケーション推進プロジェクト」(花王ヘルスケアレポート別冊), 2009年。

鎌塚正良・小出康成・藤井 一・松本裕樹「堤王国の危機」『週間 ダイヤモンド』第9巻, 第45号, 2004年11月20日。

河野正男『環境会計―理論と実践』中央経済社, 2001年。

櫻井通晴「リスクマネジメントのコーポレート・レピュテーションへの貢献―ERMと内部統制との統合は企業価値を高めるか」『会計・監査ジャーナル』No.622, 2007年5月。

櫻井通晴『レピュテーション・マネジメント―内部統制・管理会計・監査による評判の管理―』中央経済社, 2008年。

杉本裕明『環境破壊―七つの事件簿から』風媒社, 2001年。

高杉晋吾『崩壊する産廃政策―ルポ 青森・岩手産廃不法投棄事件―』日本評論社, 2003年。

浜川一憲「経営責任についての一考察―住友商事銅取引巨額損失事件を題材として―」『経営研究』第19巻, 第4号, 1999年。

『判例タイムズ』刑事裁判例, 987, 1999年1月15日。詳しくは「理由」pp.293-294参照。

松川康徳「製造物責任(PL)」牛場靖彦編著『会社の危機管理』日本能率協会, 1995年。

水野隆徳『ニューヨーク発 大和銀行事件』ダイヤモンド社, 1996年。

梁瀬和男『企業不祥事と奇跡の信頼回復―消費者庁設置と消費者重視経営を目指して―』同友館, 2010年。

渡邊俊輔『知的財産―戦略・評価・会計―』東洋経済新報社, 2002年。

第15章
CSRはコーポレート・レピュテーションを向上させるか

● はじめに ●

　企業の社会的責任（Corporate Social Responsibility；**CSR**）は，現在，法令順守（コンプライアンス），慈善団体への寄付，社会貢献，環境保全などいろいろな形で日本企業に浸透してきている。いまやCSRは一種のブームにすらなっているという意見もある[1]。CSRに反対する勢力もある。

　CSRに反対する人々の主な論理は，2つある。1つは，CSRが企業の主要目的である利潤の極大化という経済学上の定説に反するとする。いま1つは，企業は株主のものであるから，株主利益の極大化が優先されなければならないと主張する。CSRに対するこのような反対意見はあるものの，CSRが企業に持続的発展をもたらすことが明らかになるにつれて，CSRは幅広い範囲にわたるステークホルダーを満足させ，社会に受け入れやすい企業の顔，ないしコーポレート・レピュテーションを作り出す。

　本章の目的は，CSRが究極的には企業の持続的発展に寄与することを明らかにするとともに，CSRがコーポレート・レピュテーションの一構成要素となりうることを論証することにある。この目的のため，本章ではまず初めにCSRの意義を述べる。次いで，CSR誕生の背景を明らかにする。SRIの役割について述べた後，コーポレート・ガバナンスとCSRとの関係を検討する。CSRとコー

1）欧州では，CSRは単なる一時的な流行と見るべきでないという意見［Dümke, 2007, p.26］が一般的である。ヨーロッパ人の消費者の態度を調査したものとして，ＰｗＣ［2001］の調査によれば，"企業の倫理的な行為が製品／サービスの購入に影響する"との回答（69％）は"関係ない"（22％）や"わからない"（9％）をはるかに上回っている。欧州の経営者の認識では，回答者の91％がCSRをレピュテーションとブランドの非常に重要な要素だと答えている。欧州のファンドマネジャーの認識では，CSRをビジネス成功の重要なツールとしており，91％の回答者がCSRをもってコーポレート・レピュテーションとブランドの非常に重要な構成要素（element）だとしている。

ポレート・レピュテーションの関係を述べ，最後に，戦略的CSRの重要性を指摘する。

1 CSRとは何か

CSRは，ステークホルダーの立場から，社会的な公正や環境への配慮を実現すべく，経済価値だけでなく社会・環境業績を高めることで，企業価値を増大させようとするアプローチである。CSRでは企業の行なう経済活動に社会的な公正，コンプライアンス，環境対策を行なわせるとともに，社会的貢献度の高い事業・サービスを地域社会に提供し，社会への貢献が期待されている。

▶1 過去の社会的責任論とCSRの違い

1960年代の前半から1970年代にかけて，わが国でも公害問題や外部不経済としての社会的コストなど社会的責任や社会的責任会計が論じられたことがある。この時代の社会的責任論と，ここ数年の間に企業が盛んに取り組んでいるCSRとは本質的にどこが違っているのか。

会計学の立場からみるとき，従来の社会責任論にも，マクロ経済から社会会計として論じようとする主張や，社会全体が負担すべき社会的コストを内部化する試みを中心とする社会責任会計論など種々の主張があった。著者も博士論文のなかで社会的責任論 [櫻井，1981，pp.217-245] を展開した。しかし，いずれの主張でも企業外部との関係に目が向けられていて，個別企業の経済価値の増大やコーポレート・レピュテーションといった問題は等閑視されていたことに，当時の社会的責任論の共通の特徴ないし限界があった。

▶2 CSRの意義

CSRを最も簡潔に表現すれば，「すぐれたことを行なうことで，会社を良くすることである」[Morley, 2009, p.182]。しかし，このような定義ではCSRを他の概念や手法と明確に区分することはできない。

CSRは，企業が社会で果たしている役割と目的に関する基本的な問題を問いかける，ビジネス内部へのアプローチであることに共通の問題意識がある。こ

のアプローチの中心は，エルキントン（John Elkington）によって造語された経済・社会・環境問題への，いわゆる**トリプル・ボトムライン**（triple bottom-line）[2]へのコミットメントにある。CSRはまた，コーポレート・ガバナンス，SRI，コンプライアンスおよび倫理の問題にも関係する。これはCSRが経済効率だけでなく社会・環境基準にもとづく，ある種のパラメーターに照らして業績を測定し改善するための企業の試みを含意している。

もう少し詳細な限定は，次のように定義づけているISOにおいて見られる。「社会的責任とは，組織体の影響領域の全体にわたって，ステークホルダーとのコミュニケーションと活動への積極的な関与を通じて，社会と環境への負の影響を減らすとともにプラスの影響を最大限に活用して組織体の継続的な存在を維持することはいうに及ばず，持続可能な社会と環境への貢献を意図した組織体の活動のことである。社会的責任は法律上の要請に応えることから始めるが，それ以上の行為を行ない，社会的に認められる組織としての実施活動に係わることが要請される。組織体が社会的に認められるには，社会的責任では国内の法律だけでなく該当する国際的な取り極めを順守するとともに，絶えず変化する社会の期待にも応える。」[ISO, 26000：13] とされる。

CSRの一般的定義には，2つの問題点がある。1つは，多くの人々はCSRが重要なことは分っているが，「すべてがCSR」になってしまって境界線が見えないことである。いま1つは，国によってその内容の解釈に違いが見られることである。グリフィン［Griffin, 2008, pp.24-25］によれば，CSRは「何でもCSR」とか，「扱いにくい」といったユーザーからの批判の声が高いという。国別の認識の違いに関しては，CSRといえばアメリカでは伝統的に慈善活動，フランスでは従業員関係と密接に関連させ，イギリスでは社会的責任に対して倫理的な意味合いを強く与えているのだという。

ニューヨークに本部をおくICCA（Internet Commerce Corp.）が43カ国・23業種の世界の最も大きな会社1,225社のうちの490社のCSR報告書を調査したところ，CSRとして取り上げられていたのは次の事項［Reputation Institute,

---

2) ボトムライン（bottom line）とは，損益計算書の最下行に純利益が表示されることから，当期純利益の俗称として用いられている。端的に当期純利益で表現できる経済価値の他に，社会価値，環境価値の3つ（トリプル）を同時に達成するという意味で，理解しやすい表現である。

2010, p.20] であった。

①環境（21％），②企業市民（17％），③従業員とサプライチェーン（15％），④経営責任者からのメッセージ（11％），⑤誠実性（11％），⑥ステークホルダーの参加（5％），⑦行動規範（5％），⑧コーポレート・ガバナンス（5％），⑨贈収賄と背徳行為（5％），⑩コーポレート・レピュテーション（5％）

コーポレート・レピュテーションが最後にでてくるのをどう解釈すべきか。著者としては，CSRがコーポレート・レピュテーションに貢献するというように考えたい。一時代前に流行ったメセナやフィランソロピーが上位10位に入ってこないのは，傾向としては日本でも同じである。

▶3　CSRがなぜ企業にとって必要になったのか

CSRは，欧米で見られる過度の**市場原理主義偏重**に伴う社会の影（マイナス）の部分の増大に対する一種のアンチテーゼとして登場してきたとしてみることもできる。日本でCSRを受け入れるようになった主要な具体的要因として，本節では，①企業の不祥事の頻発と不祥事を許さない社会，②外国人による機関投資家の日本株式の所有，③その他の要因を検討しよう。

1）企業の不祥事の頻発と不祥事を許さない社会

企業がCSRを求める最大の要因は，頻発する企業の不祥事と，不祥事を許さない社会の存在にある。エンロン問題に端を発した不正経理によって，まさか世界有数のアーサー・アンダーセン会計事務所が消滅することを予測した日本の会計専門家は何人いたであろうか。

あれだけの高いブランドをもった雪印乳業（現・雪印メグミルク）が，一握りの経営者の不誠実な経営行動（2000年の中毒事件と2002年の雪印食品の牛肉偽装事件）によって，2000年3月期の連結売上高1兆3千億円が，2004年3月期には会社分割などもあったとはいえ，一時は約1/4の3千億円にまで激減するといった事態を予測できた消費者はどれだけいたであろうか[3]。

3）人間は企業が行った過去の不祥事が一度インプットされると，なかなか忘れることができない。雪印乳業（現・雪印メグミルク）は，本書のケース・スタディで取り上げたように，事件後，生まれ変わったようなすぐれた会社に変貌している。その陰でCSRの果たした役割は大きい。

不祥事の頻発と不祥事を許さない厳しい社会の対応を見せつけられた企業の経営者は，現代の社会構造のなかではコーポレート・ガバナンスが働かない企業では存続すら難しくなることを，身をもって経験してきている。これらの経営者が，従来とは違って，株主，消費者，従業員，地域社会といった幅広いステークホルダーの利害を十分に勘案して経営にあたることの重要性を悟り始めているといってよかろう。

2) 外国人による機関投資家の日本株式の所有

企業の不祥事がこれだけ頻発して社会の厳しい非難を浴びることになったにしても，仮に株式の所有構造が旧来のままであれば，これだけCSRが話題になることはなかったであろう。なぜなら，日本企業でも間接金融中心の資本構造をベースに，株式持ち合い，メインバンク制度，企業グループの系列化などのもとで，欧米とは一味違った，形の変わった社会的責任活動が行なわれてきてはいたが，相互信頼関係を前提とした従来の体制では，企業の不祥事を隠蔽しようとする体質の抜本的解決にはならなかったからである。

外国人の機関投資家は従来の伝統的なコーポレート・ガバナンスのあり方に問題提起をしつつある。アングロサクソンを中心にする機関投資家は，日本企業に対して，株主を中心とした，顧客，サプライヤー，地域社会といったステークホルダーと良好な関係を構築しつつ，企業の持続的発展を望むようになった。それは401Kによる拠出型年金資金の有効な運用を望む機関投資家にとってみれば，当然のことである。このような事態は，1980年代前半までの個人投資家を中心とする株主の短期的な投資利益率を望む行動パターンとは決定的に異なる。投資した企業の持続的発展を望む機関投資家にとっては，企業が企業価値の増大に寄与している限り，CSRをコーポレート・レピュテーションの構成要素として位置づけるのは，当然といえよう。

アメリカの年金基金がなぜCSRやコーポレート・レピュテーションに関心が高いのか。それは，ワールドコム破綻による損失をみれば容易に理解できよう。損失額はアメリカ最大の公的年金資金，**カリフォルニア州職員退職年金基金**（California Public Employee Retirement System；以下，CaLPERS）が5.65億ドル，ニューヨーク年金基金が3億ドル，ミシガンが1.16億ドルであった。エ

ンロンの破綻では，約15億ドルの年金基金が失われた。いずれの破綻も経営幹部の不公正な行為が原因［Neef, 2003, pp.43-44, p.236］である。

日本のケースを考えても，雪印乳業（当時）の他，カネボウ，西武鉄道，三菱自動車などの不祥事は経営幹部の不誠実な経営行動ないし経営幹部の指示が原因になっている。日本でも，和製CaLPERSとして知られる厚生年金基金連合会が企業統治の整備されていない企業に対して反対票を投じるという形で経営者の改革を求め始めている。従来のなれあいのやり方を変えられるのは株主のプレッシャーであって，行動を起こすのは議決権行使しかないとの信念のもとに企業に変革を迫っているのである。

3）環境汚染，株主行動主義，NGO，インターネットなど

経済・社会のグローバル化によって日本企業だけが他の欧米先進国と異なる独自の道を歩むことが難しくなってきた。資源の枯渇，汚染，エコシステムの破壊が，環境問題への関心を大いに高めていることはCSRの意義を高める。NGOの活発化によって，社会・環境への関心が高められている。さらに，株主総会で一般株主が堂々と自己の見解を述べて会社の戦略や意思決定に影響を与え始めている実態も無視してはならない。

インターネットで消費者は企業と対等に対話する機会を獲得し，企業にコンプライアンスに従った行動を要求するようになった。企業の側でも，それに応えて積極的な社会的責任を果たさねばならなくなってきた。

2　CSRのための管理会計と経済価値への影響

CSRは財務業績に短期的には直接的かつ多大な影響を及ぼすことがないにしても，CSRによって経済価値を高める努力が行われている。その典型的な事例として，マテリアルフローコスト会計，グリーンプロセス活動，およびCSR会計計算書を例示しよう。

▶1　マテリアルフローコスト会計

環境管理会計の1つに，マテリアルフローコスト会計がある。これは，歩留

率を増加させ工場で無駄になった廃棄物を減らして環境負荷を低減させ，同時にコストも削減する。伝統的な原価計算では，異常な仕損じや減損は別途計算するものの正常仕損じを可視化できなかった。対して，マテリアルフローコスト会計ではすべてのマテリアルロス（原材料の損失）を可視化することで，廃棄物を削減させる。中嶌と國部 [2003, pp.12-20] は，日本企業へのマテリアルフローコスト会計の適用を試みた。田辺製薬とタキロンでは，投入された材料が一度で良品にならない部分（回収・リサイクル工程がないものとしてのマテリアルロス）を算定したところ，予想以上にマテリアルロスが発生していることを発見した。

田辺製薬がこの環境会計手法の本格的な導入によってコスト低減を実現した。同様に，キヤノン，積水化学工業，日東電工，島津製作所など主要12社の事例と中小企業の動向が紹介 [國部, 2008, pp.105-244] されている。次に述べる富士通の事例はその1つである。このように環境保全と製造コストの低減（経済価値の増大）を両立させていることに，CSRの1つの大きな特徴を見出すことができる。

▶2 グリーンプロセス活動

富士通グループでは，業界で初めて，工場における省エネと化学物質管理の徹底，廃棄物質の削減など，環境負荷の低減を目指して，グリーンプロセス活動を推進してきた。従来のゼロエミッションをはじめとする排出量抑制活動に加えて，製造プロセスそのものを見直すことで，各種の工程で使用される原材料の投入量の削減，石油系燃料・電気などの使用量の削減を図ることを目的としている [大野・小泉・工藤，2003, pp.498-502]。

活動にあたっては，原材料や化学物質など総投入物質量とエネルギー投入量やそれらの購入コストを測定し，富士通グループ独自の**コストグリーン（ＣＧ）指標**を開発した。その算定式は下記 [古賀, 2004, p.6] のとおりである。

ＣＧ指標＝（投入量/製品単位）×単価×環境影響度

ただし，環境影響度はコストダウンとグリーンプロセスのバランスを考慮して，ＣＧ指標をもとに施策アイテムの抽出・実行を行なう。**図15-1**を参照されたい。

図15-1　環境影響度を5段階に分類

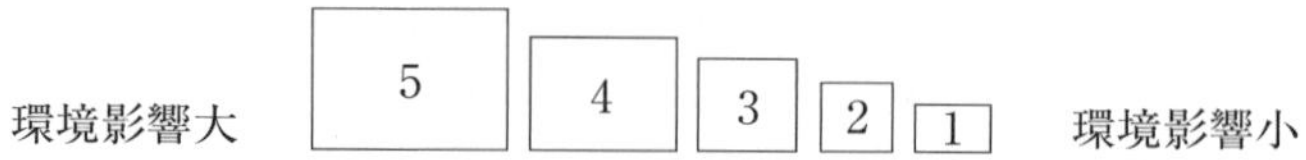

環境影響大　[5]　[4]　[3]　[2]　[1]　環境影響小

　サプライチェーン・マネジメントとリンクしたグリーン調達は，環境負荷の段階的改善を盛り込んだ契約締結により，コスト面でも環境負荷面でもwin-winの関係を築くことが可能となる。ただ，課題がないわけではない。富士通の担当者によれば，データの収集に手間がかかることと，適用領域が電子デバイスなどに限定されていることであるという。

▶3　CSR会計計算書

　環境管理会計の成果は，最近ではCSRの一環として報告されるようになった。たとえば，三井住友海上は，CSR会計計算書を発表している。公表されたCSR会計計算書は**表15-1**のとおりである。

　CSR会計計算書作成の狙いは，契約者や株主などのステークホルダーに開示することで関係者の理解と支持を得ることにある。2007年度に三井住友海上はCSR活動に110億円かけて9億円の効果（内部効果△1億円，外部効果10億円；四捨五入）を得た。効果には，廃棄物削減，紙使用量の削減などの内部効果と，環境対策重視の自動車を対象にした自動車保険の割引などの外部効果がある。社会貢献・福祉活動の外部効果は，寄付，施設等の提供，社会貢献活動と支援活動に関する効果からなっている。

表15-1　三井住友海上のCSR会計計算書

（単位：億円）

活　　動	コスト	内部効果	外部効果
社会貢献・福祉活動	10	1	6
コンプライアンス	47	2	−
環境保全活動	52	△4	4
CSR共通コスト	1	−	−
総　　計	110	△1	10

三井住友海上の会計計算書は，伝統的な意味での"会計報告"とはいえない。しかし，企業の社会的な責任との関係を考えるとき，社会的責任活動という**セグメント化**された領域で，可能な限り合理性をもった**測定**を実施し，経営活動の結果を**可視化**するという活動のもつ意味は大であると思われる。

3　CSRのためのSRIと融資，ファンド

SRI（social responsibility investment；社会責任投資）とは，投資家の財務指標を社会・環境への貢献との関係で評価しようとする立場からする一種の倫理的な意味合いをもった投資である[4]。企業の投資意思決定と本質的には異ならないが，社会・環境への貢献をも勘案した上で，企業価値の増大を図ろうとするものである。**図15-2**を参照されたい。

図15-2　社会的責任投資の3つの領域

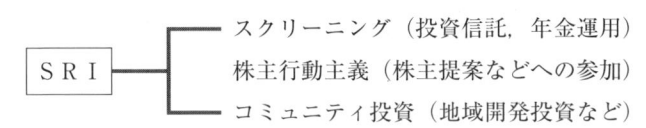

```
          ┌── スクリーニング（投資信託，年金運用）
  SRI ────┼── 株主行動主義（株主提案などへの参加）
          └── コミュニティ投資（地域開発投資など）
```

▶1　SRIの3つの領域

SRI戦略は，1980年代の半ばに，最初に倫理ファンドが始められたときに現れた。SRI戦略は，スクリーニング，株主行動主義，コミュニティ投資（原因―基準投資）[Dalton and Croft, 2003, pp.135-136；谷本，2004, pp.15-21] からなるとされている。

1) スクリーニング

スクリーニング（screening）では，まず評価機関が企業の社会・環境への貢献度の調査を行い，個人投資家と機関投資家に関連情報を提供する。その情報をもとに，投資家は社会・環境への貢献度の高い企業に投資をする。

---

4) 環境省は2003年6月に，『社会責任投資に関する日米英3か国比較調査報告書―我が国における社会責任投資の発展に向けて―』と題する報告書を発表している。参考にされたい。

CaLPERSは，アメリカで最大の年金基金をもつ。社会的にスクリーニングされたファンドを提供しており，毎年，1,000前後の国内・国外の会社を調査している。調査に当たっては，財務だけではなく，経営者，リスクあるいはコーポレート・ガバナンスなどを総合的に精査している。

　政府主導で進む欧州に比べたアメリカのCSRの特徴は，川村［2002, p.19］によれば，年金基金やSRIファンドなど民間レベルの歴史的な蓄積が著しいことにみられる。特定の事業を排除する**ネガティブ・スクリーニング**が特徴的であり，それはタバコ，アルコール，動物実験などの動物虐待，武器などが対象になる。逆に，ポジティブ・スクリーニングでは，マイノリティ（少数民族）への雇用機会，コミュニティ投資，環境保全投資などがある。

　日本のものでは，企業年金連合会（2005年10月に厚生年金基金連合会から改称）は企業統治への評価が高い企業だけで構成する「企業統治ファンド」に100億円を投じて，2004年から運用を始めた。一時は銘柄数80社，資産規模数百億円を誇っていたこのファンドは，2009年に運用を取りやめている。立ち上げ時の華々しさとは違って，日本でこの種のファンドが廃止されたことは，CSRの立場からもまことに残念なことである。

2）株主行動主義

　株主行動主義（shareholder activism）は，社会的責任を果たしていない企業に対して，株主提案を行なったり議決権を行使する。典型的には，株主として株主総会を通じて企業の戦略策定に間接的に参加しているともいえる。

　株主行動主義は増加し続けている。企業はいまや，レピュテーション・マネジメントの一部として株主行動主義者の行動を戦略的に考えなければならなくなってきた。たとえば，2000年に起きた中国政府所有のペトロチャイナ株式売却に反対する株主のボイコットでは，社会的・環境的な懸念があるという理由からペトロチャイナへの投資に正面から反対するＵＳファンドが続出した[5]。

5）ペトロチャイナ（Petro China）は2000年4月にニューヨークと香港で上場したが，環境保護団体，人権保護団体から，中国は国際社会の基準を満たしていないという理由で，批判された。アメリカの機関投資家のロビー活動によって，ペトロチャイナ株式の不買運動が起きた。

3) コミュニティ投資

コミュニティ投資（community investment）は，1980年代以降，顕著な発展をみたSRI戦略の1つである。コミュニティ投資は原因―基準投資とも呼ばれ，地域・社会への投資や社会的に責任を果たしている投資活動である。この考え方の背後にある主要な目的は，企業にとって高い利益や高い利益率は望ましいものの，経済的な価値だけを追求するのではなく，社会・環境投資によって適正利益を得ようとする思想である。

▶2 環境配慮型融資，ファンド

SRIの他にも，日本では環境配慮型融資や，社会貢献型のファンドも盛んに売り出されている。以下で，この2つについて触れておこう。

1) 環境配慮型融資

エクエーター・プリンシプルズ（equator principles；開発途上国向けプロジェクト・ファイナンスにおける持続可能な環境社会開発）は，プロジェクト・ファイナンスの分野において，世界銀行，国際金融公社（IFC）の環境・社会基準に準拠した共通の基準で環境・社会的配慮に関する審査を行なおうとするものである。エクエーターは赤道の意味で，アメリカのシティ・グループなどの欧米銀行が，途上国向けプロジェクト・ファイナンスの事業評価で，銀行が守るべき環境・人権などを配慮事項とした自主基準である。

日本の金融機関は，基本的には腰が引けているというのが一般の受け止め方である。収益拡大との両立の難しさにあるからであろう。しかし，最近，日本でもようやく環境配慮型融資に広がりがでてきた。具体的には環境対策に積極的な企業に低利で融資するという内容からなる。これは環境問題への社会的な関心の高まりに対応して，CSRを意識した融資をする動きである。今後は銀行の事業性と環境地策の両立がこのプロジェクトの成功の鍵である。

2) 社会貢献型ファンド，債権

日本では諸外国に比べて，SRIも環境配慮型融資も意図したほどの成果を上げていない。日本経済新聞が伝えるところによれば，発展途上国の貧困層への

融資や森林再生，グリーンエネルギー開発などを支援する「社会貢献型」[日本経済新聞, 2010/9/5] 投資が広がっているという。

紹介されているのはカンボジアのマイクロファイナンス機関に出資するファンド「カンボジアONE」（マイクロファイナンスとは，貧困層向けの無担保小口融資のことで，貧困層の自立を支援），風力発電を支援する「市民風車ファンド」，長野県飯田市を中心に太陽光発電を推進する「おひさまファンド」，岡山県の林業支援を目的とする「西粟倉村共有の森ファンド」などである。

大手証券会社でも，途上国の子供にワクチンを接種する「ワクチン債」，環境保全事業やグリーンエネルギー開発を支援する「環境債」，「マイクロファイナンス債」といった社会貢献型債権が増えている。以前から社会貢献型の投資はあったが，社会貢献型債権であれば投資者が社会の役に立っているという実感がしやすいこともこのタイプが増えている理由と思われる。

SRIや社会貢献型投資・債権に最も大きなインパクトを与えた要因の1つは，社会的な変化を背景に登場してきたコーポレート・ガバナンス論である。そこで以下では，コーポレート・ガバナンスをCSRとの関係で考察する。

4 コーポレート・ガバナンスとCSR

コーポレート・ガバナンスの初期のモデルでは，株主に焦点があてられた。しかし，近年は，コーポレート・ガバナンスの概念は拡張され，現在では主要なステークホルダーの権利とニーズを認識しなければならなくなった。CSRもまた，株主のためだけでなくステークホルダーを意識した行動が求められる。

▶1 日本の株式会社のコーポレート・ガバナンス体制

コーポレート・ガバナンス（corporate governance；企業統治）は一般に，企業の経営が法令に違反するなど間違った戦略や行為をしないように監督する組織，制度，仕組みである。「会社が方向づけられ管理されるシステム」[OECD, 2004, p.11] とか「企業経営を規律するための仕組み」[経済産業省, 2005, p.53] である。日本企業のガバナンス体制は，**図15-3**を参照されたい。

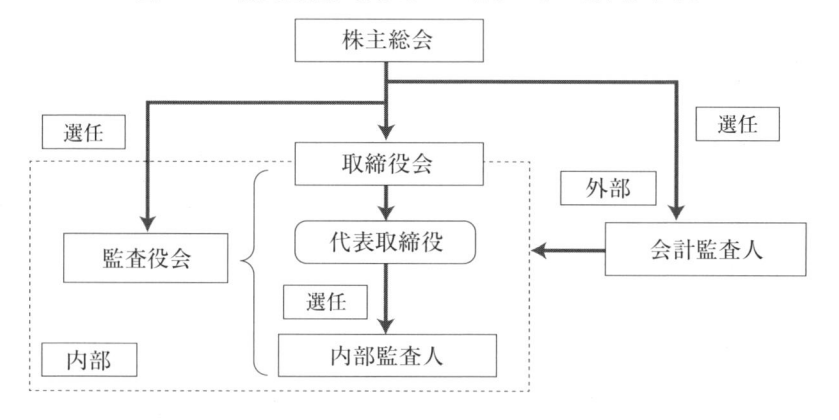

図15-3 株式会社におけるコーポレート・ガバナンス

```
                    株主総会
    ┌─────────────┼─────────────┐
  選任          ↓            選任
    │        取締役会              │
    ↓      ┌────┤       外部      │
  監査役会  │ 代表取締役 ←──── 会計監査人
          │    │
          │   選任
    内部   │    ↓
          │ 内部監査人
```

　図15-3でみるように，コーポレート・ガバナンスに不可欠な機関は，株主総会である。**株主総会**は会社の最高の意思決定機関である。毎年1回，一定の時期に定時株主総会が開かれる。株主総会では，取締役，監査役の選任や解任などの決定が行なわれる。株主総会で選任された取締役によって，**取締役会**が構成される。取締役会で選任された代表取締役会が会社を代表して業務を執行する。監査役設置会社（**図15-3**は監査役設置会社を前提に図示）では，株主総会で選任された監査役は，取締役会および代表取締役の業務執行を監査する。原則として**取締役**の任期が2年，**監査役**の任期は4年である。委員会設置会社は，報酬委員会，指名委員会および監査委員会からなる。

　大会社では，監査役会の監査のほかに，外部の**会計監査人**（公認会計士または監査法人）による会計監査が義務づけられている。さらに，代表取締役によって選任された**内部監査人**が内部監査を担当する。2008年度からは内部統制報告書の内閣総理大臣への報告が義務づけられている。

▶2　CSRから見たコーポレート・ガバナンスの論点

　CSRから見た**コーポレート・ガバナンス**の意義は，国により時代によりまた論者によって主張が異なるため，1つの定説的な定義を見出すことはむずかしい。現時点で見る限り，CSRにとっての主要な論点は少なくとも3つあると思われる。

第1は，**企業は誰のためにあるのか**の問題である。批判を恐れずに極言すれば，アメリカでの論調では，企業は株主のためにある[6]。他方，過去，日本企業では株主の利益が過度に軽視されてきた[7]。しかし，最近では日本社会にも新しい動向が見えてきており，従来のステレオタイプの日本企業の解説や批判は通じなくなってきている。現在わが国では，①企業は株主のものだとする主張[8]，②従業員主権と人本主義の主張［伊丹，2000，pp.27-30, p.54］，および企業は③ステークホルダーのためにあるとする主張などがある[9]。

　これらの論点を整理することはきわめて困難である。なぜなら，この問題は個人の価値観や立場の問題でもあるからである。しかも，論点を整理し検討するに当たってわれわれは，最近の社会の大きな変化を見過ごしてはならない。それは，①顧客，サプライヤー，地域社会の利害が，今日では企業の戦略策定に大きな影響を及ぼすようになったこと，②従業員もまた，企業の意思決定にかなりの程度で関与するようになったこと，さらに，③機関投資家や証券アナリストが財務報告だけでなく，環境報告書，サステナビリティ報告書，CSR報告書などのディスクロージャーを要求するようになってきたことである。これらの状況から，コーポレート・ガバナンスの概念が従来のような紋切り型の"会社は株主のためにあるのだ"とする主張から，広くステークホルダーをも巻き込むべきだとする議論へと徐々に拡張された論調も一方ではみえてきた。

　フェファー［Pfeffer, 2009, p.91］は，サウスウエスト航空やメンズ・ウェア

---

6) サウスウエスト航空（社員，顧客，株主の順で重視），ジョンソン・エンド・ジョンソン（顧客，従業員，地域社会，株主の順で重視），メンズ・ウェアハウス（社員重視）などは株主を重視せずにすぐれた業績をあげている企業である。

7) モンクスとミノウ［Monks and Minow, 1995, pp.271-272］によれば，日本のコーポレート・ガバナンスには，①大蔵省（現・財務省）を中心とした政府の強力な介入，②株式の相互持ち合い，③企業部門と政府部門の非常に密接な関係の存在，④株主の利益が軽視されている，⑤吸収合併がごくわずかしかなく，事実上，企業を管理する市場がない，という特徴があると述べている。しかし現在では，①大蔵省は解体された。②株式持ち合いは急速に解消が進んできた。③企業と政府の特別な関係には鋭い批判の眼が注がれ，④株主の利益が強調されるようになり，⑤M＆Aが日常茶飯事になってきた。

8) 東京証券取引所［2004, p.7］がOECDのコーポレート・ガバナンス原則の構成に準拠して「上場会社のコーポレート・ガバナンス原則」を発表した。そこでは，「資本市場の視点から見ると，コーポレート・ガバナンスの要は，資本の提供者たる株主である」としている。

9) 土屋・岡本［2003, pp.47-56］は，①株主，②株主と従業員，③株主と利害関係者に区分している。

ハウスのように，株式重視に逆らい，ステークホルダーを重視する企業の方がすぐれた業績をあげている企業が多く見られるという。

　第2の論点は，**企業統治の主体は誰であるか**の問題である。著書や論文でみる限り，アメリカでの議論は明快である。企業の主要な資本提供者が株主であるから，当然，株主による企業統治によるべきだとする。そのような議論は論理的でもある。では，日本では現実問題として誰が企業を支配してきたか。日本では経営者が企業を支配してきたとする有力な見解がある。実質的に従業員が企業を支配してきたとする見解もある。

　著者は，少なくとも過去においては，銀行などの金融機関が実質的に企業を支配してきたという事実も無視してはならないと思う。①アメリカとは違って日本にはメインバンク制が存在し豊富な資金を企業に提供してきたこと，②日本企業の主要な業績評価基準に営業利益から主に金利を加減した（受取金利その他を加算し支払金利その他を差し引いて）経常利益が用いられてきたこと，③銀行は毎期間違いなく金利が支払われて元本が確保できる限り，それ以上のリターンは要求しない。そのため，銀行は企業の持続的な成長を望む。日本企業が長期的な視点に立って経営を行なってきたのはそのためともいえる，④経営が危機に陥ったとき，企業の救済に当たってきたのは株主ではなく銀行であったことなどがこの見解を裏づけている。もちろん著者は，今後も引き続き銀行が主体となって企業を統治すべきだと主張しているわけではない。少なくともこれまでは日本企業の経営者が銀行，株主，従業員などのニーズを受け入れながら，欧米のような対立関係ではなく協調関係のなかで企業の統治がなされてきたことを明確にしたかったのである[10]。

　第3に，日本企業が決断を迫られている問題として，欧米型の**委員会設置型**と従来の**日本型の監査役会**のいずれがコーポレート・ガバナンスを高めるかと

---

10) 田中［2002, p.91］は，日本型コーポレート・ガバナンスの特徴として，英米型に見られるような市場を主体とする監視システムというよりも，株主，経営者，銀行，供給業者などのステークホルダーとの信頼にもとづいた関係性を支えあうことで固有のガバナンスを機能させてきたとみている。高橋［2001, p.189］は，また「従業員から選任された取締役が最高意思決定機関である取締役会への感覚によって経営者と従業員との一体感をつくり，そのことが日本の経営の意思決定の特徴として日本的コーポレート・ガバナンスの良さを作り上げてきた」と表現している。

いった問題がある[11]。これは組織構造の問題である。わが国の典型的な企業として、ソニー型とトヨタ型［三宅, 2004, pp.14-17］とに区別して議論を進めるのがわかりやすい。**ソニー型**では経営の執行と監督の分離を明確にするとともに効率的な意思決定を図るべく委員会設置会社を採択している。他方、**トヨタ型**では、雇用重視の理念を明確にし、従来の監査役会を存続している。

委員会設置会社は2003年4月に商法で認められた企業の統治形態である。監査役をおかない代わりに、監査、指名、報酬の3委員会を設置する。取締役が戦略の決定と経営の監督に注力する一方、新設される執行役が業務を執行する。初年度は約70社が委員会設置会社に移行したが、移行した会社のトップの約8割は新制度に満足［日本監査役協会, 2004］していると答えている。最近では逆に、社外取締役会によるチェックに限界があるとして委員会設置会社から監査役制度に移行した会社もある。

著者には、委員会設置型と監査役会型のいずれもそれぞれのすぐれた特徴をもち、いずれが決定的にすぐれているとはいえないように思われる[12]。少なくとも現時点では、この点に関してのコーポレート・ガバナンスの問題は、企業の発展段階、資金調達形態、経営理念、組織構造、国際化のレベル、外国人機関投資家による株式取得の状況などを総合的に勘案して決定されるべき問題であって、軽々に結論をだすべきではないと考えている。

CSRとガバナンスの項を閉じる前に、コンプライアンスとの関係について触れておきたい。CSRの課題の1つに、コンプライアンスと倫理の問題がある。ただ、コンプライアンスは内部統制の問題でもある。加えて、法令を順守する

---

11) この問題を考えるには、かつては“閑散役”と揶揄されたことのある監査役をめぐる一連の商法改正と会社法の動きを知っておく必要があろう。1993年改正法では、監査役の人数を3人以上、うち1名を社外監査役とし、監査役会の設置を義務づけた。2001年改正法では、監査役の総数を3人以上、うち常勤監査役は1人以上、かつ社外監査役は半数以上となった。2002年改正法では、業務を監督する取締役とそれを執行する「執行役」を完全に分ける「委員会設置会社」をあらたに設置することが認められた。この場合、取締役会のなかに社外取締役が過半数を占める監査委員会、指名委員会、報酬委員会を設置する会社は、監査役を置かないことができることになった。その結果、監査において監査役型と取締役型とが存在することになった。

12) コーポレート・ガバナンスと取締役会のあり方については、重竹［2002, pp.61-69］、Xu［2002, pp.47-56］、正岡・柴山［2002, pp.70-83］の議論が参考になる。委員会設置会社が絶対的であるという論調を見かけることもあるが、であるとすれば、当時のガバナンス体制では万全と考えられていた**エンロン社はなぜ崩壊**したのかの説明が必要であろう。

ことはコーポレート・ガバナンスを強化することにもなる。そこで，本書ではコンプライアンスの問題を内部統制の第13章で扱うことにしたのである。

5 サステナビリティとCSR

　CSRに隣接する概念の1つに，**サステナビリティ**（sustainability；持続可能性）[13]がある。サステナビリティの定義は，「持続可能な発展のための世界経済人会議」（WBCSD）に求めることができる。そこでは**持続可能な発展**（sustainable development）について次のように定義づけている。

　「現在のニーズを満たすために将来の成長可能な能力と妥協することなく，現在のニーズを満たす発展の形態である」。

▶1 サステナビリティとは何か

　資源には限りがある。この限りある資源を無尽蔵に企業が消費し続けることはできない。そこで企業は，ステークホルダーのために社会全体のバランスを考えた資源の投資と消費活動を行なうことが求められる。言い換えれば，企業は環境・社会と調和のとれた経済を志向し，持続可能な経済発展を目指す必要がある。そのため企業経営者は，環境，社会，経済の指標を設定して経営を行なっていくことが求められる。逆にいえば，サステナビリティでは，将来の世代を犠牲にして現時点での短期的な利益を得ようとするといった問題に批判の目が向けられることになる。

　サステナビリティ指標は，経済・社会・環境基準にリンクした企業の財務業績のためのベンチマークを提供する。このサステナビリティ指標は個々の株主と投資家はもちろんのこと，アナリストと投資ファンド・マネジャーによってその重要性が認識されるようになった。サステナビリティ指標の目的は，最も評価が高い企業を探し出し識別することにある。

13）コーポレート・レピュテーションの研究と普及を進めてきている機関にReputation Institute（RI）があるが，RIは毎年5月に世界大会を開催している。毎回，統一テーマが選定されている。2009年のアムステルダムでの大会ではCSR，2010年の統一テーマはsustainabilityであった。この事実を見るだけでも，RIがいかにCSRやサステナビリティに力点をおいているかが理解できるであろう。

サステナビリティの活動は，従来のような環境問題だけでなく，最近では，人権問題，貧困，失業，飢餓，疾病，文盲の撲滅，適切な居住の提供，就業機会の確保，環境保全，生活水準の向上などの社会問題にまで取り組んでいる。その結果，足立［2004, pp.3-4］が述べているように，わが国の多国籍企業でも大きな影響を受ける企業もでてきた。同氏が報じている1つは，1976年から塩田事業でメキシコ政府と三菱商事の合弁事業が1991年に設備拡張と新規塩田開発計画が報じられたことで，1995年にメキシコの環境保護団体「グループ・オブ・100」が反対活動を開始してそれが拡大し，1999年から三菱グループに対する不買運動に発展し，2000年には計画の中止に追い込まれた事件である。いま1つは，2001年にはソニーのヨーロッパ向けＰＳoneゲーム機の周辺機器の一部にカドミウムを含有しているものがあるとオランダ当局が発表，ソニーは出荷停止や不適合品との交換措置をとったが，その影響で，連結営業利益に60億円のマイナスの影響をもたらした。CSRやサステナビリティの影響もあって，内外の多国籍企業の多くは，短期的利益ではなく，持続的発展を意図した経済活動が必要になった。

▶2　生物多様性の現代的意義

最近では，**生物多様性**（biodiversity, biological diversity）に貢献する環境作りが盛んになってきた。緑地面積，樹林，土壌，周辺緑地，水辺環境など日本の大手企業も生態系保全の動きを本格化している。評価手法として「企業と生物多様性イニシアティブ」（JBIB）が策定されている。工場，オフィスなどについて緑地比率など18項目を100点満点で評価する。

企業はなぜこのように生物多様性に関心をもたねばならないのか。それは2010年4月20日に沖合の石油掘削基地の爆発事故により，メキシコ湾の地域経済や生態系，ブリティッシュ・ペトロリアム（ＢＰ）の経営を危機に追い込み，ＢＰの損害は少なくとも日本円にして2兆円であるといわれていることをみれば理解できるであろう。日本企業も蚊帳の外というわけにはいかない。ノンオペレータ権益を10％もつ三井石油開発は既に深刻な訴訟に直面している。

サステナビリティの思想が広まった結果，企業は経営戦略の策定に当たっても，持続的発展を意識的に考慮した決定がなされなければならない。同時に，

取締役会でも環境と社会問題は中心的な課題［Reputation Institute, 2010, p.5］として真剣に取り組むべきテーマになってきたのである。

▶3 サステナビリティの戦略的活用

　サステナビリティをＩＴや品質管理のようなメガトレンドの１つと位置づけて，サステナビリティに明確なビジョンと戦略をもって対応していくことが自社の長期的な競争優位を確保する上で重要な要因だとするルービンとエスティ［Lubin and Esty, 2010, pp.43-50］の見解もある。過去にメガトレンドで学習したとおり，これからサステナビリティを行なおうとする企業は，①最初はリスクとコスト低減に焦点をあて，②徐々に価値創造を高める戦略を策定し，③最終的にはブランドや文化といったインタンジブルズを含む企業価値を創造するアプローチをとるのが有効である。その方法として彼らは，価値創造の４段階にもとづいてビジョンを見直す必要があるという。

　第１段階では，コンプライアンスと環境関連コストとリスクマネジメントで競争業者よりも秀でた活動を行なう。その成功例として，年々有効活用が図られるようになった３Ｍの汚染予防負担金があげられる。第２段階では，天然資源の利用効率を上げてバリューチェーン全体で製品，プロセス，全体のシステムを大幅に再設計する。**デュポン社**におけるゼロ・ウエイスト（浪費ゼロ）は業務活動全体を通じてエコ効率の優先順位を引き上げた。第３段階では，コアビジネスを変革して，収益の増大と成長の新しい源泉とする。**ダウケミカル**はサステナビリティ目標を定め，ソーラー屋根板からハイブリッド電池に至るまで，新製品や技術革新を図っている。第４段階では，新しいビジネスモデルを創造し差別化を図る。たとえば，**ＧＥ**のエコマジネーション活動は，エネルギーと環境ソリューションのプロバイダーとして，またＧＥブランドにエコのオーラ（雰囲気）を構築するうえで大きな役割を果たしている。

　このような観点からすると，サステナビリティはブランドやレピュテーションなどのインタンジブルズを戦略的に差別化するためのツールとして活用し，サステナビリティ活動を競争優位のための価値創造活動であると位置づけることが必要になってきた。

6　CSRはコーポレート・レピュテーションと財務業績に貢献するか

　CSRは，ステークホルダーの立場から，経済価値だけでなく社会・環境業績を高めることで，企業価値を増大させようとする活動である。その目標はトリプル・ボトムラインの達成にある。CSRでは，企業の行なう経済活動に社会的な公正，コンプライアンス，地球環境の保護など環境対策を行なわせるとともに，企業市民として社会貢献度の高い事業とサービスを地域社会に提供し，社会への貢献を果たすことが期待されている。

▶1　CSRとコーポレート・レピュテーションはどこが違うか

　CSRとコーポレート・レピュテーションとには類似性がある。しかし，同時に相違点もある。CSRとは区別されるべきコーポレート・レピュテーションに特有の特徴としては，次の3点があげられる。

　第1に，トリプル・ボトムラインのなかでは，CSRでは環境価値と社会価値が強調されるが，経済価値の比重は低い。対して，コーポレート・レピュテーションでは，経済価値が最も重視される。どんなに優秀な従業員を抱えていて社会貢献をして環境破壊への対策も怠らないと主張しても，本業の業績が悪ければコーポレート・レピュテーションが高くはならない。

　第2に，コーポレート・レピュテーションでは環境価値に代えて組織価値が重視される。つまり，崇高なミッションと実践に結びついた経営理念，有能な従業員，組織学習，熱心な仕事，経営トップの卓越したリーダーシップ，チームワークなどが強く求められる。コーポレート・レピュテーションを向上させるには，環境対策も無視されてはならない。ただ，環境対策は広い意味での社会価値を高める活動の一部として考えることが可能である。

　第3に，欧米の研究者によるCSRへの対応には多様な見解が存在するが，CSRをもってコーポレート・レピュテーションの一構成要素だとする見解 [Dalton and Croft, 2003, pp.129-149] が支配的である。レピュテーションリスク・マネジメント [Griffin, 2008, p.137] の一部だとする見解も見られる。著者もまた，CSRをもってレピュテーションをマネジメントするための不可欠な

処方箋の1つであると位置づけたい。

以上から，著者もまたCSRがレピュテーションリスク・マネジメントなどとともに，レピュテーション・マネジメントの要（かなめ）の役割を担っていると考えているのである。

▶2　CSRに対するコーポレート・レピュテーションの3つのアプローチ

CSRはコーポレート・レピュテーションを高める。CSRとコーポレート・レピュテーションの関係に関して，欧米の議論には3つのアプローチがある。

1）伝統的な社会業績と同一視

第1は，会計学者のベルカウイ等［Belkaoui and Pavlik, 1992, pp.109-121］が1990年代の初頭にとったように，コーポレート・レピュテーションを伝統的な意味での企業の社会的責任（社会業績）と同一視する見解があった。

既に述べたとおり，1960年代の前半から1970年代にかけて，公害問題や外部不経済としての社会的コストなど社会的責任や社会的責任会計が論じられたことがある。会計学の立場からも，マクロ経済から社会会計として論じようとする主張や社会全体が負担すべき社会的コストを内部化する試みを中心とする社会責任会計論など種々の主張があった。しかし，当時は企業外部との関係に目が向けられていて，経済価値の増大やコーポレート・レピュテーションといった問題は等閑視されていた。ここに，当時の社会的責任論の共通の限界があった。ベルカウイの当時の見解にもまたこのような限界があるとみてよい。

2）コーポレート・レピュテーションとCSRを別物と見る

第2は，コーポレート・レピュテーションの議論を先導してきた過去のフォンブラン［Fombrun, 1996; Fombrun and Van Riel, 2004］のように，イメージ，CI，あるいはブランドには関心があっても，CSRやコーポレート・ガバナンスなどにはほとんど関心を示さなかったグループがいる。それは，彼らの論文や著書にCSRについての記述がほとんど見られないことから明らかである。ただ，学会での発言などからすると，フォンブランも現在ではCSRについてはレピュテーションとの関係でCSRを容認するようになったようである。

3) コーポレート・レピュテーションの構成要素と看做す

第3は,先に述べたダルトンとクラフトのように,CSRをもってコーポレート・レピュテーションを向上させる一構成要素として論じる立場がある。フォンブランの強い影響力のためか,数年前までは,Reputation Instituteの世界大会で発表する論文のなかで両者の関係に注目する研究者は決して多くはなかった。しかし,最近のReputation InstituteではCSRに係わる研究発表が急速に多くなってきた。事実,2009年と2010年の統一テーマがCSRとサステナビリティであったことがそれを物語っている。著者は,一貫してこの立場をとり続けてきており,本書でもこの立場から記述した。

▶3 CSRはレピュテーションと財務業績の向上に貢献するか

CSRはレピュテーション・マネジメントと財務業績の向上に役立つか。実証研究の結果がレピュテーション・マネジメントとCSRの相関関係を明らかにしてくれる。しかし,現実には相反する実証研究の結果も見られる。以下は,CSRがコーポレート・レピュテーション,売上高,利益,利益率にいかなる影響を及ぼすかに関する実証研究の結果の一部である。

1) CSRはコーポレート・レピュテーションを向上させる

過去,純粋に経済的立場から,CSRに反対する多くの議論が展開されたことがある[14]。1960年代から1970年代の初めまでのわが国でも「利益と納税が最大の企業の社会的責任」という論理が経営者や論客の間で横行していた。しかし,石油危機以後の混乱期に見られた反社会的な行為の横行はこのような論理の非現実性を知らしめ,企業が「金儲けを超えた社会的使命」をもつことが認知されてきた。しかも,長期的にみれば,CSRはレピュテーション・マネジメントの一部として十分な成果が生み出せることも明らかになってきた。企業はコンプライアンスとよき実務に従って,健康・安全・従業員の権利への尊敬をもって,経営活動を行なわなければならない。コンプライアンスと責任ある方法で

---

[14] 水尾[2003]は,消極論の代表的主張者としてフリードマンとハイエクをあげ,消極論者は「出資者である株主から委託された経営者はその受託義務を果たすこと,…で株主利益を極大化すべきであり,それが公益につながると主張」しているとしている。

行動する意志は，よきコーポレート・シチズンになるための基礎である。

イギリスの産業を研究の対象にしたブラマーとペイブリン［Brammer and Pavelin, 2004, pp.704-713］の研究によれば，調査対象にした12の全産業の平均でコーポレート・レピュテーションと社会業績（地域，環境，従業員関係）との間に有意な関係が認められた。とくに強い関係が認められたのは，金融業，化学，素材，消費財産業であった。素材産業では環境との関係において極めて強い相関関係が見られた。一方，消費財産業では，地域と環境において認められた。小売業では，地域との関係は認められるものの，環境と従業員の関係では有意な関係は認められなかった。

レピュテーション・インスティチュート（RI）は，2009年にCSRがコーポレート・レピュテーションに及ぼす影響について詳細な調査を行なった。その結果，デンマーク，フィンランド，チリ，タイ，トルコ，日本ではCSRがコーポレート・レピュテーションの向上に繋がるとみているが，台湾，南アフリカ，ギリシャ，シンガポール，中国ではほとんどその効果が明らかにならなかった。アメリカでは過去数年の間にCSRが劇的に進歩したが，それでもなお欧州に比べて一般の経営者の意識が低い。それゆえ，CSRがいかに社会および経済発展にとって大きな貢献をすることを経営者に教育しなければならない［Reputation Institute, 2010, p.27］と結論づけている。

この研究結果から，3つのことが明らかになった。1つは，CSRがコーポレート・レピュテーションを向上させると想定できるということである。とはいえ，第2に，BtoB（企業向け）よりもBtoC（消費者向け）において，CSRの活動がコーポレート・レピュテーションを高め，それが企業の社会業績との間に強い相関関係が見られるという関係が見られた[15]。第3に，国によってもCSRのレピュテーションへの影響度が大きく異なることである。近い将来，実証研究を行なうにあたっては，これらの事実に留意することが肝要である。

---

15) 日本テトラパックというスエーデンに本社をおく会社がある。ミルク，お茶などのソフトドリンクの紙の容器を製作している会社である。この会社はBtoBの会社である。しかし，消費者の声がアサヒ飲料，コカコーラ，カゴメ，紀文フードケミファなどを通じて即時に聞けるような体制をつくっている。その意味では，BtoBの会社であってもコーポレート・レピュテーションの影響を直接的に受ける可能性がある。

2）CSRを実践したからといって売上高は増加しない

　コーポレート・レピュテーションが売上高に及ぼす影響との関連で，社会的責任の遂行によって強められる知覚よりも，製品の品質や革新を行なうことによるコア・コンピタンスに及ぼす影響の方が強いとするゴールドバーグとハートウイック［Goldberg and Hartwick, 1990, pp.172-179］の研究成果がある。つまり，社会的責任を立派に遂行して企業のレピュテーションが高まったにしても売上高には直接的にはあまり影響を及ぼさないが，製品の品質を高めたり技術革新や経営革新がなされることの方がはるかに企業の強みとなり，長期的には財務業績にも大きな影響を及ぼすというのである。

　倫理の実践は短期的には必ずしも常に高い利益率を生むとは限らず，社会・環境政策が企業のコーポレート・レピュテーションとの関係に意味があるとする理解の方が現実的であるかもしれない。

3）CSRの実施で会社は利益を向上させるか

　CSRで会社は得をするか。ダルトンとクラフト［Dalton and Croft, 2003, pp.129-149］の見解を紹介しよう。*Good Guys Are Prospering*（いい奴は事業に成功する）と題する著書では，"企業倫理ベスト100社のコーポレート・シチズン"の業績がＳ＆Ｐの500社より上回っているとする報告書の内容を掲げて，CSR活動が企業に利益をもたらしているという結論づけている。事実，J＆J，P＆Gといった会社は，環境，コミュニティ関係，多角化と顧客関係の領域で評価された。とはいえ，これだけで多くの人々にCSR活動と利益との間に正の関係があるとする見解を納得させることはできない。

▶4　日本での調査結果に見るCSRとレピュテーション，財務業績との関係

　CSRとレピュテーション，財務業績との関係を日本の経営者はどう見ているか。日本能率協会［2004］が行なった新任取締役1,000人（回答は279人）に対する調査によれば，CSRのうちで最も関心が高かったのは，①法令・社会的規範，②自然・環境への配慮，③コーポレート・ガバナンスの順序であった。約3割の企業が何らかの形でCSRに取り組んでいた。

　2009年度に日本会計研究学会のスタディ・グループ「インタンジブルズの管

理会計研究―コーポレート・レピュテーションを中心に―」が実施したアンケート調査［日本会計研究学会，2009, pp.198］では，CSRとコーポレート・レピュテーション，およびCSRと財務業績との関係について日本の経営者の意識を質問した。調査の結果，**表15-2**のように，多くの経営者はCSRがレピュテーションを高めるものではあるにせよ，財務業績とは切り離して考えている経営者が多いことが明らかになった。

表15-2　CSRの対象とコーポレート・レピュテーション，財務業績への影響

(n=71)　　　　　　　　　　　全く高めない　　　　　　　　　　　非常に高める

質問項目	1	2	3	4	5	平均
① CSRはレピュテーションを高めると思うか？	2.8%	1.4%	15.5%	53.5%	26.8%	4.0
② CSRは財務業績を向上させると思うか？	11.3%	15.5%	42.3%	28.2%	2.8%	3.0

③　CSRで重視すべき活動は？（複数回答可，重視される順に掲載）
　1.本業を生かした社会貢献(81%)　2.環境への配慮(78%)　3.コンプライアンスの徹底(56%)
　4.地域社会への貢献(51%)　5.ガバナンス体制(39%)　6.障害者や高齢者の雇用(29%)
　7.SRI(14%)　8.ボランティア活動の推進(8 %)　9.寄付(8 %)　10.NPO(6 %)　11.CRM(4 %)

CSRで重視すべき活動としては，本業を生かした社会貢献が最高位(81%)を占めた。環境への配慮(78%)がそれに続き，コンプライアンス(56%)が3位であった。CSRの本質はトリプル・ボトムラインにある。本業を生かした社会貢献（高品質の製品の生産とサービスの提供）が経済価値に深く関係し，環境への配慮が環境価値，地域社会への貢献，障害者や高齢者の雇用，SRIなどを社会価値に関連づければ，経済価値，環境価値，社会価値というCSRが重視すべき3つの価値（ボトムライン）が含まれている。

次に，生活者のCSRに対する意識を見てみよう。経済広報センター［2010, pp.5-6］の調査によれば，大多数(86%)の生活者が，企業の役割や責任に過去10年間で変化があったと答えている。その内容については，①省資源・省エネや環境保護(59%)，②安全・安心で優れた製品・サービス技術を適切な価格で社会に提供する(55%)，③社会倫理に則した企業倫理を確立・順守する(48%)が上位3位であった。大多数の生活者はCSRを求めているといえる。逆に，メセナ(4 %)，利益と納税義務を果たす(6 %)，地域社会との共生(9 %)が質問項目12のうちの最も低い3事項であった。

今後は，CSRの長期にわたる財務業績への影響に関する実証研究が必要となろう。ただ，CSRがレピュテーションや財務業績に貢献するか否かは，CSRを戦略的に活用しているかにかかっている。そこで次に，マイケル・ポーターが主張する競争優位の戦略的CSRについて考察する。

▶5　競争優位のCSR戦略

　CSRの問題点は，その領域範囲が論者によって大きく異なることにある。ポーターとクラマー［Porter and Kramer, 2006, pp.79-92］は，これまでのCSR論のアプローチを批判して次のように述べている。

　これまでCSRを論じるときのアプローチには，4つの立場が見られた。(1)道義的義務，(2)サステナビリティ，(3)事業継続のライセンス，(4)レピュテーションである。CSRの活動は，企業市民として正しい経営活動をする義務をもつという思想に通じている。だが，メセナといった**道義的義務**には現代の多くの経営者は積極的な意味を付与しない。**サステナビリティ**では地球環境と地域社会を守り育てることを強調する。しかし，このアプローチもサステナビリティの概念があいまいなために，ほとんど意味を持たない[16]。行政機関，地域住民，社会活動家などのステークホルダーとの友好的な関係をたもつことが**事業継続のライセンス**の役割を果たすという考え方もあるが，他人任せで何かを期待しても社会的意義も戦略上の意義も乏しい。**コーポレート・レピュテーション**は戦略上のメリットを追求する。企業の評判が消費者の購買意思決定や株価に及ぼす影響については数多くの研究があるが，これまでハッキリした実証研究の結果はでていない。CSRの費用対効果を数値化できない以上，なぜ企業がコーポレート・レピュテーションの向上に努力するのか，その根拠が脆弱である。これらがCSRのこれまでのアプローチへの批判である。

　以上のように，これまでのCSRの4つのアプローチを切り捨てた上で，マイケル・ポーターとクラマー［Porter and Kramer, 2006, pp.78-92］はCSRの現

---

16)　ルービンとエスティ［Lubin and Esty, 2010, pp.43-50］は，サステナビリティを新たなビジョンと戦略によって，従来のITや品質管理のメガトレンドと同様，新たなビジネスモデルで収益源としている企業が数多くあることを紹介している。この見解は，ポーターとクラマーの見解とは全く対立する見解である。

状について，現在のアメリカで支配的なCSRの考え方は慈善行為を中心にした部分的なものでしかないが，事業上の戦略的な判断を下すのと同じフレームワークのなかで社会的責任を果たすべきであるという。このような考え方から彼らは**戦略的CSR**を提唱する。

例で示そう。トヨタのハイブリッドカー，**プリウス**は競争優位と環境保護を両立させる斬新な自動車開発の先駆けとなった。ハイブリッド・エンジン車は通常の自家用車に比べると，どのクルマを比較するかによっても異なるが，有害汚染物質CO_2の排出量が6割前後にまで減少し，燃費効率も半分以下にまで向上する[17]。トヨタはプリウスによって他社の機先を制し，他の多くのメーカーがトヨタのハイブリッド技術のライセンスを利用しているのは当然である。要するに，トヨタはCSRを戦略的に活用し，独自のポジションを築くことで，いまやハイブリッド技術の世界標準として確立する体制を敷くまでになってきた。

ポーターとクラマーが述べているように，戦略的CSRを推進することによって，自社の競争力に繋がる競争環境に投資することで，社会と共有する価値を創造できることが可能である。その戦略の策定は，今後ますます経営企画部の主要な議題になってくる。生み出される価値は，環境価値や社会価値だけでなく経済価値をも含み，文字通りトリプル・ボトムラインが得られる。戦略的CSRの推進によって，企業の成功と社会の成功とが相互に補強しあう共生の関係が生まれてくるというのである。

著者もまた，戦略的CSRには全面的に賛同する。しかし，戦略的CSRを提唱するために，これまでのCSRのアプローチをすべて否定的に断罪すべきであろ

[17) 車の種類によって異なるが，ポーターとクラマーが述べている有害汚染物質の排出量がわずか1割程度，燃費が半分以下というのは，正確ではない。一般的には，本文に書いたとおりである。燃費と有害物質の排出量の資料はトヨタ広報部から提供を受けた。個人的な情報で恐縮であるが，著者はセルシオ（約7年）に続いて5年間ほどベンツを愛用していた。セルシオは全く故障がなく燃費も抜群であったが，ベンツ（Sクラス）は燃費が最悪，決定的な故障が3回もあった。そこで，2010年9月からプリウス（G仕様）に代えた。小さいクルマであることもあって燃費の良さは抜群である。燃費効率は，ベンツに比べると，1/4以下である。費用効果が高く，環境にも優しいのであれば，人気が高いのは当然であると思われた。トヨタは2009年から2010年にかけてリコール問題で苦労したが，その折，GMとヒュンダイ（現代）が盛んにロビー活動を行なった結果だとの欧米の記事は，以上を勘案すると十分に理解できる。詳細は本書のケース・スタディを参照されたい。

うか。レピュテーションのアプローチへの批判についてであるが、たしかに過去においては短期的な財務業績への影響については、実証研究の結果では必ずしも断定的な結論が得られていない。だが、長期にわたる財務業績［Roberts and Dowling, 2002, pp.1077-1093］や、特定の産業［Graham and Bansal, 2007, pp.189-200］における実証研究においては、レピュテーションと財務業績との間で有意な実証研究の結果が得られている。そもそもコーポレート・レピュテーションを高める努力をしたからといって、その成果は長期にわたって徐々に経済価値、社会価値、組織価値に効いてくるのであって、直ちに成果が現れないからといって特定のアプローチを断罪するのは、あまりにも近視眼的といわざるをえない。

著者は、マイケル・ポーターとクラマーの提唱する戦略的CSRの有用性については諸手を挙げて賛同する。しかし同時に、CSRの実施によって企業の倫理的な行動がステークホルダーの協力を呼び、サステナビリティが短期的な利益の追求ではなく長期の観点から行なわれる経営が事業継続のライセンスを与え、コーポレート・レピュテーションを維持・向上させ、毀損したレピュテーションの回避による企業の長期的な財務業績を向上し、同時に社会価値や組織価値を向上させる効果をもつと考えるべきであって、4つのアプローチそれぞれがもつ意義をも高く評価したいと考えるのである。

●まとめ●

CSRではトリプル・ボトムラインと称せられる経済・社会・環境問題への対処が重要な課題になる。従来の社会的責任活動と根本的に異なるのは、ただ単に社会業績を高めるためだけでなく、企業価値の増大を意識して社会責任活動が実施されることにある。そのことは、コーポレート・レピュテーションを高めることでもある。いまや日本の企業は、意識的にせよ無意識的にせよ、CSRを無視した経営を行なうことはできなくなってきた。

CSRが日本で盛んになった背景には、3つの基本的な要因がある。1つは、企業の不祥事の頻発と不祥事を許さない社会の出現であり、いま1つは外国人による機関投資家の日本株式の所有と機関投資家が企業の持続的発展を望む姿

勢である。その他にも，グローバリゼーション，環境汚染，NGO，株主活動主義などがCSRの普及にポジティブな影響を与えている。

　CSRと投資家との関係では，SRI戦略が主要な課題になる。SRIの3つの戦略は，スクリーニング，株主行動主義，コミュニティ投資である。これらの問題は，いまやレピュテーション・マネジメントの一部として，企業が真剣に取り組むべき課題になってきた。管理会計では，戦略的な投資意思決定の問題の1つとしてさらなる検討が必要になろう。

　コーポレート・ガバナンスの論点は，少なくとも3つある。企業は誰のものか，企業統治の主体は誰か，取締役会の組織をアングロサクソン型に改組するかである。これらの論点は現在に至っても結論がついていない。それは，日本企業を全面的にアングロサクソン型の企業統治に改めるべきか，それとも伝統的な制度を残しながらも徐々に変えていくべきかについて，いまだ国民的な合意ができていないからである。その根本的な問題は，日本企業はアングロサクソン型の企業とは成立の歴史，発展の形態，企業文化，組織構造などにおいて大きく異なっているからである。

　サステナビリティの意義については，論者の間でも意見の一致は見られない。単なる概念だからオペレーショナルな価値がないという見解と，IT，品質管理に続くメガトレンドの1つであるとの見解とがある。後者はサステナビリティをCSRに近いものととらえている。著者はサステナビリティを後者のように理解する見解に賛同したい。

　最後に，本章にとって最も重要な問題として，CSRとコーポレート・レピュテーション，財務業績の関係を考察した。その結果，短期的な財務業績との関係は明確にできないにしても，CSRは経済価値・社会価値・組織価値を含む企業価値の増大を目的とするコーポレート・レピュテーションと極めて密接な関係があることを明らかにした。さらに，戦略的CSRの必要性を説くとともに，経営企画部なども経営戦略の柵的にCSRを取り入れることの必要性を示唆した。

参考文献

Belkaoui, Ahmed Riahi and Ellen L. Pavlik, *Accounting for Corporate Reputation*, 1992.
Brammer, Stephen and Stephen Pavelin, Building a Good Reputation, *European Management Journal*, Vol. 22, December 2004.

COSO (The Committee of Sponsoring Organizationss of the Treadway Commission), *Internal Control‐Integrated Framework, Executive Summary,* 1992.（鳥羽至英・八田進二・高田敏文共訳『内部統制の統合的枠組み―理論編―』白桃書房, 1996年, p.4。）

CSR Europe, *The European Survey on Socially Responsible Investment and in the Financial Community,* 2001, http://www.CSReurope.org（2010年2月）.

Dalton, John and Susan Croft, *Managing Corporate Reputation,* Thorogood, 2003.

Dümke, Riccarda, *Corporate Reputation‐Why Does it Matter?, ‐How Communication Experts Handle Corporate Reputation Management in Europe,* VDM Verlag Dr. Muller, 2007.

Fombrun, Charles J., *Reputation, Realizing Vale from the Corporate Image,* Harvard Business School Press, 1996.

Fombrun, Charles J., and Cees B.M. Van Riel, *Fame & Fortune, How Successful Companies Build Winning Reputations,* Frentice Hall, 2004.（花堂靖仁監訳，電通レピュテーション・プロジェクトチーム訳『コーポレート・レピュテーション』東洋経済新報社, 2005年, p.15, p.228。）

Fortune, The World's Most Admired Companies, March 15, 2004/No.4, pp.38-52. *Fortune,* The 2004 List, Most Admired, Fortune, March 8, 2004, pp.79-88, pp.101-120.

Goldberg, M. E. and J. Hartwick, The Effect of Adertiswer Reputation and Extremity of Advertising Effectiveness, *Journal of Consumer Research,* 17, 1990.

Graham, Mary E. and Pratima Bansal, Consumers' Willingness to Pay for Corporate Reputation: The Context of Airline Companies, *Corporate Reputation Review,* Vol.10, No.3, 2007.

Griffin, Andrew, *New Strategies for Reputation Management, ‐Gaining Control of Issues, Crises & Corporate Social Responsibility‐,* Chartered Institute of Public Relations, 2008.

Lubin, Dabid A. and Daniel C. Esty, The Sustainability Imperative, *Harvard Business Review,* May 2010.（鈴木英介訳「サステナビリティの緊急課題」『DIAMOND Harvard Business Review』ダイヤモンド社, 2010年11月, pp.103-118。）

Monks, Robert A.G. and Nell Minow, *Corporate Governance,* Blackwell Publishers, 1995.（ビジネス・ブレイン太田昭和訳『コーポレート・ガバナンス』生産性出版, 1999年, pp.309-310。）

Morley, Michael, *The Global Corporate Brand Book,* Palgrave and Macmillan, 2009.

Neef, Dale, *Managing Corporate Reputation & Risk, ‐ A Strategic Approach Using Knowledge Management,* Elsevier, 2003.

OECD, OECD Principle of Corporate Governance, 2004.

Pfeffer, Jeffrey, "Shareholders First? Not so fast…" *Harvard Business Review,* July‐ August 2009.（二見聡子訳「ステークホルダー資本主義の再来」『DIAMOND Harvard Business Review』ダイヤモンド社, 2009年11月, pp.133-134。）

Porter, Michel E. and Mark R. Kramer, Strategy and Society: The Link Between Competitive Advantage and Corporate Social Responsibility, *Harvard Business Review,* Dec. 2006.（村井裕訳「競争優位のＣＳＲ戦略」『DIAMOND Harvard Business Review』ダイヤモンド社, 2008年1月, pp.36-52。）

PriceWaterhouseCoopers, *The Politics of Responsible Business,* 2001, http://www.

pwcglobal.com（2010年10月1日）

Reputation Institute, *Reputation Intelligence*, In This Issue, Why CSR Matters to Corporate Reputation, Volume 2・Issue 1・Spring 2010.

Roberts, Peter W. and Grahame R. Dowling, Corporate Reputation and Sustained Superior Financial Performance, *Strategic Management Journal*, 2002.

Xu Peng「ガバナンスを強化する取締役へのインセンティブ」『DIAMOND Harvard Business Review』ダイヤモンド社，2002年4月。

足立英一郎「CSRは欧州では売上激減や株価急落の回避策。海外事業の緊急チェックを」『OMNI-MANAGEMENT』日本経営協会，第13巻，第12号，2004年11月。

伊丹敬之『日本型コーポレートガバナンス―従業員主権企業の論理と改革―』日本経済新聞社，2000年。

大野秀樹・小泉元・工藤孝「グリーンプロセス」『FUJITSU』2003年11月，pp.54-56。

川村雅彦「迫られる日本型CSR（企業の社会的責任）の確立」『ニッセイ基礎研REPORT』2002年。

経済広報センター『「第13回 生活者の"企業観"に関するアンケート」調査結果』ネットワーク通信，No.43，2010年夏号。

経済産業省『コーポレート・ガバナンス及びリスク管理・内部統制に関する開示・評価の枠組みについて―構築及び開示のための指針―（案）』企業行動の開示・評価に関する研究会，2005年7月13日。

古賀剛志「グリーンプロセス活動」『環境管理』Vol.40, No.6，2004年。

國部克彦編著『実践マテリアルフローコスト会計』産業環境管理協会，2008年。

櫻井通晴『アメリカ管理会計基準研究』白桃書房，1981年。

櫻井通晴『コーポレート・レピュテーション―「会社の評判」をマネジメントする』中央経済社，2005年。

重竹尚基「取締役改革で会社が変わる3つのポイント」『DIAMOND Harvard Business Review』ダイヤモンド社，2002年4月。

高橋浩夫「日米におけるコーポレート・ガバナンス問題の背景と本質」『中央大学企業研究所年報』第22号，2001年。

田中信弘「日本のコーポレート・ガバナンスにおけるハイブリッド化」『三田商学研究』第45巻，第5号，2002年。

谷本寛治編著『CSR経営―企業の社会的責任とステイクホルダー―』中央経済社，2004年。

土屋守章・岡本久吉『コーポレート・ガバナンス論―基礎理論と実際―』有斐閣，2003年。

東京証券取引所『上場会社コーポレート・ガバナンス原則』株式会社 東京証券取引所，2004年3月16日。

中嶌道靖・國部克彦「管理会計におけるマテリアルフローコスト会計の位置付け」『原価計算研究』日本原価計算研究学会，2003年。

日本会計研究学会スタディ・グループ「第Ⅲ部 アンケート調査の結果分析」『インタンジブルズの管理会計研究―コーポレート・レピュテーションを中心に―』日本会計研究学会第68回全国大会，2009年。

日本監査役協会『委員会設置会社への移行動向等 コーポレート・ガバナンスに関するアンケート調査―第4回 インターネット・アンケート』日本監査役協会，2004年5月13日，会員（4,350社）が対象。インターネットによる協会ＨＰへの記入回答，4/14～4/28日。有

効回答数1,443,回答率33.1％。
日本総合研究所『わが国企業のCSR経営の動向2009-2009年度「わが国企業のCSR経営の動向」アンケート調査』株式会社 日本総合研究所,2010年2月。（このアンケートは，2009年7月13日から同年8月28日に東証一部上場企業の時価総額上位の2,000社にアンケートを実施して，368社（18.4％）から回答を得た。）
日本能率協会「CSRへの関心は高いが，現実は？」『JMAマネジメントレビュー』Vol.10, No.1, 2004年10月, p.41。
正岡幸伸・柴山慎一「取締役会の実態と理想」『DIAMOND Harvard Business Review』2002年4月。
水尾順一『セルフ・ガバナンスの経営倫理』千倉書房，2003年。
三宅博人「企業の社会的責任とコーポレート・ガバナンス」『JMAマネジメントレビュー』2004年, Vol.10, No.8。
由良聡「CSR：日本の現状」（谷本寛治編著『CSR経営——企業の社会的責任とステイクホールダー』中央経済社，2004年, p.51-76）。

第16章 レピュテーション監査

● はじめに ●

　コーポレート・レピュテーションを高めるために，欧米ではレピュテーション・マネジメントを行なう企業が年々増加傾向にある。レピュテーション監査はそのレピュテーション・マネジメントのために経営者によって行われる監査ないしアセスメントである。

　レピュテーション監査と表現すると，会計人は一般に公認会計士による監査を連想するかもしれない。しかし，ここでレピュテーション監査は，会計学でいう監査とは趣が若干違っている。どちらかといえば，システム監査，内部監査などを想定すると分かりやすい。

　レピュテーション監査の目的は，レピュテーション・マネジメントのためである。より具体的にいえば，レピュテーション監査は，企業のレピュテーション・マネジメントを対象とした経営戦略とマネジメント活動の監査ないしアセスメントの活動であって，企業がレピュテーション・マネジメントに関する情報を外部に提供する上で，その信頼性を担保するための監査である。レピュテーション監査は内部監査人や外部の専門家が担当することもできるが，より適切には経営トップの責任において行なわれるのが望ましい。

　本章では，レピュテーション監査がいかなるものであって，どんな手続きで実施され，会計監査とはどんな関係にあるかを明らかにする。その目的のために，包括的レピュテーション・マネジメントとレピュテーション監査の関係を明らかにし，レピュテーション監査とは何かを考察し，レピュテーション監査の方法を説明し，最後にレピュテーション監査が"監査"なのかアセスメント［櫻井，2008，pp.128-130］なのかを考察する。

1　レピュテーション・マネジメントのためのレピュテーション監査

　レピュテーション・マネジメントのためには，レピュテーション監査が不可欠である。レピュテーション監査は包括的レピュテーション・マネジメントの主要部分を構成している。ブランド・マネジメントと比較すると，レピュテーション・マネジメントの効果は比較的早く現れる。とはいえ，レピュテーション・マネジメントにおいても，始めたからといってすぐに目に見える成果が現れるわけではない。レピュテーション・マネジメントを始めようとしたら，まず初めに，投資家，債権者，従業員，顧客など主要なステークホルダーが自社についてどのような印象をもっているかの調査から始められる。

▶1　包括的レピュテーション・マネジメントとは

　レピュテーション・マネジメントには，いくつかの主張や方法がある。その1つ，包括的レピュテーション・マネジメント（comprehensive reputation management）とは，**ドーリー**と**ガルシア**［Doorley and Garcia, 2007, p.8］によれば，企業がレピュテーション資産を保全し，レピュテーション上の問題，脆弱性，機会を管理するための方法であって，レピュテーションを管理する公的なフレームワークである。アメリカの主要企業の30社のリーダー，CEO，学者・研究者，コーポレート・コミュニケーション担当責任者からなるカンファレンスボード（the Conference Board）[1]は，**包括的レピュテーション・マネジメントの役割**を次のように述べている。

　「包括的レピュテーション・マネジメントとは，組織体の資産としてのレピュテーションを，測定・監視・管理するための長期的な戦略である。」

　包括的レピュテーション・マネジメントは，企業を中心とする組織体の内在的アイデンティティと外部イメージのマネジメントを行ない，両者を融合させる方法論を提供する。その適用領域は，たとえば，財務，人事管理，ＩＲ，製造，マーケティングおよびＰＲといった部門など多岐にわたる。

---

[1] 1916年に創設された民間の非営利機関。社会，経済，経営について調査研究し，特定の意見に偏らない研究成果を公表することを目的とする。

包括的レピュテーション・マネジメントでは，レピュテーション基準と希求水準に照らした自己評価とレピュテーション監査に加え，ギャップ分析が行なわれる。その結果から，レピュテーション・マネジメントの計画が策定されることになる。図16-1 [Doorley and Garcia, 2007, p.11] を参照されたい。

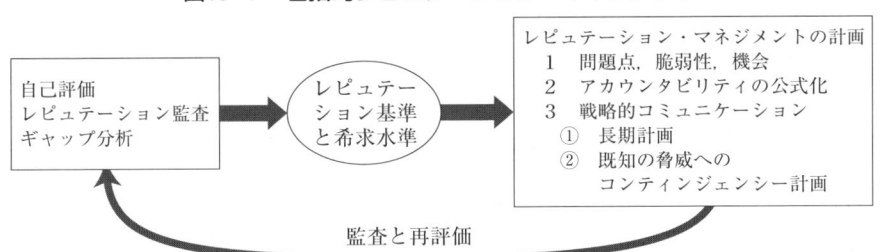

図16-1　包括的レピュテーション・マネジメント

```
┌─────────────┐      ┌─────────┐      ┌──────────────────────────────┐
│ 自己評価     │      │ レピュテー│      │ レピュテーション・マネジメントの計画│
│ レピュテーション監査│─────▶│ ション基準│─────▶│  1  問題点，脆弱性，機会      │
│ ギャップ分析  │      │ と希求水準│      │  2  アカウンタビリティの公式化 │
│             │      │         │      │  3  戦略的コミュニケーション   │
└─────────────┘      └─────────┘      │    ①  長期計画               │
       ▲                               │    ②  既知の脅威への          │
       │                               │        コンティンジェンシー計画 │
       │                               └──────────────────────────────┘
       │                    監査と再評価                                │
       └────────────────────────────────────────────────────────────────┘
```

　図16-1で，レピュテーション・マネジメントの計画は，短期，長期の事業単位別の戦略上の指針になる。レピュテーション・マネジメントの計画には，次のものが含まれる。①内在的な監査と外部ステークホルダーの目から見た監査の要約，②レピュテーション資産の測定結果，③会社全体または事業単位のレピュテーション管理の現状と潜在的な問題の説明，④事業部別の目標と機会，⑤全社または事業単位別のメッセージ戦略である。

　以上，レピュテーション監査は，レピュテーション・マネジメントの一環として行なわれる監査ないしアセスメントである。

▶2　内部と外部のステークホルダーを対象にしたレピュテーション監査

　レピュテーション監査 [Doorley and Garcia, 2007, p.10] には，2種類のものがある。1つは，内在的アイデンティティ（現状において企業はどうなっているか）を従業員がどう見ているかを評価し，将来あるべきだと経営者が意図している理想像とを比較検討する。この現状とあるべき姿とのギャップを分析し，そのギャップを埋めるための計画（レピュテーション・マネジメントの計画）を設定する。いま1つは，レピュテーション監査を行なうことで，外部のステークホルダーが企業をどのように見ているかを測定する。この監査では，ステークホルダーのイメージの総体がレピュテーションを構成するともいえる。

アイデンティティとレピュテーションとの間のギャップを分析し,そのギャップを埋める計画（レピュテーション・マネジメントの計画）を設定する。

図16-1で，レピュテーション・マネジメントの計画は，包括的レピュテーション・マネジメントのプロセスから導かれる。その計画の成果物では，アカウンタビリティ（accountability；説明責任）を果たすべく，レピュテーション上の問題点，脆弱性，機会が明らかにされる。また，長期計画とコンティンジェンシー計画を含む戦略的コミュニケーションのツールともなる。

2 レピュテーション監査とは

レピュテーション監査（reputation audit）[2]とは，企業のレピュテーションを識別，評価，活用する上で経営者を支援する組織的なプロセス［Fombrun, 1996, pp.11-12］のことをいう。**レピュテーション監査**は会社が自社のレピュテーションの強みと弱みを直視し，多様なイメージを統合し，コーポレート・レピュテーションにコーポレート・アイデンティティを密接に関連づける上で会社の経営者を支援する強力なマネジメントのツールである。

▶1 レピュテーション監査の意義

レピュテーション監査の意義については，論者によって論点や視点が異なり，確立された理論があるわけではない。レピュテーション監査の提唱者はいずれも経営学者やコミュニケーション専門家であるため，会計学や監査の専門家の立場からすると，若干の違和感を覚えるかもしれない。ここでは，フォンブランとダウリングの見解を検討しよう。

フォンブランが想定しているレピュテーション監査は，その監査の結果を第三者であるステークホルダーに提供されれば，会社のレピュテーション・マネジメントの状況なり適否なりをステークホルダーが評価（アセスメント）するための重要な情報となる。ステークホルダーが監査の結果を知ることによって，

---

[2] レピュテーション監査は，英語でreputational audit, reputation auditの両方が用いられる。フォンブランはreputational auditと表現しているが，著者はダウリングやクレヴンスのようにreputation audit の方がその内容をよく表現しているように思う。

会社に対するより適切な評価が行なえるように支援するための手段を提供するものとしてレピュテーション監査を位置づけている。

一方，**ダウリング**［Dowling, 2006, pp.65-66］はレピュテーション監査について次のように述べている。コーポレート・レピュテーションは，経営者と従業員の日々のすぐれた行動をもとに構築されていく。したがって，経営者と従業員の行動はレピュテーション監査の主要な構成要素であるとともに，レピュテーションリスクを決定づける主要な源泉でもある。とはいえ，経営者と従業員の行動が会社の活動に何らかの影響を及ぼしえない限りほとんど価値がないから，レピュテーション監査ではコーポレート・レピュテーションの源泉がどこにあるのかを識別できなければならない。

そのためには，レピュテーション監査は，定性的監査だけでなく定量的にも実施されるべきである。定性的監査は，ステークホルダーが抱いている問題領域を明らかにする。必要に応じて，レピュテーションの低下が財務業績にいかなる影響を及ぼすかを定量的に測定するなど，定量的監査を実施する。この定量的監査の実施において，測定と伝達を掌る（つかさどる）会計担当者に対する期待が高まってきている。

▶2　レピュテーション監査ではレピュテーション指数を活用する

監査というためには，企業外部の者の評価がなくてはならない。レピュテーション監査は，コーポレート・レピュテーションの要素がどのように企業価値とステークホルダーに関連しているかを評価する1つの方法である。**クレヴンス**等［Cravens, et al., 2003, p.208］は，レピュテーション調査を公式のレピュテーション監査のアウトプットとして作成する方法を提案している。

クレーヴンス等の提案によれば，レピュテーション監査を企業の全領域と全レベルに実施し，企業の組織風土と競争戦略に照らして定期的にレピュテーション監査を実施することが望ましいという。経営幹部は企業評価やコーポレート・レピュテーションのランキングづけに関連して，グローバルなレピュテーション監査を通じてコーポレート・レピュテーションの評価に直接的に関与すべきであるという。さらに，コンプライアンス監査を実施することで，長期的な信頼を着実に深めていくことも必要であると述べている。

レピュテーション監査を行なうことによって，経営者は会計情報の開示と正確かつ信頼性ある財務諸表の作成の意義を認識することができるようになる。レピュテーション指数との関係でレピュテーション監査を実施すれば，外部に公表する指数の信頼性が得られるなどの利点も得られることになる。

　レピュテーション監査が提供する情報は，経営者にとって各種のステークホルダー・グループが考えている当該会社のレピュテーションの現状に関するデュー・デリジェンス（due diligence）報告書でもある。会社にとって，世論を聞く市場調査は，レピュテーション監査の適切な方法だからである。

　現時点で，世界的に最もよく知られているレピュテーション調査は，3種類のものがある。最も長い期間行なわれてきた調査は1982年から毎年実施されてきた*Fortune*誌による「最も賞賛される企業」投票である。レピュテーション調査として広範に行なわれてきたものとしては，レピュテーション・インスティチュートとハリス・インタラクティブが2006年度まで行なってきた「レピュテーション指数（RQ）」による調査（現在では，ハリス・インタラクティブが実施）がある。調査の結果は*The Wall Street Journal*紙で公表されてきた。いま1つはRQに代わってReputation Instituteによって実施されている「世界で最も評判の高い会社」調査である。一般には「RepTrak®」として知られている。ジャーナルでは*Forbes*が支援している。

　レピュテーション調査というときには，2つの調査があることに留意すべきである。1つは，ランキングを主体にした調査で一般に新聞などで公開されている年度調査であり，いま1つは個別企業のために行なわれるカスタムサーベイである。レピュテーション監査は後者のカスタムサーベイが主体になる。

　「RepTrak®」では，コーポレート・レピュテーションの根底には，①好感度，②賛美，③尊敬，④信頼があるとしている。加えて，コーポレート・レピュテーションの評価には，7つの評価項目がある。属性は23になっている。「RepTrak®」における7つの評価項目と23の属性は**表16-1**のとおりである。

　「RepTrak®」の評価項目と属性は，「RQ」と大きくは変わってはいない。とはいえ，6カ国でのオンラインの調査結果を計量的に分析した結果であるというだけあって，大規模なステークホルダーの調査となっている。

　「RepTrak®」などのステークホルダーによるレピュテーション評価は，レピ

ュテーション監査の重要な部分である[3]。これらの調査は監査される会社からは独立した機関において客観的なデータをもとに行なわれる。フォンブランもダウリングもレピュテーション調査をレピュテーション監査の主要なツールとしてとらえているが、ダウリングはそれに加えて、デューデリジェンス報告書としての意義を認めていることが注目される。

表16-1 「RepTrak」®の7つの評価項目と23の属性

評価項目	属性
製品／サービス	高品質、価格に見合った価値、アフターサービス、顧客ニーズの満足
革新性	革新的、早期の上市、変化への即応
業績	高い収益性、好業績、成長の見込み
リーダーシップ	すぐれた組織、魅力的なリーダー、卓越したマネジメント、将来への明確なビジョン
ガバナンス	オープンで高い透明性、倫理的な行動、公正な事業方法
市民性	環境責任、社会貢献活動の支援、社会への積極的な影響
職場	公平な従業員への報酬、従業員の福利厚生、公平な機会提供

3 レピュテーション監査の方法

レピュテーション・マネジメントを成功裏に実施するには、競争相手とのポジショニングについて、コーポレート・レピュテーションの状況を定期的に監査することが有効である。フォンブラン［Fombrun, 1996, pp.206-207］によれば、レピュテーション監査の主要な構成要素は3つのステージからなるという。

▶1 レピュテーション監査の3つのステージ

レピュテーション監査は、会社の診断的分析、ポジショニングの戦略的分析、および管理のための計画の検討という3つのステージからなる。

3）レピュテーション評価指標における属性は、コーポレート・レピュテーションとは何かを明らかにして具体的なレピュテーション・マネジメントを実施する上でも有効である。

ステージ1： 現在の会社のアイデンティティ，イメージ，レピュテーションの診断的分析
ステージ2： 会社の望ましい将来の状況を定義づける趨勢，計画，競争的ポジショニングの戦略的分析
ステージ3： 将来の状況への移行を管理するための会社の計画の検討

これら3つのステージの関係はどうなるか。フォンブランは**図16-2**のように関係づけている。以下では，レピュテーション監査の方法を，可能な限りフォンブランの主張する内容に従って正しく伝える形で紹介しよう。

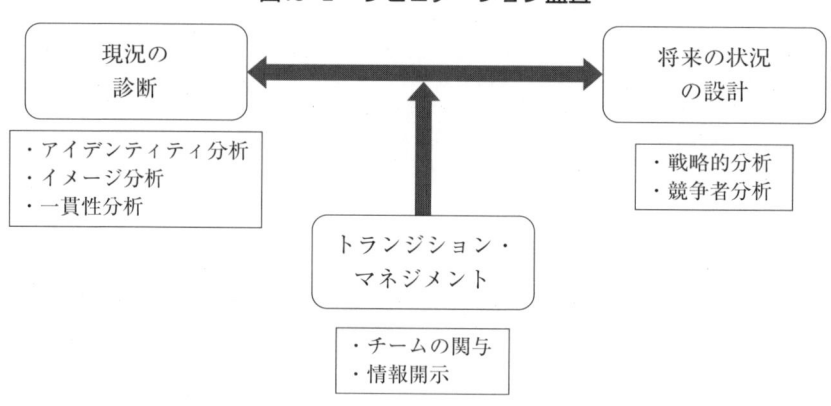

図16-2　レピュテーション監査

```
┌─────────┐                           ┌─────────┐
│  現況の  │ ←───────────────────→    │将来の状況│
│   診断   │                           │  の設計  │
└─────────┘                           └─────────┘
・アイデンティティ分析                    ・戦略的分析
・イメージ分析                            ・競争者分析
・一貫性分析                              
                    ↑
            ┌─────────┐
            │トランジション・│
            │ マネジメント │
            └─────────┘
            ・チームの関与
            ・情報開示
```

▶2　現況の診断，将来の状況の設計，トランジション・マネジメント

　レピュテーション監査は，現況の診断，将来の状況の設計，トランジション・マネジメントからなる。それぞれについて，順を追って検討していこう。

ステージ1　現況の診断

　レピュテーション監査の第一歩は，会社のアイデンティティ，イメージ，レピュテーションを正確に評価することから始められる。それには，①アイデンティティ分析，②イメージ分析，③一貫性分析が必要である。

1) アイデンティティ分析

　会社とステークホルダー――顧客，投資家，証券アナリスト，サプライヤー，販売業者，規制機関，従業員，一般生活者――とのすべてのコミュニケーションを監査する。ここでコミュニケーションには，広告，パンフレット，マニュアル，ポスター，手紙，ロゴ，看板が含まれる。会社の製品と事業の名称とグラフィックデザインについては，コミュニケーションの専門家が監査する。民俗学の専門家は何人かの従業員と会って，従業員個人としての会社についての評価，自社の特徴，会社の強みと弱みを分析する。このアイデンティティ分析の目的は，会社のアイデンティティ・システムが多かれ少なかれ会社の実像を一貫して伝達しているかを監査することにある。

　アイデンティティ分析ではまた，会社の代表者との電話，会社訪問，手紙を通じて，ステークホルダーに会社の現況を正しく認知してもらう方法には何があるかを探究する。アイデンティティ分析が終了するころには，会社のアイデンティティが明らかになってくる。同時に，会社が従業員や外部のステークホルダーによってどのように見られているかが正確に把握できるようになる。

2) イメージ分析

　会社が自社の情報をいかにうまく発信しているかを個々にチェックすることができたら，レピュテーション監査として，会社からの情報発信が正確に会社の現況を伝達しているかを評価する。ステークホルダーは会社の主要な財務・非財務の業績をいかに評価しているか。会社をどの競争業者と比較したらよいか。何を比較するか。どの事業に最も注目しているか。評価の高い事業と評価の低い事業は何か。

　ステークホルダー調査における最も重要な意思決定は，評価される個人の特定である。これを適正に行なうためには，会社の構成員を可能な限り正確に洗い出す必要がある。次に，構成員のなかから主要な数人を選び出し，インタビューを行なう。正しく人物像を描くには，すべての構成員のなかからバランスよく人選をすることが必要である。多数の顧客と株主を持つ会社では，投票によるのが最もすぐれている。たとえば，500〜1,000人といった比較的小さなサンプルでは，投票によれば95％の信頼度水準で3〜5％の誤差の範囲内で世論を知ることができる。会社に出向いてインタビューをするだけでなく，電話に

よる質問調査と郵送調査を併用すれば，会社のイメージとレピュテーションがより明瞭になる。

3) 一貫性分析

会社の現状を診断する最終ステップは，構成員の調査から得られた異なったイメージを貫いている一貫性を発見することである。イメージはどこに収斂し実態とどこが違っているか。どこで違いが生じているのか。イメージはどれだけうまく会社のアイデンティティを表現しているか。会社のアイデンティティはどれだけ自己の評価に反映されているか。どれだけ正確にその評価がステークホルダーによって受け入れられているか。コーポレート・レピュテーションは，異なったステークホルダーによってもたらされるすべてのイメージから引き出される全般的な後光効果[4]である。

ステージ2　将来の状況の設計

将来の望ましい状況を作り出すためには，会社の戦略的な意図と競争環境を明確に理解する必要がある。シナリオ・プランニング[5]，競争会社の相対的なレピュテーションの状況や自己評価の検討と併せて，趨勢分析，競争分析を通じた自社の戦略的ポジショニングの検討を行なう必要がある。同じ業界内でどの会社のレピュテーションが高いか。レピュテーションが高いのはなぜか。レピュテーションを維持するためにはどんな戦略が必要であるか。

これらの分析から，実施可能性分析が行なわれていく。このステージで経営責任者からの承認と支持を取り付けておく必要があるが，担当の経営責任者は企業の戦略と資源の制約を勘案した上で，コーポレート・レピュテーションをどこまで向上させるかを決定する。ただ，ここで留意すべきことが2つある。1つは，アイデンティティの分析は一度限りのプロジェクトでは終らないということである。その意味でレピュテーション監査は，いってみれば，終わりのない旅のように継続的に行なわれる必要がある。いま1つは，何らかの効果を得

4）後光効果（halo effect；ハロー効果）とは，心理学で，1つのすぐれた特質をもつ人が他の点でも好意的に評価される傾向のことをいう。

5）シナリオ・プランニング（scenario planning）とは，起こりうる可能性のある複数のシナリオ（外部環境の下での計画や行動予定）を想定し，不確実性の高い環境のもとで最善の行動をしようとする戦略策定の手法のことである。

たいのであれば，それなりの資金，時間，労力が必要になるということである。

ステージ3　トランジション・マネジメント

　現状と望ましい状況とのギャップの存在から，トランジション・マネジメント[6]の適用が問題になる。期待されるコーポレート・レピュテーションを得るためのプロジェクトを成功させるためには，関係部門の協力が不可避である。どんなチェンジ・マネジメント[7]においても例外なく，情報が不足すると，抵抗勢力が生まれる。経営戦略とは違って，レピュテーション・マネジメントに関しては秘密がほとんどない。したがって，自社のアイデンティティとレピュテーションを伝達するために広い範囲で議論を深めていくことが必要となる。チェンジ・マネジメントの精度を高めていくためには，関係部門の現場管理者だけでなく，経営幹部との協議を行なうことが有効でありまた会社内外の関係者への情報を伝達する上でも重要な役割を果たしうる。レピュテーション向上プログラムのチームから発信される情報の内容がすぐれていればそれだけ，ステークホルダーからの反応もよくなる。

　社内でレピュテーション向上プログラムの内容が固まってきたら，①共通の記憶媒体を用いた従業員を育成するためのシステム，②構成員へのフィードバックの手続き，③コンプライアンスを監視する手続きを導入する。こういったシステムの導入は一見すると簡単そうに見えるが，とくに多角化が進んだ事業部においては，一貫したアイデンティティを追求して従業員レベルまで浸透させることは，実際にはたいへんな労力が必要とされるプロジェクトとなる。

4　レピュテーション監査は評価か監査か

　会計学において，監査というるためには，信頼するに足る監査の「判断基準」ないし「客観的な証拠」を「専門家」によって「独立」の立場から評価・

---

6) トランジション・マネジメント（transition management；移行マネジメント）は，変革を目的とした望ましい状況への移行マネジメントの手法のことをいう。
7) チェンジ・マネジメント（change management；変革マネジメント）は，1990年代にアメリカで開発・実践された手法である。文字通り，変革を成功裏に実施するためのマネジメント手法である。

伝達する組織的な行為であることが要請される。濃淡の違いがあるが，世間一般に監査と呼ばれているもの——会計監査，内部監査，システム監査，環境監査，マーケティング監査——のうちでも，著者の考える「監査」の条件をすべて備えているのは，会計監査である。

▶1　なぜレピュテーション監査なのか

　コーポレート・レピュテーションの**アセスメント**（assessment；評価）ではなくレピュテーション監査（audit）を実施する目的は，監査と呼ばれる客観的な検証行為によって信頼性と妥当性を付与するためである。レピュテーション"監査"と呼ぶのは，事業の個別的な領域の問題に対して信頼性の高い統合的な視点を提供するという意味もある。

　具体的な事例で述べよう。2010年春に日本テトラパックでのレピュテーション監査において，著者を中心に，伊藤和憲（専修大学教授），関谷浩行（城西国際大学大学院博士課程），竹迫秀俊（城西国際大学大学院博士課程）の諸氏はコカコーラ，カゴメ，紀文フードケミファ，アサヒ飲料など8社を訪問して監査を実施した。その際，日本テトラパック社の担当者は，独立性を担保するために，われわれを訪問企業に紹介するだけに留め，調査には加わっていない。監査結果の報告も，親会社であるスウェーデンのテトラパック社に直接送付した。さらに，この調査結果をもとに，問題点の整理を行なって対策を協議した。

　世界基準に照らして日本テトラパックの特徴と問題はどこにあるか。この問題を検討するために，専門的な調査機関（Reputation Institute）としての立場から，RepTrak®を使ったレピュテーション指標による測定も行なわれた。その現状分析の評価結果から，日本テトラパックには知名度を高めるための方策，他の国の子会社との比較検討の結果から多面的な提案が行なわれた。

　レピュテーション監査の用語は，会計学を専門とする著者には，ミスリーディングで疑義が生じやすい表現のようにも思われる。たしかに第三者による評価ではあるが，財務諸表の妥当性に保証を与えたり会計上の誤謬や不正を発見したり業務の不効率の改善提案をしたりコンプライアンスを高めるといった会計学で行なわれている会計監査とはその監査の内容が異なる。内容的には，レピュテーション評価に近い。ただ，日本でもすでに普及が進んでいるシステム

監査[8]もある。このように考えるならば，第三者による評価という意味では，"監査"と呼ばれるべきものではなかろうか。以上から本書では，欧米の先駆的研究に倣って，「レピュテーション監査[9]」と称したのである。

▶2　レピュテーション監査のあり方

　レピュテーション監査においては，会社自体の現状把握のために，定性的監査の一環としてコミュニケーションの監査を実施して，会社の情報公開がすべてステークホルダーに正しく伝わることを確認すべきである。コミュニケーションの監査を実施することによって，すべてのステークホルダーに会社の情報公開が正しく伝達されていることを確認し，伝達がうまくいっていないのであれば，どこに問題があるかを明らかにする。このような是正措置を実行するのは，内部監査で日常的に行なわれているように，コーポレート・レピュテーションを掌握している会社の経営者である。コミュニケーションの監査もまた継続的・体系的に実施されることが肝要である。

　ステークホルダーの見方と期待は，いわば会社が裁かれる**"世論の裁判所"**である。ステークホルダーの会社への見方，およびコーポレート・レピュテーションは，ある会社を他社と比較する際に用いられる情感的なベンチマークになる。会社のビジネスモデルは主要な業務上のコントロール・レバーとなるとともに，レピュテーションリスクの主要な情報源となる。企業は種々の目的や

---

8) ITないしコンピュータのことは，時代に応じて，電子計算機，EDP，MIS，DSS，SISなどと特徴づけられてきた。現在の"システム監査"は，1960年代には"EDP監査"と称されていた。現在でこそシステム監査にはしっかりした「システム監査基準」があるが，著者がEDP監査を研究していた頃（1968年前後）にはEDP監査の判断基準は何もなかった。レピュテーション監査についても，将来には「レピュテーション監査基準」制定の可能性を考えると"監査"という表現を使うことが望ましいかもしれない。客観的かつ独立的な立場からする検証行為によって，情報なり行為の信頼性をより一段と高めるという意味では，結語でも明らかにするように，監査の対象を狭くとらえる必然性はないように思われる。

9) 日本とは違って，アメリカではFortune誌の「最も賞賛される企業」では9項目，The Wall Street Journal紙の「レピュテーション指数（RQ）」では6つの評価項目と20の属性が"判断基準"となる。前者はヘイグループ，後者はハリスインタラクティブとRI（現在はハリス・インタラクティブ）による客観的で独立的な"客観的な証拠"を収集し，"専門家"による評価・伝達している。2006年からは，RIが「RepTrak®」による調査を実施している。日本でレピュテーション監査が実施されるためには，その前提として，日本でもこのようなレピュテーション指標がもたれる必要がある。そのうえで，カスタム・サーベイが実施されるのが理想である。

理念に従って事業に取り組んでいるが，事業への取り組み方と価値観が会社のモラルを定義づける。たとえば，A会社の事業目的は，短期的な株主価値を極大することにおかれ「事業で重要なのはボトムラインである利益を増加させることだ」という考え方で事業が運営されているとしよう。B社はコンプライアンスに従った強い倫理規範に従って「フェアーな会社がいい会社だ」という理念で経営されている。C社では，事業目的が長期の社会価値を高めることにあって「会社は公共の利益のためにある」という考え方が支配している。レピュテーション監査では，これらの会社の理念や価値観を念頭において，コーポレート・レピュテーションを評価して提案をする。

コーポレート・レピュテーションは第三者であるステークホルダーの評価によって決定づけられるから，レピュテーション監査はレピュテーション・マネジメントの主要な要素を占めている。著者は，欧米型の第三者による評価に加えて，コーポレート・ガバナンスやコンプライアンスを高めるための内部監査における経営監査の手法を取り入れるなどで，日本的な意味でのレピュテーション監査を構築していくことが必要かつ有用だと考えるのである。

▶3 定性的監査だけでなく，定量的監査の必要性

レピュテーション監査を始めようとしたら，まず初めに，株主，従業員，顧客など主要なステークホルダーが企業についてどのような印象をもっているかの調査から始める。これは一般に定性的な監査と呼ばれる。定性的監査は，ステークホルダーが抱いている問題領域を明らかにする。しかし，レピュテーション監査は，定性的監査だけでなく定量的にも実施されるべきである。

レピュテーション監査では，レピュテーションの低下が財務業績にいかなる影響を及ぼすかを定量的に測定するなど，定量的監査が必要になる。定性的なレピュテーション監査の結果，問題領域が明らかにされるが，是正措置を取ることでどんな財務上の効果が期待できるかなど，経済価値での測定が必要になる。そのような場合には，経済的・非経済的データの測定と伝達を専門的な業務とする管理会計担当者に期待される役割は大きい。

▶4 レピュテーション監査,レピュテーション指数との結合

　バランスト・スコアカードやKPIによってレピュテーション・マネジメントを行なうには,財務,顧客と社会,内部ビジネス・プロセス,人的資源に関連してレピュテーション指数を作成する必要がある。その際,レピュテーション指数を作成するには自らが作成するのではなく,企業から独立した組織体に作成してもらうと,最も信頼できる指標を作成することができる。独立のコンサルタント会社かレピュテーション監査の一部として指数が作成されるならば,情報の信頼性が増し,バイアスを減少させることができるからである。

　公式のレピュテーション監査は,コーポレート・レピュテーションの要素がどのように企業価値とステークホルダーに関連しているかを評価する1つの方法である。クレヴンス等［Cravens, et al., 2003, p.210］は,レピュテーション指数を公式のレピュテーション監査のアウトプットとして作成する方法を提案している。彼らの提案によれば,レピュテーション監査を企業の全領域と全レベルに実施し,企業の組織風土と競争戦略に照らして定期的にレピュテーション監査を実施することが望ましいという。経営幹部は企業評価やコーポレート・レピュテーションのランキングづけに関連して,グローバルなレピュテーション監査を通じてコーポレート・レピュテーションの評価に直接的に関与すべきである。さらに,コンプライアンスのあり方を検討することで,長期的な信頼を着実に深めていくことも必要になろう。レピュテーション指数との関係で定量的なレピュテーション監査を実施すれば,外部に公表する評価指標の信頼性が得られるなどの利点も得られることになる。

●まとめに代えて●

　レピュテーション監査は,監査という表現を用いているが,その目的は,ステークホルダーの評判を客観的に分析して,企業の経営戦略の策定に資することにある。監査という表現が用いられているのは,自己評価ではなく**第三者による独立**の評価(監査)が行なわれること,評価基準には権威ある機関によって認められた理論的にもすぐれた**判断基準**が用いられていること,**客観的な証**

拠にもとづいて**専門家**によって行なわれることにある。現時点でみる限り，欧米でレピュテーション・インスティチュートによって実施されているレピュテーション監査は，これらの判断基準に照らしてみる限り，監査と称しうる。

　著者は大学院の博士課程在学中の1968年に，当時はEDP監査といわれていた現在のシステム監査を研究するため，渡米してバークレイにあるカッターラボラトリー㈱の内部監査部門で3カ月の研修を受けたことがある。現在でこそシステム監査にはしっかりした「システム監査基準」があるが，著者が日本内部監査協会を通じてEDP監査を研究していた頃には，EDP監査には監査たりうるための判断基準は存在しなかった。現在ではシステム監査という確たる1つの研究領域が存在している。

　このように考えるならば，レピュテーション監査についても，将来的には，「レピュテーション監査基準」制定の可能性は決して夢ではないと思われる。日本でも欧米の社会で既に実施されているレピュテーション評価など客観的かつ独立的な立場からの検証行為によって，情報なり経営者の行為の信頼性をより一段と高めるという意味でも，監査の対象（あるいは監査の対象となる行為の性質）を狭くとらえる必然性はないように思われる。監査を専門とする研究者・実務家のご意見を是非とも拝聴したいと考える。

参考文献

Cravens, Karen, Elizabeth Goad Oliver and Sridhar Ramamoorti, "The Reputation Index: Measuring and Managing Corporate Reputation", *European Management Journal*, Vol.21, No.2, April 2003.
Doorley, John and Helio Fred Garcia, *Reputation Management, -The Key to Successful Public Relations and Corporate Communication-*, Routledge, 2007.
Dowling, Grahame, "Reputation Risk: It is the Board's ultimate Responsibility", *Journal of Business Strategy*, Vol.27, No.2, 2006.
Fombrun, Charles J., Reputation; *Realizing Value from the Corporate Image*, Harvard Business School Press, 1996.
櫻井通晴『レピュテーション・マネジメント―内部統制・管理会計・監査による評判の管理』中央経済社，2008年。

第5部

ケース・スタディ

　第5部では，過去に事故や不祥事に悩まされたものの，その後，過去の不幸な出来事を見事なまでに解決し，いまは次なる新たな発展過程にある企業を取り上げてその再生の道程を明らかにする。第17章では雪印乳業（当時）の再生の道程を検討する。次の2つは，自動車産業を対象にする。すなわち，第18章では三菱自動車のリコール回避の本質と再生の戦略を探求する。続く第19章では，トヨタのリコール問題のレピュテーションと財務業績への影響を可能な限り客観的な立場で記述する。そして最後の第20章では，FF式石油温風機事故をパナソニックがいかに事故に対処して現在の成功に導いてきたかを考察する。

第17章

雪印ブランド再生のための持続的発展の可能性
─雪印ブランド再生のためのCSR活動─

● はじめに ●

　雪印乳業（以下，雪印メグミルク[1]）事件から10年の歳月が過ぎた。"10年ひと昔"というが，いまでも当時のテレビに映されたひとこまひとこまが鮮明に思い出される。この事件によって，当時は1兆2千億あった売上高が，会社分割などによる企業再編があったとはいえ，現在では5千億円前後と，事件前の約2分の1に減少した。この事実だけでも，事件の重大さを思い知らされる。

　多くの日本の家庭では，2度目の事件以降，過去数年は失われた雪印ブランドの買い控えを行なってきたし，現在でも続けている家庭もあろう。しかし，事件から10年を経た現在，雪印ブランド再生のための会社としての必死の企業努力が種々のメディアを通じてまた口コミで伝わってくるようになった。そこで，ここらで事件の総括を行なう時期にきたように著者には思われる。

　2009年5月には，オランダのアムステルダムで開催されたレピュテーション・インスティチュート（RI）によるレピュテーションの年次の世界大会で，研究発表の機会を得た。そこで，発表が終了した1日（土曜日）は日本が模範にしてきた酪農の国の実態の一部を見学する機会を得た。そこで想起されたのは，北海道にある雪印の事件である。この機会に雪印の足跡と，雪印が真剣に再生努力を行なっているのであれば，消費者の1人として，再生努力を支援する必要があるのではないかと考えたのである。

　雪印乳業東京本社に広報部を訪問したのは，2009年の11月のことであった。12月には城西国際大学の関谷浩行（博士課程）と竹迫秀俊（修士課程；当時）

---

1) 雪印乳業株式会社は，2009年10月1日をもって日本ミルクコミュニティー株式会社と経営統合し，雪印メグミルク株式会社を設立した。以下，必要に応じて，雪印乳業に代えて，雪印メグミルクと称する。

の両氏とともに事件後CSRを担当してきた責任者から事件後の雪印再生の経緯を伺った。続いて，2010年1月には横浜工場で現場の生産過程を見学した。加えて，8月4日には専修大学の伊藤和憲教授，成蹊大学の伊藤克容教授とともに雪印札幌工場の「雪印資料館とミルクコミュニティ」を訪問して同社の歴史を研究させていただいた。

　本章は，2つの目的で執筆した。1つは，他社が再び類似の過ちを犯さないように，コーポレート・レピュテーションを高める（またはレピュテーションの毀損を抑止する）には何が必要かを明らかにすることである。いま1つの目的は，雪印が本当に生まれ変わって再生努力を行なっているのであれば，読者に真の姿を伝えることで，日本の酪農業の発展のためにも，読者に過去を忘れて将来志向の姿勢を貫いて欲しいと考えたのである。

1　雪印乳業による反社会的事件とは何か

　雪印乳業の反社会的な事件は，いまや一昔前の出来事になった。記憶は日々薄れていくが，その記憶を頼りに，データとしては，会社訪問から得られた知見，当時の新聞スクラップおよび先行研究その他を参考にして，2つの事件の概要と，両事件から得られる教訓を述べてみたいと思う。なお，混乱を避けるために，社名は必要に応じて当時の名称を使うことにする。

▶1　雪印乳業による食中毒事件

　事件は，2000年6月26日[2]に，他社も羨むほどの乳製品の製造技術をもっていた雪印乳業の大阪工場製の低脂肪乳による食中毒［北海道新聞取材班, 2002, p.31］から始まった。雪印乳業は当時，圧倒的なブランド力をもち，競争業者でもそのブランド力と製造技術は圧倒的な強さを誇っていた。その高いブランドを誇っていた会社で，被害者1万5千人を超える大量食中毒事件が起きた。

　食中毒の原因は，北海道の大樹（たいき）工場から大阪工場その他に出荷された原料の脱脂粉乳から抽出された黄色ブドウ球菌毒素エンテロトキシンによるものであ

2）北海道新聞取材班，産経新聞取材班によれば，6月26日の午後7時半，藤原邦達氏によれば，6月25日の正午ごろとされている。ただ，本書にとって事件そのものは大きな関心事ではない。

ることが分かった。しかし事態を大きくしたのは、調査の過程で、賞味期限切れ製品の再利用、屋外での成分調整作業、製造バルブの未洗浄といった実体が次々に明らかになったことである。加えて、立ち入り検査に対する非協力的な態度も当時の雪印に対する世間の風当たりを強くした［藤原, 2002, p.22］。

　消費者を最も怒らせたのは、事件の発覚後4日目に、ようやく謝罪会見に現れた当時の社長、石川哲郎氏が、大阪工場のバルブから長期にわたって洗浄していないことを示すデータを見せられ、「君、それは本当かっ！」と声を荒げたシーンがテレビを通じて流されたことである。加えて、その後西日本支社でお詫びの会見を開いた。会見の終了時に、質問を打ち切ろうとする雪印関係者と報道陣がもみあいになり、「私は寝ていないんだ！」と口にした。著者は両方の光景をテレビで見ていたのであるが、このことが消費者の反発を悪化させる最たるものであったように思われる。

　いま振り返ってみると、雪印関係者にとってたいへん不幸な時期の事件であった。というのは、事件2日後の6月28日には札幌で株主総会が開かれており、西日本支社の幹部もほとんどが札幌に出張中であったことである。現場に司令塔が不在の状況にあったことが事件を混乱させた大きな要因の1つであったように思われるからである。

▶2　雪印食品による牛肉偽装事件

　雪印食品は、1950年に雪印乳業の畜肉加工部門などを分離独立させて設立された雪印乳業の連結子会社である。工場や営業所は北海道にあった。従業員は2,100人で、2001年3月期の売上高は約900億円で25億円の経常赤字であった。雪印食品の売上の約半分はハム・ソーセージなどの肉加工品が占めていた［北海道新聞取材班, 2002, p.186］。

　雪印関連企業は、それまではトップの企業として位置づけられていたブランドが、低脂肪乳食中毒事件によって一気に急落した。雪印食品も例外ではなかった。45歳以上を対象にした希望退職を募ったところ、予定を上回る従業員114人が応募していた。同時に、各ミートセンターなどの事業所でとられていた独立採算の体制が、職員の間に不法行為に訴えても所属事業所の業績をあげようとするいらだち［藤原, 2002, pp.245-246］を強めた側面を否定できない。

この雪印食品の関西ミートセンターが，狂牛病対策で設けられていた買い取り制度を悪用し，国産牛肉と輸入牛肉との差額を不正に得ていた。事件が発覚したのは，2001年10月であった。西宮市内の冷蔵倉庫会社に預けていた輸入牛肉を，国産牛の箱に詰め替え偽装した。2001年9月から10月にかけて入庫した豪州産の牛肉663箱，約14トンにのぼった。その後，国産牛用の622箱に自社ラベルの「北陸雪印ハム」を張って詰め替えた。2001年11月，上記の牛肉を含め，約280トンの買い取りを申請し，支払いを受けた。

この牛肉偽装事件が発覚したのは，偽装詰め替えを行なっていた従業員15名にすぎない西宮市の零細企業の西宮冷蔵の社長による告発である。社長が告発を決意して雪印食品の告発に踏み切ったのは，2002年1月のことであった。

この事件でも，当初は，虚偽申請はセンター長が独断で行なっていたとの専務の説明から始まったが，すでに2001年11月には不正行為が行なわれていたという匿名の情報を受けていたことも同時に発表された。その後，センター長は警察の調べに対して，本社の関与を示唆する供述を行なった。これが牛肉偽装事件の概要である。

海外の研究者はこの事件をどう見ているか。ラーキンは，2000年と2002年の事件について，①雪印の対応のまずさ（対応の遅れと虚偽申請），②雪印の事件だけでなく，水俣病，血液製剤によるエイズ感染などへの厚生労働省の対応のまずさ（発生時点での無視，および隠蔽），および③この事件を契機にして，10年前（1990年前後）と比較した日本でのメディア報道と消費者活動主義者の活発化［Larkin, 2003, pp.103-104］を指摘している。

▶3　両事件から得られる教訓

この事件から，数々の教訓が得られる。1つには，エリア別事業部制にリスクマネジメントのうえから情報が一元化されない問題点［産経新聞取材班，2002, pp.33-34］があるとすれば，パナソニックが導入した事業ドメイン制（本書第20章参照）に移行すべきかもしれない。2つ目には，雪印食品のような子会社の不祥事を防ぐには，連結時代の経営者は本体だけではなく子会社にも十分な注意を払って経営をしなければならないこと。3つめには，雪印食品でみられたように，いかに業績が不振であっても，過度の効率化や業績の回復を社

員に強いてはならないこと。しかし，ここではレピュテーション・マネジメントという立場から，著者は3つの点を指摘しておきたい。

第1に指摘されるべきことは，過去に雪印が培ってきた素晴らしい理念やミッションを忘れてはならないということである。パナソニックは水道哲学をもっていて，それらの創業の理念やミッションを常に「日々新た」で繰り返して社員の1人ひとりが思い返してきた企業文化がある。

雪印乳業も，雪印の原点として北海道の酪農家の自立と救済を掲げ，初代の役員（専務理事）であった黒澤酉蔵氏によって「**天地循環**」という理念をもっていた。これは「**健土，健牛，健民**（よい土からよい牛が生まれ，民が豊かになる）」という哲学である。牛には投資をしてから儲けが出るまで3年はかかる。これが循環して初めて利益が出てくる。これが黒澤酉蔵氏の天地循環である。この理念は，YKKの「善の巡環」[3]に通じる考え方である。しかし，産経新聞取材班［2002, p.41］によれば，残念なことに，1982年に黒澤氏が亡くなってからは「天地循環」という言葉を聞くことはなくなったという。

企業理念やミッションが現代にそぐわないところがあれば，トヨタの渡辺捷昭社長（当時）が豊田綱領［櫻井, 2008, pp.352-354］に現代風な解釈を与えたように，現代風に修正していく努力も必要になろう。

第2に指摘されるべきは，**過去の経験**を生かすことである。偶然は必然から生まれる。10年前の事故は決して偶然ではなく，必然的な結果として発生した。現代の企業ではリスクマネジメントは必須である。雪印乳業は1955年3月にも類似の食中毒事件［産経新聞取材班, 2002, p.45］が起きていた。その理由としては，デンマークから購入したばかりの最新鋭の粉乳製造機の特殊ベルトが切れて補充に時間がかかったうえに停電が重なり，殺菌処理が持ち越された一部の原料乳に溶血性ブドウ球菌が繁殖したからであったとされた。しばしば指摘されているように，信用を獲得するのには長い年月を要するが，これが失墜するのは一瞬である。そして，信用は金銭では購入できない。同様に，ブランド

3）善の巡環とは，「社会の利益をもたらす企業となることで，自らも繁栄しよう」という理念である。この価値観は，"他人の利益をはからずして，自らの繁栄はない"とするとする考え方から出発している。良いものを作って顧客に喜ばれる。顧客から受け取った利益からいくらかを資本に回し，残りを顧客と従業員に配分する。……と善の巡環を続けることができる，ということから作られた言葉である。詳細は吉田［2003, p.11］を参照されたい。

を構築するには長い年月を必要とするが，ブランドを毀損するのは一瞬のことであり，ブランドを再生するには日々のレピュテーション・マネジメントが必要になるのである。

　第3は，不祥事の発覚や事故が生じた場合の**初期対応**の大切さは，いかに強調しても強調しすぎることはない。コーポレート・コミュニケーションで欠かせないことは，①迅速な対応，②隠さないこと，③嘘をつかないことである。**隠蔽と虚偽**は，現代の日本企業では絶対に避けるべき最も重要なことである。2005年にパナソニックでFF式石油温風機の事故が起こったとき，中村邦夫社長は，「スーパー正直」[櫻井, 2008, p.298] を標語にして全社員を鼓舞した。このことが当時の松下電器産業（現・パナソニック）がすぐに立ち直れた最大の理由であった。あわせて，社長の器の大きさというものは決して当時の雪印のように財務の仕組みを知っていることでも営業で大きな成績をあげることでもない。社長にはコーポレート・ガバナンスを構築しコンプライアンスを順守して，戦略の策定と遂行に全力を挙げてリーダーシップを発揮する強い意志と高い志が求められるのである。

　これらの問題点を克服するために雪印グループが企業再生のために採用したのは，CSR（corporate social responsibility；企業の社会的責任）であった。CSR[4]はレピュテーション・マネジメントにおいて，リスクマネジメント，レピュテーション評価（ランキング），レピュテーション監査と並ぶ有力なツールとなりうる。そこで，次に雪印がどんな取り組みをしてきたかを見てみたい。

2　雪印が取り組んだ雪印ブランド再生の活動

　事故当初から雪印ブランド再生に向けたCSRの責任者として携わった信﨑健一副部長（当時）が著者に語ったことによれば，雪印の事件には概略3つの原

---

[4] CSRは，社会価値，環境価値，経済価値のトリプル・ボトムラインからなる。この点については議論の余地がない。ただ，CSRが何を対象にするかは，論者によって見解が異なる。コーポレート・レピュテーションの立場からは，ダルトンとクロフト [Dalton and Croft, 2003, pp.130-149] は，コーポレート・ガバナンス，SRI（social responsible investment；社会責任投資），NGO，環境保全や環境報告を取り上げている。コンプライアンスは，現在では内部統制の問題として取り上げるべきであろう。リスクマネジメントもまた，CSRとは別の領域として論じるべきであろう。

因があったと思うという。第1は**内向きな体質**であったこと，第2は**組織が縦割**であったこと，そして第3に**リスクマネジメント**が欠如していたことである。これに対する対応策として取った方策と活動は，次の3つであった。①消費者重視の経営，②CSRのための創業の精神と行動基準，③リスクマネジメントとホットラインである。

▶1 消費者重視の経営

事故の3つの原因の1つである内向きだったということは，内部の人しか会社をみていないということをも意味する。そこで，第三者に会社を見てもらおうと**消費者重視経営**を掲げた。消費者重視経営を行なうために，2002年6月に企業倫理委員会を発足した。**図17-1**［雪印乳業株式会社, 2009, p.8］を見て欲しい。企業倫理委員会には，①消費者部会，②品質部会，③表示部会という3つの部会がある。これらは東京と大阪で年に3〜4回開催し，委員や消費者団体の方々と意見交換を行なっている。

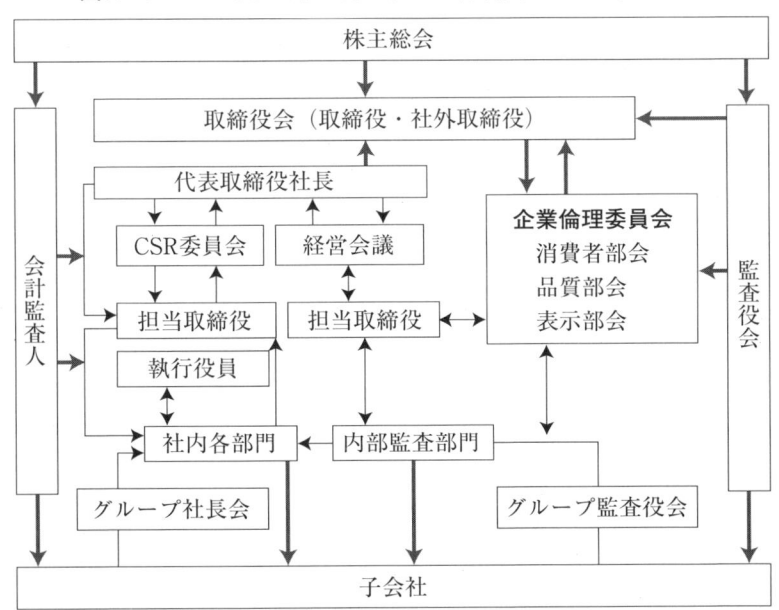

図17-1 コーポレート・ガバナンス体制図（2009年4月1日）

消費者部会では，活動報告書を作る時のアドバイスや，新商品の感想をヒアリングしている。品質部会では，工場のなかで品質を監査しようとする部会である。現在，表示部会は休止しているが，これまでの取り組みとして商品メッセージの見直し作業などを行なってきた。商品に書かれている言葉は，コーポレート・メッセージになるからである。具体的には，約120以上の商品に書いてあるメッセージを見直し，消費者に誤解がなくわかりやすいメッセージにするという改善作業を行なってきた。改善された点や持ち上がった点は，必ず企業倫理委員会に報告する。企業倫理委員会は取締役会の諮問機関であるので，議論されたことは必ず取締役会へ報告するという仕組みになっている。取締役会のなかで毎回30分時間を取ってもらい，企業倫理委員会の委員長が報告している。決めたことを繰り返し，実直というより愚直なまでに行なっている。

▶2　CSR実施のための創業の精神と行動基準の組織への浸透

組織が縦割りであるという問題点については，お互いの情報を共有しながら，組織としてきちんと判断をしていくことを目指している。これは理念と行動基準の従業員への浸透においてとくに顕著な努力の跡が見られる。

創業の精神としては「健土健民」（けんどけんみん）という言葉が掲げられてきた。その意味は，良牛は良草より，われわれは乳製品を作って国民の健康に寄与している。乳製品は良い牛からできる。良い牛は良い草を食べて育つ。いい草は良い土，つまり健土からできる。いい土を作るためには土を愛さなくてはならない。愛するのは人だ。それが循環してまわっているのが健土健民である。「酪農は土の力を豊かにし，その上に生きる生命を輝かせる。その結果つくられた乳製品は，人々の健やかな精神と身体をはぐくむ」という北海道酪農の構想を示した言葉である。この創業の精神をもとに企業理念が作られた。

ただ，信﨑氏によれば，CSRはその範疇が広くウィルスみたいに常に変化しているという。着実にCSR活動を行なっていくためには，トップのコミットメントがないと担当者は大変やりづらい。雪印の場合には，社長がことあるたびにCSRといってくれるので活動しやすかった。別の会社でCSRに携わっている信﨑氏の友人は，とりあえず外向けとして行動基準を作れというだけで，トップのコミットメントがないためにすごくやりづらいといっていたという。雪印

の場合はこのように感じたことは一度もなく，2003年1月に行動基準を制定し，現在でも全グループの全従業員がそれを守っている。

　DNAをきちんと組織に浸透させるために，全国45ブロックの事業所では，「**行動基準**」[雪印CSR推進部, 2007, pp.1-30]を毎月1回は就業時間中（時間外ではなく時間内にやることで仕事だと意識させるため）に全従業員で1時間の読み合わせを行なうように指導している。行動基準は，作ったら終わりではない。雪印の従業員はこの行動基準をバイブルとして活用して，毎月繰り返し取り組んでいる。行動基準を読むだけではすぐに終わってしまうので，それに加えてコンプライアンスの事例研修を行なったり，ロール・プレイング（役割演技）の実施，警察官にお願いして交通講習会を催したりしている。これらの活動をきちんと行なったかどうか，参加率を各ブロックから報告してもらい，企業倫理委員会に伝えている。企業倫理委員会に伝えるということは，取締役会に報告するということである。参加率はマネジャーと従業員に分けている。それは，マネジャーが職権で会議への欠席を回避するためである。全体の参加率はだいたい90％を超えている。参加できない人にはレジュメを渡している。取締役まで報告がいくということを周知し，形から入っていこうとしている。

　1回目の事故直後に，**行動憲章**をトップダウンで作成した。しかし，現実には2年後に食品事故が発生してしまった。せっかく行動憲章を作成しても社員のなかでそれを守ろうという意識が低かったのだと考えた。そこで，2回目の事件の後には，トップダウンではなくみんなで作ろうという機運が盛り上がってできたのが，現在の行動憲章である。結果，現在ではグループ全体にまでコンプライアンスが浸透してきていると信崎氏は述べている。

▶3　雪印におけるリスクマネジメント，ホットライン

　リスクマネジメントに関しては，コンプライアンス活動，リスクを発生させない活動，リスクを早期に発見する活動，問題が起こったときは迅速に対応する仕組みを作り実践してきた。これらの件に関して，具体的な活動との関係でCSRの実際の活動を述べていこう。

　1）　**リスクの区分**　　リスクにもいろいろなものがある。雪印はリスクを大きく分けて，①品質リスク，②広報リスク，③総務案件（交通事故やイリーガ

ルな要求），④ホットライン案件の4つのリスクを掲げている。これらのリスクについては毎週月曜日に，前の週に起こった案件を議題としてリスク連絡会を開き，その結果を社長に報告しチェックしてもらっている。

2）**クレームの本社一元化**　リスクマネジメントの一環として，雪印メグミルクに経営統合されてから，事業所ごとにあったお客様センターを東京本社に一元化した。お客様センターは9～19時の営業時間の間に約80～100件／日の連絡を受ける。そのうち苦情は約10～15％である。本当に重要なものはリアルタイムでトップに報告され，それ以外のものについては総括評価したものを毎日19時以降に商品安全室長から社長をはじめ担当役員や関係者にメールするという取り組みを毎日行なっている。ただし，これはあくまでもお客様から受けた情報だけをもとに対応するという仕組みである。

3）**事件を風化させない日の制定**　リスクマネジメントでは，以上に加えて，基準を作ってそれを守り，ダブルチェックする仕組みを構築した。それを日次，週次，月次という単位できちんとリスクを管理し，情報を開示する。情報を開示するということは，裏を返せばきちんとした管理がなされていなければできない。これまでいろいろなところで勝手に活動してきた結果，過去の忌まわしい事件が起こってしまったのではないかと思われる。現在，年2回，食中毒事件が発生した6月と，牛肉偽装事件が発覚した1月を「事件を風化させない日」として全社一斉活動を実施している。具体的な取り組みとしては，講演，品質に関するテスト，事件当時のビデオ視聴の実施である。

4）**ホットライン**　ホットラインについては，活動報告書に総通報件数を掲げている。ただし，内部通報の内容は事実と違うケースがあり，事実関係の確認作業もしっかりと行なっている。事実でなければ安心だが，事実であったとき大きなことになったら大変な場合もあるから，早めに通報して欲しいとのことである。

3　雪印メグミルクへの経営統合と企業発展の戦略

　雪印乳業株式会社は2009年10月に，日本ミルクコミュニティ株式会社と経営統合をし，**雪印メグミルク**株式会社を設立した。この経営統合によって，雪印

ブランドは飛躍的発展の足がかりを得たといえる。

▶1　企業再編と中核事業の経営統合

　事故後，支援を希望する企業が国内外から候補としてあがったが，所轄官庁である農林水産省の意向で，主に農協系（メインバンクの農林中央金庫と全農）など国内企業を主体とした経営再建が図られた。企業再編は，事業部ごとの他社との提携と分社化によって行なわれた。会社分割が商法（当時）によって2000年に改正され2001年から施行されたことが雪印の会社分割を後押しした。主要な提携などの企業再編は次のようになされた。

　乳製品事業（バター，マーガリン，チーズ）は，雪印乳業で存続させた。いま1つの中核事業である**市乳事業**（牛乳・乳飲料・ヨーグルト）は全農と全農連（ジャパンミルクネット）の市乳事業との事業統合により，日本ミルクコミュニティ（ブランド名；メグミルク）として分社化した。その後，すでに述べたとおり，メグミルクと雪印乳業は経営統合し，雪印メグミルクが創設された。

　非中核事業としては，アイスクリーム事業はロッテスノーに分社（現在はロッテアイス）した。冷凍食品事業はアクリフード（現在はマルハニチログループの1社）に分社。育児品事業（育児用粉乳やベビーフードなど）は大塚製薬による支援を受け，ビーンスターク・スノーに分社化した。

　問題を起こした**雪印食品**は廃業・解散した。その他，物流子会社（現社名はフーズレック），雪印アクセス（日本アクセス），雪印種苗，雪印ローリー（現在の社名は雪印ラビオ）などは事業などの特性を勘案して，持分の売却・事業の縮小，完全売却により，別会社として存続している。

▶2　財務業績の改善と将来の展望

　事件の発生前の財務業績では，雪印乳業は連結でほぼ1兆2,000億円の売上高を誇っていた。2002年の事件発生後は，会社分割，廃業，解散などによって，雪印乳業の連結売上高は，ほぼ3,000億円に減少した。約4分の1に縮小したことになる。海外文献［Larkin, 2003, p.104］では，2001年度には連結で529億円，2002年度には719億円の損失に達し，マーケットシェアは45％から1桁に低下したと伝えている。

雪印ブランドは，事件からほぼ10年を経て，ようやくこのような絶望的な状況から徐々に脱皮し始めてきた。それは，消費者が雪印ブランドのすぐれた品質をよく知っているからである。2009年10月の雪印乳業と日本ミルクコミュニティという中核事業の経営統合は，雪印ブランドの大きな発展の基礎が形成されたという意味で画期的な経営判断であったように著者には思える。

　食品メーカーであるから，大幅な売上高の増加は見込めないにしても，統合された雪印メグミルクの過去3年間の売上高および経常利益の伸びも順調である。**表17-1**を参照されたい。

表17-1　最近3年間の売上高と経常利益の推移

（単位：百万円）

財務指標	会社名（連結）	2008年3月	2009年3月	2010年3月
売上高	雪印乳業	286,958	294,657	291,059
	日本ミルクコミュニティ	247,079	247,464	240,638
経常利益	雪印乳業	9,600	12,638	14,751
	日本ミルクコミュニティ	3,169	2,155	2,977

　今後の展望についてであるが，経営統合した雪印メグミルクは，中期計画の最終年度の2013年には起点の2009年度に比べて，売上高で15％増の5,800億円，営業利益で48％増の200億円の連結業績目標を発表している。消費者の理解も日に日に改善されていくなかで，新生・雪印メグミルクの財務目標は決して夢ではないと思われる。ただ，多くの企業の不祥事は，達成が困難なほどの高い目標を掲げ，ムリな経営を行なった結果起こることが少なくない。食品業界では大きなイノベーションが起こりにくいことを考えると，わずか4年の中期経営計画の期間中に業績を大幅に改善させることは至難の業[5]であるように思われる。くれぐれも目標に振り回されないことを望む。

　以上，雪印乳業と日本ミルクコミュニティとの経営統合は，**企業価値を向上**

5）本章を仕上げた後の2010年11月5日に，雪印メグミルクから設備投資の実施に関する発表があった。それによると，雪印メグミルクグループの雪印乳業は，乳製品の製造工場と倉庫を建設するため，茨城県稲敷郡阿見町大字星の里（阿見東部工場団地内）に250億円の新工場を建設する。生産品目は，プロセスチーズとマーガリン類である。これによって売上高15％の裏づけが得られた。生産面だけでなく，販売面でも計画の達成を祈る。

させる1つの大きなチャンスになろう。経営統合は失敗のリスクもたしかに大きい。しかし，成功すればキャプラン［Kaplan and Norton, 2006, pp.77-118］のいうシナジー効果も得られる。経営統合の成功に必要な知恵を活かして是非ともすぐれた成果を引き出して欲しいものである。

▶3 横浜工場の社会価値向上活動

　雪印メグミルクは製造業であるから，工場での企業再生の活動についても触れておく必要があろう。著者たちが訪問したのは，横浜チーズ工場であった。

　横浜チーズ工場の敷地は40,774m^2，敷地面積が22,263m^2，敷地の広さでいえば東京ドーム（45,000m^2）より少し狭い。従業員数は，発令者（正社員）が113名。契約社員（PS・定時社員・シニア）が192名，全体で約300名である。操業開始は昭和38年で40年以上の歴史をもつ。北海道のプロセスチーズ，箱型の黄色い牛の絵が描かれているチーズを生産するということで始まった。その後，年度ごとに製造の品目が増えていき，6Pチーズ，ベビーチーズ，スライスチーズなどがある。現在，工場はフル稼働している。

　チーズの生産は装置産業であって大量生産ができる技術が導入されているので，製造方法は確立されている。市場が成熟しているため，プレーヤー（競合他社）が限定されている。工場では品質管理が徹底的に実施されている。当たり前のことを当たり前のこととして行なっている。現場ではうがい・手洗いからはじめ，基準を明確にしていった。問題が生じたらマネジャークラスに報告がすぐにあがるようになってきた。会社全体でいえば，SQSとISOを導入したこと，監査の目を内部・社内部・外部の3つで見るということが変わってきたことである。

　日本での年間のチーズ消費量は27万トンである。そのうち横浜工場の生産量は20,500トンでシェアは5～10％前後，雪印全部の工場でいえば，約10％になる。少ないように感じられるが，雪印は日本でトップの生産量である。

　工場では年間約2万人の一般の見学者がある。工場は約200日稼動しているので，1日あたり平均で約100名の方が来館している。小学校の社会見学と中学生の職業の体験が可能になっている。このことは，雪印ブランドの社会価値の向上にも大きく貢献している。

●まとめ●

　以上，雪印グループの経営者および従業員が真に生まれ変わった形で企業再生のための必死の努力を行なってきたことをみた．最後に，雪印ブランドの再生にとくに有効と思われる施策を3つだけあげて，まとめに代えたいと思う．

　第1に，**消費者の声を事業活動に反映**させる組織を構築したことである．具体的には，企業倫理委員会（とくに消費部会）の設置によるコーポレート・ガバナンスの強化，クレームの一元化によるコンプライアンス体制を構築した．

　第2に，**リスクマネジメントの導入**による事故発生への迅速な対応措置を行なった．食品事故は今後とも起らないとはいえない．商品安全保証の担当役員の設置，危機管理担当役員の設置，同一ロット商品の2件の申し出を受けた時点でアラームが現れるシステムの構築などが注目される．

　第3は，**従業員によって作成された行動基準**の制定と役員・社員の生の声を聞く機会をもつようにした．雪印の行動基準の制定，毎年1月と6月に行なわれている「事件を風化させない日」の一斉実施，役員・従業員アンケートの実施などにそれは見られる．

　2010年11月5日には，雪印メグミルクグループの企業理念とコーポレートスローガンが発表された．企業理念は，①乳（ミルク）にこだわる，②酪農生産への貢献，③消費者重視経営の実践である．コーポレートスローガンは「未来は，ミルクの中にある」と決定された．

　以上，雪印グループが構築した危機対応のシステムは，他の日本企業も大いに参考にすべきすぐれたものであると結論づけたい．多くの企業関係者がこのケースをベンチマークすることで，コーポレート・レピュテーションを高め企業価値の向上に役立てることを望む．

謝辞

　このたびのインタビューについては，雪印メグミルク広報部長 小西寛昭氏，広報部課長 佐藤克之氏には最もお世話になった．CSRに関しては，CSR副部長の信﨑健一氏に詳細な説明をお伺いした．横浜チーズ工場については，総務課課長 木田孝夫氏，製造課課長 木村修氏が対応してくれた．北海道本部では，史料館長の宿野部幸孝氏のお世話になった．肩書きは

すべて当時のものである。記して，感謝の意を表したい。これらの人々のご協力がなければ雪印のすばらしい企業再生のプロセスを読者にお伝えできなかったであろう。

参考文献

Dalton, John and Susan Croft, *Managing Corporate Reputation,* Thorogood, 2003.

Kaplan, Robert S. and David P. Norton, *Alignment, Using the Balanced Scorecard to Create Corporate Synergies,* HBS Press, 2006.（櫻井通晴・伊藤和憲監訳『ＢＳＣによるシナジー戦略──組織のアラインメントに向けて』ランダムハウス講談社，2007年，pp.109-158。）

Larkin, Judy, *Strategic Reputation Risk Management,* Palgrave, 2003.

櫻井通晴『レピュテーション・マネジメント──内部統制・管理会計・監査による評判の管理──』中央経済社，2008年。

産経新聞取材班『ブランドはなぜ落ちたか』角川文庫，2002年。

藤原邦達『雪印の落日』緑風出版，2002年。

北海道新聞取材班『検証「雪印」崩壊』講談社文庫，2002年。

雪印CSR推進部『雪印乳業行動基準』雪印乳業株式会社，2003年1月策定，2007年6月改訂。

雪印乳業株式会社『活動報告書2009──雪印グループCSRの確立に向けて──』雪印乳業株式会社，2009年。

吉田忠裕『脱カリスマ経営』東洋経済新報社, 2003年。

第18章
三菱自動車のリコール回避の問題と再生への道程

● はじめに ●

　三菱自動車には，過去4つの不祥事［西岡，2006, p.50］があった。アメリカでのセクハラ問題，総会屋への利益供与，リコール隠し，ふそう製大型トラックの死傷事故である。それぞれの問題が人々の記憶から消え去らないうちに，次々と問題が発生し，それが三菱自動車のコーポレート・レピュテーションを毀損していった。4つの不祥事に共通していえることは，三菱自動車の会長西岡喬氏が的確に述べているように，根底に「過去の因習にとらわれて時代の変化を認識できず唯我独尊に陥っていた」ことがある。加えて，社員の目が顧客志向でなかったことがあり，顧客とのコミュニケーションの不足もある。

　ブランドを構築するには，何年にもわたる着実な努力の積み重ねが必要である。しかし，ブランドは一瞬にして失われる。コーポレート・レピュテーションは，経営者による日々のたゆまぬ努力によって構築され，その努力がブランドとして企業に蓄えられていく。コーポレート・レピュテーションを高めるためには，過去の悪習を断ち切らなければならない。ただ，それには経営者と従業員の並々ならぬ努力が必要とされる。とくに，経営者は断固とした決意を内外に示す必要がある。

　三菱自動車は2000年と2004年のリコール回避の問題と死傷事件以降，失われたブランドを取り戻すべく，会社をあげて三菱自動車の再生に取り組んできた。三菱再生の取り組みでは経営者の断固とした決意を世間に示すことができたか，これまでどんな再生努力を行なってきたか。それが三菱自動車の企業価値にいかなる影響を及ぼしているか。売上高は現在，事件前よりも半分以下に減少したが，今後は反転の見込みはあるのか，将来の発展を占う社会価値，組織価値は高まってきたか。本章ではこれらの問題を考察する。

1　三菱自動車のリコール回避の問題と死傷事件とは何か

　戦後に大きく世間を騒がせた事件といえば，昭電事件（昭和電工贈収賄事件），ロッキード事件，リクルート事件など政治家への贈収賄に関係する事件が多かった。しかし，バブル崩壊以降で構造的な不況が明らかになってから発生した大和銀行，雪印メグミルク，浅田農産，船場吉兆の各事件，カネボウの粉飾，西武鉄道の虚偽記載等々，企業の不祥事の多くは**隠蔽と虚偽**による不祥事として特徴づけられる。三菱自動車のリコール回避の問題と死傷事件の本質もまた，隠蔽と虚偽の体質から発生した不祥事である。

▶1　セクハラ事件と総会屋への利益供与事件

　日本の企業では大なり小なり不祥事を起こしてきた企業は少なくないが，三菱自動車も例外ではない。1つは，1994年にアメリカの子会社が雇用機会均等委員会からセクハラの放置を原因として26人の女性従業員からセクハラ事件として訴えられ，1998年に和解金約48億円を原告に支払っている。日本の常識では職場で卑猥な写真が貼ってあること等は常識外であるが，アメリカ子会社の工場ではそういった写真の掲示をはじめ，ハラスメント行為を放置したとして会社が訴えられた。いま1つは，総会屋への利益供与事件[1]で，役職員3名が逮捕・起訴されている。当時は味の素，三菱石油，イトーヨーカ堂（現・セブン＆アイ・ホールディングス），西武など多くの会社が同容疑で起訴されている一連の不祥事の1つであった。

▶2　第1回目のリコール回避の問題

　リコール回避の問題は，2度にわたって引き起こされている。1つは，2000年7月に商品情報連絡書の二重管理と指示改修に関して内部告発があった。商品情報連絡書は販売会社が起こすのであるが，その一部が「非開示」として二重管理されていた。また，これら非開示の案件についてクレームが増加し，市

---

[1] 総会屋の経営する海の家に使用料名目で約1,000万円の資金を提供していた。

場措置が必要になると，非開示のまま，整備や点検の間の改修作業を指示していたことが明らかになった。

これは，①組織的なリコール隠し，②隠蔽体質，③安全軽視の反社会的な行為として，社会から厳しい批判［三菱自動車(b), 2010, p.9］を受けた。そこで三菱自動車はリコールの届け出を実施したが，対象期間を1998年4月から2年間に限定した。商品情報連絡書の二重管理がなしえない「不具合情報処理プロセス」などで再発防止策を図った。2000年9月に運輸省（現・国土交通省）から，リコール関連業務に関する一連の不適切行為について行政処分を受け，河添克彦社長（当時）が辞意を表明した。2001年4月には，元副社長4名と三菱自動車が略式起訴されている。

▶3　第2回目のリコール回避の問題と死傷事故の発生

第2回目のリコール回避の問題は横浜で起こった。2002年1月に，横浜市でふそう製大型トラックのハブ破損（タイヤ脱輪）で，母子3名の死傷事故が発生した。トレーラーのタイヤが外れ，ベビーカーを引いて歩いていた母親に背後から前輪タイヤが直撃し，母親が死亡した。

当初，三菱自動車は神奈川県警と国土交通省にユーザーである輸送業者の整備不良が原因だと主張した。また，同年10月には，山口県でふそう製トラックのクラッチハウジング破断によってトラック運転手が死亡した。これに対しても，三菱側はトラック運転手の運転操作上の問題だと主張した。

社会の反応は，当然のことながら厳しかった。①欠陥隠しの死亡事故（ふそう製大型トラック）ではないか，②乗用車も"また欠陥隠し"だ，③"まだ隠しているのではないか"，として三菱自動車は企業そのものの存在を否定されるほどの厳しい批判［三菱自動車(b), 2010, p.9］に晒された。

2004年3・4月には三菱ふそう[2]がタイヤ脱輪事故で約11万台のリコールを届け出た。横浜市の母子3人の死傷事故による家宅捜査で神奈川県警が三菱自動車の秘密社内文書を発見したため，**三菱ふそう**はようやく設計ミスを認め，リコールを実施した。同5月には，クラッチハウジングが指示改修案件であっ

---

[2] 2003年1月にはトラック・バス事業を完全分社。三菱ふそうトラック・バス株式会社を設立。

たことを発表してリコールを届け出た。事故が起こるはるか以前から同社は，自社製のクルマに構造上の欠陥があることを認識していたにもかかわらず，それを放置していた事実［小林, 2005, p.25］が明らかになったからである。加えて同年6月には，乗用車でも2000年以前の指示改修案件の積み残しがあったことを発表した。2004年5～7月にかけて，元社長他が逮捕・起訴された。

2　信頼回復のための施策―再生計画―

　2000年の改善施策は不完全に終わった。そのため，2004年の問題が再発した。そこで2004年以降は，徹底した信頼回復のための施策が取られた。2005年から2007年までの企業倫理委員会の信頼回復の改善施策で，コンプライアンス第一，安全第一，お客様第一の3つが主要目標とされた。

▶1　原因究明のための徹底調査の実施

　原因究明のために，過去のウミを徹底的に出し切るという決意のもと，徹底調査を行なった。それは，品質問題調査特別チームの設置，社外弁護士の起用，リコール問題特別審査会での関係者の処分・対応にみられる。

　品質問題調査特別チームを設置して，販売会社などに保管されていた50万枚を超える商品情報連絡書などを収集。25年前まで遡って過去の指示改修案件を徹底的に洗い出した。結果，過去の指示改修案件を合計316件公表し，2004年9月28日までに，リコール届出（41案件）を完了した。また，リコール問題の根本原因を究明するために**社外弁護士**による事実関係調査を実施した。事実関係の調査は，まず①2000年当時の調査を再検証した。次に，②ハブの問題と③クラッチハウジング問題を徹底分析するとともに，④歴代の経営トップの責任を究明［三菱自動車(b), 2010, p.9］した。

　社外弁護士による一連の調査では，リコール問題を引き起こした原因は，会社の企業風土に根ざしており，かつ，その企業風土改革を怠った歴代の役員にあると判断。社外弁護士の調査と会社独自の調査によって明らかになった事実に基づいて，**リコール問題特別審議会**（社内委員7名と社外弁護士3名）で関係者の処分・対応を審議した。加えて，再発防止のための改善施策を策定した。

▶2　信頼回復のための組織改革

リコール問題の再発防止のために，2004年6月に組織を大幅に改革した。企業倫理委員会，CSR推進本部の新設，および品質統括本部の統合が大きな組織改革である。**図18-1**を参照されたい。

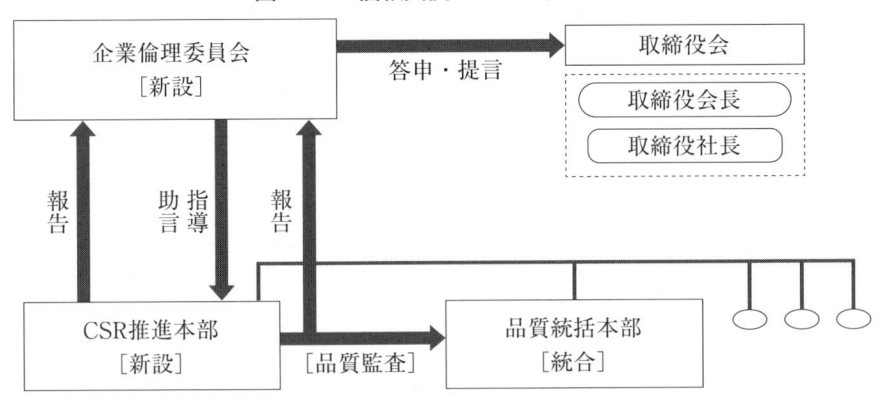

図18-1　信頼回復のための組織改革

```
┌─────────────┐                    ┌─────────────┐
│ 企業倫理委員会 │──── 答申・提言 ───▶│   取締役会    │
│   ［新設］    │                    │┌───────────┐│
└─────────────┘                    ││ 取締役会長 ││
   ▲    │    ▲                     │└───────────┘│
 報│  助│指 │報                    │┌───────────┐│
 告│  言│導 │告                    ││ 取締役社長 ││
   │    ▼    │                     │└───────────┘│
┌─────────────┐   ┌─────────────┐  └─────────────┘
│ CSR推進本部   │──▶│ 品質統括本部  │── ○ ○ ○
│   ［新設］    │   │   ［統合］    │
└─────────────┘   └─────────────┘
         ［品質監査］
```

企業倫理委員会は，取締役会の諮問機関として新設した。**委員はすべて外部の有識者**で構成されている。社外の目・世間の常識の視点から取締役会に答申・提言するだけでなく，CSR推進本部を指導・助言するためである。ほぼ月に1回開催し，終了後は委員長名でプレスリリースしている。このような形で外部の声を経営に反映させるという改革は，三菱自動車再生のためには，大きな意義をもつものと評価できる。

CSR推進本部は，コンプライアンスの徹底と企業風土改革を推進する目的で設置された。従来は5つの部門に分散されていたモニタリングとコミュニケーションの機能をCSR推進本部に一元化した。現在，本部長は常務が担当している。CSR推進本部には，次の部門が統合された。①品質監査を行なう品質監査部，②業務監査部，③コンプライアンス部，④お客様関連部，⑤広報部，⑥法務部，⑦環境技術部（08年7月編入），⑧リスクマネジメント推進チーム（10年5月編入）の8つである。それぞれの部門の活動を適宜，企業倫理委員会に報告するとともに，同委員会から指導と助言［三菱自動車(a)，2010，p.21］を

受けている[3]。

品質統括本部は，従来は開発，購買，生産，販売の各部門に分散していた品質関連業務を集約化して，品質に関する意思決定を統合した。品質統括本部の業務プロセスの監査は品質監査部が行ない，品質監査部はまたリコール監査会を主催している。品質統括本部長（当時）の橋本光夫氏は，過去の反省，お客様第一，社員の自信回復［橋本，2006，p.52］を品質向上の目標に取り組んでいる。

▶3　2000年から2004年以降の改善施策では何が変わったか

第1に，**品質保証部門が強化された**。2000年時に，品質保証専門の本部を設けたが各部門に品質関連業務が分散していたため，2004年以降は品質統括本部に業務が集約された。これは品質の一層の強化を図るためである。

第2に，**内部監査機能がさらに強化された**。2000年時の対応ではリコール監査会に法務部を入れたのと社外有識者3名，社内幹部4名からなる品質諮問委員会を設置したが，2004年以降はCSR推進本部を設置するとともに，社外有識者だけからなる企業倫理委員会が設置された。

第3に，**リコール問題への対応に万全を期した**。2000年時以降，商品情報連絡書を一貫番号体系で管理し，市場品質情報が適正に管理されていることが確認されたが，2004年の問題以降の対策では，CSR推進本部が監査するだけでなく，市場措置不要と判断された案件についても取締役会まで報告することを義務づけた。加えて，市場措置の判断基準の見直しと迅速化を図った。

第4に，**開発・生産プロセスにおける品質向上施策**は，2001年以降も継続実施している。商品開発のすべてのプロセスでMMDS（Mitsubishi Motors Development System）と呼ぶマネジメントシステムを導入した。この品質保証システムでは，7つのクオリティ・ゲートを設け，商品を市場に出すまでの

3）CSR推進本部には多くの機能がぶら下がっていて，どこが主導権をもつかなど新たな問題の発生が懸念される。事実，2つの機能—広報部（2010年に経営企画本部へ），法務部（2005年に管理本部へ）—は他部門に移管，2つの機能—環境技術部（2008年に経営企画本部から），リスクマネジメント推進チーム（2010年管理部門から）—は編入された。品質統括本部もまた2006年4月には一部の機能を各部門に移管された。なお，2008年7月には，内部統制委員会が設置され，他の日本企業と同様，コンプライアンス体制が強化されている。

すべての段階で，製品・工程が達成すべき水準を定め，到達度合いを総合的に審査・評価したうえで，次の段階に進む。**図18-2**を参照されたい。

図18-2　品質の造り込みのためのMMDSとクオリティ・ゲート

	開発開始	デザイン承認			市場投入	
Ⓕ	Ⓔ	Ⓓ	Ⓒ	Ⓑ	Ⓐ	Ⓩ
商品コンセプト	目標スペック	最終スペックモデル承認	試作車確認	設計完了	量産許可(最終品質連絡会)	発売6か月後のフォロー

クオリティ・ゲート

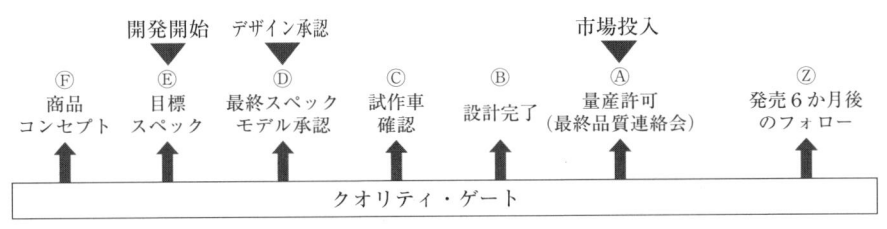

図18-2では，Fは商品企画，Eは設計構想，Dは設計仕様，Cは試作車設計，Bは開発完了，Aは品質確認，Zは販売・流通から客までのプロセスを表している。顧客からの要望を各クオリティ・ゲートに入れていく。**図18-2**は三菱自動車［2010(b), p.18］をもとに作成したものである。

MMDSとともに活用されているのが，**ISQC**（In Stage Quality Creation）である。ISQCとは，完成した車両の品質検査はもちろんのこと，製造の各工程においてもそれぞれの工程で品質の確認を行なう仕組みであり，全生産現場に展開されている。溶接・塗装・組立の各ラインで，重要な工程ごとにISQCスタッフが配置され，車両はこのスタッフのチェックをクリアしなければ，次の工程に進むことができない仕組みになっている。

第5に，**コンプライアンス意識の周知徹底を試みた**。旧企業倫理委員会は社内の幹部だけで構成されていて，コンプライアンス意識の徹底も不十分であった。そこで2004年以降は，前述したとおり社外有識者だけからなる企業倫理委員会を設置するとともに，具体的なアクションプログラムにつなげた。

3　社会との共生—ステップアップ計画—

CSR推進本部では，2005年度から2007年度までのテーマ「信頼回復」をベースに，2008年度から2010年までの中期経営計画では「社会との共生」にテーマを発展させた。社会と環境への貢献を継続的に行なっていく企業であり続けることを目指して活動してきた。

▶1　コンプライアンスとCSR活動の継続

コンプライアンス第一とするテーマでは，企業倫理順守促進プログラムとして，リーダーシップの醸成，社会との共生，情報共有の促進，規定の周知・整備，浸透度促進，グループ内展開が行なわれている。

リーダーシップの醸成では，①役員研修（7月），②コンプライアンス・オフィサー／コードリーダー研修（随時に年3回実施），③管理監督者研修（随時）を行なっている。

社会との共生は，ステップアップ2010の全体テーマであり，かつコンプライアンス部門の中心的テーマである。その方策として，④各本部での企業倫理順守促進策（随時），⑤各職場での企業倫理問題検討会（年3回で，推奨日は安全への誓いの日）を行なうことで，コンプライアンス意識の確立を目指している。

情報共有の促進では，⑥企業倫理問題検討会データベースの公開（随時），⑦コンプライアンス・オフィサー通信の発行（3か月ごと），⑧コンプライアンス・オフィサー会議，分科会の開催（随時），⑨社内報を通じての全社員への情報発信（随時）が行なわれている。

規定の周知・整備では，⑩改訂版「三菱自動車企業倫理」および「三菱自動車行動基準」（ポケット版）の周知徹底（随時），⑪内部通報制度の周知徹底（随時）が図られている。**浸透度の促進**では，⑫各種研修でのコンプライアンスの徹底を意図した研修が行なわれている。

最後の**グループ内展開**では，⑬国内外グループ企業へのコンプライアンスの推進を図っている。

▶2　顧客対応

顧客対応は，販売会社サービス部門の強化，販売会社へのサポート体制の強化，顧客満足度の向上，安心プログラムで見られる。

1）販売会社サービス部門の強化

アフターサービスを充実させるため，三菱標準整備受付スタイルの浸透活動を行なうとともに，サービス技術力を向上させるために技能資格制度を強化し

た。加えて，サービス技術コンテストを毎年行なってレベルアップを図っている。

2）販売会社へのサポート体制を強化

顧客から寄せられる不具合情報を販売会社とリアルタイムに共有できるように，2006年までに新品質情報システム（SQM-BC）を全国の販売店に導入した。加えて，テクニカルセンターを強化して顧客と販売会社へのサポート体制を強化した。

3）顧客満足度の向上

顧客から頂いた意見を社内にフィードバックし，顧客の声を商品やサービスに反映させるようにした。さらに，顧客が気軽に立ち寄れる店を目指し，店舗のリニューアルを推進した。

4）安心プログラム

安心プログラムとして，3つのことを実践している。1つは，アシスト24で，初回車検満了時までの故障相談，故障時緊急修理サービス，燃料切れ時のガソリン配達サービス，レッカー車現場急行サービスを行なう。2つめは，ハーティ（hearty）プラスメンテナンスで，車検までの点検をお得なパックで提供，いま1つは延長保証が付いてくる車検サービスである。いずれも顧客満足を図るための施策である。

4　再生活動で三菱自動車は何が変わったか

三菱自動車を事業全体の立場からみると，2005年1月には「三菱自動車再生計画」（中期経営計画）を発表し，数々の施策を行なってきた。結果，企業倫理委員会からほぼ初期的段階を終えたとの評価を得て，2008年度から始まる中期経営計画「ステップアップ2010」に従って経営を行なってきた。以下では，再生活動の財務業績（経済価値），社会価値，組織価値への影響を検討する。

▶1　再生活動の経済価値への影響

財務業績は，2004年の2回目の不祥事以降の落ち込みが大きい。2003年3月期には，売上高3兆8千849億円であったものが，2010年3月期には1兆4千

456億円に減少した。つまり，この7年間に，売上高は不祥事以降何と37％に減少したことになる。

2006年3月期以降の財務業績を見てみよう。三菱自動車は2006年3月期から2008年3月期までは売上高，利益とも順調な成長を遂げてきた。しかし，2008年秋に世界経済を危機に陥れたリーマンショックの影響が大きく，2009年3月期には大幅な減収（27％）・減益になった。しかし，2010年3月期には減収にはなったものの，原材料費の値下がりや人件費削減などによって5期連続で営業利益は確保できた。**表18-1**を参照されたい。

表18-1　三菱自動車の過去5年間の財務業績の推移

（単位：百万円）

会計年度	2006年3月期	2007年3月期	2008年3月期	2009年3月期	2010年3月期
売上高	2,120,068	2,202,869	2,682,103	1,973,572	1,445,616
営業利益	6,783	40,237	108,596	3,926	13,920
経常利益（又は経常損失）	△17,780	18,542	85,731	△14,926	12,980
当期純利益（又は当期純損失）	△92,166	8,745	34,710	△54,883	4,758

リーマンショック直後の2009年度で日本の乗用車系5社の販売台数（単位；万台）をみると，トヨタ（313，－26％），日産（162，－15％），ホンダ（160，－15％），三菱（45，－26％），マツダ（43，－39％）となっている。リーマンショックの影響を大きく受けているのは，マツダ，トヨタ，三菱である。リーマンショックに加えて，自動車の生産過剰設備，若者のクルマ離れ，少子高齢化といった構造的な原因も売上高減少の要因となっていることに留意されたい。

財務業績を反映して，株価についても決していい材料は見えない。ここ1年ほどの株価は100円前後を低迷していて，値上がりの兆しは見えていない。ただこれは決して三菱自動車だけの問題ではなく，日本の自動車産業全般に見られる現象である。

▶2　再生活動の社会価値への影響

三菱自動車の環境技術の高さには世間からの高い期待がある。日本初の「**ア**

イ・ミーブ」は走行中のCO_2ゼロを実現してくれる唯一の自動車である。日産も電気自動車（electric vehicle；EV）で頑張ってはいるものの，発表会でのトラブルなど三菱自動車には及ばないというのが多くの識者の見方である。低炭素社会の実現あるいは排出権問題が取りざたされている現在，ハイブリッド車も部分的な貢献はするものの，「アイ・ミーブ」の社会的貢献度は抜群である。このような社会的評価の高まりは，必ずや経済価値の向上にも繋がることが予測される。

　EVの開発技術は優れており，このEVの技術は将来ハイブリッドにも応用ができる。加えて，ディーゼルの技術もヨーロッパだけでなく中国でも普及する可能性がある。このディーゼルに関しても，その高い技術力が期待されている。これは三菱自動車にとって極めて明るい材料である。

　ダイムラー・クライスラーとの資本関係は，ダイムラーが三菱自動車株をすべて売却したことで，終了した。代わって，再生計画で発表された資金は三菱重工，三菱商事，三菱東京UFJ銀行というグループ3社を中心に必要な支援[4]を受けている。ただ，三菱重工を中心とする三菱グループからの支援は，一面からは社会価値を高めるものの，皮肉なことであるが，三菱自動車発展の足かせになっているという批判は，多くの論者によって指摘されている。

　簗瀬［2010, pp.143-147］は，三菱自動車の隠蔽体質の原因を，三菱重工の呪縛にあると表現して，①秘密主義，②日本一の技術力に対する過信，③コンシューマプロダクトに対する経営トップの安全感覚の不足，④ブランドイメージ損壊への恐怖心（対三菱グループ），⑤利益第一主義という5つの原因をあげている。簗瀬の主張は，皮肉なことではあるが，三菱自動車が1970年にゼロ戦という世界に誇る戦闘機を製作した三菱重工から独立して設立された企業であることに根本的な原因を求めていることである。軍需産業であったために守秘義務が全社に徹底されていたこと，日本一の技術力をもつことで三菱のクルマに欠陥などありえないという先入観が強すぎたこと，1970年の設立当時は社長以下ほぼ全員が三菱重工からの出向または転属であったために顧客とか安全に対する姿勢が本物になり得なかったこと，利益第一主義であるため費用がか

4）三菱自動車は，三菱重工から分社された会社である。

かるリコールをせず安全よりは利益を優先させたことにあったとしている。著者は簗瀬の主張に全面的に賛同しているわけではないが，程度の差こそあれ，これに類する指摘は他の論者［小林，2005，pp.2-233；楢原，2006，pp.31-39］にも見られるところである。

　三菱自動車としては，このような組織風土を変革するために，全社をあげてすぐれた企業を目指して努力してきた。2005年には「三菱自動車行動基準」（携帯版）が，2007年4月には倫理規範である「自ら実践するために—三菱自動車企業倫理—」が2001年10月の改訂版として作成されている。内部統制の導入も確実にコンプライアンスを高めるものと期待される。これらの改革活動を画餅としないためにも，上記の批判があることを念頭において従業員の立場から実践するすぐれた倫理規範の作成や内部統制の浸透を図って欲しいと著者は願う。

▶3　再生活動の組織価値への影響

　三菱自動車には，すぐれた技術者・経営者が数多くいる。その1つの事例をあげてみよう。三菱自動車の水島製作所は同社の世界生産の約3分の1を担い，SUVアウトランダー，軽自動車のアイなどの生産も行なわれていて，まさに三菱自動車再生のカギを握る工場である。その水島製作所長（当時）の松本伸氏は従来のチェック＆リペアに代えて，ラインのなかで直接クオリティ・クリエイトする**ユニット制**[5]を実践しているリーダーである。松本氏は，品質管理というときの品質はモノの品質だけでなく人間（人財）の品質（品位・マナー）と地域社会との共生を念頭にして努力してきた人物である。このような見解をもつ経営者が増えることは，現場力を高めてモノづくりで日本の組織価値を高めるうえで三菱自動車にはなくてはならない存在だと思われる。

　加えて，企業倫理委員会の委員長の松田昇氏は，5S（整理，整頓，清掃，清潔，躾）に「誠実」を加えた**6S**を提唱［小野塚，2006，p.49］している。日本のモノ作りはこれまで高い評価を受けてきた。だが，他社では心の問題がスッポリ抜けていたところもあったように思う。今後このような人物が支えてく

5）従来の仕組みでは，1人の作業長が数十人から100人以上の人間を見る必要があった。これを6〜10人のユニットに分けて管理をしやすくし，さらに品質向上の取り組みを行なうユニットリーダーを新設した。

れる限り，三菱自動車の組織風土を必ずや変革してくれるものと期待できる。

　三菱自動車は三菱重工，三菱電機などすぐれた親会社やグループ企業を抱えている。三菱グループが供給する部品は超一流であろうことが想像できる。このことは三菱自動車にとっての強みである。しかし，グループ企業であるがゆえに，サプライヤーに冷徹なコスト削減や厳密な品質管理を要求できない構造となっていると指摘されてきた。楢原［2006, pp.31-36］は，三菱自動車の役員の言葉を借りて，「本当に欲しいものかどうか，こちらのニーズを100パーセント反映させたものでないことは確かだ」と言わしめている。とりわけ自動車会社にとっては，安全性の問題と並んで顧客ニーズの取り込みは企業にとって死活的な重要性をもつ。会社としては，サプライヤーとの関係に問題がないかどうか，今後はしっかりと検証してみることもまた必須であると思われる。

●まとめ●

　タイボーとレーム［Tybout and Roehm, 2010, p.154］は，不祥事からブランドを守るために予防策を講じたところで経営者が社外の反応をコントロールできないから，不祥事によるダメージからわが身を守ることができないという。それゆえ，企業は危機管理，危機対応のための体制を用意しておいて，不祥事が起きたときに間違いなく克服できる体制を整えておく方がよいとしている。

　この見解は一面では真理であっても，全面的には賛同できない。一面での真理とは，不祥事の多くは突然全く予期しない局面で現れるので，不祥事を完全に予測して排除することはできないということである。しかし，だからといって経営者が社外の反応をコントロールできないと決めつけることはできない。レピュテーション・マネジメントの実施によって，相当程度まで不祥事を事前に防ぐことができる。内部統制の実施はコンプライアンス上の多くの問題発生を防止してくれる。戦略マップは，ある戦略がどんな結果をもたらすかを可視化して不祥事の発生確率の大きな事象を発見させてくれる。ERM（全社的リスクマネジメント）はリスクの潜在的問題を明らかにしてくれる。レピュテーション監査は自社の長所・短所を明らかにして問題の所在を可視化してくれる。それゆえ，不祥事のダメージを回避または減少するために，普段からレピュテ

ーション・リスクマネジメントを実施することが望まれるのである。

　ロイヤル・ダッチ／シェルのように，1995年のブレント・スパーとナイジェリアでの人権乱用によるレピュテーションの大幅な低下のあと，レピュテーション監査を中心とするレピュテーション・マネジメント・システムを構築してその後の経営を不動のものとした事例もある。

　不幸にして，三菱自動車では不祥事の発生によって世間の批判に晒されることになった。リコール回避の問題と死傷事故からの再生のために行なってきた改革の柱は，「**組織の三菱**」に違わず組織変革にある。外部委員会のみによる企業倫理委員会の設置，コンプライアンス，広報，リスクマネジメントなどを包括する機能を統括するCSR推進本部の設置において，組織変革の特徴が見られる。品質管理，顧客重視の改革もこの数年間で積極的に行なわれてきた。その結果，三菱自動車再生の道程はようやく整ってきたと評し得よう。

　このような改革は，次なる不祥事の発生を防ぐうえで不可欠である。惜しむらくは，不祥事が世間に知られる以前に必要な措置を取っておかなかったことである。著者は，何ら問題が発生したわけではない日本テトラパック株式会社がレピュテーション監査［櫻井, 2010, pp.24-35］を実施し，いまはその結果を受けた対策を真摯に検討している現状を見て，事前の対応の重要性を痛感している。雨が降ってから傘をもっていないことを嘆いても遅いのである。雨が降りそうなときには，常に鞄に軽量の傘を入れておくことが肝要ではなかろうか。

　三菱自動車の将来は，今後はいかに本気で再生し，発展させるかにかかっている。三菱自動車にとって利益の増大や株価の上昇は今後とも重要である。しかし，顧客に廉価で高品質のクルマを提供し続けることはもっと重要なことである。マーティン［Martin, 2010, pp.58-65］によれば，ジョンソン・エンド・ジョンソン（J&J）は，同社のクレド（credo；信条）において，顧客（患者・医者・看護師），従業員，コミュニティに次いで，株主は4番目に位置づけられているが，だからこそ，1982年に起きたタイレノールの事件では利益を抜きにした迅速な措置が可能であったと主張する。P&Gでもまた，消費者（顧客）が第一順位で，株主価値は顧客満足への重視の副産物として扱われている。それにもかかわらず，これらの顧客を重視する企業の市場価値は押し並べて高い。三菱自動車にとって最も大切なことは，主要株主である三菱重工業ではなくク

ルマのお客様に顔を向けた経営である。「アイ・ミーブ」には無限の可能性がある。加えて，企業の社会的評価を高め，従業員やサプライヤーに共生の慶びを与えて欲しい。

最後に，2010年の12月14日に発表された日産自動車との提携強化が同社のレピュテーションに及ぼす効果を述べたいと思う。提携の内容は，軽自動車を柱にした新会社を折半出資で共同開発し，2012年に共同開発車を市場に投入するというものである。同時に，海外では三菱自動車のタイ工場で日産のピックアップトラックを生産するとともに，中東市場で多目的スポーツ車を日産自動車にOEM供給する。一方，国内では日産自動車が小型商用車を三菱自動車にOEM供給する。

財務基盤がいまだ脆弱な三菱自動車にとっては，この提携は利点が多い。第1に，量産によって軽自動車の開発費負担を軽減するとともに，タイなど国内外の工場の稼働率を上げることができる。第2に，三菱自動車と日産自動車は，それぞれ独自に世界に先駆けてEVの本格的な生産・販売に踏み切っている。EVの急速充電設備の相互利用に踏み切っているので，その充電設備の利用効率が高まる。加えて，さらなる車両価格引き下げのためには，電池価格の引き下げが必要である。三菱自動車はすでに仏プジョー・シトロエングループ（PSA）にEV「アイ・ミーブ」のOEM供給を決めているが，日産自動車は三菱自動車と組むことによって，さらなる価格の引き下げが期待できる。これは日産・三菱の双方にとって大きな利点になる。第3に，三菱自動車が日本だけでなく中国やインドなどの新興国で大きな需要が望まれる軽自動車に開発に乗り出したことは，消費者のニーズに応えるという上で，大きな強みになってくる。第4には，2度にわたるリコール隠しの影響がいまでも続く三菱自動車にとって，日産名で販売できるOEM生産を増やすことは，低下したコーポレート・レピュテーションによる悪影響（稼働率の低下）を軽減する意味でも大きな利点になる。なぜなら，拙著［櫻井2005, p.215］で明らかにしたとおり，企業のレピュテーションへの影響は，BtoCでは大きな損害を受けるが，BtoBでの影響は比較的大きくないからである。

三菱自動車には今後，組織に魂を入れることが求められている。形だけの改革で終わらせず，是非とも真の再生努力が今後とも継続的に行なわれていくこ

とを心より願ってやまない。

謝辞
　本論文を作成するに当たっては，三菱自動車工業株式会社のCSR推進本部 コンプライアンス部長兼企業倫理委員会事務局長 池田章彦氏，広報部 上級エキスパート（企業広報担当）中村邦広氏，広報部 村田裕希氏にたいへんお世話になった。記して感謝の意を表したい。

参考文献
Martin, Roger, "The Age of Customer Capitalism", *Harvard Business Review*, Jan.-Feb., 2010.
Tybout, Alica M. and Michelle Roehm, "Let the Response Fit the Scandal," *Harvard Business Review*, October 2010.（鈴木英介訳「不祥事からブランドを守る方法」『DIAMOND Harvard Business Review』ダイヤモンド社，2010年10月, p.154。）
小野塚秀男「三菱自動車の原点回帰」『Forbes Japan』2006年11月。
小林秀之『裁かれる三菱自動車』日本評論社，2005年。
櫻井通晴『コーポレート・レピュテーション―「会社の評判」をマネジメントする―』中央経済社，2005。
櫻井通晴「レピュテーション・マネジメントとその監査」『月刊 監査役』No.570, 2010年。
楢原英俊『三菱自動車の陥穽―トップに辿るそのルーツ』イプシロン出版企画, 2006年。
西岡喬「甘えの構造を断ち切り，『ものづくりの原点』から再生を目指す」『Forbes Japan』2006年11月。
橋本光夫「顧客視点で品質保証のしくみを抜本改革」『*Forbes Japan*』2006年11月。
三菱自動車株式会社(a)「社会・環境報告書 2010」三菱自動車 環境技術部，2010年8月。
三菱自動車株式会社(b)「三菱自動車の信頼回復への取り組み」2010年9月。
簗瀬和男『企業不祥事と奇跡の信頼回復―消費者庁設置と消費者重視経営を目指して―』同友館，2010年。

第19章
トヨタのリコール問題のレピュテーションへの影響

● はじめに ●

　トヨタ自動車（以下，トヨタ）は，過去，各種のブランド調査やレピュテーション調査において，世界の人々から輝かしい賞賛を受けてきた。レピュテーション評価に限っても，*Fortune*誌，*The Wall Street Journal*紙，*Forbes*誌で常にトップランク入りを果たしてきた。トヨタは日本の誇りでもあった。それは，トヨタの車の品質・価格競争力，財務業績がすぐれているだけではない。研究者の立場からすると，カンバン方式，リーンマネジメント，TPM，原価企画等々，常に先進的な経営管理方式で世界をリードしてきたからである。

　そのトヨタが，アメリカにおいて激しいバッシングに遭遇した。リコール問題の本質はどこにあるのか。これは多くの経営者，研究者が最も関心を抱く経営上の問題の1つである。それは，万一トヨタが倒れるようなことがあると，日本の経済が沈下する虞があるからである。そのような折，偶々，2010年5月に行なわれたコーポレート・レピュテーションの第14回世界大会にレピュテーション・インスティチュートの責任者で当国際会議の主催者でもあるフォンブラン教授から招待を受けた。そこで，報告のテーマをトヨタのリコール問題に決めて，ブラジルのリオ・デ・ジャネイロにおいて"Impact of Toyota Recall on Corporate Reputation"のタイトルで発表する機会を得た。本章は，そのために書かれた英語論文を基礎にして，日本の経営者と研究者を読者として意識して執筆したものである。

1　ブラジル訪問と原価企画，リコール問題

　トヨタに関連したテーマでのブラジルでの発表は，著者にとって初めての経

験ではない。1990年代にサンパウロ国立大学の教授から招待を受け，一度はリオ・グランデ・スウ（1993年），いま一度はサンパウロ（1994年）で講演したことがある。このときの演題は，いずれも原価企画（target costing）[1]であった。数々の国[2]から招待されたキッカケは，アメリカで原価企画について1本の論文を［Sakurai, 1989, pp.39-50］発表したからであった。

原価企画はトヨタによって1960年代に開発された戦略的コストマネジメントのための手法である。トヨタの原価企画はわれわれ管理会計研究者にとっての誇りである。その理由は，品質管理（TQC）や在庫管理（カンバン方式）などのテーマでは欧米に移植された手法はあるものの，管理会計では原価企画は戦後初めて欧米諸国に移植された手法だからである。とはいえ，原価企画は本報告のテーマではない。関心のある読者は，英文の拙著 *Integrated Cost Management* ［Sakurai, 1996, pp.37-38］または，同著のポルトガル語訳［Sakurai, 1997, pp.49-75］を参照されたい。

今回の報告の対象は，前回と同様，トヨタに関連している。過去2回の講演ではまことに拙い英語であったが，幸いにして多くの聴衆から喝采を浴びることができた。しかし，トヨタのリコール問題を演題にした今回の講演では，どんな批判を浴びるか内心はきわめてグルーミーであった。

典型的な日本人は，このような事態になると閉じこもってしまう。しかし著者は，日本の研究者の1人がトヨタのリコール問題について何を思い，どんな見解をもっているかを，報告を通じて真実を語り，参加者のご批判を仰ぐべきではないかと考える。トヨタがアメリカであらぬ嫌疑までかけられて苦境に陥っているのであれば，研究者として真実を述べることで同社のコーポレート・レピュテーシの毀損を防ぐことが日本企業のカントリー・レピュテーションの毀損を防ぐことにも繋がるのではないかと考えたのである。

1）最初に原価企画に注目したアメリカ人は，日本管理会計研究者のアメリカ代表で，全米の生産性向上のための組織（CAM-I）の責任者であったジェームス（ジム）・ブリムソンとジョージ・フォスター，スタンフォード大学教授であった。英語のTarget costingは，その後日本を訪れたジム・ブリムソンと2人で相談して命名した。櫻井［2009, pp.333-370］はその要約である。彼らへの講演を企画したのは，現「価値創造フォーラム」代表の早川吉春氏であった。

2）米国ではハーバード大学ビジネススクールなどの諸大学，会社ではボーイング社など。国別ではドイツ，イタリア，イギリス（ロンドン大学），ブラジル，インドなどである。

2 トヨタのリコール問題とは何であったか

　トヨタの**レクサスES350**を運転していた州警察隊員とその家族３人が死亡するという事故が発生したのは，2009年８月28日のことである。原因は，トヨタ純正のフロアマットが前方にずれてアクセルペダルが踏まれたまま戻らなくなり，時速180キロ[3]のスピードで交差点に突入したとのことによる。

　トヨタが**フロアマット**の問題で対応を行なったのは，事故から約１カ月が経った2009年９月29日であった。アメリカで販売した８車種，380万台について，マットが正しく固定されていない場合，ペダルが引っかかって事故になる可能性があるというのがその理由である。その時点で，同様の不具合が100件前後当局に報告されていることも判明［週刊東洋経済，2010，pp.56-62］した。

　2009年10月５日には，対象車種の所有者に，トヨタはマットを取り外すように注意するＤＭを郵送した。しかしこの時にはトヨタの役員は，車両本体に欠陥はないとしていた。アメリカ運輸省高速道路安全局（NHTSA）はこれに対して，車両のペダルや速度制御にも問題があるとの見解を取った。

　この問題にようやく決着が見えたのは2009年11月25日のことである。トヨタはリコールではなく，自主改善措置をするという発表を行なった。既存のペダルをカットしてマットに引っかからないようにするか，新品のペダルと取り換える。アクセルとブレーキを同時に踏んだ際に自動的にアクセルを緩めるシステムも導入することを発表した。この措置によって，改善措置の対象は426万台以上に膨らんだ。

　事件が再燃したのは，2010年１月21日のことであった。フロアマットに引っ掛からなくてアクセルペダルが戻らない可能性があると発表し，アメリカでの主力の販売車種であるカローラ，カムリなどの８車種，約220万台のリコールに踏み切った。

3）トヨタリコール問題取材班［2010, p.10］によると，アメリカでの事件の報道が大々的になされた後，この①レクサスは代車で，しかも②ES350ではない別のレクサス用のフロアマットがセイラーさんの乗った車に装着されていたことが判明した。なお，報道では時速190キロという記事［週刊東洋経済，2010, p.60］もある。

2010年2月には，ハイブリッド車の**新型プリウス**のブレーキの効きが悪いというユーザーからの声が国土交通省に50件以上寄せられた。2月5日の深夜に豊田章男社長が会見に臨み，滑りやすい路面でブレーキのABS（アンチロック・ブレーキ・システム）の働きが遅れる可能性を示唆した。続いて2月9日には，プリウスなど4車種，世界で40万台強のリコールを発表した。

これらのリコールについて，トヨタは，原因はアクセルペダルなどの不具合であるとして大規模な改修に乗り出したが，アメリカの一部の論者は「真の原因はエンジンの電子制御システムにあり，トヨタはそれを隠している」という疑惑をもち続けた。それに応えて，2010年2月24日（日本時間では25日）には，トヨタ自動車の**豊田章男社長**が米下院監視・政府改革委員会の公聴会に出席し，質問に答えたのである。

トヨタの社長が述べた要点は，3点である。第1は，早いスピードで事業が拡大したために，顧客不在になったことを詫びたこと。第2に，リコールに関して現地法人に権限を与えていなかったことを改めて，現地法人独自でリコールができるようにすること。第3に，**電子制御スロットルシステム**（electronic throttle control system; **ETCS**）には過去，不具合は発見されていない，ということであった。2日間の公聴会で浮き彫りになったのは，急加速の原因ではないかとの見方がアメリカで広がったETCS問題の難しさである。

2010年4月5日には，リコール報告の遅れなどを理由に，トヨタに1,637万5,000ドル（約15億円）の民事制裁金を科す裁定を下した。結局，トヨタはこの金額を支払うことにしたが，その理由は，裁判を長引かせてトヨタのレピュテーションをこれ以上は毀損させないためであった。

3　トヨタ問題の本質はどこにあったのか

トヨタ問題は，3つの側面をもっている。1つは，リコールの数量の大きさである。第2は，車の不具合の原因の究明である。第3は，経営品質（マネジメント上）の問題の有無である。以下では，それぞれの問題を検討しよう。

▶1 リコールは，トヨタだけではない

　リコールをすると企業にとってコスト負担が増加しレピュテーションに多少は影響するが，リコール自体が悪であるということは全くない。リコールはトヨタだけが目立っているが，他社のリコールはどんな実態であるのか。山崎[2010, p.16]を参考に，2009年10月以降の主要な自動車メーカーのリコールの実態を見てみよう。日本とアメリカを中心に，主要自動車企業のリコール数は，**表19-1**のとおりである。

表19-1　2009年10月以降の日米主要自動車のリコール

メーカー名	対象台数	リコールの理由
トヨタ自動車	850万台	アクセルペダル　ハイブリッド車のブレーキ制御
日産自動車	86万台	ブレーキペダル　燃料系
ホンダ	150万台	エアバッグ　ブレーキ関連
GM	130万台	パワーステアリング関連
フォード	450万台	車速制御装置　ハイブリッド車のブレーキ関連

　日本のメーカーでは，トヨタのリコールの他に，2010年3月16日，ホンダは，ブレーキに不具合が起きる可能性があるとして，アメリカを中心にミニバン「オデッセイ」など約45万台をリコールすると発表した。日産自動車は，ブレーキペダルの不具合で，アメリカを中心に，ピックアップトラックの「タイタン」など約54万台をリコールした。ホンダのブレーキ関連のリコールも，ブレーキの不具合が原因か否かも判明していないのにリコールをしている。内容も軽傷が3件あったにすぎない。つまり，自動車メーカーのリコールの急増は，決してトヨタだけではないし，自動車の品質低下が原因ではない。

　アメリカの自動車会社ではどうか。3月2日に日産の発表があった日，GMではパワーステアリングが制御不能になる可能性があるとして，小型車など約130万台をリコールしている。フォードやクライスラーもリコールを行なった。

▶2　車の不具合の原因──電子制御スロットルシステムに問題か──

　2009年の8月にレクサスES350で死亡事件が発生したとき，トヨタ純正のフ

ロアマットが前方にずれて、州警察隊員とその家族が死亡する事故（その後の調査で、フロアマットの使用方法を間違ったことが判明）が発生したのであるが、それ自体は機械的な問題で済ませられたかもしれない。事故を起こした全天候型の分厚いマットを使っているのはアメリカだけで起こった問題でもあったので、日本での受け止め方はアメリカのテレビ視聴者とは違っていた。

　2010年2月24日に行なわれた公聴会では、焦点は機械的な問題ではなく電子制御システムにあることをアメリカ当局は示した。米下院監視・政府改革委員会のタウンズ委員長は「意図せざる急加速の問題で、国民に懸念が広がっている」と述べ、米運輸省の**ラフォード長官**は、「ETCSが電波干渉などで急加速を引き起こす可能性があるため、技術的な調査をしている」と述べた。このことは、問題の焦点が機械的なものから電気制御スロットルシステムの問題に移行していることを示唆している。

　一方、ミシガン大学教授でトヨタウエイの研究者、**ジェフリー・ライカー教授**［Liker, 2010, p.112］は、トヨタ問題には3つの誤解があると述べている。第1は、車が運転手の意思に反して急加速する問題はトヨタだけの問題であるかのように伝えられているが、実はそうではない。同様の問題から生じている事故は、GM、フォード、クライスラーの車でも起きている。訴訟も相次いでいる。第2に、多くのメディアが、理由は電子制御システムにあると報じているが、現時点では急加速の原因が同システムにあるということは証明されていない。同システムでは、安全のために異なる2つのCPU（中央演算装置）を搭載して、ブレーキペダルにも2つのセンサーが搭載されている。確率的には極めて低いが、両方のCPUが同時に壊れない限り、問題が起きない設計になっている。仮に2つのCPUが壊れても、ガソリンの供給は停止され、車は停止するように設計されている。第3は、トヨタ生産方式に問題があるという指摘もあるが、工場のラインにリコールの問題があるわけではないと述べている。

　誤解が広まった背景には、アメリカ政府がトヨタに対して、厳しい姿勢を取っていることもあると、ライカー教授［Liker, 2010, p.112］は言う。企業寄りの共和党とは違って、民主党は消費者の側に立っていることをアピールしたい。自動車のトップメーカーと戦っている姿は国民の支持を得やすい。フォードは400万台もの車をリコールした。しかし、世界のトップクラスのシェアで、安

全のイメージが強いトヨタの方が標的になりやすいのだという。

　一方，**ケント・カルダー氏**（米ジョンズ・ホプキンス大ライシャワー東アジア研究所長）は，トヨタ問題がこれだけ盛り上がったのはジャパン・バッシングや政治的な問題ではなく，消費者の安全にかかわる問題だからだと述べている。加えて，今回の事件はホワイトハウスではなく，アメリカや韓国のメーカーと近い議員が厳しく批判している印象を受けたという[4]。

▶3　経営品質の問題はあるのか

　トヨタのリコール問題といわれているのは，経営上の質の問題ではないか。批判の対象になった問題を7つに絞って検討してみよう。

1) 対応の遅れがあったのではないか？

　ジョンソン・エンド・ジョンソンは1982年に同社の鎮痛剤「タイレノール」にシアン化合物が混入され，死者がでた事件が起きた際に，死因すら解明されないうちにリコールを発表し，製品を回収した素早い対応がリスクマネジメントの事例でしばしば引き合いにだされる。集団的意思決定を伝統とする日本の経営者は，欧米に比べると問題に対する対応の遅れが目立つ。トヨタ自動車のリコール問題に対する反応も例外ではなかった。諸外国だけでなく，日本でもあらゆるメディアが報じていたのは，トヨタの対応の遅さである。

　トヨタはなぜ対応が遅れたのか。1つには，日本では少なくとも2003年からETCSを成功裏に活用して，現在に至るも電子制御システムの不具合が社会的な問題にされてきたことはなかった。このことが，迅速な対応を遅らせた1つの理由である。いま1つは，対象が車であるので，車を回収して原因を究明して発表するまでには時間がかかる。車の場合には薬を回収すれば済むというケースとは違ったそれなりの検討時間が必要である。結果論であるが，アメリカのテレビ報道に誤りがあった2009年8月28日の事故について，仮に早急に結論を出していたら，それが正しい選択であったであろうか。顧客にとって真に有用な情報は何かについては議論が分かれるところである。

4）著者は，論文でアメリカ政府を批判するときには，すべてアメリカの研究者の批判論文または批判記事を活用した。自分の推測で結論付けるという印象を避けるためである。

2) ユーザーよりもコスト削減を優先させたのか？

　ユーザーの顧客満足を忘れたという論調は意外に少ないが，皆無ではない。安全学の立場から明治大学教授の向殿［2010, pp.130-135］は，自動車においてフェイルセーフ（故障や操作ミスなどがあったときに，常に安全になるように制御すること）を実現するのは極めて難しいという観点から，トヨタは真にユーザーの立場に立っていなかった。この種の問題はどの自動車会社でも起こり得る問題であるから，あらゆる可能性を否定せずに自由に思考できる余地を残しておくべきであったという。

　立教大学名誉教授の丸山［2010, p.117］もまた，「限度を超えた原価低減，部品単価の切り下げが，品質の低下や欠陥品を誘発する原因」だとしている。その傍証として，「下請部品単価はこの五年間で半額以下になったといわれている。このため，関連下請メーカーは経営が悪化し，人件費削減のため正規労働者を減らし，非正規労働者や外国人労働者に替えている。技能・技術は失われている」と述べている。これらのことが事実であるとすれば，トヨタに限らず多くの日本企業にとってはたいへんなことになる。

　トヨタの原価低減は丸山教授が述べているような単なる切り捨てではない。原価企画という世界が認める科学的な方法を編み出しているわけで，原価低減の活動を全面的に断罪するならば，日本企業の国際競争での敗北が明らかになる。このような観点から，ライス大学の**ドーラキア准教授**［Dholakia, 2010］は，日本での議論の方向性とは全く逆の見解を発表している。同氏は全米で455人の調査結果[5]をもとに，トヨタ問題の「長期の回復見込みは明るい。トヨタは，躓くことがあるにしても，いかにして一貫した顧客満足がブランドを保護しうるかの教科書の事例になりうる」と述べている。

3) 海外での品質管理能力の不足が原因か？

　元トヨタ自動車生産調査部長で現在は「ものつくり大学」の田中［2007,

---

5) トヨタ車のオーナーに1〜10点で，次に新車を買う時にトヨタ車を買いたいかを調査したところ，トヨタ車の平均値は8で，他社のオーナーの評価は平均4であったという。調査は，2010年2月20日から3月2日にかけて行われた。この情報は，20年来の親友，ポール・スカールボー准教授がもたらしてくれた。

pp.106-115]は，海外での品質管理能力の不足を批判している。トヨタはアメリカの部品メーカー（CTS）の1社に生産をまかせ，その部品を北米だけでなく欧州や中国で販売する車にも搭載した。長年，生産現場でトヨタ生産方式のカイゼンマンを務めてきた田中氏の眼で見ると，このアクセルペダルの不具合で露呈した「世界最適調達」は，本来のトヨタの考え方ではないという。

一方，このような見解を否定する意見もある。モノづくり経営研究所イマジン所長の日野［2010, pp.116-123］は，過度な部品共通化によってリコールの規模が拡大したとする見解を否定し，問題が発生した真の原因は，品質を保証した部品共通化ができていなかったことにあると述べている。

日野氏と同様の見解は，とくに自動車に関するものづくり研究の第一人者として知られる東京大学の藤本［2010, p.94］にも見られる。藤本教授は共通部品が品質面でプラスかマイナスかは一概にはいえないとしている。同氏は共通部品の問題というよりは，製品設計の複雑化，グローバル製品ミックスの複雑化，生産拠点ネットワークの複雑化，生産量の急膨張などに同時に直面したために，トヨタの品質管理人材の手当てが，とくに海外拠点では追いつかなかったのではないかと指摘している。いずれにせよ，海外で作られた製品の品質保証は，現在の多くの日本企業が抱えている問題点の1つである。

4）コーポレート・ガバナンスの欠如が原因か？

トヨタの経営を創業者一家に戻したことによるコーポレート・ガバナンス上の問題を指摘する見解［*The Economist*, 2010, pp.10-11］がある。一般論としては，創業者一族の支配は，コーポレート・ガバナンスを低下させると考えられがちである。しかし実際は，トヨタでは創業者は非創業者よりも短期的利益の追求や品質の低下にはきわめて厳しい態度で臨んできた[6]。

外部の視点が欠けていることにトヨタ問題の原因があるという見解［*The Economist*, 2009, p.11］もある。その論拠として，トヨタの取締役会には29名

6）トヨタでは，創業者が巨大グループを纏め上げる役割を果たしてきた経緯がある。1つの逸話を紹介しよう。2008年の営業利益の見通しに関して，1,000億円の黒字，ゼロ，1,500億円の赤字という3案があり，副社長と社長（当時）は赤字に反対したが，創業者の**豊田章一郎**名誉会長が「赤字はいかんが，嘘はもっといかん」［井上・伊藤，2009, p.28］と述べたとされる。ここで"嘘"は粉飾ではなく，常に厳しい現実に近い数値を示さなければいけないことを示唆している。

の役員のうち，完全に独立性をもった役員はゼロ[7]（唯一の非日本人役員はいたが，アメリカの自動車会社に引っこ抜かれた）であることを証拠にあげている。実際には，トヨタを含めて日本の会社では取締役だけでなく監査役にも社外役員が登用されている[8]。現時点では，委員会設置会社と監査役制度のいずれがすぐれているかについては意見が分かれるところである。

委員会設置会社の方がガバナンスにすぐれているといわれるが，コーポレート・ガバナンスが最もすぐれているとされたエンロン社（2001年に崩壊）を見れば，そうは言えないことが分かる。

5）日本全体の地盤沈下や「大企業病」の反映か？

スチュアート氏［Stewart, 2010, pp.37-38］は*Newsweek*誌で論評を掲げ，トヨタ問題は日本の政治・社会・経済の問題であるとし，最後の砦であったトヨタが躓いたのだと問題発生の必然性を指摘している。同氏は①政権を担当している鳩山内閣の体たらく，②30代から40代の働き盛りに見られる引き籠り現象，③出生率の低下，④農業・小売業・政府の低い生産性，⑤2006年の小泉内閣以降の3首相の交代などの政治の不安定，⑥中国との競争を放棄している日本人の精神的な脆さなどを列挙して，トヨタが躓いたのは必然的な結果でしかないと述べている。

スチュアート氏の記事には肯定すべき事実も含まれているだけに，われわれ日本人にとっては衝撃的ですらある。同じ論理でトヨタにも他の日本企業と同様に，「大企業病」が蔓延し始めた［井上・伊藤，2009, pp.30-33］という声もある。しかし，日本の退潮とトヨタのリコール問題を直接結びつけるべきかについては，議論の余地がある。

7）諸外国とは違って，日本のガバナンス体制では，欧米の委員会制度の他に日本独自の監査役制度が認められている。トヨタはその典型的な会社である。日本の会社法では，監査役のうち，社外役員が半数以上いなければならない。したがって，トヨタでも社外監査役が4名いる。

8）過去，NTTドコモその他の監査役，NTTオートリースの取締役を経験し，いまはSRAHDの監査役を務めている筆者の経験からすれば，社外監査役が経営トップの顔を見ながら（ひらめの）行動をしない限り，日本の監査役制度はそれなりによく機能していると考えている。

6) 品質への過信と過去の事故への反省の不足が原因か？

藤本［2010, pp.92-94］は，設計能力や品質への過信がリコール問題の根底にある要因であったと述べている。現在の先進諸国では，自動車設計の複雑化を避けて通ることはできない。先頭集団にいるトヨタはその欠陥を最初に知らされる立場にいる。品質への過信がリコールの根本的原因ではないかという論理は，実証は難しいが，著者も同意する。

過去の事件から学んでいないという厳しい意見もある。2004年8月12日に熊本県でハイラックスサーフワゴンによる5名の負傷事故が発生した。リレーロッドが折れて操作不能になったのが原因であった。国土交通省が2006年7月に，リコールを巡る社内体制の不備を指摘し，業務改善策の報告を求めた。これに応じて，トヨタの渡辺捷昭社長（当時）が陳謝した。この時の事件を重く受け止めて，しっかり対策を打っていれば，この度のリコール問題は起こらなかったのではないかとする意見もある。

7) CSRがあればコーポレート・レピュテーションは不要か？

日本の企業では，大多数の企業がCSRを実践している。トヨタもCSRの一環として利益の1％を社会貢献として寄付している。リスクマネジメントも着実に実践してきている。それでも事故は起こった。なぜか。

日本ではコーポレート・レピュテーションの毀損が企業の財務業績にいかにダメージを与えるかの認識がきわめて低い。手前味噌という意見もあろうが，レピュテーション・マネジメントの研究を深め，レピュテーションの毀損による財務業績への影響を検討し，併せてレピュテーション監査を導入すれば，トヨタ問題の発生を未然に防ぐことができたとすら著者は考えている。

4　コーポレート・レピュテーション低下の企業価値への影響

コーポレート・レピュテーションの毀損は，企業価値を低下させる。企業価値というと，英米の論者は株主価値への影響を中心に考える。しかし，日本の経営者は一般に，企業価値は株主価値を中心とする経済価値だけでなく，企業の社会価値や組織価値にも大きく影響し，それらが終局的には将来の経済価値

を低下させる［櫻井, 2005; 櫻井, 2008］と考える[9]。**図19-1**を参照されたい。

図19-1　トヨタのリコール問題と企業価値の低下

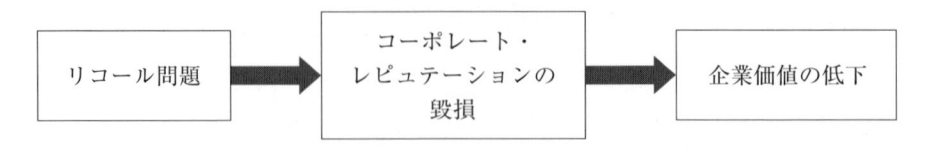

リコール問題　→　コーポレート・レピュテーションの毀損　→　企業価値の低下

　トヨタの一連のリコール問題は，トヨタのコーポレート・レピュテーションを毀損させた。レピュテーションの毀損は財務業績を含むトヨタの経済価値だけでなく社会価値や組織価値を低下させた。一連のリコール問題がトヨタの企業価値にいかなる影響を及ぼしたか。企業価値を向上させるために，トヨタはどんな戦略を策定しているかなどを検討してみよう。

▶1　経済価値への影響

　経済価値は，株価，利益，将来キャッシュ・フローで表わされる。まず株価はリコール問題にいかに反応したか。株価は，2007年7月2日に8,360円の最高値をつけたのち，一本下げで下落し，さらに，2008年9月のリーマン・ブラザーズの崩壊が後押しをして，2008年12月には2,585円の最安値をつけた。一方，低迷していた株価は，2010年2月の豊田章男社長の公聴会への出席以降は徐々に上昇に転じ，4月14日には3,705円まで値を戻した。このことから，少なくともアメリカでは，事故や不祥事に対処するには，何よりも「迅速性」が求められるということを多くの日本の経営者は学習したといえる。
　図19-2を参照されたい。ここで確認しておきたいことは，リコール問題がトヨタの株価に及ぼした影響は極めて限定的でしかなかったということである。株価下落の根本的原因は，世界販売1,000万台を視野に入れた拡大路線が挫折したというのが，圧倒的多数の論者の見解である。

---

[9] 日本の経営者へのアンケート調査によれば，企業価値が経済価値を表すとする見解は11.5％，経済価値だけでなく，社会価値，組織価値を包含するという見解は88.5％にも達した。調査は上場第1部の経営企画部長，知財担当部長，CSR室長などに1,062通送付，回答は124社であった。調査期間は，2009年1月5日〜2月10日［櫻井, 2010, p.2］までである。

第19章　トヨタのリコール問題のレピュテーションへの影響　457

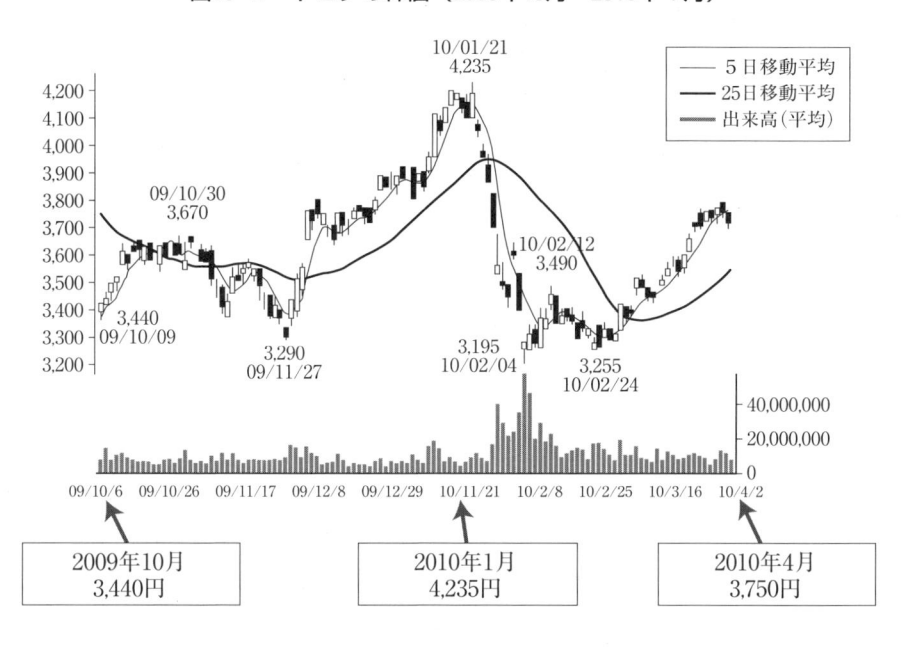

図19-2　トヨタの株価（2009年10月～2010年4月）

- 2009年10月　3,440円
- 2010年1月　4,235円
- 2010年4月　3,750円

次に，リコール問題の利益への影響はどうか。利益への影響も，株価と同様に，拡大路線の挫折とリーマン・ショックに比べると，リコール問題の影響は比較的軽微だということになる。**表19-2**を参照されたい。

表19-2　トヨタの決算数値

（単位：百万円）

	2006年3月	2007年3月	2008年3月	2009年3月	2010年度
売上高	21,036,909	23,948,091	26,289,240	20,529,570	18,950,973
営業利益	1,878,342	2,238,683	2,270,375	△461,011	147,516
当期純利益	1,372,180	1,644,032	1,717,879	△436,937	209,456

着実に増加してきた売上高，営業利益，当期純利益がリコール問題の表面化以前の2009年3月に既に急減していることからも，リコール問題の利益への影響はそれほど大きくはない。営業利益の減少要因としては，台数・構成等の影響が14,800億円，為替変動の影響が7,600億円と発表された。

2010年3月期（予想）のアメリカでの販売台数は前年同月比で40％増と販売

台数を大幅に伸ばした。懸念されたリコール問題の販売への影響は収束に向かうと見られている。これは，アメリカの世論がようやく落ち着きを見せ，トヨタブランドが再認識されたことが背景にあるという意見もある。

短期的な利益への影響はどうか。リコール対策費となる品質保証費は，2010年3月期中に1,000億円計上するほか，欧米を中心に販売減を見込み，減益影響としては，700億円から800億円（伊地知専務）［池原，2010］を想定しているという。このようなことから，リコールに関連した財務業績への直接的な2010年3月期への影響は，1,800億円前後と見込まれた。

▶2　社会価値向上のための戦略

トヨタのリコール問題に係わる一連の騒動によって，「**トヨタ神話**」は相当なダメージを受けた。まだ事実関係は明らかではないが，虚偽報告と欠陥を知りながら適切な対応を取らなかったという非難もある。

トヨタはすでに2009年の秋，プリウスの電子制御システムに原因のあることを特定し，そのソフトを内々に手直しして，2010年1月の生産車から回修していた［丸山，2010，p.117-118］という指摘もある。このような理由から，丸山氏はリコール制度をメーカーの自主判断に委ねるのではなく，国が責任と権限をもってリコール制度を主導すべきであると述べている。

自動車業界では，レピュテーションの高さはプレミアム価格と中古車価格に大きな影響を与える。米センター・フォー・オートモーティブ・リサーチ会長の**デービッド・コール**［David Cole, 2010］のように，「トヨタ品質神話は回復困難」という意見もある。著者は必ずしもコール氏の意見に賛同するわけではないが，仮にわが国のリコール制度そのものに問題があるとすれば，今後この問題を国としても検討する必要があるように思われる。

では，トヨタはどんな戦略で品質を高め，かつての高い評判を取り戻そうとしているのか。2010年3月31日に行なわれた「グローバル品質特別委員会」の初会合で，品質向上のための全社的な取り組みを加速することが確認された。北米の品質特別委員に就任したアメリカ生産子会社のスティーブ・セントアンジェロ副社長は，今後は車の適切な使い方に関する啓発活動も必要になると述べた。

2010年4月1日に社長訓話から再確認されたことは，安全を最優先し，廉価で良い製品を提供することを第二の順位とするとのことである。この意義は，何よりもユーザーの安全性を重視する姿勢を柱にしていることが大きい。具体的には，より確実に顧客の声を設計に反映させるため，技術部内に専門部署を設置した。加えて，アドバイザリー・ボードとは別に，品質に関する外部の専門家を招聘して，外部専門家による確認・アドバイスをしてもらい，その結果を外部に公表することも決めている。

▶3 組織価値向上のための戦略

トヨタのリコール問題は，組織上の問題点も露呈させた。トヨタは自社の社員であれば良質な製品を製造できる。しかし「安易に他者に頼らない姿勢は競争力の源泉であったが，これだけグローバル化が進んで兵站が伸びてくると日本人だけで経営できる規模を超える問題が噴出する」という意見がある。とりわけ，「北米トヨタのジム・プレス社長，米トヨタ販売のジム・ファーリー副社長が他社に移籍した頃から，トヨタ本社と北米との間で，意思疎通がおろそかになった」という意見もある。これらの問題にトヨタはどう応えていくのか。

2010年4月1日に発表された2010年度のグローバル会社方針では，「全員が心を一つにしてお客様の信頼を取り戻す」とある。これは，リコール問題で揺れる社内の人心を1つにまとめ，1日も早い信頼の回復を図ったものである。

トヨタは，ダイハツ，日野自動車などを含めた日本国内のグループ会社を含めた大規模な組織変革を行なう。日本では現在，グループ18工場が複数の異なる車を製造しているが，2010年の夏までに，大型車，小型車，ミニバンなど車種ごとに生産を振り分ける。生産車種を揃えることで，品質管理や改善も進めやすくなるのが狙いである。全モデルにハイブリッド車を設定する意向である。加えて，カローラ，ヴィッツなどの車台や部品を共通化することで2012年には年間1,000億円のコストを低減させる方針である。

加えて，2010年3月31日の「グローバル品質特別委員会」では，経営組織として，事故が起きた際には技術者がすぐに現地に駆けつけるため，拠点を北米と欧州で7カ所ずつ，中国には6カ所設けるなど，情報収集のためのアンテナを世界に張り巡らせることを決定した。

さらに，2010年6月には，約20年ぶりに「係長職」を復活させることを決めた。日本企業は1990年代初頭のバブル崩壊以降，欧米企業に倣って組織のフラット化を進めてきたのであるが，**組織のフラット化**は意思決定の迅速化とコスト・カットには役立った。しかし，現場の束ね役として力を発揮してきた係長を廃止したことで，中間管理者が多忙になり過ぎたことや日本企業の特徴である部下の育成もままならなくなってきた。そこでトヨタはまず開発部門から組織体制を見直すことになったのである。一部には，非正規労働者の増加に伴って，多能工の不足による技術力の低下が懸念［丸山，2010, p.116］されるという意見もある。著者は，これへの対応の1つとして係長職の設置はトヨタの組織価値を高めるための適切な対応であると高く評価したい。

　今後ともトヨタは具体的な戦略を次々と打ち出してくると思われる。迅速かつ的確な戦略が策定され，着実にその戦略が実施されることを心から期待したい。

●まとめ●

　トヨタのリコール問題は，当初はフロアマットが焦点であったが，次に，アクセルペダルが戻らなくなるという問題に発展した。更には，プリウスのブレーキの効きという問題に拡大している。プリウスはハイブリッド車であるから，新技術に係わる問題も多い。他社でも種々の問題が発生する可能性もある。つまり，問題は今後，自動車会社共通の問題に発展してゆく可能性がある。

　企業は問題を起こすと，数々の批判に晒される。しかし，その前に決して忘れてはならないことがある。それは，トヨタはTQC（現・TQM），カンバン方式（JIT），原価企画，リーンマネジメント，トヨタウエイなど日本の経営管理の発展に尽くしてきた数々の実績があり，いまでもその方向性には変化がないということである。競争戦略で有名な**マイケル・ポーターとクラマー**［Porter and Kramer, 2008, pp.88-89］は，戦略的CSRの成功例の1つとして，世界に先駆けて開発と販売を推進してきたトヨタのプリウスを最大級の表現で称えている。このような記事がGMや現代などのライバルメーカーを刺激した側面も否定できないが，ファースト・ランナーは礼賛されると同時に批判の矢

面に立たされるということをトヨタ関係者は心に刻んでおかなければならない。

　トヨタ問題に取り組んで，ハッキリとしたことが3つある。第1は，レクサスが世界でも最高の車であるだけでなく，プリウスもまたハイブリッド車としてだけでなく，知性，洗練といった高級車がもつブランドイメージも備えているということである。第2は，トヨタがハイブリッド車では技術的に世界を牽引している。世界のトップランナーということは，未知の技術を切り開かねばならない企業[10]だということでもある。第3は，幾多の困難があろうとも，電子制御システムの導入は未来の車には避けてとおれない道だということである。しかも，まだ解明すべきことが数多くあるはずである。

　トヨタの技術者・経営者は今回のリコール問題に委縮せず，真実を語り，この苦難をばねとして困難に挑戦して欲しいとするのが著者の願いであり国民の大多数の声でもある。

付記

　報告論文の日本語訳は専門誌の『企業会計』（2010年8月号）に全文を掲載した。しかし，本章では報告論文を加筆・修正した。なお，ブラジルでの著者の報告に対しては，豊田家に関するコーポレート・ガバナンスの問題と，日米の文化の違いについて質問を受けた。前者については，本章でも記述した *The Economist* の執筆者の2つの誤解について述べた。後者については，レクサスの日本版であるセルシオは全く故障がなく燃費もよかったが，その後に購入したベンツ（S）では，高速道路で100キロのスピードが突然40キロに落ちたことを話した。ディーラーの話では，家族からのプレゼントのキーホルダーに替えたためにそれが膝に当たったから減速したということであった。ディーラーから注意を受けても著者自身はベンツを訴えなかったが，それを訴えるのがアメリカ人だと，日本人との文化の違いを説明した。なお，閉会式でのフォンブラン教授の講演では，トヨタのリコール問題の原因が過度のコスト削減だとしていた。それが平均的アメリカ人の見解かもしれない。

謝辞

　トヨタ自動車株式会社のCSR室長　大野満氏とCSR室の担当課長の加藤理氏には資料の提供とチェックでたいへんお世話になった。記して感謝の意を表したい。

---

10) **初代プリウス**（1997年），2代目プリウス（2003年），3代目プリウス（2009年）で，ＧＭのハイブリッド車シボレー・ボルトが走り出すのは，2013年の予定である。日本はアメリカに16年も先行した。なお，日本車では，ホンダの**インサイト**（1999年）にも当然ながら注目すべきである。著者がこれだけトヨタのリコール問題に向き合ってきたのは，全製造業の出荷額に占める自動車製造業の比率が，17.2％（2006年）にも達しており［細田他，2009, p.25］，そのなかでも世界で最大の影響力をもつトヨタには是非とも世界のリーディングカンパニーとしての地位を保って欲しいからである。

参考文献

Cole, David, "It is Difficult for Toyota to Recover Toyota Quality Myth", *Nikkei Business*, 2010.（デービッド・コール訳「トヨタ品質神話は回復困難」『日経ビジネス』2010年2月15日。）

Dholakia, Utpal, Toyota Owners Maintain High Overall Satisfaction Despite Recalls, RICE, National Media Relations, 2010.
http://www.rice.edu/nationalmedia/news2010-03-05-toyota.shtml.

Economist, "Toyota Slips up", *The Economist*, 2009年12月12日。

Economist, "Accelerating into Trouble", *The Economist*, 2010年2月13日。

Liker, Jeffrey, "Three Misunderstanding on Toyota Problems", *Nikkei Business,* February 22, 2010.

Porter, Michel E. and Mark R. Kramer, Strategy and Society: The Link Between Competitive Advantage and Corporate Social Responsibility, *Harvard Business Review*, Dec. 2006.（村井裕訳「競争優位のCSR戦略」『DIAMOND Harvard Business Review』ダイヤモンド社, 2008年1月, p.48。）

Sakurai, Michiharu, "Target Costing and How to Use it," *The Journal of Cost Management*, Vol.3, No.2, 1989.

Sakurai, Michiharu, *Integrated Cost Management, - A companywide Prescription for higher profits and Lower costs,* Productivity Press, 1996.

Sakurai, Michiharu, Integrated Cost Management, Productivity Press, 1996.（Traducao, Neves, Adalberto Ferreira, *Gerenciamento Integratado de Custos,* Editoria Atlas S.A., Sao Paulo, 1997, pp.1-279.）

Stewart, Devine, "Toyota is Symptomatic of a Nation That has Lost its Way" *Newsweek*, March 15, 2010.（デビン・スチュワート訳「トヨタが告げる日本の終わり」『ニューズウィーク』2010年3月15日, pp.22-26.）

池原照男「最強業界探訪——自動車プラスα」日経ビジネスオンライン, 2010年。

井上久男・伊藤博敏編著『トヨタ・ショック』講談社, 2009年。

櫻井通晴『コーポレート・レピュテーション—「会社の評判」をマネジメントする』中央経済社, 2005年。

櫻井通晴『レピュテーション・マネジメント—内部統制・管理会計・監査による評判の管理』中央経済社, 2008年。

櫻井通晴『管理会計 第四版』同文舘出版, 2009年。

櫻井通晴「レピュテーション・マネジメントに関する日本の経営者の認識」『経理研究 53』No.53, 中央大学経理研究所, 2010年。

週刊東洋経済編「トヨタ『危機』は峠を越えたか」『週刊東洋経済』東洋経済新報社, 2010年1月30日。

田中正和「『見せかけの原価低減』の大きな罠」（トヨタリコール問題取材班編『不具合連鎖—「プリウス」リコールからの警鐘』日経BP社）2010年。

トヨタリコール問題取材班編『不具合連鎖—「プリウス」リコールからの警鐘』日経BP社, 2010年。

日野三十四「それでも部品共通化を進めよ」トヨタリコール問題取材班編『不具合連鎖—「プリウス」リコールからの警鐘』日経BP社, 2010年。

藤本隆宏「設計能力や品質への過信が要因か」トヨタリコール問題取材班編『不具合連鎖―「プリウス」リコールからの警鐘』日経BP社，2010年。
細田孝宏・山崎良兵・江村英哲「ハイブリッドカー——自動車産業の救世主なのか——」『日経ビジネス』2009年6月22日，pp.22-37。
丸山惠也「トヨタのリコール問題と車づくり」『経済』2010年7月。
向殿政男「ユーザーの視点で安全性を再考せよ」トヨタリコール問題取材班編『不具合連鎖――「プリウス」リコールからの警鐘』日経BP社, 2010年。
山崎良兵「『疑わしきはリコール』に苦悩」『日経ビジネス』2010年。

第20章
パナソニックはFF式石油温風機事故をいかに克服したか

● はじめに ●

　企業が反社会的行為を行なえば，コーポレート・レピュテーションが低下することで株価が下落し，財務業績に多大な悪影響を及ぼす。最近では，リコール隠し，耐震強度偽装，食品の産地や賞味期限の偽装，株主を欺く違法行為，粉飾決算などによって，多くの企業がコーポレート・レピュテーションを低下させ，株価が下落し，財務業績を悪化させてきた。最悪の事態では，倒産に追い込まれる企業も少なくない。著者の研究［櫻井，2005，pp.188-197］によれば，BtoB（企業対企業）よりはBtoC（企業対消費者）の企業において，コーポレート・レピュテーションが財務業績に及ぼす影響が顕著である。

　BtoC企業であるパナソニック株式会社（以下，パナソニック）の"FF式石油温風機"事故では，死者を含む多数の犠牲者が出たことから，コーポレート・レピュテーションが大幅に低下し，株価は暴落し，財務業績は大幅に下落する"はず"である。しかし現実には，株価や業績が低下するどころか，逆に，株価も財務業績も大幅に向上している。それはなぜか。

　重大な事故を起こしたにもかかわらず，現在，パナソニックが従来の常識を覆すような好業績を誇っているのには，いくつかの理由が考えられる。

　第1の見方は，メディア戦略が成功したとする見解である。テレビを観ている生活者の感覚からすれば，徹底したPRが成功したからだと考えるかもしれない。企業にとってマイナスとも思われるほどテレビで事故の関連情報を流す戦略をとることで，一般大衆の同情と評価を得たのだと考える。逆転の発想ともいえる広報戦略の成功が最大の要因だとする。ジョンソン・エンド・ジョンソンはタイレノール事故が起きたとき，徹底的にメディアを活用したが，戦略的にはこの事例と類似する。コーポレート・コミュニケーション専門の研究者

はこのような見方をするかもしれない。

　第2の見方は，経営革新の効果であるとみる。パナソニックの前中村邦夫社長は2000年に入ってから業務の大改革を始めたのであるが，最近になって顕在化してきたその改革の成果が現在の高いレピュテーションと高い株価，高い財務業績の要因と考えられる。とくに日本では，財務業績がよくなるとコーポレート・レピュテーションが向上するという現象がみられる。財務業績が好転したのであるから，少々の事故があってもコーポレート・レピュテーションが好転するのは当然ではないかという見方である。企業経営者や伝統的な管理会計研究者はこのような見解に賛同するかもしれない。

　第3の見方からすると，パナソニックはもともと信頼できる会社である。同社では2003年10月からCSRを始めたのであるが，普段からのリスクマネジメントの実践とこのCSR活動が功を奏したのだとする見方をとる。CSRやリスクマネジメントの実践が企業の財務業績に多大な影響を及ぼすと考えたいCSRの専門家や北欧や英国のコーポレート・レピュテーションの研究者からすると，この見解が最も説得力に富むと考えるかもしれない。

　このような問題意識のもとで，事故の発生にもかかわらず株価上昇と業績好調がみられることの真の原因を探るべく，2006年，「行政の信頼性確保，向上方策に関する調査研究委員会」委員の1人として，事務局の（財）行政管理研究センターの研究員・伊藤慎弐氏とともに，著者はパナソニックのCSR室に訪問調査を行なった。CSRに着目した理由は，パナソニックのCSRは企業の内外に向けた「社会的責任を取る事」をその基本理念にすえているので，CSRの具体的な取組みを研究することでパナソニックの事故への対応を見ることができると考えたからである。

　本章の目的は，ナショナルFF式石油温風機事故にも係わらず，パナソニックがなぜ現在，株価や財務業績，および社会的評価が高まっているのかの疑問に応えようとするものである。そのため，第1にコーポレート・コミュニケーションの効果，第2に経営革新の効果，および第3にCSRの効果を1つひとつ検討していく。そのまえに，まず事故のあらましと株価と財務業績などをみることでFF式石油温風機事故を可能な限り正確に記述し，事故当時とその後のパナソニックの経済状況を明らかにしたいと考える。

1　FF式石油温風機事故とは何か

　パナソニックでは，中村社長の指揮下にあって，「破壊と創造」の旗印のもとで，2000年から経営上の諸側面にわたって大改革にとりかかった。具体的には，創生21計画（2001年4月〜2004年3月）による①構造改革，および②連結営業利益率5％と連結売上高9兆円規模達成を目指した。それにもかかわらず，改革がある程度まで進んだ2002年3月期には▲5,480億円という巨額の赤字決算を発表せざるをえなかった。しかし，その後は徐々に業績が上がっていって，2005年にもなると，改革の効果が決算上も現れ始めてきた。そのような矢先の2005年1月に，FF式石油温風機の事故が5件発生したのである。

▶1　事故の概要

　事故の概要は，パナソニックが1985年から1992年までに製造したFF式石油温風機を使用中の顧客が一酸化炭素中毒により死亡・入院するという事故であった。事故が発生したのは，寒冷地帯の福島県のペンションであった。この事故の発生は1月であったが，事故の原因究明に時間がかかり，その後2件の事故があって2005年4月になってようやく事故の公式発表が行なわれた[1]。

　これらの事故の発生を受け，2005年11月29日付けで，経済産業大臣から，消費生活用製品安全法第82条に基づく緊急命令が発令された。翌30日，中村邦夫社長を本部長とするFF緊急市場対策本部が立ち上がった。最近の都会では電気ファンヒーターを使うことが多くなったが，寒冷地ではいまでも壁に穴をあけて給排気する形の石油温風機が使われている。ガスが漏れたときには遮断できる構造にはなっていたが，製造から13〜20年も経っていてその構造が働かなくなっていた可能性もある。ペンションの工事業者もからむ複合的な要因の疑いもあり，原因の究明に時間がかかったこともあって，パナソニックは一気に

1）事故の発生は，2005年1月5日で，福島県内で1人が死亡，1人が重体になった。この型式は撤退が決定していたので，実機での検証が容易でなかった。同型の暖房機を市場から数十台あつめて独自の実証実験を行なったが，2月と3月にも1件ずつ事故が発生［江川, 2006, p.21］していた。

世間から糾弾されることになった[2]。これが事故のあらましである。

▶2　パナソニックの対応

　もう1人でも死者が出たら会社は潰れるという危機感をもって，社長は，「温風機対策を会社の最優先事項とする」ことを下命した。具体的には，FF式石油温風機をみつけるということに関しては何でもやるという姿勢を内外に公表した。そのためもあり，他社からも応援をもらった。たとえば，電力会社の検針では，電力会社が全戸にチラシを入れてくれた。全自治体は町内会への徹底を図ってくれた。一定のエリア内のすべての世帯・事業所等に，あて名の記載を省略して荷物を送る事ができる郵政公社の新しいサービス（「タウンプラス」）を知って，全国の約5,687万世帯のすべてに葉書を郵送した。FF式石油温風機が最もよく使われるホテル，旅館，民宿などにもチラシを配った。テレビコマーシャル28,019本，雑誌告知262万部，新聞告知24回など，要するに，やれることはすべて行なった（2006年4月30日時点）。灯油販売店へのローラー作戦では，4日間で6,500人が投入［江川, 2006, p.23］されたという。

　著者には，事故直後には対応の遅れもあって世間の糾弾を浴びたものの，その後は愚直にも思える真剣でまじめな取り組みを行なったことが，信頼の回復とレピュテーションの向上に大いに役立ったように思われるのである。

▶3　BtoC企業でのレピュテーションの財務業績への影響

　では，事故の後処理に対する取り組みの真剣さと普段からの会社への信頼性が本当に理解されたのであろうか。事故発表の1週間目は売上高が減少したものの，第2週目からはパナソニックの製品の売上が落ちることはなかった。参考までに付け加えるならば，別著［櫻井, 2005, pp.197-222］のケース・スタディから推論したとおり，事故や反社会的な行為が発覚しても，BtoBの企業では売上や株価への影響は比較的少ないのに対して，パナソニックのようなBtoCの企業では，たとえば反社会的な行為を行なった雪印乳業においては連結で一時は従前の4分の1の売上高に落ち込んだことにみられるように，財務業績

---

2) 事故に対する遅れは田中［2006, p.23］によっても指摘されているが，温風機が使い古されていたこと，および家屋をぶち抜いて使用していたことを勘案すれば，同情すべき側面もある。

への悪影響は甚大である。

それでは，パナソニックの事故では，株価と財務業績への影響はどんなものであったであろうか。次節では，まず事故による経済価値（株価と財務業績）への影響を検討しよう。

2　株価と財務業績など経済価値への影響

FF式石油温風機の事故がパナソニックの経済価値にいかなる影響をもたらしたか。この疑問に応えるに，本章でいう経済価値測定の意味を明らかにした後に，事故当時とその後の株価と利益の状況を分析する。

▶1　経済価値の測定

経済価値をどのように測定するかという問題に関しては，①株価総額で決まるとする主張，②一株あたり利益を参考にすべきだとする意見，③将来のキャッシュ・フローを現在価値に割り引いたものとする見解など，研究者の間で意見の一致がみられているわけではない。ここで情報価値が高いのは，①と②である。以下では，株価総額と利益を検証してみよう。

▶2　株価総額

株価総額は企業価値の近似値を表すと考えられている。株価は心理的要因によって変化するが，事故を起こしたことのステークホルダー（このケースでは投資家）の反応を知るには最もすぐれた指標であるといえる。

事故が発表された2005年4月から2006年4月までの株価の推移は，FF式温風機の事故の影響を全く受けていない。少なくとも，事故発生後の1年間の株価の推移は上げ一筋である。**表20-1**を参照されたい。

表20-1　パナソニックの株価の推移と株価変動の要因

年　　月	00/2	03/4	05/3	06/4	07/12
株　　価	3,200	950	1,569	2,750	2,235
主な要因	高値	業績悪化	事故発生直前	1年後	2年後

▶3 利　益

　次に，将来のキャッシュ・フローの予測は部外者には難しいので，事故の発生後，利益がどのように変化したかを検証してみよう。事故が発表されたのは，2005年4月である。すでに述べたように，発表後の1週間ほどは売上高が減少したものの，2週間目からは平常に戻った。それでは，事故発生後の損益状況の推移がどうであったかをみてみよう。売上高と営業利益はほぼ連動しているとみてよい。連結財務諸表よりは事故を起こした主体である単体の方が直接的な影響を表していると思われるが，事故発表前後の単体と連結の損益計算書の数字から，必要な数値のみ取り出してみよう。

　営業利益・売上高とも，事故後には大幅に上昇した。子会社株式評価損，構造改革およびFF式石油温風機の事故のために，単体の当期純利益は減少しているものの，当該期間の営業活動の成果を示す営業利益や経常利益[3]は大幅に増加したことが注目される。売上高や利益が増加している理由のうち，売上高増加の原因の第一にあげられるべきは，パナソニックの洗濯乾燥機や食洗機をはじめとするいわゆるデジタル家電製品の商品力の高まりと，プラズマTVの立ち上がりによる底堅く力強い業績向上があることはいうまでもない。事故発表の直前の2005年3月期とその後1年経た2006年3月期の損益計算書の主要な数値は，**表20-2**のとおりである。

表20-2　単体・連結の損益計算書

項　　　目	2005年3月期（百万円）		2006年3月期（百万円）	
	単体	連結	単体	連結
売 上 高	4,145,654	8,713,636	4,472,579	8,894,329
営 業 利 益	88,393	308,494	123,218	414,273
当期純利益	73,453[注1]	58,481	20,445[注2]	154,410

注1）2005年3月期には，構造改革のための特別損失34,915百万円計上。
　2）2006年3月期には，FF式石油温風機の点検・回収の費用24,905百万円を計上。構造改革のための特別損失は113,194百万円，子会社株式評価損は184,532百万円であった。

　3）単体では，2005年3月期の116,280百万円から2006年3月期の216,425百万円に増加。連結損益計算書では表示形式が異なるが，税引前利益では，それぞれ246,913百万円から371,312百万円に増加している。

以上で，企業価値の主要な構成要素である株価や利益など経済価値に対する事故の影響はほとんどないことを明らかにした。むしろ，事故後は逆に株価も利益も増加傾向がみられる。とすると，パナソニックでは大きな事故を起こしたにもかかわらず，なぜ株価や財務業績などで表される経済価値にほとんど全く影響がなかったのであろうか。あるいはマイナス要因がプラス要因と相殺されたのであろうか。第1に検討すべきは，パナソニックのメディア戦略が事故への悪影響の緩和にどれほど貢献しているかである。

そこで次に，コーポレート・コミュニケーションが果たした役割を検討する。コーポレートコミュニケーション本部広報グループ雑誌・放送担当部長による広報活動の詳細は江川［2006, pp.20-25］を参照していただくこととして，以下では著者の意見を含めたＰＲ活動のレピュテーションへの貢献を述べる。

3　メディア戦略の効果がダメージ軽減の真の理由か

パナソニックの社長（当時）は，次に死者が出たら会社は倒産する危険があると考えた[4]。そこで社長は，死者がもう1人出たら辞任する覚悟をしたという。パナソニックの社長の気持ちは，このような事故に関しては，万一のときには直接の担当者や部下に責任を押し付けるのではなく，経営トップ自らが責任を取るべきであると考えていたからだそうである。そのような理由から，社長の発意で，FF式石油温風機事故の対策を会社の最優先事項としたのである。

▶1　具体的な対策

具体的な対策としては，次の施策が取られた。一定期間，テレビCMとラジオのCMはすべてFF式石油温風機事故の周知徹底に切り替えた。何回も何回も同じ内容のCMが繰り返し放映されたので記憶に残っている読者も多いと思われるが，テレビで事故と製品回収の意向を伝えるCMにしては暗い印象を与える女性の声が耳に残っている方も多いと思われる。

日本で最大手の広告会社の部長は，CMとしてこれだけ成功したケースも珍

---

[4] 雪印乳業や森永製菓などBtoCの過去の事例を見れば，倒産までには至らなくても大きなダメージを受けるであろうことは明らかであった。

しいと評していた。事実、視聴者のなかでパナソニックの経営トップの愚直なまでの真面目さを感じ取ったのは著者ばかりではあるまい。パナソニックとしては意図したわけではなかったにしても、暗い感じのCMを流すことによって、現実にはパナソニックの経営トップへの信頼感が醸成されていったのではないかと思われる。

　雑誌と新聞も事故と製品回収の告知に利用した。既に述べたとおり、雑誌告知は15誌を使って約262万部、新聞告知は全15段2回の他、合計24回行なわれた。電力会社が協力してくれた。つまり、電力検診員による全家庭へのチラシ配布を行なってくれた。告知とお願いの葉書を国内の全所帯に送付した。郵政公社の新しいサービスも活用して、全家庭に送付した。全自治体にも協力をお願いして町内会、ホテル、旅館などの宿泊施設にもチラシを配布した。

▶2　対策の効果

　このような積極的なメディア戦略によって、2006年末までに、約15万台のFF式石油温風機のうち約11万台まで回収（1台の引取り価格は5万円）が進んでいる。残るはあと約4万台であったが、パナソニックはこの回収活動を継続して行なっており、2010年3月現在の名簿把握率は74.7％となっている。

　企業の社会価値と組織価値を高めるうえで要請されるコーポレート・レピュテーションの核は、透明性、信頼性、好感度にあると考えられる。パナソニックは一連の経営改革とPR活動を通じて、①事故のすべてについて透明性を高めることによって、広報活動を通じて説明責任を果たし、②経営改革による企業の斬新性や革新性、それらの改革による財務業績の向上などによって企業の信頼性が高まり、③スーパー正直を掲げたリーダーシップによって好感度が高まることでパナソニックのコーポレート・レピュテーションを向上させたのではないかと考えられる。

　メディア戦略によって企業の透明性、信頼性、好感度が強められたことも事実であろう。しかし、どんなにPRを行なっても、企業の経営システムが旧態依然として、時代に適合した先端的な経営革新や経営改革が行なわれていないのであれば、ステークホルダーはその会社を良い会社とは思わない。次に述べる改革こそが成功と業績向上の核になったといえるのではあるまいか。

4　パナソニックの大改革が業績へのダメージの少ない真の理由であるか

　パナソニックは，現在でこそ好業績をあげているものの，1990年代後半には実に苦しい時期を経験した。しかも，2002年3月期には大赤字を経験している。そのため，パナソニックの中村社長（当時）は「破壊と創造」の旗印のもとで，社長着任直後から大改革（2001年から2004年までの"創生21計画"と呼ばれる，構造改革と成長戦略を柱とする改革）を実施したのである[5]。

▶1　組織改革

　改革の旗印であった「**破壊と創造**」で，"破壊"とは既存の事業，資産，制度や仕組みを大胆に改革する構造改革を，そして"創造"とは，顧客が求める価値（顧客価値）を創造するという成長戦略を意味する。

　破壊の具体的な事例として，組織変革をみてみよう。パナソニックは，わが国で初めて**事業部制**を採用したという輝かしい歴史をもつ。この輝かしい歴史的な成果を"破壊"し，それに代わって2003年には，パナソニックグループの**事業ドメイン制**への変革［吉本，2005, pp.64-76］を遂行した。事業ドメイン制の本質は，商品ごとの自主責任経営（事業部制）に代えて，広い領域を含む事業ドメイン領域ごとの自主責任経営への変換を意味する。事業ドメイン制の導入は，このような歴史的経緯からすると，管理会計研究者にとっては驚愕するほどの事例であるといえる。

▶2　生産システムの改革

　生産システムも改革した。具体的には，伝統的なセル生産方式だけでなく新しいセル生産方式を導入した。セル生産方式では，1人の作業員が複数の工程をかけもち，時には最終製品まで仕上げる。ベルトコンベヤー方式に比べて弾力的な生産が可能になる日本的な生産方式として知られている。朝倉・木村に

5）以下，調査研究の日時には差があるが，企業再編については経理グループ企画チームリーダー吉本哲也氏から，EVA®については東京本社経理部長の西田耕三氏から，情報システムについてはCIOの牧田孝衛氏から貴重な情報を提供していただいた（肩書きは提供された当時のものである）。

よれば，このセル生産方式に加えて，①国内工場の在庫を半減する，②工場在庫を1日以下にするモデル工場を作ることで，**ネクスト・セル生産プロジェクト**を2005年から開始することにした。このセル生産システムは，SCM（supply chain management）と表裏の関係にある。これを1995年に全社的な経営情報システムとして開発したGIS（global information system）と連動させることで，「売れるものを，売れるだけ，売れるときに作り，供給する」体制をスタートさせている。パナソニックは，このSCMの導入により，リードタイムの短縮と在庫の削減を実現［朝倉・木村, 2005, pp.44-45］させたのである。

▶3　業績評価システム

　管理会計の中心的なテーマの1つ，業績評価システムの変革にも触れておこう。一般には知られていないことであるが，1990年代までのトヨタやパナソニックなどのエクセレント・カンパニーは，アメリカによって代表される欧米諸国のように投資利益率（return on investment；ROI）によって業績評価を行なうことはほとんどなかった。著者の過去の調査では，現在でも大きな変化はないがどんな場合でも1割に満たない日本企業しかROIを活用していない。

　日本のエクセレント・カンパニーは，投資効率を高めるためにはカンバン方式（トヨタ）や**社内金利制度**や**標準貸借対照表**（パナソニック）を用いて，売上収益性を高めるために**売上利益率**が活用されていたのである[6]。

　"創出21計画"の最終年度に，業績評価指標として長く知られていた売上高利益率を廃し，パナソニック特有のEVA（economic value added；経済的付加価値）として知られる**CCM**（キャピタル・コスト・マネジメント；パナソニック版EVA）の導入に踏み切った。この改革によって資本収益性を現すCCMと資本創出力を表すキャッシュ・フロー［櫻井, 2004, pp.18-25］という資本市場とベクトルを合わせたグローバルな連結ベースの企業価値向上の目標を明確にした。

---

6) 投資利益率（利益／投資額）は売上高／投資額（資本回転率）に利益／売上高（売上利益率）を乗じて算定する。投資利益率の活用は，分母の投資額を減らそうとするインセンティブが働くので研究開発投資や必要なIT投資が遅れる危険性がある。そこで，日本の経営者の多くは両者を区別して管理してきたのである。松下の平田副社長（当時）には，放送大学のインタビューに出演していただいたが，副社長が著者の推論と全く同じ戦略をとっていることに驚いたことがある。

▶4　IT革新

パナソニックではさらに，IT部門とCIO（Chief Information Officer）に「破壊と創造」の経営改革の役割までも与えた。つまり，「IT革新なくして経営革新なし」のフレーズのもと，ITを使って経営改革を加速させた。パナソニックが実施してきたIT革新を加速するための施策［櫻井，2006, p.340］は，次の3点にまとめることができる。

　1　ITアーキテクチャに関するガバナンスの強化
　2　IT投資のROIの向上
　3　ITリスクマネジメントの強化である。

以上のいずれをとっても，わが国のITのベスト・プラクティスである。とりわけ，**ITスキル・スタンダード**（ITSS）[7]は，ユーザー企業の立場からのものとしては，日本を代表する優れた人材育成のシステム［櫻井，2006, p.429］であるといえる。事実，日経BP社の『日経コンピュータ』［2007］が大手企業270社についてITの活用方法を比較した2007年度の第2回企業の「IT力」ランキングでは，パナソニックがトヨタを抑えてトップになった。この事実は，パナソニックのIT革新がいかにすぐれていたかを立証するものであろう。

▶5　経営革新が事故に及ぼしたプラスのインパクト

事故が起こったのは，**躍進21計画**（2004年4月～2007年3月）の最中であった。つまり，「破壊と創造」の構造改革はある程度まで成功し，総資産を10％圧縮できたものの，売上高目標は9兆円に達せず，営業利益の5％もまだ計画の半分しか達成できていなかった。そこで，「創生21計画」の未達成部分に再挑戦すべく「躍進21計画」が樹立された。2006年の3年計画では，ようやくにして目標にした営業利益率5％が達成できる見込みが出てきた。このように全社をあげて努力をしている過程で，事故が発生したのである。

7）経済産業省［2002］では「ITスキル・スタンダード協議会」を開催した。著者はその座長を拝命し，報告書の作成に関与した。現在では，監事を拝命している独立行政法人「情報処理推進機構」において，何回かのバージョンアップを行ない，ITベンダー，ユーザー，組み込みソフトに関して東南アジアへの展開が図られている。

パナソニックでは，以上でみたとおり，この数年の間に数々のすぐれた経営革新が行なわれてきた。その努力には頭が下がる思いである。事業部制の問題点については，既に十数年前に他の大企業の副社長からも聞いていたものではあったが，他の企業では問題点は認識されても改革がなかなか実現できなかった。このような経営革新にパナソニックは果敢に挑戦してきたことが，財務業績に多大な影響を与え始めていたと想定される。著者自身に限っても，論文［櫻井，2004，pp.18-25］，著書［櫻井，2006，p.340］，学会報告[8]などで，パナソニックの改革を報告してきた。その理由は，管理会計の立場からすると，パナソニックの事例が現在の日本では極めて先駆的で積極的なベスト・プラクティスになりうると信じたからである。

以上，パナソニックの経営改革は着々と進み，その成果が次第に明確に現れ始めた。ベルカウイ［Belkaoui，2001，pp.41-54］による実証研究から明らかにされているように，財務業績など（企業規模，トービンのQ[9]，資産回転率，利益率）の改善がコーポレート・レピュテーションの向上に貢献することが事例で実証されている。

これらのことから，パナソニックの先進的な経営管理および一連の改革による財務業績への際立った効果が，FF式石油温風機事故の業績へのダメージの軽減に大いに役立ったであろうことは疑いのない事実だと思われる。管理会計システムや経営システムおよびITの改善もまた財務業績の向上に貢献し，それらのメディアを通じてのPR活動がコーポレート・レピュテーションの向上に貢献していると思われるのである。では，CSRの効果はどうであったか。

5　CSRの取り組みとコーポレート・レピュテーションの向上

積極的なCSRを行なえば，社会業績が高まる。社会業績とコーポレート・レピュテーションに関する実証研究［Brammer and Pavelin，2004，pp.705-713,

---

8）「情報システム学会」の依頼で，2006年12月2日に「人間中心のCIOのベスト・プラクティス」のタイトルで記念講演。会場は専修大学の神田校舎。報告の概要はホームページ（2010年）。
9）株式時価総額（株価×発行済み株式数）を資産の取替価格で除した値をいう。トービンのQが1よりも大きければ，市場で評価された企業価値が，企業の所有する資産簿価よりも高いことを意味する。このような状況では，一般に，積極的な投資や事業拡大が行なわれる。

2006, pp.435-455] によれば，金融，化学，資源と並んで，消費財製品の産業セクターでは，社会業績（地域，環境，従業員）の貢献がコーポレート・レピュテーションに多大な影響を及ぼす。つまり，FF式石油温風機といった消費財製品では，CSRによって社会業績を向上させる努力がコーポレート・レピュテーションに相当大きな影響を及ぼすと想定することができる。

▶1　パナソニックのCSRとは何か

　CSRとは何かに関しては，多様な定義や解釈がある。パナソニックのCSRは，法令順守だけでなく社会に貢献するという形で自主的に環境や社会に関する問題に対してバランスのとれた活動を行ない，企業価値の創造を通じて持続可能な社会の発展に貢献を果たすことであるとされている。

　公表されている**パナソニックのCSR**の定義は，「経営理念に基づき，当社の経済的・社会的・環境的活動をグローバルな視点で再点検し，その説明責任を果たし企業価値を高めること」である。いわゆるトリプル・ボトムラインのアプローチを採用しているといえよう。

　パナソニックといえば，"**水道哲学**"で知られているように，企業の社会的責任を絵に描いたような信頼性の高い会社である。水道哲学とは，パナソニックの将来像として，電気機器を無意識で使っている水道と同じように各家庭に廉価で提供しようとする，松下幸之助翁によって提唱された企業理念である。企業の目的は事業を通じて社会へ貢献することにあるとする思想を端的に表現している。パナソニックが現在の経営理念として，「**企業は社会の公器**」をあげ，さまざまなステークホルダーとの対話を通じて，透明性の高い事業活動を心がけ，説明責任を果たすとしているのは，このような歴史に根ざしているように著者には思われる。

　パナソニックで働く従業員は，全世界で約30万人にも及ぶ。これだけの規模の大きな会社では，従業員が1つも問題を起こさないよう管理する事は不可能に近い。また，万一問題が起きてその問題を隠そうとすると，多くの場合，それは内部告発等を通じてすぐに外部に漏れる。

▶2 再発防止の最善の方策

　人間の心理として，「臭い物にはふた」をしたくなる。しかし，再発を防ぐ最善の方法は，隠すことではなく，必要な場合には先に発表して説明責任を果たすことがCSRの観点から必要である。

　パナソニックの場合，FF式石油温風機の事故が起きた当初は，事故の原因解明（経年劣化の疑いと工事の方法による複合事故の疑いの究明）が遅れた事もあって，公表までに時間を有した。しかし，一度事故について公表してからは，上述したように，事故に関する情報を様々な形で提供した。要するに，パナソニックの処理はCSRの観点からみても，申し分がない。パナソニックのCSRの主要な構成要素［松下電器産業，2006, p.9］は，図20-1のとおりである。

図20-1　パナソニックにおけるCSRの主要な構成要素

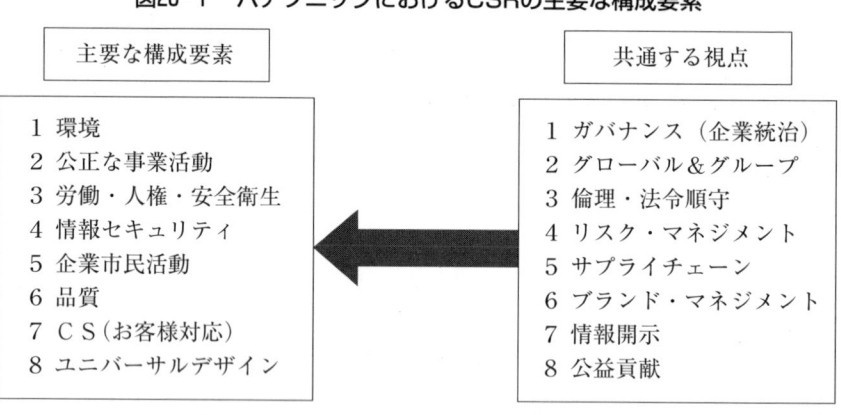

主要な構成要素	共通する視点
1　環境 2　公正な事業活動 3　労働・人権・安全衛生 4　情報セキュリティ 5　企業市民活動 6　品質 7　ＣＳ（お客様対応） 8　ユニバーサルデザイン	1　ガバナンス（企業統治） 2　グローバル＆グループ 3　倫理・法令順守 4　リスク・マネジメント 5　サプライチェーン 6　ブランド・マネジメント 7　情報開示 8　公益貢献

　パナソニックのCSRの特徴には，次のものがある。①CSRはトップダウンで行なっている。②CSR担当責任者が提案をすることはなく，各部署から意見や提案が出される。CSR担当室はいわばまとめ役である。③障害が立ちはだかったら，パナソニックの創業者だったらどのように行なったであろうかを考える。ただし，このことは，昔と同じことを行なうということではない。松下幸之助が述べていたように，「日々新た」であって，常に現代の目で再検討することが大切である。

▶3 社会価値や組織価値の向上効果

　企業価値が何からなるかについては，諸説ある。著者は，企業価値には経済価値だけでなく社会価値や組織価値をも含めるべきだと考えている。このような立場からみると，トリプル・ボトムラインからなるCSRの実施が企業価値の構成要素である社会価値や組織価値を高めることは明らかである。つまり，パナソニックのCSRは，当社の社会価値や組織価値を高めたという意味で，事故の影響を軽減する上で大きな役割を果たしたと考えられる。バランスト・スコアカードはCSRによるレピュテーション向上への貢献を可視化できる。**図20-2**は，事故対策と企業価値の関係を示している。

図20-2　FF式石油温風機対策と企業価値向上の戦略マップ

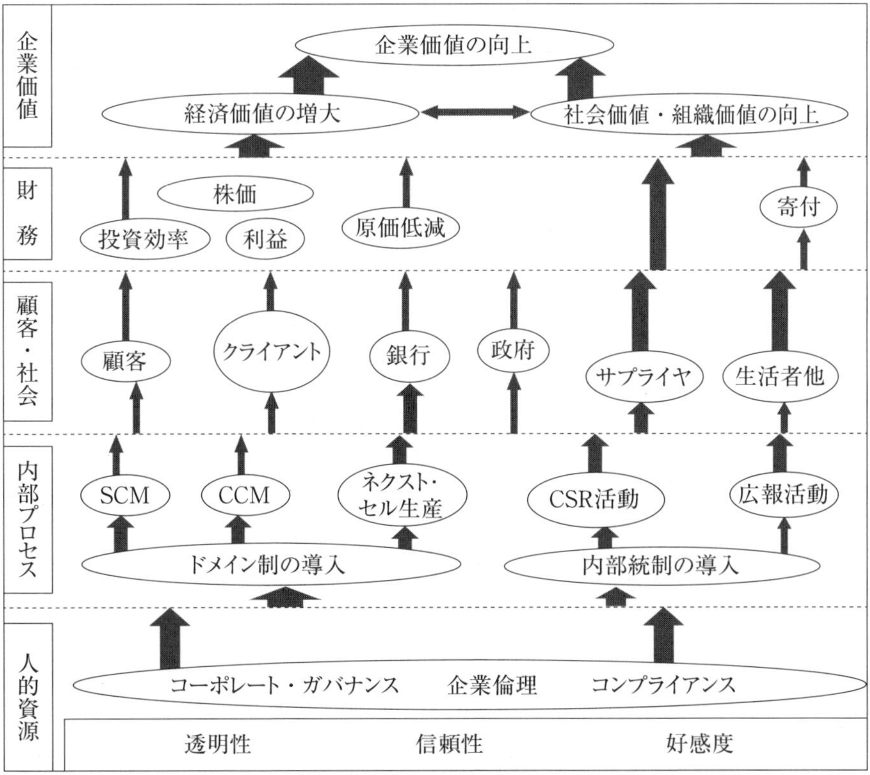

企業価値	企業価値の向上 ← 経済価値の増大 ↔ 社会価値・組織価値の向上
財務	投資効率　株価　利益　原価低減　　　　　　　寄付
顧客・社会	顧客　クライアント　銀行　政府　サプライヤ　生活者他
内部プロセス	SCM　CCM　ネクスト・セル生産　　CSR活動　広報活動／ドメイン制の導入　内部統制の導入
人的資源	コーポレート・ガバナンス　企業倫理　コンプライアンス／透明性　信頼性　好感度

図20-2で，財務の視点の上部にある企業価値は視点ではない。概念モデルとして示したものである。顧客は不特定多数のお客様，クライアントは特定のお客様として区別した。パナソニックの立場からは具体的な方策を記入することが可能になろう。4つの視点の特徴や，ドメイン制の導入，前述したCCM，ネクスト・セル生産方式による経済価値，広報活動とCSRによる社会価値と組織価値向上を戦略テーマにしたことなどに注意されたい。バランスト・スコアカードについての詳細な説明とマネジメントの方法については，本書の第12章および拙著［櫻井，2008］を参照されたい。

●まとめ─成功の真の原因は何であったか─●

本章では，パナソニックのFF式石油温風機事故がB to C企業であるにもかかわらず，企業価値にはほとんど全く影響しないばかりか，むしろ事故後には経済価値だけでなく社会価値や組織価値が大幅に向上したことを論証し，その理由を検討してきた。

この問題に対する著者のアプローチは，以下のとおりであった。まず，パナソニックのFF式石油温風機の問題はそもそも事件や不祥事であったのか，それとも事故であったのか。家電製品も十数年も使用し続けていれば発火の危険性がないとは言い切れないし，当初の対応に時間がかかったことを除けば処理の過程で不適切な対応はなかったことからすれば，事件や不祥事ではなく事故であったと考えるのが自然である。そこで，本章では事故として論じたのである。では，事故へのパナソニックの対応は成功か失敗か。識者の見方は，成功したとする。成功であれば，その根本的な理由はどこにあったのか。最初に目につくのは，パナソニックが多額の予算を使って行なってきたメディア戦略の成功である。しかし，メディア戦略の成功は，中村邦夫社長（当時）が遂行してきた，「破壊と創造」で代表される数々の経営改革が成功裏に実施されてきたからだともいえる。さらに，CSR活動やリスクマネジメントも適切であったが，それは卓越したリーダーシップのもとで実施された経営改革があればこそ，2003年から実施されてきたCSR活動やリスクマネジメントが結実してきたからである，というのが著者の基本的な見解である。以上を簡潔に敷衍しよう。

第1は，マーケティング専門家や一般の生活者が最も関心をもちそうな理由である。第2は企業経営者や管理会計研究者であれば，最初に考える理由である。第3は，CSRやコーポレート・レピュテーションの研究者が最初に考えるであろう理由づけである。著者は，本章で取り上げた3つの理由—①企業によるメディア戦略の成功，②経営トップの努力の成果による経済価値の向上，および③「スーパー正直」の立場からのCSRの活動による社会価値と組織価値の向上—のそれぞれがパナソニックの危機を救ったと考えているのである。

　スーパー正直とは，当時の中村社長が従業員に呼びかけた表現である。2006年6月28日付けの後任の大坪文雄社長名のHP（ホームページ）によれば，"松下グループは「企業は社会の公器」であって，「事業を通じて社会に貢献する」という考えを基軸とする経営理念を不変のものとし，創業以来あらゆる活動の根幹としてきました。高い企業倫理をもつ会社として，「スーパー正直」に徹し，透明性の高い事業活動を行なうとともに，社会への説明責任をしっかりと果たしていくことが当社グループのさらなる発展，企業価値向上につながると私は考えています"と書かれている。著者は，本研究を通じて，中村社長のこの呼びかけに最も感銘を受けた。残念ながらまだ中村氏と話す機会はないが，トップが苦境に立たされたときのリーダーシップの発揮の仕方としては，最大級の表現であったと思う。

　次に，**3つの要因が果たした貢献度の測定**は可能であろうか。事故と企業価値との関係については，経済価値の測定は全く不可能とはいえない。企業の経営者にとっては，FF式石油温風機の点検・回収にかかわる平成18年3月期に計上した費用249億円をはじめとして，事故発表後の1週間の売上減少の利益への影響なども，推定を含めてある程度までは確度をあげることができる。最も影響が大きかった2005年3月期の構造改革の直接的なコスト349億円もハッキリしている。このように金額を積み上げていくことによって，概算値ではあっても，事故による経済価値の測定はなしうるのではないかと思われる。

　しかし，多くの企業経営者にとってこのような事件で最も重要な要因として測定が求められるのは，PRやCSRの実施が企業の社会価値や組織価値にいかなる影響を及ぼすかである。現時点では，バランスト・スコアカードがその1つの解決策になるものと考えて，本章では1つの概念モデルを提案した。

最後に，パナソニックの事故とほぼ時を同じくして発生した類似の事故に，**パロマ工業（名古屋市）製の瞬間湯沸し器**による死亡事故がある。そこで，同社の事故に対する対応と比較して，その違いを明らかにしたいと思う。

　パロマ工業では，2006年7月に瞬間湯沸かし器に関して事故が発生した。当初，会社側は，事故の主要な原因は安全装置の不正改造だとして製品の欠陥を否定し続けてきた。しかし，2006年12月26日に経済産業省に提出した事故再発防止策を盛り込んだ報告書では，同社としては初めて「広義の欠陥」だったと認めた。ここで広義とは，同社の副社長の説明によれば，個々の対応というよりは，対応のまずさ，および出荷後のメンテナンスなど，"広い意味での欠陥"であるとの認識を示した。法的な観点からする限り，同社には全く落ち度はなかったとする見解がみられる。それでも同社の社長は2007年の1月にパロマ工業を，2月には親会社のパロマの会長を辞任せざるを得なかった。加えて，同年12月に社長は業務上過失致死傷罪で在宅起訴された。ワンマン体制であったパロマ工業で死亡事故が続発（1985-2001年の間に14名の死亡事故が報告された。前社長は1981年から社長を務めていた）した報告を受けながら社長がこれを放置した"不作為"がその理由である。

　FF式石油温風機事故でもまた，事故は製品それ自体の問題というより，寒冷地帯で壁に穴をあけるなど設置工事を伴うことと製品（耐熱ゴムホース）の老朽化による複合要因であることが内部調査で判明している。それにもかかわらず，パナソニックではそのことを逃げ道とはせず，自らの問題として対応した姿勢を示した。

　コーポレート・レピュテーションとの関係でいえば，「攻撃は最大の防御に非ず」[Martin, 2004, pp.39-44]である。たとえば，1997年にAT&TのCEOに着任したマイク・アームストロングは，前任者の失敗に学んで，成長戦略をとろうとした。しかし，現実には有線通信，無線通信，ケーブルテレビサービスでも「ワンストップ・ショッピング」と書かれているほど成長戦略は簡単にはいかなかった。2000年の秋，AT&Tの流動性危機に直面し，事業を再構築することになったが，それはアームストロングの戦略の失敗だとメディアから攻撃された。アームストロングは戦略の失敗ではないと反論（攻撃）したのであるが，その反論は決してアームストロングの立場を強化（防御）することはな

かった。むしろ，反論したことが彼の評価を下げてしまい，いつまでも言い訳を繰り返すことがさらに事態を悪くするだけだったのである。

　パナソニックでは一切の言い訳（攻撃）をせず経営改革を進め，PRにおいてもCSRでも愚直なまでにスーパー正直（当時の社長の言葉）で組織としてこの問題解決の対応に心血を注いできた。著者はこの誠実な取り組みにこそ，パロマ工業やAT&Tとの最大の違いがあり，パナソニックのこの問題への対処の仕方の成功の秘密があると思われてならないのである。

謝辞
　本章を執筆するに当たり，FF式温風機事故に関する対応についてはCSR室長（当時）の遠藤啓一氏からパナソニックの対応を聞かせていただいた。パナソニックの事業部制や経営理念，松下幸之助氏の経営姿勢については平田雅彦 副社長（当時），ITに関してはCIOの座長を拝命した経済産業省「CIOの機能と実践に関するベストプラクティス懇談会」を通じて牧田孝衛 専務取締役（当時）に，京都産業大学を経て現在は大阪成蹊大学の教授として活躍している経理部経理システム担当部長（当時）の山本憲司氏と数回にわたって経理関係のITのあり方について議論した。企業再編については，吉本哲也 経理グループチームリーダー（当時）に話を聞かせていただいた。また，パナソニック流EVA®に関しては，西田耕三 東京本社経理部長（当時）からご教示いただいた。これらの人々には記して感謝の意を表したい。

参考文献
Belkaoui, Ahmed Riahi, *The Role of Corporate Reputation for Multinational Firms*, Quorum Books, 2001.
Brammer, Stephen J., and Stephen Pavelin, Building a Good Reputation, *European Management Journal*, Vol.22, No.6, December 2004.
Brammer, Stephen J., and Stephen Pavelin, Corporate Reputation and Social Performance: The Importance of Fit, *Journal of Managerial Studies*, 43:3 May 2006.
Martin, Dick, Corporate Reputation: Reputational Mythraking, *Journal of Business Strategy*, Vol.25, No.6, 2004.
朝倉洋子・木村麻子「パナソニックの事例」『企業会計』2005年，Vol.57，No.5。
江川哲雄「実録　クライシスコミュニケーション事例　松下電器産業に見る危機的状況下での広報活動」『ＰＲＩＲ』2006年7月。（この実録は，編集部が江川氏に協力いただいて記述したものと推察される。）
経済産業省商務情報政策局「ITスキル・スタンダード協議会」報告書，2002年12月。
櫻井通晴「企業再編と分権化の管理会計上の意義」『企業会計』Vol.56, No.5, 2004年5月。
櫻井通晴『コーポレート・レピュテーション―「会社の評判」をマネジメントする―』中央経済社，2005年。
櫻井通晴『ソフトウエア管理会計 第2版』白桃書房，2006年。
櫻井通晴『バランスト・スコアカード―理論とケース・スタディ〔改訂版〕』同文舘出版，

2008年。
田中正博「実録　クライシスコミュニケーション事例　松下電器産業に見る危機的状況下での広報活動」『ＰＲＩＲ』2006年7月（田中氏は，専門家の目として登場している）。
日経コンピュータ「業界トップのIT力」『日経コンピュータ』2007年12月10日。
松下電器産業『松下電器グループ社会・環境報告2006』2006年。
吉本哲也「松下電器における事業部制の解体」（櫻井通晴編著『企業再編と分権化の管理会計』中央経済社，2005年）。

結　章

　本書の序章において，ケース・スタディを通じたコーポレート・レピュテーションの研究には3つの目的があることを明らかにした。第1は，事故や不祥事が発生したにもかかわらずほとんどそれによって影響を受けない企業と，厳しい影響を受ける企業とがあるが，それはなぜか。第2は，企業が高いレピュテーションを保つには何が必要で，評判が高い企業に共通して見られる特徴は何か。第3に，事故や不祥事に遭遇した時にはどんな対策が必要とされるか，であった。結章では，以上の目的との関係で，ケース・スタディを通じて何が発見できたかを明らかにしたい。

▶1　BtoB企業かBtoC企業か[1]によるレピュテーションの影響の違い

　事故や不祥事を起こしても，一方では，企業の持続的な発展に決定的な負の影響を及ぼさない企業がある。他方では，財務業績に負の影響を強く受け，最悪のケースでは倒産に至る企業がある。それは何が原因なのか。

　2005年に最初に上梓した著書『コーポレート・レピュテーション』（中央経済社）では，ヤフーBB，西武鉄道，雪印乳業（現・雪印メグミルク），大和銀行，三菱自動車，ナイキなど消費者との接触機会が多い企業においては財務業績への影響が大きい。逆に，住友商事のような消費者に直接接触する機会の少ない産業では，その影響が少ないことを発見［櫻井，2005, pp.197-222］した。この発見事項から，BtoBよりもBtoC企業の方が一般にコーポレート・レピュテーションの影響を大きく受ける傾向があると推論した。

1）BtoB，BtoCは元来，電子商取引（EC）の1つで，B2B，B2Cともいう。BtoBは企業（business）と企業との間の取引，BtoCは企業と消費者（consumer）の取引のことである。最近では，電子商取引に限定せず，一般にも用いられるようになってきた。BtoBはメーカーと商社，卸売店と小売店などである。本ケース・スタディでは，BtoBの企業であっても自動車や靴など消費者に近い企業とそうでない企業とを区別している。

たしかに一般論としてはこのことが妥当しそうである。しかし、ではBtoB企業であるエンロン社の不正が発覚したときになぜ脆くも崩壊に至ったかの説明はできない。つまり、BtoB企業かBtoC企業かというだけでレピュテーションの財務業績への影響の強弱を判定することはできないということが次第に判明してきた。

▶2 評判が高い企業に共通して見られる特徴

第2の研究目的は、企業が高いレピュテーションを保つには何が必要になるかを検討し、すぐれた企業に見られる共通の特徴を発見することであった。前著『レピュテーション・マネジメント』（中央経済社, 2008年）では、分割・崩壊したカネボウと中央青山監査法人を除けば、パナソニック、島津製作所、YKK、トヨタという卓越した企業のケース・スタディを通じて、高いコーポレート・レピュテーションをもつ会社に共通する特徴として、次の5点が見られることを発見［櫻井, 2008, pp.380-386］した。

1） **品質と技術**にこだわりをもち、高品質の製品・サービスを低価格で提供する。その結果として、**財務業績**がすぐれている。この特徴は、すぐれた企業に共通している。

2） 顧客、従業員、サプライヤー、地域社会、および株主を非常に大切にしている。共通していることは、"**「人間」ないしステークホルダーを大切**にする企業である"と言い換えてもよいように思われる。

3） **創業の理念**を大切にし、時代に適合しなくなったときには解釈を現代的なものに変えるなど、工夫を凝らしている。しかも、その理念を活かす上で必要とされる**リーダーシップ**がある。

4） 説明責任を果たし、万一、不祥事や事故が起きた時には、**透明性**を高めることが必要である。加えて、日々の誠実な対応によって**信頼**があり、研究開発などの革新に積極的で、**好感度**のある企業である。

5） 利益をあげて**経済価値**を増大させるだけでなく、**社会価値**や**組織価値**をも高めるための不断の努力がなされている企業である。

以上の発見事項は、わずか5社（うち、1つのケースは不祥事のために崩壊した企業と監査法人）のケース・スタディから得られた結論でしかない。そこ

で，評判の高い企業に特有とされた5つの要因に対して，日本の多くの経営者がどのように考えているかを知るために，アンケート調査［青木，岩田，櫻井，2010, pp.191-215］の質問項目の1つに次の質問を加えた[2]。

質問 日本企業の5社から導いたレピュテーションの高い企業の特質は，以下の6点でした。あなたは，コーポレート・レピュテーションを高めるにあたり，それぞれの特質がどの程度影響を与えていると思いますか。

回答

表結-1　コーポレート・レピュテーションの高い日本企業の特質

(n=124)　　　　　　　　　　　全く影響しない　　　　　　非常に影響する

質問項目	1	2	3	4	5	平均
1 高品質の製品とサービスを提供する	0.0%	0.0%	0.0%	15.3%	84.7%	4.85
2 透明性，信頼，好感度が高い	0.0%	0.0%	4.8%	37.9%	57.3%	4.52
3 顧客，従業員，サプライヤーを大切にする	0.0%	0.8%	4.0%	35.5%	59.7%	4.50
4 企業理念やビジョンを大切にする	0.0%	0.8%	14.5%	44.4%	40.3%	4.20
4 利益だけでなく，社会・組織価値が高い	0.0%	1.6%	9.7%	51.6%	37.1%	4.20
6 地域社会，株主を大切にする	0.8%	0.0%	19.4%	43.5%	36.3%	4.10

表結-1から，日本を代表する企業（上場企業）の経営者は，レピュテーションの高い日本企業の特質として，第1に高品質の製品・サービスの提供を，第2に，高い透明性，信頼，好感度が必要だと考えていることを発見した。この結果は，3,111人への生活者を対象にした経済広報センターのeネットによる調査結果［経済広報センター，2010, pp.1-7］とほぼ整合性がある。

同調査では，質問内容は「企業が，これまで以上に社会から信頼を勝ち得ていくためには何が重要だと思いますか」である。第1位は優れた商品・サービス・技術などをより安く提供，安全・安心の確保（84%）で，第2位は的確な対応（61%），第3位は企業倫理の確立・順守（55%）であった。この調査結果を一言で表現すれば，企業が消費者の信頼を得るには高品質で廉価な製品とサービスを提供することが大切であるが，加えて，不測の事態が生じた時には

---

2) 質問では，2）の「人間」（ステークホルダー）を，①顧客，従業員，サプライヤーと，②地域社会と株主に分け，質問項目を5つから1つ増やして6つにした。

的確な対応を行ない，企業倫理を確立・順守することであるといえよう。

近年，日本の企業が急速に株主重視にシフトしてきたかに見える。株主には株主総会での発言の機会も増え，多くの企業では株主への配当も大幅に増額している。それにしては，**表結-1**で見てとれるように，株主重視とする回答が少なかった。経済広報センター調査でも，同様の傾向が見られた。すなわち，質問項目11のなかで最低はメセナ（5％）であったが，次に低いのは株価向上と株主への安定配当（14％）で，次に低いのは地域社会との共生（19％）であった。2010年度のこの調査結果は，第11章で紹介した2006年の調査結果と比較しても大きな違いはない。

2007年のベンチャー系企業に対する調査[3]においても，他の調査結果とほぼ整合性のある結果が得られている。まず，コーポレート・レピュテーションを向上させる最も重要な要因として，ベンチャー企業の圧倒的多数（87％）の経営者は「商品・サービスの質を向上させること」をあげた。不祥事を防止すること（71％）がそれに続いている。不祥事の防止には，透明性，信頼および好感度が必要である。次に，ステークホルダー——株主，顧客，従業員，地域社会，取引先——のうち，何を重視するかを6点評価で質問したところ，顧客（5.4），従業員（5.1），株主・取引先（4.9），地域社会（3.9）の順で重視するという回答［櫻井，大柳，岩渕，2007, pp.19-20, p.34］を得た。

以上の調査結果から，大企業の経営者（**表結-1**），生活者（経済広報センターの調査），ベンチャー企業の経営者調査（2007年のベンチャー企業の経営者を対象にした調査）でも同じ傾向が見られたということである。また，日本の経営者が株主のために経済価値のみを向上させようとしているのではなく，社会価値や組織価値を向上させるべく活動しているという実態も明らかになった。

▶3　事故や不祥事に見舞われても見事に業績を回復できた企業の特質

著者が述べたいま1つのコーポレート・レピュテーションの目的は，企業が不幸にして不祥事や事故に見舞われた時には，企業は何をしてはならないか，また何をしなければならないかを探求し，見事な再生を果たした企業に共通す

---

3) 新興市場として知られるジャスダック，マザーズ，ヘラクレスに上場している企業の1,321社にアンケート用紙を送付し，201社から回答を得た。有効回答数は200社であった。

結章　489

る特質を明らかにすることであった。著者が雪印，三菱自動車，トヨタ，パナソニック[4]の4社のケース・スタディから得た企業の特質は，次の5点に帰着させることができる。

1) **リーダーシップ**　ケース・スタディで取り上げた4社のなかで最も事故への対応が成功した企業はパナソニックであった。その最大の理由は，中村邦夫社長（当時）の卓越したリーダーシップにあったといえよう。

2) **二度の間違いは許されない**　雪印と三菱自動車は2度目の不祥事において，レピュテーションに多大なダメージを受けた。パナソニックは，2度目の事故が起これば会社はつぶれるという危機感をもって事故に対応した。

3) **スーパー正直に徹する**　雪印と三菱自動車は虚偽と隠蔽によって事件によるダメージを大きくした。逆に，パナソニックは「スーパー正直」に徹することで，透明性，信頼性，好感度を高めた。

4) **適切・適時なパブリック・リレーションズ**　トヨタは公聴会への出席が遅れたことで，広報の対応が十分とはいえなかった。アメリカでは，日本以上に即座な対応が必要であることが明白になった。一方，パナソニックも当初の対応には遅れがあったものの，その後の措置は適切・適時であった。

5) **高品質で廉価の製品，サービスの提供**　雪印もトヨタもメディア戦略では成功したとはいえないかもしれない。しかし，消費者は両社の製品が高い品質を誇るものであることを十分に認識しているため，時間はかかっても，時が経てばレピュテーションの回復がなされてくる。このことは，ケース・スタディで取り上げたすべての会社に妥当するといえる。

▶4　残された課題

コーポレート・レピュテーションの研究を始めてからほぼ8年にして，ようやくコーポレート・レピュテーションに関する一通りの理論構築をなしえたよ

---

[4] パナソニックの事例は，前著においても取り上げた。しかし，その後，コーポレート・コミュニケーションの研究を進めた結果，コミュニケーションの観点から再検討することの必要性を痛感した。そこで，前著の内容に加筆・修正を行なって，本書でも利用することにしたものである。

うに思える。とはいえ，著者の研究には残された課題も数多くある。

　第1は，これまでは，日本の研究者の層の薄さから反論とか異論がほとんど得ることができなかった。幸いにして，コーポレート・レピュテーションの研究者が徐々に増加しつつある。今後の研究では，他の研究者からの批判を反省材料として，さらに研究を深めていきたい。

　第2に，これまでも実証研究の必要性を著者に助言する研究者はいたが，理論体系が定まらないなかでの実証研究は砂上の楼閣に等しい。グランドデザインがほぼ完成し，ようやく実証研究が有望な領域や必要な研究が何かを明らかにしたいま，まさに実証研究を始めるべき時期がきたといえよう。少なくとも著者は，2011年から実証研究を進めるべく，仲間とともに準備を進めている。

　第3は，海外の研究者との交流が不足している。アジアでは，中国が日本に先行して，たとえば，2006年には*Corporate Reputation Review*の中国特集号が発行されている。中国が日本よりも進んでいるというよりは，日本の研究が遅れているのである。日本国内での研究成果をさらに積み上げて，その成果をもとに，海外の研究者との共同研究と海外への情報発信を進めていきたい。

　最後に，本書が多少なりとも機縁となって，日本企業が近い将来コーポレート・レピュテーションの測定と管理を実践するようになるならば，次の著書ではそのベスト・プラクティスを読者に紹介したいと思う。本書の研究が日本から不祥事や事件の減少に多少なりとも貢献し，多くの日本企業が世界から賞賛を受ける日が来れば，それは著者の至上の慶びとするところである。

参考文献

青木章道・岩田弘尚・櫻井通晴「レピュテーション・マネジメントに関する経営者の意識―管理会計の視点からのアンケート調査結果の分析」日本会計研究学会スタディ・グループ『インタンジブルズの管理会計研究―コーポレート・レピュテーションを中心に―［最終報告書］』於：東洋大学, 2010年9月。

経済広報センター「第13回　生活者の"企業観"に関するアンケート調査結果」『ネットワーク通信』No.43, 2010年夏。

櫻井通晴『コーポレート・レピュテーション―「会社の評判」を管理する―』中央経済社, 2005年。

櫻井通晴・大柳康司・岩渕昭子「新興市場におけるコーポレート・レピュテーションの意識調査」『専修　経営学論集』専修大学学会, 第85号, 2007年11月。

櫻井通晴『レピュテーション・マネジメント―内部統制・管理会計・監査による評判の管理―』中央経済社, 2008年。

索　引

【A〜Z】

ABC ································ 32, 290
ABM ································ 290
ASOBAT ···························· 110
BSC ································· 281
BtoB ···················· 347, 385, 465, 485
BtoC ···················· 347, 385, 465, 485
CaLPERS ··························· 367
CBバリュエータ ···················· 191
CCM ································ 474
CFS ································· 322
CI ······························ 50, 181
CIM ································· 13
CIMA ······························· 325
COSO ························· 159, 304, 309
COSOの内部統制 ················ 315, 316
CRO ································ 252
CSF ································· 267
CSR ····················· 270, 363, 364, 418
CSR会計計算書 ···················· 370
CSR推進本部 ······················ 433
CSR戦略 ··························· 388
DCF ································· 66
EDP監査 ··························· 407
ERM ································ 331
ETCS ······························· 448
EV ·································· 439
EVA® ··························· 61, 187
FF式石油温風機 ·············· 467, 478
Forbes誌 ··························· 139
Fortune誌 ··················· 128, 130, 256
GE ·································· 381
IIA ·································· 319
IR ······························ 88, 204
IT革新 ······························ 475

ITスキル・スタンダード ··········· 475
IT投資の評価 ······················· 21
J&J ································· 221
J-SOX法 ··························· 303
KAB ································ 221
KABモデル ······················· 221
KPI ··························· 267, 322
M&A ······························· 65
NHTSA ···························· 447
NPV ································ 66
PL法 ······························· 356
PR ·································· 206
PRツールキット ··················· 217
RepTrak® ············ 112, 139-141, 143, 400
RI ·································· 385
ROI ································· 62
RQ ··························· 112, 132
SOX法 ························ 303, 311
SRI ································· 371
The Economist ····················· 461
The Wall Street Journal紙 ······ 112, 131
TQC ································ 272
WPPグループ ····················· 186
Y&R ································ 186
YKK ································ 74

【あ】

アーカー ··························· 184
アーサー・アンダーセン ······ 311, 336
アート ····························· 246
アイ・ミーブ ······················ 439
アイデンティティ分析 ············ 403
アウトカム ························· 30
アウトソーシング ·················· 355
青木茂男 ··························· 307
アカウンタビリティ ··············· 398

アカウンタビリティフォーミュラ……… 241
アクションラーニング……………………… 227
アサヒビール…………………………………… 251
味の素 ………………………………… 19, 100
アセスメント ………………………………… 406
アネルギー ……………………………………… 30
アメリカ運輸省高速道路安全局 ……… 447
アメリカで働く最高の100社 ……………… 126
アメリカで最も賞賛される企業 ………… 112
アメリカ内部監査人協会 ………………… 314
安心プログラム …………………………… 437

委員会設置型 ……………………………… 377
イシュー・マネジメント ………………… 239
一貫性 …………………………………………… 213
一貫性分析 ………………………………… 404
伊藤邦雄 …………………………………… 190
イベント・スタディ ………………………… 256
イメージ ………………………………… 48, 49
イメージ分析 ……………………………… 403
因果関係 …………………………………… 284
インサイト ………………………………… 461
インターブランド社 ……………………… 186
インタンジブルズ ……………………… 15, 18
インタンジブルズへの投資 ……………… 20

ヴァイゲルト …………………………………… 38
宇井純 ………………………………………… 350
ウィックス …………………………………… 163
ウェルチ ……………………………………… 158
ウォールマン ………………………………… 97
ウルリッヒ …………………………………… 286

エージェンシー理論 ……………………… 169
エージェント ………………………………… 168
エクイトレンド ……………………………… 186
エクエーター・プリンシプルズ ……… 373
エグゼクティブ・スコアカード ……… 299
エコナクッキングオイル ………………… 357
エコマジネーション活動 ………………… 381

エドビンソン ……………………… 22, 27, 95
エルキントン ……………………… 32, 365
エンロン社 ………………………… 311, 334
欧米のCFO …………………………………… 92
大蔵省解体 ………………………………… 344
オーラ ………………………………………… 240
オールソップ ………………………… 244, 246
オールソップの18原則 …………………… 244
オフバランスの無形資産 ………………… 17
オリバー ………………………… 169, 170, 287

【か】

会計 …………………………………………… 110
会計学 ………………………………………… 43
会計監査 ……………………………… 305, 306
会計監査人 ………………………………… 375
会計責任 …………………………………… 165
外部失敗原価 ……………………………… 273
花王 …………………………………………… 357
革新性 ………………………………… 129, 141
影の投資 ……………………………………… 98
過去，現在，将来の情報 ………………… 46
可視化 ……………………… 91, 274, 282
加重平均資本コスト ………………………… 61
梶原武久 …………………………………… 274
カスタムソフト ……………………………… 21
価値創造企業 ……………………………… 12
可児島俊雄 ………………………………… 308
ガバナンス ………………………………… 141
株価総額 ……………………………… 65, 469
株価への影響 ……………………………… 116
株式投資への信頼 ……………………… 335
株式の時価総額 …………………………… 65
株主 ……………………………… 155, 166, 168
株主オンブズマン ………………………… 345
株主価値 ……………………………… 64, 69
株主行動主義 ……………………………… 372
株主行動主義者 ………………………… 156
株主資本主義 ……………………………… 158

索引 493

株主総会 …………………………… 375
株主満足 …………………………… 296
カメラ— ……………………………… 39
カリフォルニア州職員退職年金基金 …… 367
ガルシア ……………… 44, 111, 241, 396
カルダー …………………………… 451
環境型セクハラ …………………… 347
環境対策 …………………………… 292
環境配慮型融資 …………………… 373
環境問題 …………………………… 349
関係性の整備 ……………………… 227
監査 ………………………………… 406
監査役 ……………………………… 375
閑散役 ……………………………… 378
管理会計 ………………………… 100, 101
管理会計担当者勅許協会 ………… 325
関連する法規への順守 …………… 310

機会原価 ……………………………… 61
機関投資家 ………………………… 138
危機管理 ………………………… 239, 332
企業会計審議会 …………………… 313
企業価値 …………… 51, 59, 64, 192, 294, 314
企業価値創造 …………………… 40, 60
企業価値創造の機会 ………………… 11
企業価値の向上 ……………………… 73
企業観 ……………………………… 161
企業統治の主体 …………………… 377
企業年金連合会 …………………… 372
企業の資産運用 …………………… 129
企業の社会的責任 ………… 153, 270, 363
企業の評判 …………………………… 3
企業は社会の公器 ………………… 477
企業倫理委員会 …………………… 433
キャッシュは王様 ………………… 78
キャッシュ・フローは真実 ………… 66
キャプラン ……… 24, 63, 100, 285, 286, 299
牛肉偽装事件 ……………………… 415
共感性 ……………………………… 213
業績評価 ……………………………… 61

業績評価システム ………………… 474
競争優位 ……………………………… 46
業務監査 ………………………… 305, 306
業務の有効性と効率性 …………… 310

口コミ ……………… 37, 41, 47, 49, 223
口コミ・コミュニケーション ……… 223
口コミサイト ……………………… 223
グナイ ……………………………… 163
グラハム …………………………… 115
クラフト …………………………… 386
クラマー …………………………… 388
グリーンスパン ……………………… 11
グリーンプロセス活動 …………… 369
グリフィン ……………… 239, 246, 365
グルーグマン ……………………… 335
グルニック ………………………… 213
クレド ……………………………… 160
クレヴンス ……………… 102, 170, 399
グローバル・エックスチェンジ …… 353
グローバル・レピュテーション・パルス … 145
グローバル品質特別委員会 ……… 459
クロフト …………………………… 418

経営革新 …………………………… 475
経営監査 ………………………… 306-308
経営者 …………………………… 155, 169
経営者が心すべき原則 …………… 247
経営者と従業員による行為 ………… 45
経営者の資質 …………………… 129, 136
経営者や従業員の行為 …………… 283
経営戦略 ……………………………… 43
経営統合 …………………………… 423
経営品質 …………………………… 451
経済価値 …………… 62, 65, 70, 294
経済価値の測定 …………………… 469
経済価値への影響 ………………… 437
経済広報センター ………………… 265
経済性 ……………………………… 68
経済的資源 ………………………… 89

経済的便益 …………………………… 89
経常利益 ……………………………… 192
経理部, 監査役, 内部監査人 ………… 289
経路依存性 …………………………… 262
ケチャム ……………………………… 217
ケチャムの効果測定尺度 …………… 218
決算上の利益 ………………………… 118
原価企画 …………………………… 21, 446
研究開発費の管理会計 ……………… 21
研究者の報奨制度 …………………… 353
現況の診断 …………………………… 402
健土, 健牛, 健民 ……………………… 417
健土健民 ……………………………… 420

コアーブランド ……………………… 186
ゴイズエタ …………………………… 158
公益通報者保護法 …………………… 248
公益通報制度 ………………………… 347
公害問題 …………………………… 166, 349
効果性重視の経営 …………………… 275
好感度 ……………………… 73, 140, 350, 472
広告価値等価額 ……………………… 217
構造資本 ……………………………… 95
行動基準 ……………………………… 421
行動へのコミットメント …………… 227
購買者が企業を見る目 ……………… 38
購買要因分析 ………………………… 187
高品質で廉価の製品, サービス …… 489
公報 …………………………………… 215
効率的市場 …………………………… 66
5S …………………………………… 440
コーサ ………………………………… 293
コーネリッセン ……………………… 202
コーポレート・アイデンティティ … 181
コーポレート・イメージ …………… 181
コーポレート・ガバナンス
　………………………… 338, 374, 375, 453
コーポレート・ガバナンス体制図 … 419
コーポレート・コミュニケーション
　………………………………… 201, 208

コーポレート・パーソナリティ …… 181
コーポレート・ブランディング … 178, 182
コーポレート・ブランディングの効果 … 196
コーポレート・ブランド … 31, 176, 178, 194
コーポレート・ブランドの管理 …… 192
コーポレート・レピュテーション
　…………………………… 3, 72, 182, 194, 388
コーポレート・レピュテーションのフレームワーク ………………………… 51
コーラー ……………………………… 110
ゴールドバーグ ……………………… 386
顧客資本主義 ………………………… 160
顧客と社会の視点 …………………… 290
顧客満足 ……………………………… 296
顧客満足の罠 ………………………… 296
国際競争力 …………………………… 129
國部克彦 ……………………………… 369
コストグリーン（CG）指標 ………… 369
個別的な積み上げ …………………… 118
コミュニケーション ……………… 43, 202
コミュニケーション計画システム … 211
コミュニケーションの効果測定 …… 217
コミュニティ投資 …………………… 373
コムスン ……………………………… 246
コンプライアンス ………… 247, 343, 346

【さ】

サービス残業 ………………………… 355
債権者 ………………………………… 293
再生計画 ……………………………… 432
財務業績 …………………… 133, 137, 141, 384
財務上の健全性 ……………………… 129
財務の視点 …………………………… 292
財務報告 ……………………………… 292
財務報告に係る内部統制 …………… 311
財務報告の信頼性 …………………… 310
サウスウエスト航空 ………………… 376
搾取工場 ……………………………… 352
サステナビリティ ………………… 379, 388
サプライヤーとの共生 ……………… 292

索引　495

サリバン……………………19, 22, 96, 100
産業構造審議会………………………… 22
残差アプローチ……………………111, 116
産廃物不法投棄……………………… 351
賛美…………………………………… 140

シェル………………………………… 253
ジェンセン…………………………… 159
識別可能……………………………… 89
識別可能性…………………………… 98
事業継続のライセンス……………… 388
事業ドメイン制……………………… 473
事業部制……………………………… 473
事件を風化させない日……………… 422
資産の保全…………………………… 312
市場価値……………………………… 117
死傷事故……………………………… 431
持続可能……………………………… 46
持続可能性…………………………… 379
持続可能な発展……………………… 379
持続的成長…………………………… 80
シナジー効果………………………… 29
シナリオ・プランニング…………… 404
支配…………………………………… 98
支配可能性…………………………… 89
自発的原価…………………………… 273
島津製作所………………………54, 117
市民性…………………………141, 142
ジム・ファーリー…………………… 459
指名フェーズ………………………… 132
シャーマ……………………………… 155
社会価値…………………………70, 71, 294
社会業績…………………………16, 39
社会貢献型ファンド………………… 373
社会性………………………………… 68
社会責任投資………………………… 371
社会的ステータス…………………… 38
社会的責任………………129, 133, 138
社会との共生………………………… 435
社外弁護士…………………………… 432

シャチハタ…………………………… 262
シャンリー…………………………… 114
収穫逓増の法則……………………… 26
従業員の満足………………………… 296
重要成功要因………………………… 267
受賞効果……………………………… 121
受託責任……………………………… 166
主要業績評価指標…………………… 267
シュルツ…………………………178, 195
純資産……………………………65, 94
情緒的アピール…………………133, 134
消費者契約法………………………… 356
消費者重視経営……………………… 419
消費者団体…………………………… 156
消費者庁……………………………… 357
消費生活用製品安全法第82条……… 467
商品・サービス……………………… 45
情報資産…………………………17, 27
情報操作……………………………… 220
正味現在価値法……………………… 66
将来キャッシュ・フローの現在価値…… 65
将来の経済的便益…………16, 88, 98
将来の状況の設計…………………… 404
昭和電工……………………………… 350
ジョーンズ…………………………… 163
食中毒事件…………………………… 414
職場…………………………………… 141
職場環境…………………………133, 137
初代プリウス………………………… 461
ジョンソン・エンド・ジョンソン
　…………………………160, 183, 221
新型プリウス………………………… 448
新経営システムの開発……………… 289
人材管理……………………………… 129
人的資源の視点……………………… 286
人的資産…………………………17, 27
人的資本……………………………… 95
新日本窒素肥料……………………… 350
信頼……………………………………73, 140
信頼性……………………213, 350, 472

水道哲学	477	善の巡環	74
スーパー正直	489	全米IR協会	340
スカンディア市場価値体系	95	戦略	282
スクリーニング	371	戦略テーマ	268, 299, 321
スチュアート	454	戦略的・業務的リスク	330
ステークホルダー	45, 284	戦略的コンピテンシー	27
ステークホルダー行動主義	167	戦略的CSR	389
ステークホルダー資本主義	160	戦略的情報	28
ステークホルダーの語源	156	戦略的レディネス	28
ステークホルダーの信頼	249	戦略の落とし込み	72
ステークホルダー・モデル	154	戦略の妥当性の検証	282
ステーホルダー理論	162	戦略の方向づけ	28
ステップアップ計画	435	戦略マップ	23, 266
スペシャリスト・アカウンタビリティ	217	戦略マップの作成	295
スペンス	38		
住友金属工業	80	総会屋への利益供与事件	430
住友商事	344	創業の精神	420
スモールウッド	286	創業の理念	486
３Ｍの汚染予防負担金	381	創生21計画	473
		組織改革	473
成果指標	293	双方向対称	216
生産システムの改革	473	双方向非対称	215
製造物責任法	356	ソーシャル・コミュニケーション	223
製品／サービス	141	属性	112, 132
製品／サービスの品質	129	測定	89, 110
製品とサービス	133, 135	測定可能性	98
製品ブランド	291	測定と伝達	274
生物多様性	380	測定による経営の可視化	275
西武鉄道	103, 337	組織改革	473
西武鉄道の事件	312	組織外コミュニケーション	226
成文化された知識	22	組織価値	70, 74, 294
世界で最も賞賛される企業	125, 256	組織コミュニケーション	205
世界で最も評判の高い会社	145	組織資産	17, 27
セクシャル・ハラスメント	347	組織内コミュニケーション	224
セクハラ事件	430	組織のフラット化	460
説明責任	398	組織の三菱	442
ゼロ・ウエイスト	381	組織風土	71
全社価値創造	29	組織文化	28
全社的品質管理	272	組織論	43
全社的リスクマネジメント	331	ソニー型	378
		ソフトウェア管理会計	21

ソフトウェア原価計算 …………………… 21
尊敬 ……………………………………… 140

【た】

第一次ステークホルダー ………………… 164
対価型セクハラ …………………………… 347
大企業病 …………………………………… 454
太子食品工業 ……………………………… 214
第二次ステークホルダー ………………… 164
ダイムラー・クライスラー ……………… 439
タイヤ脱輪 ………………………………… 431
対話型のコミュニケーション・スタイル
　　………………………………………… 226
大和銀行 …………………………… 168, 343
ダウケミカル ……………………………… 381
ダウリング ……………… 114, 212, 285, 399
武田薬品工業 ……………………………… 25
田中耕一 …………………………… 121, 353
ダルトン …………………………… 386, 418

チームワーク ………………………… 28, 72
知覚 ………………………………………… 47
知識, 態度, 行為 ………………………… 221
チッソ ……………………………………… 350
知的財産 …………………………………… 17
知的資産 ……………………………… 18, 22
知的資本 ……………………………… 18, 95
知的なインタンジブルズ ……… 20, 24, 99
超過収益力 ……………………… 19, 65, 111
長期投資価値 ……………………………… 129
調整されたアカウンタビリティ ………… 217
調整チーム ………………………………… 211

ツーリー …………………………………… 239

ディズニーリゾート ……………………… 135
定性的監査 ………………………………… 408
定量的監査 ………………………………… 408
デービス …………………………… 154, 292
デービット・コール ……………………… 458

徹底した実力主義 ………………………… 335
デュー・デリジェンス …………… 75, 400
デュポン社 ………………………………… 381
デュムケ …………………………………… 217
電気自動車 ………………………………… 439
電子制御スロットルシステム …… 448, 449
天地循環 …………………………………… 417
伝統的内部統制 …………………………… 316
伝統的な社会業績 ………………………… 383

道義的義務 ………………………………… 388
統合的マーケティング・コミュニケーション
　　………………………………………… 211
透明性 ……………………… 73, 350, 472
ドーラキア ………………………………… 452
ドーリー ……………… 44, 102, 111, 241, 396
特別目的会社 ……………………………… 336
トムセン …………………………………… 115
豊田章男 …………………………………… 448
トヨタ型 …………………………………… 378
トヨタ自動車 ……………… 53, 262, 445
豊田章一郎 ………………………………… 453
トランジション・マネジメント ………… 405
取締役会 …………………………………… 375
取締役会の戦略マップ …………………… 298
トリプル・ボトムライン ………… 32, 365
トレッドウェイ委員会支援組織委員会 … 309

【な】

ナイキ ……………………………………… 352
内部監査 …………………………… 305, 316
内部監査基準 ……………………………… 313
内部監査人 ………………………………… 375
内部牽制 …………………………………… 305
内部コミュニケーション ………………… 206
内部失敗原価 ……………………………… 273
内部ステークホルダー …………………… 168
内部統制 ………………… 304, 310, 315
内部統制概念 ……………………………… 309
内部統制システム ………………………… 292

内部統制報告書 ………………… 312, 313
内部ビジネス・プロセスの視点 ……… 289
中嶋道靖 ……………………………… 369
中村修二 ……………………………… 353

西宮冷蔵 ……………………………… 416
日亜化学工業 ………………………… 353
日産自動車 …………………………… 288
二度の間違いは許されない ………… 489
日本型コーポレート・ガバナンス …… 339
日本型知識経営 ………………………… 23
日本型の監査役会 …………………… 377
日本経営品質賞 ……………………… 276
日本内部監査協会 …………………… 313
日本の内部統制 ……………………… 316
日本ミルクコミュニティ …………… 424
人間性 …………………………………… 68
人間ないしステークホルダーを大切 … 486
認知 ……………………………………… 47

ネット戦略 …………………………… 222

ノートン ………… 24, 63, 100, 285, 286, 299
ノーベル賞受賞 ……………………… 119
残された課題 ………………………… 489
ノボノルディスク …………………… 195
ノボノルディスクの戦略 …………… 195
のれん …………………………… 18, 65

【は】

ハートウイック ……………………… 386
ハービー ……………………………… 102
バーリー ……………………………… 158
ハイラックスサーフワゴン ………… 455
ハインリッヒの法則 ………………… 345
破壊と創造 …………………………… 473
ハッサン ……………………………… 155
ハッチ …………………………… 178, 195
バッド ………………………………… 241
パナソニック …………………… 75, 465

パナソニックのCSR ………………… 477
ハニングトン ………………………… 44
パブリーク …………………………… 261
パブリシティ ………………………… 205
パブリック・リレーションズ …… 206, 489
バランスト・スコアカード … 63, 266, 281
ハリス・インタラクティブ … 112, 131, 186
バリュー・ドライバー ………… 18, 67, 68
バレット ………………………………… 64
パロマ工業 …………………………… 482
パワハラ ……………………………… 348
バンサル ……………………………… 115
反社会的な事件 ……………………… 414

非自発的原価 ………………………… 273
ビジュアルアイデンティティ・システム
………………………………………… 210
ビジョンとリーダーシップ ……… 133, 136
ヒュース ……………………………… 287
評価原価 ……………………………… 273
評価項目 ………………… 112, 132, 134
評価フェーズ ………………………… 132
評判とは何か ………………………… 238
品質管理能力 ………………………… 452
品質原価計算 ………………………… 272
品質統括本部 ………………………… 434
品質と技術 …………………………… 486
品質問題調査特別チーム …………… 432

ファーストリテイリング …………… 262
ファミリーマート …………………… 341
ファン・リール ……………………… 203
風評被害 ………………… 47, 332, 357
風評・風説 …………………………… 41
風評リスク ……………………… 47, 332
フェファー ……………………… 162, 376
フォーチュン500社 ………………… 126
フォンブラン …… 30, 114, 203, 383, 398, 445
藤本隆宏 ……………………………… 455
2つの水俣病 ………………………… 349

負のコーポレート・レピュテーション … 354
ブラマー … 385
ブランディング … 189
ブランド … 30, 176
ブランドアセット・バリュエイター … 186
ブランド・エクイティ … 49, 50
ブランド管理室 … 178
ブランド資産評価モデル … 184
ブランド資産モデル … 184
ブランドZ … 186
ブランドハウス … 196
ブランドバリュー・マネジメント … 186
ブランドパワー … 186
ブランドピラミッド … 185
ブランド役割指数 … 187
ブランド利益 … 188
ブランド力の分析 … 188
フリードマン … 157
フリーマン … 157, 160
プリウス … 389
ブリティッシュ・ペトロリアム … 380
プリンシパル … 168
ブルッキング … 94
ブルッキングス研究所 … 89
ブレア … 97
ブレーン … 40
プレッシャー・グループ … 156
フロアマット … 447
プロダクト・ブランド … 31

ヘイ・グループ … 128
ペイブリン … 385
ベスト・ビジネススクール … 126
ベルカウイ … 113, 261, 383, 476
ヘンリクー … 165

包括的レピュテーション・マネジメント
 … 241, 396
報道機関 … 214
ホーングレン … 277

ホットライン … 421, 422
ボンディング … 185

【ま】

マーケティング … 43
マーケティング・コミュニケーション … 204
マーケティング志向のＰＲ … 205
マーティン … 158, 159
マイケル・ポーター … 388
マイルズ … 157
マッキンゼー … 67, 126
松田修一 … 308
マテリアルフローコスト会計 … 368
マネジメント・コミュニケーション … 203
丸石自転車 … 340
マローン … 22, 27, 95
マンター … 240

ミーンズ … 158
見えない資産 … 80
見える化 … 282
三木谷浩史 … 53
三菱自動車 … 105, 429, 430
三菱重工 … 441
三菱ふそう … 431
水俣病問題 … 349
ミノウ … 376

無過失責任主義 … 356
無形資産 … 15
無形の資産 … 15, 17
無形負債 … 103

メックリン … 159
メディア・コンテンツ分析 … 217
メディア戦略 … 471

最も賞賛される企業 … 128, 130, 148
モノ作り … 276
モンクス … 376

【や】

ヤフーBB …………………………… 342

有価証券報告書の虚偽記載 …………… 104
有形物と無形物の複合体 ……………… 13
雪印食品 ……………………………… 415
雪印乳業 ………………… 75, 366, 413, 414
雪印ブランド再生の活動 ……………… 418
雪印メグミルク ………………… 413, 422
ユニット制 …………………………… 440

良き市民 ……………………………… 138
予防原価 ……………………………… 272
世論の裁判所 ………………………… 407

【ら】

ラーキン ……………………………… 264
ライカー ……………………………… 450
楽天 …………………………………… 53
ラフォード …………………………… 450

リーダーシップ … 28, 71, 141, 295, 486, 489
リーマンショック …………………… 438
利益 …………………………………… 65
利益はオピニオン ……………………… 66
利害関係者 …………………………… 153
リコー ………………………………… 251
リコール ……………………………… 449
リコール回避 ………………………… 430
リコール問題特別審議会 ……………… 432
リスクマネジメント ……… 43, 238, 329, 421
倫理 …………………………………… 247

ルッシュ ……………………………… 224

レクサスES350 ……………………… 447
レディネス …………………………… 29

レビット ……………………………… 38
レピュテーション ……………………… 48
レピュテーション・インスティチュート
 ……………………………… 112, 131, 385
レピュテーション監査 …………… 271, 397
レピュテーション監査基準 …………… 407
レピュテーション監査の方法 ………… 401
レピュテーション関連インタンジブルズ … 20
レピュテーション関連資産 …………… 99
レピュテーション資産 …………… 49, 90
レピュテーション指数 …… 112, 126, 132
レピュテーション・スコアカード …… 257
レピュテーションの維持 ……………… 245
レピュテーションの構築 ……………… 244
レピュテーションの修復 ……………… 245
レピュテーション負債 …………… 102, 105
レピュテーション・マネジメント … 235, 236
レピュテーション・マネジメントの10の
 効果 ………………………………… 264
レピュテーション・マネジメントの10原則
 ……………………………………… 241
レピュテーション要因 ………………… 51
レピュテーションリスク ………… 239, 333
レピュテーションリスク・マネジメント
 ………………………………… 270, 330
レフ ………………………… 18, 24, 97, 101

ロイヤル・ダッチ／シェル社 ………… 253
ローズ ………………………………… 115
6 S …………………………………… 440
ロス …………………………………… 238
ロバーツ ……………………………… 114

【わ】

わが信条 ……………………………… 222
渡邊俊輔 ……………………………… 354
ワタミ ………………………………… 262
ワング ………………………………… 316

《著者紹介》

櫻井　通晴（さくらい　みちはる）

現職：城西国際大学客員教授（専任），専修大学名誉教授。商学博士。㈱SRA監査役，（独）情報処理推進機構（通称IPA）監事，情報サービス産業協会（通称JISA）監事。

略歴：早稲田大学大学院商学研究科博士課程修了，ハーバード大学ビジネススクール・フルブライト上級客員研究員(89-90)。ロンドン大学大学院(LSE)客員教授(97)，放送大学客員教授(90-94)，早稲田大学商学研究科・アジア太平洋研究科客員教授(99-06)，日本原価計算研究学会会長(01-03)，日本学術振興会専門研究員(03-05)，公認会計士第二次試験(92-95)・第三次試験委員(98-00)，電気事業審議会委員(99)，産業構造審議会委員(06)，ＮＴＴドコモ監査役(04-07)，東京医科大学監事(07-09) 等を歴任。

受賞歴：日本会計研究学会賞(78)・太田賞(99)，日本公認会計士協会学術賞(82)，経営科学文献賞(92)，日本内部監査協会青木賞(97)，日本原価計算研究学会賞(09) を受賞。

最近の主要著書：『管理会計 基礎編』（同文舘出版，10）『管理会計 第四版』（同文舘出版，09）,『レピュテーション・マネジメント』（中央経済社，08）『バランスト・スコアカード 改訂版』（同文舘出版，08），編著『企業価値創造の管理会計』（同文舘出版，07），『ソフトウエア管理会計 第2版』（白桃書房，06），『コーポレート・レピュテーション』（中央経済社，05），編著『企業価値創造のためのABCとバランスト・スコアカード』（同文舘出版，02），『新版　間接費の管理』（中央経済社，98），『企業環境の変化と管理会計』（同文舘出版，91）等。

（検印省略）

平成23年2月25日　初版発行　　　略称：レピュテーション

コーポレート・レピュテーションの測定と管理
――「企業の評判管理」の理論とケース・スタディ――

　　　著　者　　櫻　井　通　晴

　　　発行者　　中　島　治　久

発行所　同 文 舘 出 版 株 式 会 社
東京都千代田区神田神保町1-41　〒101-0051
営業 (03) 3294-1801　　編集 (03) 3294-1803
振替 00100-8-42935　http://www.dobunkan.co.jp

Ⓒ M.SAKURAI　　　　　　　　　　　製版　一企画
　　　　　　　　　　　　　　　　　印刷・製本　萩原印刷
Printed in Japan 2011
ISBN978-4-495-19551-9